TRAITÉ
DES RÉFÉRÉS
EN FRANCE.

TRAITÉ
DES RÉFÉRÉS
EN FRANCE,

TANT EN MATIÈRE CIVILE QU'EN MATIÈRE DE COMMERCE, OU MOYENS DE PRÉVENIR ET D'ABRÉGER LES PROCÈS.

PAR M. BILHARD,

AVOCAT DU BARREAU DE TOULOUSE.

« La raison et la loi seules doivent gouverner l'homme en société. »
MIRABEAU, *disc. aux états-généraux.*

TOULOUSE,

HENRI-AUGUSTIN SENS, IMPRIMEUR-LIBRAIRE,
RUE DE LA SÉNÉCHAUSSÉE-LAVIGUERIE, N° 2.

1832.

Tout contrefacteur ou débitant d'édition contrefaite de l'ouvrage intitulé : *Des référés en France etc.*, sera poursuivi conformément aux lois.

L'Éditeur-propriétaire, *L'Auteur,*

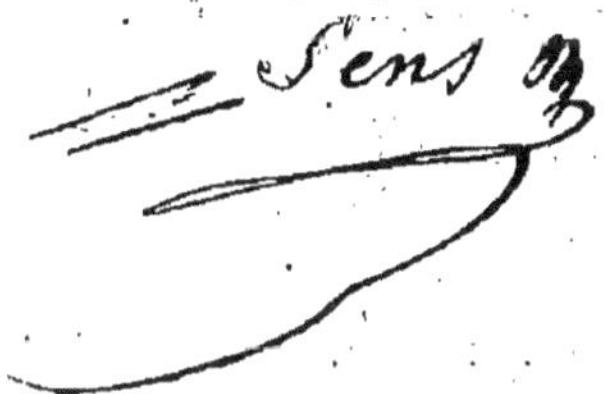 

Cet ouvrage se trouve :

A Paris, chez
- TREUTTEL et VURTZ, libraires, rue de Bourbon, n° 17.
- NÈVE, libraire, Palais de Justice.
- WARÉE oncle, libraire, Palais de Justice.

Lyon.......... AYNÉ frères, imp.-lib., rue Saint-Dominique.

Toulouse.....
- DAGALIER, libraire, rue de la Pomme.
- DEVERS, libraire, même rue.
- JOSEPH DOULADOURE aîné, libraire, même rue.
- GALLON-FATOU, libraire, même rue.
- PRUNET, libraire, rue des Chapeliers.
- SENAC, libraire, place Rouaix.
- VIEUSSEUX, imprimeur-libraire, rue S.-Rome.

Et chez les principaux libraires de France et de l'étranger.

INTRODUCTION.

PLUS LE GOUVERNEMENT APPROCHE DE LA RÉPUBLIQUE, *plus la manière de juger doit être fixe* (1). Il n'existe alors d'autre chef que la loi, parce que *la loi seule* représente le souverain, l'expression de la volonté générale, et que sans elle, on ne retrouverait plus qu'anarchie et despotisme.

Voilà pourquoi à Rome, *dans les beaux temps de la démocratie*, l'on interdisit aux juges d'infliger aucune peine : leur ministère consistait à décider si l'accusé était ou non coupable du crime qu'on lui imputait, et dans le cas de l'affirmative, il n'y avait que la loi qui put intervenir pour prononcer la sentence, frapper le citoyen, et venger la société! Il en était de même à l'égard des matières civiles, dans ce sens que pour ôter tout prétexte à l'arbitraire, les jurisconsultes romains (2) avaient créé des formules d'actions (3) d'où il n'était pas possible de s'écarter.

(1) Montesquieu, Esprit des lois, liv. 6, chap. 3.

(2) Chez lesquels on trouve cet esprit de législation qui a été le caractère propre et singulier des maîtres du monde (d'Aguesseau, 13me Mercuriale, pag. 250).

(3) *Quas actiones ne populus, prout vellet, instituerel, certas solemnesque esse voluerunt. Leg. 2, §. 6, ff. de Orig. juris.*

Telle était la règle commune, lorsque les préteurs permirent de juger dans certains cas, plutôt d'après les préceptes de la justice que suivant la rigueur du droit. De là, cette précision aussi subtile qu'inexacte, actions de droit étroit, *stricti juris*; actions de bonne foi, *ex bonâ fide*.

Dans notre droit français, au contraire, toutes les actions étaient et sont encore de bonne foi : les magistrats, investis de la belle et trop dangereuse prérogative d'interpréter la loi quand elle leur paraît obscure ou incomplète, ont l'habitude de rechercher quelle a été l'intention du législateur (1). Il est d'ailleurs de principe (Cod. civil, art. 1135) que les conventions nous obligent non-seulement à ce qui s'y trouve exprimé, mais encore à toutes les suites que l'ÉQUITÉ, l'USAGE ou la LOI donnent à l'obligation d'après sa nature.

Quant à l'*équité*, on a dit dans tous les temps (2) qu'elle était le supplément des lois, et rien n'est plus juste et plus vrai,

(1) L'article 4 de notre Code civil est ainsi conçu : « Le » juge qui refusera de juger, sous prétexte du silence, » de l'obscurité ou de l'insuffisance de la loi, pourra être » poursuivi comme coupable de déni de justice. » C'est une dérogation au décret du 16-24 août 1790, titre 2, article 12, qui enjoignait aux juges de s'adresser au corps législatif, quand il était nécessaire d'interpréter la loi. Or, le législateur a voulu prévenir le déni de justice qui pouvait résulter de ce renvoi.

(2) Toullier, droit civil, tom. 1, pag. 116.

pourvu que l'équité soit dirigée par la science sans laquelle le magistrat doit trembler de siéger dans le temple de la justice, et sans laquelle l'esprit ne fera que l'égarer dans la recherche d'un fantôme d'équité purement imaginaire.

L'*usage*, il faut en convenir, a aussi beaucoup de force pour interpréter les lois ou les abroger (1). Dunod (*des prescriptions*, première partie, chapitre 13), et les auteurs les plus recommandables, nous enseignent qu'il consiste dans l'appréciation des faits et des circonstances. Il se prouve encore par l'autorité que la loi accorde à la chose jugée (2), parce qu'une longue suite de décisions semblables finit par rendre obligatoire ce qui ne l'était pas dans le commencement.

Mais ces moyens sont loin de fournir des règles fixes et uniformes, ce qui nous conduit à faire observer que les juges, tout en croyant décider d'après le nombre et la qualité des actes qui tendent à attester l'usage, se livrent bien des fois à l'arbitraire; car la question de savoir si la coutume est acquise, si elle est prouvée, s'il s'est écoulé un temps assez long pour que le public et le législateur

---

(1) *Consuetudinis ususque longævi non vilis autoritas est. Leg.* 2, *cod. Quæ sit longa consuetudo.*

(2) *Rerum perpetuo similiter judicatarum. Leg.* 38, *ff. de Legibus.*

en aient eu connaissance, présente des difficultés inextricables.

Or, il doit arriver aussi qu'un magistrat absolu et passionné, foulant aux pieds ses devoirs, n'abuse de l'incertitude où il se trouve, et ne veuille abroger une loi positive par un usage qui n'est rien moins que fondé. Plusieurs exemples fâcheux nous disent assez (loi du 25 ventose an 8, article 80), que le procureur-général près la cour de cassation est trop souvent obligé de requérir l'annulation des jugemens dans le seul intérêt des lois, pour empêcher les usages contraires de s'établir.

Une infinité d'abus se glissent dans ce qui passe par la main des hommes... (1)!!

Tenons donc pour incontestable que toutes les fois qu'on voudra franchir le cercle tracé par le législateur, sous le frivole prétexte que l'*équité* ou l'*usage* le commande, l'on s'exposera à de graves inconvéniens, disons mieux, à des injustices criantes qu'il serait dangereux de ne pas prévenir.

Cette vérité ne fut jamais révoquée en doute.

Sous le consulat, à cette époque mémorable de la révolution française, lorsque le chef de l'état venait d'usurper la dictature

(1) Montesquieu; Grandeur et décadence des romains.

et de créer un gouvernement despotique, nous n'en vîmes pas moins ses orateurs s'élever avec force contre l'abus de l'interprétation des textes législatifs.

On ne voulait pas que les citoyens fussent soumis à l'absolutisme de quelques hommes qui, méconnaissant la sainteté de leur ministère, ne craignaient pas de se targuer de la science, SI COMMUNE EN NOS JOURS, d'éluder la justice et de surprendre la loi. Il fallait fermer la porte à l'intrigue, aux ressentimens, aux vengeances domestiques; repousser les catégories, et faire ressouvenir que la magistrature ne donne point des priviléges, mais qu'elle impose au contraire, à ceux qui en sont investis, le rigoureux devoir de juger, abstraction faite des personnes, de leur dogme religieux, de leurs opinions politiques. C'est précisément, dit Rousseau (contrat social, livre 2, chapitre 6), parce que la force des choses tend toujours à détruire l'égalité, que la force de la législation doit toujours tendre à la maintenir.

M. Portalis s'exprimait en ces termes :

« 1° Quand la loi est claire, il ne faut point en éluder » la lettre sous prétexte d'en pénétrer l'esprit.

» 2° La présomption du juge ne doit pas être mise à la » place de la présomption de la loi.

» 3° Il n'est pas permis de distinguer lorsque la loi ne » distingue point, et les exceptions qui ne sont point dans » la loi ne doivent pas être suppléées.

» 4° L'application de chaque loi, doit se faire à l'ordre
» des choses sur lesquelles elle statue.

» 5° On ne doit raisonner, d'un cas à un autre, que
» lorsqu'il y a même motif de décider. »

Maximes d'éternelle sagesse! Placées en tête du projet de notre Code civil, et qui demeurèrent sans cesse exposées aux méditations des savans jurisconsultes à qui nous devons le corps des lois qui ont fait l'admiration de l'Europe entière!!

Mais ces préceptes de justice ont-ils été observés par les cours et tribunaux? Les faits répondent pour nous........

On le conçoit, dans un temps où la volonté d'un seul homme avait force de loi en France (1), lorsque le pouvoir exécutif et le pouvoir législatif résidaient pour ainsi dire dans la même main, il n'était pas sur-

(1) Les décrets impériaux sont obligatoires comme il suit : ceux d'intérêt général insérés en entier au bulletin des lois, obligent dans chaque département à compter du jour de la distribution au chef lieu ; les autres obligent à compter du jour où il en est donné connaissance aux personnes qu'ils concernent (avis du conseil d'État du 12 prairial an 13). C'est une erreur de dire que les décrets impériaux n'ont ou n'avaient d'autorité que comme les ordonnances sous la charte, c'est-à-dire, pour l'exécution des lois. — La disposition de l'art. 14 de la charte de 1814 sur l'effet des ordonnances, n'avait pas d'analogue sous le régime antérieur : il existait alors des pouvoirs constitutionnels qui avaient le droit de juger les décret impériaux, et à défaut *d'opposition* de ces pouvoirs, tout décret continuait d'avoir effet. (Arrêt de la cour de cassation du 3 février 1820, rapporté par M. Sirey, tom. 20-1-185).

prenant de voir le pouvoir judiciaire briser la ligne de démarcation que lui opposait son mandat. Quand le prince agit despotiquement, il faut bien qu'il y ait une infinité de gens *qui veuillent pour lui et comme lui*. C'est un mal contagieux! Son effet se reproduit dans tous les sens, du grand au petit, et quelquefois du petit au grand!!.....

Que faut-il donc faire pour éviter les dangers du gouvernement despotique??....

La monarchie constitutionnelle paraît mieux pondérée, et cette forme d'administration, si elle n'est pas la meilleure, offre néanmoins beaucoup plus de garanties. Le roi n'y doit être que l'observateur des lois, celui qui les fait exécuter, *sans pouvoir suspendre leur exécution* (1), et s'il les viole ou les méconnaît, sa puissance disparaissant, chaque citoyen est alors autorisé à lui refuser son obéissance.

De son côté, « le peuple soumis aux lois, » en doit être l'auteur (2); il n'appartient » qu'à ceux qui s'associent de régler les con- » ditions de la société. » Mais ces conditions sont réciproques, et la partie qui s'y soustrait, répudie d'avance tous les droits qu'elle en peut retirer.

---

(1) Charte du 9 août 1830, art. 12 et 13.
(2) Rousseau, contrat social, liv. 2, chap. 6.

Ainsi, ayons le courage de le dire, tous les divers membres d'un Etat, chef, gouvernans ou gouvernés, doivent être esclaves de la loi; car sans elle il n'y a plus de liberté. Malheur au roi, au simple citoyen qui voudrait nier cette maxime de droit public!!..

Sans doute, toute justice émane du roi (1), et s'administre par des juges qu'il nomme et institue; mais comme personne ne peut céder à autrui plus de droits qu'il n'a lui-même (2), les magistrats n'en sont pas moins obligés de se conformer au pacte fondamental.

LA LOI *est l'image de la volonté nationale!*

Il y aurait donc félonie, si un juge quelconque, le roi lui-même ou ses ministres, se permettaient de nous imposer leur volonté particulière.....

Et à quelle époque voudraient-ils le faire?

Quand la souveraineté du peuple a été proclamée!.....

Quand un roi a été élevé sur le pavois de la liberté!.....

Quand on a fondé un trône *nouveau* entouré d'institutions républicaines!.....

Quand on nous a dit que la charte *serait une vérité!*.....

Revenons à notre sujet.

---

(1) Charte, art. 48.

(2) *Nemo plus juris in alium transferre potest quàm ipse habet. leg. 54. ff. de reg. juris.*

La loi, disons-nous, doit être notre seule règle. Craignons toujours de nous égarer dans une interprétation que souvent rien n'excuse, et gardons-nous d'en rechercher l'esprit quand le texte est clair et formel. Ne distinguons pas s'il n'est point permis de distinguer, et s'il arrive que la disposition soit obscure ou insuffisante, ne raisonnons, d'un cas à un autre, que lorsqu'il y a même motif de décider. Redoutons enfin de trop étendre une loi générale, comme aussi de la trop restreindre; car les deux extrêmes nuisent également aux justiciables. Dans le premier cas, le juge s'érige en législateur, dans le second, il refuse de juger, en même temps qu'il détruit le bienfait de la disposition législative.

. . . .

. . . .

. . . .

Guidés par ces principes, il nous a paru que les articles 806 et suivans du Code de procédure civile, formant le titre des RÉFÉRÉS, étaient en général mal compris, et souvent mal exécutés.

En effet, certains magistrats jaloux d'étendre leurs attributions, leur juridiction particulière, abusant peut-être sans le savoir de ces expressions indéfinies : *dans tous les cas d'urgence*, ont cru qu'ils avaient la faculté de juger *en état de référé*, toute espèce de contestation, pourvu qu'ils eussent la précaution de la déclarer urgente ; d'autres au contraire, parce qu'ils redoutent d'être accusés d'abus de pouvoir, limitent trop les divers cas d'urgence que la loi a entendu leur soumettre (1). Aussi qu'en est-il résulté? Tous ont méconnu leurs véritables attributions.

Nous devons toutefois à la vérité d'avouer que, dans plusieurs tribunaux, l'on fait une plus saine application du titre des référés. Là, des magistrats instruits, consciencieux, amis de la justice, mesurent avec impartialité l'étendue des besoins du plaideur, la coordonnent avec la sévérité des lois, et en apprécient toute l'importance. Reconnaissant aussi que la voie du référé est prompte, économique, ils ne veulent pas qu'un demandeur imprudent ou téméraire, la dédaigne quand elle est autorisée, et qu'il se livre aux inconvéniens que présente une instance ordinaire. De telle sorte que, sans aucune forme de procédure, ils parviennent à décider sans retard, presque au même instant,

(1) Mal sans remède, nous assure-t-on, parce que le président du tribunal, qui remplit les fonctions de juge des référés, a seul le droit de prononcer sur l'urgence, et que, sur ce point, sa décision est souveraine. Étrange erreur ! Nous croyons l'avoir démontrée dans cet ouvrage.

sur les incidens, sur les mesures provisoires ou d'exécution occasionnées par des circonstances fortuites. Là encore, le créancier et le débiteur y terminent bien vîte leurs contestations ; car la sentence du juge des référés (1), venant leur apprendre quels sont leurs droits respectifs, les dispense souvent de s'exposer aux suites fâcheuses d'un procès engagé au principal, procès qui n'a bien des fois d'autre résultat que de mettre à la charge des deux parties des frais énormes qu'elles se répentent toujours d'avoir occasionnés par leur résistance.

Et vous, ministres de la loi, qui violez ces préceptes, permettez-nous de vous rappeler que le Souverain vous a institués pour mettre la paix dans les familles, et non pas pour y perpétuer la discorde. Cela vous dit assez que si par une négligence aveugle, un défaut d'attention, ou par toute autre cause vous favorisez les procès au lieu de les prévenir, de les arrêter, quand vous en avez le pouvoir, vous devenez coupables envers la société : elle est en droit de se plaindre, de vous accuser, de vous traduire au tribunal de l'opinion publique, censeur juste mais sévère, dont il faut craindre le courroux.

Ainsi, veuillez bien réfléchir sur ce devoir

(1) Sentence provisoire, si l'on veut, mais qui n'en produit pas moins son effet. Art. 809.

impérieux qui naît de vos fonctions, que la conscience vous commande d'observer, et puis vous direz avec nous : NON, L'UTILITÉ DES RÉFÉRÉS N'EST PAS ASSEZ SENTIE.

Rendons hommage à cette vérité (1).

Telle est notre conviction.

Or, c'est cette même conviction qui nous a portés à publier un commentaire du titre des *référés*. Il présente et résout les questions suivantes :

1re QUESTION.

Quels sont les cas où l'on se pourvoit en référé ?

2me QUESTION.

Quelles sont les personnes qui peuvent se pourvoir, et contre qui doivent-elles se pourvoir ?

3me QUESTION.

Quelle est l'autorité qui doit en connaître ?

4me QUESTION.

En quoi consiste l'instruction et le jugement ?

5me QUESTION.

Quelle est l'exécution que le jugement autorise, et quelles sont les voies à prendre pour l'attaquer ?

---

(1) La voie du référé a été introduite au conseil d'État par une ordonnance royale du 28 juillet 1820, enregistrée sous le nº 4,542.

DES RÉFÉRÉS EN FRANCE.

PREMIÈRE PARTIE.

DES CAS OU L'ON SE POURVOIT EN RÉFÉRÉ.

CHAPITRE PREMIER.

PRINCIPES GÉNÉRAUX.

L'ÉDIT du mois de janvier 1685, portant réglement pour l'administration de la justice au Châtelet de Paris, permettait de se pourvoir à l'hôtel du juge dans des cas tellement urgens, qu'il était indispensable d'y statuer de suite.

Par exemple, d'après l'art. 6, quand il s'agissait de la liberté de personnes qualifiées ou constituées en charge, de celle de marchands et négocians emprisonnés la veille de plusieurs fêtes consécutives, ou des jours auxquels on n'entrait pas au Châtelet; lorsqu'on demandait la main-levée de marchandises prêtes à être envoyées, et dont les voituriers étaient chargés, ou qui pouvaient dépérir; du paiement que des hôteliers ou des ouvriers demandaient à des étrangers pour des nourritures et fournitures d'habits ou autres choses nécessaires; lorsqu'on réclamait des dépôts, gages, papiers ou autres effets divertis; si le lieutenant civil le jugeait à propos, il ordonnait que les parties comparaîtraient le même jour, en son hôtel, pour y être entendues et être par lui ordonné *provisoirement*, ce qu'il estimerait juste, *sans frais ni vacations*.

Cette forme de procéder était toute spéciale à la ville de Paris. La difficulté de rassembler les juges dans des circonstances imprévues, la multiplicité des affaires qui se pressent ordinairement dans le mouvement continuel et tumultueux d'une grande ville, et plus encore les contestations sans cesse renaissantes dans les populations nombreuses, actives et mercantiles, engagèrent Louis XIV à confier à un seul magistrat la première connaissance des objets qui présentaient du péril dans la demeure, ou qui semblaient devoir entraver le cours de la justice. Son grand génie lui suggéra cette belle innovation, l'expérience de plus d'un siècle en reconnut toute l'utilité, et la sagesse de nos législateurs modernes en a fait le droit commun de la France.

L'art. 806 du Code judiciaire s'exprime en ces termes : « Dans tous les cas d'urgence, ou lorsqu'il » s'agira de statuer provisoirement sur les difficul- » tés relatives à l'exécution d'un titre exécutoire » ou d'un jugement, il y sera pourvu ainsi qu'il va » être réglé ci-après. »

Si le préparatoire qu'autorise cette disposition législative est bien vu, bien ordonné, il est impossible qu'il présente le moindre inconvénient. La partie condamnée a toujours le droit de faire prononcer définitivement, *par action principale*, sur ce qui a fait la matière du référé. Elle peut même faire appel de la décision devant la cour royale, si le litige est indéterminé, ou s'il dépasse la somme ou la valeur de 1,000 francs. D'ailleurs, si elle a à se plaindre d'une exécution illégale, tortionnaire ou frustratoire, il lui est encore permis d'obtenir une réparation proportionnée au dommage souffert.

L'abus serait à craindre, si le juge des référés entrait dans le mérite du fond, et s'il l'évacuait. Mais telles ne sont pas ses attributions, et avec du discernement, de la prudence, l'on doit arriver infailliblement à un bon résultat.

« C'est, dit M. Thomines-Desmasures (1), lors des saisies et autres exécutions qu'une partie traduit l'autre en référé; aussi le Code parle-t-il des référés à la suite, et comme complément de ce qui concerne les exécutions. Cette voie a néanmoins lieu dans tout autre cas urgent, comme de levée de scellés, etc. »

Quelques auteurs nous disent de plus que le premier membre de l'art. 806 n'a pas laissé un pouvoir discrétionnaire au magistrat qui statue en référé, et que ces expressions, *dans tous les cas d'urgence*, se réfèrent aux cas qui sont prévus par les anciens et nouveaux réglemens, ou qui sont dans la même catégorie. Singulier raisonnement! Suivant nous, il n'a d'autre mérite que d'établir une contradiction. D'abord, on convient que le juge d'exception n'a pas un pouvoir illimité, c'est-à-dire, qu'il ne doit pas s'attribuer tous les cas qu'il trouverait urgens, et puis on lui donne le droit de juger *tous ceux qui sont dans la même catégorie!* Comment fera-t-on pour détruire ce contre-sens?...

L'on ajoute encore (2): « Il faut bien se garder

(1) Explication méthodique et raisonnée du Code de procédure civile.

(2) Journal des décisions notables de Bruxelles, année 1809.

de confondre deux choses qui sont très-distinctes ; la *célérité* et *l'urgence*. Une cause exige célérité, mais ne fait pas pour cela l'objet d'un référé ; la loi permet seulement d'abréger les délais. »

M. Pigeau (1) semble partager cette opinion. « Comme parmi ces cas, dit-il, il y en a de plus urgens que les autres, le Code distingue trois degrés d'urgence, pour chacun desquels il prescrit une manière de se pourvoir conforme à sa nature. Le premier degré comprend les affaires que l'on porte devant le juge en son hôtel ; le second, celles que l'on porte à l'audience des référés ; le troisième, celles que l'on porte à l'audience ordinaire du tribunal, à bref délai. »

Mais l'incertitude est toujours la même, et nous sommes obligés de nous demander quels sont les cas susceptibles d'être décidés en état de référé ? Cette question, comme on le voit, n'est pas encore résolue. Loin de là, nos commentaires ne contiennent que des dissertations plus ou moins savantes, des théories, aucune nomenclature de faits ou de principes propres à nous déterminer dans le choix d'une opinion.

Dans un ouvrage du plus grand mérite (2), après l'énoncé minutieux de tous les cas prévus par l'article 6 de l'édit de 1685, l'auteur nous enseigne que, « hors ces cas (*qu'il est nécessaire de décider sur le champ*), le juge doit toujours renvoyer à l'audience, même quand il s'agirait d'affaires pro-

(1) Procédure civile des tribunaux de France, tome 1, page 111.

(2) Répertoire universel de jurisprudence, 5e édition, tome 14, page 368.

visoires par leur nature, et qu'il peut seulement abréger les délais, suivant les circonstances. »

Au contraire, l'on dit dans un second ouvrage (1) : « Cette énumération ne se trouve pas dans le premier membre de l'art. 806 du Code de procédure civile. Mais cet article doit-il avoir plus d'extension ?..... »

» Une remarque à faire, continue-t-on, est que plusieurs objets qui pouvaient autoriser la voie du référé, sont maintenant dans les attributions du juge de paix, comme salaires d'ouvriers et autres... Une autre observation est que les voies de fait ou autres actes qui troublent quelqu'un dans sa possession, sont aussi de la compétence du juge de paix, *qui connaît des actions possessoires*. Quels sont donc les cas dans lesquels, outre ceux qui sont désignés par le Code de procédure civile, ou qui concernent l'exécution d'un titre exécutoire ou d'un jugement, le président du tribunal civil a le droit de statuer sous prétexte d'urgence ? On pourrait croire que ces cas sont presque limités aux saisies-exécutions, et aux autres circonstances expressément déterminées par le Code ; *qu'il est difficile d'en concevoir d'autres*, à moins qu'il n'y ait similitude dans les faits, et par conséquent même raison de décider. »

Un troisième ouvrage s'exprime de la manière suivante (2) : « la loi nouvelle ne contient qu'une disposition générale pour tous les cas d'urgence, ce qui est un peu vague, et peut donner lieu à beaucoup de fausses applications. L'ancienne légis-

---

(1) Journal des décisions notables de Bruxelles, *loco citato*.

(2) Traité des nullités par M. Biret, tome 2, page 271.

lation était plus complète, et nous voyons, par un édit du mois de janvier 1685, donné pour le Châtelet de Paris, *mais étendu par la jurisprudence à tous les tribunaux du royaume,* que le législateur attentif donna une assez longue série des cas urgens pour agir en référé. »

Quant à nous, il nous est impossible de professer cette doctrine, tant nous la croyons erronée.

En effet, l'édit de 1685 ne peut plus avoir force de loi en France, car indépendamment de ce qu'il fut donné tout exprès pour le Châtelet de Paris, que le Châtelet n'existe plus, et que les cas qu'il avait signalés comme urgens sont pour la plupart dans les attributions des juges de paix (décret du 16-24 août 1790, tit. 3, art. 9 et 10), il est encore exact de soutenir, que *comme réglement de procédure,* il a cessé d'être obligatoire (1).

Mais nous sommes loin de penser avec quelques auteurs (2) *que les actions possessoires à raison des meubles et effets mobiliers que l'édit paraissait comprendre dans sa disposition,* soient de la compétence des juges de paix.

Sans doute ces sortes d'actions ne comprennent que la possession, et la possession elle même, définie par l'art. 2228 du Code civil, n'est que la détention ou la jouissance *d'une chose ou d'un droit,* ce qui embrasse *nécessairement* les meubles et les immeubles. Pourtant il serait déraisonnable de dire que l'action possessoire est admissible pour les

(1) Code de procédure civile, art. 1041 : « Toutes lois, coutu» mes, usages et réglemens relatifs à la procédure civile, sont » abrogés. »

(2) Les rédacteurs du journal des décisions notables de Bruxelles.

meubles comme pour les immeubles, puisque le contraire est décidé par l'art. 2279, ainsi conçu : « en fait de meubles, la possession vaut titre. » Or, d'après cela, les actions possessoires quant aux meubles étant de véritables actions pétitoires, il n'est pas possible de les comprendre dans les attributions spéciales que la loi donne aux juges de paix (1). La coutume de Paris elle même, formant pour ainsi dire le droit commun, avait interdit expressément, art. 97, l'action en complainte pour un meuble particulier ; sa disposition prévalut, et le droit romain, qui permettait cette action sous le nom d'*interdictum utrubi*, resta sans effet, parce que dans notre droit français, les deux parties qui disputaient un meuble, étaient obligées d'entrer de suite dans la question de propriété (2).

Mais quant à la *mise en liberté des personnes arrêtées sans titre valable*, si l'art. 786 du Code de procédure civile veut qu'elle puisse être comprise dans les attributions du juge des référés, il n'en est pas de même du sursis provisoire à l'exercice de la contrainte par corps quand l'arrestation n'a pas été consommée (Code civil, art. 1268 ; Code de procédure civile, art. 900, et Code de commerce, art. 570) ; ce sursis est dévolu aux tribunaux ordinaires, et ne peut être accordé qu'incidemment à la demande en cession de biens formée par le débiteur (3).

La main-levée provisoire des marchandises prêtes

---

(1) Compétence des juges de paix par M. Henrion de Pansey, 7e édition, page 420 et 421.

(2) Pothier, Traité de la possession, chap. 6, n° 93.

(3) Pourtant un arrêt rendu par la cour de Bruxelles, le 20 décembre 1810, décida que le juge des *référés* pouvait,

à être envoyées, dont les voituriers sont chargés, et qui peuvent dépérir; est maintenant attribuée au président du tribunal de commerce ou au juge de paix. Ces magistrats peuvent même, par mesure de prudence, ordonner que les marchandises qui donnent lieu au litige seront déposées dans un lieu sûr, ou confiées à la garde d'un séquestre (Code de commerce, art. 106).

Enfin, *les réclamations de dépôts, gages, papiers et autres effets divertis*, sont du ressort des tribunaux correctionnels, et ne peuvent plus faire la matière d'un référé (Code d'instruction criminelle art. 179, et Code pénal, art. 406 et 408).

D'où il faut conclure que l'édit de 1685, en supposant qu'il n'eut pas été expressément abrogé comme réglement de procédure, serait toujours sans effet, par le motif que les divers cas d'urgence qu'il avait énumérés sont tous passés dans les attributions des juges de paix, des tribunaux correctionnels, et des présidens des tribunaux de première instance et de commerce. Il est dès-lors peu exact de soutenir que la jurisprudence des Cours ait adopté le réglement du Châtelet de Paris comme base des décisions à rendre par le juge des référés.

Nous pouvons dire aussi, sans craindre d'être démentis, que les arrêts contenus dans nos recueils ont été déterminés par ce seul principe, qu'il faut un cas urgent pour se pourvoir en référé, ou qu'il s'agisse de difficultés sur l'exécution d'un titre exé-

---

même avant l'arrestation du débiteur, prononcer le sursis à la contrainte par corps (Sirey, tome 15-2-194). Cet arrêt *unique* est contraire aux principes, parce que l'art. 786 du Code de procédure civile veut qu'il y ait capture du débiteur, *avant qu'il puisse se pourvoir en référé*.

cutoire ou d'un jugement, et que, dans l'une comme dans l'autre hypothèse, la sentence n'intervienne que sur le *provisoire*.

TOUTE LA RÈGLE EST LA.

Pourquoi donc accuser le législateur d'imprévoyance ou d'obscurité, et d'avoir par une disposition trop générale, donné prétexte à de fausses applications??

Nous soutenons, au contraire, qu'il n'y a dans l'art. 806 du Code de procédure civile, ni imprévoyance, ni obscurité; car par ces mots, *dans tous les cas d'urgence*, la loi a renvoyé aux cas que déjà elle avait déclarés urgens (1), et par ceux-ci, *lorsqu'il s'agira de statuer provisoirement sur les difficultés relatives à l'exécution d'un titre exécutoire ou d'un jugement*, elle a voulu dire que tous les obstacles qui s'opposeraient à l'exécution d'un engagement volontaire ou d'une condamnation, pourraient être levés *momentanément* par le juge des référés.

Toute autre interprétation serait essentiellement vicieuse.

Or, dans cette seconde hypothèse, pas la plus légère équivoque : *Jean* est créancier de *Jacques*; il fait un commandement de payer, et son débiteur déclare former opposition, soit à cause des vices

---

(1) Il existe néanmoins un arrêt de la cour de Rouen du 25 avril 1826, qui décide que les faits qui peuvent constituer l'urgence et autoriser la voie du *référé*, sont laissés à l'appréciation du juge (Sirey, tome 27-2-50). C'est pourtant une erreur. Pour s'en convaincre, il ne faut que connaître le motif qui a déterminé l'arrêt. « Attendu, y est-il dit, que la loi *n'ayant* » *pas énuméré tous les cas d'urgence*, a laissé au discernement et » à la conscience des magistrats le soin d'en faire la distinc- » tion. » Tous les cas d'urgence sont prévus par le Code; nous croyons l'avoir démontré.

de forme dont il prétend que le commandement est infecté, soit parce qu'il allègue ne rien devoir. Alors, quoique *Jean* puisse exécuter son titre nonobstant opposition, il croit que la prudence lui commande de s'entourer de la sanction de la justice, et appelle *Jacques* devant le juge des référés. Aussi, après avoir justifié qu'il est porteur d'un acte qui autorise l'exécution des biens du débiteur, le juge rend une ordonnance en état de *référé* qui permet de continuer provisoirement les poursuites, sauf au créancier à répondre de ses dommages personnels, si plus tard il est démontré qu'il ne lui était rien dû, et sauf encore si *Jacques* présente à l'instant même sa libération, par un acte authentique ou *non contesté*. Cela se conçoit.

Toute autre libération qui n'aurait-pas ce caractère serait insuffisante pour le juge du provisoire, par la raison qu'elle peut soulever des difficultés, et que ces difficultés entraînent par fois avec elles l'examen de questions qu'il n'est pas toujours facile de décider subitement. Mais dans ce cas, comme la force obligatoire doit rester au titre qui porte avec lui exécution parée en justice, le législateur n'a pas voulu que le lien d'exécution put être relaché ou anéanti par des oppositions souvent imaginaires (1).

---

(1) Arrêts : cour de Paris, 19 germinal an 11 et 21 octobre 1812 ; cour de Caen, 10 avril 1827, et cour de Toulouse, 1 août 1829 (Sirey, tome 7-2-1165 ; tome 15-2-196 ; tome 28-2-205, et tome 30-2-167). Ces arrêts ont décidé que lorsque le juge a reconnu qu'il existe un acte authentique et exécutoire, il est incompétent pour ordonner le sursis aux poursuites du créancier.

CHAPITRE II.

LE JUGE PEUT, DANS CERTAINES CIRCONSTANCES, SURSEOIR AUX POURSUITES.

Il est pourtant vrai de dire que si le juge des référés peut ordonner l'exécution provisoire d'un acte ou d'un jugement, il peut de même ordonner qu'il sera sursis provisoirement aux poursuites du créancier.

Mais dans quels cas y est-il autorisé ?

Il a d'après nous cette faculté, lorsqu'il existe des vices dans les formes extrinsèques de l'acte exécutoire, du jugement, ou du commandement de payer fait au débiteur, en d'autres termes quand il y a des nullités si évidentes, qu'il n'est besoin que de connaître l'état matériel de la pièce pour les prouver. Par exemple, si l'acte, le jugement, ne portent pas le même intitulé que les lois (Code de procédure civile, art. 545), s'ils ne sont pas terminés par un mandement aux officiers de justice (1); si le commandement ne contient pas la copie du titre quand il est ordonné qu'elle sera signifiée (art. 583, 636, 673 et 780); s'il n'y a pas d'immatricule (2), et autres omissions de ce genre.

Il y aurait donc abus ou excès de pouvoir si un magistrat *jugeant en état de référé*, se permettait d'entrer dans le mérite du fond pour asseoir une

(1) La nullité est d'ordre public.

(2) L'immatricule de l'huissier est l'indication de ses noms et demeure, celle du tribunal devant lequel il a été assermenté, de celui où il exerce actuellement ses fonctions, dans le cas où ce ne serait pas le même, et celle du numéro de sa patente. Mais ce dernier objet est purement fiscal, et son omission dans l'immatricule n'entraînerait qu'une amende contre l'huissier.

décision quelconque. Il violerait ouvertement l'article 809 du Code de procédure civile, d'après lequel les ordonnances sur référé ne font aucun préjudice au principal, ce qui veut dire que le juge d'exceptions n'en doit pas connaître.

Ainsi, après une saisie-arrêt faite par son créancier, le débiteur ne peut pas demander au juge des référés, l'autorisation de recevoir les sommes saisies, même en donnant caution (1); il ne pourrait pas non plus y porter l'action en main-levée de cette saisie-arrêt, ou celle d'une opposition faite par le créancier, tout comme celui-ci serait irrécevable à y conclure à la validité de l'opposition ou de la saisie-arrêt, même incidemment au référé introduit par le débiteur (2), parce que dans toutes ces circonstances, et autres semblables, la décision du juge des référés porterait sur le fond du droit. Cela nous démontre aussi qu'il y aurait incompétence *ratione materiæ*, si le référé, loin de n'avoir que le provisoire pour objet, tendait au contraire à faire décider la validité ou l'invalidité d'un commandement ou d'une saisie. Le juge qui s'immiscerait dans les débats engagés pour savoir si les poursuites faites par le créancier sont ou non fondées sur une obligation légale, dépasserait ses attributions, usurperait les fonctions des tribunaux ordinaires, et donnerait par conséquent ouverture à la cassation de son jugement.

Mais, dira-t-on peut-être, en ordonnant l'exécu-

---

(1) Ainsi jugé par arrêt de la cour de Paris du premier juin 1811 (Sirey, tome 11-2-470).

(2) Arrêts : cour de Turin, du 15 juillet 1809; cour de Paris, du 30 mars 1810, et cour de Poitiers, du 18 janvier 1825 (Sirey, tome 10-2-279; tome 15-2-14, et tome 26-2-18).

tion provisoire des titres qu'on a le dessein d'exécuter ou qu'on exécute, ou en sursoyant, le magistrat des référés décide virtuellement que les poursuites sont valables ou nulles, et alors il ne serait jamais possible de se pourvoir en référé pour faire *statuer provisoirement sur les difficultés relatives à l'exécution d'un titre exécutoire ou d'un jugement,* parce qu'il y aurait toujours incompétence.

Parler ainsi, ce serait une erreur, un véritable paralogisme, et rien de plus.

Nous reconnaissons bien que la décision rendue en état de référé se rattache indirectement au fond de la contestation, puisqu'en vertu de cette décision le créancier peut exécuter les biens meubles et immeubles de son débiteur, même sa personne, s'il est contraignable par corps; tout comme le débiteur peut se dégager *momentanément* des poursuites du créancier. Cependant il faut reconnaître aussi que la cause qui produit l'effet n'est pas dans l'appréciation des obligations contractées par les parties, dans l'interprétation de leurs conventions, mais seulement dans l'observation de ce principe d'ordre public qui veut que, pour pouvoir procéder à une saisie mobilière ou immobilière, et à la saisie-emprisonnement, le créancier soit porteur d'un acte ou d'un jugement qui ait acquis le caractère de crédibilité que la loi accorde aux titres authentiques et exécutoires (Code civil, art. 2067, et Code de procédure civile, art. 545, 551 et 552). D'où la conséquence que, si après un commandement de payer, le débiteur s'oppose et élève des obstacles, le créancier peut se pourvoir en référé, non pas précisément pour faire constater qu'il lui est dû tel ou tel objet, telle ou telle somme, mais bien pour faire décider qu'il est porteur d'un titre exécutoire ou d'un jugement qui l'autorise à faire les poursuites auxquelles il s'est livré ou a manifesté l'intention de vouloir se livrer (1). Or, dans le cas de l'affirmative, le juge ordonne la continuation des exécutions, tandis que s'il adopte la négative, il refuse de la prononcer, sauf aux magistrats du fond à statuer ensuite sur les exceptions proposées pour annuler ou maintenir le titre exécutoire.

L'acte authentique fait pleine foi de l'obligation qu'il renferme contre tous ceux qui y ont concouru, leurs héritiers et ayant-cause. Son exécution doit pourtant être suspendue quand il existe une plainte en faux principal, si la mise en accusation a été prononcée. Le sursis peut encore avoir lieu, s'il s'agit d'une inscription de faux incident civil, mais il est facultatif aux juges de ne pas l'accorder (loi du 25 ventose an 11, art. 19, et Code civil. art. 1319). D'autre part, si le débiteur justifie, par baux authentiques, que le revenu net et libre de ses immeubles pendant une année, suffit pour le paiement de la dette en capital, intérêts et frais, et s'il en offre la délégation au créancier, la *poursuite* peut être suspendue *par les juges*, sauf à être reprise s'il survient quelque opposition ou obstacle au paiement (art. 2212).

---

(1) La cour de cassation a jugé, au contraire, par son arrêt du 5 décembre 1810, que l'exécution d'un acte notarié pouvait être suspendue par le juge, en état de référé, lorsque la somme n'était pas liquide (Sirey, tome 15-1-199). Cette décision isolée doit être sans importance, par la raison que pour savoir si la créance est ou n'est pas liquide, il a fallu apprécier la cause de l'obligation ; et que cette faculté donnée aux tribunaux ordinaires par les art. 2213 du Code civil, 551 et 552 du Code de procédure civile, est interdite aux juges des référés.

Mais qui doit connaître de cette demande? Est-ce le magistrat des référés? Non. En effet, la loi désigne *les juges*, c'est-à-dire le tribunal en corps. C'est donc à eux qu'il convient de s'adresser. Le sursis dont il est ici question se lie d'ailleurs à l'*instance* ou *poursuite* de saisie immobilière dont il fait une partie intégrante. D'un autre côté, il peut avoir pour résultat de rendre cette procédure inutile, et s'il occasionne des difficultés dans sa recevabilité, cette contestation incidente doit aux termes de l'art. 718 du Code de procédure civile, être décidée par le tribunal du fond, par celui qui est déjà nanti de la *poursuite*.

Ainsi, pas le moindre doute, hors les seuls cas de la plainte en faux principal et de l'inscription de faux incident civil, l'exécution d'un acte authentique ne saurait être valablement suspendue en état de référé, et encore faut-il que dans le cas du faux principal, la mise en accusation ait eu lieu, pour que l'exécution de l'acte puisse être paralysée.

Il est de principe que les conventions légalement formées tiennent lieu de loi à ceux qui les ont faites, leurs héritiers ou ayant-cause (article 1119, 1122, 1134 et 1319.) Or, nous ne savons pas trop pourquoi il serait permis à l'un des contractans de retarder, par une opposition qui n'a pas la gravité que présente le faux principal ou incident, l'exécution d'une obligation qui a été la loi du contrat. Non, tout doit être réciproque dans l'accomplissement des conditions, et de même que le débiteur ne peut pas être contraint de se libérer avant l'expiration du terme (art. 1186), de même le créancier ne doit pas être arrêté dans ses poursuites quand l'époque convenue pour le paiement est arrivée.

Et si les juges peuvent, *en considération de la position du débiteur*, mais en usant de ce pouvoir avec une grande réserve, accorder des délais modérés pour le paiement, surseoir à l'exécution des poursuites et laisser *provisoirement* toutes choses dans l'état (art. 1244), ils ne doivent néanmoins le faire qu'en observant les règles de conduite que leur trace le législateur. L'art. 122 du Code de procédure civile exige que les délais ne soient accordés, par les tribunaux, que dans les jugemens qui statuent sur les contestations en cause. Mais lorsque la créance résulte d'un acte authentique, il ne peut exister de contestation sur le point de savoir si l'une des parties peut ou non contraindre l'autre à exécuter son obligation; car dans ce cas, le titre représente le jugement, et porte avec lui exécution parée en justice. Aussi comme il n'y a point de condamnation à prononcer, il n'y a pas non plus de sursis possible au profit du débiteur, contre le gré du créancier (1).

---

(1) Toullier, cours de droit civil, tome 6, page 687, numéros 659 et 660. — Deux arrêts, l'un de la cour de Pau, du 26 novembre 1807, et l'autre de la cour de Bruxelles, du 18 juin 1812, ont également décidé que l'art. 1244 du Code civil avait été modifié par l'art. 122 du Code de procédure civile, et qu'ainsi, il ne pouvait pas s'appliquer à une créance fondée sur un titre authentique et exécutoire, (Sirey, tome 12-2-380, et tome 13-2-332). Mais cinq arrêts des cours d'Aix, Bordeaux, Pau, Agen, et de la chambre des requêtes de la cour de cassation des 17 décembre 1813, 28 février 1814, 12 juin 1822, 6 décembre 1824 et 1er février 1830, ont consacré une jurisprudence toute opposée. Toutefois ces arrêts sont-ils bien rendus? Non, les principes ont été violés. Les art. 1134 et 1319 du Code civil, combinés avec l'art. 122 du Code de procédure civile,

Le Code de procédure civile, nous dit-on, ne pouvait pas modifier le Code civil. Nouvelle erreur. Car de même qu'il a créé des droits que les créanciers n'avaient pas avant sa publication, de même il a pu enlever, restreindre ou étendre ceux des juges (1). Il est d'ailleurs intervenu avec toutes les solennités qui précédent et accompagnent la loi, et dès-lors comme disposition législative, il a eu la force de changer une loi antérieure, de l'interpréter, et même de l'abroger tacitement : C'est la maxime *posteriora derogant prioribus* (2).

Mais en supposant que les poursuites faites en vertu d'un titre authentique et exécutoire fussent susceptibles d'être suspendues sans le consentement du créancier (ce que nous ne pouvons pas nous habituer à croire), ce sursis ne saurait jamais pouvoir intervenir en *référé,* parce que la loi ne confie qu'aux *juges,* c'est-à-dire aux tribunaux, le droit de l'accorder, ou d'en démettre celui qui le sollicite.

---

ne laissent pas le moindre doute que la cour de cassation et les cours qui ont pensé comme elle, se sont étrangement trompées sur l'interprétation et l'étendue de l'art. 1244. Espérons aussi qu'elles changeront leur jurisprudence.

(1) Sous l'empire du Code civil, l'hypothèque ne suivait les immeubles dans les mains de l'acquéreur qu'à la charge d'une inscription préexistante, à moins qu'il ne s'agit d'une hypothèque légale réputée inscrite. Le tiers-détenteur ne devait connaître que les inscriptions faites au moment de la vente; elles seules pouvaient autoriser l'action réelle, la surenchère du dixième. Mais le Code de procédure civile, art. 834, voulant empêcher les fraudes du débiteur, et venir aux secours des créanciers hypothécaires, non inscrits avant l'aliénation, leur a permis de prendre une inscription valable sur les biens vendus, dans la quinzaine de la transcription du contrat, afin d'utiliser l'hypothèque, et de surenchérir, s'il y avait lieu (Code civil, art. 2114, 2134. 2135, 2166, 2182, 2183, 2185, et 2193).

(2) Maxime tirée de la loi 4, *ff. de constit. princ.*

Nous croyons devoir faire remarquer que les juges, *quels qu'ils soient*, ne doivent jamais surseoir aux poursuites, lorsqu'on exécute une condamnation, par le motif que les tribunaux ne peuvent pas se réformer eux-mêmes, en accordant un délai que le jugement exécutoire n'accorde pas. Ainsi le juge des référés est obligé de s'incliner devant une décision qu'il n'a pas rendue, dont il n'est pas juge d'appel, notamment en matière de commerce (1).

CHAPITRE III.

LE SURSIS EST SOUVENT NUISIBLE AU CRÉANCIER.

S'il y a quelque danger, quelque perte à redouter pour les parties qui se pourvoient en référé, cela doit nécessairement arriver quand la décision suspend les poursuites, plutôt que quand elle en ordonne la continuation. Cette vérité va se démontrer par quelques exemples.

§ Ier.

DIFFICULTÉS SUR LA SAISIE-EXÉCUTION.

CE QUE DOIT FAIRE LE JUGE.

Supposons que *Pierre*, créancier de *Paul*, lui ait adressé un commandement, et que vingt-quatre heures après, un huissier se soit rendu au domi-

(1) Code de procédure civile, art. 460, et Code de commerce, art. 647. — « Les obligations du commerce ont leurs règles » particulières, et le Code qui contient ces règles, n'a point » donné aux juges un pouvoir plus dangereux en cette matière » qu'en matière civile (Toullier, tome 6, page 688 et 689, numéro 661). »

cile du débiteur pour y faire une saisie de ses meubles; mais qu'à l'instant même *Paul* ait formé opposition, en déclarant : ou ne pas devoir les causes de la saisie dont il est menacé, ou que les meubles et effets sur lesquels on veut l'établir ne lui appartiennent pas; que même pour donner plus d'apparence à son opposition, il représente une quittance que le créancier conteste, ou qu'il fasse intervenir un tiers pour revendiquer la propriété des meubles, lui n'en ayant que l'usufruit (art. 578); ou bien encore que le tiers-intéressé se présente lui-même pour faire connaître qu'il a vendu le mobilier qu'on va saisir, et que, n'en étant pas payé, il veut former sa demande en revendication, ainsi que l'y autorise le nº 4 de l'art. 2102 du Code civil. Dans ce cas l'huissier instrumentaire, prévoyant que la résistance du débiteur et celle de l'intervenant peuvent être légales, quoique rien ne démontre actuellement qu'ils ont des droits *incontestables*, croit devoir en référer; aussi sans vouloir passer outre, mais après avoir établi garnison aux portes pour empêcher le divertissement (1), il délaisse le créancier à se pourvoir à l'hôtel du juge, pour qu'il soit statué *provisoirement* sur l'obstacle qui s'élève contre l'exécution du titre dont il est porteur (Code de procédure civile, article 556).

Voilà donc les parties devant le juge des référés.

---

(1) Argument de l'art. 587 du Code de procédure civile, qui permet d'agir ainsi lorsque les portes sont fermées et qu'on refuse de les ouvrir. Ce n'est qu'une mesure conservatoire qui rentre essentiellement dans les attributions de l'huissier qui se présente pour saisir, et qu'il peut employer toutes les fois qu'il existe des obstacles.

D'une part, *Paul* s'obstine à soutenir qu'il est libéré par la quittance de son créancier, tandis que celui-ci ne reconnait pas le paiement, ou s'il en convient, il ajoute qu'il est relatif à une seconde créance. Dès-lors par la force des choses, il faut examiner de quelle manière se fera l'imputation, objet principal qui se rattache au fond du droit, et qui sortant du provisoire, ne saurait être décidé en état de référé. Vient ensuite le revendiquant. Cette tierce-partie réclame la propriété du mobilier qu'on allait saisir ; elle se fonde sur un acte qui parait lui conférer les droits qu'elle exerce, ou bien elle allègue avoir vendu les meubles en litige, et exhibe aussitôt une facture qui énonce qu'elle a fait la vente à *Paul* depuis moins de huit jours (1).

De son côté *Pierre*, créancier poursuivant, conteste le titre à l'aide duquel le tiers-revendiquant prétend établir à son profit la propriété des meu-

---

(1) Le vendeur d'effets mobiliers, non payé du prix, ne peut former sa demande en revendication que dans la huitaine de la livraison, pourvu encore que les effets ne soient pas sortis des mains de l'acheteur. Cette règle est consacrée par l'art. 2102 du Code civil. Mais elle est modifiée par le Code de commerce ; car, *entre négocians*, la revendication n'a lieu qu'en matière de faillite, et elle doit être exercée pendant que les marchandises sont encore en route, ou dans les magasins du commissionnaire chargé de les vendre. Or, si les objets expédiés ne sont plus sous balle et sous corde, s'ils sont entrés dans les magasins du failli, ou si ce dernier les a vendus avant leur arrivée, *tout dol et fraude cessant*, la revendication n'est plus admissible. — Quant aux marchandises consignées au failli, à titre de dépôt, ou pour être vendues dans l'intérêt et pour le compte de l'envoyeur, ce dernier a la faculté de les revendiquer aussi long-temps qu'elles existent en nature. Hors ces cas, les syndics de la faillite peuvent s'opposer à la revendication, en payant le prix des marchandises vendues au failli (Code de commerce, art. 576, 577, 578, 579, 580, 581 et 582).

bles trouvés en la possession de *Paul* (1), et s'il est question de la vente de ce mobilier, il soutient qu'elle est antérieure. « D'ailleurs, dit-il, la facture opposée est sans date à mon égard (Code civil, art. 1328). Il n'appartient pas au demandeur de se créer un titre à lui-même, à moins qu'il ne vienne certifier la vente et le jour où elle a été faite par des livres de commerce *régulièrement tenus* (2), et qu'il n'a pas été payé.

Telles sont les exceptions proposées et débattues en état de référé.

Mais que fait le juge? Au lieu d'écarter les ques-

---

(1) En fait de meubles, la possession vaut titre (Code civil, art. 2279). Cependant l'usufruit peut frapper sur des choses mobilières, et alors la possession de l'usufruitier n'étant plus qu'à titre précaire, la règle posée par l'art. 2279 n'empêche pas un tiers de revendiquer la propriété. Mais il faut que le revendiquant justifie ses droits par acte authentique, et s'il est sous signature privée, qu'il ait acquis une date certaine avant les poursuites faites par le créancier, à moins qu'il ne s'agisse d'une valeur au-dessous de 150 francs, (art. 578, 579, 1341, 2219, 2228, 2229, 2231 et 2236).

(2) D'après le Code civil, la vente peut être faite par acte authentique ou sous signature privée, ce qui veut dire que si la chose vendue ne dépasse pas la somme ou la valeur de 150 fr., elle pourra encore être constatée par la preuve testimoniale, ou par les autres genres de preuves autorisées par la loi civile (art. 1341, 1582, 1583 et 1584). — En matière commerciale, au contraire, le législateur voulant favoriser les transactions, les étendre et les faciliter, a disposé que les achats et ventes se constatent : 1° par actes publics; 2° par actes sous signature privée; 3° par le bordereau ou arrêté d'un agent de change ou courtier, dûment signé par les parties; 4° par une facture acceptée; 5° par la correspondance; 6° par les livres des parties, et 7° par la preuve testimoniale, *dans le cas ou le tribunal croira devoir l'admettre*. — Or, entre négocians, nulle difficulté, le droit du commerce leur donne une latitude immense pour établir leurs conventions. Mais quand le litige a lieu entre un négociant et un individu qui ne l'est pas, la loi commerciale doit être res-

tions d'imputation de paiement, de validité d'acte et de propriété qui surgissent des débats, et de se restreindre au *provisoire*, en d'autre termes à l'examen du titre produit par le créancier pour savoir s'il est authentique et *exécutoire*, il croit devoir apprécier la cause au fond ; il ordonne la suspension des poursuites, sauf aux parties intéressées à se pourvoir au principal sur la liquidation des sommes dues par le débiteur (1), et pour faire statuer sur le mérite de la demande en revendication. Cependant dans l'intervalle, le mobilier disparaît. *Pierre* qui l'ignore, fait liquider sa créance; une seconde saisie est tentée au domicile de *Paul;* il y fait transporter un huissier, et c'est alors seulement qu'il découvre la fraude de son débiteur. Il reconnaît

treinte, et la preuve testimoniale n'est plus illimitée. Ainsi, le bordereau d'un agent de change ou courtier, la facture qu'on dit être acceptée ou la correspondance sont insuffisans pour le non-négociant qui ne veut pas les reconnaître, à moins qu'il ne les ait signés. — Mais un acte sous signature privée ne peut, en règle générale, être exécuté contre un tiers-intéressé que du jour où il a acquis date certaine. Cependant les livres du négociant, *s'ils sont régulièrement tenus*, devraient jusqu'à un certain point pouvoir être opposés à celui qui ne fait pas le commerce. — En effet, le livre journal doit présenter, jour par jour, *généralement*, tout ce que le négociant fait à raison de son commerce, tout ce qu'il reçoit et paie à quelque titre que ce soit. Ce livre fait foi en justice. Mais entre qui? L'art. 13 du Code de commerce a-t-il modifié les art. 1329 et 1330 du Code civil? Quoiqu'il en soit, toutes parties peuvent en demander l'apport pour en extraire l'objet du différend, et si elles s'en prévalent, elles ne peuvent pas diviser les énonciations qu'il renferme. S'il est irrégulier, il ne doit plus faire foi que contre celui qui l'a tenu (Code civil, art. 1329, 1330 et 1331; Code de commerce, art. 8, 12, 13 et 109).

(1) Le créancier peut néanmoins faire la saisie, sauf à surseoir à la vente jusqu'après la liquidation de la créance (Code de procédure civile, art. 551).

tout le préjudice que lui occasionne l'ordonnance du juge des référés. Le revendiquant avait aussi porté sa demande en justice; elle y avait été accueillie favorablement; mais elle devient illusoire, puisque les objets sur lesquels elle repose ne sont pas représentés. Qu'est-il donc résulté de tout cela? Le juge du provisoire, par un sursis inconsidéré, hors de ses attributions, n'a fait que favoriser l'enlèvement du mobilier, en même temps qu'il a contraint le créancier et le revendiquant à faire des frais dispendieux sans aucun avantage. Cela démontre aussi qu'en jugeant différemment, en respectant la foi dûe aux actes authentiques, et la force exécutoire que la loi leur accorde; en ordonnant la continuation des poursuites, le juge des référés eut garanti les droits de tous; car les meubles et effets de *Paul* auraient été saisis, placés sous la surveillance d'un gardien solvable, et seraient restés le gage commun tant du créancier saisissant que du revendiquant. Le gardien aurait veillé dans l'intérêt du véritable propriétaire, et celui qui en aurait obtenu la délivrance n'aurait pas été exposé à perdre ses droits.

Et qu'on ne dise pas qu'en vertu de l'ordonnance de référé qui aurait permis de continuer les poursuites, *Pierre* pouvant faire saisir et vendre, aurait seul profité de la décision au préjudice du revendiquant, et de son débiteur, si ce dernier avait ultérieurement établi sa libération.

Oui, sans doute, *Pierre* aurait fait saisir les meubles de *Paul,* il aurait même fixé le jour de la vente, parce que la loi lui en faisait un devoir, peut-être eut-il apposé des affiches pour l'indiquer au public; mais comme il faut qu'il y ait huitaine au moins entre la signification de la saisie au débiteur et la vente; il était toujours facile à *Paul* d'obtenir dans l'intervalle, par assignation à bref délai, en vertu de la permission du président du tribunal, un jugement qui aurait liquidé la dette. Et s'il eut été déclaré quitte envers le saisissant, tout était arrêté, le créancier n'eut plus eu aucun droit à le poursuivre. Au contraire, pour ce qui concerne le tiers-revendiquant, il lui importait beaucoup que le juge des référés ordonnât l'exécution provisoire des titres de *Pierre*, et surtout qu'il y eut saisie, puisque dans ce cas, les meubles et effets de *Paul* dont il alléguait être propriétaire, étant assurés entre les mains d'un dépositaire de justice, il n'avait plus qu'à exercer son action de revendication en s'opposant à la vente, par exploit signifié au gardien, et dénoncé au saisissant et au saisi, avec assignation libellée, indicative des preuves sur lesquelles il fondait sa propriété (Code de procédure civile, art. 608). Le tribunal du lieu de la saisie aurait statué comme en matière sommaire, sans remise ni tour de rôle, sans que le demandeur fut même obligé de recourir à l'essai préalable de conciliation. Et comme en droit, l'acte public ne fait foi en justice qu'à l'égard de ceux qui l'ont consenti, ou leurs ayant-cause, et qu'un tiers n'est pas tenu à l'exécuter, il reste bien établi que la vente des meubles de *Paul* n'eut pas été faite avant que la question préjudicielle de propriété résultant de l'opposition du tiers-revendiquant, n'eut été résolue (Code civil, art. 1134 et 1319; et Code de procédure civile, art. 49, 72, 405, 595, 613 et 617).

Magistrats! que répondrez-vous à ces argumens?

§ II.

DIFFICULTÉS SUR LA SAISIE-EMPRISONNEMENT.

CE QUE DOIT FAIRE LE JUGE.

Titius, créancier de *Mévius* en vertu d'un jugement qui prononce la contrainte par corps (1), fait

(1) La contrainte par corps ne peut, en règle générale, être appliquée qu'en vertu d'un jugement. Ainsi, elle ne saurait être valablement prononcée par un juge en état de référé, parce qu'une telle décision n'est pas rendue par un tribunal, et avec les solennités requises. C'est ce qui fut décidé le 19 juin 1807 (arrêt de la cour de Montpellier, rapporté par Sirey, tome 15-2-42). — Un citoyen ne doit jamais être soumis à la contrainte par corps, qu'en vertu d'une loi formelle. Toute stipulation contraire énoncée dans des actes, contrats et transactions quelconques, toute condamnation *volontaire* qui prononcerait cette peine hors les cas où la loi l'a permis, serait essentiellement nulle. Cela fait aussi qu'un débiteur condamné par corps lorsqu'il ne devait pas l'être, et qui a eu la faiblesse d'acquiescer au jugement qui prononce cette condamnation, peut toujours se pourvoir contre; car un tel jugement ne doit jamais pouvoir acquérir la force de la chose jugée. Il a même été décidé que, nul en France ne pouvant aliéner sa liberté, les tribunaux ne sont pas tenus d'ordonner l'exécution d'un jugement qui aurait prononcé la contrainte par corps au mépris des lois. — Mais cependant cette voie rigoureuse d'exécution, est de droit dans tous les engagemens qu'un étranger contracte au profit d'un français. Aussi, par une dérogation au droit commun, dès l'instant que l'obligation est échue, SANS JUGEMENT, *en vertu d'une simple ordonnance du juge des référés*, l'étranger peut être arrêté provisoirement, à moins qu'il ne possède en France des immeubles d'une valeur suffisante, ou qu'il ne fournisse caution (Code civil, art, 2063 et 2067; Code de procédure civile, art. 166 et 167; loi du 15 germinal an 6, art. 1, 2 et 6; loi du 10 septembre 1807; loi du 17 avril 1832, et arrêts des cours de Paris, Rouen et Bordeaux, en date des 29 pluviose an 10, 12 juillet, 15 novembre et 21 decembre 1825, rapportés également par Sirey, tome 2-2-314; tome 28-2-124, et tome 26-2-208 et 158).

procéder à son arrestation : c'est d'ailleurs le seul moyen qui lui présente quelque chance de succès, puisque le débiteur ne possède que des billets de banque, des effets de commerce payables au porteur et qu'il n'a en apparence ni meubles, ni immeubles susceptibles d'être saisis. Mais à peine l'huissier (1) l'a-t-il appréhendé au corps, qu'il demande à être conduit en référé devant le président du tribunal de première instance, ainsi que l'y autorise l'art. 786 du Code de procédure civile. Ar-

(1) A Paris, les arrestations en matière civile ou commerciale, ou pour les restitutions ordonnées par les tribunaux correctionnels, sont faites par des gardes du commerce. Ces officiers ministériels sont soumis à un cautionnement, et offrent bien plus de garanties que nos huissiers de province. Il existe, en effet, un vérificateur au bureau des gardes du commerce : il est nommé par le ministre de la justice, et doit fournir un cautionnement. Ses fonctions consistent à vérifier les titres et pièces en vertu desquels le débiteur doit être arrêté, et ce débiteur peut notifier au bureau les oppositions, appels ou autres actes tendant à s'opposer à la contrainte par corps prononcée contre lui. Les titres ne doivent être remis au garde du commerce chargé de l'arrestation, qu'après que le vérificateur s'est assuré qu'il n'existe aucun empêchement à l'exécution de la contrainte, et si l'empêchement est reconnu plus tard, il est tenu d'en donner connaissance au garde, porteur des pièces, afin de prévenir une arrestation illégale. — Le vérificateur remet un certificat qui constate qu'il y a lieu d'exercer la contrainte par corps, et, dès cet instant, il n'est reçu aucune opposition, à moins que le débiteur contraignable ne représente un récépissé du vérificateur constatant qu'il a déposé ses pièces au bureau des gardes du commerce. — Toutes ces précautions infiniment sages, infiniment avantageuses aux citoyens et au commerce, donnent aux magistrats de la capitale, la certitude que les formalités ont été remplies; aussi le juge des référés a peu à en connaître; ordinairement il ne s'arrête pas aux exceptions du débiteur, sauf à se pourvoir devant le tribunal. Dans les autres villes, au contraire, il n'est presque pas d'arrestation qui ne conduise le créancier en référé. (Code de commerce, art. 625 et décret du 14 mars 1808, art. 3 et suivans).

rivé devant ce magistrat, *Mévius* allègue que le commandement est nul; il prétend qu'il a été signifié à un domicile qui n'est pas le sien, et qu'au surplus, il n'est pas débiteur des sommes pour lesquelles on l'a arrêté. Il oppose qu'il a trouvé dans la succession de son oncle, dont il est héritier, une lettre de change souscrite par *Titius*, créancier incarcérant. Or, cet effet de commerce étant exigible, il veut profiter de la compensation légale qui s'est opérée entre lui et son créancier (Code civil, art. 1289, 1290 et 1291). *Sur le premier moyen, Titius* répond que *Mévius* n'a pas de domicile certain, que tantôt dans un lieu, tantôt dans un autre, il est presque impossible de savoir où le trouver; mais qu'il a habité le logement où l'huissier s'est rendu pour lui remettre la copie du commandement, et que rien ne prouve qu'il ne l'habite pas encore. *Sur le second moyen*, il continue en ces termes : « Il est vrai que j'ai souscrit une lettre de change au profit de l'oncle de mon débiteur. Toutefois cette valeur commerciale ne devait avoir d'autre effet que de donner un crédit imaginaire à celui qui en était porteur, et dans la vérité des choses, je n'étais pas tenu à payer la somme stipulée. Le défaut de protêt au domicile du tiré, l'absence de toute poursuite à raison de cette lettre de change pendant que je poursuivais moi-même le neveu de mon prétendu créancier, doivent nécessairement démontrer que l'obligation qu'on représente n'était pas sérieuse. Je prouverai aussi devant le tribunal compétent, soit par actes, soit par témoins (1), que je ne suis tenu à rien

(1) En général, il n'est reçu devant les tribunaux civils aucune preuve par témoins contre et outre le contenu aux actes,

vis-à-vis de mon débiteur. » Mais nonobstant ces exceptions péremptoires, le juge des référés ordonne la mise en liberté provisoire de *Mévius*, et cela,

ni sur ce qui serait allégué avoir été dit avant, lors ou depuis les actes, encore qu'il s'agisse d'une somme ou valeur moindre de 150 francs, à moins qu'il n'existe un commencement de preuve par écrit, ou qu'il ait été impossible au créancier de se procurer une preuve littérale de l'obligation qu'il entend faire exécuter; le tout sans préjudice de ce qui est prescrit dans les lois relatives au commerce. Voilà le principe. Mais est-il permis aux juges consulaires d'admettre la preuve par témoins sur une lettre de change dont on réclame la condamnation? Oui. — Examinons. Les associations commerciales en participation, n'ayant qu'une ou plusieurs opérations de commerce toujours passagères et de courte durée, peuvent s'établir par la preuve testimoniale, *si le tribunal juge qu'elle peut être admise*. Il en doit être de même pour les achats et ventes; car dans ces sortes de contrats tout doit être bref, les conventions qui interviennent entre le vendeur et l'acheteur ou ceux qui les représentent, sont ordinairement simples, présentent peu de difficultés, et il est bien facile de prouver *entre négocians*, l'objet de la vente, le prix et les conditions du traité. Pourquoi n'en serait-il pas de même à l'égard des lettres de change? Ce sont des actes de commerce; les individus qui les contractent, *lors même qu'ils ne seraient pas négocians*, se soumettent à la juridiction commerciale. Pourquoi donc les deux contractans qui font un acte de commerce, ne seraient-ils pas fondés à présenter des témoins pour prouver leurs exceptions? Et le citoyen qui s'oblige par corps dans une obligation isolée, serait-il moins favorable devant la justice, que le négociant qui se livre à une longue série d'achats et ventes dans le dessein de spéculer et de faire fortune? Nous ne le pensons pas. Nous croyons aussi que la preuve testimoniale doit être reçue. — Les tribunaux de commerce peuvent dans tous les cas, *même d'office*, ordonner que les parties seront entendues en personne, à l'audience ou dans la chambre du conseil, et s'il y a lieu, commettre un juge, un simple commissaire pour les entendre eux-mêmes, et dresser procès-verbal de leurs déclarations. Or, de deux choses l'une, ou ce procès-verbal doit faire foi en justice, ou il ne doit pas être écouté? Dans le premier cas, rien n'empêche le commissaire d'ouïr les témoins que les parties amènent avec elles, de recueillir leurs dires, de les insérer au procès-verbal, et d'en

dit-il, parce que le domicile de ce dernier avait été mal indiqué; que la copie du commandement en contrainte par corps ne lui avait pas été remise; qu'il avait, par conséquent, dû l'ignorer, et ne pas s'attendre à l'exécution rigoureuse dont il venait d'être l'objet.

Depuis lors, il a été impossible à *Mévius* d'être payé de sa créance, tandis que lui-même ne devait rien; quelque précaution qu'il ait prise, il n'a jamais pu découvrir son débiteur, ou s'il a su où il était, toutes ses tentatives de le faire arrêter ont été inutiles. Or, qui lui a occasionnné cette perte? Le juge des référés. Il n'en eut pourtant pas été ainsi si *Mévius*, était allé en prison, parce qu'il est à présumer que, pour obtenir son élargissement, il aurait désintéressé son créancier. S'il avait eu des droits à faire valoir contre le procès-verbal d'arrestation, il pouvait introduire immédiatement devant

---

faire parvenir la connaissance au tribunal qui doit juger. Dans le cas contraire, si cette formalité eut été sans but, si l'on n'avait pas dû y avoir confiance, le législateur l'eut-il ordonnée? Non, mille fois non; car il n'y a rien d'inutile dans la loi. Ce n'est donc qu'un moyen légal pour arriver à la découverte de la vérité, et dès-lors tout ce qui tend à la faire connaître doit être accueilli avec faveur devant les juridictions commerciales. — Cependant l'intérêt qu'inspire le commerce, la célérité qu'il exige, la foi que doivent mériter les négociations qui interviennent à suite des lettres de change, nous empêchent de penser que le tireur d'un effet commercial puisse rien opposer au porteur de *bonne foi*, sauf à suivre contre le premier endosseur, celui en faveur duquel il aurait souscrit la traite. S'il en était autrement, il n'y aurait plus de sécurité pour ceux qui traitent sur place ou par l'entremise d'agens de change, et le commerce, cette belle ressource de la prospérité publique, en recevrait une trop cruelle atteinte (Code civil, art. 1341, 1347 et 1348; Code de procédure civile, art. 428, et Code de commerce, art. 49, 109 et 161.)

le tribunal de première instance du lieu de l'exécution, l'action en nullité de ce même procès-verbal, et obtenir sa mise en liberté définitive. Tout se bornait à quelques jours de prison. Il avait encore la faculté de réclamer des dommages à cause de son arrestation, dans le cas où il aurait été reconnu qu'elle était illégale ; il pouvait aussi être indemnisé du préjudice que lui aurait causé le juge du provisoire, tandis que *Titius* n'a pas eu ce moyen (1).

(1) Faute par le créancier d'observer les formalités prescrites pour l'emprisonnement, le débiteur incarcéré doit se pourvoir par action en nullité devant le tribunal du lieu où il est détenu ; ce n'est que pour le cas où la demande en élargissement serait fondée sur des moyens du fond, qu'il faut la porter au tribunal de l'exécution du jugement. Cette demande est, dans tous les cas, formée à bref délai, en vertu de la permission du président, et la cause est jugée sommairement, sur les conclusions du ministère public ; l'assignation est donnée par un huissier commis, et la copie est signifiée au domicile élu dans l'acte d'écrou (Code de procédure civile, art. 72, 554, 794 et 795). Mais ce n'est qu'avec peine que le législateur a permis la contrainte par corps à raison de certaines obligations privilégiées ou dont l'accomplissement est rigoureusement nécessaire. Aussi le créancier, s'il peut employer cette voie extraordinaire, ne doit pourtant pas en abuser, et il en abuserait, s'il faisait arrêter son débiteur au mépris des formes conservatrices que le Code a tracées. L'arrestation serait illégale, et dans ce cas, tout concourt à faire prononcer de suite la nullité de l'acte qui prive indûment un citoyen de sa liberté. Mais s'il est un grand principe d'équité d'après lequel tout fait quelconque de l'homme, qui cause à autrui un dommage, oblige celui par la faute duquel il est arrivé à le réparer (Code civil art. 1382), il est pourtant très-rare qu'un débiteur incarcéré obtienne des dommages contre le créancier incarcérant, à cause d'une arrestation nulle. Cela est facile à concevoir. Ordinairement, les arrestations ne sont annulées que pour des vices de forme, abstraction faite des causes de la dette et de la qualité de créancier. Aussi le débiteur ayant eu tort de ne pas se libérer, l'on pense qu'il serait injuste de condamner son créancier à des dommages, pour avoir voulu hâter cette libération,

§ III.

DIFFICULTÉS SUR LA SAISIE-IMMOBILIÈRE.

CE QUE DOIT FAIRE LE JUGE.

Gustave adresse à *Guillaume* un commandement de payer la dette exigible, avec menace de faire

---

C'est bien assez de lui faire supporter les frais de l'arrestation. Mais si la capture du débiteur avait été révoquée par des moyens touchant le fond du titre, c'est-à-dire, s'il avait été reconnu que la créance était éteinte, soit par l'accomplissement de la prescription, soit par tout autre moyen de libération; dans ce cas, il y aurait dommage souffert. En effet celui qui ne doit rien, ne doit pas être poursuivi. Or, comme une exécution telle que l'emprisonnement porte atteinte à la réputation de celui qui en est l'objet, sous ce rapport qu'elle le préjudicie dans l'opinion publique, il lui faut des dommages. Le débiteur incarcéré devrait également en obtenir, malgré qu'il ne fut pas libéré, s'il y avait eu excès ou violences commis sur sa personne, rigueurs inaccoutumées, transport dans un lieu non autorisé par la loi. L'huissier pourrait même être poursuivi *extraordinairement* (Code de procédure civile, art. 788, et Code pénal, art. 186 et 341). — Quelques praticiens croient que l'art. 788 du Code de procédure civile, donne au président du tribunal de première instance un pouvoir illimité en matière d'arrestation; il leur semble que parce que ce magistrat a la faculté d'ordonner que le débiteur sera mis en liberté, ou qu'il sera conduit en prison, il lui appartient de décider toutes les questions qui naissent de la matière. Nous ne le pensons pas ainsi. Il faut bien se garder de distraire des juridictions ordinaires ce qui doit leur appartenir, pour le transporter à un juge qui peut souvent en faire un mauvais usage. Sans doute, qui veut la fin veut les moyens; or, le législateur ayant permis au juge des référés de sanctionner une arrestation ou de l'annuler, il est sous-entendu qu'il pourra vérifier les moyens qui vicient le procès-verbal de l'huissier ou du garde de commerce. Mais cependant ces moyens se bornent tous à la forme de l'emprisonnement, à la régularité des titres en vertu desquels on y procède, aux nullités apparentes qui n'exigent que la simple inspection des pièces. il serait contraire à la nature du provi-

saisir les immeubles qu'il a hypothéqués dans l'acte d'obligation ; mais le débiteur répond qu'il ne doit rien, il s'oppose, et assigne le créancier aux délais

---

soire que le président put entrer dans l'examen des vices intrinsèques de l'acte exécutoire ou du jugement qu'on exécute, en décidant des questions de droit touchant la libération du débiteur, telles que l'imputation des paiemens, la novation, la remise de la dette, etc; car tous ces objets rentrent essentiellement dans les attributions des juges du fond. C'est donc de la *régularité* des pièces dont le juge des référés peut connaître, et non pas de la cause de leur *légalité*. — La cour de Paris ayant eu à se prononcer sur cette question d'attribution, décida le 17 décembre 1817 (Sirey, tome 18-2-227), que le magistrat des référés n'est juge nécessaire que de la régularité des *pièces* en vertu desquelles se fait l'emprisonnement. — Cette cour fit néanmoins une fausse application du principe qu'elle venait de consacrer, sous ce rapport qu'elle voulut admettre le président à juger la validité ou l'invalidité de la copie signifiée au débiteur. Suivant nous (et ceci est conforme à l'esprit dans lequel les art. 786 et suivans ont été rédigés), il ne doit s'occuper que des pièces qui sont entre les mains de l'huissier ou autre officier de justice qui a procédé à l'arrestation. Or, si ces pièces sont suffisantes, s'il y a un jugement exécutoire qui prononce la contrainte par corps, un commandement daté et signé, adressé au débiteur, contenant la notification du titre, il doit ordonner que l'huissier clôturera son procès-verbal, et qu'ainsi l'arrestation sera maintenue. — Indépendamment de ce qu'il n'est pas exact de soutenir que la copie doive toujours représenter l'original, il est encore possible que les omissions, les blancs ou les lacunes proviennent du débiteur. Tout le monde sait, en effet, qu'à l'aide de procédés chimiques, d'adroits faussaires sont parvenus à altérer la substance des actes, en enlevant l'écriture qui s'y trouvait pour y en substituer une autre. Pourquoi ne pourrait-on pas dans la copie d'un commandement en contrainte par corps supprimer la date, l'immatricule de l'huissier ou bien sa signature? Le président lui-même serait-il assez éclairé, serait-il autorisé à juger de l'état matériel de la pièce, et de ses altérations??.... Nous croyons qu'il n'appartient qu'aux tribunaux ordinaires de s'occuper de pareilles investigations, parce que dans le concours de leurs lumières il y a plus de garanties que dans le jugement d'un seul homme. D'ailleurs eux seuls sont compétens pour ordonner des vérifications par experts, dans le cas où cela deviendrait nécessaire.

ordinaires devant le tribunal de première instance pour voir annuller le commandement, en même temps qu'il le traduit à bref délai devant le juge des référés, pour voir suspendre provisoirement l'exécution du titre jusqu'à ce qu'il ait été statué sur le mérite de son opposition. Les parties se présentent. L'opposant soutient que le juge des référés doit ordonner le sursis, parce que s'il permettait de continuer les poursuites il évacuerait l'opposition, et dépasserait les bornes de sa compétence. Or, ce système triomphe!...... Une ordonnance rendue en état de *référé* suspend provisoirement les poursuites de *Gustave*, afin que *Guillaume* puisse faire statuer sur son opposition au commandement de saisie-immobilière (1); à cet effet, les parties sont renvoyées devant les juges du fond.

Qu'arrive-t-il toutefois? L'opposition est reconnue mal fondée. Mais dans l'intervalle, le débiteur morcelle ses immeubles, les dégrade, les vend à vil prix, et met le créancier dans la nécessité de suivre son hypothèque contre plusieurs tiers-détenteurs.

---

(1) Ainsi jugé le 30 juillet 1810 par arrêt de la cour de Turin, (Sirey, tome 15-2-197). Mais pour l'honneur de la magistrature empressons-nous d'ajouter que cet arrêt singulier est le seul de cette espèce que nous ayons trouvé dans nos recueils. Il nous paraît si extraordinaire, si opposé à l'esprit, au texte même de la loi, ses conséquences peuvent être si déplorables que nous ne craignons pas d'avancer qu'il n'en existe point un autre dans ce sens. Si cet arrêt pouvait être suivi, il serait malheureusement trop vrai que le créancier n'aurait jamais le pouvoir d'exécuter son titre contre le débiteur, puisque ce dernier, pour l'arrêter, n'aurait besoin que de former opposition au principal, de l'appeler ensuite en référé, et de dire au juge: « Si » vous ordonnez la continuation des poursuites, vous me dé» mettez de mon opposition, vous évacuez le principal, et par » conséquent, vous dépassez vos attributions. » Quel sophisme! Le juge qui l'accueillit n'était pas Français!!....

Des sommations de payer ou de délaisser sont faites; plusieurs acquéreurs purgent les hypothèques; certains délaissent les biens acquis, et d'autres gardent le silence; aussi faut-il faire ouvrir des procès-verbaux d'ordre, faire nommer des curateurs aux immeubles délaissés, poursuivre des expropriations; et lorsque toutes ces procédures diverses sont achevées, le créancier a fait beaucoup de frais inutiles, et sa créance lui est encore due. Il est même condamné à la perdre, puisque son débiteur est ruiné (1).

---

(1) L'hypothèque est un droit réel sur les immeubles, et les créanciers inscrits ou réputés tels, les suivent en quelques mains qu'ils passent, pour être colloqués et payés suivant le rang de leurs inscriptions. Mais la simple transcription de l'acte translatif de propriété ne purge pas les biens acquis des hypothèques qui les grèvent, et les tiers-détenteurs sont tenus de remplir certaines formalités pour rendre la propriété irrévocable sur leur tête; faute de quoi ils sont tenus de payer tous les intérêts et capitaux dûs aux créanciers inscrits, à quelques sommes qu'ils puissent monter, si mieux ils n'aiment délaisser les immeubles hypothéqués, sans aucune réserve. Chaque créancier peut, à défaut de purge ou de paiement, faire revendre les immeubles aliénés, trente jours après commandement fait au débiteur originaire, et sommation à l'acquéreur de payer ou de laisser. Il faut même observer que le débitenr ne peut plus réclamer le bénéfice du terme stipulé à son profit, lorsqu'il a diminué les sûretés qu'il avait promises par le contrat à son créancier : d'où il faut conclure que la vente des immeubles *spécialement* hypothéqués rend la créance exigible. Le tiers-détenteur ne peut que demander la discussion préalable des autres biens du débiteur, si l'hypothèque est légale ou judiciaire, et faire surseoir aux poursuites, conformément à ce qui est réglé au titre du cautionnement, à la charge d'indiquer les biens susceptibles d'être discutés, et de fournir somme suffisante pour parer aux frais de la discussion. Mais s'il ne veut ni purger, ni payer la dette hypothécaire, ni proposer l'exception de discussion, et qu'il préfère délaisser, alors il est créé un curateur à l'immeuble, et la revente se poursuit contre lui. — S'il s'agit d'une aliénation faite avant les poursuites du créancier, tout est présumé être fait de bonne foi, et les créanciers doivent se

Voilà ce que peut produire un sursis de poursuites ! C'est ce que nous avons vu dans plusieurs circonstances. Si au contraire le juge des référés avait ordonné l'exécution provisoire du titre dont *Gustave* était porteur, la saisie des immeubles de *Guillaume* eut été faite immédiatement, les ventes partielles et frauduleuses empêchées ; une seule procédure eut suffi, et des frais dispendieux, les morcellemens des biens, ainsi qu'une infinité d'abus ne seraient pas venus détruire le gage des créanciers ; *Gustave* eut été payé.

CHAPITRE IV.

LA LOI AURAIT DU DÉFENDRE AUX JUGES D'ACCORDER AUCUN SURSIS AUX DÉBITEURS.

Une foule d'autres exemples qu'il serait trop long de citer ici, attestent jusqu'à la dernière évidence, qu'une ordonnance de référé porte le plus grand préjudice lorsqu'elle suspend des poursuites que le

---

borner au droit de suite par hypothèque, afin d'arriver à la collocation et au paiement de leurs créances. Au contraire, à compter du jour du commandement de saisie-immobilière, tout de la part du débiteur est présumé frauduleux. Les créanciers, même l'adjudicataire, peuvent demander la nullité du bail à ferme qui n'aurait pas une date certaine avant le commandement. Après que la saisie a été dénoncée, la propriété des immeubles est amortie, incertaine, la partie saisie ne peut plus la transmettre, et les fruits sont immobilisés; aussi la vente est nulle de nullité radicale, dans ce sens que si le nouvel acquéreur ne consigne pas somme suffisante pour acquitter en principal, intérêts et frais, les créances incrites, et s'il ne signifie pas l'acte de consignation aux créanciers, il est passé outre à l'adjudication (Code civil, art. 1168, 2021, 2022, 2023, 2114, 2166 et suivans, et Code de procédure civile, art. 124, 691, 692, 693, et 694).

créancier exerce contre son débiteur, en vertu de titres exécutoires ou de jugemens; aussi la loi aurait dû se montrer plus sévère à l'égard des juges des référés : il fallait leur défendre expressément d'accorder aucun sursis, toutes les fois que le créancier serait porteur d'un titre authentique, suivi de commandement *régulier*, et les rendre responsables des dommages que la suspension des poursuites entraînerait avec elle. De cette manière, l'on eut évité bien des décisions préjudiciables, injustes, qui ne semblent être que le fruit d'une passion aveugle, l'effet de l'ignorance, ou d'un emportement d'esprit toujours peu digne du magistrat.

Sans doute, nous ne sommes plus à ces temps barbares du combat judiciaire, où le juge pouvait être appelé en champ clos pour y venir défendre son jugement. Notre législation, nos mœurs ne veulent pas non plus que le juge inférieur puisse être traduit à la barre, devant son supérieur, pour y rendre compte de sa conduite, et démontrer la justice de sa décision. Rendons-en hommage aux progrès de notre civilisation! Cependant, quand nous voyons que le Code de commerce (art. 647) ne veut pas que les cours royales accordent aucune défense ou surséance à l'exécution des jugemens commerciaux, *sous peine des dommages et intérêts des parties*, s'il y a lieu; quand par la loi du 6-22 août 1791, tit. 13, art. 31, 32 et 33 (dispositions confirmées par l'art. 2098 du Code civil, ainsi que par la jurisprudence des cours et tribunaux), nous voyons encore que la régie des douanes exécute les biens des redevables sur de simples contraintes visées par les juges de paix, et qu'il est interdit à ces magistrats, *sous peine de répondre personnellement des valeurs qu'elles énoncent*, de refuser le visa qui est requis par l'administration, de même que de surseoir l'exécution des contraintes, tandis qu'ils doivent connaître du fond des oppositions faites par les débiteurs ; nous ne voyons pas pourquoi il n'en serait pas de même à l'égard du juge des référés. Car, on le sait déjà, les obligations légalement contractées tiennent lieu de loi aux parties contractantes, et l'acte authentique qui en est l'expression porte avec lui exécution parée en justice.

Or, un commandement fait au nom du chef de l'État, s'il porte avec lui le caractère de la force exécutive, ne doit pas être suspendu par un juge en état de référé. Il ne devrait pas l'être non plus par les tribunaux ordinaires (au moins jusqu'à ce que les questions du fond eussent été décidées), puisque l'art. 135 du Code de procédure civile dispose *impérieusement* que « l'exécution provisoire » *sans caution* SERA ORDONNÉE s'il y a titre *authenti*- » *que*, promesse reconnue, ou condamnation pré- » cédente par *jugement* dont il n'y a point d'appel. » Pourquoi donc un juge suspendrait-il l'exécution d'un titre exécutoire ?? Tout ce que nous pouvons dire c'est que s'il la suspend, la loi s'y oppose, et qu'en matière de commerce notamment, il s'arroge un pouvoir plus étendu, plus dangereux que celui des tribunaux supérieurs. Les cours d'appel ne pourront pas arrêter des poursuites faites à suite, en vertu d'une condamnation commerciale, et cependant le magistrat *tenant l'audience des référés* aura ce droit exorbitant !!.... A quoi sommes nous exposés, quand un juge ne connaît pas ses véritables attributions, ou qu'il feint de les ignorer !!.....

Par conséquent, ne cessons pas de le répéter, les juges devraient faire plus d'attention au mal qu'ils occasionnent aux plaideurs par un sursis que rien n'autorise, et ne jamais s'écarter de cette règle, *qu'en état de référé*, le législateur leur défend de s'immiscer dans des questions autres que celles touchant la *régularité* des actes qu'on leur représente comme devant servir de base à une exécution.

Ainsi, le magistrat qui voudra remplir avec dignité, calme et prévoyance les nobles fonctions qu'il exerce, se rappellera toujours qu'il n'y aurait plus qu'arbitraire et despotisme de sa part, si foulant aux pieds tout sentiment de justice et de pudeur, il donnait une entorse à la loi pour mieux arriver à un jugement où il préférerait les intérêts du débiteur poursuivi à ceux du créancier poursuivant. Tout lui fait un devoir de protéger le créancier contre les attaques du débiteur. Nous le verrons pour lors rigoureux observateur de ce principe vrai, qu'il est obligé d'ordonner l'exécution provisoire sans caution AU PROFIT DU CRÉANCIER, toutes les fois qu'il y a titre authentique, promesse reconnue ou condamnation précédente par jugement dont il n'y a pas appel, même nonobstant l'appel, dans les cas où la loi l'y autorise, notamment en matière de commerce (1).

---

(1) Voyez néanmoins, *suprà*, chapitre 2, page 27.

CHAPITRE V.

EN ÉTAT DE RÉFÉRÉ, IL NE FAUT JAMAIS JOINDRE LE PROVISOIRE AU FOND.

Il est toutefois des juges qui croyant satisfaire aux intérêts du demandeur et du défendeur, joignent le provisoire au fond, et renvoient les parties à l'audience du tribunal pour y être statué sur le tout par un seul jugement. A notre avis, voilà ce qu'on peut appeler un moyen détourné à l'aide duquel il est toujours facile de dénier la justice au plaideur qui la réclame.

Mais ce renvoi serait-il inspiré par la crainte de juger? Cela est possible. Nous devons cependant faire remarquer que la faiblesse sied très-mal au magistrat. Celui qui ne veut pas se montrer tel qu'il est ou tel qu'il doit être, ferait bien mieux de résigner ses fonctions. L'organe, le ministre de la loi ne devrait jamais oublier que grave et sévère comme elle, il faut qu'il reste impassible devant les considérations qui naissent de la qualité des parties, et qu'en rendant une décision lorsqu'il y est appelé, si cette décision est en harmonie avec les préceptes de la justice et du droit, aucun reproche fondé ne saurait lui être fait.

Le renvoi à l'audience du tribunal ne serait-il pas de nécessité pour le magistrat qui l'ordonne, dans ce sens qu'il n'a pas les moyens de juger, et que reconnaissant lui-même son insuffisance, il sent le besoin de s'entourer des lumières de ses collègues? Bien de gens pourront le penser ainsi, peut-être quelques antécédens les y obligent-ils; mais quant à nous qui sommes totalement désintéressés dans la question, nous ne le croyons pas. L'homme qui consent à devenir le régulateur des actions d'autrui *ou qui le sollicite*, doit connaître d'avance la somme de ses devoirs et l'étendue de ses forces ; or, s'il accepte la responsabilité de juger ses semblables, il s'en croit capable, et nous devons présumer aussi qu'il possède la science du vrai magistrat. Peut-on d'ailleurs raisonnablement supposer qu'il n'a été guidé que par un sordide intérêt, *le bénéfice de sa place*, ou par un faux orgueil, *le désir de faire partie d'une assemblée honorable où il ne serait pas digne de figurer?*....

Ce n'est donc que par erreur qu'un juge des référés peut se permettre de joindre le provisoire au fond, et cette erreur est d'autant plus dangereuse que, sans évacuer le provisoire, sans avoir l'air de juger, il accorde pourtant d'une manière indirecte la suspension des poursuites faites par le créancier. Aussi d'après nous, rien ne peut légitimer cette forme singulière de rendre la justice, ou pour mieux dire de la dénier. En effet, quand il s'agit de difficultés survenues sur l'exécution d'un titre exécutoire ou d'un jugement, le juge n'a pas de moyen terme à employer ; il faut d'abord qu'il prononce, et puis qu'il ordonne ou l'exécution provisoire que requiert le créancier, ou bien le sursis que sollicite le débiteur. Toute autre décision serait incompatible avec la nature du litige.

Mais, nous répondra-t-on, d'après l'art. 134 du Code de procédure civile, s'il a été formé une demande provisoire, et que la cause soit en état sur le provisoire et sur le fond, les juges sont tenus de prononcer sur le tout par un seul jugement.

Alors pourquoi le magistrat des référés ne renverrait-il pas la connaissance du provisoire aux juges qui peuvent décider à l'instant même sur le fond des contestations? Pourquoi? En voici la raison. D'abord, l'art. 134 qu'on invoque est tout opposé à la forme *spéciale* des référés, surtout en matière d'exécution d'un titre exécutoire, parce que ce texte de loi n'est relatif qu'aux instances principales devant les cours et tribunaux. Dans ces instances, on le sait, il arrive bien des fois que l'une des parties propose un incident qui quoique distinct, ayant seulement pour but de faire décider une question accessoire, rentre cependant dans les termes du litige à juger, et le préjuge.

Exemple. Dans une action en partage de succession, le cohéritier qui l'exerce contre celui qui détient les biens de l'hérédité, prévoyant que les opérations préparatoires, les contestations soulevées, donneront lieu à une infinité de délais avant qu'il puisse être mis en possession de son lot, forme une demande incidente (Code de procédure civile, art. 337 et 338) pour conclure à ce que *provisoirement*, pendant procès, il lui soit fait une avance sur sa portion héréditaire, offrant de l'imputer aux formes de droit. C'est ce que l'on appelle une provision alimentaire. Or, dans ce cas, comme la simple qualité de cohéritier démontre que celui qui élève l'incident aura des biens à recevoir lors de la clôture du partage, les juges du fond sont dans l'habitude d'accueillir *par un jugement séparé*, la demande en provision qui leur est soumise, et d'ordonner par conséquent que le cohéritier qui retient les biens fera une avance à son cohéritier. Mais comme il peut se faire ou que l'incident ne soit introduit qu'à une époque très-rapprochée de la liquidation de la succession, presque à l'instant où les lots vont être tirés au sort, ou bien que l'individu qui prétend à la provision ait lui-même des rapports à faire, que les bases de la succession à partager soient encore incertaines, il arrive quelquefois aussi que les juges joignent le provisoire au fond, pour y statuer lors de l'homologation de l'acte de partage, *s'il y a lieu*, ou bien lorsqu'ils décideront les difficultés survenues sur la formation de l'état de consistance. Il faut pourtant que la cause au principal soit en état d'être jugée, en d'autres termes qu'il n'y ait plus aucun délai à subir, aucun acte de procédure à faire avant le jugement définitif.

Autre *exemple*. Dans un procès de séparation de corps, après que le président a permis à la femme de se retirer provisoirement dans le domicile qu'il lui désigne ou dont les parties conviennent, la femme, quand l'instance est engagée au principal, peut, si elle est dans le besoin, demander une provision alimentaire pendant procès, soit qu'elle poursuive l'instance, soit qu'elle y défende; car il n'est pas juste que les revenus de la dot ou les biens de la communauté, ressources essentiellement destinées à suporter les charges du mariage, tournent exclusivement au profit du mari. Un incident est donc formé pour cet objet. Toutefois l'instance principale est en état, les délais sont échus, l'instruction est complète, et le mari soutient que la séparation de corps n'a été provoquée par sa femme que pour se soustraire à sa puissance, et que tandis qu'elle presse le jugement du provisoire, elle ne le fait que pour mieux éluder la décision du fond, et se procurer ainsi les moyens de vivre loin du défendeur. Cette exception est au moins spécieuse, si elle n'est pas péremptoire; les juges joignent le provisoire au fond. Alors en statuant sur les plaintes du mari ou de la femme, s'ils se déterminent à ordonner la preuve des faits tendant à légitimer la séparation des deux époux, ils sont à même d'accorder la provision en connaissance de cause, et par un seul jugement.

Mais dans cette hypothèse, la précédente et autres de cette espèce, les mêmes juges ont à prononcer sur deux objets divers, *le principal et l'accessoire;* leur décision doit intervenir entre les mêmes parties, quand il n'y a rien de jugé entr'elles. Pourquoi donc seraient-ils empêchés d'évacuer le tout par un seul jugement? Nous ne voyons rien qui s'y oppose; au contraire, en statuant par deux décisions séparées lorsque *l'incident* et la *demande* sont en état d'être jugés, les juges ne font que multiplier les frais sans nécessité: ils s'exposent même à tomber dans une contradiction susceptible d'autoriser la requête civile ou l'appel (Code de procédure civile, art. 480, n° 6). Car le jugement rendu sur le provisoire préjuge nécessairement la question du fond, dans ce sens qu'on ne peut accorder une provision à un cohéritier sans lui reconnaître cette qualité, tout comme l'on ne peut accorder une provision à la femme mariée sans reconnaître que le mariage existe, et qu'il est probable que la séparation de corps sera accueillie.

Eh bien! Supposons dans la première espèce; qu'après avoir décidé à l'égard du détenteur des biens de la succession, la qualité d'enfant légitime de celui qui réclame la provision alimentaire, ce jugement obtienne la force de la chose jugée; que cependant un autre cohéritier qui était également dans l'instance principale, mais qui n'avait pas répondu à l'incident, parce qu'il n'était pas dirigé contre lui, vienne plus tard, lors du jugement du fond, faire décider par les mêmes juges que l'individu à qui l'on a accordé la provision n'est pas enfant légitime. Dans ce cas, quelle sera la position du cohéritier déjà condamné sur l'incident ? Quant à lui, il est incontestablement jugé qu'il n'aura que le tiers de la succession, tandis que le second enfant légitime du défunt doit prendre la moitié. Il en résulte aussi que, sans aucun droit, l'individu qui a obtenu le jugement au provisoire doit profiter du sixième des entiers biens. Mais cela ne fera pas qu'il n'y ait contrariété de jugemens entre les mêmes parties. Alors si le cohériter qui a été préjudicié par la première décision, veut la faire réformer, il n'aura plus que l'appel fondé sur un moyen de requête civile, voie dispendieuse en frais, et souvent nuisible, même à celui qui l'emploie. Tels sont aussi les graves inconvéniens que la loi a voulu prévenir en exigeant que, *devant les mêmes juges*, le provisoire fut joint au fond toutes les fois que l'*incident* et la *demande* seraient en état de recevoir jugement.

Mais la requête civile, cette voie presque inévitable de la contrariété de jugemens entre les mêmes parties devant les mêmes cours et tribunaux, ne peut jamais intervenir à cause d'une décision rendue en état de référé : cette décision est *essentiellement* provisoire, et ne porte aucun préjudice au principal. D'ailleurs, quoique prononcée entre les mêmes parties, peut-être sur le même objet, elle n'est pas pour cela rendue par les mêmes juges, puisque l'un est juge d'exception, tandis que les autres sont des juges ordinaires, un tribunal régulier. Au surplus, nous le répétons, l'art. 134 du Code de procédure civile, ne reçoit d'application que dans l'instruction et le jugement des demandes tendant à faire prononcer la condamnation ou le relaxe sur une cause d'obligation, lorsqu'il n'y a rien de jugé entre celui qui demande et celui qui défend. Devant le magistrat des référés, au contraire, le fond du droit n'est plus à juger. Le titre exécutoire dont le créancier est porteur, remplace dans tous ses effets la décision que les tribunaux rendent pour contraindre le retardataire à exécuter la convention faite avec lui : d'où il faut conclure qu'il n'y a pas à craindre la contrariété de jugemens ; ni le préjudice pour la partie condamnée. Pas la plus légère condamnation n'est à prononcer ; les choses doivent toujours rester entières au principal, et passer dans cet état au tribunal qui doit connaître de l'exécution faite par le créancier, contre le débiteur qui s'oppose. Or, qu'on ne dise plus que le provisoire et le fond peuvent être joints en état de référé ; l'erreur est évidente, pleinement démontrée. D'autre part, l'inopportunité de cette jonction ressort d'elle-même, et se prouve victorieusement, si l'on fait attention que, dans les circonstances les plus ordinaires où l'on se pourvoit en référé, l'instance principale n'est pas encore portée devant le tribunal.

§ Ier.

DEMANDE EN DÉCHARGE DE LA PART D'UN GARDIEN DE MEUBLES SAISIS.

Jean a fait saisir les meubles de *Paul*, son débiteur, et *Pierre* en a été constitué dépositaire. Mais la vente n'a pas été faite au jour indiqué dans le procès-verbal de l'huissier, et si quelque empêchement est survenu, il s'est toujours écoulé plus de deux mois depuis la saisie. Alors *Pierre*, conformément aux art. 605 et 606 du Code de procédure civile, assigne *Jean* et *Paul* en référé devant le juge du lieu de la saisie, pour faire prononcer sa décharge, sauf au saisissant à faire nommer un autre gardien. Là-dessus il s'élève des contestations. Le débiteur saisi s'oppose à l'établissement d'un gardien; suivant lui c'est inutile, puisqu'il ne doit rien au saisissant. Ainsi le voilà qui veut faire annuler le titre de son créancier, parce qu'il prétend l'avoir payé soit avant, soit après la saisie. Au contraire, le saisissant soutient qu'il est encore créancier, et que les exceptions produites par le débiteur pour établir la libération qu'il allègue, sont mensongères et en tout cas mal fondées : mais il ajoute que la décharge du gardien ne doit pas être accordée, par le motif que des affiches ont été faites, que la vente des effets saisis est annoncée, et qu'elle aura lieu incessamment.

Or, dans ces circonstances, que fera le juge des référés? Joindra-t-il le provisoire au fond? Non, cela est impossible, puisqu'il n'existe aucune instance au principal. D'ailleurs *Paul*, débiteur saisi eut-il ajourné son créancier en justice pour le faire condamner à abandonner les poursuites, sous prétexte de libération ou par tout autre cause, peu doit importer au gardien; car il n'a rien à faire dans cette instance. Quant à lui, tout se borne à l'exercice d'une action dont la connaissance est attribuée au magistrat des référés; il faut aussi qu'il y ait décision pour ce qui le concerne, parce qu'il suffit d'examiner s'il peut ou non se soustraire à la garde des meubles et effets saisis.

§ II.

OBSTACLES QUI PEUVENT SE PRÉSENTER LORSQU'ON SE LIVRE AU RÉCOLEMENT OU A L'ENLÈVEMENT DES MEUBLES ET EFFETS DU DÉBITEUR SAISI.

Pierre, dépositaire des meubles saisis sur *Paul*, est en droit de se faire décharger, parce qu'il se trouve dans les cas prévus par l'art. 605 du Code de procédure civile; or, il prévient le créancier saisissant qu'il va former sa demande en décharge, s'il ne le fait pas remplacer. Dans cet état de choses, *Jean* qui a fait faire la saisie, envoie un huissier au domicile du débiteur, et là, avec la présence du gardien actuel, il va être procédé au récolement des effets saisis, pour décharger *Pierre* de leur garde et pourvoir à son remplacement. Mais le débiteur s'oppose; il conteste au créancier le droit de poursuite; il prétend qu'une instance est engagée au principal dans le but de faire annuler la saisie, et que dès-lors le récolement n'est plus qu'une vexation, un acte inutile ou frustratoire. Que doit faire le créancier? L'article 607 du Code de procédure le lui indique, en ces termes : « Il sera passé outre nonobstant tou-

» tes reclamations de la part de la partie saisie, sur » lesquelles il sera statué *en référé.* »

Mais que fera le juge des référés? Joindra-t-il le provisoire au fond? Il ne le peut pas. Le gardien veut sa décharge, il a le droit de la demander; il faut qu'il l'obtienne *nonobstant toutes réclamations de la part de la partie saisie*, sauf à cette dernière à faire statuer ensuite sur l'opposition judiciaire qu'elle a formée contre son créancier.

Il en serait encore de même dans le cas ou le gardien voudrait faire transporter les meubles saisis dans un lieu sûr, dans un local où le saisi ne puisse pas pénétrer. Cette mesure de précaution n'est que la conséquence de la garde qu'on lui a confiée. Dès-lors qu'on lui donne sa décharge de gardien ou qu'on le laisse faire. C'est pour cela que le juge des référés devrait l'autoriser à faire l'enlèvement des meubles, malgré les oppositions du débiteur.

§ III.

RÉFÉRÉ REQUIS PAR LE DÉBITEUR ARRÊTÉ.

Paul fait arrêter *Jacques*, en vertu d'un titre qui lui donne ce droit. Toutefois le débiteur a requis qu'il en fut référé, et l'huissier ou garde de commerce l'a conduit devant le président du tribunal de première instance. Divers moyens sont opposés; les uns se rapportent à la forme de l'arrestation ou des actes qui la précédent, les autres concernent le principal de la créance; mais il n'existe aucune instance en opposition devant le tribunal. Il est donc encore impossible de joindre le provisoire au fond. D'ailleurs ici, le provisoire serait définitif, puisque la jonction au principal ferait entrer le débiteur en prison. Il faut aussi que le juge des référés prononce, et que par conséquent il mette le débiteur en liberté, ou qu'il ordonne qu'on passera outre à l'emprisonnement.

§ IV.

OPPOSITIONS FAITES A L'INSTANT OU L'ON PROCÈDE A LA SAISIE-REVENDICATION.

Paul envoie à *Jacques* un meuble qu'il lui a vendu au comptant, et tandis que le lendemain de la livraison, il se présente pour en être payé, il apprend qu'on procède à la saisie de ce meuble; *Pierre* qui a perdu ou à qui il a été volé une chose mobilière, est instruit qu'elle se trouve entre les mains de *Jean*; et *Guillaume*, fabricant à Paris, a fait charger au roulage, *sous balle et sous corde*, à l'adresse d'*Adrien*, négociant à Toulouse, des marchandises que ce dernier lui a achetées; mais après que le voiturier est parti, pendant que les marchandises sont encore en route, il a connaissance de l'état de faillite de l'acheteur.

Tels sont les cas qui se présentent comme pouvant donner lieu à des saisies-revendications.

Si les créanciers veulent se pourvoir, *Paul* et *Pierre* devront s'adresser au président du tribunal de première instance pour être autorisés à exercer leurs saisies, au lieu que *Guillaume* pourra recourir au président du tribunal de commerce pour avoir la permission de revendiquer les marchandises (Code civil, art. 2102, n° 4, — 2279 et 2280; Code de procédure civile, art. 417 et 826, et Code de commerce, art. 106, 172, 576 et suivans).

Quoiqu'il en soit, l'un des créanciers dont nous parlons, par exemple *Pierre*, a obtenu une ordonnance du président du tribunal de première instance, en vertu de laquelle il va revendiquer entre les mains de *Jean*, la chose qu'il a perdue ou qu'on lui a volée. Mais l'huissier éprouve de la résistance dans l'exécution; les portes sont fermées, on ne veut pas les ouvrir, ou si l'huissier pénètre dans le domicile de *Jean*, celui-ci s'oppose à la saisie; il prétend que la chose mobilière qu'on revendique n'appartient pas au revendiquant, ou qu'il l'a faite fabriquer lui-même. Alors quelle conduite doit tenir l'huissier? Elle est bien simple. « Si celui » chez lequel sont les effets qu'on veut revendiquer » (Code de procédure civile, art. 829), refuse » les portes ou s'oppose à la saisie, *il en sera référé* » *au juge*, et cependant il sera sursis à la saisie, » sauf au requérant à établir garnison aux portes. »

Mais, quant au juge des référés, que fera-il? Joindra-t-il le provisoire au fond? Certainement non, puisqu'aucune instance n'est engagée au principal. Ce magistrat devra donc ordonner que l'huissier passera outre, nonobstant les oppositions de *Jean*; car il suffit qu'il y ait identité entre l'objet détenu par l'opposant et celui réclamé par le créancier revendiquant, pour que la saisie puisse être faite. La demande en validité ou en main levée qui est introduite, met le tribunal qui doit en connaître à même de décider la question de propriété. Mais pour ce qui est du juge du provisoire, il serait incompétent pour vérifier le fond du titre; il y aurait même péril en la demeure de surseoir ou d'empêcher la saisie. Cet acte ne constitue qu'une mesure conservatrice; l'objet qui en fait la matière doit être confié à un gardien, à l'individu qui en est en possession, s'il présente assez de garanties au saisissant. Or, s'il n'y avait pas saisie de la chose litigieuse, elle pourrait disparaître. Cette seule considération doit déterminer le juge à ordonner la continuation des poursuites.

L'impossibilité de joindre le provisoire au fond serait encore bien plus absolue pour le président du tribunal de commerce, si les parties avaient été obligées de s'adresser à lui (ce qui pouvait arriver dans le cas de la revendication des marchandises que *Guillaume* vendit à *Adrien*, négociant-failli). En effet, si le juge de commerce peut, sur la requête du créancier, autoriser une saisie-revendication; s'il peut connaître encore du référé qui a lieu sur l'opposition contre son ordonnance, entendre les parties, et décider s'il sera ou non passé outre à la saisie; il serait néanmoins sans qualité pour vérifier l'exécution ou statuer sur la question de savoir si elle doit être maintenue ou annulée. Le tribunal lui-même serait incompétent pour prononcer sur les contestations qui naissent de cette saisie, quoique faite en vertu de l'ordonnance de son président, parce qu'il tomberait dans la prohibition de l'art. 442 du Code de procédure civile : Ce serait connaître de l'exécution de ses jugemens, dans ce sens que le président en rendant l'ordonnance, représentait le tribunal (1).

---

(1) Mais le tribunal de commerce pourrait-il décider la question de propriété des marchandises revendiquées? Oui, abstraction faite de la validité ou de l'invalidité du procès-verbal de saisie-revendication, et pourvu encore que la contestation fut pendante entre négocians, pour des objets dont ils font le commerce. Rien n'empêche, en effet, que des personnes justiciables des juridictions commerciales y fassent juger les différends que

§ V.

CONTESTATIONS QUI S'ÉLÈVENT LORS DE L'ARRESTATION PROVISOIRE D'UN ÉTRANGER.

Philippe, citoyen français, prête différentes sommes à *Léopold*, naturalisé belge, et ce dernier lui remet ses engagemens. Toutefois le terme stipulé arrive, l'emprunteur ne paye pas. Est-ce ingratitude, mal entendu? N'importe, le créancier qui espérait beaucoup de la fortune *apparente* de son débiteur, finit par avoir des craintes. Et qu'on ne dise pas que *Philippe* était obligé de venir au secours de cet étranger, de lui faire de fortes avances, d'exposer son crédit, sa fortune, pour l'empêcher d'être *évincé* d'un petit domaine qu'il possédait en Belgique. Ce serait une injustice. Sans doute il ne fut *généreux* que pour acquérir des droits à *l'estime* d'un homme puissant qui s'était lui-même intéressé au sort du débiteur; n'importe, cela n'empêche pas qu'il est créancier, et qu'il faut qu'on le paye.

Mais *Léopold* se livre à des entreprises hasardeuses, il donne prétexte à tant de contestations qu'il fatigue ses amis, tout le monde l'abandonne, et ses

---

leur négoce occasionne : elles y sont même obligées par les lois de la matière. C'est ce que décida la cour de Nîmes, le 24 mars 1809. Il est vrai que la cour de cassation par son arrêt du 13 aout 1806, avait déclaré que les magistrats de commerce ne pouvaient point prononcer sur la propriété contestée d'un effet mobilier. Cependant, si l'on fait attention que cet arrêt intervint à raison de la propriété d'un objet hors du commerce du créancier revendiquant, et de celui que fesait son adversaire; notre thèse n'en sera pas moins prouvée. La cour de cassation eut jugé comme la cour de Nîmes, s'il s'était agi de la même espèce (Sirey, tome 6-1-471, et tome 12-2-202).

adversaires finissent par le dépouiller de sa propriété. Il est contraint de quitter sa nouvelle partie ! C'est un pays ingrat, inhospitalier, où l'on ne sait pas distinguer le citoyen qui *veut* être adopté, de celui qui *refuse* de l'être....... Ainsi parle *Léopold!* Où donc ira-t-il se fixer ? reviendra-t-il en France ? Et s'il implore une seconde fois la protection de son créancier, la lui accordera-t-il, lui sera-t-elle avantageuse ? Beaucoup d'obstacles se présentent. *Philippe* a été trompé dans son attente, il ne voudra pas se livrer à une autre aventure, peut-être n'en a-t-il plus les moyens !.... Quoiqu'il en soit, *Léopold* croit devoir se rendre en France. Il est convaincu, dit-il, que le sol français est le refuge assuré des proscrits, *le berceau de la liberté*, où l'on repousse tout sentiment de vengeance et de *persécution*. Dès-lors il y découvre une belle perspective, le *désintéressement* et l'*humanité*. Étrange erreur ! Il existe partout des hommes qui abusent de la position malheureuse de leurs semblables. Et si en France, le droit des gens y fait jouir les aubins d'une liberté absolue quand ils ont commis un crime politique envers le chef de la nation à laquelle ils appartiennent, il n'en est pourtant pas de même pour l'exécution d'une simple obligation civile. Tout jugement qui intervient au profit d'un indigène contre un individu qui ne l'est pas, emporte avec lui l'exercice de la contrainte par corps. Telle est la règle. Et comme il pourrait fort bien arriver que sur la première poursuite que ferait le créancier, contre le débiteur, ce dernier disparut, le législateur a permis qu'immédiatement après l'échéance de l'obligation, l'étranger puisse être arrêté provisoirement, en vertu d'une simple ordonnance rendue par le président du tribunal de première instance, sans qu'on doive l'y appeler pour s'y défendre (1).

Or, qu'arrive-t-il à *Léopold*? *Philippe*, instruit qu'il revient à lui, le fait arrêter sans le plus léger obstacle; son intérêt le veut ainsi, et la *légitimité des titres* dont il est porteur lui assure le succès. Les parties vont en référé. Là, le débiteur allègue qu'il a été *sacrifié* par le créancier, et que les sommes que lui a prêté *Philippe* à l'occasion des biens qu'il possédait chez les Belges devaient être remboursées par ses *fermiers*, et non point par lui. Il en appelle aux conventions, à la foi donnée, au témoignage de leurs *amis communs*, à celui des intermédiaires dont ils se sont servis pour *conclure* le contrat de prêt. Au contraire le créancier oppose sa *bonne foi*, la *loyauté* qui a présidé à l'engagement réciproque qu'il veut qu'on exécute, et demande que *Léopold* se libère de suite ou qu'il aille en prison, à moins qu'il ne donne des *garanties*.

Mais que fera le juge? Joindra-t-il le *provisoire* au fond? Non, parce qu'il y a toujours même impossibilité. Ainsi point d'instance au principal, point de jonction à ordonner. Lors même que les parties

(1) Il est contraire à l'Esprit des lois des 10 septembre 1807 et 17 avril 1832, sur l'arrestation provisoire d'un étranger, que le défendeur soit appelé devant le président pour voir ordonner son arrestation; car cette mesure conservatoire deviendrait nulle, dès l'instant que le débiteur serait averti qu'on va la mettre à exécution. — Mais l'arrestation faite en vertu de l'ordonnance du président, doit-elle être précédée d'un commandement, et accompagnée des autres formalités qu'indique le Code de procédure civile? Non. Ce n'est à vrai dire qu'une mesure de police, ainsi que l'a déclaré la cour de Metz, par son arrêt du 17 mai 1816. Il nous paraît donc évident que la cour de Nancy s'est étrangement trompée en décidant le contraire, par l'arrêt du 22 juin 1813 (Sirey, tome 16-2-95, et tome 19-2-51).

seraient devant le tribunal ordinaire pour faire statuer sur le fond de l'engagement qui donne lieu au litige, le juge des référés devrait bien se garder d'y joindre le provisoire ; car il enlèverait au créancier les garanties que la loi lui donne, il favoriserait la retraite du débiteur, en même temps qu'il rendrait la créance illusoire. D'ailleurs, il n'y a aucun danger à passer outre à l'arrestation provisoire de la partie obligée, puisque le créancier incarcérant est tenu de se pourvoir dans la huitaine pour faire condamner le débiteur ; s'il ne le fait pas, ce dernier peut, en état de référé, obtenir son élargissement. Or, dans le cas où le créancier ne se pourvoirait pas, tout se borne à une détention de quelques jours, tandis que le juge ferait perdre la créance, si par des considérations particulières, il ordonnait à l'instant même la mise en liberté du débiteur.

§ VI.

DIFFICULTÉS A SUITE D'UN COMMANDEMENT DE PAYER.

Gustave, créancier d'*Adolphe*, lui fait un commandement de payer, et lorsqu'il se dispose à saisir ses biens, même sa personne (car le titre prononce la contrainte par corps), le débiteur s'oppose à l'exécution, énonce ses motifs d'opposition, et le cite en référé, pour qu'il soit sursis provisoirement aux poursuites. Dans ce cas, il n'y aura pas non plus possibilité de joindre le provisoire au fond. C'est de la dernière évidence.

Supposons au contraire que *Gustave*, après une opposition extra-judiciaire que lui fera signifier *Adolphe*, demande, en état de référé, l'exécution provisoire du titre qui le constitue créancier de l'opposant. Encore même difficulté de pouvoir renvoyer au principal, puisqu'aucune instance n'existe sur le fond des contestations.

Il arrive souvent, nous dira-t-on, que le débiteur tout en déclarant l'opposition, ajourne le créancier en justice pour la faire accueillir. Cela est vrai.

Cependant on aurait tort de soutenir que notre argument ait perdu quelque chose de sa force. D'abord, il y a péril de surseoir les poursuites toutes les fois qu'il s'agit d'un référé, parce que le juge facilite les fraudes dont le débiteur voudrait se rendre coupable au préjudice du créancier. Or, l'ordonnance qui joint le provisoire au fond n'étant qu'un sursis déguisé, présente tous les inconvéniens d'un sursis proprement dit. Il est encore des cas où il faut statuer à l'instant même, tels que saisie-revendication, saisie-emprisonnement ou arrestation provisoire d'un étranger, par le motif que le juge des référés évacuerait presque toujours le principal, enlèverait tout recours utile au créancier.

Mais supposons que le débiteur qui s'oppose ait introduit une instance régulière devant le tribunal qui doit connaître du fond, et qu'ensuite le créancier se pourvoie en exécution provisoire de ses titres; dans ce cas, il y a toujours même empêchement de joindre les deux demandes. En effet, l'instance principale vient d'être engagée, elle comporte des délais de procédure, des formes d'instruction incompatibles avec la nature des référés. Vouloir donc joindre le provisoire au fond pour qu'il y soit statué par un seul jugement, c'est vouloir révoquer en doute la célérité que démontre l'état de référé, nier l'urgence qui naît de la matière, détruire la force d'exécution et nuire au créancier, en donnant au débiteur les moyens de faire suspendre les poursuites, toutes les fois qu'il lui plaira de se pourvoir au principal pour contester les titres qu'on invoque contre lui. Lors même que le procès sur le fond serait en état de recevoir jugement, ou que le créancier ne se pourvût en référé que long-temps après que l'instance principale aurait été engagée, il nous paraît encore que les juges devraient s'interdire d'y joindre le provisoire ; car l'un et l'autre sont régis par des principes différens. Le magistrat des référés, à vrai dire, ne juge pas, dans ce sens que sa décision ne peut porter aucun préjudice aux parties, touchant les questions du fond, tout comme les juges du principal n'ont pas à examiner la décision du provisoire, sous ce rapport qu'elle ne les lie pas, et qu'ils peuvent prononcer tout différemment, sans donner pour cela ouverture à la requête civile. Il est possible d'ailleurs que le créancier n'aura pas demandé plutôt l'exécution provisoire de ses titres, parce qu'il n'avait rien à exécuter contre le débiteur, ou que des obstacles provenant d'un tiers l'en auront empêché. C'est pour cela que le juge des référés ne doit jamais prendre en considération l'instance principale, ni les délais plus ou moins longs qui se sont écoulés entre l'opposition du débiteur et la demande en exécution provisoire qui lui est soumise. Il faut dès-lors qu'il évacue le référé par une ordonnance qui permette la continuation des poursuites ou qui les suspende, suivant que les circonstances paraissent l'exiger.

En résumé, s'il pouvait n'en être pas ainsi, le juge du provisoire blesserait cette règle : *l'acte authentique et le jugement de condamnation portent avec eux exécution parée en justice.* La confiance publique serait anéantie, car dès l'instant que l'exécution d'une obligation notariée, et celle d'une décision légale pourraient être suspendues arbitrairement par le juge, *en état de référé,* l'on ne retrouverait plus que crainte et méfiance parmi les citoyens. Il n'y aurait plus de sécurité pour le commerce, plus de bonne foi dans les transactions, plus de sûreté pour le créancier : tout cela serait alors remplacé par le dol et la fraude. Nous soutenons donc avec cette assurance que donne l'impression de la vérité, que le magistrat des référés, *simple juge d'exception,* violerait sa compétence, s'il entrait dans le mérite des conventions des parties pour en arrêter l'exécution. Aux tribunaux seuls appartient ce droit, et encore faut-il qu'ils y soient expressément autorisés par les lois.

CHAPITRE VI.

SI LE JUGE PEUT RENVOYER LES PARTIES A L'AUDIENCE DU TRIBUNAL POUR Y ÊTRE STATUÉ SUR LEURS CONTESTATIONS, EN ÉTAT DE RÉFÉRÉ.

Nous venons de consacrer le principe qu'en matière de référé, le juge ne doit jamais joindre le provisoire au fond, et six espèces particulières que nous avons indiquées, les seules d'ailleurs qui puissent se présenter sur les saisies, ou lorsqu'il s'agit de statuer provisoirement sur les difficultés relatives à l'exécution d'un titre exécutoire ou d'un jugement, en démontrent toute l'exactitude.

Mais il existe une grande différence entre la jonction du provisoire au fond, et le simple renvoi à l'audience du tribunal : dans le premier cas, le référé, cette voie simple et économique devient inutile à la partie qui l'invoque, et tout se réduit quant à elle à un seul recours, à l'action ordinaire devant les juges du fond; dans le second cas, au contraire, la décision que rend le tribunal en état de référé, étant essentiellement provisoire, n'empêche pas d'engager ou de suivre l'instance principale. Nous pensons aussi qu'il est des circonstances difficiles pour le juge où il doit *en référer lui-même*. Cette faculté semble s'induire de l'art. 66 du réglement du 30 mars 1808, sur la discipline et la police des cours et tribunaux, où nous voyons que « les causes introduites par asssignation à bref dé» lai,......... *celles renvoyées à l'audience en état de » référé*,...... ou autres de pareille urgence, seront » appelées sur simples mémoires, pour être plai» dées et jugées sans remise et sans tour de rôle. »

Il implique cependant que les mêmes juges puissent rendre entre les mêmes parties, deux décisions sur le même objet, l'une *provisoire* et l'autre *définitive*. Telle est pourtant la force des choses. L'action intentée devant le juge des référés n'y peut recevoir qu'une décision provisoire, et cette même action ne saurait changer de nature en passant devant des juges dont les fonctions ne consistent qu'à évacuer le référé : d'où la conséquence nécessaire que les parties peuvent encore, après avoir succombé sur le renvoi fait à l'audience, se pourvoir au principal par action introduite conformément à ce qui est prescrit au titre des ajournemens. C'est nous l'avouons, une contradiction choquante; mais elle disparaît ou devient peu sensible en faisant remarquer que le renvoi à l'audience du tribunal n'est pas de règle générale, et qu'il y aurait abus de l'ordonner dans tous les cas qui sont susceptibles de faire la matière d'un référé. Introduit pour les mesures d'urgence qui semblent ne devoir pas être reproduites devant les juges du fond, il deviendrait nuisible aux parties, s'il était admis sans une rigoureuse et indispensable nécessité.

Par exemple, les obstacles qui se présentent lors de l'exécution d'un titre exécutoire ou d'un jugement, ne devraient jamais comporter le renvoi dont nous parlons, par le motif que toutes les difficultés qu'ils occasionnent doivent être décidées *provisoirement* par le juge des référés, *sans le moindre retard*. Ce magistrat n'a au surplus rien à juger en matière d'exécution, puisque incompétent pour entrer dans le fond du litige, ses attributions ne consistent qu'à vérifier les pièces du créancier pour savoir s'il existe ou non un titre exécutoire, et un commandement régulier signifié au débiteur.

Il en doit être de même pour les divers cas qui, en général, se présentent sur les saisies, comme décharge d'un gardien de meubles saisis, récolement, revendication, référé requis par le débiteur arrêté, soit qu'il s'agisse d'un emprisonnement ordinaire, soit de l'arrestation provisoire d'un étranger; car le juge doit statuer *à l'instant même*, sans quoi il s'expose à porter le plus grand préjudice au créancier poursuivant. A quoi bon, en effet, le renvoi à l'audience du tribunal sur la demande que forme un gardien de meubles saisis? La question de savoir si la décharge sera ou non accordée, est loin de légitimer ce renvoi. Il nous paraît donc très-inutile. Dans toute la saisie mobilière, il faut un gardien; or, la partie saisie n'a qu'à se pourvoir devant les juges du fond, en nullité ou main levée des poursuites faites contr'elle, et alors si elle obtient gain de cause au principal, l'accessoire cessera d'exister. C'est dans ce sens qu'il faut entendre l'économie judiciaire.

Même observation pour le récolement des meubles et effets saisis, lorsque le débiteur s'y oppose. Pour ce qui est de la saisie-revendication, il y aurait imprudence d'en référer pour que le tribunal décide s'il faut la permettre ou la refuser, puisqu'indépendamment de ce qu'elle ne constitue qu'une mesure provisoire qui ne préjuge rien, de ce que les meubles revendiqués sont seulement mis sous la garde d'un tiers, ou du détenteur lui-même, jusqu'à ce que les juges compétens aient statué sur la question de propriété; il est encore possible qu'on les fasse disparaître pendant le temps qui s'écoule entre le renvoi fait au tribunal et la décision à rendre. Si les objets enlevés appartiennent au revendiquant, comment fera-t-il ensuite pour les ressaisir?

Nous ne croyons pas non plus qu'il soit possible de faire un référé au tribunal pour savoir si le débiteur condamné par corps et *arrêté*, ira ou non en prison, ou si l'étranger devra être provisoirement saisi quant à sa personne. S'il y a nullité de l'emprisonnement, le débiteur doit porter son action devant le tribunal de première instance, par assignation à bref délai, conformément à l'art. 795 du Code de procédure civile; quant à l'étranger mis en état d'arrestation provisoire, il n'a qu'à se pourvoir en élargissement, ainsi que s'en explique l'article 15 de la loi du 17 avril 1832, si dans le délai de huitaine, le créancier incarcérant ne commence pas ses poursuites pour le faire condamner au principal. Le juge des référés peut lui-même ordonner cette mise en liberté. Il y aurait donc légéreté, irréflexion, erreur manifeste, peut-être mauvais dessein, si le juge du provisoire, sous le frivole et ridicule prétexte qu'il veut s'entourer des lumières de ses collégues, se permettait de renvoyer à l'audience du tribunal. Mais pendant le temps que durerait ce renvoi, le débiteur ira-t-il *provisoirement* en prison, ou le mettra-t-on *provisoirement* en liberté? Il faut l'un ou l'autre. Or, dans la première hypothèse, il y aurait détention arbitraire, et dans la seconde, il existerait un préjudice irréparable pour le créancier, s'il était reconnu en définitive qu'il avait des titres suffisans pour faire procéder à l'arrestation de son débiteur. Telle serait pourtant la fatale conséquence d'un renvoi inconsidéré!

Toutefois, si à l'instant même le juge des référés avait les moyens de faire son rapport à l'audience du tribunal sur les difficultés qui lui sont soumises, nous croyons que cela n'entraînerait aucun inconvénient; car le tribunal pourrait statuer de suite, et les parties en recevraient un surcroit de garantie. Par exemple, avant l'heure où l'on entre au palais, un référé est introduit devant le président, les débats s'engagent; mais comme il n'est pas entièrement fixé, que l'état de la contestation à juger lui fait naître des doutes, il en réfère au tribunal; alors pourvu que cela se fasse incontinent, personne n'est fondé à se plaindre. Aucun préjudice n'existe ni pour le créancier, ni pour le débiteur, tout reste en suspens, et dans quelques heures, même plutôt, un jugement provisoire vient atteindre le but qu'on s'était proposé par l'ordonnance du président. Mais si, au contraire, le référé se tenait après l'heure de l'audience, s'il n'était pas possible de réunir les juges pour statuer sans délai, s'il fallait seulement attendre au lendemain, le renvoi serait nuisible. Aussi, dans toutes les espèces particulières que nous avons examinées jusqu'à présent, le juge des référés ne devrait pas renvoyer.

L'expérience nous l'a plus d'une fois appris, il est des magistrats qui, dominés par le scepticisme, toujours incertains sur le choix de l'opinion la plus équitable et la mieux fondée, ont besoin, même dans l'affaire la plus simple, de recourir à un appui ; contraints par un défaut de savoir ou par la versatilité de leur esprit à douter de tout ce qui n'est pas prouvé d'une manière évidente et incontestable, l'on dirait qu'ils ne doivent juger que lorsqu'il n'existe pas de contestation. Quelle calamité pour les justiciables ! Les juges devraient être convaincus de cette vérité, que tout les oblige à se retirer du sanctuaire de la justice, lorsqu'ils craignent de remplir leur ministère ou qu'ils n'ont pas la capacité suffisante pour le bien remplir, surtout pour le faire respecter. Mais parce qu'il peut se rencontrer par fois un juge ignorant, notre indépendance nous permet de le dire, la règle ne doit pourtant point faillir. Et s'il en est maintenant qui n'offrent pas toutes les garanties qu'exigent leurs fonctions et la place éminente qu'ils occupent dans la société, espérons avec confiance qu'il y sera pourvu, et qu'un remaniement de la magistrature, tout en conservant le bien fera disparaître le mal. L'art. 50 de la charte de 1830 donne ce droit au souverain. Il peut donc s'en servir, il le doit même dans l'intérêt public, ne serait-ce que pour rétablir l'équilibre qui paraît rompu, et mettre plus d'harmonie entre les hommes et les choses.........

Mais quels sont les cas dans lesquels le juge doit en référer au tribunal? Le peut-il sur l'exécution d'un acte authentique ou d'un jugement? Sur les saisies en général? ou bien dans tout autre cas qui rentre dans le cercle des référés? Il nous semble que le renvoi à l'audience du tribunal ne trouve sa place que dans les cas d'urgence où l'action doit être considérée comme principale, c'est-à-dire quand l'instance ordinaire n'est pas encore engagée, et qu'il est possible que les parties une fois jugées au provisoire, ne se pourvoient pas devant le tribunal. Cela arrive bien des fois dans les cas que nous aurons l'occasion d'indiquer. Nous sommes donc conduits, par la force des choses, à parler encore de l'urgence, et à nous renfermer dans la première disposition de l'art. 806 du Code de procédure civile, portant : *dans tous les cas d'urgence*, il y sera pouvu, etc. Mais ici, nous le répétons, le juge n'a pas le pouvoir de s'attribuer tous les cas qu'il lui plairait de déclarer urgens; car il ne doit connaître que des cas spéciaux dont l'urgence est déjà reconnue par la loi.

Et d'abord, pour mieux saisir la difficulté, demandons-nous ce que c'est que l'urgence? Quand nous l'aurons définie, nous en ferons l'application aux référés.

L'urgence est la qualité de ce qui est urgent, de ce qui ne souffre aucun retard. Nous pouvons dire aussi avec raison que toutes les fois que le législateur aura manifesté sa volonté pour qu'une chose se fasse vite, sans délai, ou qu'il aura ordonné l'exécution d'un acte ou d'un jugement avant même que les oppositions du débiteur aient été jugées en dernier ressort par les cours et tribunaux, le cas sera urgent, et pourra dès-lors faire l'objet d'un référé. C'est cette vérité que nous avons cru voir écrite dans l'art. 135 du Code de procédure civile, dont voici les termes :

« L'exécution provisoire sans caution *sera* ordonnée s'il y a titre authentique, promesse reconnue, » ou condamnation précédente par jugement dont » il n'y ait point d'appel.

» L'exécution provisoire *pourra* être ordonnée, » avec ou sans caution, lorsqu'il s'agira,

» 1° D'apposition et levée de scellés, ou confection d'inventaire;

» 2° De réparations urgentes;

» 3° D'expulsion des lieux, lorsqu'il n'y a pas de » bail, ou que le bail est expiré;

» 4° De séquestres, commissaires et gardiens;

» 5° De réception de caution et certificateur;

» 6° De nomination de tuteurs, curateurs et autres administrateurs, et de reddition de comptes;

» 7° De pensions ou provisions alimentaires. »

Il nous paraît hors de doute que les divers objets qui viennent d'être signalés comme pouvant autoriser l'exécution provisoire, sont urgens de leur nature, et doivent, conformément à l'art. 806, rentrer de plein droit dans les attributions spéciales du juge des référés, sauf quelques exceptions dont nous parlerons bientôt. L'art. 135 ne doit en effet être considéré ici que comme le corollaire du titre des référés, parce que comme lui il comprend deux séries d'actes ou de faits plus urgens les uns que les autres. Nous voyons notamment que l'exécution provisoire *sans caution* doit toujours être ordonnée quand il y a titre authentique, promesse reconnue ou jugement de condamnation, ce qui est le caractère essentiel des ordonnances sur référé. Il énonce encore plusieurs cas sur lesquels le juge doit statuer dans le plus bref délai, en ordonnant *suivant les circonstances*, que le créancier fournira une caution ou qu'il en sera dispensé, disposition qui se trouve en parfaite harmonie avec l'art. 809, ainsi conçu : « les ordonnances sur référé ne feront aucun préjudice au principal ; elles seront exécutoires par provision, sans caution, *si le juge n'a pas ordonné qu'il en serait fourni une.* »

Or, il existe un tel rapprochement entre l'art. 135 et les art. 806 et 809, qu'il est de toute évidence que, dans l'interprétation, ils se prêtent un mutuel secours. Les uns et les autres consacrent les mêmes principes, les mêmes distinctions, et l'on y trouve également des cas plus ou moins favorables au créancier. Dans les uns, la chose jugée, l'urgence et la certitude du juge sont si bien acquises, que rien ne peut arrêter le cours des poursuites, tandis que dans quelques autres où il n'y a encore rien de décidé touchant le fond du droit, les biens du débiteur ne doivent arriver que sous caution dans les mains du créancier ; faute de la fournir, l'obligation ou la condamnation reste en suspens.

Il est toutefois utile d'ajouter que l'art 135 ne contient point l'énumération de tous les cas qui sont susceptibles d'être portés en référé, et que plusieurs autres sont encore prévus par le Code de procédure civile. Alors que fera le juge ? Il doit commencer par examiner d'abord, si l'objet du référé se trouve formellement indiqué par le Code ou par une loi spéciale comme devant être soumis à sa juridiction particulière (la loi sur la contrainte par corps contre les étrangers nous en fournit un exemple), et dans le cas de la négative, recourir à l'art. 135 qui traite des matières urgentes que le titre des référés comprend *virtuellement* dans sa disposition, par ces mots, *dans tous les cas d'urgence, etc.* De cette manière, il sera facile aux magistrats de se procurer une base invariable pour asseoir leur juridiction toute exceptionnelle; ils ne donneront plus rien à l'arbitraire, et nous mêmes serons sûrs de ne pas nous tromper.

L'art. 135 ne peut pas, nous dit-on, servir de règle; car tandis qu'il énumère certains objets que plus tard le législateur a expressément attribués au juge des référés (comme apposition et levée de scellés, ou confection d'inventaire, reproduits par les art. 921, 935 et 944), il en désigne d'autres qui sont de la compétence exclusive des tribunaux, tels que nominations de tuteurs, curateurs, administrateurs, et de reddition de compte : d'où l'on est forcé de conclure que les dispositions de l'art. 135 ne sont applicables qu'aux juges ordinaires. Cela est d'autant plus exact, que le titre sous la rubrique duquel il se trouve placé ne se rapporte qu'aux jugemens. Vaine subtilité. Lorsque nous avons enseigné qu'il fallait s'en référer à l'art. 135 pour compléter la disposition incertaine de l'article 806, nous n'avons pas voulu prétendre que tous les cas qui s'y trouvent déterminés dussent faire *de plein droit* l'objet ou la matière d'un référé; non, telle n'a pas été notre intention, et nous n'avons voulu l'employer que comme un point d'appui, en d'autres termes comme déclaration de l'urgence qui seule peut autoriser à se pourvoir en référé.

Or, il nous a suffi de faire la précision suivante : tous les cas dont les tribunaux *seuls* peuvent connaître seront jugés par eux, et au contraire, tous les cas qui ne leur sont pas attribués d'une manière *exclusive*, pourront être appréciés et jugés *provisoirement* par le magistrat des référés.

Passons maintenant aux divers cas d'urgence que l'esprit et la lettre de la loi ont voulu soumettre à l'examen du juge, *en état de référé*.

§ Ier.

RÉPARATIONS URGENTES (art. 135, nº 2).

« Le propriétaire d'un bâtiment le destine à une » fabrique : il y commence quelques changemens ; » mais une partie de ce logement est occupé par » un locataire qui s'oppose au nouvel œuvre du » propriétaire. Il cite ce dernier en référé pour » qu'il lui soit fait défense de rien faire au préju- » dice de son bail. — Aucune action n'était ouverte ; » le locataire l'introduit par forme de référé. Le » président du tribunal civil prononce provisoire- » ment en faveur du locataire, et renvoie au prin- » cipal devant le tribunal. » — Était-ce le cas d'un référé ? Non. Le juge était incompétent, parce qu'il n'y avait pas urgence à faire juger que le locataire serait ou non autorisé à faire démolir le nouvel œuvre. Le bailleur est bien obligé, par la nature du contrat, et sans qu'il soit besoin d'une stipulation particulière, de faire jouir le preneur de la chose louée, paisiblement et sans trouble ; il lui est encore défendu d'en changer la forme (Code civil, art. 1719 et 1723) ; mais l'exécution de ces conditions qui rentre essentiellement dans l'appréciation du droit de bâtir que le propriétaire peut s'être réservé, est du ressort des tribunaux ordinaires. Peu importe aussi que la dénonciation du nouvel œuvre ait pour effet immédiat non-seulement de faire suspendre les travaux, mais encore de remettre *provisoirement* les choses dans l'état où elles étaient avant l'entreprise du constructeur : cette action se rattache trop à la propriété de l'immeuble sur lequel on a bâti, pour qu'il soit possible d'en faire la cause ou le prétexte d'un référé. D'ailleurs, nous l'avons déjà dit, il n'y a pas urgence, et quelle que soit la faveur dont puisse jouir la dénonciation du nouvel œuvre, elle ne peut être examinée et jugée qu'au principal.

Mais quant aux réparations d'un immeuble, c'est tout autre chose, et soit que le locataire les réclame, soit que la demande vienne du voisin, celui qui les doit est obligé de les faire de suite *si elles sont urgentes*; car il importe beaucoup de prévenir les dommages que la vétusté du bâtiment ou le vice de sa construction pourraient entraîner. Le bailleur est tenu de délivrer la chose en bon état de réparations de toute espèces; il doit y faire pendant la durée du bail, toutes celles qui peuvent devenir *nécessaires*, autres néanmoins que les locatives, et le preneur doit les souffrir, quelque incommodité qu'elles lui causent, à moins qu'elles ne durent plus de 40 jours (art. 1720 et 1724). Des accidens si graves peuvent survenir par la ruine ou l'écroulement subit d'une maison, que tout individu peut dénoncer cet état de ruine à l'autorité locale, pour que, dans l'intérêt public, elle prenne les mesures propres à faire cesser le danger. Le propriétaire qui refuserait les réparations serait coupable, et devrait être puni (Code pénal, art. 479, n° 4).

Plusieurs évènemens sinistres sont là ; ils attestent la vérité de cette doctrine.

« En 1630, *Jacques Morin* s'apercevant de la » caducité de la maison qu'il occupait, fit *sommer* » le propriétaire d'y pourvoir. Celui-ci chercha » des prétextes pour s'y refuser, ce qui fit la ma- » tière d'un procès, pendant le cours duquel la » maison vint à tomber, et dans sa chûte elle écrasa » *Morin*, catastrophe qui justifia suffisamment sa » réclamation. » Cette espèce fut jugée par un arrêt du parlement de Paris en date du 7 avril 1637. Or, si le locataire avait pu se pourvoir en référé, il n'aurait point perdu la vie sous les ruines de la maison qu'il habitait. Cela lui était impossible, puisque la voie si utile du référé ne fut connue au Châtelet de Paris qu'à suite de l'édit du mois de janvier 1685.

Il nous paraît donc évident que lorsque l'état des lieux le commande, qu'un mur, le plancher, la toiture ou tout autre partie d'une maison menace de s'écrouler, et que le danger est *imminent*, le locataire ou le voisin peuvent se pourvoir en référé, pour faire condamner le propriétaire à prendre des précautions tendant à prévenir la chûte du bâtiment, et à faire les réparations indispensables. Le juge devrait même permettre au demandeur de les faire faire lui-même à ses frais *avancés*, sauf répétition contre le propriétaire. Par la même raison, ce dernier serait fondé à traduire son locataire et son voisin en référé, pour les faire condamner à ne pas empêcher les réparations *urgentes* que l'état de l'immeuble rendrait nécessaires. Tel est l'esprit de la loi sur les référés. En agissant de la sorte, l'on prévient des accidens fâcheux, le danger cesse, et l'on évite bien des discussions. Pourquoi donc vouloir faire à grands frais un procès au principal lorsqu'il est si facile d'obtenir justice, et qu'une voie simple, expéditive et économique procure le même résultat ?

§ II.

EXPULSION DES LIEUX, LORSQU'IL N'Y A PAS DE BAIL, OU QUE LE BAIL EST EXPIRÉ (art. 135, n° 3).

Lorsqu'il s'agit de faire condamner quelqu'un à abandonner la possession de l'immeuble qu'il détient au préjudice du véritable propriétaire, l'action est essentiellement principale, introductive d'instance, et ne peut être portée que devant les tribunaux civils : eux seuls sont compétens pour prononcer sur la question de propriété. D'abord, l'on y décide si le possesseur est ou non fondé dans sa jouissance, et s'il ne l'est pas, lorsque le jugement n'est plus attaquable par aucune voie susceptible d'en arrêter l'exécution, l'on se pourvoit de nouveau devant les mêmes juges pour forcer le détenteur, à déguerpir. C'est alors qu'on peut s'emparer de sa personne, et l'expulser des lieux (Code civil, art. 2061).

Nous devons dire encore que le juge des référés serait incompétent pour connaître de l'action intentée par le propriétaire pour faire résoudre le bail (art. 1741) et rentrer en possession des lieux, parce que la résolution du contrat intervenu entre lui et le locataire n'est jamais portée que devant les juges du principal. L'interprétation des clauses de l'acte, surtout la vérification et le jugement des faits et circonstances qu'on invoque comme devant entraîner avec eux l'expulsion du locataire, sont d'une telle nature, qu'il n'a pu entrer dans l'esprit du législateur de vouloir les soumettre au juge des référés.

Mais s'il n'existe pas de bail ou s'il est expiré, et que les parties en conviennent, ou que si elles contestent, le fait puisse être facilement vérifié, ce n'est plus la même chose : alors le locataire n'a plus aucun droit à la possession qu'il exerce, il ne peut exciper d'aucun titre à son profit, et le bailleur ne doit plus éprouver aucun obstacle dans la disposition de sa propriété. C'est le vœu de l'article 544 du Code civil, d'après lequel « la propriété » est le droit de jouir et disposer des choses de » la manière la plus absolue, pourvu qu'on n'en » fasse pas un usage prohibé par les lois ou par les » réglemens. » Or, les parties rentrent dans les termes du droit commun, et dans ce cas, tout ce qui se rattache soit à l'examen de l'usage, soit à l'appréciation du fait qui autorise l'expulsion du locataire ou du fermier, nous semble devoir être décidé par le juge, en état de référé.

Dans quelques villes de France, notamment à Paris, où les baux à loyer se succèdent avec une étonnante rapidité, et sont pour la plus part verbaux, l'on a senti le besoin de les dégager autant que possible des entraves qu'on voudrait y apporter. C'est pour atteindre ce but, que la police est investie du droit de faire déménager tout individu dont le bail a pris fin, s'il persiste à vouloir continuer sa jouissance contre la volonté du propriétaire.

Là, l'usage est de louer au mois, au trimestre, à l'année. Aussi qu'arrive-t-il ? A l'expiration du mois, du trimestre, de l'année, le preneur doit abandonner la location, sous peine d'y être contraint. Si au contraire, le bail, quoique fait à tant par mois, à tant par trimestre, à tant par année, a été convenu pour plusieurs mois, pour plusieurs trimestres, pour plusieurs années sans que néanmoins, aucune convention écrite en ait réglé la durée, le propriétaire tout comme le locataire ne peuvent le faire cesser qu'en se donnant congé.

A Toulouse, par exemple, on est dans l'habitude pour les locations au mois, de se prévenir quinze jours à l'avance, et pour les locations à l'année avant le commencement du dernier semestre, de manière qu'il y ait toujours six mois entre le congé et la sortie du locataire.

Mais quant aux biens ruraux, on le conçoit, ne pouvant à cause de la culture des terres, être affermés pour moins d'un an, il a fallu donner un délai plus long. Aussi dans le cas où le bail ne contiendrait pas l'époque de sa durée, le fermier sortant doit être prévenu au moins neuf mois à l'avance, pour qu'il ait le temps de lever les récoltes et de préparer les terres pour le fermier entrant. La règle posée par l'art. 1748, d'après laquelle le fermier de biens ruraux doit être averti par l'acquéreur un an au moins avant sa sortie, ne reçoit d'application qu'au cas tout spécial qu'elle prévoit, et ne saurait être d'aucune considération entre le propriétaire qui a consenti le bail, et le fermier.

Il faut, dans tous les cas, qu'à la fin du terme stipulé dans le bail écrit, ou après le délai de grâce accordé par la coutume, si le bail est verbal, le preneur délaisse la jouissance au propriétaire.

Or, nous trouvons très-raisonnable que dans

certaines localités (au moins pour ce qui concerne les baux des maisons), la police fasse expulser immédiatement le locataire qui refuse de quitter les lieux lorsqu'il n'a plus aucun droit d'y rester. Cette forme particulière de procéder peut bien offrir de l'arbitraire, sous ce rapport que l'agent ou le commissaire de police sont à même d'en faire quelque fois la cause ou le prétexte d'une vexation; mais n'importe cet inconvénient, nous pensons que la majeure partie des citoyens doit en retirer un grand avantage. L'intérêt du commerce, l'utilité bien reconnue d'une population nombreuse, et la protection qu'il convient, d'accorder à la propriété, justifient d'avance et sans équivoque, le réglement local. Par conséquent, nous devons désirer que dans toutes les grandes ville, il en existe un de ce genre.

Cependant, s'il s'élevait des difficultés sur la nature du bail, sur sa durée, sur l'exécution des conventions faites entre parties, l'autorité administrative ne devrait pas en connaître; car l'autorité judiciaire est seule compétente pour prononcer sur de telles contestations. Il y aurait donc excès de pouvoir si un délégué de la police, quel que fut son rang hiérarchique, se permettait de passer outre à l'expulsion des lieux, soit en jugeant lui-même les contestations existantes entre le bailleur et le preneur, soit en dédaignant de s'y arrêter. Dans ce cas, il est indispensable de surseoir à l'exécution. Mais à l'instant même, le propriétaire et le locataire qu'on veut expulser se retirent devant le juge des référés, qui décide provisoirement en faveur de l'un ou de l'autre, suivant qu'il accueille leurs exceptions ou les en démet.

Pierre occupe un appartement dans la maison de *Jean* : ce dernier le lui a loué pour trois mois. — Le terme expire, et le locataire ne veut pas sortir parce que, dit-il, un nouveau bail lui a été consenti. — Que fait le propriétaire? Il appelle *Pierre* en référé, et le juge le condamne à quitter les locaux.

Le bail allégué par le locataire, mais dont il ne justifiait point par écrit, ne l'autorisait pas à rester en possession. La preuve testimoniale était, en effet, irrécevable (art. 1715), sauf le cas du commencement d'exécution, ce qui n'avait pas lieu dans l'espèce. Tout ce que pouvait demander le locataire, c'est que le propriétaire affirmât par serment la non existence du bail.

Pierre détient par écrit, un logement dans la maison de *Jean* à raison de 400 francs par année, payables par quartiers, tous les trois mois et d'avance. Voilà un bail trimestriel qui ne devra prendre fin qu'après un avertissement donné trois mois avant la sortie du locataire (art. 1736). Mais *Jean* allègue avoir donné congé à *Pierre*, tandis que ce dernier le nie, ou s'il en convient, il oppose qu'un second bail lui a été consenti, et il invoque en sa faveur la possession depuis l'échéance du terme, sans obstacle de la part du bailleur (art. 1738 et 1739). Or, cette exception oblige le propriétaire à traduire le preneur en référé. — Que fera le juge? Dans le premier cas, si le congé est justifié, il ordonnera l'expulsion des lieux, la tacite reconduction n'ayant pu sortir à effet; dans le second cas au contraire, si le congé n'est pas rapporté, il maintiendra le locataire en possession, parce que son aveu est indivisible (art. 1356).

Mais le bail est fait sans écrit, et après que le congé-verbal a été verbalement accepté par le locataire, ce dernier le conteste; le juge pourra-t-il admettre à la preuve du congé? Non. La loi ne veut pas que l'existence d'un bail puisse être établie par témoins, quelque modique qu'en soit le prix. Ce principe serait violé, si l'on parvenait à détruire un bail par un moyen à l'aide duquel il est défendu de le prouver.

Il ne pourrait donc y avoir de contestation sérieuse que lorsque le terme du bail écrit, étant expiré, le preneur serait laissé en possession; car il s'agirait d'examiner alors si cette continuation de jouissance est ou non suffisante pour faire présumer un nouveau bail. Voilà une présomption qui est laissée à l'appréciation, à l'arbitrage du juge, et qui par cela seul est susceptible de présenter beaucoup d'inconvéniens.

Mais quoiqu'il en soit, toutes les questions dont nous venons de parler ne sont qu'accessoires à la demande en expulsion des lieux; ainsi la validité, le défaut de congé, la tacite reconduction, la sortie du locataire ou sa maintenue dans les locaux, etc, doivent rentrer dans les attributions du juge des référés, pour recevoir la décision provisoire que comporte l'état d'urgence. La seule chose que puisse faire le président, c'est que s'il éprouve de l'embarras, il doit en référer lui-même au tribunal, soit à l'instant, si cela est possible, soit à jour certain et rapproché, pour que, sur son rapport, les parties entendues en leurs moyens de défense, il soit rendu un jugement qui évacue la contestation. Toute autre voie serait nuisible en pareille matière.

La faveur dont jouit la propriété est si grande

que, soit qu'il y ait bail, soit qu'il n'y en ait pas, les propriétaires et principaux locataires de maisons ou biens ruraux, peuvent un jour après le commandement et sans permission du juge, faire saisir-gager, pour loyers et fermages échus, les effets et fruits étant dans lesdites maisons ou bâtimens ruraux, et sur les terres. Ainsi le seul fait de la location tient lieu de titre *exécutoire*. Or, cela nous confirme dans cette idée que le juge des référés peut décider provisoirement toutes les contestations qui naissent entre le bailleur et le preneur, pourvu qu'il n'y ait pas de bail, ou que le bail soit expiré. Ce qui tient à ce genre d'exécution est tellement du domaine du juge, en état de référé, que l'art. 819 du Code de procédure civile donne le droit au président du tribunal de première instance de dispenser du commandement préalable, et de permettre la saisie-gagerie sans l'observation d'aucun délai.

Pourtant on ne saurait le contester, la saisie-gagerie soulève très-souvent des difficultés, des oppositions à l'instant où l'huissier se présente, qu'il est indispensable de faire juger de suite, au provisoire, par la même autorité. Il serait alors bien singulier que la connaissance des faits de location, cette matière toujours urgente qui autorise l'exécution provisoire avec ou sans caution quand il s'agit de l'expulsion des lieux après que le terme est expiré, fut cependant exclue de la juridiction du magistrat des référés, lorsqu'il peut néanmoins ordonner la saisie-gagerie, et faire disparaître les obstacles qui s'y opposent.

Nous devons au surplus faire remarquer que l'urgence en pareille matière a été si bien sentie, que divers juges de paix, désireux d'éviter aux parties des frais de procédure, ont cru pouvoir s'attribuer la connaissance des contestations qui interviennent entre le bailleur et le preneur. Ils se sont fondés sur la loi du 16-24 août 1790, tit. 3, art. 9, qui les autorise à juger toutes les causes *personnelles et mobilières*, sans appel jusqu'à la valeur de 50 francs et à la charge d'appel jusqu'à la valeur de 100 francs : d'où ils ont couclu qu'ils devaient statuer sur les demandes en expulsion des lieux, lorsque le prix du bail était égal ou inférieur à la quotité de 100 francs. Mais ces magistrats ont-ils sainement interprété la disposition législative qu'ils invoquent? Nous ne le pensons pas. La somme stipulée dans un bail n'est que l'accessoire de l'immeuble qui en fait l'objet, la simple représentation des fruits, l'intérêt d'un capital plus fort. Il faudrait d'après cela que le prix du bail ne fut que de 5 francs par an, pour qu'au denier vingt, taux momentané de l'intérêt légal, la contestation rentrât dans la compétence des juges de paix; en supposant d'ailleurs que l'expulsion des lieux put être considérée comme une action *purement* personnelle ou mobilière. D'autre part, l'effet immédiat du jugement qui statue sur la demande du propriétaire et sur les exceptions du locataire consiste principalement à maintenir ce dernier en possession ou à lui faire désemparer la chose qui lui a été louée; aussi faut-il dire que le juge de paix connaît non-seulement d'une contestation relative au paiement de la somme de 100 francs ou au-dessous, mais encore du bail en lui-même, et par conséquent d'un objet indéterminé quant à sa valeur, ou plus que décuple de la somme qui lui sert de base. — Telles sont les raisons qui nous déterminent à penser qu'il y a incompétence.

Cette manière d'apprécier la valeur du litige n'est pas nouvelle en droit. L'on se rappelle, en effet, que la cour de cassation avait consacré le principe qu'au possessoire, sur l'action en complainte ou en réintégrande, le juge de paix devait prononcer en dernier ressort, toutes les fois que les dommages ou restitutions réclamés ne dépassaient pas 50 francs. « Devant le juge de paix, disait-on, la propriété de » l'immeuble ne peut jamais faire l'objet du juge- » ment, et tout se borne à la possession, en d'autres » termes à une demande mobiliaire pour indemnité. » Il n'y a que cette somme qui soit susceptible de » fixer le premier et le dernier ressort. » C'était pourtant une erreur. La jurisprudence a complètement changé, et par un arrêt solennel du 22 mai 1822, sections réunies (1), il a été irrévocablement décidé que c'est plutôt la valeur de la possession de l'immeuble que les dommages et intérêts qui doivent faire connaître le degré de juridiction. Or, ce rapprochement nous met à même de soutenir avec certitude, que ce n'est pas le prix du bail qu'il faut considérer comme étant la base, le principal de l'action en expulsion des lieux, mais bien le bail en lui-même. Cet objet quoique purement mobilier, sous ce rapport qu'il ne se rattache en aucune manière à la revendication de l'immeuble, n'en est pas moins hors de la compétence des juges de

---

(1) Sirey, tome 22-1-375. Voyez aussi la compétence des juges de paix par M. Henrion de Pensey, 7e édition, page 449 et 450. Il n'est plus possible maintenant d'élever la moindre difficulté là-dessus. Toutes les décisions qui se rendent sont conformes à celles de la cour de cassation.

paix, comme étant d'une valeur indéterminée ou supérieure à celle qui est limitée par la loi de 1790. Il faut toujours que le juge d'exception se restreigne aux cas particuliers qui lui sont soumis.

§ III.

SÉQUESTRES, COMMISSAIRES ET GARDIENS.
(art. 135, n° 4).

Il n'est pas question de faire nommer un commissaire pour recevoir un compte, ou pour procéder à une liquidation en justice, ni de statuer sur les difficultés que peut entraîner cette nomination : les tribunaux de première instance et de commerce peuvent seuls en connaître, dans les cas prévus par la loi. Notre article ne parle pas non plus du commissaire ayant mandat de procéder à une distribution par contribution ou à un ordre de créanciers : c'est le président qui le nomme, sans que le défendeur y soit appelé, et son ordonnance n'est attaquable que par la voie de la récusation contre le juge commissaire. Mais cette contestation n'est pas de la compétence du juge des référés.

Aurait-on voulu parler des commissaires aux saisies-réelles? Non, sans doute; car indépendamment de ce qu'ils furent supprimés par le décret du 30 septembre 1791, la loi du 11 brumaire an 7, art. 8, *sur les expropriations forcées*, disposait encore que le débiteur resterait en possession jusqu'à la vente. A cette époque, de même que sous le Code, il n'était plus possible de faire nommer un commissaire de ce genre pour administrer les biens dans l'intérêt des créanciers, percevoir le prix d'adjudication, etc. « Pendant toute la durée des

» poursuites (porte la loi), le débiteur reste en » possession comme séquestre et dépositaire de » justice, sans préjudice néanmoins du droit qu'ont » les créanciers de faire procéder à la saisie mobi- » lière des fruits, conformément aux lois. »

Il faut dire pourtant qu'un décret du 12 février 1812, ordonnait aux anciens commissaires aux saisies-réelles de rendre leurs comptes au tribunal de première instance de leur domicile, et chargeait le président de les régler, après avoir entendu le procureur-impérial. Dès-lors ne pourrait-on pas soutenir que notre article leur est applicable? Tel n'est pas notre sentiment. Nous croyons que le décret de 1812 ne contient qu'une disposition spéciale dans le seul intérêt du fisc. Ce qui justifie notre manière de voir est que les comptes devaient être rendus contradictoirement avec le directeur des domaines, et que l'arrêté en ordonnance de liquidation ne s'exécutait que sur sa poursuite. Au surplus, s'il pouvait exister dans ce moment quelque ancien commissaire aux saisies-réelles dont le compte ne fut pas encore rendu (ce qui légitimerait jusqu'à un certain point l'opinion que nous combattons), le président du tribunal devant connaître des difficultés relatives à cette matière, notre thèse n'en serait pas moins prouvée; car nous prétendons que le juge des référés est compétent pour statuer sur tout ce qui tient aux commissaires, administrateurs et séquestres des biens saisis par un créancier.

Mais, empressons-nous d'en convenir, ce n'est pas ainsi qu'il faut interpréter le n° 4 de l'art. 135. Non, cet article ne concerne pas du tout les anciens commissaires aux saisies-réelles, et les mots *séquestres, commissaires et gardiens* employés par le législateur, ne présentent que des synonymes, et rien de plus.

De quoi s'agit-il, en effet? D'un acte conservatoire, d'assurer la chose litigieuse, de la garantir des enlèvemens ou dégradations qu'on voudrait se permettre, de telle sorte qu'elle puisse être délivrée en bon état au véritable propriétaire. Or, peu importe que l'administrateur de la chose qui fait l'objet du litige, ou bien l'homme responsable de sa garde, soit appelé *séquestre, commissaire ou gardien*, toutes les fois qu'il n'a d'autre mission que de conserver et de rendre. C'est une mesure instantanée, passagère, essentiellement provisoire, sans caractère définitif, et qui rentre par sa nature dans les attributions du juge des référés.

Par exemple, un droit d'usufruit s'ouvre : l'usufruitier est soumis à un cautionnement avant de pouvoir entrer en possession des biens ; mais il lui est impossible de le fournir, parce qu'il est pauvre, et que personne ne veut s'exposer pour lui à la garantie du propriétaire. Il est de principe que l'usufruitier prend les choses dans l'état où elles sont, mais qu'il ne peut avoir la jouissance qu'à la charge de faire dresser, en présence du propriétaire, ou lui dûment appelé, un inventaire des meubles et un état des immeubles sujets à l'usufruit; il faut de plus qu'il donne caution de jouir en bon père de famille, s'il n'en est dispensé par la loi ou par l'acte constitutif de l'usufruit, et dans le cas où il ne trouverait pas de caution, les immeubles sont donnés à ferme ou mis en séquestre. Ce sont les termes formels de la loi (Code civil, art. 600, 601 et 602).

Le législateur a prévu que le bail à ferme pouvait présenter des obstacles qu'il serait souvent impossible au propriétaire et à l'usufruitier de lever sans avoir recours à la justice, soit parce que leur humeur tracassière les porterait à plaider l'un contre l'autre, soit à cause des exigences du propriétaire sur les garanties du fermier. C'est pour cela qu'il a permis la mise en séquestre. Or, la partie la plus diligente se pourvoit en référé, et obtient la nomination d'un commissaire-gardien, chargé d'administrer pour le compte de qui il appartiendra, dans l'intérêt de tous.

Mais l'art. 602 du Code civil n'est que facultatif, puisque les immeubles doivent être affermés *ou* mis en séquestre. Il peut arriver aussi que l'usufruitier préfère le mode du bail à ferme; car il lui offre plus de chances avantageuses, sous ce rapport que les revenus sont alors convertis en denrées certaines ou en une somme d'argent déterminée. Une demande est donc portée devant le tribunal de première instance (1) pour faire prononcer sur les exceptions du propriétaire qui ne veut pas ac-

---

(1) Mais devant quel tribunal? — En matière réelle, dit l'article 59 du Code de procédure civile, le défendeur sera assigné devant le tribunal de la situation de l'objet litigieux. Or, qu'est-ce qu'une matière réelle? L'action qui donne le droit de suivre la chose dans quelques mains qu'elle passe. Telle est la définition qui est écrite dans l'art. 2114 du Code civil. — Il s'agit d'ailleurs d'un droit immobilier, non pas à vrai dire de la revendication de l'immeuble sujet à l'usufruit, mais d'en faire ordonner le délaissement contre le propriétaire, en justifiant de la solvabilité du fermier. — C'est par conséquent devant le tribunal du lieu de la situation qu'il faut introduire l'instance. Mais le propriétaire, agissant contre l'usufruitier qui n'aurait pas encore pris possession de l'immeuble, devrait porter la demande en nomination de séquestre devant le juge du domicile du défendeur.

cepter le fermier qu'on lui désigne. Dans ce cas, le juge des référés pourra-t-il encore nommer un séquestre, si le propriétaire le requiert? Pas la plus légère difficulté à cet égard. Le séquestre aura pour mandat de gérer les biens pendant les contestations, et lorsque la solvabilité du fermier sera reconnue, il rendra ses comptes à l'usufruitier, ou à son ayant-cause.

Il faut remarquer toutefois que le bail à ferme n'est pas à la volonté du propriétaire : il ne lui occasionne aucun préjudice, puisqu'il a incontestablement le droit de le faire réduire, si à l'expiration de l'usufruit, il dépasse le terme fixé par les art. 595, 1429 et 1430 du Code civil. Les conditions qui règlent l'époque et la quotité des paiemens ne concernent aussi que l'usufruitier : le propriétaire est sans qualité pour s'en plaindre, tout comme il serait irrecevable à vouloir choisir la personne qui doit recevoir les biens à titre de ferme. Tout se borne quant à lui à une garantie utile pour dommages et intérêts, dans le cas où il y aurait mauvaise administration des biens dont il a la nue propriété. Par conséquent l'usufruitier peut, quand bon lui semble, faire un bail à ferme, sans avoir besoin de l'intervention du propriétaire ou des tribunaux, pourvu que le fermier soit solvable. Le fermier qui n'aurait pas une solvabilité bien apparente pourrait toujours l'acquérir en fournissant lui-même une caution au bailleur. Et comme l'usufruitier jouit la chose dans l'intérêt du maître, *à la charge d'en conserver la substance* (art. 578), il nous paraît évident que le propriétaire serait fondé à se prévaloir du cautionnement quoiqu'il y fut étranger, pour obtenir à la fin du bail l'indemnité à laquelle les dégradations donneraient lieu.

En général, la justice peut ordonner le séquestre (art. 1961),

1° Des meubles saisis sur un débiteur;

2° D'un immeuble ou d'une chose mobiliaire dont la propriété ou la possession est litigieuse entre plusieurs personnes;

3° Des choses qu'un débiteur offre pour sa libération.

Mais dans quel cas la chose est-elle censée litigieuse? Quand il y a *procès* ET *contestation* sur le fond du droit (art. 1700).

Jean, légataire de *Jacques* d'une maison située à Paris, en obtient la délivrance de *Pierre*, héritier à réserve. Plus tard ce dernier découvre un testament postérieur qui révoque le legs; il introduit une instance contre *Jean*, et croit devoir revendiquer la maison léguée. Là dessus des contestations s'engagent : *Jean* soutient que le second testament est nul, et le tribunal, avant de statuer au fond, ordonne un interlocutoire, pour savoir si le testateur était ou non sain d'esprit, ou si l'un des témoins instrumentaires de l'acte était ou non citoyen français à l'époque de la disposition. — Voilà ce qui caractérise l'état de litige dans le sens de la loi. — *Pierre* aura donc la faculté de citer *Jean* en référé pour voir nommer un séquestre, et le juge ne pourra faire moins que d'accueillir cette demande provisoire, parce que c'est le seul moyen de conserver la maison léguée dans l'intérêt de celui qui, en définitive, sera reconnu en être le propriétaire.

Titia, commune en biens avec *Mevius*, forme la demande en séparation de corps, et lorsqu'elle est en instance devant le tribunal, que les juges vont prononcer, elle traduit son mari en référé à l'effet de voir ordonner que, pendant l'instruction, il sera nommé un séquestre pour administrer les biens de la communauté. Le pouvait-elle? Non. Cependant le président rend une ordonnance contre le mari, et le séquestre va entrer en fonctions. — Appel. — Un arrêt annule la décision du juge des référés (1). — Dans l'espèce, la propriété des biens n'était pas litigieuse. La demande en séparation de corps pouvait bien avoir pour effet de dissoudre la communauté stipulée entre les deux époux (art. 1441, nº 4); mais il n'y avait cependant que l'exécution du jugement à rendre sur le fond qui fut susceptible de soulever la question de propriété. Aussi jusqu'au partage de la communauté, tout devait rester en suspens.

Une succession s'ouvre, et plusieurs personnes y sont intéressées; dans le nombre, il y a des mineurs, des absens, des créanciers opposans qui viennent requérir l'apposition et la levée des scellés : l'inventaire est commencé. Mais pendant qu'on y procède, des contestations se développent sur le point de savoir à qui seront confiées les valeurs mobiliaires et la gestion des immeubles. Or, cela oblige le notaire a délaisser les parties en état de référé. — Le président du tribunal de première instance pourra-t-il, dans ce cas, nommer un séquestre? Oui; l'art. 944 du Code de procédure civile lui donne cette faculté. «Si, lors de l'inventaire, dit cet » article, il s'élève des difficultés, ou s'il est formé » des réquisitions pour l'*administration* de la com-

(1) Espèce tirée d'un arrêt de la cour de Liège du 13 février 1809, rapporté par M. Sirey, tome 9-2-295. C'est sur cet arrêt que nous avons cru devoir baser notre opinion, tant il nous paraît conforme aux vrais principes.

» munauté ou de la *succession*,.......... les notaires » délaisseront les parties à se pourvoir en référé » devant le président du tribunal de première ins- » tance, etc. »

Supposons, au contraire, qu'on exerce l'action résolutoire d'une vente d'immeubles, pour défaut d'exécution des conditions imposées à l'acquéreur. Mais après que l'instance est introduite, ce dernier, par sa situation, inspire des craintes d'insolvabilité; il manifeste le dessein de dégrader les biens, et de soustraire frauduleusement les récoltes : dans ce cas, le vendeur sera autorisé avant que les juges du fond aient rendu leur jugement, à prendre la voie du référé sur la demande en nomination de séquestre. Ce n'est encore là qu'un acte purement conservatoire. Tel est le principe que consacra la cour de Paris dans l'espèce suivante :

Demalard se rend adjudicataire sur licitation d'une maison sise à Achères, ainsi que du mobilier qu'elle contient. Cet adjudicataire n'exécute pas les clauses du cahier des charges, quoiqu'il ait pris possession de l'immeuble qui lui a été adjugé. Alors un créancier poursuit la folle enchère; *Demalard* conteste le droit du poursuivant et la forme de la revente; mais un jugement ordonne qu'il sera passé outre. Que fait le créancier? — Il cite *Demalard* en référé sur l'établissement d'un séquestre, et le juge rend une ordonnance qui accueille en ces termes la demande qui lui est soumise : « considé- » rant que l'état de fol-enchérisseur de *Demalard*, » rend nécessaire la mesure de précaution réclamée » contre lui, accorde l'autorisation d'établir un sé- » questre. » — *Demalard* fait appel. — Arrêt du 16 février 1816, qui maintient l'ordonnance de référé (1). — Cette décision nous paraît conforme aux principes. Il y avait, en effet, crainte pour le créancier, danger de perdre tout ou partie des meubles adjugés, de voir l'immeuble dégradé, peut-être démoli.

La même règle s'applique à tous les cas qui ont quelque analogie avec ceux dont nous venons de parler.

En matière d'expropriation forcée notamment, la partie saisie ne peut, à compter du jour de la dénonciation à elle faite de la saisie, aliéner les immeubles, à peine de nullité, *et sans qu'il soit besoin de la faire prononcer* (Code de procédure civile, art. 692), en d'autres termes la propriété reste en suspens sur sa tête jusqu'à l'adjudication. Le débiteur ne peut faire aucune coupe de bois, ni dégradation, à peine de dommages-intérêts (art. 690), auxquels il est condamné par corps, sans préjudice de l'action criminelle, suivant la gravité des circonstances. Aujourd'hui la loi permet aux créanciers de l'expulser (art. 688), en faisant nommer un gardien, un gérant dans l'intérêt commun (2). Les fruits échus depuis la dénonciation de la saisie sont immobilisés, et le produit s'en distribue avec le prix de l'immeuble, par ordre d'hypothèque (art. 689). Or, comment serait-il possible de percevoir ces fruits, de les distribuer, s'il fallait les laisser à la disposition du débiteur ?..... Sans doute, nous le reconnaissons, s'il existe un bail qui ait date certaine

(1) Sirey, tome 17-2-47.

(2) L'ancien droit était plus favorable au débiteur, puisque d'après l'art. 8 de la loi du 11 brumaire an 7, il devait, *pendant toute la durée des poursuites*, rester en possession des biens comme séquestre judiciaire.

avant le commandement de saisie-immobiliaire, et qu'il soit exempt de dol et de fraude, les créanciers ont bien le pouvoir d'user de saisie-arrêt entre les mains du locataire ou du fermier, et de consolider ainsi l'immobilisation des revenus (art. 691); mais comme s'il n'a pas été fait de bail, ou si celui qui existe est sans date assurée avant le commandement, tout créancier, même l'adjudicataire, peuvent le faire annuler, il est libre aux parties intéressées de requérir dans ce cas, la nomination d'un séquestre. C'est encore le juge du provisoire qui prononce, et une ordonnance rendue en état de référé, exécutoire nonobstant l'appel, vient préserver les immeubles saisis des attaques du débiteur.

Nous croyons devoir faire remarquer que toutes les fois qu'il est nécessaire de requérir la nomination d'un séquestre, commissaire ou gardien pour la conservation d'une chose litigieuse ou qui se trouve déjà sous la main de la justice, le législateur en a toujours appelé au juge d'exception, c'est-à-dire au président du tribunal de première instance, au président du tribunal de commerce et au juge de paix, suivant les cas qui se présentent. Prouvons cette dernière proposition.

En effet, en matière criminelle, lorsqu'après l'arrêt de mise en accusation, l'accusé n'a pas été saisi, le président de la cour d'assises, et en son absence, *le président du tribunal de première instance*, rend une ordonnance pour lui enjoindre de se représenter dans le délai de 10 jours, sinon que ses biens seront *séquestrés* (Code d'instruction criminelle, art. 465). S'il s'élève des difficultés lors de l'arrivée des marchandises qu'expédie un négociant, et si par suite des avaries commises par le voiturier, ou par toute autre cause, il y a refus de les recevoir, leur état est constaté par des experts nommés par le président du tribunal de commerce, et à son défaut par le juge de paix. La loi va jusqu'à permettre à ces magistrats d'ordonner le *séquestre des marchandises en litige*, ou leur transport dans un dépôt public (Code de commerce, art. 106). Dans le cas de saisie d'animaux et d'ustensiles servant à l'exploitation des terres, le juge de paix peut, sur la demande du saisissant, *le propriétaire et le saisi entendus ou appelés*, établir un *gérant* à l'exploitation (Code de procédure civile, art. 594). Cette dernière attribution de juridiction ne nous paraît pas cependant exclusive; nous croyons, au contraire, que le président du tribunal de première instance, *jugeant en état de référé*, a aussi le pouvoir de nommer un gérant à l'exploitation. Si l'art. 594 du Code de procédure civile parle du juge de paix, il n'exclut pas le président du tribunal. Or, comme ce magistrat doit connaître de toutes les difficultés relatives à l'exécution d'un titre exécutoire, et par conséquent de celles qui se présentent sur les saisies, il nous semble qu'il peut nommer le gérant à l'exploitation. D'ailleurs si la loi a parlé du juge de paix plutôt que du président, c'est parce qu'il est ordinairement beaucoup plus rapproché du lieu où se fait la saisie. Mais cette considération doit être impuissante pour faire prononcer la nullité d'une ordonnance que la partie aurait fait rendre par le président, au lieu de recourir au juge de paix.

Il n'en faut pas davantage pour démontrer jusqu'à la dernière évidence, que tout ce qui tient aux *séquestres*, *commissaires* et *gardiens* rentre sans difficulté aucune dans le domaine du juge des référés. La décision qui intervient à cet égard est provisoire de sa nature; elle ne constitue à vrai dire qu'un acte de précaution qui ne préjuge rien, et qui dès-lors n'a rien qui soit définitif. Nous pensons donc que le président ou le juge qui le remplace doit toujours passer outre, sans avoir besoin d'en référer au tribunal. Tout consiste à savoir s'il y a litige sur la chose qu'on veut confier à la garde d'un tiers, ou nécessité de pourvoir à sa conservation, et ce fait si facile à vérifier, une fois établi, tout s'oppose à ce qu'on suspende l'établissement du séquestre.

§ IV.

PENSIONS OU PROVISIONS ALIMENTAIRES.
(art. 135, n° 7).

Avant de passer à l'examen de la question de savoir si le juge peut, en état de référé, accorder une provision ou pension alimentaire, nous croyons devoir faire quelques observations sur les n°s 5 et 6 de l'art. 135 du Code de procédure civile, que la nature de cet ouvrage nous a mis dans l'obligation d'analyser.

Et d'abord, le n° 5 comprend les réceptions de cautions. Pourtant cet objet ne vient qu'à la suite, en exécution d'une précédente décision, et il est de principe que c'est toujours le juge qui exige la caution qui doit vérifier sa solvabilité. En effet, le jugement qui ordonnera de fournir caution (article 517), fixera le délai dans lequel elle sera présentée, et celui dans lequel elle sera acceptée ou contestée. Les réceptions de cautions (art. 521) seront jugées sommairement, sans requête ni écritures, et le jugement sera exécuté nonobstant l'appel. Par conséquent, le magistrat des référés, *quelque urgence qu'on allègue*, ne peut pas statuer. Ce n'est que pour le cas où, conformément à l'art. 809, il n'aurait permis l'exécution de son ordonnance qu'à la charge de donner caution, qu'il serait compétent pour la déclarer suffisante et valable, ou bien pour la rejeter.

Il est néanmoins des cas où la caution est présentée sans qu'il existe de jugement qui l'ordonne. Tel est celui de la surenchère sur aliénation volontaire : l'acte de réquisition doit contenir, à peine de nullité de la surenchère, l'offre de la caution, avec assignation à trois jours devant le tribunal, pour la faire admettre (art. 832).

Nous ne pensons pas cependant que le juge des référés puisse en connaître ; s'il se permettait de statuer sur le mérite de la caution du surenchérisseur, il commettrait un excès de pouvoir, et son ordonnance devrait être annulée, non-seulement parce qu'il n'y a pas urgence, mais encore parce que la loi veut qu'une telle caution soit présentée aux juges devant lesquels la poursuite de surenchère est portée. C'est ce que décida la cour de Riom dans l'espèce que nous allons rapporter.

Bobé se rend acquéreur d'un immeuble grevé d'hypothèques. Il fait notifier son contrat, ainsi que l'y assujétissent les art. 2167, 2183 et 2184 du Code civil. *Truché*, créancier inscrit du vendeur, veut faire une surenchère : c'était pendant les vacations. Comment doit-il s'y prendre ? Il n'y a pas d'audience au tribunal, et pourtant il faut assigner à trois jours sur la recevabilité de la caution voulue en pareil cas. Que fait-il alors ? Il présente requête au président, lui fait connaître l'embarras dans lequel il se trouve, et lui demande la permission d'assigner pour cet objet en son hôtel, *audience des référés*, tant l'acquéreur que le vendeur. Une ordonnance conforme est rendue. Plus tard, mais en l'absence des parties assignées, une seconde ordonnance reconnaît la solvabilité de la caution, et l'admet à soumissionner pour le surenchérisseur. Appel. — Arrêt du 10 décembre 1808, qui annule les deux ordonnances du juge des référés (1).

Passons maintenant au n° 6 de l'art. 135 : il parle des nominations de tuteurs, curateurs, administrateurs, et des redditions de compte en justice. Or, même observation : ces matières ne sont pas de la compétence du magistrat des référés ; elles rentrent, au contraire, dans les attributions des conseils de famille et des tribunaux civils.

Nous voyons, en effet, que si le dernier mourant des père et mère du mineur ne lui a pas choisi un tuteur (Code civil, art. 397), c'est le conseil de famille qui le nomme, à moins qu'il n'existe quelque ascendant à qui la tutelle légale soit déférée (art. 402). Il désigne toujours celui de l'interdit (art. 505). Mais quant au curateur, il faut distinguer : s'il s'agit de celui à donner au mineur émancipé, pour l'assister en justice ou lorsqu'il reçoit un capital mobilier, de celui qui doit accepter la donation faite au sourd-muet lorsqu'il ne sait pas écrire (art. 480, 482 et 936), ou de celui qui doit administrer les biens de l'individu qui, à cause de la condamnation qu'il a subie, se trouve dans un état d'interdiction légale (Code pénal, art. 29), c'est encore le conseil de famille assemblé qui s'occupe de sa

(1) Sirey, tome 15-2-199.

nomination, tandis que le curateur du mort civilement, celui d'une succession vacante, et au bénéfice d'inventaire sont désignés par le tribunal (Code civil, art. 25 et 812; Code de procédure civile, art. 996). Il arrive cependant que les juges ordinaires ont à s'occuper des nominations de tuteurs et curateurs faites par les conseils de famille. En effet, lorsqu'il s'agit de l'excuse, de l'exclusion et de la destitution d'un tuteur ou d'un curateur, ces matières sont d'abord examinées par les parens réunis en assemblée de famille, mais elles viennent ensuite devant le tribunal de première instance, toutes les fois qu'il y a contestation, et qu'une partie attaque d'invalidité la délibération tenue à cet effet (Code civil, art. 440, 441, 448 et 449). L'administrateur provisoire de la personne et des biens de l'individu poursuivi en interdiction, est de même nommé par le tribunal saisi de la demande principale (art. 497). C'est enfin les tribunaux qui doivent connaître de toutes les actions en reddition de compte (Code de procédure civile, art. 526, 527 et 528).

Ainsi, par cet ordre de choses, le juge des référés est incompétent pour prononcer sur les objets mentionnés dans les nos 5 et 6 de l'art. 135, sauf le cas où il ne ferait que recevoir une caution qu'il aurait lui-même ordonné de fournir. La loi s'explique à cet égard, et quelque urgence qu'il y ait à prononcer sur de pareilles matières, il lui est défendu de s'en occuper.

Mais peut-il connaître des demandes en pensions ou provisions alimentaires? Oui, à moins que l'action qui leur sert de base ne soit déja portée devant le tribunal du fond. La provision alimentaire, c'est un point incontestable, n'est jamais considérée que comme un secours momentané, indispensable, que réclame provisoirement la personne qui a des droits à une chose.

Or, en matière de succession notamment, il serait par trop injuste de renvoyer le cohéritier à l'époque de la mise en possession des biens par ordre du juge, ou de l'astreindre à commencer l'instance en partage et à faire un incident en provision, avant que de rien recevoir sur sa part héréditaire. « Les » héritiers légitimes, dit l'art. 724 du Code civil, » sont saisis de plein droit des biens, droits et ac- » tions du défunt. » Il n'y a donc aucun motif pour que le détenteur précaire, simple cohéritier comme celui qui réclame, puisse avoir la préférence à raison de la possession de l'hérédité. Non, rien n'autorise son insistance, et son cohéritier peut à l'instant même exiger la jouissance de la portion qui lui revient. Il conserve encore la faculté, jusqu'au jour du partage, d'aller habiter les bâtimens, de percevoir les récoltes, et de vivre aux dépens de la succession. Tous les communiers sont appelés de plein droit à jouir concurremment des biens qui sont indivis entr'eux. Mais si l'un des héritiers ne veut pas s'exposer à venir partager lui-même la possession avant que le partage de la propriété n'ait eu lieu, il n'en est pas moins vrai de dire que, s'il est malheureux, dans le besoin et sans moyens d'existence, il est urgent pour lui d'obtenir des alimens, un à-compte sur la part qu'il amande dans la succession. Un vieil adage du palais consacre cette maxime : *il faut avant tout se dérober aux tourmens de la misère.*

Il est d'ailleurs constant en jurisprudence que la

provision alimentaire peut être accordée quoique la demande ne soit fondée ni sur un titre authentique, ni sur une promesse reconnue, si la partie défenderesse ne conteste pas le fait sur lequel la demande repose, et se borne à discuter seulement sur la quotité de la réclamation. Telle est la règle en pareil cas. Or, peu importe que le droit ne soit pas actuellement liquidé, pourvu qu'il soit soutenu par de fortes présomptions, et qu'en définitive la personne qui paie puisse être remboursée (1).

Titius épouse *Mevia*; il reçoit une dot considérable et lorsque le mariage est célébré, après que les époux ont cohabité quelque temps ensemble, la femme est rejetée de la maison maritale. — *Mevia* poursuivra-t-elle la séparation de corps? Non, car il y aurait imprudence à prendre cette voie. Il n'existe point d'excès, de sévices de la part du mari, et si la femme a été expulsée une première fois, il est néanmoins fort douteux que cette injure soit assez grave pour entraîner avec elle la séparation des deux époux. — *Mévia* se représente au domicile conjugal; elle insiste pour y rentrer, tandis que son mari s'obstine, et ne veut pas la recevoir. Mais que fera-t-elle dans cette circonstance? *Titius* détient sa dot. Introduira-t-elle l'instance de séparation? Sa position est difficile, embarrassante. D'abord, il faut parer aux besoins les plus indispensables de la vie, se procurer une existence, puis commencer une procédure dispendieuse, et pourtant *Mévia* est sans ressources; car elle n'a point

(1) Ces principes sont consacrés par deux arrêts, l'un de la cour de Paris, du 5 août 1823, et l'autre de la cour de cassation, du 11 juillet 1826 (Sirey, tome 25-2-218, et tome 27-1-236). Voyez aussi Pigeau, procédure civile, tome 1, page 504.

de paraphernaux. — Elle se pourvoit donc en référé : le juge entend les parties, et condamne *Titius* à fournir à sa femme une somme à titre d'alimens. — Cette décision nous parait aussi juste que fondée. Il y avait, en effet, urgence dans la demande. Le fait de l'expulsion était avoué par *Titius*, qui convenait encore de la réception de la dot. N'en eut-il pas convenu, ou bien n'en eut-il reçu aucune, il n'en fallait pas moins le condamner. C'est ce qui résulte de ce principe : les époux se doivent mutuellement *secours, assistance*, et le mari est obligé de fournir à sa femme tout ce qui lui est nécessaire pour les besoins de la vie (Code civil, article 212 et 214).

Mais, nous demandera-t-on, pourquoi la femme aurait-elle la faculté de choisir la demande en provision, de réclamer des alimens en état de référé, de préférence à la séparation de corps, dès l'instant que cette séparation doit lui rendre l'administration des biens dotaux, lui fournir des moyens d'existence? Pourquoi? La réponse est facile. Tout le monde sait que la séparation de corps est entourée d'obstacles. La gravité des circonstances peut d'ailleurs n'être pas reconnue par les juges du fond, et la demande sera rejetée : d'où nous devons conclure qu'après avoir subi plusieurs délais, supporté les désagrémens sans nombre d'une procédure rigoureuse, les parties seront encore placées dans l'état où elles étaient avant la poursuite, et n'auront obtenu d'autre résultat que de faire beaucoup de frais à pure perte. Au surplus, la femme, si elle commence l'instance au principal, détruit l'effet de l'urgence, et se prive de la voie du référé. Alors la demande en provision doit être portée à l'audience du tribunal, ainsi que le veut l'art. 878 du Code de procédure civile. Les juges peuvent, dans ce cas, joindre le provisoire au fond, surseoir à prononcer jusqu'au jugement qui admettra ou rejettera la preuve des faits tendant à justifier la séparation, et placer ainsi la demanderesse dans la cruelle position de manquer du plus strict nécessaire, pendant que son mari sera dans la prospérité (1).

Il est donc plus simple d'aller en référé. De cette manière, les parties lèvent bien vîte les difficultés que souvent un malentendu a fait naître, et la décision du juge met le mari dans l'alternative ou de faire cesser la séparation de fait en reprenant sa femme (art. 214), ou bien de lui fournir des alimens hors de chez lui. Les époux doivent toujours être mis en demeure de rétablir le domicile commun, et si le mari fait retraite, il faut l'assujettir à une provision. Ce principe est conforme à nos lois. Il suffit aussi pour le juge du provisoire que le mariage soit constant, que la séparation de fait existe, et que le mari refuse, pour qu'il doive passer outre à la provision. Ce n'est là que l'exécution forcée d'une obligation qui dérive de l'association conjugale. Si le mari a quelque reproche à faire à sa femme, il reste le maître de faire prononcer, s'il y a lieu, la séparation de corps, et par conséquent, tous les droits sont conservés.

Pierre, élève de marine, va faire un voyage de long cours; mais craignant de ne plus revenir en France où il possède des biens, il laisse avant de partir à *Paul*, son ami, le pouvoir de les administrer et de les vendre; il lui remet de plus son testament olographe où il l'institue son légataire

(1) Voyez *suprà*, chapitre 5, page 58.

universel. — Plusieurs années s'écoulent sans que *Pierre* donne aucun signe de vie, et *Paul* le croit mort. Il craint cependant de faire enregistrer le testament, parce que rien ne prouve le décès du testateur. Mais il aliène les immeubles, et reçoit le prix des ventes. — Lorsque *Pierre* arrive, qu'il se présente pour prendre possession des biens, les acquéreurs lui opposent leur contrat; *Paul* à qui il s'adresse ensuite refuse de le désintéresser, ou voulant abuser de sa position, ne craint pas de lui imposer des sacrifices. — Dans ce cas, *Pierre* sera-t-il obligé d'exercer l'action en reddition de compte dont parle l'art. 1993 du Code civil avant de pouvoir rien retirer des mains de *Paul*, ou bien devra-t-il accepter les pertes qu'on lui propose? Non. Si le demandeur est dans le besoin, tout alors l'autorise à prendre la voie du référé contre *Paul*, pour le faire condamner à une provision alimentaire imputable aux formes de droit; car le mandat est certain, et les actes d'aliénation prouvent qu'il est créancier pendant que le débiteur ne rapporte pas sa libération. Ainsi le juge prononcera, et si *Paul* ne rend pas ensuite ses comptes à l'amiable, *Pierre* introduira contre lui l'action en justice, dans les formes prescrites par le Code de procédure civile.

Jean s'est marié sous le régime de la communauté. — Après son décès, sa veuve qui a de fortes reprises à exercer contre la succession, renonce à la communauté, tandis que les héritiers prennent possession des biens et l'en expulsent elle-même, ce qui l'oblige à former une demande sépéciale en provision alimentaire. — Le juge des référés pourra-t-il en connaître? Oui. L'article 1465 du Code civil accorde le droit à la veuve, soit qu'elle accepte, soit qu'elle renonce, de prendre pendant trois mois et quarante jours sa nouriture et celle de ses domestiques sur les provisions existantes, et, à défaut, par emprunt au compte de la masse commune ; il veut de plus qu'elle ne soit tenue à aucun loyer à raison de l'habitation qu'elle a pu faire, pendant ce délai, dans une maison dépendante de la communauté ou appartenant aux héritiers du mari. Or, si elle réclame la provision alors qu'elle est dans les trois mois et quarante jours de la mort du mari, que pourront répondre les héritiers? Sur quoi se fondera le juge pour la lui refuser? La femme mariée a toujours eu le droit d'être nourrie et logée sur les biens de la succession jusqu'à l'entier acquittement de ses reprises. Pourquoi ne lui accorderait-on pas des alimens? Elle conserve encore aujourd'hui la faculté d'insister (1), et son insistance même, qui n'est

(1) Sous l'empire de la loi du 11 brumaire an 7, *sur le régime hypothécaire*, la femme mariée en pays de droit écrit, pouvait encore se faire répartir à titre d'insistance ou de nantissement une portion des biens du mari égale au montant de la dot. Elle le peut même aujourd'hui, si elle a contracté mariage conformément à une coutume qui permettait l'exercice de ce droit. C'est ce que nous apprennent les cours de cassation et de Nîmes par leurs arrêts des 19 prairial an 7, 29 décembre 1808, et 23 mai 1819 (Sirey, tome 1-1-221; tome 9-2-253, et tome 19-1-354). — Toute la difficulté consiste donc à savoir si la femme mariée depuis le Code, n'a pas un pareil droit d'insistance ou toute autre garantie pour le paiement de sa dot, indépendamment de l'action hypothécaire. Or, nous voyons dans un arrêt de la cour de Toulouse du 28 février 1825 (Sirey, tome 25-2-415), que l'insistance sur les biens de la succession peut-être remplacée par une pension alimentaire, pendant tout le temps que ses reprises ne sont pas liquidées. Un second arrêt de la cour d'Aix du 31 juillet 1828 (Sirey, tome 29-2-258), a aussi décidé que lorsqu'une action en nullité d'une vente d'immeubles est exercée par une personne qui est garante du vendeur, *à titre d'héritier bénéficiaire*, il y a lieu, si la nullité est accueillie, d'autoriser

jamais considérée que comme une mesure de surveillance ou d'administration, peut être appréciée et jugée en état de référé. S'il pouvait s'élever quelque doute à cet égard, l'art. 944 du Code de procédure civile serait là pour le lever. « Si, lors » de l'inventaire (porte cet article), il s'élève des » difficultés, ou s'il est formé des *réquisitions* pour » l'administration de la communauté ou de la suc- » cession, *ou pour autres objets*, et qu'il n'y soit pas » déféré par les autres parties, les notaires délais- » seront les parties à se pourvoir en référé devant » le président du tribunal de première instance. » Cette disposition est purement énonciative, sans être limitative. Or, le juge des référés, compétent pour prononcer sur l'administration de la communauté ou de la succession avant l'inventaire, ou pendant qu'on y procède, l'est encore après qu'il a été clôturé. D'ailleurs le provisoire qu'il énonce devant se continuer après l'inventaire, pouvant même donner lieu a des contestations, pourquoi le juge ne pourrait-il pas également continuer ses attributions? Par ces mots, *ou pour autres objets*, le législateur n'a voulu dire autre chose si non que tout ce qui participerait du provisoire serait porté devant le juge des référés, avant que les juges du fond fussent appelés à en connaître. Donc peu importe que le provisoire existe avant ou après. C'est pour cela que l'action de la veuve tendant à avoir

---

le détenteur à conserver, *par droit d'insistance*, l'immeuble revendiqué, jusqu'après l'apurement du compte de l'administration bénéficiaire. — Pourquoi la femme commune en biens, soit qu'elle accepte la communauté, soit qu'elle y renonce, ne pourrait-elle pas retenir une partie de la succession pendant tout le temps qu'elle n'aurait pas été désintéressée?

des alimens, action provisoire et urgente, constitue l'état de référé (1).

Il en serait de même si les époux étaient mariés sous le régime dotal. Lorsqu'en effet la dot consiste en immeubles ou en meubles non estimés par le contrat, la restitution s'en opère *de suite* au profit de la femme (Code civil, art. 1564); mais si elle n'a été constituée qu'en argent ou en meubles mis à prix, quoique la restitution ne puisse être exigée qu'un an après la dissolution du mariage (art. 1565), il n'en est pas moins urgent d'accorder une provision. Les héritiers du mari seraient d'autant plus mal fondés dans leurs refus, que la veuve peut demander à *l'instant* les intérêts de la dot, ou des alimens pendant la première année aux dépens de la succession. Observons même que, dans tous les cas, l'habitation et les habits de deuil lui sont fournis sur les valeurs appartenant au défunt, sans qu'on puisse les lui répéter. C'est là un vrai droit de suite, une obligation privilégiée dont rien, pas même le défaut de dot, ne saurait atténuer la force. La femme doit pouvoir honorer la mémoire du mari (2).

(1) Cela fut ainsi jugé par arrêt de la cour de Paris du 11 fructidor an 13, rapporté par M. Sirey, tome 15-2-198. L'arrêtiste ajoute : « N. B. La décision de cet arrêt peut être invoquée sous le Code de procédure civile; les principes anciennement suivis dans le ressort du parlement de Paris, étaient conformes à ceux qu'a consacrés le Code. » Nous croyons devoir rapporter les termes de l'art. 2 du décret du 29 janvier 1791; ils sont ainsi conçus : « tous référés relatifs, soit à l'apposition des scellés, soit aux incidens qui peuvent naître de l'exécution des jugemens, seront portés devant l'un des juges du tribunal dans le territoire duquel le scellé sera apposé ou le jugement exécuté. »

(2) Ce grand principe d'honnêteté publique a été consacré par un arrêt de la cour de Toulouse du 20 juillet 1822; il est inséré dans le recueil de M. Sirey, tome 23-2-8.

Nous devons pourtant faire remarquer que le juge des référés outre-passerait les limites de sa compétence si, pour arriver au jugement de la provision, il décidait, même indirectement, des questions qu'il n'appartient qu'aux tribunaux seuls d'examiner. Par exemple, si malgré la contestation portant sur la validité du mariage, la qualité d'héritier, l'existence du mandat, la renonciation à la communauté quand on accuse la femme d'avoir diverti des effets qui en dépendent, il accordait néanmoins la provision ou relaxait le défendeur. Mais il peut se rencontrer aussi que la partie assignée en provision alimentaire, voulant échapper au provisoire ou le rendre sans objet, ne vienne proposer des exceptions chicaneuses, des nullités d'actes, et n'allègue des faits qu'il lui serait même impossible d'établir en justice réglée. Or, si le juge se déclarait incompétent, si accordant une trop grande confiance aux moyens développés par celui qui refuse la provision, il rejetait sans un plus ample examen, la poursuite ou la demande, il serait vrai de dire que jamais le but de la loi ne serait rempli, tandis que le bienfait de sa disposition serait toujours illusoire. Dans ce cas, il conviendrait d'en référer au tribunal. L'ordonnance de renvoi n'eut-elle au surplus que l'effet de déclarer l'urgence, les juges du fond seraient valablement nantis de la demande, et les parties procéderaient alors comme elles le font sur assignation à bref délai. En agissant de la sorte, les avantages inappréciables que procure la voie du référé, ne disparaîtraient point par le caprice ou la mauvaise foi du débiteur.

§ V.

PRIVILÉGE POUR LOYERS (art. 661).

Nous allons parler ici d'une demande qu'on doit porter en référé, non devant le président du tribunal de première instance ou devant le juge qui le remplace à son audience des référés, mais bien devant le juge-commissaire, chargé de procéder à une distribution par contribution.

« Le propriétaire, dit l'art. 661 du Code de procédure civile, pourra appeler la partie saisie et » l'avoué le plus ancien en *référé* devant le juge-» commissaire, pour faire statuer préliminairement » sur son privilége pour raison des loyers à lui » dus. » Tel est le principe, citons maintenant un exemple.

Jean occupe dans la maison de *Jacques*, un appartement que ce dernier lui a donné à titre de bail pour le prix de 1,000 francs par an, lorsque *Pierre*, son créancier, fait saisir et vendre les meubles qui garnissent les locaux loués. — Des oppositions sont notifiées entre les mains de l'officier qui a procédé à la vente (art. 609). Le propriétaire intervient aussi pour demander deux années de loyer. Mais il est impossible de convenir dans le mois d'une distribution amiable (art. 656); aussi les sommes sont-elles versées dans la caisse des dépôts et consignations aux périls et risques de qui il appartiendra (art. 657). — Un juge-commissaire est nommé pour faire la distribution entre les créanciers opposans (art. 658). C'est la conséquence des dispositions de l'art. 2093 du Code civil, qui veulent que les biens du débiteur soient le gage commun de ses créanciers, et que le prix s'en distribue entr'eux, par contribution, à moins qu'il n'y ait entre les créanciers des causes légitimes de préférence. — Il existe un privilége, c'est celui du propriétaire pour ses loyers. Ce privilége est spécial sur les sommes à distribuer (art. 2102, n° 1); il doit même passer avant les frais de justice (Code de procédure civile, art. 662), et *Jacques* veut s'en prévaloir. Quelle voie prendra-t-il pour l'exercer? Deux moyens lui sont offerts : l'un de faire un acte de produit avec demande à fin de privilége, dans le mois de la sommation que le poursuivant lui a adressée (art. 660 et 661); l'autre d'en référer au juge-commissaire, pour qu'il statue préliminairement sur le privilége qu'il réclame. Or, c'est ce dernier moyen qu'il adopte. Il espère prévenir ainsi les contestations, et se soustraire aux longueurs de la procédure. — Il appelle en référé *Jean*, débiteur saisi, et l'avoué le plus ancien des opposans, pour voir ordonner qu'il prélèvera de suite le montant des loyers qui lui sont dus. — Les parties vont devant le juge-commissaire. Mais tandis que le locataire reconnaît la légitimité de la dette, le mandataire des opposans (art. 667 et 669), conteste le privilége : il prétend que la location n'étant que verbale, l'art. 2102 du Code civil refuse le privilége pour les loyers échus; aussi soutient-il que le propriétaire ne peut obtenir la préférence que pour une année de loyer à partir de l'expiration de l'année courante, c'est-à-dire pour l'avenir seulement. A cela *Jacques* répond : « lorsqu'il n'existe » pas de bail écrit ayant date certaine avant le » commencement des poursuites faites contre le lo- » cataire, le privilége comprend toujours deux an-

» nées de loyers échus, parce que les expressions » dont s'est servi le législateur dans la rédaction » de l'art. 2102, se rapportent indubitablement à » l'année échue et à l'année courante. Ce qui le » prouve, c'est que le propriétaire peut saisir les » meubles qui garnissent sa maison ou sa ferme, » lorsqu'ils ont été déplacés contre sa volonté, et » qu'il conserve sur eux son privilége, sans aucune » distinction entre le bail *écrit* et le bail *verbal*, » pourvu qu'il ait formé sa demande en revendi- » cation dans le terme de droit. D'ailleurs, ni l'ar- » ticle 1752 du Code civil, qui assujettit le locataire » à garnir la maison de meubles suffisans pour ré- » pondre du loyer, ni les art. 661 et 819 du Code » de procédure civile, qui règlent le mode du pri- » vilége, ne restreignent ce privilége à une seule » année; au contraire, ils l'étendent à tous les loyers » échus, sauf la prescription quinquennale (arti- » cle 2277). » — Dans cet état, il est rendu une ordonnance qui alloue deux années de loyer avec privilége (1), et renvoie le demandeur à se faire délivrer, par le greffier, mais après le délai de

(1) Cette question de privilége a partagé les meilleurs auteurs : le dissentiment qui existe entre MM. Grenier, Persil et Tarrible, sur l'interprétation du premier paragraphe de l'art. 2102 du Code civil, nous en fournit la preuve. Mais la cour de cassation a rendu un arrêt le 28 juillet 1824 qui lève la difficulté. Il a été reconnu que le privilége du propriétaire sur les meubles du locataire, s'étend aux loyers échus antérieurement à l'année courante, alors même que le bail est purement verbal (Sirey, tome 25-1-54). Or, le propriétaire pourra-t-il réclamer avec privilége tous les loyers à lui dus à l'époque de la vente des meubles saisis sur le locataire, pourvu qu'ils ne dépassent pas le terme de cinq années? Cela semble résulter de la combinaison des art. 1752 et 2102 du Code civil, avec les art. 661, 662 et 819 du Code de procédure civile.

huitaine, un mandement de collocation, en affirmant la sincérité de la créance (Code de procédure civile, art. 671). Dès cet instant il y a chose jugée quant au propriétaire; car il n'a plus à se présenter dans la distribution par contribution avec les autres créanciers. Pour lui tout est terminé, et l'ordonnance à la même force qu'un jugement définitif.

Il est étrange, nous dit-on, que le juge-commissaire, qui aux termes de l'art. 663 du Code de procédure civile ne doit dresser qu'un état de distribution provisoire pour être *seulement* dénoncé aux créanciers, puisse néanmoins décider de la validité ou de l'invalidité d'une créance, tout comme le ferait le tribunal, s'il y avait des contredits. — La réponse se trouve dans la différence qui existe entre les deux actes. Il suffit en effet de remarquer que l'ordonnance de référé est rendue contradictoirement avec les parties intéressées, ou elles dûment appelées, au lieu que l'état de distribution est toujours rédigé en l'absence des créanciers, sans qu'ils aient été à même de faire connaître leurs exceptions. Il serait donc bien plus étrange qu'un juge, après avoir entendu tant le demandeur que le défendeur sur leurs moyens respectifs, fut pourtant exposé à la censure de ses collègues, et à voir sa décision annulée par des juges du même dégré que lui. Or, c'est ce que la loi a voulu prévenir. Nous devons reconnaître aussi que lorsque le juge-commissaire prononce sur le privilége pour loyers, il est censé représenter le tribunal en corps, dont il est le délégué; tout comme il peut en référer lui-même, avant de rendre sa décision. Les parties n'ont plus que la voie de l'appel, si le litige ne comporte qu'un jugement de premier ressort.

Mais l'ordonnance du juge-commissaire est-elle susceptible d'opposition lorsqu'elle est rendue par défaut? Dans quel délai l'appel sera-t-il relevé? Est-ce l'art. 669 du Code de procédure civile qui doit servir de règle? Ne serait-ce pas, au contraire, l'art. 809 au titre des référés (1)?.....

§ VI.

REFUS DU NOTAIRE DE DÉLIVRER COPIE D'UN ACTE RESTÉ IMPARFAIT OU NON ENREGISTRÉ (art. 843).

La partie qui voudra obtenir copie d'un acte non enregistré, ou resté imparfait, doit présenter requête au président du tribunal de première instance, pour faire ordonner au notaire ou autre dépositaire de la lui délivrer, sauf l'exécution des lois relatives à l'enregistrement (Code de procédure civile, art. 841 et 842).

Il est une infinité de circonstances dans la vie où l'acte que retient un notaire, un greffier, un juge de paix, peut n'être point achevé à cause d'un obstacle qui survient à l'instant même. Par exemple (et ceci s'applique plus particulièrement aux notaires), une des parties ayant signé l'acte, l'autre refuse de le faire ou demande un délai pour prendre des renseignemens ou pour en conférer avec un conseil. S'il arrive ensuite que la partie retardataire ne veuille ou ne puisse y apposer sa signature, l'acte reste imparfait, et l'on rentre alors dans les termes de notre article.

Mais l'acte cesserait d'être authentique, et res-

(1) Nous avons traité ces questions dans la 5e partie de notre ouvrage; nous y renvoyons le lecteur.

terait par conséquent imparfait, 1° par le défaut de qualité du notaire ou autre officier public; 2° S'il n'était pas signé des témoins ou du second notaire, ou bien du notaire rédacteur (loi du 25 ventôse an 11, art. 9 et 14; Code civil, art. 1318). Il vaudrait pourtant comme écriture privée si toutes les parties l'avaient signé, au lieu que s'il n'est signé que par l'une d'elles, ce n'est plus qu'un commencement de preuve par écrit, susceptible de faire admettre la preuve testimoniale.

Or, dans tous ces cas et autres semblables, comme il peut arriver qu'on ait besoin d'avoir la copie de l'acte resté imparfait, pour justifier soit l'obligation, soit le fait sur lequel elle repose, l'on présente requête au président du tribunal de première instance, et s'il y a quelque difficulté de la part du notaire ou autre dépositaire, on l'appelle en référé pour faire prononcer sur son refus.

Mais quelle est l'hypothèse dans laquelle on doit exiger la copie d'un acte non enregistré, et quel est l'acte susceptible de rester non enregistré?

M. Pigeau, *traité de la procédure civile*, tome 2, page 352, examine la question. Il commence par citer l'art. 20 de la loi du 22 frimaire an 7, sur les délais à observer pour l'enregistrement des actes; il parcourt successivement les art. 29, 30 et 31, pour en tirer la conclusion que l'acte de notaire n'est pas nul pour n'avoir pas été enregistré dans le délai; qu'ainsi on peut toujours s'en faire délivrer des expéditions, en acquittant le double droit. Il reprend en ces termes : « Cependant si la » partie *qui n'est pas tenue du droit*, tel que le créan- » cier, le vendeur a besoin de produire cet acte,

» comme elle ne doit pas souffrir de la négligence
» de l'autre ni de celle du *notaire*, elle peut s'en
» faire délivrer copie, sauf l'exécution des lois et
» réglemens relatifs à l'enregistrement. Tel serait
» le cas où un propriétaire poursuivant un locataire
» pour garnir les lieux, celui-ci nierait qu'il y eut
» bail, et qu'il fallut le produire. »

Nous ferons remarquer que la loi du 25 ventôse an 11, sur le notariat (art. 1), et notre Code de procédure civile (art. 839), obligent les notaires à délivrer des grosses, expéditions ou copies des actes et contrats auxquels les citoyens veulent donner le caractère d'authenticité attaché aux actes de l'autorité publique; aussi peut-on les contraindre à faire cette délivrance, à moins que la partie qui requiert l'expédition ou la copie n'ait donné lieu au refus en restant débitrice des avances et honoraires dus à raison de l'acte, et en ne les payant pas. Pourtant M. Pigeau fait une distinction entre le débiteur et le créancier, d'où il semble vouloir induire que celui-ci peut réclamer l'expédition sans désintéresser le notaire; car il indique la partie *qui n'est point tenue du droit*, tels que le *créancier*, le *vendeur*, et ajoute qu'elle ne doit pas souffrir de la négligence de l'autre *ni de celle du notaire*. L'auteur n'a pu se défendre de cette pensée. Il a copié, en effet, l'art. 31 de la loi du 22 frimaire an 7, aux termes duquel l'enregistrement est mis à la charge des débiteurs et nouveaux possesseurs, disposition qui, rapprochée de l'art. 29 de la même loi, qui assujettit les notaires à répondre eux-mêmes du versement, peut faire croire que la partie obligée doit seule acquitter les frais, même ceux du notaire. Mais c'est une erreur manifeste, une erreur démontrée par la jurisprudence des cours et tribunaux. Les notaires ont une action directe et solidaire contre chacun des contractans, pour être remboursés soit de leurs avances, soit de leurs émolumens (1). Aussi devons-nous reconnaître que la partie, n'importe laquelle, créancier ou débiteur, ne peut plus aujourd'hui réclamer une grosse, expédition ou copie, sans payer les frais de la minute (Code de procédure civile, art. 851), sauf à être remboursée si elle libère le vrai débiteur (loi du 22 frimaire an 7, art. 31). S'il arrivait pourtant que le notaire refusât l'expédition ou la copie d'un acte non enregistré, il faudrait en référer au président, qui ordonnerait, s'il y avait lieu, qu'il serait passé outre nonobstant le refus (art. 843).

Pierre, créancier de *Paul*, fait saisir les fruits pendant par racines sur un immeuble que son débiteur possède comme l'ayant dit-on, acquis de *Jean*; mais rien ne prouve pourtant d'une manière positive, si ce n'est la possession, que la propriété appartienne au débiteur. Aucun acte translatif de propriété n'est inscrit sur les registres du

---

(1) La cour de cassation, se fondant sur l'esprit et la lettre de l'art. 30 de la loi du 22 frimaire an 7, décide constamment que les notaires ont une action solidaire contre chacune des parties, pour le paiement de leurs déboursés et honoraires, sauf le recours de la partie qui paie contre les autres parties, s'il y a lieu. L'on a considéré que le notaire était le mandataire des contractans, par où l'on a fait une juste application de l'art. 2002 du Code civil, portant : « lorsque le mandataire a » été constitué par plusieurs personnes pour une affaire com» mune, chacune d'elles est tenue solidairement envers lui de » tous les effets du mandat. » Ces principes sont consacrés par quatre arrêts des 27 janvier 1812, 26 juin et 15 novembre 1820, et 19 avril 1826 (Sirey, tome 12-1-198; tome 20-1-409; tome 21-1-95, et tome 26-1-396.)

conservateur des hypothèques, et c'est ce qui fait aussi que le vendeur et l'acquéreur colludent ensemble, pour tâcher de faire annuler la saisie. — L'instance en revendication est déjà engagée suivant les formes prescrites par l'art. 608 du Code de procédure civile; *Jean* ne craint pas de soutenir que l'exécution est illégale, faite *super non domino*, et presse vivement l'audience pour obtenir jugement. — Que fera *Pierre?* Il est fort embarrassé pour soutenir la validité des poursuites, parce qu'il ne peut les appuyer que sur de simples présomptions. Or, il est de principe que les juges ne doivent s'arrêter qu'aux présomptions établies par la loi, et dans l'espèce, en supposant d'ailleurs que celles invoquées par le défendeur fussent graves, précises et concordantes, le fait sur lequel elles reposent (la propriété de l'immeuble), ne pouvant point être prouvé par témoins, il est de toute impossibilité d'en faire admettre aucune (Code civil, art. 1341, 1350, 1352 et 1353.)— Ce n'est que lorsque les juges vont prononcer sur le sort de la saisie-brandon, que *Pierre* est instruit que, peu de jours avant ses poursuites, pendant qu'on était encore dans le délai accordé par l'art. 20 de la loi du 22 frimaire an 7, pour observer la formalité de l'enregistrement, la vente a été consentie à *Paul*, par acte authentique, non encore enregistré. L'acquéreur a voulu s'exposer au double droit, dans le dessein d'en dérober la connaissance à son créancier. — *Pierre* présente requête au président du tribunal, lui expose l'intérêt qu'il à de faire usage dans l'instance pendante avec *Paul* et *Jean*, de la vente consentie par ce dernier, et lui demande la permission de s'en faire délivrer une copie par le notaire. Une ordonnance conforme est rendue; *Pierre* offre les frais, les honoraires du contrat, et en requiert une copie. — Le notaire refuse. Cet officier public méconnait ainsi l'art. 23 de la loi du 25 ventôse an 11, suivant lequel toute personne qui n'est pas même intéressée en nom direct dans un acte (par elle-même ou par ceux qu'elle représente), peut en réclamer l'expédition en vertu de l'ordonnance du juge. Il prétend que l'art. 839 du Code de procédure civile n'autorise le notaire à remettre l'expédition ou la copie d'un acte de son ministère qu'aux parties intéressées, à celles qui ont concouru au contrat, leurs héritiers ou ayant-cause. — Si *Pierre* oppose l'art. 1166 du Code civil, portant que les créanciers peuvent exercer tous les droits et actions de leur débiteur, on lui demande une somme exhorbitante pour frais, sans doute pour qu'il renonce à la copie de l'acte de vente. — Les parties vont en référé. Le créancier et le notaire sont entendus, et à l'instant même le président rend une ordonnance où il liquide le coût de l'acte (décret du 16 février 1807, art. 173), et demeurant l'offre qui a été faite par *Pierre* de réaliser le montant de la taxe, il enjoint au notaire de délivrer la copie.

Tel est le cas qui se présente ordinairement. Or, nous croyons que la voie du référé n'a été introduite qu'en faveur des tiers qui ne sont point parties au contrat (loi du 25 ventôse an 11, art. 23). Mais pour ce qui est des parties intéressées en nom direct, le notaire est tenu de leur remettre à l'instant même tous les extraits, expéditions ou copies qu'elles lui réclament, et s'il refuse, elles ont une action directe contre lui, pour l'y faire condamner par corps, sur assignation à bref délai, sans préliminaire de conciliation et par jugement rendu à l'audience (Code de procédure civile, art. 839). Il n'est donc pas possible de supposer qu'elles veuillent renoncer à cette action, pour agir en référé. Ne serait-il pas contradictoire que l'art. 843 dût régir les contractans eux-mêmes?... Tout nous décide à penser qu'il ne concerne que les tiers, parce qu'ils n'ont pas d'action ouverte contre le notaire. Aussi sont-ils obligés d'obtenir la permission préalable du juge, avant que de pouvoir requérir l'expédition ou la copie d'un acte de notaire, qu'il soit enregistré ou non.

D'un autre côté, les contractans savent qu'ils sont solidaires à raison des avances et des émolumens de l'officier instrumentaire, et qu'ils ne peuvent dans aucun cas, exiger *forcément* de lui l'expédition de l'acte qu'il a passé pour eux, sans le désintéresser. Le notaire sait aussi qu'il est tenu *personnellement* de verser les droits dus au fisc, et que la régie a une action ouverte pour l'y contraindre. Pourquoi donc voudrait-il laisser son acte non enregistré, et s'exposer à un double droit dont il peut être déclaré responsable envers les parties, et grever son cautionnement d'un fait de charge, en ne payant pas? Empressons-nous de le dire, il est bien rare aussi qu'un acte authentique ne soit pas enregistré dans le délai. — Par conséquent la voie du référé semble n'avoir été introduite que pour l'acte sous signature privée, non enregistré. Il arrive souvent, en effet, que les parties confient à la foi des notaires des actes de cette nature, soit à titre de contre-lettre, soit à titre de nantissement, non pas pour être déposés dans les formes légales, mais bien pour rester à leur disposition jusqu'à ce que telle ou telle autre condition soit remplie.

Il en est tout différemment de l'acte resté imparfait : nous sommes forcés de reconnaître que le législateur n'a entendu parler que de celui qui ne peut valoir comme acte public, par suite de l'incompétence de l'officier qui l'a retenu, ou d'un vice de forme quelconque.

« *Paul* loue une maison à *Pierre* qui signe le » bail ; *Paul* meurt sans l'avoir signé ; *Louis*, son » héritier, sans parler de cet acte imparfait, assigne » *Pierre* pour qu'il soit tenu de garnir et habiter » les lieux ; *Pierre* soutient qu'il n'y a jamais eu de » bail ; *Louis*, pour prouver qu'il en a été fait un, » demande à le prouver par témoins ; mais comme » la preuve testimoniale est prohibée en cette matière » (Code civil, art. 1715), à moins qu'on n'ait un » commencement de preuve par écrit (art. 1347), » il veut se servir de ce bail imparfait, comme com- » mencement de preuve, il a intérêt d'en avoir » copie pour être admis à cette preuve (Pigeau, » *loc. cit.* page 357). » Mais si le notaire refuse, il l'appellera en référé pour y déduire les causes de son refus, et être condamné à faire la délivrance de la copie (Code de procédure civile, art. 841, 842 et 843).

§ VII.

CONTESTATIONS SUR LA DÉLIVRANCE DES SECONDES GROSSES (art. 845).

« Les grosses (1) sont les copies authentiques de

(1) Toullier, cours de droit civil, tome 8, page 603.

» la minute, délivrées en forme exécutoire, c'est-à-» dire dans la forme requise pour qu'on puisse » mettre à exécution par voie de saisie, sans avoir » recours aux tribunaux. C'est cette forme qui les » distingue des autres copies authentiques qu'on » appelle des expéditions, et qui en fait une classe » à part. Aussi les *grosses* et les *expéditions* d'un » acte ne sont point des termes synonymes en juris-» prudence. » La forme exécutoire n'est elle-même que l'intitulé des lois, et un mandement aux officiers de justice de faire exécuter l'acte qui s'en trouve revêtu (loi du 25 ventôse an 11, art. 25; Code de procédure civile, art. 146 et 545). Or, cette forme d'exécution doit nécessairement changer avec les gouvernemens qui se succèdent, parce qu'elle prend toujours une dénomination conforme à leur nature. Sous le consultat, par exemple, elle intervenait AU NOM DU PEUPLE FRANÇAIS, *Bonaparte, premier consul de la république*, au lieu que sous la monarchie, elle porte le nom du prince régnant. Mais ne vaudrait-il pas mieux que l'exécution fût requise au nom de la loi? Oui. C'est d'après nous le seul chef auquel les citoyens doivent rester soumis; car si nous obéissons au dépositaire du pouvoir exécutif, si nous le respectons, ce n'est que comme ministre de la volonté nationale qui seule fait la loi, et pendant tout le temps qu'il respecte lui-même cette volonté suprême.

En droit, la première grosse d'un acte authentique forme le titre du créancier (1), tout comme

(1) Un arrêt rendu par la cour de cassation, le 13 mars 1828, a pourtant décidé que le créancier qui ne peut pas représenter la grosse du contrat, n'en doit pas moins obtenir son paiement, sur la représentation d'une simple expédition de ce contrat

l'expédition que retire le débiteur lui sert à connaître les obligations qu'on a prises à son égard. Mais si l'engagement est réciproque, si les parties ont voulu se contraindre mutuellement à l'exécuter par voie de saisie, dans ce cas, elles sont créancières l'une de l'autre, et chacune doit avoir une grosse exécutoire. C'est ce qui résulte de l'art. 26 de la loi du 25 ventôse an 11, portant : « il doit être fait » mention, sur la minute de l'acte, de la délivrance » d'une première grosse faite *à chacune des parties* » *intéressées.* »

Notre législation semble pourtant vouloir restreindre plutôt qu'étendre la voie de l'exécution parée ; aussi le créancier la perd-il en perdant la première grosse qu'il a obtenue du notaire. Cette grosse a tant de force aux yeux de la loi, que la remise volontaire qu'en fait le créancier au débiteur, est une présomption légale de paiement (Code civil, art. 1283). Mais la remise peut n'être pas volontaire, ou la grosse première avoir été perdue par le créancier ; alors il peut recouvrer l'exécution de son titre en obtenant une seconde grosse soit par ordre de justice, soit même par le seul consentement de la partie intéressée à contester la poursuite. Et s'il

(Sirey, tome 28-1-334). Mais il faut observer que nous ne parlons que du titre exécutoire, et non pas de l'expédition ou copie du titre qui sert à prouver l'obligation, si elle est contestée par le débiteur. C'est dans ce sens que nous devons entendre l'article 1283 du Code civil, d'après lequel la remise de la grosse du titre fait présumer le paiement. D'ailleurs dans l'espèce jugée par la cour de cassation, le créancier venait exercer un droit hypothécaire dans un ordre ouvert au préjudice du débiteur. Or, l'inscription pour sortir à effet, n'avait besoin que d'une simple expédition de l'acte authentique, et le créancier la représentait.

arrive que le débiteur ne veuille pas se représenter chez le notaire, le législateur a suppléé à ce défaut de consentement, par l'observation de quelques formalités. Nous allons les parcourir.

Sous l'empire de la loi du 25 ventôse an 11, le créancier n'avait besoin que de l'autorisation du juge, et n'était pas tenu d'appeler son débiteur à la délivrance de la nouvelle grosse. Telle est la disposition de l'art. 26, ainsi conçu : « il doit etc..... » il ne peut lui en être délivré d'autre, à peine de » destitution, sans *une ordonnance* du président du » tribunal de première instance, laquelle demeurera » jointe à la minute. »

Cette trop grande latitude donnée au créancier, de pouvoir recouvrer l'acte exécutoire avec une simple permission du juge, *en l'absence des parties*, entraînait de graves inconvéniens (1). Des débiteurs, persuadés que la première grosse de l'obligation formait à elle seule le titre de créance, et que les énonciations mises par le créancier à la suite, en marge ou au dos de la grosse, faisaient foi en justice, quoique non signées ni datées par lui, lorsqu'elles tendaient à établir leur libération (Code civil, art. 1283 et 1332), avaient introduit l'usage, quand ils ne s'acquittaient pas entièrement, de s'en rapporter à la foi du créancier, en lui faisant inscrire la mention du paiement sur la grosse qui était en son pouvoir (2). L'on vit aussi des créanciers de

(1) Les tribunaux l'avaient déjà senti avant la promulgation du Code de procédure civile. Un arrêt de la cour de Paris du 17 termidor an 13, décida que le juge ne pouvait autoriser la partie à se faire délivrer une seconde grosse d'un titre public, hors la présence de celui que ce titre concerne.

(2) Bien des personnes le font encore aujourd'hui pour les actes sous signature privée, notamment en matière de lettre de change.

mauvaise foi cacher la première grosse pour enlever la trace des paiemens à compte, et pouvoir réclamer l'entière créance tout comme s'ils n'avaient rien reçu. Ils le pouvaient avec d'autant plus de facilité, qu'une ordonnance du juge venait leur en procurer les moyens. Des exécutions étaient alors commencées, tandis qu'il ne restait au débiteur que la voie de l'opposition, remède souvent inéficace, et qui ne l'empêchait pas de payer deux fois ce qu'il avait emprunté. Voilà pourquoi le Code de procédure civile a modifié quant à ce, la loi du 25 ventôse an 11. « La partie (porte l'art. 844), qui voudra » se faire délivrer une seconde grosse, soit d'une » minute d'acte, soit par forme d'ampliation sur » une grosse déposée, présentera, à cet effet, re- » quête au président du tribunal de première » instance; en vertu de l'ordonnance qui inter- » viendra, elle fera sommation au notaire pour » faire la délivrance à jour et heure indiqués, et » aux parties intéressées pour y être présentes; » mention sera faite de cette ordonnance au bas de » la seconde grosse, ainsi que de la somme pour » laquelle on pourra exécuter, si la créance est » acquittée en partie. »

Ainsi le créancier, avant de pouvoir se faire délivrer la seconde grosse dont il a besoin pour exécuter les biens du débiteur, doit remplir les trois conditions suivantes.

1° Il faut qu'il présente requête au président, qu'il lui fasse connaître la cause qui le prive de la

---

Mais dans ce cas, l'abus ne saurait exister, puisque l'obligation disparaîtrait en supprimant le titre (Code civil art. 1282). S'il est produit avec une rature, la preuve de la libération peut encore résulter de ce fait.

première grosse, et qu'il lui demande la permission de s'en faire délivrer une seconde.

2° Si l'ordonnance lui est favorable, il doit la faire signifier au notaire, détenteur de la minute de l'acte, ainsi qu'au débiteur, avec sommation au notaire de lui remettre la grosse, et au débiteur de venir, à jour et heure indiqués, assister à la délivrance qui en sera faite.

3° Le demandeur doit comparaître chez le notaire, par lui ou par un fondé de pouvoirs, afin d'y réclamer la seconde grosse, en déterminant la somme pour laquelle il veut qu'elle soit exécutoire. Nous pensons même qu'il serait juste qu'il s'expliquât sur ce point dans la sommation de comparaître, faite à son débiteur.

Mais lorsque ces formalités sont observées, si le débiteur n'intervient pas, le notaire délivre la grosse suivant les désirs du créancier, sauf ses avances et salaires. Si le créancier et le débiteur se présentent, le notaire les entend, et tâche de les concilier s'ils ne sont pas d'accord ensemble. Dans le cas de l'affirmative, il délivre la seconde grosse avec indication de la somme pour laquelle les parties sont convenues qu'elle serait exécutée, sinon il les renvoie à se pourvoir en référé (art. 845).

Il est pourtant des notaires qui se permettent de délivrer des secondes grosses sur la simple ordonnance du juge, tout comme ils le fesaient sous la loi du 25 ventôse an 11, c'est-à-dire en l'absence des parties, sans qu'elles aient été appelées, ou sans que les contestations, s'il en existe, aient été préalablement décidées par le juge des référés. C'est à notre avis une faute grave, car la grosse est nsuffisante pour autoriser une exécution, et s'il est fait des poursuites contre le débiteur, il peut les faire déclarer non-avenues. S'il arrivait donc qu'un jugement les annulât par ce seul motif, comme alors cela ne proviendrait que du vice qui se trouve dans la délivrance de la grosse, il nous semble évident que le notaire serait passible de tous les frais, à titre de dommages et intérêts. Ici c'est une faute lourde, comparable au dol, il doit aussi en supporter toutes les conséquences. Le juge qui refuserait de le condamner, rendrait un mauvais jugement, et s'exposerait à la censure de la cour de cassation.

Ces principes s'appliquent également aux greffiers des cours et tribunaux. « Une seconde expé-» dition exécutoire d'un jugement (art. 854) ne » sera délivrée à la même partie qu'en vertu d'une » ordonnance du président du tribunal *où il aura* » *été rendu*. — Seront observées les formalités pres-» crites pour la délivrance des secondes grosses des » actes devant notaires. »

Nous ne croyons pas cependant que le président du tribunal de commerce fut compétent pour statuer sur cette matière. En effet, que dit la loi? Les tribunaux de commerce ne connaîtront point de l'exécution de leurs jugemens (art. 442). Or qu'est-ce qu'ordonner la délivrance d'une seconde expédition revêtue de la formule exécutoire, si ce n'est ordonner que le jugement continuera d'être exécuté? D'ailleurs il faut que le greffier fasse mention de la somme pour laquelle le jugement s'exécutera; des difficultés peuvent encore survenir sur la quotité de la somme due, et l'on conçoit aussi que si les parties allaient en référé devant le président du tribunal de commerce, pour lui faire ordonner que la seconde expédition serait délivrée à concurrence de telle ou telle autre somme, ce magistrat s'immiscerait dans l'exécution du jugement, et dépasserait sa compétence. C'est donc au président du tribunal de première instance qu'il faut s'adresser, soit pour obtenir la permission de se faire délivrer la seconde expédition exécutoire, soit pour faire lever les obstacles qui en empêcheraient la délivrance.

Mais qu'il s'agisse d'un acte authentique ou d'un jugement, les greffiers et les notaires peuvent, sans permission du juge, en délivrer aux mêmes parties autant d'expéditions ou d'extraits collationnés qu'elles réclament, pourvu qu'ils ne portent pas l'intitulé des lois, et ne soient pas terminés par un mandement aux officiers de justice; car la défense portée en l'art. 854 ne concerne que les secondes expéditions revêtues de la formule exécutoire.

Cependant M. Toullier semble professer une doctrine tout opposée. Voici comment il s'exprime: « c'est donc avec sagesse que la loi, qui autorise » le notaire à délivrer des grosse ou *premières expéditions* à chacune des parties, lui défend d'en » délivrer d'autres sans leur concours, ou sans autorité de justice. » Mais d'abord, cet auteur a-t-il voulu comprendre dans la même catégorie, les expéditions et les grosses, ou bien désigner les grosses par ces mots, *premières expéditions?* Dans le premier cas, ce serait une erreur, tandis que dans le second, les termes employés seraient impropres. Aussi telle n'a pas été la volonté de la loi. M. Toullier lui-même en est convenu, en disant dans un autre passage que les expressions, *grosses* et *expéditions* n'étaient pas synonymes. Il nous paraît donc bien surprenant qu'il ne fasse plus la même distinction lorsqu'il s'agit de délivrer une seconde grosse ou une seconde expédition, lors surtout que le législateur n'a pas mis sur la même ligne l'expédition et la grosse d'un acte ou d'un jugement (1).

Pierre prête à *Paul* une somme de 1,000 francs, pour laquelle il est passé acte devant notaire; le terme du remboursement est fixé; une première grosse est remise au créancier. Postérieurement, mais avant l'échéance, *Pierre* transporte à *Jean* la moitié de la créance, et lui remet la grosse exécutoire, en le chargeant néanmoins de la lui rendre pour exécuter les biens de *Paul*, si celui-ci ne se libère pas du surplus de la somme empruntée. — Le cessionnaire est remboursé par le débiteur, et soit qu'il collude avec lui, soit qu'il le fasse de bonne foi, il lui rend la grosse qu'il avait promis de garder à la disposition de *Pierre*, son cédant. Or, dans ce cas, si *Pierre* veut se livrer à des exécutions contre *Paul*, il faut qu'il obtienne une seconde grosse. Il remplit, en effet, les formalités préalables. — Devant le notaire, le débiteur ré-

(1) La cour de cassation, par arrêt du 13 août 1826, a bien assimilé la première expédition d'un contrat à une grosse proprement dite, dans ce sens qu'elle a annulé la grosse exécutoire délivrée à suite par le notaire, sans l'observation des formalités relatives aux secondes grosses (Sirey, tome 27-1-193). Il faut pourtant remarquer que le notaire avait lui-même donné lieu à la méprise, en déclarant que la seconde grosse exécutoire avait été par lui délivrée, en remplacement d'une première grosse, *non revêtue des formes voulues lors de sa confection*. Or, en procédant de la sorte, il avait décidé un point qui n'était pas de sa compétence. Mais s'il s'était borné à délivrer une première grosse, en laissant à la première expédition, sa qualité d'expédition, il nous paraît impossible que la cour de cassation eut adopté l'opinion que consacre l'arrêt que nous venons de rapporter. La loi eut été violée.

pond qu'il ne doit rien à *Pierre* : à l'appui de cette exception, il représente la grosse du titre, soutient qu'elle lui a été remise volontairement, et qu'ainsi il se trouve libéré de l'obligation (Code civil, article 1283). Le créancier, au contraire, conteste le fait de la remise du titre exécutoire, l'attribue à *Jean*, son cessionnaire, et nie, par conséquent, la libération de *Paul*. — Le notaire renvoie les parties à se pourvoir en référé devant le président du tribunal de première instance, pour qu'il soit statué sur leurs contestations, toutes choses demeurant en l'état. Un référé est donc introduit. — Les mêmes exceptions sont reproduites, et le juge renvoie à son tour à l'audience du tribunal. — Il le pouvait, la loi l'y autorise; car la contestation portant sur le fond de la créance, l'on conçoit que le provisoire serait méconnu s'il décidait que *Pierre* est ou non créancier. D'ailleurs *Paul* soutient que la remise de la grosse est volontaire, et il est recevable à le prouver tant par actes que par témoins; tout comme *Pierre* peut vouloir établir à son tour qu'il n'a donné aucun consentement à la remise de la grosse qui se trouve entre les mains de *Paul*. — Ces preuves et contre-preuves ne sont pas du tout de la nature du provisoire.

Il y avait sans doute un moyen terme que le juge des référés pouvait employer, c'était d'ordonner la délivrance de la seconde grosse aux risques et périls du créancier, sous la réserve de tous autres droits à faire valoir devant les juges compétens. Il faut même dire que s'était là une voie peut-être plus directe, plus conforme à la lettre et à l'esprit de l'art. 1319 du Code civil, sur la foi due à l'acte authentique. Mais en vertu de cette nouvelle grosse, exécutoire nonobstant opposition; *Pierre* n'aurait fait que se livrer à des exécutions, à des frais en pure perte, puisqu'en définitive son débiteur pouvait l'arrêter en l'appelant devant le tribunal, pour y faire juger qu'il n'était pas créancier, si effectivement la remise de la grosse était volontaire, la conséquence du paiement. Nous croyons aussi que le renvoi fait par le juge des référés dans cette circonstance et autres semblables, est plutôt avantageux que nuisible aux parties. Il n'est pas non plus contraire aux principes que nous avons émis sur la force exécutoire, puisque le créancier s'était dépouillé du droit de faire exécuter, par la perte de la première grosse. Mais si *Paul*, au lieu d'alléguer sa libération par suite d'un fait postérieur, avait attaqué l'acte en lui même soit dans la forme (1), soit au fond, le juge des référés n'aurait pas du renvoyer à l'audience, parce qu'alors force devait rester aux énonciations contraires de l'acte. Les allégations du débiteur auraient été repoussées par la foi due au contrat, et rien ne pouvait autoriser le sursis.

§ VIII.

COMPULSOIRE DE LA MINUTE D'UN ACTE OU D'UN JUGEMENT, POUR S'ASSURER QU'ELLE EST CONFORME A L'EXPÉDITION QUI A ÉTÉ DÉLIVRÉE (art, 852).

Qu'est-ce que le compulsoire? C'est le mandement de justice, en vertu duquel le notaire ou autre dépositaire d'une pièce est tenu de la représenter. Or, nous pouvons exiger cette représentation dans

(1) Nous voulons parler ici des formes intrinsèques de l'acte, telle que la mention, par le notaire, de la signature des parties, etc, etc.

deux circonstances : la première, *incidemment* à une instance déjà engagée devant une cour ou un tribunal, afin d'avoir expédition ou copie de l'acte où nous ne sommes point parties, mais dont nous voulons faire usage (Code de procédure civile, art. 846 et suivans); la seconde, *en état de référé*, lorsque la copie à nous délivrer n'est pas conforme à la minute (art. 852).

Mais si la voie du compulsoire ne peut jamais faire le fondement d'une instance spéciale devant le tribunal, il n'en faut pas conclure (1) que l'individu qui n'a point concouru à l'acte par lui ou par ceux dont il est l'héritier ou l'ayant-cause, n'en puisse obtenir une copie qu'après avoir commencé l'instance sur le fond, et fait ordonner le compulsoire; car il impliquerait contradiction qu'on dût intenter un procès, précisément pour avoir la pièce qui seule doit le prévenir ou l'empêcher. Non, telle n'a pas été l'intention du législateur (2).

Ainsi le notaire doit remettre l'expédition ou la copie de son acte soit à l'une des parties contrac-

---

(1) Comme l'ont fait les rédacteurs du répertoire de la jurisprudence du notariat, *verbo* compulsoire, § 1, n° 7.

(2) Voyez l'art. 23 de la loi du 25 ventôse an 11. — La cour de Rouen a décidé le 13 mars 1826 (Sirey, tome 26-2-295) que, « pour que des tiers puissent exiger du notaire l'expédition » d'un acte auquel ils n'ont pas été parties, il n'est pas nécessaire qu'ils requièrent le compulsoire; il suffit qu'ils soient » porteurs d'une ordonnance du président du tribunal civil, » autorisant la délivrance de l'expédition. — Le notaire ne » peut se refuser à fournir l'expédition sous prétexte que l'article 839 du Code de procédure civile, ne permet qu'aux » parties intéressées en nom direct, ou à leurs ayant-droits, » d'exiger expédition notariée : Ce n'est pas l'art. 839 qu'il » faut appliquer dans ce cas, mais bien l'art. 23 de la loi du » 25 ventôse an 11. »

tantes, *à sa première réquisition*, soit au tiers qui la réclame, *s'il est porteur d'une ordonnance du président*, et l'un et l'autre peuvent encore exiger qu'il la collationne en leur présence. S'il y a des erreurs, si le notaire refuse la collation, ou s'il survient des difficultés, c'est le président qui statue sur le référé qui lui est fait (art. 852). Ces principes s'appliquent aussi aux greffiers des cours et tribunaux, dans ce sens que si, aux termes de l'art. 853 du Code de procédure civile, l'on n'a pas besoin de l'ordonnance du juge pour réclamer expédition, copie ou extrait d'un acte ou d'un jugement porté sur leurs registres, il peut s'élever néanmoins des contestations qu'il convient de faire décider par analogie, dans les mêmes formes et par les mêmes principes.

Titius et *Mevius* ont passé un acte devant notaire pour donner la forme authentique aux conditions d'une société de commerce stipulée entr'eux. — Plus tard ils ont des contestations ensemble sur l'étendue de leurs conventions, ce qui les oblige à se faire délivrer chacun une copie du contrat, dans le but d'en connaître les termes, les apprécier, et terminer à l'amiable, s'il est possible, les difficultés qui les divisent. — *Mevius* réclame la copie dont il a besoin, le notaire la lui remet; *Titius* en fait autant, il l'obtient aussi; mais sa copie n'est pas conforme à celle que représente *Mevius*, et leurs contestations recommencent. — Il demande au notaire de collationner la copie à la minute; le notaire s'y oppose, ou bien s'il défère à l'invitation de *Titius*, il refuse d'ajouter les mots raturés et non approuvés que présente la minute, seul objet de la différence qui existe entre les deux copies délivrées. — Le notaire est requis d'en référer; il en réfère, en effet, et au jour qu'il indique, la minute est par lui apportée au président. Ce magistrat en fait la collation, et ordonne au notaire d'y ajouter les mots raturés.

Si le notaire avait refusé d'en référer, comment aurait-il fallu s'y prendre pour le contraindre? Il nous semble que *Titius*, devait s'adresser au juge des référés, l'instruire de l'état des choses, et lui demander la permission de faire citer le notaire, avec injonction d'apporter la minute, pour la collationner. L'art. 852 dit, en effet: *le dépositaire sera tenu d'apporter la minute*. Sans doute *Titius* avait le droit d'appeler directement le notaire à l'audience des référés, sans permission préalable; mais comme le défendeur pouvait ne pas apporter la minute sur la simple demande de la partie, il nous paraît plus convenable de le constituer en demeure par l'ordonnance du juge qui permet d'introduire le référé.

Supposons toutefois que le notaire ne comparaisse point, ou que, s'il comparait, il ne veuille pourtant pas apporter la minute; dans ce cas, que fera le juge? Il ordonnera son transport chez le notaire à jour et heure certains, parties présentes ou dûment appelées, pour y procéder lui-même à la collation requise. La loi le veut ainsi pour le compulsoire qui devient nécessaire pendant le cours d'une instance (art. 849), et nous ne voyons pas pourquoi il en serait autrement pour le compulsoire sur collationné d'acte. Il y a même motif, même raison de décider. Vaudrait-il mieux que le notaire prévaricateur put échapper à la représentation de la minute? Nous ne le pensons pas. Les parties peuvent toujours demander à voir la minute de l'acte qui les intéresse, assister au procès-verbal de compulsoire, et y insérer leurs dires (art. 850); car il faut bien les mettre à même de faire connaître au juge les altérations dont elles croiraient avoir à se plaindre.

Primus vend à *Secundus* une maison qu'il possède à Paris, et le charge de payer en sus du prix, 2,000 francs qu'il déclare devoir à *Tertius* : ces conventions sont rédigées par acte devant notaire. — *Tertius* qui n'avait aucun titre de créance contre *Primus*, le retrouve dans la reconnaissance de la dette insérée au contrat de vente, et cela l'autorise à recourir contre l'acquéreur ; il a donc intérêt d'avoir une expédition de l'acte. — Il présente requête au président du tribunal de première instance (loi du 25 ventôse an 11, art. 23), pour faire enjoindre au notaire détenteur de la minute, de lui délivrer l'expédition ; une ordonnance conforme intervient, et il se retire devant le notaire qui la lui remet. Quelle surprise ! Au lieu d'y trouver la délégation des 2,000 francs qui lui sont dus, l'acquéreur n'est plus tenu de lui payer qu'une somme de 1,000 francs (1). — *Tertius* veut voir la minute de l'acte, collationner l'expédition ; il insiste, mais le notaire refuse, ou s'il accède à la demande qui lui est faite, il ne veut pourtant pas rétablir le mot

(1) Un fait à peu près semblable s'est passé en notre présence. Nous étions il y a quelques années chez un ex-notaire de la ville de Toulouse, lorsqu'un client vint se plaindre de l'exécution dont le menaçait son créancier, en prétendant que la somme n'était pas encore exigible, et que les intérêts qu'on lui réclamait n'étaient pas dus. En effet, l'on a recours au compulsoire de la minute, et l'on aperçoit une altération au moyen de laquelle il a été possible de substituer la stipulation des intérêts, en remplaçant le mot SANS par celui AVEC. Il en était de même touchant le terme de l'obligation.

deux qui paraît avoir été altéré. Voilà pourquoi le notaire est requis d'en référer. — Le magistrat des référés entend les parties, examine la minute de l'acte, évacue la contestation, ou bien renvoie le demandeur à se pourvoir en inscription de faux.

Primus, dans un jugement rendu au possessoire avec *Secundus*, a convenu que l'immeuble dont il est en possession appartient à *Tertius*, parce qu'il n'en a que l'usufruit. — Après le décès de *Primus*, lorsque *Tertius* veut se mettre en possession, les héritiers s'y opposent et prétendent qu'il n'a aucun titre. En effet, le testament qui donnait la propriété à l'un et l'usufruit à l'autre, a disparu par suite d'un incendie. — *Tertius* demande une expédition non exécutoire du jugement précité, voulant s'en servir comme d'un commencement de preuve par écrit autorisant la preuve testimoniale (Code civil, art. 1347); le greffier lui délivre cette expédition, mais il n'y trouve pas les énonciations qu'il y cherche. — Il requiert la collation à la minute; des difficultés surviennent, et il faut aller en référé. Dans ce cas, l'on procède comme pour les actes de notaire, parce qu'il y a même *motif*, même *raison* de décider.

Supposons, au contraire, qu'il s'agisse de collationner la copie ou l'expédition *non exécutoire* d'un jugement rendu par le tribunal de commerce; le président du tribunal de première instance devra-t-il en connaître? Non. Ce n'est pas ici le cas de statuer sur les difficultés relatives à l'exécution d'un jugement, puisque le tiers qui se présente ne réclame pas une expédition exécutoire. Le président du tribunal de commerce pourra donc collationner l'expédition à la minute, entendre les parties, et rendre sa décision sur le point de savoir s'il y a ou non erreur de la part de son greffier ; car dans cette circonstance et autres semblables, il ne fait qu'attester l'exactitude des énonciations que renferme le jugement. Or, qui plus que lui est compétent pour le faire ?

§ IX.

INCIDENS QUI SURVIENNENT LORS DE L'APPOSITION DES SCELLÉS APRÈS DÉCÈS (art. 921).

Lorsqu'il y a lieu à l'apposition des scellés, elle est faite par le juge de paix : ce magistrat procède aussi à leur reconnaissance et levée, mais sans pouvoir connaître des contestations que les scellés font naître (loi du 16-24 août 1790, titre 3, art. 11).

En général, les scellés sont apposés,

1° Lors de l'ouverture d'une succession (Code de procédure, art. 907 et suivans);

2° En matière de faillite (Code de commerce, art. 449);

3° Après dissolution de société (Code civil, article 1872 et Code de commerce, art. 18);

4° Lorsque le gouvernement l'a ainsi ordonné, en raison des valeurs mobiliaires d'un de ses comptables, pour la conservation du privilége que lui accorde la loi du 5 septembre 1807 (Code pénal, art. 249);

5° Sur les papiers, cartes, plans et mémoires militaires, trouvés au décès d'un officier général ou officier supérieur de toute arme, d'un commissaire-ordonnateur, inspecteur aux revues, officier de santé en chef des armées, retirés ou en activité de service (déc. du 13 nivôse an 10, art. 1).

Nous croyons utile de faire remarquer qu'avant l'abolition du divorce (loi du 8 mai 1816, art. 1), les scellés pouvaient encore être mis sur les meubles et effets de la communauté, à la réquisition de la femme, lorsque le président avait paraphé la demande en divorce et ordonné la comparution des époux (Code civil, art. 270). Mais sans vouloir attaquer d'inconstitutionalité la disposition législative qui fit du mariage un acte religieux *indissoluble*, alors même que la liberté des cultes était proclamée en France, il nous parait que la femme peut toujours requérir cette apposition de scellés, incidemment à l'instance en séparation de corps et de biens, ou de biens seulement, parce que ces actions, tout comme le divorce, amènent avec elles la dissolution de la communauté (art. 1441). La séparation de corps et le divorce étaient, en effet, placés sur la même ligne, régis par les mêmes principes, fondés sur la même cause (art. 306). Pourquoi donc priver la femme du bénéfice de la loi du divorce touchant l'apposition des scellés, dès l'instant que la séparation de corps est admise parmi nous? Nous ne voyons là qu'une mesure conservatoire, et pas autre chose. Il est bien vrai que cette apposition de scellés conduit à l'inventaire des valeurs de la communauté; mais comme elle n'enlève pas au mari l'administration et la disposition des biens, on ne doit la considérer que comme un moyen de connaître, d'assurer la part de la femme, de prévenir les contestations relatives à la composition et au partage de la communauté, dans le cas où la séparation serait prononcée par les juges.

Si les portes sont fermées, s'il se rencontre des obstacles à l'apposition des scellés, s'il s'élève des difficultés, soit avant, soit pendant le scellé, il est statué en référé par le président du tribunal de première instance. A cet effet, le juge de paix doit établir garnison extérieure, même intérieure, s'il y a lieu, et surseoir provisoirement (Code de procédure civile, art. 921).

Cette règle s'applique à toutes les appositions de scellés; or, il suffit que le juge de paix se trouve dans l'un des cas qui viennent d'être prévus, pour qu'il soit obligé d'en référer à l'autorité supérieure (1). L'ordonnance qui intervient est inscrite à la suite et signée sur le procès-verbal du juge de paix (art. 922).

PREMIÈRE HYPOTHÈSE.

SI LES PORTES SONT FERMÉES.

Jean décède à la survivance d'un héritier qui se met de suite en possession des biens. — *Pierre*, créancier fondé en titre exécutoire (ou bien un second héritier), craignant qu'on ne se livre à des soustractions frauduleuses à son préjudice, requiert l'apposition des scellés (art. 909). — Le juge de paix se transporte au domicile du défunt; mais les portes sont fermées, l'héritier est absent, ou s'il est présent, il refuse l'entrée de la maison. Cela fait aussi qu'après avoir établi garnison extérieure, le juge de paix en réfère au président. — *Pierre* se présente; il demande la permission de faire enfoncer les portes, et une ordonnance de référé, exécutoire

(1) Voyez *infrà*, chapitre 8, § 3, où nous parlons des scellés qu'on doit apposer sur les valeurs mobilières d'un négociant failli.

par provision, le lui accorde : les scellés sont apposés.

La loi ne dit pas que la personne qui refuse les portes sera appelée devant le juge des référés. Cependant elle peut toujours s'y présenter volontairement pour déduire les causes de son refus, et si elles sont reconnues bien fondées, le juge de paix se retire sans procéder plus avant.

2me HYPOTHÈSE.

S'IL SE RENCONTRE DES OBSTACLES A L'APPOSITION DES SCELLÉS.

Pierre, créancier d'un cohéritier de *Paul*, requiert l'apposition des scellés sur les effets de la succession. — Lorsque le juge de paix se présente au domicile du défunt, un second cohéritier s'oppose à la mise des scellés : il prétend que *Pierre* n'étant pas créancier direct de *Paul*, n'a aucune qualité pour requérir cette apposition. — Le juge de paix met garnison aux portes intérieures, et en réfère au président. — Les parties comparaissent. — Le cohéritier non-débiteur persiste dans son opposition, en ajoutant que *Pierre* ne peut que s'opposer au partage de la succession, pour empêcher qu'il soit fait en son absence et en fraude de ses droits (Code civil, art. 882 et 2205). — *Pierre* répond que la loi ne distingue pas entre les créanciers, et qu'il n'est pas dès-lors permis de distinguer (art. 909, nº 2). D'ailleurs, dit-il, il est de principe que les créanciers exercent tous les droits et actions de leurs débiteurs. Or, mon débiteur pouvant faire apposer les scellés pour la conservation de ses droits, je suis fondé à le faire en son nom dans la vue d'empêcher qu'on ne divertisse les valeurs de la succession, dont une partie forme le gage de ma créance (Code civil, art. 2092). — Une ordonnance du juge des référés autorise le juge de paix à passer outre (1).

Il est encore d'autres obstacles. Par exemple, lorsque l'inventaire est parachevé, les scellés ne doivent pas être apposés, à moins que l'inventaire ne soit attaqué, et qu'il n'en soit autrement ordonné par le président du tribunal (Code de procédure civile, art. 923); le défunt était marié, sa veuve, qui était séparée de biens, se prétend propriétaire de tout le mobilier, elle représente un bail fait à son profit par le maître de la maison qu'elle habite, et s'oppose à la mise des scellés; dans tous ces cas, il doit en être référé au président.

(1) La cour de Nancy, par son arrêt du 9 janvier 1817 (Sirey, tome 17-2-153) a émis une opinion tout opposée à celle que nous professons. Elle a décidé, en effet, que les créanciers personnels d'un cohéritier ne peuvent pas requérir l'apposition des scellés sur les effets de la succession, et cette doctrine semble être partagée par un arrêt de la cour de Douai, 26 mars 1824 (Sirey, tome 25-2-53), dans ce sens qu'il a jugé que de tels créanciers n'ont pas le droit d'assister à la levée des scellés. Ces deux arrêts sont pourtant contraires aux vrais principes; car ils établissent une distinction qui ne se trouve pas dans l'art. 909 du Code de procédure civile. « Les créanciers des » successeurs (dit M. Pigeau, tome 2, page 582), ont aussi » le droit de faire apposer le scellé, non pas pour opérer » la séparation des patrimoines qu'ils ne peuvent demander » (Code civil, 881), mais pour empêcher la dissipation jusqu'à » l'inventaire. D'ailleurs ils ont le droit d'intervenir au partage » pour empêcher qu'il ne soit fait en fraude de leurs droits » (882): ils ont donc intérêt à faire apposer le scellé, afin » d'empêcher le divertissement jusqu'à l'inventaire, qu'ils au» ront droit de provoquer, à l'effet de faire constater le mon» tant de la succession, et par suite, la part qui reviendra à » leur débiteur, sur laquelle ils auront droit. »

Mais nous devons faire remarquer que les juges sont plutôt portés pour l'apposition des scellés, que contre cette mesure, par le motif raisonnable et juste qu'elle ne constitue qu'un acte conservatoire qui ne nuit à personne. S'ils l'écartaient trop facilement, les créanciers seraient presque toujours préjudiciés par le dol et la fraude du détenteur de la succession.

3me HYPOTHÈSE.

S'IL S'ÉLÈVE DES DIFFICULTÉS, SOIT AVANT, SOIT PENDANT LE SCELLÉ.

Les héritiers de *Paul* procèdent à l'inventaire des effets mobiliers, lorsque *Jean*, créancier de la succession, n'ayant pas de titre exécutoire, se fait autoriser par le président du tribunal de première instance à requérir l'apposition des scellés (art. 909). — Le juge de paix se présente à cet effet; mais les héritiers opposent l'inventaire, et ne veulent pas que les scellés portent sur les objets inventoriés; au contraire, le créancier requérant conteste l'inventaire, prétend qu'il est infidèle, qu'il n'a été fait que pour tromper les créanciers du défunt, et demande aussi que les scellés comprennent tout le mobilier en masse, sauf à faire ensuite un nouvel inventaire. — Les parties vont en référé. — Une ordonnance du président maintient l'inventaire, et n'autorise à mettre les scellés que sur les meubles et effets non inventoriés. Il décide pourtant que l'inventaire ne sera continué qu'au fur et à mesure de la levée des scellés.

Dans le cas ou soit la veuve, soit les héritiers, soit les créanciers intervenans ne s'accorderaient pas entr'eux sur la nature et la quantité des meubles qui doivent servir à l'usage des personnes qui habitent la maison du défunt (art. 924); si un tiers se présentait à l'instant même pour réclamer la remise d'un meuble qu'il dit lui appartenir, ou bien pour exiger la délivrance d'un dépôt, etc., etc., il y aurait encore lieu d'en référer au président, si ces réclamations diverses faisaient naître des difficultés. Mais les contestations relatives à l'établissement du gardien, ne sont pas susceptibles de faire la matière d'un référé, puisque le juge de paix doit le désigner lui-même (art. 914, n° 10). Il peut aussi, *s'il y a péril dans le retard*, statuer par provision sur toute les difficultés accessoires à l'apposition des scellés, sauf à en référer ensuite (art 921).

§ X.

NOMINATION DES NOTAIRES ET COMMISSAIRES PRISEURS QUI DOIVENT PROCÉDER A L'INVENTAIRE ET A L'ESTIMATION DES MEUBLES ET EFFETS MIS SOUS LES SCELLÉS (art. 935).

La levée des scellés ne doit avoir lieu qu'au fur et à mesure de l'inventaire : tous ceux qui ont le droit de les faire apposer, peuvent en requérir la levée (1), tout comme ceux qui ont le droit de les

(1) L'héritier institué dans un testament olographe, dont la signature est contestée, peut requérir la levée des scellés. Par la même raison la veuve, légataire universelle, saisie de plein droit de la succession, peut empêcher les collatéraux d'assister à l'inventaire, parce qu'elle seule a qualité pour le requérir, et pour faire procéder à la levée des scellés, lors même que les héritiers naturels auraient formé la demande en nullité de la donation ou du testament (arrêts des cours de Caen, Riom et Paris, des 30 juin 1824, 31 décembre 1827 et 7 décembre 1829, rapportés par Sirey, tome 26-2-135; tome 29-2-277, et tome 30-2-78).

faire lever, peuvent requérir l'inventaire, sans préjudice des cas d'exception (art. 930, 937 et 941).

Jean décède à la survivance de sa veuve commune en biens, laissant des héritiers à réserve et des légataires. Il y a des mineurs. — Les scellés sont apposés. — *Paul*, créancier, y forme opposition. — Les mineurs sont pourvus de tuteurs (art. 929); la levée des scellés est requise par la veuve, et sa requisition consignée au procès-verbal; le juge de paix rend une ordonnance indicative des jour et heure, et la sommation est faite aux personnes voulues par la loi (art. 931.) — Le juge de paix se rend au domicile du défunt, mais il lui est impossible de lever les scellés, parce que les parties ne veulent pas convenir du choix d'un ou deux notaires, et d'un ou deux commissaires priseurs. — Il en réfère à l'instant même au président du tribunal de première instance (art. 935).

Mais que fera le juge des référés? Nommera-t-il arbitrairement le notaire et le commissaire-priseur qui doivent assister le juge de paix? Non, il devra au contraire les prendre dans ceux qui lui sont désignés, sauf à donner la préférence à celui que lui indique la partie qui a le plus d'intérêt à l'inventaire.

Ainsi le notaire présenté par la veuve sera préféré à celui de l'héritier; celui présenté par l'héritier à celui du légataire, et celui présenté par le légataire à celui du créancier.

Ces principes furent adoptés par la cour impériale de Paris, dans un arrêt du 20 octobre 1808 (1). Tel est aussi l'esprit du Code de procédure. Nous

---

(1) Sirey, tome 9-2-38.

voyons, en effet, que lorsqu'il s'occupe des personnes qui doivent concourir à la nomination des notaires et commissaires-priseurs, il parle d'abord du conjoint commun en biens, puis de l'héritier, et ainsi de suite. Pourquoi le président dédaignerait-il ces distinctions? Rien ne l'y autorise. C'est donc avec raison que M. Pigeau (1) s'exprime en ces termes : « Mais le conjoint, les héritiers et autres » ci-dessus n'ont pas toujours un droit égal....... Si » par exemple quatre notaires sont proposés, le » premier par le survivant commun en biens, le » second par les héritiers du défunt, le troisième » par l'exécuteur testamentaire, le quatrième par » les légataires ou donataires universels ou à titre » universel; il devrait prendre celui proposé par » le survivant, et le second parmi les trois autres : » on préfère celui des héritiers à réserve à celui » présenté par les donataires, exécuteurs testamen- » taires et légataires; celui des donataires à celui de » l'exécuteur, et celui de cet exécuteur à celui des » légataires. »

Il faut pourtant remarquer que si les parties sont présentes, majeures, maîtresses de leurs droits, elles ont la faculté de convenir qu'il ne sera point fait d'inventaire, et que les scellés seront levés par elles, en l'absence du juge de paix, sans aucune forme de procédure (Code civil, art. 819).

(1) Tome 2, page 619.

§ XI.

INCIDENS QUI S'ÉLÈVENT LORS DE L'INVENTAIRE (art. 944).

» L'inventaire est un acte notarié qui contient le » détail des biens de la succession, des meubles, » effets, marchandises, argent comptant, crédits, » billets, lettres et papiers laissés par le défunt, » c'est, en un mot, le tableau de la successsion (1). » Toutes les parties intéressées doivent y être présentes ou sommées à cet effet, parce que le législateur a voulu qu'elles fussent à même de s'expliquer sur leurs prétentions respectives. Par exemple, si l'inventaire est fait au nom d'un tuteur, ce dernier doit déclarer, *sur la réquisition du notaire*, s'il est créancier du mineur, et pour quelle somme, à peine de déchéance (Code civil, art. 451). Les absens (2) sont représentés par un notaire nommé

(1) Toullier, droit civil, tome 2, page 364.

(2) C'est-à-dire non-présens à l'inventaire, soit à cause de leur éloignement de plus de cinq myriamètres de distance, soit parce qu'ils n'ont pas comparu à suite de la sommation spéciale qui leur a été faite (art. 942). Mais s'il y avait des absens-*presumés*, il faudrait faire nommer un notaire pour eux, non pas par le président, mais bien par le tribunal, et par jugement rendu à l'audience, contradictoirement avec le ministère public. C'est le seul représentant légal qui puisse exercer les actions dans les inventaires, comptes, partages et liquidations dans lesquels ils sont intéressés (Code civil, art. 113). L'on devrait même donner un notaire à chaque *absent-présumé*, par la raison qu'ils peuvent avoir des intérêts incompatibles. C'est ainsi qu'on procède à l'égard des mineurs lors du partage de la succession à laquelle ils sont appelés, en leur faisant nommer un tuteur spécial et particulier (Code de procedure, art. 968). Or, l'analogie est parfaite; il y a même motif de décider.

à cet effet par le président du tribunal de première instance.

Mais du concours des personnes que la faction de l'inventaire appelle, doit résulter beaucoup d'inconvéniens ; car l'époque de l'ouverture d'une succession est quelquefois pour les héritiers, les légataires ou les créanciers, l'occasion de leurs discordes, la naissance de mille et une difficultés.

Le premier incident qui est formé se rapporte presque toujours à la qualité de celui qui requiert l'inventaire. Aussi « lorsqu'une des parties prétend » qu'une autre doit être exclue, parce que celle-ci » n'a pas de droit, ou que son droit est nul ou ca- » duc, on en réfère au président du tribunal de » première instance, qui statue provisoirement sur » la difficulté ; mais il ne doit prononcer l'exclu- » sion que lorsqu'il est évident que celui qu'on » veut exclure n'a aucun droit. Ordinairement, » dans ce cas, les parties consentent que l'in- » ventaire soit fait à la requête des personnes qui » se présentent, sous la protestation que cela ne » pourra préjudicier à leurs droits, sauf à se faire » régler sur les qualités après l'inventaire. Par ce » moyen, l'inventaire n'est point retardé, et les » droits des parties sont conservés (1). » Pourtant si elles ne s'accordent pas, il faut que le président décide.

Pierre, qui n'avait point d'héritier à réserve, a fait un testament olographe où il institue *Jean* et *Paul* ses légataires universels. — Il décède, et ses légataires sont envoyés en possession des biens (Code civil, art. 1008). — Les scellés sont apposés à cause

(1) Pigeau, tome 2, page 628.

de la minorité de *Paul* (art. 819), et l'inventaire est requis par *Jean;* mais *Guillaume,* héritier naturel du testateur, se présente, et querelle la qualité du requérant. — Un référé est fait par le notaire. — Devant le président, *Guillaume* s'oppose à l'ordonnance qui envoie les légataires en possession de la succession, et prétend ne pas reconnaître la signature du testateur, ou bien contester la sincérité du testament. — Le juge recevra-t-il l'opposition à son ordonnance? Oui (1). Mais l'exécution du testament sera-t-elle paralysée? Non.

Nous pensons que l'inventaire doit avoir lieu sur la poursuite du légataire, sauf à permettre à l'héritier naturel d'y assister pour la conservation de ses droits, parce que méconnaître la sincérité d'un testament olographe, n'est pas faire préjuger d'hors et déjà son illégitimité. Le président ne peut donc, en état de référé, que sanctionner le testament,

---

(1) Le président du tribunal de Toulouse avait envoyé l'administration des hospices en possession de la succession de la demoiselle Garrigues; mais sur l'opposition des héritiers naturels, il retracta son ordonnance. — Appel. — Arrêt du 10 juillet 1827 qui confirme la décision du premier juge, par les motifs suivans: « attendu que, quoiqu'en principe, les ordonnances rendues par le président en audience de référé, ne soient point susceptibles d'opposition, néanmoins, dans l'espèce, l'ordonnance d'envoi en possession, en faveur des hospices, ayant été rendue sans que les parties intéressées fussent appelées, on ne peut leur opposer de n'avoir pas comparu, ni se prévaloir de ce qui a été jugé; — Attendu qu'en principe toute décision peut être retractée par le juge qui l'a rendue, sur la demande des tiers dont les droits se trouvent lésés; que dans l'espèce, c'est au sujet de l'apposition des scellés et de l'inventaire que se sont élevées les difficultés actuellement soumises à la cour; mais que, dans ce cas, il y a attribution spéciale au président du tribunal de première instance pour connaître de la contestation, ainsi que cela résulte des art. 928 et 944 du Code de procédure civile, etc., etc. (Sirey, tome 28-2-166). »

et il impliquerait qu'il ordonnât à la fois et la mise en possession des légataires institués, et la faction de l'inventaire sur la poursuite de l'héritier naturel, lors surtout que les légataires la requièrent.

Plusieurs autres incidens peuvent encore se présenter.

Supposons aussi que les scellés aient été apposés sur un sécrétaire qui était fermé à clef; mais qu'après l'avoir ouvert pour inventorier ce qu'il renferme, l'on y découvre un testament qui révoque celui de la partie poursuivante, ou qui donne la succession à une personne qui n'assiste pas à l'inventaire; dans ce cas, faudra-t-il surseoir et en référer? Tel est notre sentiment. Nous voyons, en effet, que si lors de l'apposition des scellés, il est trouvé un testament ouvert, le juge de paix doit en constater la forme extérieure, et le présenter au président, à jour et heure indiqués, pour qu'il en ordonne le dépôt (Code de procédure civile, art. 916 et suivans). Pourquoi en serait-il différemment lors de l'inventaire, puisqu'il y a même motif de décider? Le notaire intrumentaire doit même rester nanti du testament, et après l'avoir fait parapher soit par le juge de paix, soit par les assistans, l'apporter en présence des parties, au juge des référés, pour qu'il ordonne qu'on le rendra public, et qu'on appellera ensuite les personnes qu'il peut intéresser; car ceux qui requièrent l'inventaire ou qui y concourent, ayant des intérêts opposés, pourraient le supprimer.

Si les héritiers ou légataires ne s'accordent pas entr'eux sur le choix de la partie qui doit avoir la garde des effets et papiers de la succession; c'est encore le président qui statue, et qui désigne le gardien (art. 943).

Nous devons pourtant faire remarquer que presque toutes les contestations qui s'élèvent portent généralement sur la régie de la communauté ou de la succession. Les objets de cette régie, sont, « 1° de conduire et diriger le commerce, en employant et vendant les marchandises et ouvrages, » à crédit ou au comptant, suivant qu'on le juge à » propos : il est rare cependant de permettre de » vendre à crédit, si ce n'est lorsque les parties » veulent absolument conserver le fonds du commerce, qui périrait autrement, et dont la ruine » leur serait très préjudiciable; en ce cas, la personne autorisée doit faire insérer dans l'ordonnance du président, qu'elle ne sera responsable » de la solvabilité d'aucun acheteur, en cas de » fraude ou négligence de sa part; 2° de payer les » dettes privilégiées, comme frais de maladie, enterrement, deuil, ceux de justice, gages et salaires d'ouvriers et domestiques, même d'autres » qu'on détermine suivant les circonstances; 3° de » payer les dettes de commerce, en recevoir les » acquits et quittances; 4° de recevoir ce qui peut » être dû à quelque titre que ce soit, à la succession ou à la communauté, en poursuivre le paiement, et de faire raison de ces créances; 5° de » recevoir les rentes, loyers et fermages, s'il en » est dû, en donner quittance, faire faire aux » bâtimens les réparations nécessaires, payer les » ouvriers; en un mot, faire pour le bien de la » succession et de la communauté tout ce que ferait un bon père de famille (1). »

(1) Pigeau, tome 2, page 637.

Mais quelles que soient les réquisitions des parties, soit qu'elles viennent des héritiers ou légataires qui réclament l'administration de la succession, ou du conjoint survivant qui veut avoir la surveillance des biens de la communauté, soit que des tiers se présentent pour revendiquer un meuble ou tout autre effet qu'on croyait appartenir au défunt, c'est au président seul qu'il appartient de prononcer. Aussi faut-il en conclure que ses attributions sont presque illimitées en fait de mesures urgentes et accessoires à l'ouverture d'une succession. La loi lui laisse une latitude immense, et quelle que soit sa décision, pourvu qu'elle ne porte que sur le provisoire (caractère essentiel des ordonnances rendues en état de référé), elle est à l'abri de tout reproche d'excès de pouvoir. Voici les termes dont le législateur s'est servi pour régler cette compétence : « Si, lors de l'inventaire, il » s'élève des difficultés, ou s'il est formé des ré- » quisitions pour l'administration de la commu- » nauté ou de la succession, *ou pour autres objets*, » et qu'il n'y soit pas déféré par les autres par- » ties, les notaires délaisseront les parties à se pour- » voir en référé devant le président du tribunal de » première instance; ils pourront en référer eux- » mêmes, s'ils résident dans le canton où siége » le tribunal : dans ce cas, le président mettra » son ordonnance sur la minute du procès-verbal » (art. 944). »

§ XII.

CE QUI ARRIVE LORS DE LA VENTE DU MOBILIER, (art. 948).

Notre article ne se rapporte qu'aux ventes sur

publications et affiches. Ces ventes se divisent en quatre classes, savoir :

1° Ventes sur saisie-exécution ;

2° Ventes après décès ;

3° Ventes du mobilier appartenant aux comptables de l'état ;

4° Ventes en matière de faillite.

Mais pour ce qui est de la vente requise par un créancier à suite de saisie-exécution, si le président peut, dans certaines circonstances, connaître des incidens qu'elle occasionne, ce n'est que comme juge des difficultés relatives à l'exécution d'un titre exécutoire ou d'un jugement, ou dans les cas prévus par les art. 606, 607 et 829 du Code de procédure civile, c'est-à-dire lorsqu'il s'agit de prononcer sur la demande en décharge du gardien, sur le récolement des meubles saisis au préjudice du débiteur, et sur les obstacles qui s'élèvent contre la saisie-revendication (1). Pour ce qui est de la vente du mobilier d'une faillite, le Code de commerce (art. 492) trace des formes particulières dont l'appréciation n'appartient pas aux tribunaux de première instance, à moins que la vente n'étant faite aux enchères publiques, l'une des parties n'attaquât de nullité soit les actes de procédure faits pour lui donner la publicité requise, soit le procès-verbal du commissaire-priseur, ou autre officier chargé d'y procéder (2).

Ainsi nous n'allons nous occuper dans ce paragraphe que des ventes après décès, ou de celles qui ont lieu au préjudice des receveurs de deniers publics.

---

(1) Voyez *suprà*, chapitre 5, § 4.

(2) Voyez *infrà*, chapitre 8, § 4.

PREMIER CAS.

OBLIGATIONS IMPOSÉES AUX TUTEURS.

Dans le mois qui suit la clôture de l'inventaire, le tuteur doit faire vendre, en présence du subrogé-tuteur, aux enchères reçues par un officier public, et après des affiches dont le procès-verbal fait mention, tous les meubles autres que ceux que le conseil de famille l'aurait autorisé à conserver en nature (Code civil, art. 452). Il n'y a d'exception à cette règle qu'en faveur du père ou de la mère du mineur : la loi lui permet de garder les meubles pendant tout le temps qu'il a l'administration légale des biens de ses enfans (art. 384); mais à la charge d'en faire faire une estimation à juste prix, par un expert nommé par le subrogé-tuteur, et qui prête serment devant le juge de paix (art. 453).

DEUXIÈME CAS.

SUCCESSION BÉNÉFICIAIRE.

Lorsqu'il existe dans la succession des objets susceptibles de dépérir ou dispendieux à conserver, l'héritier peut, en la simple qualité d'habile à succéder, et sans qu'on puisse en induire de sa part une acceptation, se faire autoriser par justice à procéder à la vente de ces objets; il peut aussi, après l'inventaire, vendre les meubles de la succession pour payer les créanciers; mais dans l'une comme dans l'autre hypothèse, la vente ne peut avoir lieu que par le ministère d'un officier public, aux enchères, et après les affiches et publications accoutumées (art. 796 et 805).

TROISIÈME CAS.

SUCCESSION ACCEPTÉE PUREMENT ET SIMPLEMENT.

Il est de principe que chaque cohéritier peut demander sa part, en nature, des meubles et immeubles de la succession; néanmoins s'il y a des créanciers saisissans ou opposans, ou si la majorité des cohéritiers juge la vente nécessaire pour l'acquit des dettes et charges de la succession, les meubles sont vendus publiquement en la forme ordinaire (art. 826), conformément à ce qui est prescrit au titre *des saisies-exécutions* (Code de procédure civile, art. 945).

QUATRIÈME CAS.

SUCCESSION VACANTE.

Lorsqu'après l'expiration des délais pour faire inventaire et pour délibérer, il ne se présente personne qui réclame une succession, qu'il n'y a pas d'héritier connu, ou que les héritiers connus y ont renoncé, cette succession est réputée vacante : elle est pourvue d'un curateur sur la demande des parties intéressées ou du procureur du roi. Ce curateur est tenu de faire constater l'état de la succession par un inventaire, si fait n'a été, et de faire vendre les meubles suivant les formalités prescrites aux titres *de l'inventaire et de la vente du mobilier* (Code civil, art. 811 et suivans; Code de procédure civile, art. 1000).

CINQUIÈME CAS.

PRIVILÉGE ET POURSUITES DU TRÉSOR-PUBLIC.

Le privilége du trésor-public a lieu sur tous les biens-meubles des comptables, *même à l'égard des femmes séparées de biens*, pour les meubles trouvés dans les maisons d'habitation du mari, à moins qu'elles ne justifient *légalement* que lesdits meubles leur sont échus de leur chef, ou que les deniers employés à l'acquisition leur appartenaient (loi du 5 septembre 1807, art. 2). Or, pour l'exécution de ce privilége, et dès l'instant que le comptable est *réputé débiteur* soit par une décision du conseil d'administration, soit par un arrêté de la cour des comptes, suivant la régie à laquelle il appartient, l'état a la faculté de faire apposer les scellés; il requiert l'inventaire, et l'on procède ensuite à la vente des meubles et effets frappés du privilége. Il peut aussi être fait des exécutions par voie de contrainte; mais cette forme de poursuite qui n'intervient ordinairement que lorsque le comptable n'est pas *absolument* en déconfiture, est presque toujours abandonnée quand le dérangement des affaires est notoire.

Tel sont les divers cas où la vente du mobilier est précédée d'un inventaire qui en contient la désignation.

Il est procédé à cette vente sur la réquisition de l'une des parties intéréssées, en vertu de l'ordonnance du juge, et *par un officier public* : tous ceux qui ont droit d'assister à l'inventaire, qui demeurent dans la distance de cinq myriamètres, ou qui ont élu un domicile dans cette distance, doivent y être appelés (Code de procédure civile, art. 946 et 947).

Mais s'il s'élève des difficultés, *il peut* être statué *provisoirement* en référé, par le président du tribunal de première instance (art. 948).

Par exemple, le conseil de famille a désigné un meuble pour servir à l'usage personnel et journalier du mineur. — Le tuteur l'a néanmoins fait comprendre dans le nombre de ceux qui doivent être vendus; il va être adjugé; le subrogé-tuteur s'y oppose. — C'est la matière d'un référé.

Un héritier bénéficiaire a fait annoncer en vente un objet trouvé dans la succession, mais qui n'appartient pas au défunt. — Le tiers qui en revendique la propriété se présente, l'héritier bénéficiaire refuse, la vente va avoir lieu, lorsque le revendiquant signifie son opposition. — C'est encore le cas d'un référé.

La succession de *Jean* est ouverte : ses héritiers ne sont pas d'accord ensemble sur la question de savoir si les meubles seront vendus; car les uns veulent leur part en nature, tandis que les autres prétendent que le prix doit servir à payer les créanciers. — La majorité des cohéritiers se décide pour la vente. — Mais avant qu'on y procède, ou à l'instant même, *Paul* qui a toujours insisté pour avoir sa part des meubles de la succession, soutient qu'il n'existe aucun créancier, et dans le cas où quelque créance serait due par le défunt, il offre de la payer desuite, sauf à répéter lors du partage, la portion qui ne tombe pas à sa charge. — Il forme opposition à la vente. — Les parties vont en référé. — Une ordonnance du juge reconnait la vente inutile, et défend d'y procéder.

Après qu'on a fait l'inventaire des meubles trouvés dans la maison d'habitation de *Paul*, comptable de l'état, sa femme est intervenue pour les revendiquer, alléguant qu'ils lui appartenaient, ou qu'elle avait fourni les deniers au mari pour les acheter, sans cependant faire aucune justification. — Le trésor public requiert la vente ; elle est permise par le juge, et l'on est à même d'y procéder, lorsque la femme du comptable, étant parvenue à se procurer les actes authentiques (1) tels que vente, échange, inventaire ou donation qui prouvent la justice de sa demande, vient former opposition. — Un référé est introduit, et le juge suspend provisoirement la vente jusqu'à ce que le tribunal ait statué sur la question de propriété.

Il est encore plusieurs personnes qui peuvent s'opposer à la vente du mobilier d'une succession, soit qu'on l'ait acceptée purement et simplement ou sous bénéfice d'inventaire, soit qu'elle soit réputée vacante, sauf dans ce dernier cas à la faire pourvoir d'un curateur ; mais il faut pour cela que la vente puisse préjudicier au droit qu'elles ont dans la chose, *jus in re ;* car le *jus ad rem* ne pouvant jamais constituer qu'une simple créance (Code civil, art. 2092 et 2093), nous paraît insuffisant pour autoriser une demande en revendication.

« Ces personnes sont (2),

» 1° Le conjoint survivant qui a un préciput à

(1) L'article 545 et suivans du Code de commerce énoncent les divers actes au moyen desquels la femme du négociant failli peut établir ses reprises. Il y a tant d'analogie avec notre espèce, qu'il nous semble impossible qu'on n'en doive pas faire l'application.

(2) Dit M. Pigeau, tome, 2, page 644.

» prélever en nature, il peut former opposition à » la vente. Mais si c'est la femme à qui ce prélè- » vement est accordé, et que la vente ait lieu après » le délai pour délibérer, elle ne peut l'exercer, » et par conséquent former opposition qu'autant » qu'elle a accepté la communauté, ou que ce droit » lui a été accordé par son contrat de mariage, » même pour le cas de renonciation (Code civil, » art. 1515). Comme ce préciput n'est vis-à-vis des » créanciers qu'une libéralité, ces créanciers ont » toujours droit de faire vendre les objets compris » dans le préciput (art. 1519), soit que la femme » accepte, soit qu'elle renonce; et s'ils veulent user » de ce droit, la femme ne peut s'opposer à la » vente, sauf son recours contre les héritiers pour » les droits résultant de ce préciput.

» 2° Le légataire particulier d'un corps déterminé, » comme, par exemple, d'une pendule que le dé- » funt avait chez lui, et le légataire à titre uni- » versel du mobilier, peuvent empêcher qu'on ne » vende l'objet légué. Par l'effet du testament, ils » sont devenus propriétaires du jour du décès du » testateur : mais comme un legs ne peut être fait » que sur les *biens*, et qu'il n'y a de *biens* que ce » qui reste, dettes déduites, ce testament est étran- » ger aux créanciers du défunt, et ne peut nuire » à leurs droits ; ils ont donc la faculté de faire » vendre, s'ils le veulent, les objets compris dans » le legs, malgré l'opposition du légataire.

» 3° Le donataire particulier d'objets dont le » donateur s'était réservé l'usufruit a aussi le droit » de former opposition à la vente de ces objets. Les » créanciers mêmes n'ont pas le droit d'exiger la » vente comme ils l'ont à l'égard du légataire, parce

» que, du moment de la donation, la propriété » de la chose donnée a passé de plein droit au do» nataire, à la différence de celle de la chose léguée, » qui reste au testateur jusqu'à son décès, le dona» teur n'ayant plus à sa mort aucun droit sur la » propriété de la chose donnée, et le droit d'usu» fruit qu'il s'était réservé étant expiré, ses créan» ciers, qui ne peuvent qu'exercer ses droits, ne » peuvent faire vendre une chose qui n'appartient » plus à leur débiteur; néanmoins les créanciers » antérieurs à la donation, pourraient demander la » nullité de la donation, si elle était faite en fraude » de leurs droits (art. 1167).

» 4° Le donataire particulier et le donataire à » titre universel du mobilier futur laissé au décès » du donateur, peuvent aussi s'opposer; mais les » créanciers peuvent forcer à la vente, par les rai» sons qui viennent d'être déduites.

» Le président du tribunal de première instance » doit statuer provisoirement sur les oppositions » comme sur toutes les difficultés qui peuvent s'é» lever relativement à la vente du mobilier (Code » de procédure civile, art. 948). »

En matière de succession (art. 59), 1° sur les demandes entre héritiers, jusqu'au partage inclusivement; 2° sur les demandes qui seraient intentées par des créanciers du défunt avant le partage; 3° sur les demandes relatives à l'exécution des dispositions à cause de mort, jusqu'au jugement définitif, l'action doit être portée devant le tribunal du lieu de l'ouverture de la succession; or, il en doit être de même des difficultés relatives à la vente du mobilier; elles sont de la compétence du président de ce tribunal. Mais il peut arriver que la vente se fasse dans un tout autre endroit, et l'on conçoit alors qu'il serait presque impossible d'en référer, s'il fallait aller devant le juge du lieu où la succession est ouverte. Dans ce cas, l'on procède comme sur l'exécution provisoire d'un acte ou d'un jugement (art. 554), et l'on s'adresse au président du lieu où sont les meubles dont la vente est poursuivie, afin qu'il statue par préalable, sauf à renvoyer pour le surplus au tribunal du fond. Si toutes les parties sont majeures, présentes et d'accord, et qu'il n'y ait aucun tiers intéressé, elles ne sont pourtant obligées à aucune formalité (article 952).

Mais il ne faut point perdre de vue que le Code de procédure civile (art. 608), veut que la demande en revendication soit formée par action principale devant le tribunal compétent; aussi la loi n'impose-t-elle pas l'obligation au juge des référés de prononcer toujours et dans tous les cas, sur les difficultés qui lui sont soumises : elle dit, au contraire, « il *pourra* être statué provisoirement (art. 948). »

Les oppositions des tiers, on le conçoit, n'ont pour but que de revendiquer tout ou partie des meubles dont la vente est annoncée au public, et c'est pour cela que leur demande ne doit être appréciée que par les juges ordinaires, sauf le seul cas où il y aurait urgence de statuer immédiatement. Mais il faut pour pouvoir agir en référé, que l'urgence soit telle que le demandeur ne puisse attendre, *sans danger*, l'expiration du délai d'une assignation, même à bref délai, pardevant le tribunal (1).

---

(1) Arrêt de la cour de Rome du 6 juillet 1811 (Sirey, tome 14-2-189).

Par exemple, lorsque la vente des meubles doit avoir lieu presque au même instant, et qu'il n'est pas possible de faire statuer par les juges du principal avant qu'elle soit consommée, l'art. 948 a permis de porter l'action en référé, non pas précisément pour l'y faire accueillir, mais bien pour faire surseoir aux poursuites jusqu'après la décision sur la question de propriété ; au contraire, si la vente n'était pas encore fixée, ou s'il existait un temps assez long pour que les juges compétens puissent en connaître, le magistrat des référés devrait rejeter la demande, à moins qu'il ne préférât renvoyer la cause et les parties à l'audience du tribunal. Sans doute, il est des cas où l'action qu'on exerce est si évidente, ou tellement dénuée de preuves, que le juge du provisoire peut ordonner sans crainte, ou que le poursuivant y accèdera, ou qu'il sera passé outre ; mais cela n'empêche pas aussi que cette distinction ne présente beaucoup trop d'arbitraire, et qu'on ne doive redouter de s'en servir. Qui peut assurer, en effet, que les juges du fond rendront un jugement conforme à l'ordonnance du juge des référés ? Qui pourrait procurer au revendiquant la remise des meubles vendus, s'il était reconnu plus tard qu'ils étaient sa propriété ? Le juge voudrait-il être responsable du dommage ? Or, cela nous démontre que le magistrat des référés n'a de juridiction proprement dite que pour admettre la demande ou surseoir aux poursuites, mais que la force des choses lui refuse celle de déclarer l'action mal fondée, et d'en démettre celui qui l'a introduite. En suspendant la vente du mobilier en litige, le juge ne méconnait en aucune manière la foi due aux actes authentiques ; il ne contrevient pas non plus aux principes sur l'exécution forcée de ces mêmes actes, puisque l'objet qui sert de base à la demande n'est pas encore jugé.

CHAPITRE VII.

DES DIVERS DEGRÉS D'URGENCE.

Chaque tribunal de première instance doit avoir son audience des référés (art. 807). Il faut de plus qu'une délibération prise à cet effet et qui reste affichée dans l'auditoire, vienne apprendre aux justiciables qu'ils peuvent porter à cette audience toutes les contestations qui en sont susceptibles. Ce n'est donc que pour les cas d'excessive urgence, et lorsqu'il est indispensable de faire statuer de jour à jour ou d'heure à heure, que le président donne une audience particulière de référé, et qu'il permet d'assigner le défendeur (art. 808).

Mais la loi distingue quatre degrés d'urgence pour chacun desquels le demandeur doit subir des délais plus ou moins longs.

Ier DEGRÉ D'URGENCE.

AFFAIRES QUE L'ON PORTE A L'HÔTEL DU JUGE, SANS PERMISSION PRÉALABLE.

Il est quelquefois d'absolue nécessité de prononcer de suite sur un incident imprévu, afin que l'exécution qui se fait au nom du créancier n'en puisse pas souffrir, ou bien pour hâter certaines mesures conservatoires qui ne supportent aucun retard. Alors le magistrat décide incontinent, sur le rapport qui lui est fait, sans que les parties soient tenues à aucun acte d'instruction. Tel est le référé requis par le débiteur qui vient d'être arrêté (Code de procédure civile, art. 786). Il en est de même à raison des obstacles touchant l'apposition des scellés (art. 921), la continuation de l'inventaire (art. 944), et autres difficultés de cette nature, parce qu'il est presque impossible de renvoyer au lendemain. Dans tous ces cas, l'huissier, le juge de paix, le notaire, soit qu'il s'agisse d'un emprisonnement, d'une apposition de scellés ou d'un inventaire, se retirent sur-le-champ devers le juge des référés, en son hôtel ou à l'audience, lui font connaître la cause du différend, et requièrent sa décision pour qu'il leur soit permis de passer outre, à moins que l'une des parties ne démontre qu'il convient d'abandonner la poursuite, ou seulement de la suspendre jusqu'après l'accomplissement de telle ou telle condition.

Le notaire ou autre dépositaire de la minute d'un acte authentique ou sous seing privé dont on réclame la copie, peut encore, s'il s'élève des difficultés sur la collation, les soumettre au président du tribunal, en indiquant dans le procès-verbal le jour auquel il en sera par lui référé. Mais il n'y a pas toujours urgence d'en référer au juge, et si les parties ont été dispensées de suivre les formes ordinaires, ce n'est qu'à cause de la nature du litige. En effet, de quoi s'agit-il? De collationner l'expédition ou la copie à la minute d'un acte. Or, voilà pourquoi le détenteur apporte cette minute au président pour qu'il fasse la collation. Une assignation en référé eut donc été inutile.

2me DEGRÉ D'URGENCE.

AFFAIRES QUE L'ON PORTE D'HEURE A HEURE A L'HÔTEL DU JUGE, EN VERTU DE SON ORDONNANCE.

Il est encore plusieurs circonstances où la nature du différend exige qu'on se pourvoie à l'hôtel du juge; mais il faut pour cela une permission préalable.

Par exemple, lors du récolement des meubles saisis sur le débiteur, si ce dernier s'oppose ou forme des réclamations (art. 607), il y est statué immédiatement; car un renvoi, même le plus court, pourrait devenir nuisible. Le président ou le juge qui le remplace rend une ordonnance en vertu de laquelle l'on assigne la partie saisie, et d'heure à heure il intervient une décision qui prononce sur la validité ou l'invalidité du récolement (1). Même observation à l'égard des obstacles qui naissent de la saisie-revendication (art. 829), parce que les objets revendiqués peuvent diparaître, à moins que le créancier revendiquant n'établisse garnison aux portes, ce qui lui est également préjudiciable. Il faut en dire autant des difficultés relatives à la nomination des notaires et commissaires-priseurs qui doivent assister le juge de paix à la levée des scellés (art. 935). Si les parties sont présentes, si le juge de paix a commencé son procès-verbal, il devient alors nécessaire qu'elles soient réglées tout de suite sur le point qui les divise. Par la même raison, lorsqu'on procède à la vente du mobilier, et qu'un incident vient en arrêter le cours (art. 948), la partie la plus diligente s'adresse au magistrat des

(1) Voyez aussi *suprà*, chapitre 3, § 1, page 35.

référés pour qu'il l'autorise à traduire l'opposant par-devant lui, sans aucun délai.

Mais s'il arrivait que le cas ne fut pas tellement urgent qu'on put sans danger attendre au lendemain, ou qu'il fut impossible de prononcer d'heure à heure, le juge pourrait permettre d'assigner de jour à jour.

3me DEGRÉ D'URGENCE.

AFFAIRES QUE L'ON PORTE DEVANT LE JUGE SOIT EN SON HÔTEL, SOIT A L'AUDIENCE, A JOUR ET HEURE PAR LUI INDIQUÉS.

Nous comprenons dans cette classe les réparations urgentes, l'expulsion des lieux, lorsqu'il n'y a pas de bail, ou que le bail est expiré, ainsi que les nominations de séquestres, commissaires et gardiens (art. 135 et 806).

Il y a toujours nécessité de prévenir au plus vîte la chûte d'un bâtiment, d'un mur qui se trouve en surplomb. — Le propriétaire comptant sur la sortie de son locataire, a loué les mêmes locaux à un individu qui croyant les trouver libres, ou parce qu'il est contraint, a commencé d'y faire transporter son mobilier. Son intérêt veut aussi qu'on prononce le plutôt possible sur la résistance du locataire qui s'oppose à quitter les lieux. — Un immeuble a été saisi, ou bien la propriété est en litige avec plusieurs personnes, et celle qui le possède menace de le dégrader ou de soustraire les récoltes au préjudice du proprietaire ou des créanciers inscrits, ce qui oblige à faire nommer un séquestre.

Or, dans tous ces cas et autres de pareille urgence, il est rigoureusement nécessaire que le juge décide de jour à jour, sans quoi l'on expose les parties à un préjudice réel, et quelquefois irréparable.

4me DEGRÉ D'URGENCE.

AFFAIRES QUE L'ON PORTE A L'AUDIENCE DES RÉFÉRÉS, SANS ORDONNANCE DU JUGE.

S'il est possible de retarder jusqu'au jour pendant lequel l'audience ordinaire des référés doit avoir lieu, il n'est plus besoin de la permission du juge; car pourvu que l'exploit d'assignation lui soit représenté, et qu'il ait la certitude que le défendeur a pu être instruit de la demande, il est obligé de prononcer sur la contestation.

Ainsi l'on peut porter directement à cette audience,

1º Les incidens en pensions ou provisions alimentaires (art. 135, nº 7), dans les cas qui sont susceptibles d'un référé (1);

2º La demande en décharge d'un gardien de meubles et effets saisis (art. 606);

3º L'action contre le notaire ou autre dépositaire qui refuse la copie d'un acte resté imparfait ou non enregistré (art. 843);

4º Les contestations relatives à la délivrance des secondes grosses d'un acte notarié ou d'un jugement (art. 845);

5º Toutes les difficultés qui ont quelque rapport à l'exécution d'un titre exécutoire ou d'une décision judiciaire (art. 806), à moins que l'exécution ne fut déjà commencée.

Ces différens objets ne présentent point ordinai-

(1) Voyez *suprà*, chapitre 6, § 4.

rement par eux-mêmes une telle urgence, qu'il y ait péril en la demeure en ne faisant pas statuer sans délai.

Si cependant la copie d'un acte non-enregistré ou resté imparfait devait servir dans une instance prête à recevoir jugement définitif, et qu'il ne fut pas possible d'attendre, il faudrait bien se pourvoir de jour à jour ou d'heure à heure, soit à l'hôtel du juge, soit à son audience des référés, pour obtenir cette copie.

Il en serait encore de même si la seconde grosse d'un acte ou d'un jugement était indispensable au créancier pour pouvoir requérir une mesure conservatoire et urgente, sans laquelle il serait exposé à perdre son dû.

CHAPITRE VIII.

RÉFÉRÉS EN MATIÈRE DE COMMERCE.

L'INTÉRÊT bien entendu des commerçans réclame des décisions promptes et faciles, dégagées de toute forme minutieuse et embarrassante. Il faut que la procédure soit faite sans le ministère d'avoué, afin que les parties venant se défendre elles-mêmes avec franchise et naïveté, le juge puisse mieux découvrir la vérité des faits sur lesquels il prononce (Code de procédure civile, art. 414). Cependant dans la pratique, des *agréés*, attachés aux tribunaux de commerce, ont obtenu la prérogative d'y postuler au nom des plaideurs, ce qui doit faire présumer que le gouvernement s'emparera tôt ou tard de la coutume pour établir devant ces juridictions exceptionnelles, des officiers-ministériels cautionnés et assermentés.

Il est de règle que toute demande soit formée par exploit d'ajournement à un jour d'intervalle (art. 415 et 416), sauf si le cas requiert célérité.

Mais il est des attributions spéciales que la loi réserve au président, telles que d'abréger les délais et de rendre exécutoires les décisions d'arbitres de commerce. Il peut encore permettre certaines mesures provisoires ou urgentes, et ses ordonnances sont exécutées nonobstant opposition ou appel (Code de commerce, art. 61, et Code de procédure civile, art. 417).

§ Ier.

CONTESTATIONS SUR LA RÉCEPTION DES MARCHANDISES EXPÉDIÉES A UN NÉGOCIANT (Code de commerce, art. 106).

Bien des fois les marchandises sont refusées par la personne à qui on les expédie, soit parce qu'elles ne sont pas conformes à la demande qui en a été faite, soit parce qu'il existe des avaries provenant du vice propre de la chose ou de la faute du voiturier. Dans ce cas, la loi autorise d'en faire constater l'état au même instant de leur arrivée, ou dans un très court délai, par des experts nommés par le président du tribunal de commerce, ou par le juge de paix, sans autre formalité que celle d'une requête au bas de laquelle est transcrite l'ordonnance qui accorde la vérification.

Le président statue encore sur l'action du voiturier ayant pour objet la vente d'une partie des marchandises jusqu'à concurrence du prix de la voiture. Mais (1) cette disposition ne saurait être applicable à tous les cas où il s'élèverait quelque difficulté sur la réception des objets transportés ; car, si la contestation était relative à des avaries ou autres faits donnant lieu à sa responsabilité, sa demande ne devrait pas être accueillie, puisque le paiement qu'il obtiendrait par la vente des marchandises, empêcherait, d'un côté, qu'on put constater leur détérioration, et de l'autre, qu'on put obtenir une indemnité par la retenue de son salaire.

S'il faut mettre ou non les marchandises en séquestre, ou les transporter dans un dépôt public, dans les cas où elles peuvent être refusées, c'est le président qui décide. Toutefois cette mesure n'est ordonnée que lorsqu'il y a lieu de craindre le dol et la fraude ; car l'usage veut que le marchand ou négociant à qui les marchandises ont été adressées puisse les garder aux risques et périls du vendeur uo de l'expéditeur.

§ II.

SAISIES-CONSERVATOIRES (Code de commerce, art. 172).

Indépendamment des formalités prescrites pour l'exercice de l'action en garantie, le porteur d'une lettre de change protestée faute de paiement, peut, en obtenant la permission du juge, saisir *conservatoirement* les effets mobiliers des tireurs, accepteurs et endosseurs. Mais si la loi ne trace aucune autre forme, si ce n'est l'autorisation du président du tribunal de commerce (Code de procédure civile,

(1) Dit M. Pardessus, Cours de droit commercial, tome 2, page 628.

art. 417), la raison et le bon sens veulent néanmoins que le porteur présente une requête à cet effet, appuyée de la lettre de change et du protêt faute de paiement : sans cela, le juge doit rejeter la demande. Le tireur peut même exiger, avant la saisie, qu'on lui exhibe le titre pour le vérifier, et arrêter s'il y a lieu les poursuites dont on le menace; de plus, s'il s'élève des contestations, il a le droit d'en référer. Cependant jusqu'à ce que le président ait rétracté son ordonnance, rien n'oblige le créancier à suspendre l'exécution.

Le Code ne déclare pas l'opposition irrecevable; il dispose seulement (art. 417) qu'il sera passé outre à la saisie nonobstant opposition ou appel, ce qui veut dire que le tireur conserve la faculté de se pourvoir contre l'ordonnance pour en paralyser l'effet. Il n'a pas été cité à comparaître par-devant le président lorsqu'on demandait à ce magistrat la permission d'user de saisie à son préjudice; il n'a donc pu démontrer l'injustice ou l'inopportunité de cette saisie. Alors pourquoi le priver de l'opposition? Le juge qui permet ne pourrait-il pas refuser?.... Nous pensons, au contraire, que toute décision lorsqu'elle est par défaut, peut être rétractée par le juge qui l'a rendue. Il est bien vrai, sans doute, que par exception à cette règle, les ordonnances sur référé ne sont pas susceptibles d'opposition; mais la partie doit y être appelée, elle peut s'y défendre, et si elle ne fait pas connaître ses exceptions, c'est qu'elle veut rester défaillante. Or, le tireur de la lettre de change ayant ignoré le protêt et la demande en permission d'user de saisie-conservatoire sur son mobilier, doit pouvoir former opposition à l'instant même, sans qu'on soit fondé à le repousser par une fin de non recevoir. Tels sont les principes qui furent consacrés par l'arrêt de la cour de Toulouse, du 10 juillet 1827. Vainement dirait-on que cet arrêt n'intervînt qu'à l'occasion d'un légataire universel qui avait obtenu, par ordonnance du président, l'envoi en possession des biens de la succession; car il y a analogie avec notre espèce, et dès-lors même raison de décider.

Mais s'il arrivait que le procès-verbal de saisie eut été clôturé avant que le tireur eut fait statuer sur son opposition, le président n'aurait pas plus le pouvoir d'en examiner la cause, que le tribunal n'aurait celui de rechercher la légitimité ou la régularité des poursuites; dans ce cas, tout se borne à prononcer le relaxe ou la condamnation de la partie obligée. La saisie n'est qu'accessoire au jugement du fond, et peut tout au plus donner lieu à une action en dommages et intérêts appréciable par les juges civils; et lors même qu'il serait passé à la condamnation du tireur, le créancier n'ayant qu'à faire saisir-exécuter les mêmes effets mobiliers, et à convertir ainsi le provisoire en définitif, toute demande en validité de la première saisie deviendrait inutile et frustratoire.

Il y aurait donc excès de pouvoir, si le président du tribunal de commerce au lieu d'autoriser une saisie-conservatoire, ordonnait une saisie-exécution. Il ne pourrait pas non plus statuer sur la demande en arrestation provisoire d'un étranger, lors même qu'il s'agirait de lettre de change protestée faute de paiement, parce que si les étrangers sont contraignables par corps de suite après l'échéance des obligations qu'ils ont consenties à un Français, il n'appartient cependant qu'au président du tribunal de première instance d'accorder ou refuser cette mesure conservatoire (1). La saisie-revendication que le juge des référés permet d'exercer en matière civile, est encore de la compétence du président du tribunal de commerce. Mais cette action introduite entre négocians au seul cas de faillite ne devrait pas donner lieu à une saisie ; car le créancier revendiquant doit adresser sa demande aux syndics sans aucune forme de procédure. Si la demande est fondée, les syndics l'admettent avec l'approbation du juge commissaire de la faillite, s'ils la rejettent, c'est le tribunal qui prononce, parties présentes ou dûment appelées (Code de commerce, art. 576 et 585).

§ III.

DIFFICULTÉS SUR L'APPOSITION, LA LEVÉE DES SCELLÉS, ET L'INVENTAIRE (Code de commerce, art. 449, 453 et 486).

Nous avons déja vu qu'en matière civile, tous les obstacles relatifs à l'apposition des scellés, à leur reconnaissance et levée, ainsi qu'à l'inventaire, doivent être soumis à la décision du juge des référés; or, demandons-nous maintenant si le président du tribunal de commerce peut statuer sur ces incidens lorsqu'ils ont lieu en matière de faillite, ou lors des liquidations et partages des sociétés entre négocians?

Le législateur a senti le besoin de supprimer les formes ordinaires de la procédure toutes les fois

---

(1) Telle est aussi l'opinion de M. Pardessus, Cours de droit commercial, tome 2, page 499, et tome 5, page 296.

que l'apposition, la levée des scellés, et l'inventaire seraient empêchés ou suspendus ; aussi a-t-il autorisé le président du tribunal de première instance à prononcer de suite, en état de référé. Hâter, dans l'intérêt des parties requérantes, l'exécution d'une mesure purement conservatoire et urgente, voilà ce qu'il a voulu. Tout lui disait que la force des choses exige qu'on décide sans retard les points à raison desquels il y a contestation, afin que les objets mobiliers dont on craint le divertissement soient assurés entre les mains d'un gardien de justice, et puis constatés par inventaire au profit de ceux qui doivent les recevoir.

Or, le commerce particulièrement a droit à cette sollicitude.

En effet, deux personnes contractent ensemble une société; elles se livrent ensuite à une multitude d'opérations commerciales, et un actif considérable est à leur disposition, lorsqu'un évènement imprévu les force à dissoudre leurs accords. Aussitôt l'un des associés, craignant qu'on ne fasse disparaître les valeurs sociales, requiert l'apposition des scellés (1). Mais devra-t-il être arrêté par la résistance de son co-associé? Non. Faudra-t-il qu'il fasse juger les oppositions par le tribunal de commerce, ou par des arbitres (art. 51), avant que de pouvoir garantir sa fortune du dol et de la fraude dont on veut le rendre victime? Nous ne le pensons pas. L'apposition des scellés, cette mesure de précau-

(1) Son droit le lui permet. Les règles concernant le partage des successions, la forme de ce partage, et les obligations qui en résultent entre les cohéritiers, s'appliquent aux partages entre associés (Code civil, art. 1872, et Code de commerce, art. 18); or, l'apposition des scellés n'en est que la conséquence.

tion, est urgente de sa nature, et le moindre retard peut porter préjudice à celui qui la réclame. Il faudra donc que le juge de paix en réfère à l'instant même au président. C'est ainsi qu'on procède devant les tribunaux civils.

Un négociant fait faillite : l'apposition des scellés est ordonnée, ou bien sur la notoriété acquise le juge de paix se présente pour les apposer sur les magasins, comptoirs, caisse, portefeuilles, livres, registres, papiers, meubles et effets du failli (article 449, 450 et 451). Les portes sont fermées, on refuse de les ouvrir, ou d'autres obstacles se présentent. Dans ce cas, que fera le juge de paix ? Il établira garnison au domicile du failli, et devra en référer au président, de manière que, d'heure à heure, il soit rendu une ordonnance en vertu de laquelle il puisse faire enfoncer les portes, et passer outre à l'apposition des scellés.

Vainement soutiendrait-on que le juge de paix doit faire son rapport au tribunal, parce qu'il n'agit que sous son influence (art. 453). C'est une erreur. Le président représente quelquefois le tribunal en corps, notamment lorsqu'il est question de mesures provisoires ou requéraut célérité (Code de procédure civile, art. 417). Il y a, d'ailleurs, tant d'analogie avec les incidens qui surviennent lors de l'apposition des scellés en matière civile, l'intérêt des parties est tellement identique, que tout nous engage à penser qu'en fait de scellés et d'inventaire, le président du tribunal de commeree, pour ce qui concerne les affaires commerciales, a les mêmes attributions que le président du tribunal de première instance. Ses ordonnances s'exécutent nonobstant opposition ou appel (art. 417); elles sont rendues à l'instant même, sans désemparer, avec une telle vîtesse, qu'il n'est pas possible de croire qu'on doive renoncer à ces avantages, pour s'adresser au tribunal.

§ IV.

INCIDENS SUR LA VENTE DU MOBILIER APRÈS DÉCLARATION DE FAILLITE. (Code de procédure civile, art. 948, et Code de commerce, art. 492).

Les syndics peuvent procéder à la vente des marchandises, soit par la voie des enchères publiques, par l'entreprise des courtiers et à la bourse, soit à l'amiable, à leur choix, même au domicile du failli ou en tout autre lieu plus convenable, alors même qu'il existerait un local affecté à la bourse et fréquenté par les commerçans; mais il faut qu'ils en obtiennent, sur requête, l'autorisation du tribunal de commerce (décret du 22 novembre 1811, et ordonnance du 9 avril 1819).

Nous pensons, au contraire, que lorsqu'il s'agit des meubles meublans et des autres effets mobiliers du failli, les syndics ne peuvent les faire vendre qu'aux enchères, sur publications et affiches, par le ministère des commissaires-priseurs (loi du 27 ventôse an 9, art. 1er, et loi du 28 avril 1816, art. 89), parce que ni le Code de Commerce (article 492), ni les lois spéciales (1), n'ont dérogé au droit commun.

Et d'abord, quant à la vente des marchandises

---

(1) Loi du 27 ventose an 9; décrets des 22 novembre 1811, et 17 avril 1812; loi des finances du 15 mai 1818, art. 74, et ordonnance du 9 avril 1819, art. 1er.

que les syndics peuvent faire à l'amiable, il est rare qu'elle occasionne des difficultés, par le motif qu'avant la livraison, les acheteurs ont fait leurs accords. Ils traitent, en général, au comptant, et s'ils obtiennent du crédit (ce qui est possible), ils souscrivent des engagemens à terme, ou bien la facture qui établit le traité, contient la description de la marchandise livrée, la fixation du prix convenu, et le jour où il devra être payé; aussi les syndics n'ont que l'action ordinaire devant le tribunal de commerce, s'il s'agit de négocians, ou devant le tribunal de première instance, dans le cas où ils auraient stipulé avec de non-négocians.

La vente aux enchères par l'entremise des courtiers et à la bourse, au domicile du failli, ou dans tout autre lieu désigné par le tribunal de commerce, n'est jamais susceptible de faire la matière d'un référé devant le président; car les courtiers répondent personnellement des objets à eux confiés pour les vendre, et dès-l'instant qu'ils les ont reçus, aucune demande en revendication ne devrait être admissible. D'ailleurs, faute par l'adjudicataire de prendre livraison dans les délais fixés, la marchandise est revendue à sa folle-enchère, et à ses périls et risques, trois jours après la sommation qui lui est faite de recevoir, sans qu'il soit besoin de jugement (Code civil, art. 1657, modifié par l'art. 9 du décret du 17 avril 1812).

Ainsi, point de difficulté à l'égard des acheteurs; la vente est résolue de plein droit, s'ils n'exécutent pas les conditions de l'enchère : ces conditions portent ordinairement que le prix sera payé à l'instant même du retirement de la marchandise. Or, d'après cela, s'il s'élève des incidens, comme ils ne peuvent intervenir qu'entre les syndics et les courtiers qui ont été chargés de procéder à la vente, les parties n'ont encore qu'une action principale à exercer. La loi veut que la contestation soit portée devant le tribunal de commerce, pour qu'il prononce, sauf l'appel, s'il y a lieu (décret du 17 avril 1812, art. 12).

Mais pour ce qui est relatif à la vente des meubles meublans et autres effets mobiliers servant à l'usage du failli, il nous semble que le président peut connaître, en état de référé, des incidens que cette vente occasionne. En matière civile, le législateur en attribue la décision au président du tribunal de première instance, et nous ne voyons pas pourquoi (puisqu'il y a parité de raison dans les deux espèces), il en serait différemment pour les matières commerciales. En effet, du moment où la faillite est déclarée ouverte, le failli perd l'administration de tous ses biens mobiliers et immobiliers (Code de commerce, art. 442); son actif quel qu'il soit appartient aux créanciers, qui s'en emparent, sous la direction de leurs agens, puis de leurs syndics, et toutes les contestations qui surgissent sont dès-lors soumises aux juges de commerce. Pourquoi donc le président ne devrait-il pas statuer lui-même sur toutes les mesures provisoires ou conservatoires, qui requièrent célérité?.....

Nous répéterons ici, ce que nous avons dit dans le paragraphe précédent à raison de l'apposition des scellés, de leur levée, et de l'inventaire, et puisqu'il y a même motif de décider (l'urgence étant la même), nous persistons à dire que tous les différens qui interviennent lors de la vente publique des meubles du failli doivent être portés devant le président du tribunal de commerce, jugeant *provisoirement* et en état de référé, sauf toutefois les distinctions que nous avons déjà faites, chapitre 6, § 12, *in fine*.

§ V.

DÉLIVRANCE DE L'EXPÉDITION NON-EXÉCUTOIRE D'UN ACTE OU JUGEMENT PARFAIT ET ENREGISTRÉ, OU RESTÉ IMPARFAIT ET NON ENREGISTRÉ, ET DU COMPULSOIRE SUR LA COLLATION DE CET ACTE OU JUGEMENT (Code de procédure civile, art. 843, 852 et 853).

Les causes qui font qu'en matière civile nous avons besoin de la copie d'un acte ou d'un jugement, qu'il soit parfait ou qu'il ne le soit pas, existent aussi en matière de commerce, tout comme les contestations qui s'élèvent par le refus fait par le notaire ou le greffier de remettre cette copie ou de la collationner à la minute, peuvent encore s'élever dans les affaires commerciales; or, il nous paraît évident que les mêmes principes, les mêmes formes doivent régir les unes et les autres.

Il n'y aurait de différence que pour la seconde expédition *exécutoire* d'un jugement, parce que le président du tribunal de commerce est toujours incompétent pour prononcer, soit qu'il y ait difficulté, soit qu'il n'y en ait pas (1). C'est ici une incompétence *ratione materiæ*, proposable en tout état de cause, même en appel, et relativement à

(1) Nous avons traité cette question, chapitre 6, § 7, page 137. Nous y renvoyons le lecteur.

laquelle les parties ne peuvent faire aucune renonciation. En fait d'attribution de juridiction, tout est d'ordre public. Il serait même douteux que le débiteur put se présenter valablement devant le greffier, pour l'autoriser à remettre une seconde expédition *exécutoire* du jugement de condamnation rendu contre lui, quoiqu'il le puisse en matière civile; car les jugemens des tribunaux de commerce prononçant ordinairement la contrainte par corps, il serait à craindre que le débiteur (qui aurait soldé la condamnation préexistante), ne voulut employer la seconde grosse qu'à faire revivre la contrainte, pour l'appliquer ensuite à une dette purement civile, non susceptible de cette voie rigoureuse d'exécution. Or, il n'en faudrait pas davantage pour qu'il put invoquer la nullité tant de la grosse ou expédition exécutoire que du procès-verbal d'emprisonnement, parce qu'en France, personne ne peut aliéner sa liberté hors des cas prévus par la loi.

ARTICLE PREMIER.

EXPÉDITION NON EXÉCUTOIRE D'UN ACTE OU D'UN JUGEMENT.

Les greffiers et dépositaires des registres publics sont tenus d'en délivrer, sans ordonnance de justice, expédition, copie ou extrait à tous requérans, à la charge de leurs droits, à peine de dépens, dommages et intérêts (Code de procédure civile, art. 853).

Eh! bien, supposons que le greffier d'un tribunal de commerce refuse cependant à la partie requérante, la première expédition *exécutoire* du jugement rendu à son profit; n'y aura-t-il aucun moyen coërcitif pour l'y contraindre?.... La loi y a pourvu : il sera passible de dommages et intérêts. Cette action ne constitue à vrai dire qu'une mesure disciplinaire ; aussi devra-t-elle être introduite devant le tribunal où il a été reçu (1).

Mais si le créancier a intérêt de faire statuer *provisoirement* sur les contestations qui se sont élevées entre lui et le greffier, pourra-t-il en référer au président ? Oui.

Il en serait par conséquent de même, s'il s'agissait de l'expédition *non exécutoire* d'un acte ou d'un jugement dans lequel le réclamant n'aurait pas été partie. La loi l'autorise à s'en faire délivrer telles copies que bon lui semble, sans avoir besoin d'une permission préalable, et il ne faut pas que cette faculté puisse être rendue illusoire. Or, s'il y a opposition de la part du greffier, c'est encore le président qui en vérifie les causes.

ARTICLE II.

COPIE D'UN ACTE NON ENREGISTRÉ OU RESTÉ IMPARFAIT.

La partie qui voudra obtenir copie d'un acte non enregistré, ou même resté imparfait, doit présenter sa requête au président du tribunal de première instance, sauf l'exécution des lois et règlemens re-

---

(1) Nous ne parlons ici que de la première grosse, celle qui est nécessaire à la partie poursuivante pour attester l'existence *légale* de la décision, avant que l'exécution commence. Il n'y a donc pas antinomie avec ce que nous avons enseigné touchant la délivrance de la seconde expédition *exécutoire* d'un jugement de commerce; car, dans ce dernier cas, l'exécution a dû nécessairement commencer; la réclamation de la nouvelle grosse ne tend, d'ailleurs, qu'à la continuer.

latifs à l'enregistrement (Code de procédure civile, art. 841). Tel est le principe que consacre notre droit civil. Mais son application doit se faire aussi aux matières commerciales, parce que le même intérêt peut exister. Dans ce cas, l'on s'adresse au président du tribunal de commerce qui accorde ou refuse la permission de se faire délivrer la copie. Lui seul est compétent pour en connaître. Or, si les difficultés qui s'élèvent entre la personne qui réclame, et le greffier qui refuse la délivrance, nécessitent une décision judiciaire, il faut, d'après la même règle, que cette décision soit rendue, en état de référé, par le juge de commerce (art. 843). Il serait contradictoire que le président du tribunal de première instance put statuer sur la question de savoir si l'acte dont on veut avoir la copie, est ou non régulier, si le greffier (*sur lequel il n'exerce aucune surveillance*), doit ou non accéder à la demande qui lui est faite.

Supposons, en effet, que pendant le cours des opérations d'une faillite, les créanciers réunis sous la présidence du juge-commissaire, aient pris une délibération pour autoriser les syndics à faire une transaction sur procès; mais que la délibération, quoique signée par la majorité des créanciers, ne l'ait pas été par le juge. Cependant les syndics peuvent avoir besoin de cette pièce, afin de se soustraire à l'action en responsabilité résultant de la transaction qu'on leur impute à mal. S'il en était ainsi, et que le greffier s'opposât, l'on conçoit que le président du tribunal de première instance, (*incompétent pour vérifier l'état matériel de la minute*), ne pourrait point ordonner la délivrance de la copie.

ARTICLE III.

COMPULSOIRE SUR COLLATIONNÉ D'ACTE OU DE JUGEMENT.

Mais les parties peuvent collationner l'expédition ou copie à la minute, dont lecture leur est faite par le dépositaire : si elles prétendent qu'elle n'est pas conforme, il en est référé à jour indiqué par le procès-verbal, au président du tribunal, lequel fait la collation ; à cet effet, le dépositaire apporte la minute (Code de procédure civile, art. 852).

C'est encore le cas de faire l'application de cette règle aux matières commerciales ; car dès l'instant qu'il est possible que des difficultés aient lieu sur la collation d'un acte de greffe ou d'un jugement du tribunal de commerce, il faut bien donner aux parties le moyen de les faire décider. Sans doute, lorsqu'il s'agit d'une minute d'acte qui se trouve en la possession du notaire-rédacteur ou d'un autre dépositaire, le président du tribunal de première instance étant la première autorité qui doive en connaître (décret du 16 février 1807, art. 173), il a bien fallu ordonner que cette minute lui serait apportée pour qu'il la collationnât lui-même à l'expédition délivrée ; mais il n'en saurait être ainsi à l'égard des actes qui sont confiés à la foi des greffiers. Cette mesure de surveillance n'appartient qu'au président du tribunal qui a rendu le jugement. Il serait ridicule, en effet, que le greffier d'un tribunal supérieur, par exemple celui de la cour de cassation, celui d'une cour royale, fussent obligés de déplacer leurs minutes, et d'aller les soumettre au président du tribunal civil pour qu'il en fît la lecture et la collation requises. Or, nous ne craignons pas de le dire, ce serait donner ouverture à l'empiétement d'une juridiction sur une autre, et l'on conçoit aussi qu'il n'a pu entrer dans l'esprit du législateur d'ériger en loi une telle bisarrerie.

§ VI.

RAPPORTS OU RÉFÉRÉS AU TRIBUNAL (Code de procédure civile, art. 428 et 429).

Nous terminerons ce chapitre, en parlant de quelques moyens particuliers qu'ont les tribunaux de commerce, pour simplifier l'instruction et le jugement des causes de leur compétence.

En matière commerciale tout est urgent de sa nature, et les contestations doivent être décidées plutôt par la saine raison qu'à l'aide de la science des formes et des lois. C'est ce qui fait aussi que les juges ont toujours le pouvoir d'ordonner que les parties seront entendues en personne, soit à l'audience, soit en la chambre du conseil : s'il y a quelque empêchement légitime, ils se commettent l'un d'eux, ou désignent un juge de paix pour les entendre, à la charge de dresser procès-verbal de leurs déclarations. Il peut encore arriver qu'il y ait lieu à vérifier des comptes, pièces et registres; dans ces cas, le tribunal renvoie devant un ou trois commissaires-arbitres, pour qu'ils procèdent à cette vérification, et essaient de concilier les parties.

Et d'abord, si c'est un membre du tribunal qui a été nommé, il écoute le demandeur et le défendeur, ou bien l'un d'eux; si l'autre ne comparaît pas; il leur fait les observations qu'il croit nécessaires pour opérer la conciliation, et si cela est impossible, il en réfère au tribunal. L'usage veut de plus qu'il puisse publiquement émettre son opinion, après quoi les autres juges décident le différend. Or, comme le rapporteur a une connaissance toute spéciale des faits du procès, il est rare qu'il ne fasse pas le jugement.

Il faut en dire autant du juge de paix ou des commissaire-arbitres qui reçoivent la mission d'entendre les parties. Leurs fonctions sont d'autant plus analogues à celles du juge des référés, qu'ils doivent examiner le litige, et, tout en l'appréciant, donner leur avis écrit. Le tribunal leur accorde une telle confiance, que la partie qui n'a pas obtenu un rapport favorable est ordinairement condamnée.

Exemple. Une société en participation a été contractée entre *Pierre* et *Paul* relativement à l'exploitation d'une forêt. — Cette opération ou acte de commerce (1) a occasionné des dépenses considérables, et si les diverses coupes qui ont eu lieu ont été abondantes et productives, il y a eu tant de détails dans la gestion qu'il est impossible aux parties de s'en entendre ensemble sur ses véritables résultats. Alors *Paul* qui a fait de fortes avances pendant que *Pierre* vendait le bois retiré des coupes de la forêt, veut qu'on lui rende compte : il cite à cet effet son associé devant le tribunal de commerce, et un jugement ordonne que les comptes seront présentés (2). Toutefois les juges ne peuvent

---

(1) La loi répute acte de commerce, tout achat de denrées et marchandises pour les revendre, soit en nature, soit après les avoir travaillées et mises en œuvre (Code de commerce, art. 632).

(2) Les juridictions commerciales connaissent, *entre toutes personnes*, des contestations relatives aux actes de commerce (art. 631).

consacrer à cette contestation tout le temps dont elle est susceptible, sans entraver la marche des affaires du tribunal, et nuire par conséquent aux justiciables ; aussi renvoient-ils les parties devant des commissaires-arbitres pour tacher de les concilier. — Ces commissaires reçoivent les comptes que fournit *Pierre*, ils vérifient également les impugnations que propose *Paul*, et entendent des témoins, s'il y a lieu, afin de connaître soit la quantité du bois extrait de la forêt, soit les prix moyennant lesquels il a été vendu, et lorsqu'ils sont entièrement fixés, s'ils ne peuvent accorder le demandeur et le défendeur, ils en réfèrent au tribunal, en lui faisant parvenir leur avis (Code de procédure civile, art. 429).

L'avis des commissaires-arbitres forme une partie intégrante du jugement, et doit dès-lors y être référé. Il faudrait même en bonne règle que les bases qu'il contient y fussent clairement exprimées ; car nous devons voir là une forme constitutive de la décision des juges de commerce dont l'omission emporte nullité. Tel est le sentiment de la cour de cassation. Voici comment elle s'est expliquée dans son arrêt du 15 juillet 1815 (1) : « considérant que » les formes constitutives des jugemens doivent être » constatées par les jugemens même, et que l'omission de ces formes en opère la nullité ; qu'il est » même d'ailleurs établi, par le jugement attaqué, » qu'il n'y a pas eu de rapport, puisqu'il y est » énoncé que le tribunal a pris lecture des mémoires » respectivement fournis, précaution totalement » différente de la formalité du rapport prescrit par » la loi. »

(1) Sirey, tome 16-2-72.

Cette quasi-délégation du pouvoir judiciaire (si nous pouvons nous exprimer ainsi), quoiqu'un peu arbitraire, est pourtant très-utile, soit à cause de la célérité avec laquelle les demandes sont instruites et jugées, soit parce que les plaideurs s'accordent plus facilement. L'influence qu'exerce sur leur esprit cette juridiction toute gracieuse, opère d'excellens résultats.

Dans les grande villes, notamment, où les affaires commerciales sont nombreuses, et donnent lieu à beaucoup de difficultés, il est des négocians honorables (dont la plupart ont déjà rempli les fonctions de juge), qui ne dédaignent pas de consacrer leur temps à l'examen des contestations dont on leur attribue la connaissance. La position sociale qu'ils ont acquise parmi leurs concitoyens offre tant de garanties, qu'il n'est presque pas de jour que, dans le silence de leur vie vraiment patriarcale, ils n'appaisent la querelle qu'un intérêt mal entendu a fait naître. Aussi faut-il le dire, par la douce persuasion de cette magistrature volontaire, ils resserrent avec bonheur les liens de la justice, et parviennent à rétablir l'harmonie que des confrères n'ont pas su conserver dans leurs rapports commerciaux. Ils aident le riche de leurs conseils, et soulagent le pauvre par des bienfaits ! !....

FIN DE LA PREMIÈRE PARTIE.

DES RÉFÉRÉS EN FRANCE.

DEUXIÈME PARTIE.

DES PERSONNES QUI PEUVENT SE POURVOIR, ET CONTRE QUI ELLES DOIVENT SE POURVOIR.

CHAPITRE PREMIER.

DES PERSONNES QUI PEUVENT SE POURVOIR.

La loi reconnaît deux sortes d'obligations : les unes sont volontaires, les autres sont forcées, ou pour mieux dire contractées en jugement.

Mais il n'existe néanmoins aucune différence touchant la capacité des parties contractantes.

§ Ier.

DES MAJEURS.

Ce n'est qu'à l'âge de 21 ans accomplis (époque de la majorité), qu'on est capable de tous les actes de la vie civile. Il n'y a de restriction à cette règle que pour ce qui concerne le mariage (Code civil, art. 488), l'interdiction judiciaire ou légale, la faillite et la mort civile (art. 25, 509 et 513; Code de commerce, art. 442, et Code pénal, art. 29), et pour pouvoir former *soi-même* une action en justice ou y défendre, il faut être majeur, maître de ses droits, et avoir la libre disposition de l'objet sur lequel on traite (Code civil, art. 488, 1123 et 2045; Code de procédure civile, art. 48).

Ainsi les mineurs, les interdits, les individus qui ont été pourvus d'un conseil judiciaire, les femmes mariées, les communes, les établissemens publics, et généralement toutes les personnes à qui la loi interdit certains actes, ne peuvent plaider que par le ministère de celui qui a reçu le mandat de les représenter, ou seulement après l'observation de quelques formes spéciales (Code civil, art. 513 et 1124; Code de procédure civile, art. 1032.)

§ II.

DES MINEURS.

Pendant la minorité (c'est-à-dire jusqu'à l'âge de 21 ans révolus), tout acte est présumé n'être que le résultat de la faiblesse ou de l'inexpérience, sauf la preuve contraire.

« Il est donc nécessaire (1), pour son propre » intérêt, que l'homme, dans son enfance, et même » jusqu'à ce qu'il ait atteint une maturité suffisante » pour conduire ses affaires, soit confié aux soins, » soumis à la direction ou aux conseils de gardiens » capables de le protéger et de lui servir de guide. » De-là, l'institution des tuteurs et des curateurs, » dont la loi règle les devoirs et les droits plus ou

(1) Toullier, Droit civil, tome 2, page 307.

» moins étendus suivant l'âge des pupilles, » et leur condition de mineur émancipé ou non émancipé.

ARTICLE PREMIER.

DU MINEUR NON ÉMANCIPÉ.

Le tuteur représente le mineur *dans tous les actes civils ;* il administre ses biens en bon père de famille, en même temps qu'il répond de ses dommages et intérêts (Code civil, art. 450).

Toutefois le mineur ne peut attaquer ses engagemens personnels, pour cause d'incapacité, que dans les cas prévus par la loi (art. 1125).

Ces cas sont ou *généraux*, ou *particuliers :* les uns consistent dans l'action en rescision d'une convention, et n'ont pour fondement que la lésion dont le mineur croit devoir se plaindre (art. 1304 et 1305), tandis que les autres ont pour objet des circonstances particulières déterminées par le Code, et à l'égard desquelles la nullité est toujours prononcée par le seul fait de la contravention.

Tels seraient, par exemple, la vente volontaire des biens meubles et immeubles du mineur, l'emprunt ou l'hypothèque non autorisés (art. 452 et 457); l'acceptation ou la répudiation d'une succession, sans le consentement préalable du conseil de famille (art. 461); l'action en partage exercée au nom du mineur, ou contre lui, au mépris des formes prescrites (art. 840); la transaction consentie hors des termes de la loi (art. 467 et 2045): tous ces actes que le tuteur ne pourrait point se permettre lui-même, sans encourir la peine de nullité, doivent *a fortiori* être déclarés nuls sur la *simple* demande du mineur devenu majeur, ou de son tuteur, même avant l'époque de sa majorité (1).

La nullité n'est pourtant que relative, et le majeur qui aurait contracté une obligation au profit du mineur, ne serait pas fondé à s'en prévaloir (art. 1125), car de tous les temps, après l'âge de la puérilité (2), les mineurs ont pu imposer des obligations aux majeurs, et les contraindre, en cas d'inexécution. « Celui (3) qui a eu l'imprudence de » faire cette promesse, était averti par la loi et » l'âge du mineur, que si ce dernier pouvait rece- » voir un engagement, il n'en pouvait lui-même » prendre aucun. »

Ainsi, tout est subordonné à la volonté du mineur avec lequel on traite (4); il peut ratifier le contrat,

(1) Un arrêt de la cour de Poitiers, du 12 messidor an 11, décida pourtant que la vente faite par le mineur *seul*, de ses biens immeubles, n'était pas nulle de plein droit, mais sujette à rescision (Sirey, tome 3-2-489). Cet arrêt, il faut le dire, a violé les principes, et l'erreur est démontrée par un foule d'autres décisions. Voyez notamment, deux arrêts de la cour de cassation, l'un du 26 août 1807, et l'autre du 5 décembre 1826, ainsi que deux arrêts des 12 et 18 décembre 1826, l'un de la cour de Grenoble, et l'autre de la cour de Toulouse (Sirey, tome 7-1-437, et tome 27-1-310, 2-242).

(2) D'après les jurisconsultes romains, il était fixé à 7 ans accomplis. L'on conçoit aisément, qu'avant cet âge, un enfant ne pouvant même pas expliquer sa volonté, il serait ridicule de penser qu'un majeur eut voulu sérieusement stipuler avec lui. Ne serait-ce pas un badinage que l'exécution d'un contrat passé avec un mineur de l'âge de six mois??....

(3) Dit M. Toullier, tome 6, page 101.

(4) L'art. 1125 du Code civil érige en loi cette maxime : *le mineur oblige le majeur*. Or, peu importe que l'obligation soit prise avec lui dans un acte, ou dans un jugement, pourvu qu'il fasse sa condition meilleure, ou qu'étant devenu majeur, il veuille qu'on exécute l'engagement pris avec lui. — Il est donc bien surprenant de voir que la cour de Turin, par son

le faire exécuter, ou en requérir l'annulation. Mais s'il garde le silence, l'acte devient irréfragable par son approbation tacite et présumée (art 1304).

ARTICLE II.

DU MINEUR ÉMANCIPÉ.

Par l'émancipation, le mineur devient habile à faire ou passer beaucoup d'actes réservés aux majeurs.

La loi l'autorise à consentir les baux dont la durée n'excède pas neuf ans, à recevoir ses revenus, en donner décharge, et à faire en un mot tous les actes de pure administration, sans pouvoir être restitué des engagemens qu'il prendrait à cet égard, si le majeur ne l'était pas lui-même (art. 481).

Il lui est pourtant défendu de suivre en justice une action immobilière, tant en demandant qu'en défendant, ou de recevoir un capital mobilier qui ne proviendrait pas de ses économies, à moins qu'il n'ait l'assistance de son curateur, lequel surveille encore l'emploi du capital reçu (art. 482). Mais par argument *a contrariò*, il pourrait former une demande personnelle et mobilière, ou y défendre, sans avoir besoin de son curateur; car les incapacités doivent s'appliquer aux cas prévus, et être plutôt restreintes que suppléées, ou étendues d'un cas à un autre.

Cependant l'arrêt de la cour de Turin du 21 mars

---

arrêt du 21 mars 1812 (Sirey, tome 14-2-309), ait décidé que « la disposition de l'art. 481 du Code de procédure qui ouvre » la voie de la requête civile au mineur qui n'a pas été du tout » ou a été non valablement défendu, peut-être invoquée même » contre un mineur au profit duquel a été rendu le jugement » attaqué. » C'est un de ces écarts qu'il serait dangereux de voir se répéter souvent!....

1812 (nous en avons déjà parlé), semble avoir reconnu que, dans toutes les circonstances où il s'agirait de plaider, le mineur émancipé doit être assisté de son curateur.

En effet, si nous nous en tenons au sommaire de cette décision, nous y voyons que « le mineur, » *même émancipé*, est admis à proposer le moyen » de requête civile établi par l'art. 481 du Code de » procédure en faveur des mineurs qui n'ont pas » été défendus, ou qui ne l'ont pas été valable- » ment (1). » Toutefois si l'on fait attention que la requête civile, sur laquelle la cour de Turin statua, avait été rédigée dans l'intérêt de trois parties, et qu'on ne la reçut du chef du majeur et de celui du mineur émancipé, que parce qu'il y avait un mineur non émancipé (tout en déclarant d'ailleurs le moyen de requête civile indivisible), il sera plus vrai de dire que la question n'y fut pas décidée. Aussi nous persistons à croire que le mineur émancipé *peut faire toutes les actions purement mobilières ou personnelles*, par le motif que le code ne lui interdit que les actions IMMOBILIÈRES (2). Voilà pourquoi il a le droit de comparaître *seul* sur l'exécution des marchés et obligations qu'il a contractés relativement à l'administration de ses biens (3).

---

(1) L'on ajoute : « l'art. 481 ne permet pas de distinction. » Quel singulier raisonnement! C'est parce qu'il ne distingue pas, ou ne fait aucune précision, que la règle générale tracée par l'art. 1125 du Code civil doit sortir à effet.

(2) M. Toullier, tome 2, page 429, professe la même doctrine.

(3) Mais ces obligations sont réductibles en cas d'excès : les tribunaux prennent, à ce sujet, en considération, la fortune du mineur, la bonne ou mauvaise foi des personnes qui ont contracté avec lui, l'utilité ou l'inutilité des dépenses (Code civil, art. 484).

Il aurait de même la faculté de poursuivre par les voies judiciaires le remboursement des capitaux qu'il aurait placés, parce que l'assistance de son curateur n'est indispensable que pour l'emploi des créances mobilières qui faisaient partie de sa fortune au moment de l'émancipation (1).

Mais il y aurait nullité, s'il vendait, aliénait ou hypothéquait ses immeubles, sans observer les formes prescrites aux mineurs non émancipés, soit qu'il les possédât à l'époque de l'émancipation, soit qu'il les eût acquis depuis; car la disposition de l'art. 484 est générale, et ne fait aucune distinction (2).

---

(1) Si cependant l'acte d'obligation d'une somme d'argent, qu'un tiers aurait consenti au profit du mineur émancipé, ne portait pas que la somme empruntée provient des épargnes du mineur, il nous semble qu'alors (cette somme pouvant être réputée faire partie des capitaux mobiliers qui existaient au moment de l'émancipation), le débiteur ne serait valablement libéré qu'autant qu'il paierait avec l'assistance du curateur. — Il est vrai qu'on peut répondre que le curateur n'ayant pas surveillé l'emploi de la somme prêtée, le tiers qui a traité avec le mineur *seul*, pouvait croire que le contrat n'avait pas pour objet un capital déjà remboursé. Mais cette présomption est insuffisante aux yeux de la loi. Le curateur peut avoir négligé de concourir à l'acte de prêt, et cependant la somme nouvellement prêtée être la même que celle qui aurait déjà été remboursée au mineur. Or, il ne faut pas que ce dernier puisse s'en prévaloir pour dissiper sa fortune.

(2) Il ne pourra, dit cet article, non plus vendre ni aliéner ses immeubles, ni faire aucun acte autre que ceux de pure administration, sans observer les formes prescrites au mineur non émancipé. Mais il est incontestable aussi qu'il peut faire l'acquisition de biens de nature immobilière comme le ferait le majeur lui-même, pourvu qu'il les paye comptant, ou qu'il ne grève point d'hypothèques ses autres biens. En conséquence, la lésion qui se rencontre dans une telle acquisition donne lieu, en faveur du mineur émancipé, non à la *rescision du contrat*, mais seulement à la réduction du prix. C'est ce qu'a décidé la cour de Colmar par son arrêt du 31 janvier 1826 (Sirey, tome 26-2-212).

Le mineur non marié peut être émancipé par son père, ou, à défaut de père, par sa mère, lorsqu'il a fini sa quinzième année, tandis que s'il est resté sans père et sans mère, l'émancipation n'est permise au conseil de famille qu'après l'âge de dix-huit ans accomplis (art. 477 et 478). Mais l'émancipation est la conséquence du mariage (art. 476). Toutefois à l'égard de la femme, elle a des bornes moins étendues, puisqu'elle ne lui donne pas le pouvoir de comparaître en justice, sans la présence ou l'autorisation du mari, quoiqu'il s'agisse d'une demande personnelle ou mobilière (art. 215).

D'autre part, si l'émancipation est requise pour faire le commerce, la loi la retarde jusqu'à ce que le mineur ait commencé sa dix-neuvième année, alors même qu'il aurait ses père et mère (Code de commerce, art. 2). Mais aussi dès cet instant (pourvu d'ailleurs qu'il ait rempli quelques autres conditions), il est réputé majeur pour tous les engagemens accessoires à son négoce (Code civil, art 487, et Code de commerce, art. 2). Il a la capacité de plaider devant la juridiction commerciale, en l'absence de son curateur, sans être tenu de rapporter son consentement; il peut de plus engager et hypothéquer ses immeubles, *si les affaires de son commerce l'exigent ;* il ne lui est pourtant permis de les vendre, qu'en se conformant à ce qui est prescrit par les art. 457 et suivans du Code civil, relativement aux mineurs non émancipés (Code de commerce, art. 6).

Mais dans aucun cas, le mineur émancipé, qu'il fasse ou non le commerce, ne doit jamais dépasser les limites que nos codes lui tracent. S'il abuse de ses pouvoirs, l'émancipation *volontaire* peut lui être retirée de la même manière qu'il l'a reçue; il rentre alors dans la condition de mineur non émancipé, et il n'y a plus que son tuteur qui puisse le représenter en justice, ou dans les actes qui l'intéressent (Code civil, art. 485 et 486).

§ III.

DES INTERDITS.

L'interdiction existe ou par l'effet du jugement qui la prononce, ou par la seule force de la loi; mais quelle que soit la cause qui l'autorise, ses effets sont les mêmes touchant la capacité de contracter. Elle fait perdre à l'individu qui en est l'objet jusqu'à l'administration de sa personne et de ses biens; il rentre dans l'état de minorité (S'il n'y est pas déjà, car les mineurs peuvent être interdits); et les actions actives et passives qui le concernent ne doivent plus être suivies que par un tuteur ou curateur désigné par le conseil de famille (Code civil, art. 505 et 509; Code pénal, art. 29).

ARTICLE PREMIER.

DE L'INTERDICTION JUDICIAIRE.

Le majeur qui est dans un état habituel d'imbécilité, de démence ou de fureur, doit être interdit, même lorsque cet état présente des intervalles lucides (Code civil, art. 489). Privé de l'usage de sa raison, il ne peut plus connaître les rapports de justice, de convenance ou d'intérêt que présentent les diverses circonstances qui l'environnent; or, il lui est impossible d'apporter dans les actes ou contrats le discernement et la volonté qui en constituent l'essence. Cela l'empêche aussi de donner un consentement valable. Replongé dans les ténèbres de l'enfance, il doit de suite être placé sous la direction d'un tuteur qui prévoie et qui agisse pour lui.

Cependant sur quelques faits isolés, il ne faut jamais décider qu'un homme a perdu le sens et la raison; car l'expérience des siècles nous a souvent appris que celui qui est le plus prévoyant n'est pas toujours à l'abri de l'erreur. Ce n'est donc que lorsque la raison n'apparaît que par momens plus ou moins éloignés, et qu'au contraire les actions de chaque jour démontrent la fureur ou la faiblesse d'esprit, que le majeur peut être *légalement* privé de la conduite de sa personne et de ses biens.

Ainsi, « il ne suffirait pas qu'il fut tracassier » dans sa famille, processif dans le monde, irrévé- » rencieux envers les magistrats, vainement dépen- » sier, ni même imbu d'erreurs ou d'illusions plus » ou moins graves, pour qu'il fut permis de l'in- » terdire ou de lui donner un conseil. — La liberté » civile, cet arbitre souverain, cette royauté de » soi-même qui constitue l'être raisonnable son pro- » pre régulateur, sous la dépendance des lois, ne » peut être enchaînée ou restreinte qu'au cas de » fureur, démence ou imbécilité (1). »

Toutes les fois qu'il y a lieu à interdiction, la demande est présentée d'abord au tribunal de première instance; elle est ensuite soumise au conseil de famille de la personne qu'on veut faire interdire,

---

(1) Décision du tribunal de première instance de Paris, du 30 août 1817, dans la cause des mariés Selves (Sirey, tome 17-2-369).

afin qu'il donne son avis sur son état mental (Code civil, art. 492 et 494). — Après le premier interrogatoire, il est facultatif aux juges de nommer un administrateur provisoire à la personne et aux biens du défendeur (art. 496). — Si l'interdiction est accueillie, cet administrateur cesse ses fonctions et rend son compte de gestion au tuteur, pourvu qu'il ne le devienne pas lui-même (art. 505). — Le tribunal peut aussi, en rejetant la demande en interdiction, *si les circonstances l'exigent*, ordonner que la partie défenderesse ne pourra désormais *plaider*, transiger, emprunter, recevoir un capital mobilier, ni en donner décharge, aliéner, ni grever ses biens d'hypothèques, sans l'assistance d'un conseil qui lui sera nommé par le même jugement (art. 499).

Mais nous devons dire aussi que jusqu'au moment où le tribunal prononce soit l'interdiction, soit la nomination d'un conseil, le défendeur conserve l'administration de ses biens; lui seul a qualité pour paraître en justice sur les actions qui y sont relatives, parce qu'il n'y a que le jugement qui puisse le dépouiller (art. 502), à moins que pendant le cours de la poursuite d'interdiction, les juges ne lui eussent choisi un administrateur.

ARTICLE II.

DE L'INTERDICTION LÉGALE.

Quiconque a été condamné à la peine des travaux forcés à temps ou à la réclusion, est de plus, pendant la durée de la peine, en état d'interdiction légale; il lui est nommé un curateur pour gérer et administrer ses biens, dans les formes prescrites pour la nomination des tuteurs aux interdits (Code pénal, art. 29).

Lorsque l'arrêt ou le jugement de condamnation est contradictoire, il n'y a aucune incertitude sur l'époque probable de son exécution; car le terme de la détention est certain, et l'effet qu'il produit doit être aussi prompt que la cause. Or, toute la difficulté consiste à savoir si l'incapacité légale de l'accusé qui n'aurait pas été saisi, doit dater de la première condamnation, ou seulement du jour de la décision qui serait rendue pour purger la contumace?

Et d'abord la disposition de l'art. 476 du Code d'instruction criminelle semblerait autoriser à croire que l'accusé doit jouir, pendant les cinq années de grâce que la loi lui accorde pour se représenter, de la plénitude de tous ses droits. C'est ainsi que la mort civile est suspendue. Pourquoi n'en serait-il pas de même de la condamnation aux travaux forcés à temps ou à la réclusion?

Cependant le condamné à la mort civile n'en perd pas moins irrévocablement, *depuis sa condamnation par contumace*, et jusqu'à ce qu'il reparaîsse, l'exercice de ses droits civils, ainsi que la direction de ses biens mobiliers et immobiliers (Code civil, art. 28). Alors pourquoi le condamné qui serait défaillant comme lui, obtiendrait-il une préférence? Tout s'y oppose. L'interdiction légale doit dater nécessairement du premier arrêt ou jugement de condamnation, et cela nous paraît d'autant plus vraisemblable, que les juges de la cour d'assises, après avoir fait sommer l'accusé de comparaître dans un délai de dix jours, ont dû déclarer le *séquestre* (Code d'instruction criminelle, art. 465), ce qui l'a privé immédiatement d'administrer ses biens. D'ailleurs la loi veut encore que les biens ne soient rendus au condamné qu'après qu'il a subi sa peine, et qu'il ne puisse lui être remis, *pendant sa durée*, aucune somme, aucune provision, aucune portion de ses revenus (Code pénal, art. 30 et 31). Or, il serait bien étrange qu'il put cependant exercer lui-même ses droits et actions devant les tribunaux. Non, dès l'instant que par l'ordonnance du juge, il a été mis en demeure de se représenter, et qu'il ne l'a pas fait, il perd de plein droit la gestion de ses affaires. Il est incapable de prendre aucun engagement et de consentir aucune aliénation, sauf s'il comparaît pour purger la demeure, parce qu'alors le séquestre cesse immédiatement (Code civil, art. 1124).

Ainsi, sous le rapport de la disposition des biens, l'interdiction légale est assimilée à l'interdiction judiciaire, et l'une comme l'autre s'opposent à ce que l'individu qui s'en trouve frappé puisse faire aucun acte d'administration ou de propriété (1). Il peut néanmoins faire sa condition meilleure, et s'il est incapable de s'obliger lui-même, il oblige toujours le majeur qui traite avec lui (art. 1125).

§ IV.

DU CONSEIL JUDICIAIRE.

Il peut être défendu aux prodigues de *plaider*, transiger, emprunter, recevoir un capital mobilier et en donner décharge, aliéner, ni grever leurs

(1) C'est ce qui résulte d'un arrêt rendu par la cour de cassation, le 25 janvier 1825 (Sirey, tome 25-1-345).

biens d'hypothèques, sans l'assistance d'un conseil qui leur est nommé par le tribunal. Cette défense peut, d'après la loi, être provoquée par toutes les personnes qui ont le droit de former la demande en interdiction (art. 499, 513 et 514).

« Les romains (1) avaient rangé dans la même » classe les prodigues et les insensés ; ils avaient » considéré les uns et les autres comme ne sachant » ni acquérir, ni conserver, abusant de tout, dis- » sipant tout, consommant tout. Ils les voyaient » également sans règle dans leurs dépenses, sans » but et sans fin dans leurs projets, ne connaissant » que le gaspillage, la profusion et le désordre ; aussi » leurs lois, calculant uniquement sur l'identité » des résultats, avaient-elles enlevé aux uns et aux » autres indistinctement, la disposition, l'adminis- » tration et la jouissance de leurs biens, pour les » confier à un tuteur dont elles avaient ordonné » qu'ils fussent pourvus comme s'ils fussent restés » en pleine minorité. »

Notre droit français, au contraire, ne se montra jamais aussi rigoureux, et quoique sous l'ancienne législation, la nomination des conseils judiciaires fut laissée au *bon plaisir* des juges, c'est-à-dire au gré de leur caprice, ou suivant que leur prudence le leur suggérait ; les personnes auxquelles ils les donnaient n'en étaient point pour cela assimilées aux mineurs.

Mais aujourd'hui, nous avons une règle invariable, c'est la prodigalité ; et les art. 499 et 513 du Code civil limitent tous les cas à raison desquels

(1) Extrait du discours prononcé par le tribun Bertrand, dans la séance du 5 germinal an 11 (26 mars 1803).

l'assistance du conseil est jugée nécessaire. Or, l'individu (1) demeure libre à l'égard de tous les autres, et les tribunaux ne pourraient, sans excéder leurs pouvoirs, soumettre à l'assistance du conseil nommé, les actes que la loi n'y a pas soumis, tels que les droits résultant de la puissance maritale, etc.

Il faut remarquer que la défense qui est faite au majeur pourvu de conseil, de plaider sans son assistance, s'étend à toutes les actions, soit *mobilières*, soit *immobilières*. Le législateur n'a point reproduit ici la distinction qu'il a faite en parlant du mineur émancipé : d'où la conséquence qu'AUCUNE poursuite en justice ne saurait être valablement faite que *collectivement* avec le conseil judiciaire; car la loi ne distinguant pas, nous ne pouvons pas distinguer nous mêmes. Aussi, devons nous le dire, l'opinion de M. Toullier, *sur les moyens de suppléer à la présence du conseil,* nous a paru étrange.

« Son avis, dit-il, de quelque manière qu'il soit » donné, suffit pour leur validité (2), soit qu'il » soit présent à l'acte et qu'il le signe, soit qu'il » l'approuve et l'autorise *par un avis écrit* et annexé » à l'acte, mais antérieur; car le vœu de la loi est » que l'avis du conseil *précède l'acte:* le Code n'a » prescrit, à cet égard, aucune forme particulière. » C'est une erreur. Pour s'en convaincre, il suffit d'observer que les art. 499 et 513 veulent non-seulement un avis ou consentement, mais encore l'*assistance* du conseil. Pourquoi cela, dans quel but? Pour empêcher qu'à l'aide d'une autorisation

(1) Dit M. Toullier, tome 2, page 483.

(2) Cela se rapporte aux actes pour lesquels le Code a voulu l'assistance du conseil.

écrite, le conseil ne puisse parfois se dispenser de la surveillance *active* dont il est chargé. Or, cette surveillance est précisément très-avantageuse, lorsque les parties sont en présence et qu'elles stipulent sur leurs droits; c'est alors seulement que le ministère du conseil offre ses garanties, et produit tous ses effets.

Nous devons ajouter que de telles fonctions sont incessibles, en d'autres termes le conseil n'a pas la faculté de se faire représenter à l'acte où sa présence est nécessaire. Peu de mots serviront à le démontrer.

En effet, si en règle générale, il est permis de choisir un mandataire pour agir en notre nom, comme nous-mêmes, en vertu des pouvoirs que nous lui conférons; il n'en saurait pourtant être ainsi à raison d'une obligation de faire par soi-même; car, dans ce cas, c'est plutôt la personne que la chose qu'il faut considérer. Or, le conseil judiciaire n'a été désigné qu'à cause de lui-même: son intelligence, sa probité, sa sagesse ont seules déterminé sa nomination. Il ne peut donc se substituer un mandataire qui n'aurait pas reçu l'assentiment du tribunal qui a prononcé sur la dation du conseil. Voilà pourquoi aussi les juges sont assez dans l'habitude de nommer plusieurs conseils à la même personne, pour peu que ses affaires soient étendues, afin qu'ils agissent l'un à défaut de l'autre; quelquefois ils se bornent à désigner un conseil adjoint. De cette manière, il n'existe pas de surveillance onéreuse (ce qui arrive toujours lorsqu'elle est exclusive), et celui qui s'en trouve chargé, peut l'exercer, sans négliger ses propres affaires.

Dans une instance notamment, le conseil doit être présent et agir en nom personnel ; car indépendamment de ce qu'il est de maxime que nul ne plaide en France, par *procureur*, tout réclame encore qu'il se réunisse lui-même à la partie dont il surveille les droits, pour qu'elle soit mieux défendue.

Ainsi, il y aurait nullité, si l'exploit d'ajournement, et les autres actes de procédure ou d'instruction, ne contenaient pas les noms du conseil, et ceux de la personne qu'il doit assister.

Mais les tiers sont toujours censés ignorer soit l'interdiction, soit la nomination du conseil judiciaire jusqu'à ce que le jugement qui les prononce ait été rendu public dans les formes prescrites par l'art. 501 du Code civil. Par conséquent, faute de remplir ce préalable, les poursuites faites pour ou contre l'interdit, et pour ou contre l'individu soumis à un conseil, sont valables, malgré que le tuteur ou le conseil n'y soit pas intervenu (1).

§ V.

DU MORT CIVILEMENT.

La mort civile fait perdre au condamné la disposition des biens qu'il possédait, et immédiatement après l'exécution de l'arrêt contradictoire, soit réellement, soit par effigie, sa succession est ouverte au profit de ses héritiers, de la même manière que s'il était mort naturellement et sans testament ; au contraire, si la condamnation est par contumace,

(1) La vérité de cette doctrine est attestée par deux arrêts de la cour de cassation, des 16 juin 1810 et 29 juin 1819 (Sirey, tome 11-1-5, et tome 20-1-8).

son effet étant suspendu pendant les cinq ans qui lui sont accordés pour se représenter, toutes les actions actives et passives qui le compétent doivent alors être exercées par un notaire nommé par le tribunal de première instance du lieu de son domicile ou de sa résidence, à la requête de la partie la plus diligente (Code civil, art. 25, 26, 27, 28, 112 et 113).

Cependant l'individu frappé de mort civile, quoiqu'incapable de s'obliger, n'en conserve pas moins le droit d'acquérir, et de faire obliger les tiers qui stipulent avec lui (art. 33). D'un autre côté, il est possible qu'il ait des ascendans ou des descendans, et qu'après la durée de la peine, il se trouve dans la nécessité de leur réclamer des alimens, l'exécution de l'obligation *naturelle* que consacrent les art. 205 et 207 du Code civil. Il aura donc besoin d'exercer des poursuites judiciaires. Néanmoins le législateur ne pouvait, sans se mettre en contradiction avec lui-même, reconnaître son existence civile; aussi a-t-il voulu qu'il ne procédât en justice, ni en demandant, ni en défendant, que *sous le nom* et par le ministère d'un curateur *spécial* nommé par le tribunal où l'action serait portée (art. 25).

§ VI.

DES MARCHANDS OU NÉGOCIANS FAILLIS.

Bien que le failli soit dépouillé de l'administration de ses biens (Code de commerce, art. 442), il n'est cependant pas étranger aux affaires de la faillite : il peut donc se présenter en justice toutes les fois que ses intérêts ont besoin d'être défendus. Par conséquent, si les syndics des créanciers négligent quelque acte conservatoire, ou qui tende à la poursuite d'un droit, d'une action, il a la faculté de l'exercer lui-même en son nom personnel. Tel serait le cas du pourvoi en cassation contre un jugement qui lui serait préjudiciable (1). Il ne serait passible d'aucune fin de non recevoir, parce qu'il agit pour lui, et dans sa cause propre.

Les agens de la faillite n'ont, en effet, qu'une gestion passagère, de courte durée, de quinze jours, ou d'un mois au plus, et leurs fonctions se bornent à des mesures conservatoires (art. 459 et suivans); les syndics eux-mêmes ne représentent que la masse des créanciers chirographaires (art. 528). C'est pour cela que le failli doit pouvoir introduire toute espèce d'action lorsqu'il y est intéressé. Nous devons toutefois avouer que l'art. 442 du Code de commerce lui enlève l'administration de ses biens; mais comme les incapacités ne se suppléent point, il conserve tous ses autres droits, au nombre desquels se trouve celui de la propriété (2), et cela suffit. D'ailleurs, nulle part dans le Code, le failli n'est inhibé de se livrer à des poursuites; au contraire, dans une infinité de circonstances, soit les agens, soit les syndics, sont obligés de l'appeler pour concourir avec eux, notamment à la rédaction du bilan, à la levée des scellés, à l'inventaire, et aux assemblées des créanciers (art. 472, 487 et 516).

---

(1) Ce principe est consacré par une infinité d'arrêts. Voyez notamment ceux des cours de Bruxelles, Paris et de cassation, des 13 mars 1810, 29 avril 1812, 19 avril 1826 et 7 avril 1830 (Sirey, tome 11-2-291; tome 14-2-147; tome 27-1-198, et tome 30-1-296).

(2) Arrêt de la cour de Colmar, du 29 août 1816, inséré dans le recueil de M. Sirey, tome 18-2-175.

Or, pourquoi lui serait-il interdit de surveiller la gestion de ses biens, ou de les gérer lui-même dans l'intérêt de la masse, au défaut des syndics ? Nous n'y voyons aucun empêchement. La loi lui permet encore de traiter avec les créanciers (art 519), et de faire à cet égard toutes les conventions dont le majeur *sui juris* est capable.

Ainsi, point de doute, le négociant qui a fait faillite peut néanmoins attaquer et défendre devant les tribunaux, sauf aux syndics à intervenir pour empêcher que leurs droits ne soient compromis par un premier jugement.

Il est même des cas où le failli doit être ajourné en son nom personnel, malgré la présence des syndics, par exemple sur les actions immobilières ; parce que l'art. 494 ne lui refuse que la direction de ses droits mobiliers ou incorporels. L'expropriation forcée de ses immeubles, venant de la part des créanciers, doit donc être dirigée tant contre lui que contre les syndics, simultanément, à peine de nullité (1).

Qu'on ne dise plus dès-lors que la faillite frappe

---

(1) Ce point de jurisprudence attesté par deux arrêts des cours de Colmar et Rouen, des 29 août 1816 et 2 juin 1828 (Sirey, tome 18-2-175, et tome 29-2-73), paraît néanmoins contredit par deux arrêts, l'un de la cour de cassation, du 2 mars 1819, (Sirey, tome 19-1-298), et l'autre de la cour de Poitiers, du 18 janvier 1826 (Sirey, tome 26-2-120). Mais indépendamment de ce que par ses arrêts des 19 avril 1826 et 7 avril 1830 (Sirey, tome 27-1-198, et tome 30-1-296), la cour de cassation a jugé que le failli n'est pas dépouillé de la poursuite de ses actions (ce qui serait contradictoire), il faut encore observer que, dans l'espèce de l'arrêt du 2 mars 1819, l'expropriation avait été dirigée contre les syndics et le failli, conjointement, et qu'il fut même reconnu que *le failli* avait le droit d'intervenir pour surveiller la procédure.

le négociant d'une incapacité absolue. Non, il est démontré que cette incapacité ne résulte ni des dispositions relatives au dessaisissement, ni d'aucune autre expression de la loi. Disons au contraire qu'il peut procéder pour lui, dans l'intérêt de ses créanciers, et prendre toutes les mesures que sa position nécessite (1). Peu importe aussi que le Code de commerce (art. 442) le prive d'administrer ses affaires : ce n'est là qu'une incapacité relative, non proposable par les tiers avec lesquels il aurait contracté volontairement, ou en justice.

Mais cela ne fait pas que les actions litigieuses de la faillite, ne puissent être exercées par les syndics; car les biens du débiteur sont le gage commun des créanciers (Code civil, art. 2093), et ce droit ne peut recevoir aucune modification sans la volonté des personnes qui sont appelées à en profiter. Or, il deviendrait illusoire, si avant d'engager les poursuites, il fallait obtenir l'autorisation ou le concours du failli. — Si ce dernier peut agir lui-même, presser les syndics ou faire cause commune avec eux, attaquer leur gestion, les traduire devant les tribunaux; les tiers-intéressés seraient pourtant irrecevables à opposer aux syndics, son défaut de présence, au moins pour les actions personnelles et mobilières.

§ VII.

DES FEMMES MARIÉES.

Par le mariage, la femme perd la disposition

---

(1) Tel est le sentiment des cours de Lyon et Poitiers, ainsi que nous l'apprennent leurs arrêts des 25 août 1828 et 29 janvier 1829 (Sirey, tome 29-2-13 et 134).

d'une partie de ses droits, sa capacité est même restreinte quant aux autres, et elle ne peut faire aucun acte sans l'autorisation du mari ou de la justice, sauf les cas où il s'agirait de mesures conservatoires, ou d'administrer des biens non constitués en dot. Elle a d'ailleurs plus ou moins de latitude, même pour les actes d'administration, suivant le régime sous lequel les époux ont contracté.

ARTICLE PREMIER.

DE LA FEMME MARIÉE PAR RAPPORT A SES PARAPHERNAUX.

Notre législation consacre deux régimes spéciaux en fait d'association conjugale (celui de la dot, et celui de la communauté); mais les futurs conjoints ont la faculté de s'y soustraire ou *tacitement* (en ne se soumettant à aucun de ces régimes), ou *expressément*, par la clause de séparation de biens (article 1529).

Dans le premier cas (1), la femme transporte au mari l'administration de ses biens meubles et immeubles, tandis que pour le cas de séparation, il n'y a qu'elle seule qui ait le droit de les administrer et d'en percevoir les revenus (art. 1530, 1531 et 1536).

La gestion des biens non expressément constitués en dot, appartient également à la femme (art. 1574 et 1576).

Mais sous quelque régime qu'ait été passé le contrat de mariage, ni à la faveur d'aucune stipulation, la femme n'a le pouvoir de donner, aliéner,

(1) C'est-à-dire en n'adoptant ni le régime dotal, ni celui de la communauté; mais en n'y renonçant pas non plus d'une manière expresse.

hypothéquer, acquérir, à titre gratuit ou onéreux, sans le concours du mari dans l'acte, ou son consentement par écrit (art. 217, 1538 et 1576), à moins qu'elle ne fut marchande publique, et qu'elle n'agit à raison de son commerce (art. 220); et si le mari refuse l'autorisation, elle est accordée, *s'il y a lieu,* par le tribunal de première instance du domicile commun des époux (art. 219). Cette autorisation est encore nécessaire pour ester en jugement, et le Code n'en dispense sous aucun prétexte, pas même dans le cas où la femme serait marchande publique, non commune ou séparée de biens (art. 215). La cour de cassation a pensé (1) que la séparation de corps ne faisait pas exception à cette règle.

Mais l'autorisation doit-elle précéder l'introduction de l'instance? Nous ne le croyons pas, et pourvu qu'elle intervienne avant le jugement définitif, le vœu de la loi nous paraît rempli.

Il suffit en effet que la femme soit capable de contracter au moment où la décision est rendue, pour qu'elle ne puisse pas l'attaquer. Nullité sans grief fut-elle jamais proposable!.... Sans doute, comme demanderesse, elle doit interpeller le mari sur le fait de l'autorisation, et s'il s'oppose ou garde le silence, faire rendre un jugement qui lui permette la poursuite de ses droits (Code de procédure civile, art. 861). Toutefois cette condition n'est pas impérative; elle ne détermine pas non plus l'époque précise de la contestation en cause avec le mari qui refuse d'autoriser. Alors pourquoi

---

(1) Arrêt du 6 mars 1827, rapporté par M. Sirey, tome 27-1-334.

serait-il interdit de commencer l'instance? Aucun obstacle ne s'y oppose. L'action peut donc être engagée, sauf à la suspendre ensuite jusqu'après le jugement d'autorisation. Divers arrêts nous le confirment (1).

La femme pourrait même appeler le mari dans le procès, pour qu'il y vint déduire les causes de son refus (2); car indépendamment de ce qu'on arrive au même résultat, l'on a encore l'avantage de faire statuer sur le tout par un seul jugement, et d'exposer moins de frais. D'ailleurs, il y a souvent urgence de faire signifier l'exploit d'ajournement sur l'action que la femme veut exercer contre un tiers, soit pour interrompre une prescription qui est à la veille de s'accomplir (art. 2244 et 2245; Code de procédure, art. 57), soit dans la vue d'éviter une déchéance, de prévenir un dommage, etc.

Nous devons dire aussi que l'autorisation peut n'être que *tacite*, et résulter du concours du mari, alors même qu'il serait intervenu sur la réquisition du défendeur. Deux arrêts de la cour de cassation des 22 avril 1828 et 8 avril 1829 (3) consacrent ce principe.

Il serait bien surprenant, qu'après avoir assisté *passivement* aux conventions faites avec sa femme, ou aux débats judiciaires qui la concernent, le mari

(1) Voyez notamment deux arrêts de la cour de cassation des 22 octobre 1807 et 6 mars 1827, ainsi que celui de la cour de Bourges, du 27 novembre 1829 (Sirey, tome 8-1-127; tome 27-1-334, et tome 30-2-171).

(2) Pourvu que cela fut devant le tribunal de première instance du domicile commun des époux.

(3) Sirey, tome 28-1-208, et tome 29-1-439. Voyez également les arrêts des cours de Paris et Rouen, des 1er octobre 1806, 14 novembre 1828 et 2 février 1830 (tome 7-2-813, et tome 30-2-192 et 173).

put venir se plaindre ensuite de ce qu'il n'a pas été sommé d'autoriser. Tout l'obligeait à s'opposer lorsque ses exceptions pouvaient être appréciées ou par les contractans, ou par la justice. Or, en gardant le silence, il a fait présumer qu'il donnait son consentement. — D'un autre côté, son interpellation n'a d'autre but que de l'instruire de ce qui se passe, le mettre à même de protester, s'il y a lieu, et rien de plus. Pourquoi, dès l'instant qu'il a connu la poursuite, et qu'étant présent, il pouvait l'empêcher, serait-il fondé à soutenir que la loi a été violée? Il y aurait, d'après nous, injustice d'admettre son action, et d'annuler l'acte ou le jugement.

Par une conséquence nécessaire de cette doctrine, nous devons reconnaître que la femme n'est pas assujettie à la formalité de l'autorisation, lorsqu'elle plaide contre son mari. Des auteurs d'un grand mérite, notamment ceux à qui nous sommes redevables du répertoire de la jurisprudence du notariat (1), professent sans doute une opinion toute opposée; mais c'est une erreur. Elle se démontre en disant qu'il implique contradiction qu'il faille réclamer au défendeur la permission de le poursuivre. Il est incontestable que le débiteur, en retard d'exécuter son engagement, n'ira pas autoriser le créancier à prendre les voies d'exécution. Alors l'acte de constitution en demeure deviendra inutile, sans but, sans résultat. Voudrait-on par hazard que le tribunal accordât lui-même l'autorisation? Seconde inutilité; il y a plus, la loi s'y oppose. Pourquoi cela? Parce que les juges ne sont appelés à prononcer qu'après que le mari a été requis. Or,

(1) *Verbo* autorisation maritale, n° 24.

ici il y a impossibilité. — Si l'on disait qu'on procède de cette manière toutes les fois que le mari est empêché de manifester sa volonté, nous répondrions que cet empêchement ne doit avoir d'autre cause que son absence ou son incapacité de contracter, et non pas sa qualité d'adversaire. Agir différemment, ce serait ajouter à la loi !

Dans les cas où l'autorisation doit être rapportée, y aurait-il nullité, si elle était postérieure à l'acte d'obligation ou au jugement rendu à la requête de la femme, ou contr'elle ? Oui.

Dans cette hypothèse, tout étant consommé, on ne saurait voir là qu'une ratification de la part du mari, ratification étrangère à la femme, et qui serait insuffisante pour la lier. Cette dernière n'ayant pas été autorisée lorsqu'elle devait l'être, il nous semble qu'elle aurait le droit de rejeter l'autorisation, et de se pourvoir contre l'acte ou le jugement, sans distinguer s'il y a lésion ou bénéfice. Son incapacité de contracter est encore subsistante, et dès-lors son engagement manque de lien de droit (art. 1124). Il ne peut donc lui être opposé qu'autant qu'elle voudrait bien y consentir, ou qu'elle garderait le silence sur le vice dont il est entâché. Telle est la jurisprudence de la cour de cassation, et celle des cours de Rouen, Toulouse et Grenoble (1).

Mais la femme pourrait cependant, en vertu de l'autorisation tardive, donner une ratification *expresse* au moyen de laquelle l'acte ou le jugement

(1) Arrêts des 12 février 1828, 18 novembre 1825, 18 août 1827 et 26 juillet 1828 (Sirey, tome 28-1-356; tome 26-2-271, et tome 29-2-237 et 28). Il existe néanmoins un arrêt contraire de la cour de Colmar, du 28 novembre 1816 (tome 17-2-145).

serait validé non-seulement pour l'avenir, mais encore pour le passé (1). C'est la conséquence de cette maxime : *la nullité fondée sur le défaut d'auto-*

(1) Toullier, tome 2, page 26, nº 648, et tome 7, page 683, nº 571. « Dans l'ancienne jurisprudence, et même à Paris, dit cet auteur, où l'on tenait pour maxime que la ratification du mineur devenu majeur avait un effet rétroactif, et faisait remonter l'hypothèque au jour du contrat, on pensait assez généralement que la ratification de la femme devenue veuve n'avait point le même effet. C'est qu'on regardait alors comme absolue la nullité des actes faits par la femme non autorisée. Elle ne pouvait, ni s'obliger envers les autres, ni *obliger les autres envers elle* (Pothier, *des obligations*, nº 50. Voyez aussi le nouveau Denizart, *verbo* autorisation, et Bouhier, observation 19, sur la coutume de Bourgogne, nºs 18 et suivans, tome 1, pages 528 et suivantes; le *nouveau répertoire, verbo* autorisation maritale). On en concluait que la nullité pouvait être opposée par tous ceux qui étaient intéressés à la faire valoir ; que par conséquent cette nullité ne pouvait être purgée, ni couverte par la ratification, qui ne pouvait valoir que comme un nouveau contrat, lequel n'avait d'effet que du jour où elle était intervenue. Voyez Pothier, *traité de la puissance maritale*, nºs 5 et 74, et les auteurs qu'il cite. — Entraîné par des autorités si imposantes, nous avons dit, tome 2, nº 648, que le contrat de la femme non autorisée, ne serait pas validé par la ratifiation ou autorisation postérieure du mari, à moins que la femme ne l'eut ratifié, en vertu de l'autorisation. Cette proposition est encore aujourd'hui rigoureusement vraie ; car le mari ne peut, sans le consentement de sa femme, renoncer à une nullité établie en faveur de celle-ci. — Nous avons ajouté qu'alors « ce serait du jour de » la ratification que le contrat aurait sa force et produirait son » effet ; ce qu'il faut bien remarquer *relativement aux droits des* » *tiers.* » Cette seconde proposition est, dans les principes du Code, une erreur que nous nous hâtons de rétracter. « La nul- » lité fondée sur le défaut d'autorisation, ne peut, suivant » l'art. 225, être opposée que par la femme, par le mari, ou » leurs héritiers. » — Si la nullité ne peut être opposée par les tiers, il en résulte qu'à leur égard, comme à l'égard de la femme et du mari, l'obligation nulle peut être *ratifiée* ou *confirmée*, et la nullité couverte, comme l'enseigne fort bien Dunod, *ubi suprà*, et que la ratification remonte au jour du contrat, qui n'était point absolument nul. »

risation ne peut être opposée que par la femme, par le mari, ou par leurs héritiers (art. 225 et 1125).

Or, le mari qui donne son consentement, renonce à se pourvoir contre, et la femme qui ratifie, *étant autorisée*, fait alors un acte dont elle est capable, et n'est plus fondée à l'attaquer. L'un et l'autre stipulent tant pour eux qu'au nom de leurs héritiers et ayant-cause (art. 1122); aussi l'action en nullité qui s'est éteinte sur la tête du mari et de la femme, cesse d'exister au profit des héritiers. Cette action est censée n'avoir jamais été ouverte. — Il en doit être de même à l'égard des tiers-intéressés; car ils ne peuvent jamais, et dans aucun cas, se prévaloir de la nullité résultant du défaut d'autorisation, quand bien même ils seraient créanciers de la femme ou du mari, parce que c'est un droit *exclusivement* attaché à la personne du débiteur (1). Voilà ce qui nous détermine à penser que la ratification a un effet rétroactif qui remonte toujours à l'époque de l'acte ou du jugement ratifié.

La loi veut néanmoins que l'autorisation soit restreinte aux actes qu'elle permet. Sous aucun prétexte, la femme ne peut l'étendre d'un cas à un autre.

---

(1) C'est ainsi qu'il faut entendre l'art. 1166 du Code civil. — Cinq arrêts des cours de Paris, Bruxelles, cassation et Grenoble, des 20 germinal an 13, 30 janvier 1808, 28 mai 1823, 11 juin 1825 et 2 août 1827, ne laissent pas le moindre doute à cet égard (Sirey, tome 5-2-284; tome 10-2-491; tome 24-1-7; tome 26-2-226, et tome 28-2-186). — M. Toullier, tome 7, n° 567, professe la même doctrine. D'autres auteurs sans doute, notamment les rédacteurs du répertoire de la jurisprudence du notariat, *verbo* autorisation de femme mariée, n° 196, prétendent que la nullité fondée sur le défaut d'autorisation n'est pas un droit *exclusivement* attaché à la personne; mais c'est une erreur, une opinion insoutenable, contraire à toutes les règles, et que rien ne peut légitimer.

Par exemple, elle n'aurait pas le pouvoir de se désister de la demande, sans une nouvelle autorisation (1). — Tant que le mariage subsiste, il n'y a aucun délai fatal, ni pour le mari ni pour la femme, et la nullité peut être opposée par eux en tout état de cause, en appel comme devant la cour de cassation (2) — Après la dissolution du mariage, cette action rentre dans les termes de l'art. 1304 du Code civil, et ne dure plus que dix ans. Or, c'est pendant cette période que la femme, le mari ou leurs héritiers doivent agir ; car s'ils gardent le silence, l'acte ou le jugement devient irrévocable. — L'approbation peut encore résulter de l'exécution volontaire de la femme, du mari et de leurs héritiers, et tous faits postérieurs, attestés par témoins comme par écrit, couvrent la nullité, forment un acquiescement, et rendent la partie irrecevable à l'attaquer, s'ils établissent son exécution sans équivoque.

Remarquons que le mari ne peut, quand le mariage est dissous, demander la révocation de l'acte ou du jugement que pour le cas où il y est préjudicié à raison de ses intérêts personnels. Il a perdu, en effet, la puissance maritale, et il serait dès-lors bien étrange qu'il put encore exercer les droits qu'il tenait de sa seule qualité de mari.

---

(1) Ainsi jugé par la cour de cassation le 12 février 1828 (Sirey, tome 28-1-356).

(2) Arrêts : cour de cassation, 16 prairial an 13 ; cour de Toulouse, 8 février 1823, et cour de Bordeaux, 1er mars 1826 (Sirey, tome 7-2-816 ; tome 23-2-130, et tome 26-2-257).

ARTICLE II.

DE LA FEMME MARIÉE SOUS LE RÉGIME DE LA COMMUNAUTÉ.

Le mari administre seul les biens de la communauté conjugale ; il a de plus le droit de les vendre, aliéner et hypothéquer sans le concours de la femme (art. 1421).

Ainsi, toutes les fois que l'action à intenter en justice sera relative à ces mêmes biens, le mari seul aura qualité pour agir. C'est de la plus grande évidence.

Mais quant aux biens personnels à la femme, il convient de faire une distinction : s'ils sont mobiliers, le mari peut encore en disposer, tandis qu'il n'en a que l'administration, s'ils sont immobiliers. Dans ce dernier cas, si l'action concerne la propriété, la présence de la femme devient indispensable.

La communauté se compose activement, dit l'article 1401 du Code civil,

1° De tout mobilier que les époux possédaient au jour de la célébration du mariage, ensemble de tout le mobilier qui leur échoit pendant le mariage à titre de succession ou même de donation, si le donateur n'a expressément exprimé le contraire;

2° De tous les fruits, revenus, intérêts et arrérages, de quelque nature qu'ils soient, échus ou perçus pendant le mariage, et provenant des biens qui appartenaient aux époux lors de sa célébration, ou de ceux qui leur sont échus pendant le mariage, à quelque titre que ce soit;

3° De tous les immeubles qui sont acquis pendant le mariage.

Or, maintenant que nous sommes fixés sur le principe, nous allons en faire l'application.

Et d'abord, le mari étant le chef de la communauté, il a fallu lui attribuer, tant en demandant qu'en défendant l'exercice de toutes les actions relatives aux biens dont elle se compose, sans que la femme put réclamer, à moins qu'il n'y consentit.

Mais il n'en est pas de même des immeubles de la femme qui n'appartiennent pas à la communauté; car elle en conserve la disposition. Le mari ne peut les aliéner qu'avec son consentement. Quant à lui, tout se borne à la perception des fruits ou revenus, et à la poursuite des actions possessoires; de telle sorte que, s'il fallait paraître devant les tribunaux à raison de la propriété de ces immeubles, les deux époux devraient concourir. Telle est la règle tracée par le Code (art. 1428).

ARTICLE III.

DE LA FEMME MARIÉE SOUS LE RÉGIME DOTAL.

La dot est le bien que la femme apporte au mari pour supporter les charges du mariage, et tout ce qu'elle se constitue ou qui lui est donné par le contrat est dotal, s'il n'y a stipulation contraire (art. 1540 et 1541). Tant que l'association conjugale n'est pas dissoute (1), le mari a l'administration des biens dotaux; il n'y a que lui seul qui puisse

(1) A moins que la femme dont la dot est mise en péril, n'ait fait prononcer la séparation de biens (art. 1563), principe également applicable au cas de la communauté entre époux. — La séparation de biens (art. 1443) ne peut être poursuivie qu'en justice par la femme dont la dot est mise en péril, et lorsque

poursuivre les débiteurs et détenteurs, percevoir les fruits et les intérêts, et recevoir le remboursement des capitaux (art. 1549).

Ainsi la femme à qui il a été constitué une dot en argent, n'est pas créancière des sommes dotales; ce n'est pas à elle, mais au mari qu'il appartient de poursuivre le constituant, et dans le cas de vente des biens de ce dernier, il n'y a que le mari qui puisse requérir la sur-enchère permise par l'article 2185 du Code civil (1). Par la même raison, c'est encore le mari qui doit demander le partage des biens dotaux de la femme, et cette dernière serait sans qualité soit pour y intervenir, soit pour exercer l'action en rescision (2), à moins qu'elle n'eut repris l'administration de sa dot.

Il nous faut conclure de là que toutes les actions touchant les biens dotaux doivent être exercées par le mari activement et passivement, sauf l'action en garantie, dans le cas où il se serait rendu coupable de négligence ou de dol (art. 1562).

Cependant la femme, en se mariant sous le régime dotal, peut néanmoins se réserver la faculté de vendre, aliéner, partager et échanger ses biens dotaux. Alors elle doit procéder elle-même, non pas isolément (parce que le mari conserve toujours l'administration), mais conjointement avec lui, dans toutes les poursuites qui y ont quelque rapport.

---

le désordre des affaires du mari donne lieu de craindre que les biens de celui-ci ne soient point suffisans pour remplir les droits et reprises de la femme. Toute séparation volontaire est nulle.

(1) Arrêts des cours de Montpellier et de Limoges des 22 mai 1807 et 4 février 1822 (Sirey, tome 7-2-916, et tome 22-2-247).

(2) Arrêt de la cour d'Aix, du 9 janvier 1810 (Sirey, tome 11-2-468).

Elle pourrait aussi, s'il refusait son concours, être autorisée par la justice pourvu qu'il fut démontré qu'elle a intérêt d'agir quant à la nue propriété.

Le contrat de mariage est, en effet, la loi des parties contractantes (art. 1134), et elles peuvent dès-lors, en se soumettant au régime dotal, ne l'adopter qu'avec les modifications qui leur conviennent (art. 1387). Pourquoi donc la femme ne pourrait-elle pas conserver la faculté de vendre, aliéner, partager, échanger, avec l'autorisation de son mari, les immeubles dotaux qu'elle lui a apportés, et ceux qui lui écherraient à ce titre? Rien ne s'y oppose. Une telle clause insérée dans la convention est toute légale, puisque le Code dit (art. 1557), que l'immeuble dotal peut être aliéné, lorsque l'aliénation en a été permise par le contrat de mariage (1).

Il est encore possible de convenir que la femme touchera annuellement, sur ses seules quittances, une partie de ses revenus pour son entretien et ses besoins personnels, et cette convention est tout aussi licite que la précédente (art. 1549).

Or, l'on conçoit que si les biens dotaux étaient affermés, ou s'ils consistaient en créances productives d'intérêts, la femme aurait incontestablement le droit de faire des poursuites, soit contre les fermiers, soit contre les débiteurs des sommes dotales, dans le but d'obtenir les revenus dont il lui serait permis de disposer. Et si les poursuites donnaient lieu à des difficultés, ce serait à elle (mais avec l'autorisation du mari, ou celle des juges), qu'il

(1) Ainsi l'a pensé la cour de cassation par son arrêt du 1er juillet 1829 (Sirey, tome 29-1-372).

appartiendrait de nantir les tribunaux pour les faire décider.

Elle devrait enfin exercer elle-même ses actions en justice, s'il y avait eu séparation judiciaire entre les deux époux. Tel est le principe posé dans l'article 1449, portant : « la femme séparée soit de » corps et de biens, soit de biens seulement, en » reprend la libre administration. — Elle peut dis- » poser de son mobilier et l'aliéner. — Elle ne peut » aliéner ses immeubles sans le consentement du » mari, ou sans être autorisée en justice à son refus. »

§ VIII.

DES COMMUNES, HOSPICES, ET AUTRES ÉTABLISSEMENS PUBLICS.

Les communes et les établissemens publics sont tenus, pour former une demande en justice, de se conformer aux lois administratives (Code de procédure, art. 1032).

Une sage législation veut que les intérêts matériels des communes soient régis par des conseils municipaux qui délibèrent, et par un maire ou adjoint qui agit, sous l'influence du conseil municipal, et en vertu de son autorisation.

« Outre cette première entrave de sagesse, il en » existe une plus grande quand il s'agit d'intenter » des procès. — Il faut que les communes obtien- » nent préalablement une autorisation expresse du » conseil de préfecture, ou sur son refus, du roi » en conseil d'état.

» A cet égard les communes sont dans un véri- » table état de tutelle. — Toute action intentée » sans autorisation, est nulle, et cette nullité est

» si puissante, si substancielle, si impossible à cou» vrir, que la nullité est prononcée quand même » la commune aurait gagné son procès (1). »

En effet, d'après les lettres patentes du 14 décembre 1789, *constitutives des municipalités en France*, « les fonctions propres au pouvoir municipal (sous » la surveillance et l'inspection des assemblées ad» ministratives) (2), sont de régir les biens et re» venus communs des villes, bourgs, paroisses et » communautés; de régler et d'acquitter celles des » dépenses locales qui doivent être payées des de» niers communs; de diriger et faire exécuter les » travaux publics qui sont à la charge de la com» munauté; d'administrer les établissemens qui ap» partiennent à la commune, qui sont entretenus » de ses deniers, ou qui sont particulièrement des» tinés à l'usage des citoyens dont elle est compo» sée; etc, etc. » Aussi les conseils municipaux doivent-ils être convoqués lorsqu'il s'agit de délibérer sur les procès à intenter, même sur les procès à soutenir, DANS LE CAS OU LE FOND DU DROIT SERAIT CONTESTÉ. Leurs délibérations ne peuvent cependant être exécutées qu'avec l'approbation du conseil de préfecture (art. 54 et 56), et sans cette approbation la commune ne serait pas valablement autorisée à plaider (3). Toutes les actions

(1) Mais cette nullité qui est purement relative (ainsi que nous le démontrerons bientôt), n'est proposable que par la commune elle-même, et encore faut-il pour cela, que l'instance ait été évacuée par un jugement définitif, parce que jusque-là l'autorisation pouvant toujours être rapportée, la nullité pourrait être couverte.

(2) C'est-à-dire les conseils généraux de département, et les conseils de préfecture.

(3) Arrêts de la cour de cassation des 24 pluviôse an 5, et

litigieuses sont suivies par le maire, et à son défaut, par l'un des adjoints (loi du 29 vendémiaire an 5, art. 1).

Ainsi les droits d'une commune (lorsqu'ils ne sont pas reconnus), ne peuvent être exercés par aucun autre citoyen, soit par action, soit par exception; ils ne doivent l'être que par son représentant légal.

Par exemple, les habitans d'un hameau, ou ceux du chef-lieu de la commune, sont sans qualité pour intenter *ut singuli*, une action relative aux communaux, ce n'est qu'au maire seul qu'il appartient de le faire (1). Cependant l'intervention de ce fonctionnaire, dans l'instance, a pour effet de couvrir la nullité. La cour de cassation le jugea ainsi par son arrêt du 21 juin 1815 (2), à raison d'un pourvoi formé par les habitans de la commune de Chevigny. Or, pourquoi n'en serait-il pas de même devant les tribunaux de première instance et d'appel? Le principe est le même, il y a même motif de décider.

Mais par la raison des contraires, les citoyens ont toujours la faculté de se prévaloir, *en leur nom particulier*, des droits qui appartiennent à tous les habitans de la commune, *lorsqu'ils ne sont pas contestés*.

Exemple. Un bien est reconnu communal, chaque habitant a un endroit personnel à sa jouissance,

---

8 frimaire an 8 (Sirey, tome 20-1-463, et tome 4-2-662). Le conseil de préfecture statue sur le vu de la délibération du conseil municipal, appuyée des pièces, et d'après l'avis de trois avocats désignés par le préfet.

(1) Arrêts de la cour de Paris des 30 juillet 1810 et 18 juillet 1814 (Sirey, tome 11-2-406, et tome 15-2-63).

(2) Sirey, tome 15-1-304.

il pourra intenter alors, EN SON NOM, les actions relatives à ce droit (1). La règle ne souffre d'exception que pour le cas où il s'agirait de la question de propriété.

Toutefois l'autorisation de la commune n'est exigée que dans son intérêt particulier, pour l'empêcher de soutenir un procès injuste ou onéreux. Par conséquent ni la délibération du conseil municipal, ni l'arrêté du conseil de préfecture qui autorise ou refuse de plaider, ne peuvent porter aucun préjudice aux tiers, ni préjuger la question litigieuse. Un décret impérial, une ordonnance royale, et un arrêt de la cour de cassation des 21 mars 1809, 20 janvier et 25 mai 1819 (2), confirment cette vérité.

Mais la nullité résultant du défaut d'autorisation, est-elle absolue et d'ordre public? Non.

Sans doute, la loi du 29 vendémiaire an 5, *sur la manière de suivre les actions dans lesquelles les communes sont intéressées*, dispose, art. 3, que « les » agens ou leurs adjoints, et les officiers munici- » paux, *ne pourront* suivre aucune action devant » les autorités constituées, sans y être *préalablement* autorisés par l'administration centrale du » département, après avoir pris l'avis de l'admi- » nistration municipale : » d'où l'on pourrait peut-être conclure que la disposition est impérative,

(1) Voyez un arrêt de la cour de cassation du 16 juillet 1822 (Sirey, tome 23-1-73); un décret du 19 Brumaire an 13, et une ordonnance du 27 novembre 1814.

(2) Sirey, tome 17-2-118; tome 20-2-174, et tome 19-1-419. Voyez aussi les lois des 14 décembre 1789, art. 54 et 56; du 29 vendémiaire an 5, art. 1 et 3; du 28 pluviose an 8, art. 4, et arrêté des consuls du 17 vendémiaire an 10.

irritante, et que faute d'avoir obtenu la permission de plaider, la nullité est acquise dans tous les cas, au profit de toutes les parties. Ce serait pourtant une erreur; car indépendamment de ce que la formalité n'est requise que dans le seul intérêt de la commune (ainsi que nous avons eu déjà l'occasion de le faire remarquer), il est encore une règle de droit d'après laquelle l'incapable peut toujours rendre sa condition meilleure, malgré que lui-même ne puisse pas s'obliger. Aussi les personnes capables de s'engager ne peuvent jamais opposer l'incapacité du mineur, de l'interdit ou de la femme mariée avec qui elles ont contracté (Code civil, art. 1125).

Or, nous ne croyons pas que les communes (assimilées aux mineurs) puissent être traitées moins favorablement, et qu'on doive leur interdire de faire exécuter un acte ou un jugement qui leur serait favorable, parce qu'il plairait à un tiers de s'y opposer. Non, cette nullité n'est que relative, et dès-lors si la commune ne veut pas se plaindre, ni le ministère public, ni les tiers, ne peuvent s'en prévaloir, quand même elle aurait été préjudiciée. « Il n'est pas moins contraire au principes consacrés » par les lois, qu'aux règles de la justice, de la » raison, de la morale, que le capable qui a volon- » tairement et en connaissance de cause, agi et » plaidé contre un incapable, en première instance » et en appel, puisse ensuite renverser la chose » jugée au profit de l'incapable, en invoquant, après » que le procès est terminé, le moyen résultant de » l'incapacité (1). »

(1) Telle est la doctrine de la cour de cassation attestée par

A la commune *seule* est donc réservé le droit de se soustraire à un acte ou jugement qu'elle ne veut pas respecter, soit parce qu'il est nuisible à ses intérêts, soit parce qu'elle a changé de volonté. A son égard *seulement* la nullité ne peut point être couverte, dans ce sens qu'il lui est permis de l'opposer en tout état de cause, en appel, et devant la cour de cassation (1). Cette faculté lui est pourtant interdite lorsque tous les degrés de juridiction sont épuisés : à cette époque, l'autorité compétente en a connu, et la décision est devenue inattaquable. Les voies qui étaient ouvertes à la commune lui sont fermées, et elle est obligée de subir l'exécution du jugement. Quel serait en effet le moyen de le renverser ? Il n'y en a pas. L'action principale en nullité n'existant pas en France, les tribunaux ne peuvent pas se réformer eux-mêmes. Telle serait

---

quatre arrêts des 8 mai 1827, 27 novembre, 24 décembre 1828, et 25 novembre 1829 (Sirey, tome 27-1-495, et tome 29-1-124, 156 et 401). Voyez deux arrêts semblables des cours de Colmar et de Bourges en date des 28 août 1827 et 9 juin 1828 (Sirey, tome 28-2-102, et tome 29-2-128). La jurisprudence est donc changée ! et les décisions antérieures qui consacrent un principe différent, ne doivent plus être d'aucune influence. Lorsqu'après six arrêts dans lesquels la cour de cassation avait pensé que la nullité était d'ordre public, nous la voyons changer d'opinion, il est à présumer qu'elle ne l'a fait qu'en connaissance de cause, avec une sage et lente réflexion. Rendons hommage aux magistrats qui n'ont pas craint d'avouer qu'ils s'étaient trompés ! ! Les arrêts dont nous venons de parler sont des 17 prairial an 11, 6 nivose an 12, 10 nivose an 13, 2 mai 1808, 21 février 1816, et 2 juin 1817 (Sirey, tome 3-2-333 ; tome 4-2-651 ; tome 5-1-123 ; tome 9-1-168, et tome 17-1-110 et 279).

(1) Voyez trois arrêts conformes des 6 floréal an 11, 3 avril 1826, et 23 juillet 1830 ; ils ont été rendus par les cours de Colmar, de cassation et Bordeaux (Sirey, tome 3-2-597, tome 26-1-227, et tome 30-2-377).

cependant la conséquence de la nouvelle demande que formerait la commune devant le tribunal qui aurait déjà jugé le fond de la contestation ! Nos lois ne reconnaissent, entre les parties litigantes, que l'appel, la requête civile et le pourvoi en cassation, et faute par elles de les employer dans le délai, tout recours devient superflu, la décision acquiert l'autorité de la chose jugée.

Nous ferons remarquer qu'il n'est pas absolument nécessaire que l'autorisation du conseil de préfecture précède l'introduction de l'instance. Ce que nous avons enseigné touchant l'autorisation des femmes en puissance de mari, s'applique également aux communes, et nous répéterons dès-lors qu'il suffit que l'autorisation intervienne avant le jugement définitif. La jurisprudence est fixe sur ce point. Chaque jour, nonobstant les dispositions des lettres patentes du 14 décembre 1789 (art. 54 et 56), et celles de la loi du 29 vendémiaire an 5 (art. 1 et 3), l'on décide que les communes peuvent d'abord engager le procès; si l'adversaire demande qu'elles justifient de l'autorisation de plaider, les tribunaux accordent un délai pour régulariser la procédure, après quoi ils rejettent les poursuites, si l'autorisation n'est pas représentée dans le délai.

L'on conçoit aisément que si les communes étaient obligées d'avoir obtenu l'autorisation, lorsqu'elles exercent leurs actions en justice, il arriverait bien des fois que leurs droits seraient compromis par les retards presque inévitables qu'elles ont à supporter. Ordinairement les demandes à fin de poursuites sont oubliées dans les bureaux de l'administration, et alors même qu'elles y seraient instruites avec vîtesse, il y a tant de préalables à remplir, tant de degrés hiérarchiques à observer, que les simples délais d'usage ne permettent pas toujours de laisser les choses en suspens jusqu'à ce que l'autorité administrative ait prononcé. Voilà ce qui fait que les communes peuvent, quand les circonstances le commandent, faire tous les actes conservatoires de leurs droits. Ces actes consistent particulièrement à introduire l'instance devant les tribunaux pour se soustraire à une prescription (Code civil, art. 2244), à relever appel pour ne pas encourir une déchéance (Code de procédure, art. 443 et 444), et à se pourvoir en cassation, s'il y a lieu, dans les délais fixés par la loi (1).

Toutefois, il n'en faudrait pas conclure que les communes puissent plaider en première instance, sans autorisation, et qu'il n'y a pas nullité, pourvu qu'elles se la procurent sur l'appel. Non, dans ce cas, la loi serait violée, et la décision du conseil de préfecture, quoiqu'elle permît de suivre l'action devant la cour royale, ne couvrirait pas le vice de la procédure. Il faut, avons-nous dit, que l'autorisation précède non pas la demande, mais le jugement définitif; or, ce jugement serait nul, il manquerait de lien de droit, si la commune n'y concourait pas étant capable de procéder en justice (2). La nullité

(1) Nous nous fondons sur une foule d'arrêts, notamment sur ceux de la cour de cassation des 21 brumaire an 14, 12 juillet 1808, 20 mars 1827 et 10 mars 1829, ainsi que sur ceux des cours de Bourges, Grenoble et Bordeaux, des 6 mars 1826, 4 janvier et 23 juillet 1830 (Sirey, tome 6-1-88; tome 9-1-267; tome 27-1-341; tome 29-1-142; tome 26-2-307, et tome 30-2-305 et 377

(2) C'est l'opinion de la cour de cassation, à laquelle s'est rangée la cour de Bordeaux : leurs arrêts sont des 12 frimaire an 14, 11 janvier 1809, 16 mai 1810, et 23 juillet 1830 (Sirey, tome 6-2-766; tome 15-1-309; tome 11-1-121, et tome 30-2-377).

devrait être accueillie sur l'appel ou devant la cour de cassation, quand même le défaut d'autorisation proviendrait d'un fait personnel à la commune, de son dol, de sa négligence.

Nous ne pensons pas, malgré que la cour de cassation ait jugé le contraire par son arrêt du 3 juin 1812 (1), qu'une commune doive être réputée non autorisée, par cela seul que l'autorisation ne serait pas référée dans le jugement. S'il pouvait en être différemment, nous sommes forcés de le dire, ce serait une rigueur qui n'aurait d'autre effet que de rendre le défendeur victime de la commune, ou de l'erreur des juges. Il ne faudrait voir là qu'une subtilité incompatible avec notre droit français où tout est de bonne foi. Le législateur, nous en convenons, a exigé que la commune fut autorisée a plaider ; mais il n'a pas voulu que les magistrats, interprêtant mal sa volonté, s'en servissent pour aggraver la condition des parties. Or, ils l'aggraveraient pourtant, s'ils se permettaient de vouloir eux-mêmes ce qui n'est pas dans la disposition législative. Ce serait un arbitraire révoltant.

Eh ! quoi, les registres publics ne pourraient-ils pas suppléer au défaut de mention de l'autorisation dans le jugement rendu avec la commune ?.... Serait-il défendu d'y recourir ? Voudrait-on oublier que la formalité de l'autorisation (requise il est vrai dans l'intérêt de la commune) n'a pour objet principal que de donner connaissance du litige à l'autorité administrative, pour qu'elle puisse le prévenir ou l'empêcher ? Or, le conseil de préfecture qui a connu l'action, qui a délibéré, qui a gardé minute

(1) Sirey, tome 13-1-65.

de sa délibération, voudrait-il prétendre lui-même qu'il n'a pas autorisé, sous le frivole et ridicule prétexte que le jugement ne l'indique pas? Pourrait-il refuser une seconde expédition de la délibération? Il nous est impossible de le penser.

Ne perdons pas de vue que l'obligation imposée aux communes de demander l'autorisation des corps administratifs, à l'effet de plaider, ne s'applique aux termes des anciens édits (1), qu'aux procès intentés en première instance, et en appel, qu'au cas où la commune déjà autorisée, aurait perdu son procès (2). Ainsi l'autorisation deviendrait inutile pour répondre à l'appel d'un jugement qui lui serait favorable. Il faut dire même qu'il est des circonstances, où la commune qui a perdu le procès, peut en appeler, sans nouvelle autorisation. Par exemple, si celle qui lui avait été délivrée lui donnait le pouvoir de se présenter devant tous tribunaux compé-

(1) L'édit du mois d'avril 1683 est ainsi conçu: « faisons pareille» ment défenses auxdites communautés, et à leurs échevins, syn» dics, jurats et consuls, d'*interjeter* aucune action, ni de *commen» cer* aucun procès, tant en cause principale qu'en appel, sans en » avoir obtenu le consentement des habitans dans une assemblée » générale, dont l'acte de délibération sera confirmé et autorisé » d'une permission par écrit du sieur commissaire départi en sa » généralité. » — La déclaration du mois d'août 1687, sur cette matière, est absolument semblable. — L'art. 43 de l'ordonnance de 1784, porte: « ne pourra néanmoins ladite autorisation, être » nécessaire pour *défendre aux appels des sentences ou jugemens » qui auraient été rendus en faveur*, desdites villes et bourgs, ni » pour se pourvoir devers nous. » — Ces anciens édits doivent encore être suivis. Voyez Merlin, question de droit, aux mots *commune*, § 6, et *droit d'usage*, § 2.

(2) Ce principe est adopté par la cour de cassation : trois arrêts des 2 mars 1815, 1er juillet 1818 et 26 août 1823, ne laissent aucun doute à cet égard; la cour de Grenoble l'a également consacré dans un arrêt du 7 janvier 1830 (Sirey, tome 15-1-247; tome 19-1-258; tome 25-1-132, et tome 30-2-305).

tens, ou de poursuivre jusqu'à jugement définitif. La cour de cassation a décidé (1) qu'une telle autorisation était suffisante, et que l'appelant ne devait pas être reçu à se plaindre ultérieurement.

Il nous semble, en effet, que lorsqu'une commune a suivi un procès sur l'appel, on doit la déclarer irrecevable dans son exception de nullité, pour peu qu'il soit possible de croire qu'elle avait reçu la faculté d'agir; car dès l'instant que le conseil de préfecture lui a permis d'engager ou de suivre le litige, tout concourt à démontrer que la loi est satisfaite. Peu importe aussi qu'il faille plaider en première instance ou devant la cour; l'autorité administrative a été instruite de la contestation, elle a autorisé à plaider une première fois, et cela doit paraître suffisant (2). D'ailleurs l'appel ne serait jamais nul pour avoir été relevé par la commune, sans autorisation; tout se bornerait, dans ce cas, à surseoir aux poursuites jusqu'à ce que le permis d'appeler fut rapporté, et de cette manière, l'arrêt à intervenir serait à l'abri de toute critique, même la plus légère (3).

(1) Par trois arrêts des 14 novembre 1825, 26 juin 1827 et 11 janvier 1830 (Sirey, tome 27-1-49 et 498, et tome 30-1-57).

(2) Cette doctrine nous est suggérée par la saine interprétation des lois qui régissent la matière : elle est non-seulement conforme à la jurisprudence de la cour de cassation, mais encore à l'opinion du conseil d'état; aussi deux ordonnances royales des 26 mars et 23 juillet 1823, ont décidé que les autorisations de plaider, accordées par le roi aux communes, embrassent en général tous les degrés de juridiction, et qu'une commune qui a été autorisée jusqu'à jugement et arrêt définitif, n'a pas besoin d'une nouvelle autorisation pour interjeter appel.

(3) C'est ainsi que l'ont pensé les cours de Bourges et de Grenoble. Voyez leurs arrêts des 7 mars 1822 et 4 janvier 1830 (Sirey, tome 23-2-72, et tome 30-2-305).

Nous terminerons ce chapitre en faisant observer que les principes, qui régissent les actions des communes, s'appliquent également aux actions des hospices civils, fabriques des églises, bureaux de charité, etc. La loi est expresse sur ce point.

Les actions juridiques (dit l'arrêté des consuls du 7 messidor an 9, art. 11, 12 et 13), que les commissions administratives des hospices civils croient devoir intenter, sont préalablement soumises à l'examen d'un comité consultatif qui est formé dans chaque arrondissement communal. Ce comité déclare, par une consultation écrite et motivée, s'il y a lieu de les autoriser à plaider. L'avis du comité est transmis ensuite au conseil de préfecture qui, conformément à l'art. 4 de la loi du 28 pluviose an 8, et après avoir obtenu la consultation de trois avocats désignés par le préfet, accorde ou refuse l'autorisation de plaider.

En exécution du décret organique des fabriques des églises, du 30 décembre 1809 (art. 12, 77, 78, 79 et 80), les marguiliers ne peuvent entreprendre aucun procès, ni y défendre, sans une autorisation du conseil de préfecture. Ils doivent lui adresser à cet effet la délibération spéciale qui a été prise par le conseil de fabrique et le bureau réunis. Le trésorier peut bien faire tous les actes conservatoires pour le maintien des droits de la fabrique, et toutes les diligences nécessaires pour le recouvrement de ses revenus; mais les actions litigieuses doivent être soutenues au nom de la fabrique. Celles relatives à la propriété des biens, et toutes les poursuites à fin de recouvrement des revenus sont portées devant les juges civils.

Disons enfin, que les receveurs des communes,

et les receveurs des revenus des hôpitaux, bureaux de charité, maisons de secours et autres établissemens de bienfaisance, sous quelque dénomination qu'ils soient connus, doivent faire *sous leur responsabilité personnelle*, toutes les diligences nécessaires pour la recette et la perception desdits revenus, et pour le recouvrement des legs, donations et autres ressources affectées au service de ces établissemens; de plus, contre tous les débiteurs en retard de payer, *et à la requête de l'administration à laquelle ils sont attachés*, les exploits, significations, poursuites et commandemens (arrêté du gouvernement, du 19 vendémiaire an 12, art. 1).

CHAPITRE II.

DES PERSONNES CONTRE QUI L'ON DOIT SE POURVOIR.

Dans le chapitre précédent, nous avons émis ce principe que, pour pouvoir former une action en justice, ou y défendre, il fallait être majeur, maître de ses droits, et avoir la libre disposition de l'objet sur lequel on traite. Or, il en doit être de même ici : qu'on soit demandeur ou défendeur, il faut avant tout être capable de contracter en jugement.

Ainsi, après avoir indiqué de quelle manière les mineurs, les interdits, les individus pourvus d'un conseil judiciaire, ceux qui sont morts civilement, les négocians faillis, les femmes mariées, les communes, et les établissemens publics devaient poursuivre leurs droits devant les tribunaux, il nous suffit d'ajouter que l'instance peut être introduite contr'eux en la même qualité, dans la même forme, c'est-à-dire en remplissant les conditions à l'aide desquelles on supplée à leur incapacité.

Passons maintenant à l'examen de quelques questions qui naissent de la qualité de défendeur.

PREMIÈRE QUESTION.

L'EXPLOIT D'AJOURNEMENT DOIT-IL ÊTRE ADRESSÉ AU TUTEUR EN SON NOM PERSONNEL?

Si nous consultons l'art. 450 du Code civil, nous y verrons que le tuteur doit prendre soin de la personne du mineur, *et le représenter dans tous les actes civils :* d'où il faut conclure que pendant tout le temps que dure la tutelle, il n'y a que le tuteur qui puisse agir. Pourquoi s'adresser au mineur, puisqu'il est incapable de comparaître en justice, et de répondre aux actes de poursuite qu'on dirigerait contre lui? La lettre et l'esprit de la loi s'y opposent. Il nous paraît aussi qu'il y aurait nullité de l'exploit, s'il n'était pas signifié à la personne ou au domicile du tuteur, *pour lui, comme tuteur.*

Cette question se présenta le 22 mai 1823 devant la cour de Corse, à l'occasion d'une saisie-immobilière qui était dirigée contre les héritiers *Guelfucci*, au nombre desquels se trouvait un mineur. La dénonciation de la saisie avait été faite *à lui-même, au domicile de la dame Guelfucci, sa mère et tutrice, en parlant à cette dernière.* — Delà, demande en nullité de la saisie. L'on soutient que toutes les significations à faire à un mineur, doivent l'être à son tuteur, PERSONNELLEMENT ; qu'elles ne peuvent être faites au mineur, *au domicile et en la personne du tuteur,* attendu que l'incapacité du mineur est telle, qu'il ne peut faire ni recevoir aucun acte, *même avec l'assistance ou l'autorisation de son tuteur ;* que tous les actes doivent être faits par le tuteur lui-même, au nom du mineur; qu'en conséquence, la dénonciation faite au mineur *Guelfucci* est nulle. — Arrêt qui annule par les motifs suivans (1) : « attendu qu'aux termes de l'art. 450 » du Code civil, le tuteur représente le mineur » dans tous les cas où celui-ci figurerait, s'il était » majeur; que la dénonciation de la saisie a été » faite à *Mathieu Guelfucci;* que sa minorité le met » dans l'incapacité de faire ou recevoir aucun acte » civil; que la nullité de cette notification n'est pas » exclue par l'énonciation que la copie a été laissée » au domicile de sa tutrice, puisque c'est à la tu- » trice même que cette signification devait être » faite; etc, etc. ».

Cependant la cour de Metz a pensé au contraire (2) qu'il n'y a pas nullité de ce que la demande en interdiction d'un mineur est poursuivie contre le mineur SEUL *et personnellement.* « Attendu, » dit-elle, que la demande en interdiction intentée » par le ministère public ne devait être dirigée » que contre *François-Joseph Canier*, quoique mi- » neur de 18 ans; qu'aux termes de l'art. 496 du » Code civil, c'était lui qui devait comparaître en » personne pour subir l'interrogatoire; que d'après » l'art. 498, il devait être appelé à l'audience, *s'il » y avait lieu,* et que l'art. 894 du Code de procé- » dure civile, veut que ce soit contre lui qu'on in- » terjette appel : d'où il suit que l'assignation a dû lui » être donnée *personnellement,* ainsi qu'il a été fait. »

---

(1) Sirey, tome 23-2-209.

(2) Arrêt du 30 août 1823 (Sirey, tome 25-2-315).

Mais cette cour s'est étrangement trompée. Peu importe qu'il s'agisse d'interdire un mineur ou d'exercer ses actions : la règle doit être la même dans tous les cas. — Remarquez d'ailleurs que l'art. 450 du Code civil dit expressément, que le tuteur prendra soin de la *personne* du mineur. Or, qu'est-ce que répondre à une demande en interdiction, si ce n'est prendre soin de la personne de celui contre qui elle est provoquée?.....

L'art. 496 qu'on invoque, dit bien qu'après avoir reçu l'avis des parens, le tribunal interrogera le défendeur; qu'ainsi le mineur sera obligé de se présenter en personne. Mais jusque-là, il n'y a pas à proprement parler, d'instance introduite contradictoirement; tout se borne à de simples actes d'instruction, ou préparatoires, et ce n'est que lorsque la personne qu'on veut faire interdire a été ajournée devant le tribunal, pour entendre prononcer son interdiction (art. 498), qu'il est nécessaire qu'elle se défende. Dans ce cas, le mineur n'a plus qualité, et son tuteur *seul* doit proposer ses exceptions. C'est ainsi qu'il faut interpréter la volonté du législateur.

Et qu'on ne dise pas que l'appel interjeté par le provoquant, ou par l'un des membres de l'assemblée de famille, doit l'être contre l'individu dont on poursuit l'interdiction (Code de procédure, art. 894); car la loi ne dispose nullement pour le cas où le défendeur était déjà sous le poids d'une interdiction légale (la minorité). Quant à lui, il ne pouvait administrer sa personne, il était incapable de se présenter en justice, et l'on conçoit aussi que cet empêchement justifie l'exception. Voilà pourquoi il n'y a que son tuteur qui puisse agir pour lui. Tout autre interprétation serait vicieuse, contraire à l'esprit des lois, et tendrait à méconnaître cette règle de sagesse que consacre notre Code : *le tuteur prendra soin de la* PERSONNE *du mineur, et le représentera dans* TOUS *les actes civils.*

Le mort civilement, le majeur qui se trouve sous le poids de l'interdiction judiciaire, et l'individu qui est en état d'interdiction légale à cause de la condamnation qu'il a subie, ne pouvant exercer aucune action en justice que par le ministère de leurs tuteurs et curateurs (Code civil, art. 25 et 505; Code pénal, art. 29), il n'y a encore que ces derniers qui puissent valablement faire ou recevoir les actes qui les concernent.

2me QUESTION.

LE MINEUR ÉMANCIPÉ PEUT-IL ÊTRE REPRÉSENTÉ EN JUSTICE PAR SON CURATEUR, ET LES JUGEMENS RENDUS AVEC CE CURATEUR, SANS LA PRÉSENCE OU L'APPEL EN INTERVENTION DU MINEUR, SONT-ILS VALABLES?

Tandis que le tuteur doit prendre soin de la personne du mineur ou de l'interdit, le représenter dans *tous* les actes civils, et administrer ses biens en bon père de famille (Code civil, art. 450 et 505), le mineur émancipé, au contraire, administre par lui-même, sans être obligé de recourir à l'autorisation du curateur qui lui a été donné. Ce dernier n'exerce de surveillance que relativement aux actes qui tendent à dépasser les bornes d'une sage administration. Telle est la règle. Ainsi le mineur émancipé ne peut intenter une action immobilière, ou y défendre, ni recevoir et donner décharge d'un capital mobilier, sans l'assistance de son curateur qui, dans ce dernier cas, doit surveiller l'emploi du capital reçu (art. 482). Nous avons eu déjà l'occasion de le dire. S'il en était autrement, le mineur pourrait toujours à l'aide d'un procès perdu ou d'une quittance inconsidérée, déguiser l'aliénation de ses immeubles, dissiper ses capitaux, et abuser ainsi de son émancipation. C'est ce qu'il a fallu prévenir.

Mais cependant les fonctions du curateur ne consistent qu'à assister le mineur reconnu digne des bienfaits de l'émancipation, et encore même cette assistance n'est-elle requise que pour ce qui concerne les actions immobilières, ou la reception d'un capital mobilier. Ce serait donc une erreur de croire que le curateur peut comparaître *seul* en justice, dans une instance qui intéresse le mineur qu'il est chargé d'*assister;* car de même que le jugement serait nul s'il n'avait été rendu que contre le mineur, *sans l'appel en cause ou l'intervention du curateur*, de même il devrait être annulé, *s'il n'y avait que le curateur qui y eut concouru*. Tel est le sentiment de la cour de cassation, et son arrêt du 24 juin 1809 (1), se fondant sur la loi 2, *Cod. qui legitimam personam* (standi) *in judiciis habeant, vel non*, et sur l'art. 482 du Code civil, rend hommage à cette maxime : LES MINEURS HORS TUTELLE DOIVENT AGIR ET SE DÉFENDRE EUX-MÊMES, ASSISTÉS DE LEURS CURATEURS (2).

Supposons que le litige intéresse une femme mariée : dans ce cas, suffirait-il de citer le mari? Non certainement. Le mari devra bien être cité pour

(1) Sirey, tome 10-1-40.

(2) *Lib.* 3, *tit.* 5 : *adultus curatore consentiente litem, et intendere, et excipere debet.*

l'autoriser à ester en jugement; mais il faudra la citer elle-même, parce qu'un mari ne peut pas, sans le consentement de sa femme, exercer les actions immobilières qui lui appartiennent (Code civil, art. 1428). Or, le mineur affranchi de la tutelle est dans la même catégorie; comme la femme mariée, il doit être appelé en nom dans l'instance, lorsque s'agissant de ses droits immobiliers, il a besoin soit pour attaquer, soit pour se défendre, de l'assistance d'un curateur.

Toutefois si la loi exige la présence du curateur pour débattre en justice les actions immobilières qui concernent le mineur émancipé, il n'en faut pourtant pas tirer cette conséquence que, sans son concours, le jugement est nul. Non, ce n'est pas ainsi qu'on doit interpréter l'art. 482 du Code civil. Le demandeur satisfait pleinement à la condition qui lui est imposée, lorsqu'il donne la citation au mineur et à son curateur. Ce dernier (légalement prévenu de l'objet de la contestation), peut en surveiller l'effet, si bon lui semble, et cela suffit. Peu importe donc qu'il fasse défaut. S'il ne veut pas comparaître, son absence ne doit porter aucun préjudice à la personne qui a des réclamations à faire au mineur. Or, le préjudice existerait dès l'instant que le curateur, colludant avec le mineur, pourrait, en ne se présentant pas, paralyser les poursuites du créancier. Ce serait une injustice, et telle n'a pas été aussi l'intention du législateur.

Mais rien n'oblige la partie poursuivante à communiquer au curateur, *par le même exploit*, la demande judiciaire qu'elle forme contre le mineur. Il nous semble, au contraire, que l'instance introduite à l'égard de ce dernier, *sans l'interpella-*

tion simultanée du curateur, n'est pas nulle, pourvu qu'avant le premier jugement le curateur ait été mis régulièrement en cause pour assister le mineur. En effet, que cette formalité soit remplie avant ou après le commencement de la poursuite, cela ne change rien à la capacité du défendeur, et toutes les fois que le surveillant de ses intérêts est mis à même d'agir et de s'opposer avant qu'il y ait chose jugée avec celui qui demande, le vœu de la loi est rempli.

Ces principes s'appliquent également à l'individu qu'on a placé sous la direction d'un conseil; car s'il peut être défendu aux majeurs prodigues ou faibles d'esprit, de PLAIDER, transiger, emprunter, recevoir un capital mobilier et en donner décharge, aliéner, ni grever leurs biens d'hypothèques sans l'assistance d'un conseil qui leur est nommé par le tribunal (art. 499 et 513), cette assistance ne comporte jamais de la part du conseil désigné, ni actes d'administration, ni surveillance *exclusive* à l'insu du mineur, et si le conseil est appelé pour intervenir avant le jugement, tout semble nous démontrer qu'aucune exception de nullité de la poursuite ne doit être accueillie.

Au contraire, le curateur du mort civilement (art. 25), celui d'une succession vacante (art. 813), au bénéfice d'inventaire (Code de procédure civile, art. 996), et le curateur de la personne frappée d'interdiction légale (Code pénal, art. 29), ont seuls qualité pour provoquer ou répondre à l'action relative aux intérêts qu'ils sont chargés de représenter.

3me QUESTION.

EST-IL NÉCESSAIRE D'ASSIGNER LE FAILLI CONJOINTEMENT AVEC LES SYNDICS DES CRÉANCIERS?

Les incapacités, avons-nous dit, doivent plutôt être restreintes que suppléées, et il n'est point permis de les étendre d'un cas à une autre. Tel est le principe que nous ne cesserons de reproduire, qu'il faut toujours observer, sans quoi l'on s'expose à tomber dans l'arbitraire.

Or, le négociant failli (1), quoique dépouillé de l'administration de ses biens (Code de commerce, art. 442), n'en conserve pas moins la faculté d'ester en justice toutes les fois que ses intérêts l'exigent, par cela seul que l'administration qu'il a perdue ne doit pas renfermer le droit de propriété. D'autre part, c'est un point incontestable, les syndics d'une faillite ne représentent que la masse chirographaire (art. 520 et 528); ils peuvent bien gérer les valeurs *mobilières* et *immobilières*, puisque ce n'est là que l'exercice du droit que la loi accorde à tous les créanciers sur l'actif de leur débiteur commun (Code civil, art. 2092 et 2093); mais lorsqu'il s'agit d'en disposer, ce n'est plus la même chose, et l'on doit faire alors une distinction entre les biens meubles et les biens immeubles.

Dans la première hypothèse, en effet, les syndics ont un pouvoir illimité, puisqu'après la faction de l'inventaire, le failli est contraint à leur remettre l'actif mobilier : ils font la vente des effets

(1) Voyez *suprà*, 2e partie, chapitre 1er, § 6.

et marchandises soit par la voie des enchères publiques, par l'entremise des courtiers et à la bourse, *soit à l'amiable*, A LEUR CHOIX (Code de commerce, art. 491 et 492).

Dans la seconde hypothèse, au contraire, les syndics n'ont que le droit de réquisition, et encore faut-il qu'ils soient définitifs : eux seuls (pourvu d'ailleurs qu'il n'y ait pas d'action en expropriation avant qu'ils aient été nommés), sont admis à poursuivre la vente des immeubles du failli, mais conformément à ce qui est prescrit pour la vente des biens de mineurs (art. 532 et 564).

Nous devons conclure de là, que les agens et les syndics provisoires n'ont aucune qualité pour demander que les immeubles soient vendus ; aussi leur est-il impossible d'exercer les actions qui en dérivent, ou de répondre *seuls* à celles qui seraient intentées par des tiers. Les syndics définitifs eux-mêmes n'en ont pas la disposition, puisque le Code de commerce (art. 494) n'enlève au failli que la poursuite de ses droits mobiliers. « A compter » de l'entrée en fonctions des agens, est-il dit, et » ensuite des syndics (1), toute action civile intentée » avant la faillite, contre la *personne* et les biens » *mobiliers* du failli, par un créancier privé, ne » pourra être suivie que contre les agens et les » syndics ; et toute action (2) qui serait intentée

(1) Termes génériques qui comprennent les syndics provisoires tout comme les syndics définitifs.

(2) *Personnelle* ou *mobilière*; car le second membre de l'article 494 ne se rapporte qu'à la disposition qui précède, et n'a d'autre but que de placer sous la direction des agens, puis des syndics, la poursuite et la défense de toutes les actions personnelles et mobilières, antérieures ou postérieures à l'ouverture de la faillite.

» après la faillite, ne pourra l'être que contre les
» agens et les syndics. »

Ainsi, par cet ordre de choses, il est de la plus grande évidence que les demandes *personnelles* et *mobilières* doivent être adressées aux agens ou syndics de la faillite, sans distinguer s'ils sont provisoires ou définitifs : eux seuls peuvent valablement y défendre, et le jugement qui serait rendu sans qu'ils y eussent été appelés n'aurait aucune force, ne produirait aucun effet contr'eux. N'importe que le débiteur puisse se présenter lui-même quand bon lui semble, pour surveiller ses droits, aider ou combattre les syndics dans leurs exceptions, rien n'oblige pourtant à le mettre en cause, et la partie qui le ferait intervenir serait passible des frais que son intervention occasionnerait.

Mais il n'en est pas de même lorsqu'il s'agit d'une action immobilière; car, dans ce cas, le demandeur est tenu de poursuivre contre le failli et les syndics. Cette double intervention se justifie en disant que si le débiteur peut insister pour le fond du droit, c'est-à-dire la nue-propriété, les mandataires des créanciers n'en sont pas moins investis de l'administration. Et de même que l'immeuble sujet à un usufruit ne peut être valablement aliéné sans le concours du propriétaire et celui de l'usufruitier, chacun en ce qui le concerne; de même aussi une action immobilière ne doit pouvoir être engagée ou soutenue devant les tribunaux, sans la présence ou l'interpellation des personnes qui ont le droit de consentir ou d'empêcher l'aliénation. Or, le jugement qui accueillerait la demande en vente ou en revendication, démolition ou reconstruction d'un bâtiment appartenant à la faillite, ne serait point valable à l'égard des syndics qu'on aurait laissé à l'écart, tout comme il devrait être annulé sur la tierce opposition du failli, si ce dernier n'avait pas été assigné pour intervenir dans l'instance.

4me QUESTION.

LES POURSUITES JUDICIAIRES EXERCÉES CONTRE LE MARI ET LA FEMME, SIMULTANÉMENT, DISPENSENT-ELLES DE FAIRE AUTORISER CETTE DERNIÈRE A ESTER EN JUGEMENT, ALORS QUE LA FEMME SEULE COMPARAÎT, ET QUE LE MARI FAIT DÉFAUT ?

Cette question a été décidée négativement par arrêt de la cour de cassation du 18 novembre 1828 (1), par le motif que « l'autorisation *tacite* du » mari, figurant dans un jugement avec sa femme, » ne doit s'entendre que du cas où le mari compa» raît, où il est *partie agissante.* » Nous croyons que c'est une erreur : peu de mots serviront à le démontrer.

Dans quel but, en effet, la loi exige-t-elle le consentement du mari? Pour l'instruire de la réclamation faite à sa femme, le mettre à même de s'expliquer, et d'empêcher ou prévenir, s'il lui est possible, le choc du différend. Or nous le demandons, y a-t-il du bon sens à prétendre que le mari n'a pas connu le procès, alors qu'on le lui a rendu commun, et qu'on l'a fait condamner par le jugement? Qu'on réponde.

Nous devons à la vérité d'avouer que, si le simple avertissement donné au mari du litige *particulier* à la femme, suffisait pour autoriser cette dernière

(1) Sirey, tome 29-1-240.

à ester en jugement, il pourrait en résulter de graves abus; car, dans ce cas, rien ne s'opposerait à ce qu'on introduisit l'action en justice et qu'on ne l'y fit juger avec la femme, sans autorisation préalable, sans même consulter le mari, sous le frivole prétexte que les actes de l'instance auraient été faits au vu et su du mari. Alors la loi serait violée. L'exploit d'ajournement signifié à la femme, *en parlant au mari*, ne peut point tenir lieu d'autorisation, de même cette autorisation ne peut point être suppléée par un acte dans lequel le demandeur *déclarerait au mari* étranger au litige, qu'il va plaider contre la femme. Il faut au contraire requérir une autorisation expresse, et s'il y a refus de la donner, ou si le mari garde le silence à suite de la sommation *spéciale* qui lui est faite, il est indispensable de l'appeler dans l'instance pour autoriser sa femme, et en défaut, le juge l'accorde d'office (Code civil, art. 215 et 218).

Mais quand il s'agit d'une action commune au mari et à la femme, lorsque le demandeur attaque l'un et l'autre en même temps, il nous semble que l'autorisation devient inutile, parce que les poursuites faites contre le mari valident celles qui sont faites contre la femme.

Ce principe n'est vrai, nous dit-on, que dans le cas où le mari concourt avec sa femme, et qu'il se présente pour résister au créancier, dans leur intérêt commun. Étrange raisonnement! Voilà d'après nous, où se trouve l'erreur. Il nous est impossible de concevoir que l'autorisation *tacite* du mari puisse plutôt résulter de sa *contestation* que du *consentement* virtuel qu'il donne à la demande qui lui est faite. Eh! quoi, le mari répond à l'appel, il propose ses exceptions, prétend qu'il doit être relaxé, et par cela seul il autorise sa femme à ester en jugement, à proposer les mêmes exceptions que lui, tandis qu'en reconnaissant la légitimité de l'action (action identique avec celle exercée contre la femme, basée sur la même cause et soutenue par les mêmes moyens), il ne sera plus censé donner son autorisation à la poursuite!..... Vit-on jamais une telle bisarrerie??....

Non nous ne saurions partager cette doctrine, tant elle nous paraît subtile et erronée; aussi nous pensons que le jugement rendu contre la femme non autorisée, n'est pas nul, pourvu que le mari ait été poursuivi et condamné au même instant, *par la même décision*, alors qu'il aurait fait défaut. Peu importe que la femme conteste pendant que le mari approuve; elle n'en est pas moins *tacitement* autorisée. — L'approbation qui ressort invinciblement de la retraite du mari, aurait-elle par hazard moins de force que l'autorisation tacite de plaider, quand il plaide lui-même?....

Sans doute, nous le reconnaissons, nos lois veulent l'autorisation du mari ou de la justice pour empêcher la femme de dissiper sa fortune à l'aide d'un procès collusoire ou imaginaire; mais lorsque le mari, débiteur comme elle, ratifie par son silence l'engagement dont un tiers demande l'exécution, il n'est pas possible de prétendre qu'il n'a pas autorisé la poursuite. Sur quoi, en effet, se fonderait-on pour justifier que la femme, en subissant une condamnation que le mari a voulu encourir, a porté atteinte aux prérogatives de la puissance maritale? Rien, absolument rien, ne peut légitimer cette proposition.

« Il peut se faire, ajoute-t-on, qu'en se dé» fendant, la femme soit relaxée, alors que le » mari qui ne comparaît pas sera condamné. Or, » dans ce cas, elle aura méconnu la volonté du » mari, en contestant, sans autorisation, la de» mande qui lui était faite. » Cela est vrai. Mais où a-t-on vu qu'une femme ait besoin du consentement de son mari, pour rendre sa condition meilleure? Et parce que l'autorisation tacite ne lui avait été donnée que pour se faire condamner, le mari pourra-t-il se plaindre du succès qu'elle a obtenu, et elle-même sera-t-elle recevable à attaquer le jugement de relaxe, en soutenant qu'il aurait dû prononcer une condamnation? Nous ne le croyons pas.

Il est donc hors de doute que la cour de cassation s'est trompée, en décidant que l'autorisation *tacite* du mari n'existait pas si, assigné conjointement avec sa femme, il faisait défaut. L'erreur est d'autant plus manifeste que, dans l'espèce portée devant cette cour, le mari et la femme s'étaient présentés ensemble dans l'instance engagée contr'eux, et étaient venus y reconnaître la validité des poursuites antérieures où le vice aurait pu exister.

Une expropriation était dirigée par le sieur *Sarret*, contre la dame *Planard* et son mari. — Cette dame, à qui appartenait l'immeuble qui formait l'objet de l'expropriation, constitua avoué, et demanda *seule*, sans l'autorisation de son mari ou celle de la justice, la nullité des poursuites. On ne s'occupa point de cette circonstance, et un jugement rejeta sa demande.

Après ce jugement, à la même audience, l'avoué

de la dame *Planard* se prévalut du défaut d'autorisation; il conclut à la nullité de la décision qui venait d'être rendue, et par suite à ce qu'il ne fut point procédé à l'adjudication préparatoire en l'état des choses; mais le tribunal passa outre. — Appel. — La dame *Planard*, cette fois agissant avec l'autorisation de son mari, propose la nullité des jugemens rendus par les premiers juges basée sur le défaut d'autorisation. — 16 juillet 1824, arrêt de la cour de Montpellier, qui confirme en ces termes : « attendu sur le moyen tiré du défaut d'autorisa- » tion, qu'il serait recevable, mais qu'il est évidem- » ment mal fondé; qu'en effet, il est de principe » que la femme qui plaide conjointement avec son » mari, est suffisamment autorisée, et qu'il est » constant, dans l'espèce, que les poursuites *ont été* » *dirigées tant contre le mari que contre la femme.* »

Or, les poursuites ayant été reprises en vertu de cet arrêt il allait être procédé à l'adjudication définitive, lorsque *sur la demande des mariés Planard*, il fut rendu un jugement qui sursit pendant un mois, sur le motif que les débiteurs *avaient pris des mesures pour se libérer, et qu'ils se libéreraient en effet;* mais ils s'étaient déjà pourvus en cassation, et au lieu d'exécuter leur promesse, ils conclurent à la nullité de l'arrêt qui ordonnait la continuation des poursuites. Vainement leur opposa-t-on une fin de non recevoir, prise de ce qu'ils avaient acquiescé en faisant renvoyer l'adjudication à un autre jour afin de pouvoir se libérer, la cour de cassation écarta ce moyen, annula l'arrêt de la cour de Montpellier, et reconnut qu'il n'exitait pas d'autorisation.

3me QUESTION.

L'ASSIGNATION DONNÉE A UNE FEMME MARIÉE, SANS APPELER LE MARI POUR DONNER SON CONSENTEMENT EST-ELLE NULLE, OU BIEN CETTE OMISSION PEUT-ELLE ÊTRE RÉPARÉE PLUS TARD, EN FAISANT INTERVENIR LE MARI DANS L'INSTANCE A L'EFFET DE S'EXPLIQUER SUR L'AUTORISATION?

Nous avons dit (1) que la femme pouvait commencer le procès sans y être autorisée, et qu'il suffisait, pour la validité de ses poursuites, que l'autorisation fut rapportée avant le jugement. Pourquoi le même principe ne s'appliquerait-il pas au cas où la femme est traduite en justice, sur la demande d'un tiers-intéressé? Car peu importe qu'elle attaque ou qu'elle se défende, sa capacité ne saurait changer.

Cependant, nous sommes forcés d'en convenir, cette question d'autorisation est controversée, et la cour de cassation elle-même nous offre l'exemple d'une versatilité incompatible avec ses hautes fonctions (2). Sans cesse incertaine sur l'interprétation

(1) 2e Partie, chapitre 1er, § 7, pages 219 et 220.

(2) En effet, un premier arrêt du 7 octobre 1811 s'explique comme suit : « Est nulle l'assignation donnée à une femme ma-» riée, *même ayant l'exercice de ses actions*, si le mari n'est en » même temps, ou assigné, ou sommé d'autoriser sa femme à » comparaître en justice, ou à défendre à la demande. » Elle professa la même doctrine dans un second arrêt du 25 mars 1812; mais tout à coup, à quelques jours d'intervalle, le 5 avril 1812, elle reconnut au contraire que le demandeur qui assignait la femme, et qui négligeait d'appeler le mari pour l'autorisation, pouvait toujours réparer cet oubli. Par un quatrième arrêt du 14 juillet 1819, la cour revint à son premier système : elle déclara qu'il y avait nullité absolue lorsque le mari n'était pas assigné en même temps que la femme, et cependant le 6 mars 1827, dans la cause de la dame Delalleau, contre Soyez-Hecquet, elle

du texte de la loi, ses décisions semblent n'être subordonnées qu'à la volonté du moment. Ne serait-il donc plus permis d'aborder avec sécurité ce tribunal suprême? Faudrait-il substituer la crainte à la confiance? Et les citoyens ne devraient-il consulter qu'en tremblant, des hommes que le souverain a choisis pour arbitres de leurs fortunes (1)??...

---

a dit : « Attendu que l'état de séparation de corps et de biens, » dans lequel vivait la dame Delalleau, à l'époque de l'assignation à elle donnée le 9 janvier 1822, à la requête de Soyez-Hecquet, ne l'affranchissait pas de tous les effets de la puissance maritale; qu'elle ne demeurait pas moins soumise à la nécessité de l'autorisation de son mari ou de la justice, pour ester en jugement, QU'AVANT D'OBTENIR LA CONDAMNATION prononcée contr'elle par défaut, le 22 janvier 1822, le sieur Soyez devait provoquer cette autorisation *pour la validité du jugement dont il a ultérieurement poursuivi l'exécution.* » Tous ces arrêts sont insérés dans le recueil de M. Sirey, tome 12-1-10 et 317; tome 13-1-8; tome 19-1-407, et tome 27-1-334. — Ainsi, comme on le voit, la cour de cassation, alors qu'elle est instituée pour ramener la jurisprudence à un point fixe, méconnait pourtant elle-même la règle de conduite qu'elle trace aux tribunaux inférieurs. Mais en adoptant le pour et le contre avec une telle facilité, peut-elle espérer de garantir les parties de l'effet d'une erreur? Ne les expose-t-elle pas, après avoir plaidé long-temps et à grands frais en première instance et en appel, à lutter encore contre les chances du hazard??....

(1) Il existe tant d'élémens divers dans nos cours et tribunaux, la faveur et les exigeances du pouvoir les ont tellement traversés, qu'ils ne répondent plus aux besoins de l'époque. C'est un fait convenu. Chaque régime y trouve des créatures dévouées, et sa bannière politique : l'Empire y a laissé son despotisme, la Restauration, son aristocratie, alors que la souveraineté-populaire, prête à succomber sous leurs coups, y défend péniblement son radicalisme. Or, une telle anomalie peut-elle subsister long-temps? Non — Ce n'est donc qu'en retrempant la magistrature, en lui donnant un nouveau baptême, qu'on pourra l'entourer de la confiance et de la considération publiques. Elle a perdu son homogénéité! Voilà pourquoi la plus grande partie des juges n'ont ni force, ni conviction.... (Voyez *suprà*, 1re partie, chapitre 6, page 79.)

Il est impossible de concevoir qu'on puisse avec raison annuler l'exploit d'ajournement signifié à une femme en puissance de mari, par cela seul que ce dernier n'aura pas été appelé au même instant pour s'expliquer sur le fait de l'autorisation. Ce serait vouloir faire de l'arbitraire, méconnaître l'intention du législateur, blesser la saine doctrine, et préjudicier les parties sans motif légal.

Oui, « la femme ne peut ester en jugement sans » l'autorisation de son mari, et si le mari refuse » d'autoriser sa femme, le juge peut donner l'au» torisation. » Tel est le principe que consacre notre Code (art. 215 et 218). Mais c'est une erreur de croire qu'il faille requérir cette autorisation par le premier acte de la poursuite. Ces mots : *ester en jugement*, ne veulent dire autre chose si non que la femme doit être capable de se défendre et de contracter en justice lors du jugement qui prononce sur le litige. Aussi le demandeur qui l'attaque devant les tribunaux doit pouvoir régulariser la procédure en faisant intervenir le mari, ou en le mettant en demeure de donner son consentement. Il est au surplus de règle que la capacité de la femme remonte toujours à l'introduction de l'instance, vivifie les actes antérieurs, complète l'instruction, et forme un tout indivisible, malgré qu'elle ne date que du jour du jugement (1).

(1) « Remarquez qu'il n'est pas absolument nécessaire (disent » les auteurs du répertoire de la jurisprudence du notariat, » *verbo* autorisation, n° 26), que l'autorisation précède l'action » de la femme : du moins le défaut d'autorisation est réparable, » et lorsqu'il vient à être opposé par la partie adverse, il ne » produit qu'une exception dilatoire. Duranton, n° 464 ; Va» zeille, n° 303, et cassation, 22 octobre 1807, etc. »

Ainsi nous persistons à penser qu'il n'y a pas nécessité d'interpeller le mari par l'acte même qui ajourne la femme, et qu'il suffit, au contraire, de se procurer l'autorisation pendant le cours du procès (1).

6me QUESTION.

SI LA FEMME ÉTAIT CITÉE DEVANT LE TRIBUNAL DE COMMERCE, CE TRIBUNAL POURRAIT-IL L'AUTORISER D'OFFICE A ESTER EN JUGEMENT?

Lorsque le mari refuse d'autoriser sa femme à ester en jugement, le juge peut donner l'autorisation (Code civil, art. 218). Mais ce principe quoique rationnel, présente néanmoins des difficultés qui rendent son application incertaine.

Quelle est en effet l'autorité qui doit connaître de la demande en autorisation d'une femme mariée? Les tribunaux de première instance ont-ils une attribution exclusive, ou bien le juge devant lequel l'action principale est portée peut-il, *incidemment*, accorder ou refuser cette autorisation?

Tels sont les points sur lesquels il est possible

(1) Indépendamment des arrêts de la cour de cassation des 5 avril 1812 et 6 mars 1827, qui confirment cette doctrine, nous pouvons encore invoquer l'opinion des cours de Rome et Paris (arrêts des 5 octobre 1810 et 13 août 1823, rapportés par Sirey, tome 11-2-465, et tome 25-2-111). Voici comment s'est exprimée cette dernière cour : « considérant que le sieur » D..... ne figure au procès que pour autoriser sa femme, qui » s'y trouve seule intéressée; que si l'acte d'appel du 4 novem- » bre 1822, contenant assignation au délai de la loi, n'a été » signifié qu'à la dame D....., sans ajouter : *et à son mari, pour* » *la validité de la procédure*, cette omission a été réparée en » temps utile, par l'assignation du 5 avril 1823, donnée au sieur » D..... *avant le jugement de l'appel.* »

d'élever des doutes sérieux. Nous allons les parcourir.

Et d'abord, pour l'intelligence de la discussion, nous croyons utile de distinguer entre le cas où la femme introduit elle-même une action en justice, et celui où elle est poursuivie au nom d'un tiers.

PREMIER CAS.

C'EST LA FEMME QUI DEMANDE.

Notre législation dispose impérieusement que la femme, même non commune ou séparée de biens, ne peut donner, aliéner, etc., sans le concours du mari dans l'acte, ou son consentement par écrit, et s'il refuse, elle doit le faire citer devant le tribunal de *première instance* de l'arrondissement du domicile commun (art. 217 et 219). Il faut même dire que cette prohibition s'étend à toutes les poursuites judiciaires de la femme, à raison de ses droits : elle doit d'abord, par une sommation expresse, constituer son mari en demeure de l'autoriser, et puis, en vertu de l'ordonnance du président, l'assigner à la chambre du conseil, pour déduire les causes de son refus. Alors il est rendu un jugement qui, sur les conclusions du ministère public, accorde ou retient l'autorisation (Code de procédure civile, art. 861 et 862).

Ainsi toutes les demandes de cette nature, *venant du chef de la femme*, doivent être portées devant les juges du domicile du mari (Code civil, art. 108 et 214), c'est-à-dire au tribunal de première instance : lui seul peut connaître des débats qu'elles occasionnent, et il le doit même, avant que l'action ait été exercée contre les tiers avec lesquels la femme aurait à plaider. Or, nous devons conclure de là, que la cour de cassation, les cours royales (au moins au 1er degré), les tribunaux correctionnels, de commerce, et les juges de paix, n'ont aucune attribution de juridiction pour apprécier les causes qui déterminent le refus du mari.

Mais, avons-nous dit (1), la femme peut toujours commencer l'instance et faire tous les actes conservatoires ou d'instruction, sans y être préalablement autorisée : cela est vrai, car le consentement postérieur du mari, ou l'autorisation du juge, en rétroagissant sur le passé, valide la procédure antérieure au jugement. Toutefois la conséquence serait fausse, si l'on voulait en induire que les magistrats devant lesquels l'action de la femme a été introduite, doivent, *dans tous les cas*, statuer sur la demande en autorisation, quand bien même ils ne seraient pas les juges naturels des époux. Tout démontre au contraire que le mari ne peut être appelé en intervention dans le litige, *pour venir autoriser sa femme*, que lorsque le tribunal est le même que celui qui aurait dû en connaître de prime-abord, conformément à ce qui est prescrit par les art. 861 et 862 du Code de procédure civile (2). Par conséquent, le tribunal de commerce devrait déclarer son incompétence quant

(1) Voyez *suprà*, 2e partie, chapitre 1er, § 7, art. 1er, *de la femme mariée par rapport à ses paraphernaux*, page 220.

(2) Il importe peu que le juge *compétent* soit nanti par la seule volonté de la femme, plutôt qu'en vertu de la permission d'assigner qu'il donne lui-même, pourvu que le mari soit appelé, ou qu'il comparaisse en personne pour répondre à la demande en autorisation; car il est de règle qu'un exploit ou acte de procédure ne peut être déclaré nul, si la nullité n'est pas formellement prononcée par la loi (art. 1030).

au chef de l'autorisation, et surseoir à prononcer sur le différend de la femme *demanderesse*, jusqu'à ce que cette dernière eût obtenu la décision du tribunal de première instance.

DEUXIÈME CAS.

C'EST LA FEMME QUI SE DÉFEND.

Astreindre les créanciers de la femme à plaider d'abord avec le mari sur les difficultés qui naissent de l'autorisation (sauf à recourir ensuite contre leur débitrice pour lui faire exécuter son engagement), ce serait vouloir entraver l'exercice de leurs droits, se rendre coupable d'injustice, et favoriser le dol et la fraude. Ils pourraient opposer avec fondement que lorsqu'ils ont traité, ayant déjà obtenu le consentement du mari, ce dernier ne peut point ignorer la cause de l'obligation, ou bien que l'engagement était tel, que la femme a pu le contracter sans autorisation, comme par exemple ceux qui dérivent d'un délit ou quasi-délit (Code civil, art. 1382 et suivans). Pourquoi donc exiger qu'ils interpellent le mari avant de commencer la poursuite? Cela nous paraît superflu. L'obligation existe, elle est valable, rien ne peut en suspendre l'effet.

D'ailleurs la demande en autorisation, *comme action principale*, n'incombe qu'à la femme, et nulle part nos Codes n'assujétissent les tiers à la provoquer eux-mêmes, *séparément*, avant de pouvoir introduire l'instance en justice. Pour eux, il n'existe d'autre condition que de plaider avec un adversaire capable de se défendre. Mais la capacité de la femme est acquise par cela seul qu'elle est autorisée à ester en jugement. Or, cette autorisation ne saurait être principale dès qu'elle est requise par un tiers (1); elle devient alors accessoire à l'action dirigée contre la femme, et il n'y a que les juges qui sont appelés à connaître du différend qui puissent y statuer. La jurisprucence des cours est en tout conforme. Voici comment s'est exprimée la cour de cassation par son arrêt du 17 août 1813 (2) : « attendu que si » le mari refuse d'autoriser sa femme à ester en » jugement lorsqu'elle est défenderesse, l'art. 218 » du Code civil, donne au juge le droit d'accorder » l'autorisation; que le juge dont cet article parle » est évidemment le juge saisi de la contestation; » qu'on ne doit point confondre ce cas avec ceux » de l'art. 219, relatifs aux femmes qui veulent » intenter des actions ou passer des actes; qu'en » ces derniers cas, l'autorisation formant l'objet » d'une demande principale, c'est au tribunal de » première instance qu'il appartient naturellement » d'en connaître; qu'au contraire, lorsque la femme » est défenderesse, l'autorisation n'étant qu'*une simple formalité,* le juge saisi de la contestation peut et » doit l'accorder; sans quoi les procédures seraient » inutilement multipliées et prolongées contre le » but de la loi, qui est de les simplifier et d'en accélérer l'expédition. »

---

(1) Lorsque la femme veut se faire autoriser à la poursuite de ses droits, et qu'elle réclame l'autorisation, alors la demande qu'elle forme est principale, parce qu'elle doit la diriger contre le mari *seul*, et la porter devant les juges ordinaires. Cette distinction est établie par la loi.

(2) Sirey, tome 13-1-444. Voyez également deux arrêts des cours de Colmar et de Bruxelles, des 31 juillet 1810 et 29 août 1811 : ils sont insérés dans le même recueil, tome 11-2-206; et tome 12-2-264.

7me QUESTION.

QUELS SONT LES CAS A RAISON DESQUELS LE DEMANDEUR N'A PAS BESOIN D'AUTORISATION POUR PLAIDER CONTRE UNE COMMUNE OU UN ÉTABLISSEMENT PUBLIC?

S'il fallait ne consulter que l'art. 54 du décret ou lettres patentes du 14 décembre 1789, *sur les municipalités*, nous serions obligés de convenir que l'autorisation est indispensable pour toutes les actions à exercer en justice. Il est dit, en effet : « Le » conseil général de la commune........, sera con- » voqué toutes les fois que l'administration mu- » nicipale le jugera convenable. Elle ne pourra se » dispenser de le convoquer lorsqu'il s'agira de » délibérer........, *sur les procès à intenter, même* » *sur les procès à soutenir*, DANS LE CAS OU LE FOND » DU DROIT SERA CONTESTÉ (1). » D'autre part, un arrêté du 17 vendémiaire an 10 (9 octobre 1801), porte ce qui suit : « *Les consuls de la république,* » vu l'édit du mois d'août 1683, qui défend aux » créanciers des communes d'intenter contr'elles, » en la personne des maires, échevins, syndics, » etc., aucune action, *même pour emprunt légitime,* » qu'après qu'ils en auront obtenu la permission par » écrit des intendans et commissaires départis, à » peine de nullité de toutes les procédures qui pour- » raient être faites au préjudice et des jugemens » rendus en conséquence. — Sur le rapport du » ministre de l'intérieur, le conseil-d'état entendu,

(1) L'on ne peut savoir en effet si la commune reconnaîtra ou contestera l'action avant que les parties se soient expliquées devant le juge qui doit en connaître, ou que le conseil municipal ait répondu à la demande en autorisation adressée au conseil de préfecture.

» arrêtent : — Les créanciers des communes ne » pourront intenter contr'elles aucune action, qu'a- » près qu'ils en auront obtenu la permission par » écrit du conseil de préfecture, sous les peines » portées par l'édit du mois d'août 1683. »

Mais un avis du conseil-d'état du 3 juillet 1806, veut au contraire que lorsqu'un particulier forme contre une commune, soit au possessoire, soit au pétitoire, une action relative à un droit de propriété, il puisse se dispenser de l'autorisation du conseil de préfecture (1), et ce principe a été confirmé par une ordonnance royale du 23 février 1820 (2). L'exception existe encore lorsqu'il y a lieu de citer la commune en police correctionnelle (3), ou comme civilement responsable, aux termes de la loi du

---

(1) Cet acte législatif n'a pas été inséré au bulletin des lois : M. Favart-Langlade, dans son répertoire, *verbo* conseil de préfecture, n° 19, lui donne la date du 3 juillet 1808. Il est pourtant indiqué dans d'autres décisions postérieures, notamment dans la jurisprudence du conseil-d'état, tome 4, page 186.

(2) Sirey, tome 21-2-272. Voyez aussi un décret du 4 juin 1806, et trois ordonnances des 18 novembre 1818, 23 janvier et 12 mars 1820 (Duvergier, *lois, décrets, ordonnances, etc*, tome 13, page 53).

(3) « LOUIS, etc. — Sur le rapport du comité du contentieux de notre conseil-d'état. — Vu la requête à nous pré- » sentée au nom du sieur Larroque, enregistrée au secrétariat- » général de notre conseil-d'état, le 16 janvier 1821, et tendant » à l'annulation d'un arrêté du conseil de préfecture du dépar- » tement des Hautes-Pyrénées, du 23 septembre 1820, lequel » déclare qu'il n'y a lieu à accorder l'autorisation demandée par » le sieur Larroque, à l'effet de poursuivre devant les tribunaux » les maires des communes de Hèches, La Barthe, Izaux, Lortet, » Bazus, Saint-Aroman, Mazonais et Gazave, en restitution de » bois enlevé au requérant, dans une forêt qui lui appartient, par » les habitans, desdites communes; — Vu l'arrêté attaqué; — Vu » toutes les pièces jointes au dossier; — Considérant qu'il ne » s'agit pas, dans l'espèce, d'UNE ACTION CIVILE ET MOBILIÈRE, mais » d'une action *correctionnelle* intentée contre les communes usa- » gères; — Que dès-lors *il n'y avait pas lieu à l'application de*

10 vendémiaire an 4, *sur la police intérieure des communes* (1).

Ainsi, par cet ordre de choses, l'autorisation ne doit être requise qu'à raison des actions civiles, purement *personnelles* ou *mobilières*. Nous devons

» *l'arrêté du gouvernement du 17 vendémiaire an 10*; — Que » l'arrêté du conseil de préfecture ne fait point obstacle à ce » que le sieur Larroque suive ladite action devant les tribunaux, » et à ce que les communes fassent valoir, s'il y a lieu, les ex- » ceptions mentionnées dans ledit arrêté; — Notre conseil-d'état » entendu, nous avons ordonné et ordonnons ce qui suit : — » Art. 1er. La requête du sieur Larroque est rejetée. — Art. 2. » Notre garde-des-sceaux et notre ministre de l'intérieur sont » chargés, chacun en ce qui le concerne, de l'exécution de la » présente ordonnance. » — 22 février 1821, ordonnance du roi en conseil-d'état (Sirey, tome 21-2-368).

(1) Arrêt de la cour de cassation du 19 novembre 1821 (Sirey, tome 22-1-50) qui casse un arrêt de la cour de Montpellier du 14 juin 1819, et renvoie la cause et les parties devant la cour de Toulouse. « Considérant, est-il dit, que cette loi, en ordon- » nant à l'autorité administrative de constater les délits et les » dommages, et aux tribunaux de prononcer dans de très-courts » délais, a établi un mode de procéder spécial, totalement in- » conciliable avec l'édit de 1683 et l'arrêté du 17 vendémiaire » an 10; — Que cet édit et cet arrêté, qui défendent, *dans les* » *contestations purement civiles*, aux créanciers des communes, » de se pourvoir devant les tribunaux, sans avoir demandé la » permission de l'autorité administrative, sont sans application » à des poursuites d'ordre public et de haute police, ordonnées » par une loi spéciale, qui détermine à la fois les attributions » de l'autorité administrative et celle des tribunaux. » Toutefois la cour de Toulouse a émis une opinion contraire, et par son arrêt du 5 mars 1822 (Sirey, tome 22-2-201), elle a pensé que la commune devait être autorisée. Mais sur un nouveau pourvoi, la cour de cassation, sections réunies, ayant cassé l'arrêt de la cour de Toulouse, la cause fut renvoyée devant la cour de Pau. Cette cour, par arrêt du 5 août 1826, adopta l'opinion de la cour de cassation, et déclara que l'autorisation était inutile. Nouveau pourvoi contre cet arrêt, mais nouvelle décision de la cour de cassation du 4 décembre 1827, qui rejette (Sirey, tome 28-1-206).

même ajouter que le fermier de la commune, plaidant sur l'exécution de son bail, n'y est pas assujéti. C'est ce qui fut décidé dans l'espèce suivante :

Le 29 fructidor an 9, la commune de Lauris (département de Vaucluse), afferma, par bail à rente, au sieur *Augustin-Grégoire*, un moulin à farine, dit le *Moulin-Vieux*.

Par une des conditions du bail, le fermier s'obligea à faire faire, en entrant en jouisssance, un procès-verbal de l'état du moulin, des canaux, etc, et à les laisser, à l'expiration de son bail, dans le même état qu'il les aurait reçus.

En conséquence, il fut procédé, avant l'entrée en jouissance du sieur *Grégoire*, à une reconnaissance des lieux; il y acquiesça, et n'éleva aucune réclamation.

Mais plus tard, le sieur *Bernard Robert*, devenu cessionnaire de *Grégoire*, se crut en droit de réclamer une indemnité, à raison de ce que les fossés et l'écluse du moulin ne lui avaient pas été remis en bon état.

Le maire ayant rejeté la demande du sieur *Robert*, celui-ci fait citer ce fonctionnaire devant le juge de paix, qui rendit, le 23 messidor an 10, un jugement de non-conciliation.

Alors le demandeur s'adressa au conseil de préfecture, pour en obtenir l'autorisation de poursuivre judiciairement la commune de Lauris, et le 30 frimaire an 14, le conseil de préfecture rendit un arrêté par lequel, « considérant que, d'après » les conditions du bail, le fermier était chargé » d'entretenir le moulin, et de le remettre en bon » état; que, lors de l'entrée en jouissance du sieur » *Grégoire*, l'état du moulin avait été constaté par

» un procès-verbal de reconnaissance, contre lequel » le sieur *Grégoire* n'avait point réclamé; qu'en » conséquence, il ne pouvait y avoir lieu, de la » part du sieur *Robert* (qui avait succédé aux » droits du sieur *Grégoire*) à réclamer une indem- » nité. » Aussi refusa-t-il l'autorisation de pour- suivre la commune.

En 1807, Robert se pourvut auprès du ministre de l'intérieur pour demander la nullité de l'arrêté du conseil de préfecture, et le 21 mars 1809, il fut statué en ces termes :

DÉCRET.

« Napoléon, etc. — Sur le rapport de notre » ministre de l'intérieur, tendant à l'annulation » d'un arrêté du conseil de préfecture du dépar- » ment de Vaucluse, du 30 frimaire an 14, qui » refuse au sieur *Robert,* sous-fermier d'un mou- » lin à farine, appartenant à la commune de Lauris, » l'autorisation qu'il avait demandée, de poursuivre » judiciairement cette commune pour l'obliger à » une indemnité dérivant de ce que les fossés du » moulin ne lui avaient pas été remis en bon état; » — Vu ledit arrêté, où le refus d'autorisation est » motivé sur ce que le conseil de préfecture n'a » pas cru fondée la demande en indemnité que le » sous-fermier du moulin se proposait de former; » — Vu la pétition du sieur *Robert,* adressée au mi- » nistre de l'intérieur; — Vu l'avis de notre com- » mission du contentieux; — Considérant que mal » à-propos le conseil de préfecture a prétendu juger » un point litigieux qui concerne l'exécution des » conditions d'un bail; qu'il n'est pas besoin d'au-

» torisation pour actionner à cet effet la commune, » *ne s'agissant point d'une simple créance;* que cependant il est nécessaire d'annuler l'arrêté du » conseil de préfecture, parce qu'il serait un obs- » tacle *à la libre action des tribunaux;* — Notre » conseil-d'état entendu, — Nous avons décrété » et décrétons ce qui suit : — Art. 1er. L'arrêté du » conseil de préfecture de Vaucluse, du 30 frimaire » an 14, est annulé. — Art. 2. Le sieur Robert est » renvoyé à se pourvoir devant les tribunaux, pour » la demande qu'il se croit en droit de former » contre la commune de Lauris. — Art. 3. Notre » grand-juge, ministre de la justice, et notre minis- » tre de l'intérieur, sont chargés, chacun en ce qui » le concerne, de l'exécution du présent décret. »

Or, comme on le voit, depuis l'arrêté du gouvernement, du 17 vendémiaire an 10, la législation sur les communes et les établissemens publics a subi de grandes modifications. A cette époque, il n'existait pas encore des règles bien fixes sur les poursuites permises aux créanciers; ils pouvaient dès-lors se livrer à des exécutions rigoureuses, peut-être illégales, et c'est pour cela aussi que, dans le dessein non pas de les arrêter indéfiniment, mais bien de les prévenir, il fallut soumettre tout créancier de commune à une autorisation préalable, afin que le conseil municipal, puis le conseil de préfecture, eussent le temps d'examiner la demande et de hâter la libération, s'il y avait lieu. Mais depuis que les condamnations pécuniaires ne sont plus exécutoires contre les communes *personnellement*, sous ce rapport que les créanciers doivent réclamer leur paiement par les voies administratives, l'autorisation est devenue moins nécessaire, moins importante, et le législateur, ainsi que la jurisprudence, ont pu se relâcher un peu de la rigueur dont l'arrêté du 17 vendémiaire an 10 nous fournissait l'exemple.

En effet, un avis du conseil-d'état du 12 août 1807, commença par disposer que *l'on ne pourrait former opposition sur les fonds des communes déposés dans la caisse d'amortissement.* « LE CONSEIL-D'ÉTAT, » est-il dit, qui d'après le renvoi ordonné par sa » majesté, a entendu le rapport des sections des » finances, et de l'intérieur sur celui du ministre » des finances, sur la question de savoir si la caisse » d'amortissement doit admettre des oppositions » de la part des particuliers sur les fonds des com- » munes dont elle est dépositaire; — Considérant » que, dans l'exercice des droits des créanciers des » communes, il faut distinguer la faculté qu'ils ont » d'obtenir contr'elles une condamnation en justice, » et les actes qui ont pour but *de mettre leur titre à* » *exécution*; — Que, pour l'obtention du titre, il est » hors de doute que tout créancier d'une commune » peut s'adresser aux tribunaux dans tous les cas qui » ne sont pas spécialement attribués à l'administra- » tion; mais que pour obtenir un paiement forcé, » le créancier d'une commune ne peut jamais s'adres- » ser qu'à l'administration; que cette distinction, » *constamment suivie par le conseil-d'état*, est fondée sur » ce que, d'une part, les communes ne peuvent faire » aucune dépense sans y être autorisées par l'admi- » nistration; que, de l'autre, les communes n'ont » que la disposition des fonds qui leur sont attri- » bués par le budget, et qui tous ont une des- » tination dont l'ordre ne peut être interverti; — » Considérant en outre que, d'après l'arrêté du

» gouvernement, du 19 ventôse an 10, qui a constitué la caisse d'amortissement dépositaire des » fonds appartenant aux communes, elle ne peut » les mettre à leur disposition sans une décision du » ministre de l'intérieur; — Que cette précaution » a pour but de prévenir tout abus dans l'emploi » des fonds et d'en régler la disposition de la ma- » nière la plus avantageuse aux communes; — Con- » sidérant enfin que la caisse d'amortissement doit » être regardée non comme débitrice des commu- » nes, mais seulement comme dépositaire de leurs » fonds, et comme leur caisse particulière destinée » à conserver une partie désignée de leur actif, — » EST D'AVIS que la caisse d'amortissement ne doit » point recevoir des oppositions de la part des par- » ticuliers sur les fonds appartenant aux commu- » nes; sauf aux créanciers à se pourvoir auprès de » l'administration pour obtenir, s'il y a lieu, la » décision exigée par l'arrêté du 19 ventôse an 10; » — Et que le présent avis doit être inséré au » bulletin des lois. — Pour extrait conforme : *le » secrétaire-général du conseil-d'état*, signé J. G. » LOCRÉ. — Approuvé, au palais de Saint-Cloud, » le 12 août 1807. — Signé NAPOLÉON. — *Le se- » crétaire-d'état*, signé HUGUES B. MARET. »

Ce principe fut consacré d'une manière bien plus explicite par la décision dont voici la teneur :

« LE CONSEIL-D'ÉTAT, qui, d'après le renvoi or- » donné par sa majesté, a entendu le rappport de » la section de l'intérieur sur celui du ministre de » ce département, par lequel, en présentant le » budget de la ville d'Enghien, il expose que le » ministre des finances a prescrit de faire acquitter » par les communes des frais de poursuites exer-

» cées contr'elles pour paiement de registres civils » fournis de l'an 5 à l'an 10, et présente la question » de savoir si la régie de l'enregistrement et des do- » maines peut poursuivre, pour en obtenir le paie- » ment, une commune qui ne peut payer que par » son receveur, lequel receveur ne peut lui-même » rien acquitter qu'en vertu d'allocation à son bud- » get, — EST D'AVIS qu'il est constant et reconnu » que les communes ne peuvent rien payer qu'a- » près qu'elles y ont été autorisées par leur budget » annuel; — Que tout paiement fait sans cette » autorisation est laissé au compte du receveur, » d'après les dispositions précitées de plusieurs dé- » crets; — Qu'en conséquence, lorsqu'une com- » mune est débitrice d'une administration, il n'y a » lieu ni à la délivrance de contrainte contre le » receveur, ni à citation devant les tribunaux, ni » à saisie-arrêt entre les mains du receveur de la » commune ou des débiteurs de la commune, puis- » que le receveur ne peut rien payer qu'en vertu » d'autorisation au budget annuel; mais que le » directeur de la régie doit se pourvoir par devant » le préfet, pour qu'il porte au budget, s'il y a » lieu, la somme réclamée contre la commune, » afin que le paiement par le receveur soit auto- » risé; — Et que le présent avis soit inséré au » bulletin des lois. — Pour extrait conforme : *le* » *secrétaire-général du conseil-d'état*, signé J. G. » LOCRÉ. — Approuvé, au quartier impérial de » Buntzlau, le 26 mai 1813. — Signé NAPOLÉON. » — Par l'empereur : *le ministre secrétaire d'état*, » signé LE COMTE DARU. »

Une ordonnance du 29 octobre 1826, rendue par le roi en conseil-d'état, dispose encore : « CHARLES,

» etc. — Sur le rapport du comité du contentieux; » —. Vu les avis du conseil-d'état, du 12 août 1807 » et 26 mai 1813, *dûment approuvés et insérés au* » *bulletin des lois* (1); — Considérant que les créan- » ciers des communes ne peuvent agir par voie » de saisie-arrêt pour obtenir le paiement de leurs » créances reconnues en justice; *qu'ils doivent s'a-* » *dresser aux préfets*, seuls chargés d'indiquer les » fonds affectés à ces paiemens, et de prendre des » mesures propres à les effectuer; — Considérant » qu'il résulte même de l'énoncé dudit jugement, » que des communes ne peuvent rien payer qu'au- » tant qu'elles y auront été autorisées par leur » budget annuel; — Art. 1er. L'arrêté de con- » flit, pris par le préfet du département de l'Hé- » rault, le 3 mars 1825, est confirmé. — Art. 2. » Le jugement du tribunal civil de Lodève, du » 22 novembre 1824, sera considéré comme non » avenu (2). »

Ainsi nous devons reconnaître que l'autorisation n'est plus exigée que pour les matières civiles, et seulement à raison des droits *personnels* et *mobiliers* (3). Remarquons d'ailleurs que lorsque la

---

(1) Les décrets impériaux, *insérés en entier au bulletin des lois*, sont obligatoires dans chaque département, à compter du jour de la distribution au chef-lieu. Voyez *suprà*, page 10, à la note.

(2) Cette ordonnance est rapportée par Sirey, tome 26-2-347. Voyez également 3 décrets impériaux rendus dans le même sens; ils sont datés des 11 août 1808, 15 janvier et 7 février 1809 (Sirey, tome 16-2-387, et tome 17-2-100 et 109).

(3) Mais dans les matières où le demandeur n'est pas assujéti à une autorisation, la commune doit-elle néanmoins se la procurer avant de pouvoir défendre à l'action dirigée contr'elle? L'affirmative a été décidée par un arrêt de la cour de cassation du 25 juillet 1825 (Sirey, tome 25-1-369) — Dans l'espèce de

somme est certaine, liquide, exigible et convenue, elle ne doit pas même faire l'objet d'une instance devant les tribunaux; car, dans ce cas, le créancier n'a qu'à demander le paiement d'après les formes administratives, c'est-à-dire au préfet, qui doit ordonner que la chose dûe ou sa valeur sera portée au passif du budget de la commune débitrice.

Toutefois, si le préfet refuse, quelle sera la voie pour l'y contraindre?

Il faudra, d'après nous, le constituer en demeure par une sommation expresse notifiée par huissier, et le rendre responsable de ses faits personnels. C'est la conséquence de cette maxime de droit : « tout fait quelconque de l'homme, qui cause à » autrui un dommage, oblige celui par la faute » duquel il est arrivé, à le réparer (Code civil, » art. 1382). » La partie requérante pourra donc attaquer le préfet en dommages et intérêts, et le traduire devant la justice ordinaire pour l'y faire

---

cet arrêt, il s'agissait d'une action réelle et pétitoire, formellement dispensée de la formalité de l'autorisation. Cependant il n'en fut pas moins jugé que la commune devait se faire autoriser, parce que, disait-on, « si le demandeur, pour l'exercice » d'une action réelle contre une commune, n'est pas tenu de la » faire préalablement autoriser, il n'en résulte pas pour cela » qu'elle puisse défendre à cette action, sans y avoir été autorisée; il doit en prévenir le tribunal saisi, et ce tribunal, » surseoir au jugement, pendant le délai qu'il fixe pour que la » commune puisse obtenir l'autorisation prescrite par la loi; le » délai passé, le demandeur doit requérir défaut contre la com- » mune, et le tribunal statuer. » — Voilà une théorie qui peut être sage, mais elle n'est établie par aucune loi. Elle conduit à des délais très-pénibles pour le demandeur, et en résultat, elle ne sauve pas les droits de la commune; car deux jugemens par défaut l'un sur l'autre, auraient l'effet de la chose jugée..... Et toujours sans *autorisation*. — Ce système nous paraît vicieux,

condamner. Mais cette voie est souvent longue et périlleuse. La constitution du 22 frimaire an 8 (art. 75), défend aux simples particuliers de poursuivre les agens du gouvernement, pour des faits relatifs à leurs fonctions, avant que le conseil-d'état l'ait permis. Or, cette permission est presque toujours refusée; de telle sorte que les citoyens qui croient avoir à se plaindre d'un attentat à leur liberté, à leurs droits ou à leur fortune, sont bien des fois victimes d'un arbitraire révoltant, d'une inconcevable déception. L'autorité administrative, jalouse de faire du despotisme, ne craint pas de se servir de cette disposition législative pour rendre tout recours illusoire : aussi vaut-il mieux demander au ministre de l'intérieur la rectification du budget communal, et l'inscription de la dette à payer.

Mais les créanciers des communes qui n'ont ni titre authentique, ni obligation prouvée, et qui, à défaut de libération, se voient exposés à faire des poursuites judiciaires, n'ont jamais à craindre les suites d'un refus d'autorisation, parce que cette demande doit, en bonne règle, être toujours accueillie. En effet, l'action qui appartient à un citoyen contre une commune, est un droit dont aucune puissance ne peut le dépouiller. Sans doute, des raisons de sagesse ont voulu que ce droit ne pût être exercé qu'après en avoir référé à l'administration supérieure; mais ce n'est que pour qu'elle puisse examiner s'il convient au domaine ou à la commune de passer condamnation. Aussi, dans aucun cas, les conseils de préfecture n'ont la faculté de dénier l'action aux parties requérantes, en arrêtant la poursuite de leurs droits devant les tribunaux. — Néanmoins, s'il y avait refus d'autoriser, le demandeur devrait-il s'adresser au roi en conseil-d'état, afin de faire annuler la décision du conseil de préfecture, et obtenir l'autorisation de plaider (1)? Nous ne le pensons pas.

« De ce que l'arrêté du 17 vendémiaire an 10 » prescrit, en certains cas, le *recours* au conseil de » préfecture, pour qu'il accorde une *autorisation;* » si la demande a été communiquée, il ne s'ensuit » pas du tout, qu'au cas de refus de l'autorisation, » il y ait nécessité de *recourir au conseil du roi.* — » Il s'ensuit seulement qu'alors il y a refus d'une » *autorisation obligée.*

« Or, quand l'administration nous refuse une » autorisation obligée, nous ne sommes pas tenus » de parcourir à grands frais, risques et périls, » toute la hiérarchie de l'administration. Nous de» vons constater le refus de l'administration, et » espérer que les tribunaux nous dispenseront de » l'*autorisation refusée;* comme ils dispensent une » femme de l'*autorisation* que son mari lui refuse » mal-à-propos pour entreprendre un procès né» cessaire; comme ils nous dispensent d'un *certificat* » *de recours en cassation,* lorsque le greffier le » refuse au condamné qui demande à déclarer son » pourvoi; comme ils nous dispenseraient d'une » *législation,* si les autorités chargées de cette for» malité tutélaire, se plaisaient à nous la refuser.

» La nécessité d'un *préalable administratif*, pour

(1) Ce recours est accordé à la commune, *en la personne du maire*, toutes les fois qu'il y a lieu de se pourvoir contre une délibération du conseil de préfecture. Voyez notamment les ordonnances des 25 février 1818, 5 février 1819, 22 janvier et 6 septembre 1820, et 10 janvier 1821.

» intenter action contre une *commune*, est de même » nature que le préalable administratif nécessaire » pour intenter action contre le *domaine de l'état*. » — Assurément le domaine d'une commune n'est » pas plus favorable, et ne doit pas être plus pri- » vilégié que le domaine de l'état. — Relativement » à l'un comme à l'autre, il s'agit également de » faire connaître la demande, d'éclairer la défense, » de tenter une conciliation ou transaction. — Or, » voici comment dispose l'art. 5 du titre 3 de la loi » du 5 novembre 1790, touchant les actions à in- » tenter contre le domaine de l'état.

» *Il ne pourra être exercé aucune action contre le* » *procureur-général syndic en sa dite qualité, sans* » *qu'au préalable on ne se soit pourvu* PAR SIMPLE » MÉMOIRE, *d'abord au directoire du district pour* » *donner son avis, et ensuite au directoire du dépar-* » *tement, pour donner une décision*, A PEINE DE NUL- » LITÉ. — *Les directoires de district et de départe-* » *ment, statueront sur le mémoire* DANS LE MOIS, *à* » *compter du jour qu'il aura été remis avec les pièces* » *justificatives, au secrétariat du district, dont le* » *secrétaire donnera son récépissé, et dont il fera* » *mention sur le registre qu'il tiendra à cet effet.* — » *La remise et l'enregistrement du mémoire inter-* » *rompront la prescription.* — *Et dans le cas où les* » *corps administratifs n'auraient pas statué à l'ex-* » *piration du délai ci-dessus*, IL SERA PERMIS DE SE » POURVOIR DEVANT LES TRIBUNAUX.

» Ainsi, le réclamant peut assigner le domaine » de l'état, au cas de *non décision* de la part des » corps administratifs, dans le délai déterminé.

» Nous pensons qu'il en doit être de même au » cas de décision *négative* de la part des corps admi-

» nistratifs : dans l'un comme dans l'autre cas, il
» n'y a qu'arbitraire tortionnaire, refus d'une dis-
» position obligée.

» On peut faire deux objections, la première con-
» sisterait à dire que la loi du 5 novembre 1790,
» ne parle que d'une *formalité préalable*, qu'il suffit
» de remplir ; tandis que l'arrêté réglementaire du
» 17 vendémiaire an 10, parle de *permission à ob-*
» *tenir* indispensablement.

» Mais cette déférence dans les mots doit être
» attribuée à la différence des temps. — L'arrêté
» ou décret du 17 vendémiaire an 10, comme
» l'édit royal de 1683, s'exprimait en termes fami-
» liers au pouvoir absolu : la loi du 5 novembre
» 1790, emploie au contraire des expressions choi-
» sies pour la conciliation du droit et du pouvoir.
» — Mais le but est le même dans les deux cas : il
» s'agit d'empêcher que l'action privée ne soit portée
» en justice, avant qu'il y ait eu formalités tuté-
» laires, conservatrices ou conciliatrices en admi-
» nistration. — Ainsi, la différence des expressions
» dans la loi du 5 novembre 1790, et dans l'arrêté
» ou décret du 17 vendémiaire an 10, n'empêchent
» pas d'admettre que, pour être recevable à inten-
» ter action contre une commune, il ne suffise
» bien d'avoir tenté la conciliation administrative,
» de même que pour être recevable à intenter une
» action contre le domaine.

» La deuxième objection a quelque chose de plus
» spécieux ; mais elle n'est pas mieux fondée : elle
» consisterait à dire : que s'il y a, par un conseil
» de préfecture, refus d'autorisation *à une commune*,
» pour intenter un procès quelconque, il y a pour
» elle, nécessité de recourir au roi en conseil-d'état :

» d'où la conséquence, qu'ici également, *par pa-*
» *rité de raison* etc.

» Mais les deux cas ne comportent pas la com-
» paraison : les communes sont en état de tutelle ;
» le roi est le premier tuteur : le point de législa-
» tion est fixe et indubitable ; il faut bien en con-
» clure nécessairement que toute commune est
» soumise, pour intenter action, à obtenir l'auto-
» risation du roi lui-même, quand elle lui est re-
» fusée par ses délégués.

» La tutelle des communes n'a rien de commun
» avec l'*indépendance légale* des particuliers. —
» Ceux-ci ont pleinement en eux-mêmes la faculté
» de conserver leurs droits, et d'exercer leurs ac-
» tions : si des nécessités d'ordre momentané exigent
» quelques entraves, ces entraves doivent être les
» moins dommageables, et les plus brièves possi-
» bles. — D'où il suit que les particuliers ne peu-
» vent plus, à moins d'oppression, être gênés dans
» l'exercice de leurs actions, dès qu'ils ont rempli les
» formalités d'ordre qui leur étaient imposées (1). »

Quel juge serait assez rigoureux pour annuler par défaut d'autorisation, un exploit d'ajournement signifié à une commune, s'il était justifié que le demandeur a fait tout ce qu'il pouvait faire pour se procurer cette autorisation ?.....

Les tiers ne seraient pas non plus assujettis à la formalité de l'autorisation, s'il ne s'agissait que d'exécuter une obligation certaine et prouvée ; car, dans ce cas, le fond du droit étant à l'abri de toute

(1) Extrait d'une consultation délibérée à Paris, le 4 octobre 1824, par M. Sircy ; elle est insérée dans son recueil, tome 24-2-281.

contestation, il ne saurait exister de litige proprement dit. Par exemple, la commune est créancière en vertu d'un acte exécutoire ou d'un jugement; elle fait un commandement à son débiteur de payer la somme exigible, et, en défaut, une saisie est jetée sur les meubles de ce dernier : alors le débiteur, s'il croit être fondé à s'opposer, soit à raison de quelque vice de forme, soit parce qu'il prétend s'être libéré en tout ou en partie, peut traduire la commune devant le tribunal qui doit en connaître, pour faire annuler ou réduire ses poursuites, sans qu'il soit besoin de l'autorisation du conseil de préfecture, et sans qu'on puisse arguer de nullité le jugement qui dira droit sur l'opposition.

S'il en était autrement, il serait exact de dire que le débiteur de la commune ne pourrait jamais se garantir des poursuites dirigées contre lui, même lorsque ces poursuites seraient nulles ou sans cause légitime. En effet, la saisie-exécution ne comportant qu'un délai de huitaine entre le procès-verbal et la vente du mobilier saisi, il serait presque impossible, dans ce court espace de temps, d'obtenir l'autorisation de plaider; aussi le débiteur se verrait-il exposé à perdre ses meubles, sans qu'on eût pourtant le droit de l'en dépouiller. Or, la loi ne permet pas une telle rigueur; elle veut seulement que l'autorisation soit requise quand le fond du droit est contesté; mais elle ne dit pas qu'il faille faire autoriser la commune sur les difficultés qui naissent de l'exécution d'une condamnation préexistante. Il y aurait donc erreur, arbitraire même, d'exiger cette autorisation. L'injustice serait flagrante!

Il est vrai que l'acte authentique porte avec lui

exécution parée en justice, et qu'une opposition, qui n'est point basée sur le faux principal ou incident, est impuissante pour en arrêter l'effet. Toutefois le débiteur peut toujours se déclarer opposant, nantir les juges, et faire révoquer l'exécution dont il est l'objet, si elle est irrégulière ou illégale, c'est-à-dire si les formes voulues par la loi n'ont pas été observées, ou si la dette est soldée ou prescrite. Or, s'il prend la voie d'une assignation à bref délai, en vertu de l'ordonnance du président du tribunal de première instance, ou celle du référé, il lui est facile de faire annuler les poursuites, ou d'y faire surseoir, suivant les circonstances; mais dans tous les cas, la décision peut intervenir avant qu'il soit procédé à la vente. En serait-il de même, s'il fallait une autorisation préalable? Nous ne le pensons pas. Voilà pourquoi aussi la cour de cassation a jugé les 3 août 1820 et 17 novembre 1824 (1) que, soit la commune, soit le tiers qui s'oppose à une exécution, sont affranchis de l'autorisation administrative. « Attendu, sur le défaut d'autorisation » de la commune de Brimeux (c'est la cour de » cassation qui parle), 1° que cette autorisation » n'est prescrite par la loi ni en matière criminelle, ni en matière de police correctionnelle, » et qu'il s'agissait, dans l'espèce, *de l'exécution » d'un jugement* rendu par les tribunaux correctionnels; 2° que même en *matière civile*, l'art. 1032 » du Code de procédure emploie les expressions » *pour former une demande en justice*, et que la loi » du 28 pluviose an 8 n'imposait aux communes » l'obligation de se faire autoriser par les conseils

(1) Sirey, tome 21-1-183, et tome 25-1-238.

» de préfecture, que *pour être autorisées à plaider*, » ce qui ne peut pas s'entendre de simples actes » d'exécution, *en vertu d'un jugement de dernier » ressort qui a mis fin au litige.* »

8me QUESTION.

LORSQUE L'AUTORISATION DE PLAIDER EST NÉCESSAIRE, LE DEMANDEUR DOIT-IL FAIRE AUTORISER LA COMMUNE AVANT TOUTE POURSUITE DEVANT LES TRIBUNAUX ?

Cette question est résolue affirmativement par l'arrêté des consuls du 17 vendémiaire an 10, qui s'exprime en ces termes : « les créanciers des com- » munes NE POURRONT intenter contr'elles *aucune » action*, qu'APRÈS qu'ils en auront obtenu la per- » mission du conseil de préfecture, sous les peines » portées par l'édit du mois d'avril 1683 (1). »

Il doit toutefois paraître surprenant que la jurisprudence ait permis aux communes d'intenter leurs actions litigieuses, sans y être *préalablement* autorisées, tandis qu'on ne peut au contraire les appeler en justice que sur l'autorisation des conseils de préfecture. Mais cette inégalité, tout à l'avantage de la commune, tire sa base de la sollicitude du

(1) Voici comment s'exprime l'édit du mois d'avril 1683 relativement aux créanciers des communes : « défendons aussi » aux créanciers desdites communautés, d'intenter contr'elles, » en la personne des maires et échevins, syndics, capitouls, » jurats et consuls, AUCUNES ACTIONS, *même pour emprunts lé- » gitimes*, qu'après qu'ils en auront obtenu la permission par » écrit desdits sieurs intendans ou commissaires départis en » chacune généralité ; *dont ils feront donner copie, avec l'ex- » ploit de demande*, A PEINE DE NULLITÉ de toutes les procédu- » res qui pourraient être faites au préjudice, et des jugemens » rendus en conséquence. »

législateur. Nous avons déjà dit que la formalité de l'autorisation avait été imposée à la commune, dans son seul intérêt. Or, ce même intérêt veut qu'on l'avertisse administrativement de la réclamation, afin qu'aucune poursuite ne soit dirigée contr'elle avant qu'elle ait les moyens d'y répondre. Cependant si les créanciers pouvaient introduire l'action devant les tribunaux, *sans autorisation préalable*, la commune serait quelquefois exposée à des actes onéreux pour elle, notament lorsque le demandeur serait fondé dans son action; car il est de règle que le débiteur supporte tous les frais occasionnés par son refus ou son retard de se libérer (Code civil, art. 1248, et Code de procédure, art. 130). C'est pour cela qu'il a fallu mettre une entrave au moyen de laquelle le procès ne serait commencé que dans le cas où la commune voudrait proposer son relaxe. La loi a donc prononcé la peine de nullité contre tout exploit d'ajournement qui ne contiendrait pas la copie de l'autorisation.

Cette nullité est si évidente, si rationnelle, que le tiers qui l'a encourue ne peut l'éviter sous aucun prétexte, à moins que la commune ne garde le silence, et ne veuille point s'en prévaloir. Peu importe aussi que la prescription du droit qu'on exerce soit à la veille d'être acquise, et que le demandeur ne fasse signifier l'assignation que dans la vue de l'interrompre, la nullité n'en est pas moins subsistante, et les tribunaux ne peuvent se dispenser de l'accueillir, pourvu qu'elle n'ait pas été couverte par une renonciation *expresse* ou *tacite*. Or, en admettant ce moyen de forme, l'on détruit tout l'effet que le créancier de la commune attendait de l'exploit d'assignation, parce qu'alors l'interruption de la prescription est regardée comme non avenue (Code civil, art. 2247).

Sans doute, c'est l'absence de l'autorisation qui vicie la capacité de la commune, en d'autres termes, la commune est incapable sans cette autorisation ; mais ce serait pourtant une erreur de soutenir que le moyen de nullité se rattache au fond, pour en tirer ensuite la fausse conséquence que l'ajournement donné *sans autorisation*, peut avoir la force d'interrompre la prescription ; il faut reconnaître au contraire que l'autorisation de la commune ne constitue qu'une simple formalité. Cette formalité est, si l'on veut, substancielle, inséparable de l'action elle-même, dans ce sens qu'elle vivifie la demande ; mais cela n'empêche pas qu'on ne doive considérer son inobservation comme un vice de forme applicable à la procédure, distinct et séparé du fond du droit. S'il pouvait exister quelque équivoque à cet égard, elle disparaîtrait infailliblement, en faisant remarquer que l'assignation doit contenir la copie de l'autorisation, et que le défaut de cette copie emporte seul la nullité de l'exploit.

Ainsi fixés sur la nature et les effets de ce moyen de nullité, nous devons ajouter qu'il est susceptible d'être couvert, et qu'il l'est invinciblement, faute par la commune de le proposer *in limine litis*. C'est ce qui résulte de l'art. 173 du Code de procédure civile, portant : « toute nullité d'*exploit* ou d'acte » de procédure est couverte si elle n'est proposée » avant toute défense ou exception autres que les » exceptions d'incompétence. »

Mais ne perdons point de vue que lorsque la

commune agit elle-même, il lui est toujours permis de faire, *sans autorisation*, les premiers actes de poursuite (1), parce que cette entrave aurait pu lui être nuisible, lui faire perdre, par l'accomplissement de la prescription (Code civil, art. 2227), l'exercice d'un droit acquis, lui imposer une déchéance essentiellement préjudiciable. Le législateur a rendu hommage à cette vérité, que celui qui provoque les débats judiciaires a eu tout le temps d'examiner, d'apprécier leurs suites, et qu'il est par conséquent à l'abri d'une surprise, ce que ne peut guère se promettre le défendeur qu'on poursuit avec vitesse, ou trop de rigueur. Aussi, malgré que l'édit de 1683, le décret du 14 décembre 1789, art. 54 et 56, et les lois postérieures assujétissent les communes *agissantes* à une autorisation préalable du conseil de préfecture, il n'a pas voulu prononcer la nullité de la procédure antérieure. Or, cette différence explique suffisamment la cause et les motifs de l'obstacle qu'on a opposé aux poursuites des créanciers.

CHAPITRE III.

CONTINUATION DU MÊME SUJET.

En parlant des personnes qui peuvent se pourvoir en justice, et de celles contre qui l'on doit se pourvoir, nous avons cru qu'il était utile d'analyser

(1) Nous avons enseigné (2e partie, chap. 1er, § 8, pages 236 et 237) que l'autorisation postérieure obtenue par les communes validait leurs poursuites antérieures, parce que cette autorisation rétroagissait jusqu'au commencement de l'instance.

les principes qui régissent leur capacité dans les procès dont la connaissance est dévolue aux tribunaux ordinaires, parce que ces principes s'appliquent, en général, aux référés. La *qualité agissante* du demandeur ou du défendeur ne supporte en effet aucune distinction ; car peu importe que ce soit un référé ou une instance au principal, il faut avant tout être majeur, maître de ses droits, et avoir la libre disposition de la chose qui lui sert de base ; il faut de plus, dans le cas de minorité, indiction etc., obtenir le concours de ceux qui ont reçu le mandat d'exercer nos actions, et observer les formes spéciales tracées par la loi pour la validité des poursuites judiciaires. Or, ces formes se rapportent plus particulièrement à l'autorisation sans laquelle les communes, les établissemens publics, et les femmes mariées ne peuvent point réclamer ou défendre leurs droits en justice.

Mais l'autorisation doit-elle être requise sur les matières qui sont susceptibles de faire l'objet d'un référé? Non : il nous semble que l'esprit de l'article 1032 du Code de procédure civile, les lois analogues et la force des choses, en dispensent, soit en demandant, soit en défendant.

Démontrons cette proposition.

§ Ier.

EN ÉTAT DE RÉFÉRÉ, LA FEMME MARIÉE N'EST PAS ASSUJETTIE A LA FORMALITÉ DE L'AUTORISATION.

« La femme ne peut ester en jugement sans l'au-
» torisation de son mari, quand même elle serait
» marchande publique ou non commune, ou sé-

» parée de biens (Code civil, art. 215) : » c'est la conséquence vraie du principe d'après lequel il lui est interdit de donner, aliéner, hypothéquer, acquérir, à titre gratuit ou onéreux, sans le concours du mari dans l'acte, ou son consentement par écrit (art. 217). Toutefois la femme n'a été placée sous le lien de l'autorisation maritale que relativement aux actes qui pourraient tendre à lui faire perdre un droit acquis, la propriété de ses meubles, celle de ses immeubles, contre la volonté du mari ou sans la permission des tribunaux.

Mais cet inconvénient, ce dommage pour l'association conjugale, ne sauraient jamais exister en référé, puisque les ordonnances que rend le juge sont essentiellement accessoires ou provisoires et ne font aucun préjudice au principal (Code de procédure civile, art. 809). La partie qui a succombé ne perd rien de ses droits, son action reste toujours la même, et les juges du fond peuvent encore statuer. En un mot, cessation d'entraves, levée d'obstacles, applanissement de difficultés sur l'exécution, sur des saisies, *conservation d'un droit ou d'une chose* SANS LESQUELS L'ACTION N'A PLUS D'INTÉRÊT ; voilà l'effet que produit une ordonnance de référé. Reconnaissons aussi qu'une décision de ce genre est loin d'avoir les caractères d'un jugement proprement dit. Elle ne présuppose aucune aliénation directe ou indirecte, et le mari, chef de la communauté, maître de la dot, surveillant-né des biens paraphernaux de la femme, n'a pas à redouter ses conséquences. — Alors pourquoi requérir son autorisation, l'appeler, en cas de refus, devant le magistrat des référés ? D'après nous, cette interpellation ne peut avoir d'autre résultat que d'augmenter les frais de la poursuite faite au nom de la femme, ou contr'elle.

L'on ne va pas manquer de se prévaloir de ce que la femme mariée ne peut ester en jugement sans autorisation, et puis l'on dira : « L'ordonnance » de référé, *toute provisoire qu'elle est*, n'en appelle » pas moins les parties devant le juge pour y venir » s'expliquer sur un point litigieux, et défendre » la possession actuelle d'une chose, tout comme » elles devraient le faire en justice réglée. » C'est une erreur. Pour détruire cet argument, il suffit de répondre qu'il n'y a rien de jugé, rien d'évacué au principal par l'ordonnance rendue en état de référé. Le fond reste en suspens : l'autorisation devient par conséquent, inutile et superflue.

Une objection plus sérieuse en apparence peut nous être faite ; la voici : « les ordonnances de » référé, malgré qu'elles n'évacuent pas le fond, » n'en condamnent pas moins la partie qui suc- » combe, aux dépens (Code de procédure civile, » art. 130). Or, supposons que ce soit la femme » qui ait été condamnée ; s'il en est ainsi, le créan- » cier pourra faire saisir et vendre ses biens meu- » bles et immeubles, et de cette manière, en vertu » d'une décision provisoire, *mais exécutoire nonobs-* » *tant l'appel*, il obtiendra tous les avantages que » procure un jugement définitif. »

Mais d'abord, il n'est pas très-exact de prétendre qu'une ordonnance de référé doive condamner aux frais celle des parties qui n'obtient pas gain de cause ; car, en bonne règle, on devrait les réserver. L'accessoire suit toujours le sort du principal, et pourtant le principal n'est pas jugé. Il peut arriver d'ailleurs que l'action après avoir été introduite devant le tribunal, y reçoive une direction toute opposée à celle du provisoire, et que le succès soit changé en défaite. Or, dans ce cas, il serait injuste de maintenir la condamnation aux dépens prononcée en état de référé, tout comme il serait contraire à la loi que les juges du fond (simples juges de premier ressort), annulâssent néanmoins, quant au chef des dépens, l'ordonnance de référé. Telle serait néanmoins la conséquence inévitable de deux décisions contradictoires.

Supposons toutefois que la femme (quoique non autorisée par le mari ou par la justice), ait été condamnée aux frais de l'ordonnance de référé ; cela changera-t-il la nature du différend? Non. En effet, elle conserve encore la faculté de se pourvoir au principal, et en se pourvoyant, si le jugement lui est favorable, elle fait disparaître la première condamnation, tout est anéanti. Et alors même qu'elle serait déboutée, cette nouvelle condamnation venant fournir la preuve que le juge des référés a fait une juste appréciation de ses droits, le mari n'aurait jamais aucun motif de se plaindre; il serait donc mal fondé à se prévaloir du défaut d'autorisation.

Ainsi, nous persistons à croire qu'en matière de référé, soit la femme mariée, soit les tiers qui ont des rapports d'intérêt avec elle, sont affranchis de l'autorisation.

S'il pouvait en être autrement, ce serait vouloir nuire et à la femme et à ses créanciers, par l'impossibilité où ils se trouveraient quelques fois d'obtenir l'autorisation maritale dans le court espace de temps que comporte la poursuite et l'instruction d'un référé.

Exemple. La dame R....., séparée de corps avec son mari, habite la ville de Bordeaux (1); elle y possède un bâtiment occupé par plusieurs locataires, lorsqu'on lui dit que la maison voisine menace de s'écrouler, et que sa ruine peut entraîner la chûte du mur mitoyen. Alors la dame R..... fait visiter les lieux; elle se convainct du danger imminent qui naît des circonstances, et ses locataires, qui s'en apperçoivent aussi, veulent déménager, à moins qu'on ne fasse au plus vite les réparations indispensables. Mais le voisin refuse ces réparations,

---

(1) Si en règle générale la femme mariée n'a point d'autre domicile que celui de son mari (Code civil, art. 108 et 214), il n'en est pas de même après la séparation de corps. Dans ce cas, l'habitation commune est devenue impossible, et la femme a le pouvoir de prendre un domicile séparé. En effet, lorsque le président du tribunal de première instance a entendu les époux, s'il ne peut parvenir à les concilier, il autorise la femme à se retirer *provisoirément* dans telle maison dont les parties conviennent, ou qu'il indique d'office (Code de procédure civile, art. 878). Mais quand la demande a été jugée, si la séparation est admise, le provisoire cesse, et alors la femme peut aller habiter partout où bon lui semble, sans qu'il soit permis au mari de la troubler dans son nouveau domicile. Ce principe a été consacré par un arrêt de la cour de cassation du 26 juillet 1808 (Sirey, tome 8-1-481) — D'un autre côté, la femme peut quitter le domicile marital, si le mari n'a pas un logement et un ménage convenables, eu égard à ses facultés et à son état (arrêt de la cour de Paris, du 19 avril 1817, rapporté par M. Sirey, tome 18-2-63). — Il peut encore être convenu entre le mari et la femme, que cette dernière résidera en un lieu différent, qui sera censé le domicile du mari, sans que toutefois il y habite (arrêt de la cour de cassation du 30 mars 1825, tome 25-1-353). — Tout cela démontre donc que s'il fallait requérir l'autorisation du mari lorsque la femme agit en référé, ou qu'on l'a poursuit elle-même par cette voie, on éviterait bien difficilement le dommage inséparable des délais à subir avant d'avoir eu cette autorisation.

et soutient au contraire que sa maison n'expose à aucun dommage (assertion bien peu rassurante, puisque l'état des lieux en démontre l'inexactitude). Il y a donc nécessité pour la dame R..... de recourir à la voie prompte du référé, afin que, sans l'observation d'aucune forme, d'aucun délai, le propriétaire du bâtiment voisin soit condamné *provisoirement* à prendre les précautions qui seront jugées utiles. Or, s'il fallait ou requérir le consentement du mari (ce dernier a son domicile à Toulouse), avant de pouvoir introduire le référé, ou bien faire surseoir aux poursuites commencées jusqu'à ce qu'on justifiât de l'autorisation, cette formalité serait onéreuse, le préjudice considérable, surtout si le bâtiment venait à s'écrouler dans l'intervalle. Il n'y aurait plus de référé possible, et ce moyen aussi simple qu'avantageux, indiqué par la loi à raison des mesures provisoires, accessoires et urgentes, ne serait plus qu'un jeu, une chimère, dès l'instant qu'on devrait le subordonner à une instance principale d'autorisation (1).

(1) « La femme qui voudra se faire autoriser A LA POURSUITE » DE SES DROITS, *après avoir fait une sommation à son mari*, » et sur le refus par lui fait, présentera requête au président, » qui rendra ordonnance portant permission de citer le mari, » à jour indiqué, à la chambre du conseil, pour déduire les » causes de son refus (Code de procédure civile, art. 861). — » Le mari entendu, ou faute par lui de se présenter, il sera » rendu, *sur les conclusions du ministère public*, jugement » qui statuera sur la demande de la femme (art. 862). » — Eh! bien, nous le demandons, peut-il entrer dans l'esprit d'un homme raisonnable d'imposer toutes ces formalités, quand il s'agit d'un référé? Il nous est bien difficile de le croire. — Le référé n'intervient jamais que pour un cas urgent, lorsqu'il y a péril dans la demeure, ou danger d'attendre le terme d'une assignation, même à bref délai, par devant le tribunal. Or, n'impliquerait-il pas contradiction qu'il fallût garder le

L'inconvénient que nous signalons ici ne cesserait pas d'exister, alors même que la poursuite serait faite au nom d'un tiers ; car malgré que ce dernier ne doive point plaider séparément avec le mari sur le fait de l'autorisation, il n'en faudrait pas moins l'appeler dans le référé introduit contre la femme, afin de mettre le juge à même d'autoriser d'office, s'il y avait refus de sa part. Mais si le mari n'habite pas avec sa femme, s'il a un domicile séparé, éloigné du lieu où les parties sont tenus de compa-

---

statu quò sur le référé, pour se livrer d'abord, à une sommation au mari, puis à une instance principale, à des débats à la chambre du conseil, dans le seul but de savoir si la femme aura ou non la permission d'introduire un référé ? Mais jusque-là, qui répondra du dommage, de la perte certaine et quelquefois sans remède occasionnés par le retard dans la poursuite du référé ? ?... — Nous avons dit (2e partie, chap 1er, § 7, page 220) que la femme pouvait appeler le mari dans le procès, pour qu'il y vînt s'expliquer sur les motifs de son refus ; et rien n'est plus juste et plus vrai quand il s'agit d'une instance devant les juges du fond ; car dès l'instant que le mari a été sommé, *par exploit*, de fournir son autorisation, peu importe qu'il soit assigné à bref délai ou dans les formes ordinaires, pourvu qu'il le soit devant le tribunal de première instance de son domicile (Code civil, art. 219) : il retrouve ses véritables juges, et la femme concourt en présence du ministère public, son défenseur-né (Code de procédure civile, art. 83, no 6, et 862). Mais peut-il en être ainsi devant le magistrat des référés ? Non. Cette juridiction est toute exceptionnelle ; il n'y a point d'officier de parquet, et dès-lors la femme y chercherait en vain ses garanties en fait d'autorisation maritale. D'ailleurs, le mari fût-il réputé absent (ce qui dispenserait de la sommation spéciale qu'il doit recevoir avant d'être tenu de répondre en justice, ainsi que cela résulte de l'art. 222 du Code civil) ; il n'en faudrait pas moins que l'autorisation fût demandée par requête, accordée sur rapport, contradictoirement avec le procureur du roi, et par jugement (Code de procédure civile, art. 863). Or, ces formes compliquées, longues et difficultueuses, sont incompatibles avec la nature des référés.

raître, comment le demandeur pourra-t-il, de jour à jour ou d'heure à heure, faire statuer sur un fait ou un acte requérant célérité, dont l'urgence sera telle qu'il y aurait danger pour lui d'attendre au sur-lendemain? L'impossibilité est absolue. Or, en obligeant le créancier de la femme à la faire autoriser, c'est vouloir détruire le bienfait de la disposition légale, et ne lui présenter d'autre perspective qu'une perte certaine, souvent irréparable. Voilà les effets que produit l'autorisation maritale devant le juge des référés. Nous pensons aussi que de telles considérations sont assez puissantes, pour que les parties soient dispensées d'observer cette formalité.

§ II.

LES COMMUNES ET LES ÉTABLISSEMENS PUBLICS, AINSI QUE LES TIERS, DOIVENT EN ÉTAT DE RÉFÉRÉ, ÊTRE AFFRANCHIS DE L'AUTORISATION DES CONSEILS DE PRÉFECTURE.

Cette proposition se justifie par elle-même.

En effet, pour en démontrer toute l'exactitude, il suffit de rappeler que si l'édit du mois d'avril 1683 exige l'autorisation des communes, ce n'est que pour commencer un procès *en cause principale ou d'appel*, et que le décret du 14 décembre 1789 (art. 54 et 56), n'impose lui-même cette condition que relativement *aux procès* à intenter ou à soutenir, et seulement *lorsque le fond du droit est contesté* (1).

---

(1) Les mêmes principes régissent les actions juridiques à intenter ou à soutenir au nom des hospices civils, maisons de secours, fabriques des églises, etc. Voyez ce que nous avons

Or, un référé n'est pas une cause principale, mais bien un incident, l'accessoire d'une action ordinaire dont le jugement est dévolu aux tribunaux. Le fond du droit ne saurait non plus être contesté devant le magistrat des référés, puisqu'il est incompétent pour en connaître, et que ses décisions, *absolument accessoires ou provisoires*, ne font aucun préjudice au principal (Code de procédure civile, art. 809).

Voilà pour les communes *demanderesses* : la loi est impuissante pour les astreindre à la formalité de l'autorisation ; c'est de la plus grande évidence.

Venons maintenant aux créanciers : l'exception existe-t-elle en leur faveur? L'affirmative n'est pas douteuse.

L'édit de 1683 et l'arrêté des consuls du 17 vendémiaire an 10, nous en convenons, veulent que les créanciers des communes ne puissent intenter contr'elles *aucune action*, qu'après qu'ils en auront obtenu l'autorisation *par écrit* du conseil de préfecture, *à peine de nullité;* mais cela ne doit nécessairement s'entendre que des instances proprement dites, des procès devant les tribunaux, et non pas des référés, parce qu'ils ne constituent jamais ni l'exercice, ni le jugement de l'action principale. Ce n'est, à vrai dire, qu'un accessoire distinct et séparé du fond, un préalable ou provisoire qui peut bien se rattacher à l'action ellemême (dans ce sens qu'il en prépare les voies), mais qui ne lui porte aucun préjudice, qui ne

---

dit, 2e partie, chap. 1er, § 8, *in fine*, et les décrets des 7 messidor an 9 (art. 11, 12 et 13), et 30 décembre 1809 (art. 12, 77 et suivans).

préjuge rien sur les droits des parties ; toute autre interprétation des lois précitées serait vicieuse.

Ces lois n'ont au surplus de rapport qu'aux créances litigieuses contre les communes, à une somme d'argent, à la restitution ou revendication d'un meuble. C'est ce que nous apprennent les décrets et les ordonnances dont nous avons eu déjà l'occasion de parler (1); C'est ce que confirme la jurisprudence. Or, l'autorisation pour agir en référé, est inutile, et cette inutilité est d'autant plus certaine, qu'il est impossible que les créances dues par les communes puissent servir de base à un référé; car si la créance est reconnue, elle doit être réclamée administrativement, tandis que si elle est contestée, il n'y a que les tribunaux seuls qui soient compétens pour en connaître.

Ainsi, s'il s'agissait de réparations urgentes nécessitées par l'état de vétusté d'un bâtiment appartenant à la commune, d'expulsion des lieux, lorsqu'il n'y a pas de bail, ou que le bail est expiré, de séquestres, commissaires et gardiens, etc. etc. notamment d'arrêter l'exécution faite au nom d'une commune *créancière* (2); dans tous ces cas, l'autorisation serait superflue.

Disons en outre que, forcer les tiers à obtenir l'autorisation des conseils de préfecture pour un simple référé, se serait en paralyser l'effet, le détruire même, par l'impossibilité qu'il y aurait de

---

(1) Voyez *suprà*, 2e partie, chap. 2, 7e question, page 268.

(2) Tous ces objets sont susceptibles de faire la matière d'un référé; nous l'avons suffisamment démontré, 1re partie, chap. 5, § 6, page 71, et chap. 6, § 1, 2 et 3; aussi nous y renvoyons le lecteur.

se procurer cette autorisation dans le délai utile. Les circonstances qui appellent les parties en référé sont toujours pressantes, et ne permettent aucun retard.

Il y aurait violation de la loi, et préjudice inévitable.

Telle n'a pu donc être l'intention du législateur.

FIN DE LA DEUXIÈME PARTIE.

DES RÉFÉRÉS
EN FRANCE,

TROISIÈME PARTIE.

DE L'AUTORITÉ QUI DOIT EN CONNAÎTRE.

LES RÉFÉRÉS se divisent naturellement en quatre classes pour chacune desquelles la loi indique une autorité et des formes particulières. Nous allons parler maintenant du juge qui est appelé à prononcer; plus tard, et dans la quatrième partie de cet ouvrage, en traitant *de l'instruction et du jugement*, nous aurons l'occasion de développer les règles de la procédure.

CHAPITRE PREMIER.

DU PRÉSIDENT DU TRIBUNAL DE PREMIÈRE INSTANCE.

LES actes ou les faits qui donnent naissance à un référé devant ce magistrat, se subdivisant à l'infini, sa juridiction est presque aussi étendue que celle des tribunaux. Ses ordonnances, quoique provisoires, n'en opèrent pas moins l'effet de prévenir et d'abréger les procès. Les parties ont la faculté de se pourvoir de suite, sans entraves, pour être réglées *momentanément* sur un objet qui est ou peut devenir litigieux entr'elles, et l'on conçoit dès-lors que leur intérêt veut qu'elles prennent cette voie de préférence à tout autre, car l'ordonnance du juge s'exécutant par provision, *nonobstant l'appel,* obtient la force de pouvoir contraindre le débiteur retardataire à exécuter son engagement, sauf le recours ultérieur devant le tribunal.

Mais si la décision du juge des référés est juste, que les principes du droit n'aient pas été violés, il est bien rare que la partie qui succombe, *mieux éclairée sur sa véritable position,* veuille encore introduire un procès au principal. Nous croyons aussi que tout doit être subordonné à la capacité, la science, la perspicacité et la précision du juge. Or, avec de l'instruction, de l'intégrité, de la prudence, surtout de l'impartialité, la voie du référé procure de bien précieux avantages, tandis qu'elle n'offre que perte et dommage aux justiciables, si le magistrat qui en est chargé ne possède pas les qualités dont nous parlons, et sans lesquelles la justice n'est plus qu'un piège tendu à l'inexpérience, à la bonne foi des plaideurs.

Notre législation, d'accord avec les besoins de la société, attribue au président du tribunal de première instance, ou au juge qui le remplace à son audience des référés, la première connaissance;

1º De la demande en décharge de la part d'un gardien de meubles, fruits ou autres effets saisis (Code de procédure civile, art. 606 et 634);

2º Des obstacles qui peuvent se présenter lorsqu'on se livre au récolement ou à l'enlèvement des meubles et effets du débiteur saisi (art. 607);

3º Du référé requis par le débiteur arrêté (article 786);

4° Des oppositions faites à l'instant où l'on procède à la saisie revendication (art. 829);

5° Des contestations qui s'élèvent lors de l'arrestation provisoire d'un étranger (lois des 10 septembre 1807 et 17 avril 1832);

6° Des difficultés à suite d'un commandement de payer, et généralement sur les saisies (art. 806);

7° Des réparations urgentes (art. 135, n° 2);

8° De l'expulsion des lieux, lorsqu'il n'y a pas de bail, ou que le bail est expiré (art. 135, n° 3);

9° Des séquestres, commissaires et gardiens (article 135, n° 4);

10° En cas de saisie d'animaux et d'ustensiles servant à l'exploitation des terres, et concurremment avec le juge de paix, de la demande en établissement d'un gérant à l'exploitation (art. 594 et 806);

11° Des pensions ou provisions alimentaires (article 135, n° 7);

12° Du refus du notaire de délivrer copie d'un acte resté imparfait ou non enregistré (art. 843),

13° Des contestations sur la délivrance des secondes grosses (art. 845);

14° Du compulsoire de la minute d'un acte ou d'un jugement, pour s'assurer que l'expédition qui a été délivrée est conforme (art. 852);

15° Des incidens qui surviennent lors de l'apposition des scellés après décès (art. 921);

16° De la nomination des notaires et commissaires priseurs qui doivent procéder à l'inventaire et à l'estimation des meubles et effets mis sous les scellés (art. 935);

17° Des incidens qui s'élèvent lors de l'inventaire (art. 944);

Et 18° de ce qui arrive lors de la vente du mobilier (art. 948).

Dans cette énumération, il est pourtant plusieurs cas qui, même en état de référé, doivent être jugés définitivement, sans que pour cela le principal soit évacué, et que l'ordonnance lui porte aucun préjudice. Nous allons les parcourir.

1er Cas. — Le Code de procédure civile (art. 605), dit que le gardien d'objets saisis peut demander sa décharge, si la vente n'a pas été faite au jour indiqué par le procès-verbal, sans qu'elle ait été empêchée par quelque obstacle, et qu'en cas d'empêchement, la décharge peut être demandée deux mois après la saisie, *sauf au saisissant à faire nommer un autre gardien ;* l'art. 606, ajoute : « la » décharge sera demandée contre le saisissant et le » saisi, par une assignation en référé devant le » juge du lieu de la saisie : *si elle est accordée,* il » sera préalablement procédé au récolement des » effets saisis, parties appelées. » Cependant il ne dit nulle part que la décision du président ne sera que provisoire, et que le gardien qui n'aura pas été déchargé pourra introduire ensuite une instance devant le tribunal, pour faire statuer de nouveau sur sa demande en décharge. Or, qu'en faut-il conclure ? Que l'ordonnance est définitive à cet égard, et que la partie qui a succombé n'a que la voie de l'appel, si elle lui est ouverte, ou le pourvoi en cassation.

Comment s'exprime en effet l'art. 809, au titre des référés ? *Les ordonnances sur référé ne feront aucun préjudice au principal.* Mais ici le principal, c'est la saisie, et l'intervention du gardien ne forme que l'accessoire. Voilà pourquoi cette intervention (indépendante de l'exécution dirigée contre le débiteur), peut être jugée séparément, sans que le principal en reçoive aucune atteinte. Il impliquerait donc que le tribunal fût appelé à connaître de la même demande. D'ailleurs la disposition législative qui autorise le gardien à se pourvoir, ne lui donne pas deux actions, l'une préparatoire devant le président, et l'autre secondaire devant le tribunal. Aussi les juges qui voudraient reconnaître cette double action, violeraient incontestablement les principes qui régissent les juridictions, et dépasseraient leur compétence.

Alors même que le président n'accorderait ou refuserait la décharge du gardien qu'en se fondant sur un vice inhérent au procès-verbal de saisie, ou sur un moyen touchant la cause de la créance ou la régularité du titre en vertu duquel la saisie à été faite, cela n'autoriserait pas non plus la partie condamnée (le saisissant ou le gardien) à recourir aux juges du fond, pour qu'ils décidassent s'il faut ou non prononcer cette décharge; car il n'existerait d'autre ouverture contre l'ordonnance des référés que l'appel et le pourvoi en cassation, ou cette dernière voie à défaut de l'autre. N'importe en effet que les motifs qui servent de base à la décision du provisoire reposent sur le fond, toutes les fois qu'il n'y a que l'accessoire qui reçoit jugement, et que le principal reste encore à juger.

Il est pourtant une circonstance dans laquelle le tribunal peut statuer sur le même objet; la voici. — Supposons que le président, *en état de référé*, n'ait déchargé le gardien qu'en annulant la saisie, et que cependant le créancier saisissant dédaigne de s'arrêter à cette décision. Il lui sera dès-lors permis (sans qu'il doive néanmoins relever appel), de faire établir un autre gardien et d'annoncer la vente des choses saisies, tout comme si le procès-verbal n'avait pas été annulé (1), et si le débiteur s'oppose aux nouvelles poursuites, les juges du fond auront encore à examiner la validité ou l'invalidité du procès-verbal de saisie, pour savoir s'il doit ou non être passé à la vente. Mais pourquoi cela? Parce que les ordonnances sur référé ne font aucun préjudice au principal. Il en serait de même, si le président avait refusé de prononcer la décharge du gardien, à cause de ce que ce dernier se serait rendu coupable d'abus, soit en se servant des choses confiées à sa garde (Code de procédure civile, art 603), soit en en soustrayant une partie (Code civil, art. 1962 et 2060, nº 4). L'on conçoit que, dans ce cas, le référé porterait sur le fond : aussi le gardien serait en droit d'ajourner, sans préliminaire de conciliation (Code de procédure civile, art. 49, nº 7), le créancier saisissant et la partie saisie devant le tribunal du lieu de l'exécution (art 554), d'abord, pour se faire absoudre de la condamnation, et puis pour obtenir sa décharge, en offrant de représenter les effets dans l'état où ils étaient lorsqu'il fut chargé de leur garde, ou bien ceux qu'il aurait encore à sa disposition, et la valeur de la portion reconnue man-

(1) Ainsi jugé par arrêt de la cour de Bourges, du 2 juillet 1825 (Sirey, tome 26-2-157). « Attendu, est-il dit, que les » ordonnances sur référé ne font aucun préjudice au principal » (Code de procédure civile, art. 809); — Que le jugement » ne statue que sur les difficultés relatives à l'exécution du » titre; — Que la loi en autorise l'appel, mais que *soit qu'on* » *interjette appel ou non*, les droits des parties restent toujours » entiers pour faire statuer sur le principal. »

quante. Or, la décharge n'étant que l'accessoire de l'action principale, et cette action étant évacuée par le jugement du tribunal, l'accessoire devrait l'être aussi. C'est dans ce sens qu'il faut entendre les termes de l'art. 809 du Code de procédure civile.

2e Cas. — Lorsqu'on procède au récolement des meubles et effets saisis sur le débiteur, soit pour les emporter et les faire vendre, soit parce que le gardien a été déchargé et qu'il faut le faire remplacer, il peut être formé des oppositions ; mais le Code de procédure civile y a pourvu, en disant (art. 607) : « il sera passé outre, nonobstant tou- » tes réclamations de la part de la partie saisie, *sur* » *lesquelles il sera statué en référé.* »

Or, supposons que le président ait ordonné que le récolement aura lieu : dans ce cas, la partie saisie pourra-t-elle engager une instance principale devant le tribunal, dans le seul but de faire décider qu'on ne fera point de récolement? Nous ne le pensons pas. Ce n'est encore ici qu'un objet accessoire dont la solution est attribuée au juge des référés, sans qu'il soit permis de la reproduire devant les juges du fond, *pourvu que l'ordonnance ne porte aucun préjudice au principal.* Le tribunal ne peut connaître, sur la demande du débiteur, que de l'action en nullité de la saisie, par la raison que cette saisie étant annulée, le récolement perd sa force, n'a plus aucun effet : le débiteur est alors déchargé.

Si cependant le président avait accueilli les exceptions de la partie saisie, et refusé le récolement, il nous semble que le créancier saisissant serait fondé à se pourvoir devant les juges du fond, pour faire ordonner le contraire, et par suite la vente des meubles saisis ; car le magistrat des référés, en rendant une telle décision, aurait incontestablement porté préjudice au principal, paralysé, entre les mains du créancier, l'exécution d'un acte authentique et exécutoire. D'ailleurs, il ne pourrait juger ainsi, qu'en s'étayant de moyens qui concernent la cause de la dette, la validité du titre de créance, les paiemens que le débiteur alléguerait avoir faits avant ou depuis la saisie, et l'on conçoit que, dans ce cas, il aurait dépassé sa compétence. Le créancier pourrait donc opter entre l'appel devant la cour, si le litige le permettait, et l'action principale devant le tribunal. C'est ainsi que la cour de Bourges l'a fort judicieusement décidé par l'arrêt du 2 juillet 1825 (1), déjà cité. Voici dans quelle espèce.

Les héritiers *Marquet* font un commandement au sieur *Roi* de leur payer la somme de 5,207 fr. 75 cent. ; l'huissier déclare avoir notifié ce commandement *avant midi*, et le lendemain, *à une heure de relevée*, les meubles du débiteur sont saisis. — Le sieur *Roi* forme opposition, et demande la nullité de la saisie, 1° parce qu'il ne s'est pas écoulé un jour franc entre cette saisie et le commandement ; 2° parce qu'il ne doit pas la somme réclamée, ayant déjà payé des à-comptes ; il assigne en même temps le créancier, en référé, pour obtenir la suspension des poursuites, et le renvoi sur la liquidation de la créance. — Ce renvoi est prononcé, mais *Roi* n'y donne aucune suite ; aussi nouvelle ordonnance du juge des référés qui, sur

(1) Sirey, tome 26-2-157.

la demande des héritiers *Marquet*, liquide les sommes dûes à 5,500 fr., tant en capital qu'intérêts et frais, et ordonne la continuation des poursuites. C'est alors que le sieur *Roi* assigne les héritiers *Marquet* au principal, devant les juges ordinaires, en nullité de la saisie. — Les défendeurs répondent que tout est jugé par l'ordonnance de référé ; un jugement accueille ce singulier système. — Appel. — Arrêt par lequel la cour, après avoir reconnu que les ordonnances de référé n'ont d'effet que sur le provisoire (soit qu'on interjette appel ou non), et que les droits des parties restent toujours entiers pour faire statuer sur le principal, *annule le procès-verbal de saisie.*

3e Cas. — D'après les lois des 10 septembre 1807 et 17 avril 1832, l'étranger, débiteur d'un Français, peut, immédiatement après l'échéance de l'obligation, et en vertu de l'ordonnance du président du tribunal de première instance, être arrêté provisoirement. Toutefois ce permis d'arrêter, n'empêche pas le débiteur de faire des oppositions, de requérir le référé, et de revenir, par conséquent, devant la même autorité pour qu'elle statue sur ses exceptions ; car, indépendamment de ce que la créance peut être litigieuse, il est encore possible qu'il veuille faire ses justifications de solvabilité. En effet, « l'arrestation provisoire n'aura pas lieu ou » cessera, si l'étranger justifie qu'il possède sur le » territoire français un établissement de commerce » ou des immeubles, le tout d'une valeur suffi- » sante pour assurer le paiement de la dette, ou » s'il fournit pour caution une personne domici- » liée en France et reconnue solvable (loi du 17 » avril 1832, art. 16). » Or, le juge des référés pourra rétracter son ordonnance (1) et le mettre en liberté.

Cependant, quoique le président refuse, ou qu'après avoir accordé l'autorisation, il la retire, le créancier n'est pas fondé à s'adresser au tribunal, pour lui faire décider la question de savoir si le débiteur pourra être provisoirement arrêté. Peu importe que l'ordonnance soit favorable ou nuisible, le fond n'en reste pas moins en suspens. Aussi le demandeur n'a plus qu'à poursuivre la condamnation devant les tribunaux compétens (2), et s'il est reconnu créancier, le jugement prononcera la contrainte par corps, ce qui l'autorisera à faire arrêter le défendeur, conformément à ce qui est prescrit par les art. 780 et suivans du Code de procédure civile.

Supposons, au contraire, que l'arrestation provisoire ait été permise, puis maintenue en état de référé; dans ce cas, le débiteur aura-t-il le droit de se pourvoir au principal pour la faire annuler? Non. Il n'a aucun moyen de nullité à opposer, parce que cette arrestation n'est assujétie à aucune forme de procédure. D'ailleurs, le créancier a un délai de huitaine pour introduire l'instance en condamnation, et s'il ne le fait pas, le président prononcera la nullité (loi du 17 avril 1832, art. 15). Cette règle doit s'appliquer encore au cas où le poursuivant, *malgré qu'il se soit pourvu dans la*

---

(1) Voyez *Suprà*, 1re partie, chap. 6, § 11, page 158, où cette question est traitée.

(2) C'est-à-dire devant les juges de commerce, s'il s'agit de lettres de change ou d'engagemens commerciaux; et devant les tribunaux ordinaires, s'il n'est porteur que de simples obligations civiles.

huitaine, n'a pas été néanmoins reconnu créancier; car nous ne voyons aucune différence entre un défaut de poursuite et des poursuites irrégulières et sans effet. Alors le débiteur incarcéré n'a qu'à s'adresser au juge des référés pour qu'il ordonne sa sortie de prison. Cependant rien ne s'oppose à ce que le jugement de relaxe ne prononce aussi sa mise en liberté. Ces deux moyens nous paraissent également bons.

Mais lorsque le tribunal passe à la condamnation, l'arrestation provisoire devient définitive, et le créancier n'a plus qu'à représenter son jugement au gardien de la maison d'arrêt, pour qu'il le transcrive sur ses registres. C'est une formalité que nous croyons utile, ne serait-ce que pour établir la quotité des sommes dues (Code de procédure civile, art. 800, n° 2).

Nous devons pourtant faire observer que des jurisconsultes, dont nous apprécions le mérite, ont été d'avis que, par cela seul que le définitif était évacué, le provisoire n'existait plus, et qu'alors le créancier incarcérant était obligé, après les 24 heures de la signification du jugement de condamnation, par huissier commis (art. 780 et 793), de faire recommander son débiteur. — Tel n'est pas notre sentiment. — La loi se borne à annuler l'arrestation provisoire, faute par le créancier de commencer ses poursuites dans la huitaine suivante, et encore faut-il que le débiteur le traduise en référé pour qu'il vienne s'y défendre, et prouver, s'il lui est possible, que l'instance a été commencée en temps utile. Or, elle ne dit pas que l'arrestation sera renouvelée en vertu du jugement qui aura reconnu la dette, et condamné le débiteur à la payer.

Il y aurait d'ailleurs imprudence d'adopter l'opinion que nous réfutons. — En effet, si, comme on le prétend, la condamnation était susceptible de détruire le provisoire, le débiteur serait en droit de réclamer sa mise en liberté, immédiatement après le jugement : d'où la conséquence que le créancier ne retirerait aucun avantage de ses poursuites. Sans doute, en règle générale, les jugemens ne sont pas exécutoires dans la huitaine de leur prononciation (art. 450), mais il y a exception pour ceux qui ordonnent l'exécution provisoire. Or, dans le premier cas, le créancier serait tenu, avant l'expiration de ce délai de grâce, d'avoir fait le commandement de payer, et le neuvième jour au matin, de recommander son débiteur, à peine de voir disparaître les garanties que lui présentait l'arrestation provisoire; tandis que dans le second cas, il n'aurait aucun moyen d'empêcher ce dommage, puisque le jugement étant exécutoire à l'instant même, le débiteur pourrait sortir de suite de la prison où il est détenu. Vit-on jamais en jurisprudence un système plus meurtrier!

Une autre remarque non moins importante est que la recommandation est assujétie aux mêmes formes de l'emprisonnement (art. 793); aussi le débiteur pourrait-il réclamer un nouveau référé (1), conduire le créancier devant le président du tribunal de première instance, et obtenir peut-être (au

(1) « Lors de la recommandation d'un débiteur emprisonné, » comme lors de l'emprisonnement, si le débiteur demande à » être conduit devant le président du tribunal, il y a obligation, à peine de nullité, d'obtempérer à sa demande (Code » de procédure civile, art. 786 et 793). » Ainsi jugé par arrêt » de la cour de Paris du 17 septembre 1829 (Sirey, tome 30-2-41).

préjudice du jugement sur le fond), une mise en liberté que rien n'autorise, sous le frivole prétexte que le commandement seraient vicié de nullité.

Voilà quelles seraient les conséquences de la recommandation que des hommes versés dans la science du droit, n'ont pas craint de conseiller!! Mais agir ainsi, ce serait vouloir considérer l'arrestation provisoire comme non avenue, et donner les moyens au débiteur *en provoquant la nullité du commandement*, de se soustraire aux exécutions de son créancier. Il suffirait pour cela d'une ordonnance de référé. Espérons-le, cette opinion ne sera pas suivie, car elle est trop dangereuse.

Nous dirons enfin que l'arrestation provisoire des étrangers, par suite des engagemens qu'ils contractent envers un Français, n'est qu'une simple mesure de police, de sûreté, et que nos lois attribuent exclusivement au président du tribunal de première instance la décision de toutes les difficultés qui y sont relatives, sauf l'appel, s'il y a lieu (1).

4e Cas. — La nommination des notaires et commissaires-priseurs qui doivent procéder à l'inventaire et à l'estimation des meubles et effets mis sous les scellés, est encore dans les attributions exclusives du juge des référés, sous ce rapport qu'aucune des parties n'est fondée à engager une instance devant le tribunal pour la faire révoquer, soit comme inutile, soit pour toute autre cause. Les récusations, s'il y en a, sont décidées par le juge qui a fait la nomination, et s'il commet une erreur, une injustice, la partie qui se plaint n'a que la voie de l'appel devant l'autorité supérieure,

(1) Voyez 1re partie, chap. 5, § 5, page 70, à la note.

pourvu que le litige dépasse la valeur de 1,000 fr. Mais le tribunal ne peut point en connaître sans usurper les fonctions des cours royales, et l'on conçoit avec raison que la loi ne lui a pas donné une telle juridiction.

Nous croyons cependant qu'il en pourrait connaître, si le magistrat des référés avait refusé la mesure provisoire dont nous parlons; car, dans ce cas, il serait entré dans le mérite du fond et l'aurait évacué, puisqu'il ne serait pas possible de faire l'inventaire et la prisée des meubles. Cette décision porterait préjudice au principal, l'ordonnance ne serait plus accessoire, et aurait tous les effets d'un jugement définitif; aussi le demandeur serait-il fondé à recourir à la justice du tribunal, d'abord, pour faire juger qu'il a des droits aux meubles et effets qui sont sous les scellés, et ensuite pour en faire ordonner l'inventaire et l'estimation. Alors les juges du fond désigneraient eux-mêmes, *mais accessoirement*, les notaires et commissaires-priseurs qui doivent y procéder.

C'est de cette manière qu'il faut concevoir les attributions exceptionnelles du juge des référés : tout autre règle conduirait à des abus, et s'écarterait évidemment des termes formels de l'art. 809 du Code de procédure civile, portant : « les ordonnances sur référé ne feront aucun préjudice au principal. »

Mais le demandeur qui se pourvoit en référé doit, sauf les cas d'exception, observer les règles de compétence qu'indique l'art. 59 du Code de procédure civile, au titre *des ajournemens*.

Ainsi, en matière personnelle, le défendeur sera assigné devant le juge de son domicile; s'il n'a pas de domicile, devant le juge de sa résidence; s'il y a plusieurs défendeurs, devant le juge du domicile de l'un d'eux, au choix du demandeur (1);

En matière de société, tant qu'elle existe, devant le juge du lieu où elle est établie;

En matière de succession, 1° sur les demandes entre héritiers, jusqu'au partage inclusivement; 2° sur des demandes qui seraient intentées par des créanciers du défunt, avant partage; 3° sur les demandes relatives à l'exécution des dispositions à cause de mort, *jusqu'au jugement définitif*, devant le juge du lieu où la succession est ouverte;

En matière de faillite, devant le juge du domicile du failli;

En matière de garantie, devant le juge où la demande originaire sera pendante (2);

---

(1) Nous ne parlons pas des matières réelles énoncées dans la nomenclature que fait l'art 59 du Code de procédure civile, parce qu'elles n'entrent pas dans les attributions du juge des référés. Ces matières ont pour cause la revendication d'un immeuble, et sont de la compétence des tribunaux ordinaires. Sans doute, les biens sont immeubles, ou par leur nature ou par leur destination, ou par l'objet auquel ils s'appliquent (Code civil, art. 517); mais dans quelque hypothèse que le demandeur se place, il lui est pourtant interdit de soumettre au président du tribunal de première instance, *en état de référé*, le jugement des actions réelles ou immobilières, même au provisoire.

(2) Cette règle reçoit son application devant le juge des référés, puisque le défendeur pouvant être condamné, il est possible qu'il ait intérêt d'appeler son garant, malgré que la décision ne soit que provisoire ou qu'elle ne le lie qu'accessoirement, et que le principal n'y puisse pas être jugé. Mais cette demande en garantie doit être aussi prompte que l'action, et le jugement du référé, en ce qui concerne le premier demandeur, ne peut être retardé sous aucun prétexte. La loi veut que si les demandes originaire et en garantie sont en état d'être jugées en même temps, il y soit fait droit conjoin-

Enfin, en cas d'élection de domicile pour l'exécution d'un acte, devant le juge du domicile élu, ou devant le juge du domicile réel du défendeur, conformément à l'art. 111 du Code civil.

Remarquons toutefois que, si les difficultés qui naissent de l'exécution des jugemens et actes requièrent célérité, le juge du lieu statue provisoirement, et renvoie ensuite la connaissance du fond au tribunal d'exécution (Code de procédure civile, art. 554).

Pierre a été condamné par un jugement du tribunal de Bordeaux, où il est domicilié, à payer à *Paul*, une somme de 6,000 francs. — Ses affaires l'appellent à Toulouse, il s'y rend en effet, et *Paul* qui y habite, instruit de son arrivée, veut faire saisir sa voiture, ses chevaux, ainsi que d'autres objets mobiliers qui sont en sa possession (1). — Mais le débiteur s'oppose, élève des obstacles et arrête l'exécution dont il est menacé. Alors le créancier s'adresse au juge du lieu, lui fait connaître l'entrave qu'on apporte à l'exécution de ses titres, et lui demande la permission de citer d'heure à heure *Pierre*, en référé, pour voir ordonner que, nonobstant ses oppositions, *et sans y préjudicier*, il sera passé outre à la saisie. Or, le juge statue

---

tement, sinon que le demandeur originaire fera juger sa demande séparément; sauf après le jugement du principal, à faire droit sur la garantie, s'il y échoit (Code de procédure civile, art. 178 et 184).

(1) « Tout créancier, *même sans titre*, peut, sans commandement préalable, mais avec permission du président du » tribunal de première instance, et même du juge de paix, » faire saisir les effets trouvés en la commune qu'il habite, » appartenant à son débiteur forain (Code de procédure civile, » art. 822). »

provisoirement, et renvoie pour le surplus au tribunal d'exécution (1).

Primus, débiteur de *Secundus* en vertu d'un jugement qui prononce la contrainte par corps, a été arrêté hors du lieu de son domicile, où il avait été condamné ; dans ce cas, le président du tribunal de première instance dans l'arrondissement duquel l'arrestation a été faite pourra bien connaître du référé requis par le débiteur arrêté (art. 786), parce que sa décision ne saurait porter aucun préjudice au principal ; mais si le débiteur veut faire annuler l'arrestation, et s'il fonde la nullité sur des moyens du fond, la demande devra être introduite devant le tribunal de l'exécution du jugement (art. 794).

Jean veut revendiquer au préjudice de *Jacques*, domicilié à Montauban, des meubles qui sont momentanément à Toulouse ; il pourra recourir au président du tribunal du lieu où sont les effets, soit pour avoir la permission d'y procéder, soit pour faire décider les difficultés relatives à la saisie elle-même, à l'établissement du gardien, à l'enlèvement des choses saisies pour les transporter dans un lieu sûr, ou dans un dépôt public. La demande en validité ou celle en nullité, s'il y a lieu, sera portée devant le tribunal de Montauban, comme étant le domicile de la partie saisie (art. 567 et 831).

---

(1) « Il ne pourra être procédé à la vente, sur les saisies » énoncées au présent titre, qu'après qu'elles auront été dé» clarées valables : le saisi, dans le cas de l'art. 821, le sai» sissant, dans le cas de l'art. 823, ou le gardien, s'il en a » été établi, seront condamnés par corps à la représentation » des effets (Code de procédure civile, art. 824). »

En matière personnelle, avons-nous dit, le juge du domicile du défendeur, ou de l'un d'eux, doit connaître du référé.

En effet, *Pierre*, débiteur de *Paul*, s'oppose au commandement qui lui a été fait : il présente des exceptions sinon fondées, du moins spécieuses, et *Paul* veut faire ordonner qu'il sera passé outre à l'exécution provisoire des titres dont il est porteur. Il faudra donc qu'il s'adresse au président du tribunal dans le ressort duquel *Pierre* a son domicile, pour qu'il statue provisoirement sur les difficultés que ce dernier vient de soulever, sauf à renvoyer aux juges du fond la connaissance du principal.

Mais une maison tombe de vétusté; il est urgent d'y faire des réparations pour prévenir sa ruine, et empêcher que le voisin n'éprouve des dommages. Or, cette demande est personnelle, puisque le voisin n'attaque le propriétaire que pour l'obliger à faire cesser le danger. Cependant le juge du lieu devra seul en connaître, malgré que le propriétaire ait son domicile dans un autre arrondissement; car tout exige que le juge, *avant de prononcer*, vérifie l'état de l'immeuble qui occasionne le litige. Il serait contraire à la nature de l'urgence, que cette action pût être portée devant le juge du domicile du propriétaire, ordinairement plus éloigné, et toujours incompétent pour ordonner une descente sur les lieux.

Cela nous démontre aussi qu'il est une infinité de cas qui doivent, *par la force des choses*, être appréciés et jugés par le président du tribunal dans le territoire duquel se trouvent les choses qui font la matière du référé.

Pierre, domicilié à Paris, a fait saisir au préjudice de *Louis*, domicilié à Toulouse, divers effets mobiliers dont la garde est confiée à *Paul*. Or, si ce dernier veut obtenir sa décharge, la demande devra être introduite devant le juge du lieu de la saisie (art. 606), sans s'occuper si le créancier y est ou non domicilié.

Jean et *Jacques* ont contracté une société pour la mise en œuvre de leurs productions littéraires et scientifiques; mais des difficultés surviennent, et l'un d'eux requiert l'apposition des scellés, afin que les manuscrits qui sont la propriété commune des deux associés n'aient pas une autre destination, et soient partagés entre leurs auteurs. Nul doute que cette demande ne soit recevable, et qu'ainsi les scellés ne doivent être apposés, puisque les règles qui concernent le partage des successions, la forme de ce partage, et les obligations qui en résultent entre les cohéritiers, s'appliquent aux partages entre associés (Code civil, art. 1872); et s'il y a des contestations, des obstacles à la mise des scellés, ou s'il est formé des incidens pendant qu'on y procède, ce sera encore au juge du lieu qu'il appartiendra de statuer, sans rechercher quel est le domicile du défendeur.

Une succession s'ouvre, et les héritiers ne s'accordent pas ensemble, ou ils ne le peuvent point à cause de l'état de minorité de l'un d'eux; aussi faut-il mettre les scellés, faire l'inventaire, la prisée des meubles, et prendre des mesures *provisoires* pour la garde ou la surveillance des valeurs de la succession jusqu'à ce qu'il ait été procédé au partage. — Nous devons dire également que toutes les difficultés qui pourront survenir seront dans les attributions du président du tribunal devant lequel la succession est ouverte, où les scellés sont apposés.

Mais le défunt a fait un testament où il donne à *Primus* l'usufruit d'un bâtiment qu'il possède à Toulouse, qui n'est ni le lieu de l'ouverture de la succession, ni celui du domicile de l'usufruitier, et ce dernier se trouvant dans l'impossibilité de donner caution, il faut nommer un séquestre (article 602). Cette nomination sera-t-elle dévolue au juge de la situation de l'immeuble (1)? Oui. — L'intérêt des parties exige que le séquestre soit pris sur le lieu même, et l'on prévoit d'avance qu'un juge étranger pourrait être induit en erreur sur sa capacité, sa solvabilitité, ainsi que sur les autres garanties qu'il doit offrir au propriétaire et à l'usufruitier; de plus, tout gardien étant assujéti à un compte de sa gestion, ce compte doit être rendu devant les juges qui l'ont commis (Code de procédure civile, art. 527). Aussi est-il vrai de dire que le tribunal de la situation du bâtiment légué à *Primus*, soit à cause du rapprochement de l'objet litigieux, soit par la connaissance plus spéciale qu'il peut avoir des faits, est le seul qui puisse apprécier les exceptions des parties. — Sans

---

(1) En parlant des séquestres, commissaires et gardiens, nous avons dit, page 99 : « mais le propriétaire, agissant contre » l'usufruitier qui n'aurait pas encore pris possession de l'im» meuble, devrait porter la demande en nomination de séques» tre devant le juge du domicile du défendeur. » — Nous avions émis cette opinion, en ne nous occupant que de la règle que consacre l'art. 59 du code de procédure civile, et d'après laquelle, *en matière personnelle*, le défendeur doit être assigné devant le tribunal de son domicile. Mais depuis, nous étant aperçus que c'est une erreur, nous nous empressons de la réparer. Il n'est pas de règle sans exception.

doute le Code de procédure civile dispose (art. 59) que, sur les demandes relatives à l'exécution des dispositions à cause de mort, JUSQU'AU JUGEMENT DÉFINITIF, le défendeur sera assigné devant le tribunal du lieu où la succession est ouverte, et par voie de suite devant le président de ce tribunal, s'il s'agit d'un objet qui fasse la matière d'un référé. Mais si nous remarquons que le jugement *définitif* dont il est ici question, n'a aucun rapport avec le séquestre des biens grevés d'usufruit, notre thèse n'en sera pas moins prouvée. En effet, ce jugement est celui qui intervient lorsque le légataire particulier réclame la délivrance de son legs aux héritiers à réserve, et à leur défaut aux légataires universels, ou aux héritiers appelés dans l'ordre établi aux titres *des successions* (Code civil, art. 1011 et 1014). Or, dès l'instant que le tribunal dans le ressort duquel la succession est ouverte, ordonne cette délivrance, la disposition à cause de mort se trouve validée, le testament qui la constate est en pleine voie d'exécution, et le fond du droit, entre l'héritier et le légataire, irrévocablement décidé. Ce n'est donc plus le cas de recourir devant le même tribunal, si la loi et l'intérêt bien entendu des parties commandent de s'adresser préférablement au juge de la situation, ou à celui du domicile du défendeur. — Néanmoins, si l'héritier avait requis la mise en séquestre avant que *Primus* eût obtenu volontairement ou en justice la délivrance de son legs, nous croyons qu'il aurait dû s'adresser au président du tribunal de l'ouverture de la succession, et non pas à celui de la situation de l'immeuble ; car, dans ce cas, il n'y aurait eu rien de jugé sur l'exécution du legs, et dès-lors en allant devant un juge qui n'était pas celui de la succession, c'eût été contrevenir aux dispositions de l'art. 59 du Code de procédure civile.

Nous ferons remarquer, en terminant ce chapitre, que toutes les contestations extra-judiciaires qui s'élèvent à raison des actes dont les notaires, greffiers et autres personnes publiques sont dépositaires, doivent être décidées par le juge de leur domicile. Les incidens qui se présentent ont toujours pour objet le refus de délivrer copie d'un acte resté imparfait ou non enregistré, les difficultés sur les secondes grosses, ou le compulsoire de la minute d'un acte ou d'un jugement pour s'assurer que l'expédition délivrée est conforme. Or, les notaires et autres dépositaires étant obligés d'apporter la minute, pour la vérifier et en faire constater l'état, il a fallu donner attribution au président du tribunal sous la surveillance duquel ils exercent leurs fonctions.

CHAPITRE II.

DU PRÉSIDENT DU TRIBUNAL DE COMMERCE.

Les attributions de ce magistrat, quoique moins étendues que celles du présidont du tribunal de première instance, n'en doivent pas moins fixer l'attention du lecteur.

C'est précisément dans les matières commerciales, où les engagemens se développent avec rapidité, que l'oubli des règles de compétence peut devenir dangereux.

Tout le monde sait, en effet, que si les principes du commerce sont simples, clairs et précis, ils ont cependant besoin d'être vivifiés par des formes tutélaires et protectrices. Or, en s'adressant au tribunal quand il faut recourir au juge de l'urgence, à son président *en état de référé*, l'on violerait ces mêmes formes, et la promptitude, ce grand ressort des transactions qui interviennent entre les négocians, marchands et banquiers, serait souvent entravée. L'intérêt des parties en souffrirait, alors que la volonté du législateur serait méconnue.

Ainsi, nous croyons devoir rappeler que le président du tribunal de commerce est investi du droit de prononcer,

1° Sur les contestations relatives à la réception des marchandises expédiées à un négociant;

2° Sur les saisies-conservatoires;

3° Sur les difficultés concernant l'appositon, la levée des scellés et l'inventaire, tant en matière de faillite qu'en matière de société commerciale;

4° Sur les incidens occasionnés par la vente du mobilier après déclaration de faillite;

5° Sur les causes qui empêchent ou retardent la délivrance de la *première expédition exécutoire* d'un jugement;

6° Sur le refus que fait le greffier de remettre l'expédition *non exécutoire* d'un acte ou d'un jugement dont il est dépositaire;

7° Sur les obstacles relatifs à la délivrance de la copie d'un acte non enregistré ou reste imparfait.

Et 8°, sur le compulsoire ou collationné d'acte ou de jugement.

S'il s'agissait d'assigner au principal, il n'y aurait point de difficulté, puisque le demandeur pourrait porter la demande, à son choix, ou devant le tribunal du domicile du défendeur, ou devant celui où la promesse a été faite et la marchandise livrée, ou bien encore devant celui dans l'arrondissement duquel le paiement devait être effectué (Code de procédure civile, art. 420); mais en matière de référé, il est une infinité d'exceptions qui détruisent ce principe, ou le rendent inapplicable.

Et d'abord, les contestations sur la réception des marchandises, ne peuvent jamais être appréciées que par le président du tribunal de commerce du lieu où elles existent en nature. La nécessité de nantir l'autorité locale a été si bien sentie, qu'on est allé jusqu'à départir au juge de paix la constatation de l'état matériel de la marchandise et de ses avaries, toutes les fois que le président serait absent ou empêché, afin que les parties n'éprouvassent ni perte ni retard dans la vérification.

Il n'y a encore que le président de l'arrondissement où se trouvent les meubles et effets des tireurs, accepteurs et endosseurs de la lettre de change protestée fauté de paiement, qui puisse autoriser les saisies-conservatoires, et qui doive statuer ensuite sur les difficultés qu'elles font naître. Nous convenons que l'art. 172 du Code de commerce, en disant seulement que le porteur peut, *en obtenant la permission du juge*, saisir conservatoirement, semble indiquer aussi le président dans le territoire duquel le protêt a été fait, et cette opinion reçoit un nouveau degré de vraisemblance de l'article 420 du Code de procédure civile, d'après lequel le demandeur peut assigner devant le tribunal dans l'arrondissement duquel le paiement devait être effectué. Mais si l'on fait attention qu'en fait de mesures provisoires, le président n'a de juridiction que dans le ressort de son tribunal, les termes de l'art. 172 ne seront plus incertains, et il sera alors démontré que le juge du lieu est seul compétent pour en connaître. D'ailleurs, la permission de saisir, quoique purement conservatoire, est susceptible d'entraîner des difficultés, des oppositions de la part du débiteur, ce qui peut obliger le juge d'examiner encore la question de savoir si la saisie doit être accordée ou refusée (1). Or, il impliquerait qu'il fût exposé à rétracter une ordonnance qu'il n'aurait pas rendue, et dont il ne serait pas juge d'appel. Telle serait pourtant la conséquence du recours exercé devant le président qui ne serait pas celui du lieu de l'exécution, et l'on ne ferait disparaître cette anomalie, qu'en privant le défendeur de la voie de l'opposition. Ainsi l'on échapperait à une irrégularité pour tomber dans une injustice!

Nous dirons également que les difficultés sur l'apposition, la levée des scellés et l'inventaire, les incidens sur la vente du mobilier, en un mot toutes les contestations relatives à la délivrance des grosses, expéditions et copies, ainsi que sur le compulsoire, sont dévolus au juge du lieu où sont les effets, et dans lequel le greffier, dépositaire des minutes, a son domicile.

(1) Voyez ce que nous avons dit sur cette question, 1re partie, chap. 8, § 2, page 180 et 181.

CHAPITRE III.

DU JUGE DE PAIX.

Malgré que le juge de paix rende ses jugemens sans l'intervention d'aucun autre magistrat, il est pourtant des circonstances où il ne prononce que provisoirement, sur des objets accessoires, et sans s'occuper du principal; car la loi lui donne la connaissance de certains cas urgens sur lesquels il doit statuer par préalable, indépendamment de l'action à exercer devant le tribunal compétent. Ses décisions, jusqu'à concurrence de 300 francs, s'exécutent par provision, nonobstant l'appel, et sans qu'il soit besoin de fournir caution : il peut même dans les autres cas, ordonner l'exécution provisoire sous caution (Code de procédure civile, art. 17).

Observons toutefois que, sauf un seul cas, le juge de paix n'est appelé à connaître du différend qu'en l'absence des présidens des tribunaux de première instance ou de commerce; aussi faut-il dire que ses fonctions sont purement temporaires et casuelles, et que dès-lors elles ne sauraient présenter la fixité qu'on retrouve dans la juridiction du juge des référés, soit en matière civile, soit en matière de commerce (1).

---

(1) Il est à regretter que le législateur n'ait pas donné à ce magistrat de famille une compétence plus étendue, en l'établissant juge de tous ou presque tous les cas que l'on porte, *en référé*, devant le président du tribunal de première instance. S'il en eût été ainsi, la justice serait mieux distribuée, les plaideurs n'auraient pas autant de frais en perspective, et la marche des affaires principales n'eût pas été aussi facile-

4.° En cas de saisie d'animaux et d'ustensiles servant à l'exploitation des terres, *le juge de paix peut*, sur la demande du saisissant, le propriétaire et le

---

ment entravée. Rien ne nous assure d'ailleurs qu'une ordonnance de référé, parce qu'elle est rendue par un président plutôt que par un juge de paix, offre plus de garanties aux justiciables. Peu importe aussi qu'elle émane de l'un ou de l'autre, dès l'instant qu'elle n'intervient jamais que sur des matières accessoires, souvent de peu d'importance, et toujours sans préjudice du principal. Or, pourquoi ne transporterait-on pas la connaissance des référés à un magistrat qui, par cela seul qu'il est plus en rapport avec les citoyens, leur inspire plus de confiance? Il peut sans doute abuser de sa juridiction; mais cette crainte n'existe-t-elle point devant un juge de première instance? A chaque pas, nous rencontrons des abus! — Nous devons encore faire remarquer que les audiences de référé qu'indiquent les tribunaux sont insuffisantes, et par conséquent nuisibles aux parties à cause du grand nombre d'affaires qui s'y pressent. Il n'en serait pas de même, si dans chaque canton de justice de paix, l'on consacrait un jour de la semaine, aux référés : les décisions seraient plus actives, peut-être mieux réfléchies, tandis que les plaideurs n'auraient pas à redouter et la distance qui les sépare des villes, et le préjudice réel qu'ils éprouvent, soit par le retard, soit par les formes de procédure auxquelles ils sont soumis devant les présidens des tribunaux. Ne le taisons-pas, ces formes, quoique simples, dégagées autant que possible des écritures que la loi permet dans les procès ordinaires, n'en accablent pas moins les malheureux. — L'institution des juges de paix, nous sommes forcés d'en convenir, n'a point produit les résultats satisfaisans auxquels on devait s'attendre, et aujourd'hui même, beaucoup d'exemples fâcheux viennent attester l'indispensable nécessité d'une révision de la loi organique. Mais ce n'est pourtant que dans l'absence des conditions d'éligibilité que le mal prend sa base. Ainsi qu'on assujétisse les juges de paix à des études préliminaires, à avoir exercé la profession d'avocat pendant 10 ans au moins devant une cour ou un tribunal, et l'on fera disparaître le vice et les dangers que présente l'organisation actuelle; qu'on prenne les candidats parmi les hommes qui ont vieilli dans la science du droit, qu'on ne les élève aux places que par l'élection populaire ou le concours, qu'on les mette surtout à l'abri des influences

saisi entendus ou appelés, établir un gérant à l'exploitation (art. 594).

2° Tout créancier, même sans titre, peut, sans commandement préalable, mais avec permission du président du tribunal de première instance, *et même du juge de paix*, faire saisir les effets trouvés en la commune qu'il habite, appartenant à son débiteur forain (art. 822).

3° Si les portes sont fermées, s'il se rencontre des obstacles à l'apposition des scellés, s'il s'élève, soit avant, soit pendant le scellé, des difficultés, il doit être statué en référé par le président du tribunal de première instance. A cet effet, il est sursis, et établi *par le juge de paix* garnison extérieure, ou intérieure, s'il y échet, et il en est par lui référé sur le champ au président du tribunal. Il peut néanmoins, *s'il y a péril dans le retard*, statuer par provision, sauf à en référer ensuite (article 921).

4° Enfin, s'il y a refus ou contestation sur la réception des objets transportés, leur état est vérifié et constaté par des experts nommés par le président du tribunal de commerce, ou à son défaut, *par le juge de paix*, et par ordonnance au pied d'une requête. Le séquestre ou le transport dans un dépôt public, ainsi que la vente en faveur du voiturier, jusqu'à concurrence du prix de la voiture, peuvent de même être ordonnés (Code de commerce, art. 106).

Tels sont les cas spéciaux dont la connaissance

---

gouvernementales, et alors la société goûtera les bienfaits de cette magistrature douce, persuasive et philanthropique; mais jusque-là, qu'on évite d'étendre sa compétence, parce que ce serait creuser le précipice qui s'est ouvert sous nos pas!!

est quelquefois dévolue au juge de paix pour qu'il décide préliminairement, en laissant à l'écart le fond de la difficulté. Or, à notre avis, ce sont de véritables référés; car, indépendamment de l'urgence qui les accompagne, les ordonnances interviennent encore après avoir entendu les débats auxquels se livrent les parties, et sans rien préjuger sur le sort du principal.

En effet, l'établissement du gérant à l'exploitation dont parle l'art. 594 du Code de procédure civile, n'est qu'accessoire à la saisie préexistante; les parties sont appelées ou entendues tout comme cela se pratique en référé, et la décision n'est elle-même que provisoire, puisque les juges du fond, en annulant la saisie, en donnant main levée au débiteur, peuvent la rendre sans objet.

Il est vrai que le juge de paix autorise la saisie sur débiteur forain, sans que le demandeur ait prévenu la partie obligée ou condamnée, ce qui s'écarte un peu de la nature des référés. Mais le débiteur conserve le droit de former opposition à l'instant où l'on va saisir, pour que le juge statue sur ses exceptions, car il est de principe que toute décision rendue en l'absence de la partie défenderesse, peut être rétractée par la même autorité (1). Or, que le juge de paix confirme ou révoque l'ordonnance qui permet la saisie, il ne connaît jamais que d'une mesure provisoire, appréciable par les juges du fond (Code de procédure civile, art. 824).

Lorsqu'il prononce sur les obstacles qu'on oppose à la mise des scellés, ou pendant qu'on y procède,

(1) Arrêt de la cour de Toulouse du 10 juillet 1827 (Sirey, tome 28-2-166). Voyez aussi ce que nous avons dit, 1re partie, chap. 6, § 11, page 158.

sa décision n'est encore que provisoire, puisqu'il doit en référer ensuite au président du tribunal.

En constatant l'état des marchandises qu'un négociant refuse à leur arrivée, il ne juge pas non plus le principal, dans ce sens que la question de savoir si la vente sera annulée ou maintenue est toute entière dans les attributions des juges de commerce. Et s'il peut ordonner parfois qu'une portion de la marchandise refusée sera vendue pour acquitter les frais de la voiture, s'est toujours abstraction faite du fond du litige, et seulement pour empêcher que le voiturier ait à souffrir du retard occasionné par les contestations qui existent entre le vendeur et l'acheteur, pourvu qu'il ne soit pas en faute.

Il n'y a que le juge de paix du lieu, celui dans le canton duquel se trouvent les choses saisies ou litigieuses, qui puisse valablement prononcer; car l'urgence, la nature des objets sur lesquels doit porter sa décision, et plus encore la force des choses, font une exception à la règle générale tracée par l'art. 2 du Code de procédure civile, suivant laquelle, en matière purement personnelle ou mobilière, la citation doit être donnée devant le juge du domicile du défendeur.

Ici se présente une question qui n'est pas sans intérêt dans la pratique : *l'ordonnance du juge de paix qui autorise la saisie sur débiteur forain, peut-elle être exécutée dans un autre canton de justice de paix; en d'autres termes cette saisie ne peut-elle avoir lieu que dans l'étendue du canton du juge qui l'a permise?*

C'est précisément dans les grandes villes que la difficulté peut apparaître dans tout son jour.

Supposons, en effet, qu'à Toulouse, où il existe quatre justices de paix, l'on veuille faire saisir la charrette et l'équipage d'un voiturier de commerce. Le créancier s'adresse au juge de paix dans le canton duquel se trouvent momentanément les objets à saisir, et la permission lui est délivrée; mais dans l'intervalle le débiteur continue sa route, ou change de quartier, de manière qu'il franchit les limites hors desquelles le juge de paix qui en a connu n'a plus attribution de juridiction. Dans ce cas, l'on demande s'il faudra obtenir une seconde autorisation? Nous ne le pensons pas. Il suffit que le débiteur soit entré dans la commune qu'habite le créancier, pour que dès cet instant sa charrette, son équipage et généralement tout ce qu'il ammène avec lui soient frappés d'interdit. Les premières diligences faites contre lui ont été utiles, elles ont légalement nanti le juge dont il a parcouru le territoire, et il ne lui est plus possible de méconnaître son autorité. Aussi pendant tout le temps qu'il reste dans la circonscription de la commune, son créancier peut, en vertu de la première autorisation, saisir les biens mobiliers qu'il trouve en sa possession, et qui lui appartiennent.

CHAPITRE IV.

DU JUGE-COMMISSAIRE SUR DISTRIBUTION PAR CONTRIBUTION.

Nous avons dit (1) que le propriétaire pouvait, incidemment à la distribution par contribution dès

(1) 1re partie, chap. 6, § 5, page 120 et suivantes.

sommes provenant de la vente des meubles de son locataire, introduire un référé, pour que le juge statuât préliminairement *et séparément* sur son privilége pour loyers; aussi ne reviendrons-nous pas sur ce point de droit. Mais quel est le juge qui doit connaître de la distribution par contribution, et par suite du référé qui s'y rattache? Telle est la question que nous allons examiner.

Et d'abord, il est une première remarque à faire, c'est que les distributions en justice rentrent essentiellement dans les attributions des tribunaux de première instance (1); eux seuls sont compétens pour statuer. Si la loi permet au président de désigner un juge pour y procéder, ce n'est que pour faciliter les opérations préparatoires; car, en règle générale, elle n'enlève pas au tribunal le jugement des difficultés qui surviennent sur la quotité des créances et le rang des créanciers. Il n'y a d'exception que relativement aux loyers qui sont dûs : la cause de la dette, le privilége *exclusif* dont elle est entourée, et plus encore l'urgence qui existe en fait de location, ne veulent pas que le propriétaire soit obligé de concourir avec les autres créanciers, et qu'il attende l'issue de la distribution.

D'autre part, une règle non moins certaine dont il ne faut jamais s'écarter, détermine la compétence des tribunaux ou par rapport à la personne

(1) Sans préjudice, *en matière de faillite*, de la répartition entre les créanciers, et de la liquidation du mobilier (Code de commerce, art. 558 et suivans). Par exemple, le juge-commissaire, sur l'état de situation que lui remettent les syndics, ordonne, s'il y a lieu, une répartion entre les créanciers, et en fixe la quotité. Mais ce n'est pas à vrai dire une distribution en justice, car la loi ne trace aucune forme spéciale, et subordonne tout à la volonté du commissaire.

du défendeur, ou par la nature de la chose qui donne lieu à la contestation.

Par exemple, il ne peut être procédé à un ordre entre créanciers inscrits que devant le tribunal de la situation des biens, alors même que la vente aurait été faite devant d'autres juges (1). Il a donc été dérogé à l'art. 31 de la loi du 11 brumaire an 7, *sur l'ancien régime hypothécaire et les expropriations forcées*, suivant lequel l'ordre et la distribution du prix des immeubles devaient être faits devant le tribunal qui avait procédé à leur adjudication (2). Aujourd'hui, en matière réelle,

(1) C'est ainsi que s'explique l'art. 4 de la loi du 14 novembre 1808, relativement à la saisie-immobilière des biens d'un débiteur, situés dans plusieurs arrondissemens. La jurisprudence est en tout conforme. Voyez notamment cinq arrêts de la cour de cassation, des 18 avril et 13 juin 1809, 3 janvier 1810, 3 septembre 1812 et 6 janvier 1830, ainsi que deux arrêts de la cour de Paris, des 26 juin 1813 et 31 mai 1826 (Sirey, tome 15-1-194; tome 9-1-282; tome 10-1-240; tome 13-1-257; tome 30-1-50; tome 14-2-215, et tome 28-2-127). Voyez également Chabot de l'Allier, *commentaire sur les successions*, tome 3, page 102, nº 4; Persil, *questions sur privilèges et hypothèques*, tome 2, page 415, et Toullier, *droit civil*, tome 4, page 414, à la note.

(2) Cet article ajoute : « Si l'aliénation n'a point été faite » en justice, il sera procédé à l'ordre et distribution devant » le tribunal civil de la situation des immeubles; et en cas » d'aliénation, par le même acte, de biens situés dans plusieurs » départemens, devant le tribunal dans l'arrondissement duquel » se trouvera située la partie des biens à laquelle la matrice » du rôle de la contribution foncière attribue le plus de revenus. » — A cet effet, il sera ouvert au greffe du tribunal un procès- » verbal, sur la première réquisition d'un des créanciers, et » sur la remise qu'il sera tenu de faire en même temps, d'un » état certifié par le conservateur des hypothèques, de toutes » les inscriptions existantes sur les biens aliénés. » — La législation actuelle ne fait aucune distinction entre les ventes forcées et les ventes judiciaires; car le titre de l'ordre au Code

le débiteur doit être assigné devant le tribunal de la situation de l'objet litigieux (Code de procédure civile, art. 59).

Or, une distribution par ordre d'hypothèque, est une véritable action réelle, puisque malgré qu'il ait été procédé à la vente ou adjudication de l'immeuble hypothéqué, les juges n'en sont pas moins tenus d'entrer dans l'examen des hypothèques, de vérifier si elles sont régulières et justes, en un mot de régler le rang des créanciers inscrits, droits réels (Code civil, art. 2114 et 2116) dont l'appréciation n'appartient qu'au tribunal dans le ressort duquel les inscriptions ont été faites (art. 2156 et 2159).

Mais quant à la distribution entre les créanciers opposans, elle n'a pour cause qu'une somme purement mobilière, qui ne saurait constituer un droit réel. En effet, les meubles n'ont pas de suite par hypothèque (art. 2119). Aussi ne doit-on voir là qu'un droit incorporel attaché à la personne du débiteur, ne représentant qu'une simple créance, et dont les tiers ne peuvent disposer qu'avec son consentement, ou celui de la justice. C'est en d'autres termes une action qui s'attache à sa personne, et qui le suit partout.

---

de procédure civile (art. 749 et suivans) est rendu commun aux unes et aux autres. « En cas d'aliénation autre que celle » par expropriation, dit l'art. 775, l'ordre ne pourra être pro- » voqué s'il n'y a plus de trois créanciers inscrits ; et il le » sera par le créancier le plus diligent ou l'acquéreur, après » l'expiration des trente jours qui suivront les délais prescrits » par les art. 2185 et 2194 du Code civil. — Art. 776. L'ordre » sera introduit et réglé dans les formes prescrites par le pré- sent titre. » Tout rentre donc dans les règles de compétence tracées soit par la loi du 14 novembre 1808, soit par l'art. 59 du Code de procédure civile.

Les biens du débiteur, nous le reconnaissons, sont le gage commun des créanciers, et le prix s'en distribue entr'eux, par contribution, sauf les causes de préférence (art. 2093); mais l'exercice de ce droit est soumis aux formes légales. Par conséquent, si le débiteur refuse de se dépouiller volontairement, les tribunaux doivent l'y contraindre, et dans ce cas, nous retrouvons encore une demande *personnelle* à engager contre le débiteur.

Au surplus, qu'est-ce qu'une poursuite de distribution par contribution, si ce n'est la déclaration de validité ou de nullité des oppositions faites par les créanciers? Or, l'art. 567 du Code de procédure civile, au titre *des saisies-arrêts ou oppositions*, s'exprime en ces termes : « la demande en validité, » et la demande en main levée formée par la partie » saisie, seront portées devant le tribunal du do» micile de la partie saisie. »

Ainsi, comme on le voit, tout démontre que la distribution par contribution doit être faite par l'un des juges du tribunal de première instance du domicile du débiteur discuté.

Peu importe donc que les sommes qui servent de base à cette distribution soient déposées dans un tout autre lieu, et que les dépositaires n'aient pas leur domicile dans l'arrondissement; il n'en faut pas moins observer ce principe d'attribution de juridiction : *en matière personnelle, le défendeur sera assigné devant le tribunal de son domicile,* (Code de procédure civile, art. 59). Notre droit public ne laisse pas le moindre doute à cet égard : *nul ne pourra,* dit-il, *être distrait de ses juges naturels* (Charte de 1830, art. 53).

Cependant, il existe une grande différence entre

l'incompétence *ratione personæ*, et celle en raison de la matière; car, dans le premier cas, le défendeur est obligé de proposer le déclinatoire, tandis que dans le second, le moyen est suppléé d'office (Code de procédure civile, art. 170). Or, si la partie assignée garde le silence, et ne forme pas sa demande en renvoi *in limine litis*, avant toutes autres exceptions et défenses, elle devient irrecevable à le faire postérieurement (art. 168 et 169), et le fond du procès est alors déféré à la juridiction des magistrats que le demandeur lui a choisis.

FIN DE LA TROISIÈME PARTIE.

DES RÉFÉRÉS EN FRANCE.

QUATRIÈME PARTIE.

DE L'INSTRUCTION ET DU JUGEMENT.

CHAPITRE PREMIER.

DE L'INSTRUCTION.

« Dans tous les cas d'urgence, ou lorsqu'il s'agira » de statuer provisoirement sur les difficultés relatives à l'exécution d'un titre exécutoire ou d'un » jugement, il sera procédé ainsi qu'il va être réglé » ci-après (Code de procédure civile, art. 806). » En disposant ainsi, la loi donne les moyens au créancier et au débiteur, savoir : à l'un, de faire lever les obstacles qui entravent l'exécution de ses titres, et à l'autre, d'empêcher une exécution illégale dont il a à se plaindre.

Nous devons pourtant faire remarquer que la seule introduction du référé n'a point par elle-même la force de suspendre, *sans l'intervention du juge*, les poursuites faites contre le débiteur, et qu'il n'y a, au contraire, que l'ordonnance rendue en état de référé, *parties présentes ou dûment appelées*, qui puisse opérer cet effet. C'est la conséquence rigoureuse de ce principe : *l'acte authentique fait pleine foi de la convention qu'il renferme entre les parties contractantes et leurs héritiers ou ayant cause; il porte avec lui exécution parée en justice, à moins qu'il n'ait été attaqué par la voie de l'inscription de faux* (Code civil, art. 1319). Le créancier peut donc passer outre à l'exécution, sauf à supporter tels dommages que de droit, s'il est ensuite reconnu que le référé était fondé (1). « Considérant, a » dit la cour de Caen, que la citation en référé » n'est point, par elle-même, suspensive de l'exé» cution à laquelle elle a pour objet de s'opposer; » qu'elle constitue seulement, à l'égard de la partie » poursuivante, un avertissement qui peut motiver » contr'elle une condamnation plus sévère de dom» mages et intérêts, s'il vient en définitive à être » reconnu qu'elle n'avait pas le droit de passer ou» tre : d'où il suit que l'officier instrumentaire qui, » nonobstant une pareille opposition, a continué » de procéder aux actes d'exécution par lui com» mencés, ne peut être déclaré répréhensible lors» qu'il demeure constant que c'était à tort qu'on » avait tenté d'arrêter l'action de son ministère (2). »

§ Ier.

DE LA TENUE DES AUDIENCES.

« Le président du tribunal, (art. 57 du régle» ment du 30 mars 1808, *sur la discipline et la » police des cours et tribunaux*) tiendra l'audience » des référés, à laquelle seront portés tous référés,

---

(1) Voyez ce que nous avons dit, 1re partie, chap. 1er, page 26.

(2) Arrêt du 10 avril 1827 (Sirey, tome 28-2-205).

» pour quelque cause que ce soit. » Une autre disposition (art. 60 et 66) veut encore que les contestations relatives aux renvois de référés à l'audience soient réservées à la chambre où le président siége habituellement, sauf à lui à renvoyer à une autre chambre, s'il y a lieu (1).

---

(1) Nous avons dit (1re partie, chap. 6, page 74 et suivantes), que le juge des référés pouvait, *dans certaines circonstances*, renvoyer la connaissance du référé à l'audience du tribunal. Nous persistons dans cette opinion. — Cependant la cour de Poitiers, par son arrêt du 18 janvier 1825 (Sirey, tome 26-2-18), a jugé, au contraire, que le président SEUL, *ou le juge qui le remplace*, est compétent pour connaître d'un référé, et qu'il ne peut en renvoyer la connaissance au tribunal, *à peine de nullité*. Voici comment elle s'est expliquée : « considérant que le Code de procédure civile attribue la con» naissance des contestations qui peuvent être jugées en référé, » au président *seul* du tribunal de première instance, ou au » juge qui le remplace ; qu'aucune disposition du Code ne laisse » au président du tribunal de première instance le droit de » refuser de connaître à lui seul des contestations de cette » espèce, pour en attribuer la connaissance au tribunal en» tier, et n'accorde pas à un tribunal de première instance » le pouvoir de prononcer en état de référé sur de pareilles » contestations. » Cet arrêt est-il bien rendu ? Nous ne saurions le penser. Le Code de procédure garde, il est vrai, un silence absolu sur le renvoi d'un référé à l'audience du tribunal ; et sous ce rapport, la cour de Poitiers serait excusable, si elle n'avait pas connu le réglement du 30 mars 1808, qui permet au juge d'ordonner ce renvoi ; car en avouant son ignorance, elle aurait pu se laver d'une erreur ! Mais il n'en saurait être ainsi ; et puisque les parties invoquèrent devant elle les dispositions de l'art. 60 du réglement de 1808, nous ne saurions voir dans cette décision qu'une erreur grave, une violation manifeste de la loi. Les décrets de l'empire, *insérés en entier au bulletin des lois*, étaient en effet obligatoires dans chaque département, à compter du jour de la distribution au chef-lieu (Voyez *suprà*, page 10). Or, le réglement dont nous parlons a été envoyé officiellement à tous les tribunaux ; il doit être exécuté comme loi du royaume, et le juge qui refuserait d'en faire l'application, serait coupable de déni de

Cependant si l'on consulte l'art. 807 du Code de procédure civile, on y verra que, la demande doit être portée à une audience tenue à cet effet par le président du tribunal de première instance, *ou par le juge qui le remplace*, aux jour et heure indiqués par le tribunal : d'où l'on serait peut-être conduit à penser que le réglement du 30 mars 1808 a modifié le Code, par suite de la maxime *posteriora derogant prioribus*. Mais cette antinomie n'est pourtant qu'apparente ; les deux textes de loi peuvent subsister ensemble, et pourvu qu'on les interprête l'un par l'autre, ils n'ont plus rien de contradictoire, leurs effets se réunissent vers un centre commun d'action.

Or, voici d'après nous, comment il faut les entendre :

1° Les tribunaux de première instance doivent chaque année, lors de la reprise de leurs séances, déterminer par une délibération écrite et affichée dans l'auditoire, les jour et heure des audiences de référé ;

---

justice.. — « Lorsque le juge (dit M. Pigeau, traité de la pro» cédure civile, tome 1, page 112 et 115), a entendu les par» ties dans leur plaidoiries respectives, si elles se présentent, » ou l'une d'elles, si l'autre fait défaut, il agit suivant les » trois cas qu'on va voir ; 1° ou il statue provisoirement sur » la cause ; 2° ou il renvoie les parties à se pourvoir à l'au» dience du tribunal : 3° ou enfin *il les renvoie à l'audience » du tribunal pour y être jugées* EN ÉTAT DE RÉFÉRÉ. — Lorsque » le juge, convaincu d'ailleurs de l'urgence de l'affaire, lui » trouve des difficultés qu'il croit prudent de soumettre aux » lumières de ses collègues, il la renvoie à l'audience du tri» bunal, pour y être statué *en état de référé*, aux jour et heure » qu'il indique par son ordonnance. L'affaire conserve sa na» ture de sommaire ; en conséquence, elle n'est pas susceptible d'écriture, et se juge sur la plaidoirie des parties. »

2° Ces audiences doivent, autant que possible, être tenues par les présidens eux-mêmes, et en cas d'absence ou d'empêchement, par les vice-présidens, s'il y en a, ou par les juges les plus anciens, en suivant l'ordre de réception;

3° Le juge des référés, *dans les cas qui lui présentent des difficultés sérieuses,* renvoie la cause et les parties à l'audience du tribunal pour qu'il statue, en indiquant le jour de son rapport, ce qui tient lieu de sommation;

4° S'il y a plusieurs chambres, le renvoi à l'audience est fait à la chambre où le président siège habituellement, sauf à lui à déléguer ensuite la cause, s'il le croit utile pour la plus prompte expédition des affaires;

5° « Si néanmoins le cas requiert célérité, le » président, ou celui qui le représentera, pourra » permettre d'assigner, soit à l'audience, soit à » son hôtel, à heure indiquée, même les jours » de fêtes; et, dans ce cas, l'assignation ne pourra » être donnée qu'en vertu de l'ordonnance du juge, » qui commettra un huissier à cet effet (art. 808). »

Telles sont les règles que nous croyons devoir tracer (1).

Passons maintenant à l'examen de quelques questions analogues.

---

(1) Une disposition générale, et qui par conséquent s'applique à toutes les juridictions, veut encore qu'aucune signification ni exécution ne puisse être faite, depuis le 1er octobre jusqu'au 31 mars, avant six heures du matin et après six heures du soir; et depuis le 1er avril jusqu'au 30 septembre, avant quatre heures du matin et après neuf heures du soir; non plus que les jours de fêtes légales, si ce n'est en vertu de la permission du juge, *dans le cas où il y aurait péril dans la demeure* (Code de procédure civile, art. 1037).

PREMIÈRE QUESTION.

LES PARTIES PEUVENT-ELLES SE PRÉSENTER VOLONTAIREMENT DEVANT LE MAGISTRAT DES RÉFÉRÉS, ET LUI DEMANDER JUGEMENT SUR L'OBJET QUI LES DIVISE, S'IL RENTRE DANS LE CERCLE DE SES ATTRIBUTIONS?

S'il existe des formes de procédure devant les tribunaux de première instance, cela ne peut se rapporter qu'au défendeur qui fait retraite, et qu'il faut contraindre à se présenter. Dans ce cas, il a fallu donner au demandeur un lieu d'action, ou, pour mieux dire une voie légale et forcée à l'aide de laquelle il pût arriver à un jugement contre son débiteur. Voilà quel est le but de la procédure, et son utilité. Mais lorsque les deux parties comparaissent ensemble, *volontairement*, devant les juges qui doivent connaître de leurs contestations, il faut qu'il soit rendu jugement sans frais de poursuite; car les tribunaux ne sont autorisés à rejeter par défaut de forme, les demandes qui leur sont soumises, qu'autant qu'on excipe de la nullité, à moins qu'ils ne fussent incompétens à raison de la matière. Et de même qu'un exploit d'ajournement nul dans la forme, par exemple pour n'être pas daté (article 61), n'en est pas moins valable, si le défendeur renonce à l'attaquer, de même les avoués des parties peuvent, *sans aucune formalité de justice*, conclure à l'audience du tribunal. Or, si personne ne se plaint, tout oblige les juges à passer au jugement du fond. Peut-il exister une différence entre un exploit nul et un exploit non signifié?

Le Code de procédure civile est bien loin d'enlever aux tribunaux le pouvoir de juger abstraction faite des formes judiciaires, quand les plaideurs veulent y renoncer. Nous voyons au contraire une analogie frappante avec la juridiction toute exceptionnelle du magistrat des référés. « Les par- » ties peuvent toujours, dit l'art. 7, se présenter » volontairement devant un juge de paix, auquel » cas il jugera leur différend, soit en dernier res- » sort, si les parties l'y autorisent, soit à la charge » de l'appel, encore qu'il ne fût le juge naturel des » parties, ni à raison du domicile du défendeur, ni » à raison de la situation de l'objet litigieux (1). » Remarquons d'ailleurs qu'en référé, tout comme devant les justices de paix, aucune forme de procédure n'est prescrite à peine de nullité ; et si l'art. 807 dit que la *demande* sera portée à une audience tenue à cet effet, il ne dit pourtant pas qu'il y ait nécessité d'ajourner, *par exploit*, le défendeur qui veut comparaître sans citation. Sans doute, si le cas requiert célérité, le président, ou celui qui le représente, peut permettre d'assigner, soit à l'audience, soit à son hôtel (art. 808) ; mais cette exception ne détruit pas la règle tracée par l'art. 807 : elle ne dispose, au contraire, que pour le cas où le demandeur croirait qu'il lui est impossible d'avoir la présence de son adversaire. Or, une telle formalité devient absolument inutile lorsque les deux parties comparaissent volontairement. Tout se borne donc à faire constater d'une manière régulière et *incontestable*, ou dans un procès-verbal séparé, ou

(1) Les lois organiques des tribunaux de première instance ne se rapportent qu'à leur compétence et ne s'occupent point de la procédure. Voyez les lois des 16-24 août 1790, titre 5, art. 5 et 6 ; 27 ventôse an 8 (18 mars 1800), titre 2, art 6 et 7, et 20 avril 1810, art. 34.

dans l'ordonnance même qui statue sur la contestation, que le demandeur et le défendeur ont voulu être jugées (1). « La déclaration des parties qui » demanderont jugement sera signée par elles, *ou* » *mention sera faite qu'elles ne peuvent signer* (art. 7). »

2me QUESTION.

LE MAGISTRAT DES RÉFÉRÉS POURRAIT-IL DONNER AUDIENCE UN JOUR DE FÊTE LÉGALE, SANS AVOIR DÉCLARÉ PRÉALABLEMENT L'URGENCE, ET AUTORISÉ D'ASSIGNER LE DÉFENDEUR ?

Les tribunaux ne rendent ordinairement la justice que les jours non fériés, parce que les dimanches et les autres jours de fête sont consacrés au repos des citoyens (2). Il n'y a d'exception à cette règle

(1) Il peut être dérogé par la volonté des parties aux lois qui établissent les deux degrés de juridiction, pourquoi n'en serait-il pas de même à l'égard des règles de la procédure? — La cour de cassation, par ses deux arrêts des 18 août 1818 et 16 juin 1824 (Sirey, tome 19-1-33, et tome 24-1-310), a décidé la première proposition dans les termes les plus formels. « Considérant, a-t-elle dit, qu'il résulte de l'arrêt attaqué que les parties » *ont demandé à être jugées* sur toutes leurs contestations par » la cour royale; que même le sieur Guillot, *qui n'était point* » *en instance devant les premiers juges* sur l'objet de la société, » avait été sommé, par les demandeurs en cassation eux-mêmes, » de déclarer *s'il voulait consentir* à plaider devant la cour » royale sur les demandes qu'ils se proposaient de former contre » lui, et franchir par là le premier degré de juridiction; que » le sieur Guillot avait répondu par écrit *qu'il y consentait;* » que, dans cet état de choses, les appels et toutes les demandes » avaient été jointes; etc. » Ainsi, l'on pourrait se soustraire à la juridiction d'un tribunal de première instance, et cependant devant le juge des référés, l'on ne pourrait pas se dispenser d'un simple exploit d'ajournement!!

(2) Loi du 18 germinal an 10, *relative à l'organisation des cultes*, art. 57, et loi du 18 novembre 1814, *sur la célébration des fêtes et dimanches*, art. 1.

que lorsque l'urgence est telle, qu'on ne peut, sans péril, attendre au lendemain. Dans ce cas, la loi donne la faculté au juge des référés d'apprécier l'urgence, d'entendre les parties, et de juger leur différend.

Nous devons faire remarquer que le Code de procédure civile (art. 808) veut de plus que l'assignation à comparaître un jour de fête légale, soit à l'audience, soit à l'hôtel du juge, *ne puisse être donnée qu'en vertu d'ordonnance*. Or, c'est là que se trouve l'objection. Mais une telle formalité est-elle absolument nécessaire? Non. Tout nous porte à croire que la décision qui interviendrait sans ce préalable, ne serait pas nulle.

Dans quel but, en effet, le Code exige-t-il que le juge donne le permis d'assigner? Pour empêcher que, *sans motif légal*, les plaideurs ne le privent d'un temps qu'il destine à des pratiques religieuses ou à goûter les douceurs de la vie privée. Serait-ce encore dans l'intérêt du demandeur? Cela est possible. On peut voir là un moyen d'obtenir prompte justice en faisant comparaître l'adversaire devant l'autorité qui doit le juger. Mais parce que les deux parties se présenteront volontairement en référé, sans frais, ou sur une citation donnée au défendeur, sans permission, le juge sera-t-il inhibé de prononcer? Non, sans doute; car tout est subordonné à sa volonté. Or, s'il passe au jugement de l'objet litigieux, il en reconnaît la nécessité, et cela suffit. Peu importe aussi qu'il ait ou non autorisé le demandeur à poursuivre; l'urgence existe, il doit juger : c'est ce qui lui donne attribution de juridiction un jour de fête légale.

On aurait tort de soutenir que ces mots : *ne pourra,*

qu'on trouve dans l'art. 808, constituent une disposition impérative, irritante, dont l'inobservation entraîne nullité.

Dans les contrats, c'est un point incontestable, il existe des formes substancielles, de l'essence de la convention, sans lesquelles l'engagement ou l'acte qui sert à le constater manquerait de lien de droit, et serait par conséquent nul, et de nul effet; mais en procédure civile, les principes sont tout différens. Il n'y a point de nullités sous-entendues, les formes n'y sont qu'accidentelles, et la volonté du législateur n'est jamais impérative, irritante, ce qui fait que la nullité n'est proposable qu'autant qu'elle est expressément prononcée. « Aucun ex-» ploit ou acte de procédure, dit l'art. 1030, *ne » pourra être déclaré nul*, si la nullité n'en est pas » formellement prononcée par la loi. »

Or, qu'est-ce qu'une ordonnance de référé? *Un acte de procédure*, Qu'est-ce encore que l'ordonnance qui permet d'assigner un jour de fête légale? *Un acte de procédure*. Qu'est-ce enfin que l'assignation à comparaître ce jour-là? *Un exploit*.

Ainsi, la nullité n'étant pas prononcée par l'article 808, il est hors de doute qu'on ne doit pas l'accueillir. Les parties peuvent donc, *sans autorisation préalable*, avec ou sans citation, porter devant le juge des référés, soit à son hôtel, soit à l'audience, la connaissance d'un fait qui rentre dans ses attributions, sans encourir la peine de nullité; et pourvu que ce magistrat, *reconnaisse l'urgence*, qu'il veuille prononcer, sa décison devra être maintenue.

Alors même que le défendeur aurait fait défaut, l'ordonnance n'en serait pas moins valable; car le premier devoir de la partie assignée étant de comparaître, il fallait qu'il vînt contester, s'il y avait lieu, l'état d'urgence et prétendre qu'on ne pouvait pas le juger. Aussi, en ne se présentant point, il est censé reconnaître que le cas requiert célérité, et que le juge, en statuant un jour férié, n'a pas outre-passé la limite de ses attributions. D'ailleurs, les ordonnances sur référé n'étant pas susceptibles d'opposition (art. 809), il n'aurait d'autre recours que l'appel; mais ce moyen serait inéfficace, si l'urgence était déclarée par la cour.

3me QUESTION.

Y AURAIT-IL NULLITÉ, SI L'ASSIGNATION DONNÉE UN JOUR DE FÊTE, EN VERTU DE L'ORDONNANCE DU JUGE, N'ÉTAIT PAS SIGNIFIÉE PAR UN HUISSIER COMMIS?

Et d'abord, *en droit*, aucune signification ni exécution ne peut être faite, depuis le 1er octobre jusqu'aux 31 mars, etc; non plus que les jours de fête légale, si ce n'est en vertu de la permission du juge, *dans le cas où il y aurait péril en la demeure*. Telle est la règle générale que nous trouvons consignée dans les art. 63 et 1037 du Code de procédure civile, et que l'art. 808, au titre des référés, reproduit en ces termes: « dans ce cas, » l'assignation ne pourra être donnée qu'en vertu » de l'ordonnance du juge, *qui commettra un huissier à cet effet.* » Ainsi, point de doute, cet officier instrumentaire ne peut régulièrement exploiter *un jour de fête*, sans le concours des trois circonstances suivantes:

1° Péril en la demeure;

2° Ordonnance du juge;

3° Commission spéciale de signifier au débiteur.

Mais, *en fait*, cette dernière formalité est-elle prescrite à peine de nullité? Non. L'exploit sera donc valable, malgré que l'huissier exploitant n'ait pas été désigné. Il suffit à cet officier de justice d'une ordonnance qui permette d'assigner un jour de fête légale, pour que sa responsabilité soit à couvert, et quant au demandeur et au défendeur, peu leur importe que l'exploit d'ajournement en référé émane de tel ou tel autre huissier; leur intérêt veut seulement qu'il énonce d'une manière précise l'objet de la demande, et qu'il puisse les amener devant le juge qui doit connaître de leur contestation. Nullité sans grief ne fut jamais proposable.

D'ailleurs, l'art. 808 du Code de procédure civile, en exigeant le *committimus*, n'a voulu autre chose sinon que le juge eût la certitude que le défendeur a reçu la copie. Or, l'exploit que représente le demandeur (et qui fait foi jusqu'à inscription de faux), donne forcément cette certitude, et oblige le magistrat à prononcer sur l'objet qui est soumis à sa décision, alors même que la partie assignée resterait défaillante. Si elle n'a pu comparaître parce que la copie ne lui a pas été remise, ou par erreur, ou par suite de la prévarication de l'huissier, et si cela donne lieu à un jugement de défaut qui serve à des exécutions illégales, préjudiciables, attentatoires à ses droits, elle aura l'action en dommages et intérêts, soit contre le demandeur, soit même contre l'huissier, dans le cas où il serait prouvé qu'il a agi sciemment, dans le dessein de nuire (Code de procédure civile, art. 132 et 1031). Cette garantie doit déterminer le juge. A plus forte raison si le demandeur et le défendeur se présentaient ensemble, car il serait évident que les poursuites n'ont pas été clandestines.

Tout autre interprétation de l'art. 808 serait vicieuse, et n'aurait d'autre base que l'arbitraire, le bon plaisir, ces deux grands fléaux du pouvoir judiciaire.

4me QUESTION.

L'EXPLOIT OU ACTE D'EXÉCUTION FAIT UN JOUR DE FÊTE LÉGALE, SERAIT-IL VALABLE, QUOIQU'IL N'Y EUT POINT PÉRIL DANS LA DEMEURE, ET QUE LE JUGE NE L'EÛT PAS AUTORISÉ?

Cette question a beaucoup d'analogie avec la précédente, mais elle s'en écarte pourtant, sous ce rapport qu'elle a pour objet de fixer le lecteur sur ce point essentiel de procédure : *les officiers ministériels sont-ils*, PENDANT LES JOURS DE FÊTE, *frappés d'incapacité à raison des actes de leur ministère, s'ils n'ont pas obtenu la permission d'instrumenter?*

En matière de forme, on le sait, aucune nullité d'exploit ou d'acte de procédure n'est virtuelle. En vain le législateur aurait-il employé ces expressions : *ne sera fait, ne pourra être fait*, ou autres de ce genre; elles n'auraient aucune influence sur la validité ou l'invalidité des actes faits nonobstant la prohibition.

Les principes qui régissent les contrats, et la distinction très-exacte que font les auteurs quand il s'agit d'une obligation, entre les formes *substantielles* et *accidentelles*, *intrinsèques* et *extrinsèques*, ne s'apliquent point à la procédure : là, le juge ne peut déclarer la nullité si elle n'est formellement prononcée par la loi (art. 1030). Cette règle ne supporte aucune exception. Or, les art. 63, 808 et 1037 gardent le silence le plus absolu, sur la nullité des actes faits contre leurs dispositions; aussi faut-il les valider. Sans doute l'huissier est répréhensible, il peut être condamné par le seul fait de la contravention; l'art. 1030 le dit expressément. « Dans le cas où la loi n'aurait pas prononcé la » nullité, l'officier ministériel *pourra*, soit pour » omission, soit pour contravention, être con- » damné à une amende, qui ne sera pas moindre » de cinq francs et n'excédera pas cent francs (1). » Ce serait donc une erreur de croire que l'exploit ou acte de procédure qui a donne lieu à l'amende, ne peut être valididé, puisque tout nous démontrequ'il doit être maintenu au profit du demandeur.

Il existe plusieurs arrêts à l'appui de notre opinion. La cour de cassation eut à s'expliquer sur la violation des art. 63 et 1037 dans les deux espèces suivantes : 1° une signification avait été faite après l'heure pendant laquelle les huissiers doivent instrumenter; 2° un acte de procédure avait été signifié un jour de fête légale, sans permission du juge, et voici ce qu'elle décida.

1e Espèce. — « Considérant (arrêt du 29 jan- » vier 1819, rapporté par M. Sirey, tome 20-1- » 55) que l'art. 1037 du Code de procédure civile,

---

(1) Il est pourtant des cas où la loi permet à un huissier d'instrumenter le dimanche, sans l'intervention du président ou du juge qui le remplace; par exemple, en matière de saisie-exécution (Code de procédure civile, art. 617), et dans les ventes de biens immeubles (art. 961 et 972), autres néanmoins que les expropriations forcées.

» en disposant qu'aucune signification ne peut être » faite à certaines heures, n'attache pas cependant » la peine de nullité à l'inobservation de cette dis- » position; que suivant l'art. 1030 du même Code, » aucun acte de procédure ne peut être annulé que » dans les cas pour lesquels la nullité en est for- » mellement prononcée par la loi ; qu'il suit de là, » que le tribunal de commerce de Romorantin a » pu, dans l'espèce, refuser d'admettre le deman- » deur à la preuve testimoniale du fait que le protêt » signifié à la requête du sieur *Pérault*, le 2 jan- » vier 1817, l'avait été après six heures du soir; » fait qui, en le supposant prouvé, n'aurait pas » entraîné la nullité du protêt, objet de sa récla- » mation; que, si l'inobservation de l'art. 1037 » peut donner lieu à l'application de quelque peine » contre l'officier ministériel qui contrevient à sa » disposition, le tribunal de commerce de Romo- » rantin n'a eu, sous aucun rapport, à en faire » l'application ; — Rejette, etc. »

2e Espèce. — « Considérant (arrêt du 23 fé- » vrier 1825, tome 25-1-233) que, suivant l'ar- » ticle 1030, Code de procédure, aucun exploit » ne peut être déclaré nul, si la nullité n'en est » pas formellement prononcée par la loi; que, si » les art. 63 et 1037 du même Code défendent de » faire de pareils actes les jours de fêtes légales, » ils ne prononçent pas la nullité de ceux faits en » contravention; que, par une suite, ils ne peu- » vent être annulés sous ce prétexte, sauf à pronon- » cer contre l'huissier la peine d'amende, *s'il y a » lieu*, conformément à l'art. 1030; qu'il suit de » là, qu'en refusant d'annuler l'exploit de suren- » chère dont il s'agit, l'arrêt attaqué, loin de vio-

» ler les art. 63 et 1037, n'a fait qu'une juste » application de l'art. 1030; — Rejette, etc. (1). »

« Cette jurisprudence peut, dit-on, devenir meur» trière; car elle donne au créancier la faculté de » violer impunément la loi, en faisant arrêter son » débiteur un jour de dimanche, alors que le Code » (art. 781, n° 2) défend d'exécuter la contrainte » par corps, et qu'il accorde ce jour-là, au con» traignable, une pleine et entière liberté. » Mais l'objection n'est pas sérieuse; elle se détruit en faisant remarquer que le titre de l'emprisonnement, après avoir indiqué toutes les conditions que doit remplir le créancier incarcérant (au nombre desquelles se trouve nécessairement celle de ne pas exécuter la contrainte pendant un jour férié, ou dans d'autres circonstances), ajoute : « à défaut » d'observation des formalités ci-dessus prescrites,

---

(1) Voyez un autre arrêt de la cour de cassation du 20 février 1830, dans une espèce où le même principe est consacré (Sirey, tome 30-1-274). La cour de Bordeaux a rendu le 16 juillet 1827 un arrêt en tout semblable. « LA COUR; — Attendu que la dame » *Lescure*, appelante du jugement rendu entr'elle et les héri» tiers *Boudet*, ne produit pas la copie de la signification qui » lui en a été faite; qu'en supposant que cette copie portât, » comme celle qui a été laissée à son mari, la date du *diman-* » *che* 17 septembre 1826, ladite signification n'en serait pas » moins valable; que l'art. 1037, Code de procédure civile, qui » veut qu'aucune signification ne puisse être faite les jours de » fête légale, qu'en vertu de la permission du juge, dans le cas » où il y aurait péril en la demeure, ne prononce pas la nullité » des actes qui contreviendraient à cette disposition; que sui» vant l'art. 1030 du même Code, aucun exploit ou acte de » procédure ne peut être déclaré nul, si la nullité n'en est » pas formellement prononcée par la loi, sauf l'amende à la» quelle l'officier ministériel pourrait être condamné;........, » Déboute la dame *Lescure* de sa demande en nullité de la » signification du jugement, etc. (tome 27-2-178). »

» le débiteur pourra demander la nullité de l'em» prisonnement (art. 794). »

Dans l'arrondissement du tribunal de S. G. (cour de Toulouse), un huissier se permit, un jour de dimanche, d'arrêter le sieur D....., qui requit aussitôt le référé; conduit devant le président, il opposa que son arrestation était illégale, et demanda sa mise en liberté. Mais ce magistrat, « considé» rant que l'art. 1037 du Code de procédure civile » ne prononce pas la nullité d'une exécution faite » contre sa disposition; que le sieur D....., soumis » à la contrainte par corps envers un grand nom» bre de créanciers, se cache habituellement, ne » paraît en public que le dimanche et fêtes, et par» vient ainsi à se soustraire à l'exécution de ses » engagemens, de plusieurs condamnations judi» ciaires dont la légitimité ne peut être révoquée » en doute; qu'il y a donc péril dans le retard, et » intérêt majeur pour ses créanciers qu'il soit passé » outre à l'emprisonnement, démet le sieur D..... » de ses exceptions, et ordonne qu'il sera écroué » dans la maison d'arrêt, etc. » — Alors le débiteur se pourvoit par action en nullité devant le tribunal; la cause est plaidée, mieux entendue, et un jugement contradictoire (que le créancier se garde bien d'attaquer par la voie de l'appel), faisant une application judicieuse des art. 781 et 794 déjà cités, les interprêtant l'un par l'autre, annule l'arrestation (1).

---

(1) Quelques créanciers ayant trouvé leur débiteur en prison, l'y firent recommander. Ils n'avaient pas à craindre le vice de l'arrestation, puisqu'il résulte de l'art 796 du Code de procédure civile que, « la nullité de l'emprisonnement, pour quel» que cause qu'elle soit prononcée, n'emporte point la nullité

S'il pouvait s'élever quelque doute sur la validité des significations et exécutions faites, *sans ordre de justice*, un jour de fête légale, on ne devrait l'attribuer qu'à l'obscurité qu'on rencontre dans la rédaction de l'art. 1031 du Code de procédure civile.

Il y est dit, en effet, « les procédures et les » actes nuls ou frustratoires, *et les actes qui auront » donné lieu à une condamnation d'amende*, seront » à la charge des officiers ministériels qui les auront » faits, lesquels, suivant l'exigence des cas, seront » en outre passibles des dommages et intérêts de » la partie, et pourront même être suspendus de » leurs fonctions. »

Mais pourquoi les actes qui ont donné lieu à une condamnation d'amende, sont-ils laissés à la charge des officiers ministériels qui les ont faits?

Ne pourrait-on pas en induire qu'ils sont inutiles et réputés comme non avenus?

Cette opinion est d'autant plus vraisemblable, qu'elle tire sa base du passage suivant : « lesquels » (c'est-à-dire les officiers ministériels), suivant » l'exigeance des cas, seront en outre passibles des » dommages et intérêts de la partie. »

De quelle partie a-t-on voulu parler? Est-ce du demandeur ou du défendeur? C'est le siége de la difficulté.

On le conçoit aisément, si le législateur a voulu

» des recommandations. » Mais le créancier incarcérant, ainsi que l'huissier instrumentaire, ne pouvant plus se dissimuler la responsabilité qu'ils avaient encourue, sachant bien qu'ils étaient passibles de forts dommages, si cette exécution illégale opérait l'effet de garder, pour d'autres causes, le débiteur en prison, s'empressèrent d'obtenir des créanciers recommendataires le consentement à la mise en liberté.

que les dommages fussent accordés à la partie poursuivante, il est alors bien évident que ces dommages n'étant dus qu'à raison de la perte qu'elle éprouve, en d'autres termes, pour l'indemniser de la privation de l'acte ou de l'exécution qui reste à la charge de l'huissier, cet acte ou cette exécution devient, par conséquent, sans force, sans résultat contre la partie poursuivie.

Tel n'est pourtant pas notre sentiment.

Nous pensons que la contravention à l'art. 1037 n'entraîne jamais la nullité des significations et exécutions faites hors des heures fixées, ou pendant les jours de fête légale. S'il en était autrement, on établirait une incompatibilité choquante entre les art. 1030 et 1031 ; car tandis que le premier de ces articles proclame le principe qu'aucune nullité ne doit être admise, si elle n'est pas déclarée par la loi, le second, au contraire, annulerait sans distinction, tous les actes faits contre les dispositions du Code. Certes, le législateur n'a pu avoir une volonté aussi contradictoire ! Non, il n'y a pas incompatibilité, et l'un et l'autre article doivent subsister ensemble, parce qu'aucun ne porte avec lui le germe de sa destruction. Démontrons cette vérité, en interprêtant les dispositions de l'art. 1031, et surtout en les expliquant d'après les règles de la logique et de la raison.

Par ces mots : « les actes qui auront donné lieu » à une condamnation d'amende, seront à la charge » des officiers ministériels qui les auront faits, » les rédacteurs de l'article ont eu l'intention d'empêcher que l'huissier retirât aucun bénéfice de la contravention dont il se serait rendu coupable, et par ceux-ci : « lesquels, *suivant l'exigence des cas*,

» seront en outre passibles des dommages et inté- » rêts de la partie, » l'on n'a voulu dire autre chose sinon que, s'il y avait eu contre la partie débitrice et poursuivie, exécution rigoureuse, tortionnaire, perte réelle par suite de la signification ou de l'exécution dont elle aurait été l'objet, il lui serait permis, dans ce cas, de demander des dommages contre l'huissier *lequel pourrait même être suspendu de ses fonctions*.

Or, voilà comment il faut entendre ce texte de loi. De cette manière, il se trouve en parfaite harmonie avec l'art. 1030, il n'en est plus que le corollaire, tandis qu'il donne à chaque partie pleine et entière satisfaction. Le demandeur cesse d'être préjudicié par l'incurie ou l'avidité de l'officier ministériel; ce dernier ne profite point de sa contravention, et le défendeur, si elle lui est nuisible, a un recours ouvert contre l'officier qui se l'est permise. Cette grande maxime d'équité suivant laquelle *tout fait quelconque de l'homme qui cause à autrui un dommage, oblige celui par la faute duquel il est arrivé, à le réparer*, reçoit alors une juste et belle application.

§ II.

DE LA FORME DES DIVERS RÉFÉRÉS.

Ce paragraphe doit, par la force des choses, faire la matière de quatre articles séparés, de manière que chacun de ces articles indique les formes qu'il convient d'employer devant les présidens des tribunaux de première instance et de commerce, les juges de paix, et les juges-commissaires en fait de distribution par contribution.

Tel est l'ordre que nous avons adopté dans la troisième partie de cet ouvrage à l'égard de l'autorité qui doit connaître des référés; tel sera aussi l'ordre que nous suivrons maintenant.

ARTICLE PREMIER.

DES AFFAIRES QUE L'ON PORTE DEVANT LE PRÉSIDENT DU TRIBUNAL DE PREMIÈRE INSTANCE, EN ÉTAT DE RÉFÉRÉ.

En énonçant les cas qui sont susceptibles d'être appréciés par le juge des référés, nous avons dû convaincre le lecteur de cette vérité, que les attributions du président du tribunal de première instance nécessitent par elles-mêmes, un grand développement.

Les affaires sont, en effet, variées et multipliées soit quant à leur espèce, soit à raison de la procédure : les unes s'introduisent par un simple rapport, les autres en vertu de l'ordonnance du juge, les dernières par la seule volonté des parties, indépendamment du délai à accorder au défendeur.

Ainsi, cet article aura quatre divisions, dans lesquelles nous aurons l'occasion de parler, 1° *des référés faits par les juges de paix, notaires, greffiers et huissiers*; 2° *des ordonnances qui permettent d'assigner soit à l'hôtel du juge, soit à l'audience des référés;* 3° *des assignations, et* 4° *du délai pour comparaître.*

PREMIÈRE DIVISION.

DES RÉFÉRÉS FAITS PAR LES JUGES DE PAIX, NOTAIRES, GREFFIERS ET HUISSIERS.

Pour traiter méthodiquement cette première division, il est indispensable d'établir quatre catégories en égard aux espèces de référé qu'elle présente. Ce sera le moyen de donner à la discussion, plus de clarté, plus de précision, et d'en rendre l'étude moins pénible.

PREMIÈRE CATÉGORIE.

RÉFÉRÉS DES JUGES DE PAIX.

Il est plusieurs circonstances où le juge de paix doit, en matière d'apposition de scellé, en référer au président du tribunal de première instance, soit à l'instant même, si cela est possible (1), soit à jour et heure par lui indiqués, savoir :

1° Lorsqu'il trouve un testament ou autres papiers cachetés (Code de procédure civile, article 916);

2° Si le testament est trouvé ouvert (art. 920);

3° S'il s'élève des obstacles à l'apposition des scellés, ou bien des difficultés pendant qu'on y procède (art. 921);

4° Si lors de la levée des scellés, les parties ne s'accordent pas sur le choix d'un ou deux notaires, et d'un ou deux commissaires-priseurs pour pro-

(1) Lorsque les scellés doivent être apposés dans la ville même où siége le tribunal de première instance, rien ne s'oppose à ce que le juge de paix en réfère desuite; tout l'oblige à procéder ainsi, ne serait-ce que pour ne pas laisser son procès-verbal ouvert, ou pour éviter les frais du gardien qu'il doit établir aux portes extérieures, même aux portes intérieures, s'il y a lieu. Mais si l'apposition est requise à la campagne, et que la distance qui existe entre le lieu où les scellés vont être mis, et l'hôtel du président, empêchent le juge de paix d'en référer aussi vite que l'intérêt des parties l'exige, *et s'il craint le péril que pourrait entraîner le retard*, il statue lui-même, par provisoire, sauf à en référer ensuite (Code de procédure civile, art. 921).

céder à l'inventaire et à l'estimation du mobilier (art. 935).

Mais dans tous les cas où il en réfère, il faut qu'il mentionne la cause qui l'y oblige, et que le président signe son ordonnance sur le procès-verbal (art. 922.)

PREMIÈRE FORMULE.

PROCÈS-VERBAL D'APPOSITION DE SCELLÉS, LORS DUQUEL IL EST TROUVÉ UN TESTAMENT OU AUTRES PAPIERS CACHETÉS.

L'an....., et le....., nous (nom et prénoms), *juge de paix du canton de....* (1), *assisté du sieur....* (mettre le nom patronymique); *notre greffier.*

Sur la réquisition qui nous a été faite par le sieur A..... (indiquer les nom, prénoms, profession, demeure et QUALITÉ de la partie requérante, et faire élection de domicile dans la commune où le scellé est apposé, si elle n'y demeure (art. 914, n° 3), à moins que le scellé ne soit apposé d'office; mais, dans ce cas, le procès-verbal doit énoncer que l'apposition a été faite d'office, ou sur la réquisition ou la déclaration de l'un des fonctionnaires dénommés dans l'art. 911); *de vouloir bien procéder à l'apposition des scellés sur les meubles, effets, marchandises, argent comptant, crédits, lettres et papiers dépendant de la succession du sieur B.....* (nom, prénoms, profession et demeure du défunt);

Et ayant la présence du requérant (2), *déclarons*

(1) Le canton du juge de paix est ordinairement désigné par le nom de la commune où il tient ses séances. Cependant, dans les grandes villes, où il existe plusieurs justices de paix ressortissant toutes d'un seul arrondissement communal, on dit: « juge de paix de l'arrondissement de....., du canton de.... »

(2) Il est des juges de paix qui sont dans l'habitude de rédiger un procès-verbal séparé, où ils écrivent la réquisition qui

nous être transportés les jour, mois et an que dessus, dans une maison sise à....., rue....., n°....., où est décédé ledit sieur B.....;

Étant entrés dans ladite maison, et parlant au sieur C..... (faire mention de la personne qui se présente, de ses nom, prénoms, profession et demeure, et autant que possible de la qualité en vertu de laquelle elle agit), *qui s'est présenté à nous, nous lui avons déclaré que, déférant à la demande du sieur A....., créancier d'une somme principale de....., indépendamment des accessoires, ainsi que ce la résulte d'un acte authentique et* EXÉCUTOIRE *retenu le...., par Me D....., notaire à....,* (1), *nous allions, à l'instant*

---

leur est faite d'apposer les scellés. Rien ne les oblige pourtant à cette formalité, que nous pouvons considérer comme superflue, inutile, et contraire aux règles d'économie judiciaire qu'il convient d'observer devant la justice. Il suffit, en effet, qu'ils soient assités de la partie requérante. C'est ce qui résulte d'un manière explicite de l'art. 914 du Code de procédure civile, portant: « le procès-verbal d'apposition contiendra, 1°.....; 2°.....; 3° les » noms, profession et demeure du requérant, s'il y en a, et son » élection de domicile dans la commune où le scellé est apposé, » s'il n'y demeure; 4°.....; 5°.....; 6° les comparutions et dires » des parties, etc. »

(1) Dans le cas où la créance ne serait pas fondée sur un jugement ou sur un titre authentique et exécutoire, le créancier pourrait être autorisé à requérir l'apposition des scellés, soit par le président du tribunal de première instance, soit même par le juge de paix du canton dans lequel le scellé doit être apposé (Code de procédure civile, art. 909, n° 2). Alors le procès-verbal devrait porter : « créancier autorisé par ordonnance du président » du tribunal de première instance de....., en date du....., en» registrée » Ou bien encore : « créancier autorisé par nous, » suivant notre ordonnance du....., enregistrée. » — Si c'était un héritier qui requit le scellé, ou un prétendant droit à la succession, comme par exemple, la veuve commune en biens, ou créancière de sa dot, ou un enfant naturel légalement reconnu, il faudrait énoncer leurs titres et leurs qualités.

même, procéder à ladite apposition de scellés; le sommant, à cet effet, de nous donner libre accès dans la maison du défunt, et par exprès, de nous remettre toutes les clefs qui sont à sa disposition; lequel a répondu : (inscrire la réponse du sieur C.....); *le sieur A..... a répliqué à son tour que,* (inscrire également ses dires); *desquelles réponse, réplique, protestations et réserves, avons donné acte auxdits sieurs A.... et C...., chacun en ce qui le concerne, pour leur servir et valoir ce qu'il appartiendra, et ont signé, de ce par nous requis* (s'ils ne savaient, voulaient ou pouvaient signer, le juge de paix ferait alors cette mention : lesquels requis de signer, ont déclaré ne *vouloir,* ou *pouvoir,* ou *savoir*).

Après quoi, nous juge de paix susdit, toujours avec l'assistance de notre greffier, et celle de la partie requérante, sommes passés dans une chambre (dire où elle est située, au rez-de-chaussée ou dans un étage supérieur, et à quel aspect), *où étant, le corps du sieur B....., gissant encore sur un lit* (1), *ledit sieur C..... nous ayant remis les clefs qu'il avait en son pouvoir, au nombre de....., et nous ayant dit* (*ce que nous avons au surplus vérifié*), *qu'elles ouvraient savoir : la première.....* (désigner successivement les portes et les meubles auxquels elles appartiennent);

(1) « Si le scellé n'a pas été apposé avant l'inhumation, le » juge de paix constatera, par son procès-verbal, le moment » où il a été requis de l'apposer, et les causes qui ont retardé » soit la réquisition, soit l'apposition (Code de procédure civile, » art. 913) : » d'où la conséquence que la mention énoncée au procès-verbal, relativement à la présence du corps du défunt, est utile, ne serait-ce que pour attester que l'inhumation n'avait pas été faite lorsque le scellé a été apposé.

Étant revenus dans la chambre où le sieur B..... est décédé, nous avons apposé le scellé avec notre sceau particulier (dont une empreinte se trouve déposée au greffe du tribunal de première instance, conformément à l'art. 908 *du Code de procédure civile*),

1°..... (Faire la nomenclature des objets mis sous le scellé, tels qu'armoires, buraux, commodes, portes et fenêtres) (1).

Dans une seconde chambre (dire quelle est sa situation, et à quel aspect elle donne), *nous y avons trouvé en évidence les meubles et effets suivans :*

1° *Etc., etc., etc.*

Et comme nous nous disposions à placer ces objets sous le scellé, le sieur C....., sus-nommé et qualifié (ou bien tout autre personne, si elle se présente), *nous ayant avertis que lesdits objets servent à l'usage journalier de la maison du défunt, et qu'ils sont d'une indispensable nécessité tant à lui, répondant, qu'aux personnes vivant avec lui, nous avons, sur sa demande, laissé les objets dont s'agit à la garde du sieur C....., lequel s'en est chargé, avec promesse de les représenter lorsqu'il en sera requis et a signé.*

Dans une troisième chambre (la bien désigner), *nous avons, en y entrant, aperçu un secrétaire en bois de.....* (dire la qualité du bois, et autant que possible, la forme de ce meuble), *et comme nous*

---

(1) Le scellé est placé aux fenêtres, aux portes des appartemens, ainsi que sur les meubles dans lesquels il est possible que quelque valeur mobilière ait été renfermée, tels qu'armoires, commodes, bureaux et secrétaires. Cette formalité consiste à mettre une bande de papier blanc signé par le juge et le greffier, cacheté avec de la cire d'Espagne, sur les deux ouvrans des portes, fenêtres et meubles dont il s'agit, portant l'empreinte du sceau de la justice de paix (Code de procédure civile, article 908)

allions y apposer notre scellé, le sieur C..... a voulu que nous en fissions l'ouverture, afin de faire la perquisition du testament du défunt : l'ouverture de ce meuble ayant été faite par notre greffier, nous y avons trouvé,

1° *Dans le premier tiroir, une somme de.....* (la quantité et en quelles espèces), *numéraire métallique, que le sieur C..... nous a priés de lui remettre, et que nous lui avons en effet remis, tant pour fournir aux frais de maladie et d'enterrement, que pour parer aux dépenses de la maison; ledit sieur C..... ayant déclaré ne recevoir cette somme qu'à titre d'acte conservatoire, de surveillance et d'administration provisoire, sans que cela puisse lui nuire, et lui attribuer d'autre qualité que celle qu'il jugera à propos de prendre ultérieurement, pendant les trois mois et quarante jours que la loi donne pour faire inventaire, et délibérer s'il acceptera ou s'il répudiera la succession,* (ou la communauté, si c'est la veuve qui a fait la déclaration, dans le cas où elle aurait contracté sous ce régime), *et a signé* (1).

2° *Dans un second tiroir du secrétaire dont il vient d'être parlé, nous y avons trouvé un papier cacheté, portant, pour suscription, ces mots :* MON TESTAMENT, *et la siguature B....., que le sieur C..... nous a dit être celle du défunt.*

---

(1) Nous supposons ici que c'est l'héritier, ou la veuve du défunt, commune en biens, qui a réclamé l'administration provisoire, et dans ce cas, il est indispensable de consigner dans le procès-verbal les réserves dont nous venons de parler, pour ne pas qu'on en infère une acceptation de la succession ou de la communauté. Si c'était un étranger à la succession, un domestique, par exemple, ou bien un légataire à titre particulier, cette mention serait inutile, parce qu'elle ne pourrait jamais faire supposer une addition d'hérédité.

Aussitôt, pour nous conformer aux dispositions de l'art. 916 *de Code de procédure civile, nous avons constaté la forme extérieure, le sceau et la suscription de cette pièce de la manière suivante :*

Le papier qui lui sert d'enveloppe est de forme carrée, de la dimension de..... (fixer la grandeur, faire connaître les marques distinctives, le cachet, et généralement tout ce qui peut empêcher la substitution d'un autre papier.)

Et immédiatement, sans nous occuper d'autre chose, nous avons paraphé l'enveloppe de ce testament, et nous l'avons faite parapher par les sieurs A..... et C....., ainsi que par notre greffier (1).

Après avoir confié la garde dudit testament aux soins de notre greffier, qui l'a reçu et s'en est chargé, sous toute responsabilité de fait et de droit, nous avons déclaré aux sieurs A..... et C..... que nous le présenterions le....., à..... heures du....., à M. le

---

(1) Si les parties ne savent, ne peuvent ou ne veulent parapher le testament, le juge de paix le déclare en ces termes : « l'enveloppe dudit testament a été paraphée par nous et notre » greffier, en présence des sieurs etc., lesquels, sur notre in- » terpellation, ont déclaré ne savoir signer (ou bien ne pou- » voir ou ne vouloir). » Il peut arriver encore que, parmi les personnes présentes à l'apposition des scellés, il y en ait qui sachent et d'autres qui ne sachent pas signer, alors le juge de paix le constate comme suit : « l'enveloppe dudit testament a » été paraphée par nous, les sieurs etc. (les noms de ceux qui » signent), et notre greffier, à l'exception des sieurs etc. (les » noms de ceux qui ne signent pas), lesquels, sur notre in- » terpellation, ont déclaré ne savoir (ne vouloir ou ne pouvoir) » signer. » L'on procède de même, à l'égard de tous autres papiers qui auraient été trouvés cachetés. Mais si le testament trouvé cacheté était de forme mystique, on ne pourait en faire l'ouverture qu'en présence de ceux des notaires et des témoins, signataires de l'acte de suscription, qui seraient sur les lieux, ou eux dûment appelés (Code civil, art. 1007.)

président du tribunal de première instance de....., en son hôtel, sis rue....., pour qu'il en fasse l'ouverture, la description et la lecture aux parties, et qu'il soit ordonné ensuite ce qu'il appartiendra, sommant lesdites parties de s'y trouver, si bon leur semble.

3° *En continuant toujours nos recherches, nous avons trouvé dans un autre tiroir du même secrétaire, une quantité de papiers que nous avons décrit comme suit :* (mettre ici l'indication sommaire des titres, pièces et actes qui peuvent avoir quelque importance.)

Nous déclarons enfin que les lieux, ainsi que les effets sus-désignés, sont les seuls qui nous ont été indiqués par le sieur C....., lequel, après avoir prêté serment devant nous, qu'il n'a rien détourné, directement ni indirectement, et qu'il ne sait pas que personne ait rien caché ou détourné, s'est volontairement chargé de la garde et conservation desdits scellés, ainsi que des effets à lui laissés en évidence, s'obligeant de tout représenter dans l'état où il l'a reçu, quand et à qui il appartiendra, sous les peines de droit; et nous avons au fur et à mesure de l'apposition des scellés, remis à notre greffier, qui le reconnaît, toutes les clefs des serrures sur lesquelles le scellé a été apposé, afin qu'elles restent en son pouvoir jusqu'à la levée desdits scellés, conformément à la loi, et ont lesdits sieurs A..... et C..... signé avec nous et notre greffier (1).

---

(1) L'art. 915 du Code de procédure civile veut que les clefs des serrures sur lesquelles le scellé a été apposé, restent entre les mains du greffier de la justice de paix. Cette précaution peut être sage, mais elle n'offre pas un surcroît de garantie, puisque si le gardien du scellé se permettait de dénaturer le cachet, il lui serais toujours facile d'ouvrir la serrure à l'aide

OUVERTURE DU TESTAMENT (1).

Nous....., juge de paix du canton de....., asssisté du sieur....., notre greffier;

En exécution du renvoi par nous ordonné le....., déclarons nous être rendus cejourd'hui (date des jour, mois et an), *à..... heures du....., chez M. le président du tribunal de première instance de....., en son hôtel* (2) *sis rue....., n°....., où étant, et parlant*

---

d'une fausse ou d'une double clef. — Une autre disposition ajoute : « ne pourront le juge ni le greffier aller, jusqu'à la » levée dans la maison où est le scellé, à peine d'interdiction, » à moins qu'ils n'en soient requis, ou que leur transport n'ait été » précédé d'une ordonnance motivée. Nous ne pouvons qu'applaudir à une telle prohibition. Il eût été possible de trouver un greffier prévaricateur, qui, abusant de la possession du sceau de la justice de paix n'eût pas craint, d'accord avec le gardien, d'aller clandestinement dans le lieu où le scellé a été apposé, s'y permettre des soustractions frauduleuses. (il est assez d'usage que le juge de paix laisse le sceau à la disposition du greffier, malgré que l'art. 908 du Code de procédure civile lui impose l'obligation de le garder lui-même). Or, ce danger cesse dès l'instant que le juge de paix est requis par l'une des parties intéressées, de s'y transporter, assisté du greffier, ou que leur transport est précédé d'une ordonnance motivée, enregistrée, qui atteste leur nouvelle présence dans la maison. — Nous avons supposé que la personne qui était dans la maison, et qui s'est présentée au juge de paix, avait les qualités requises pour être gardienne des scellés; mais si elle n'offrait pas les garanties que l'intérêt des autres parties exige, et s'il n'était présenté aucun autre gardien, le juge de paix devrait le nommer d'office (Code de procédure civile, art 914, n° 10).

(1) C'est toujours à la suite du même procès-verbal.

(2) La loi dit que le juge de paix présentera le testament au président du tribunal de première instance, mais elle n'indique pas le lieu de cette présentation : d'où il faut conclure que l'ouverture du testatament peut être faite à l'hôtel du président, ou au palais de justice. On opposerait en vain l'art. 1040 du Code de procédure civile, suivant lequel tous actes et pro-

à lui-même, lui avons présenté le papier cacheté que nous trouvâmes en apposant les scellés sur les meubles et effets dépendant de la succession du sieur B....., et avons signé avec le greffier.

Sur quoi,

Nous, président du tribunal de première instance de....., après avoir reçu et vérifié le papier cacheté qui vient de nous être présenté, portant pour suscription, ces mots : MON TESTAMENT, *signé B.....* (1);

Oui les sieurs A..... et C....., qui ont déclaré

---

cès-verbaux du ministère du juge doivent être faits au lieu où siége le tribunal avec l'assistance du greffier ; car, indépendamment de ce que cet article contient une exception en faveur des ordonnances de référé, il est encore exact de soutenir qu'ici la présence du greffier du tribunal est inutile. En effet, le procès-verbal d'ouverture du testament est inscrit à la suite de procès-verbal d'apposition de scellés, et le greffier du juge du paix est là pour remplir le même office. — En l'absence du président, l'ouverture du testament est faite par le vice président ou par le juge qui le remplace; mais alors il est indispensable de se rendre au palais de justice, parce que la loi donne au président *seul* le droit de statuer en son hôtel.

(1) La mention de la suscription n'a ici d'autre effet que de mieux désigner la pièce que le juge de paix présente au président du tribunal, et sous ce rapport cela nous paraît conforme à la lettre et à l'esprit de l'art. 916 du Code de procédure civile, d'après lequel la forme extérieure, le sceau et la suscription du testament, ou de tout autre papier trouvé cacheté, doivent être constatés. Observez, d'ailleurs, que le président est tenu de constater l'état de la pièce (art. 918). Or, tout ce qui rentre dans ce but, tend à exécuter la volonté du législateur. — Cependant nous devons convenir qu'il n'y a pas une rigoureuse nécessité à faire mention de la suscription dans le procès-verbal d'ouverture, parce qu'il suffit à l'intérêt des parties qu'il y ait identité, et cette identité, une fois reconnue par le président, elles n'ont plus à se plaindre. Il peut d'ailleurs arriver qu'il n'y ait pas de suscription. Ce n'est donc pas un moyen unique pour faire reconnaître la pièce.

que le papier dont s'agit est bien le même que celui qui fut trouvé pendant l'apposition des scellés (1);

Attendu qu'il n'existe aucune altération,

Nous avons rompu le cachet, et lecture préalablement faite, en présence du juge de paix, de son greffier et des parties, de la pièce renfermée dans l'enveloppe, nous avons, de ladite pièce, reconnu et constaté l'état de la manière suivante (2):

---

(1) Chaque partie intéressée a le droit d'assister à l'ouverture et à la lecture du testament, pour s'assurer qu'il n'y a pas eu substitution frauduleuse d'une autre pièce : le Code de procédure civile (art. 916), en disant que le juge de paix indiquera le jour et l'heure où le paquet sera par lui présenté au président du tribunal, le démontre d'une manière irrésistible. Pourquoi ce renvoi, si ce n'est pour que les parties en soient instruites, et qu'elles puissent comparaître? Il est donc nécessaire de les entendre, si elles se présentent, d'en faire mention dans l'ordonnance du président, et de constater leurs dires, ou leur absence, si elles font défaut.

(2) Nos codes ne s'expliquent pas sur la question de savoir s'il faut ou non transcrire le testament, ou la pièce qui concerne la succession, sur le procès-verbal du juge de paix; ils se bornent à dire que son état sera constaté par le président. Mais de quelle manière? C'est là que réside toute la difficulté. La transcription littérale dans le procès-verbal nous paraît ici d'un grand intérêt pour les parties. Supposons, en effet, que le notaire chez lequel le dépôt est ordonné, fasse disparaître la minute, ou qu'elle soit détruite par un événement indépendant de sa volonté, avant même qu'il en ait délivré expédition; comment feront alors les parties pour exercer leurs droits? Elles ne le pourront plus : de cette manière, elles éprouveront un grand préjudice, et la volonté du testateur sera méconnue. Au contraire, si le procès-verbal d'apposition de scellés contenait la copie collationnée de la pièce *extraite en présence du juge*, cette copie serait, jusqu'à un certain point, susceptible de faire foi en justice, et de représenter l'original : c'est ainsi que cela se pratique en matière de vérification d'écriture. Or, il y a analogie parfaite. « Si le dépositaire (dit l'art. 203 du Code » de procédure civile) est une personne publique, il fera préalablement une expédition *ou copie collationnée* des pièces,

Cette pièce est écrite sur du papier (dire s'il est timbré ou non timbré, dans le cas de l'affirmative, à quel timbre, si la feuille est simple ou double, et de quelle dimension); *elle est datée de....., du.....*, *et porte la signature B....., commence par ces mots :* (copier la première phrase), *et se termine par ceux-ci :* (copier la dernière phrase); *on y aperçoit* (indiquer ici les ratures, les surcharges, s'il y en a, en un mot tout ce qui est apparent et qui peut tendre à conserver la substance de l'écrit) (1).

» laquelle sera vérifiée sur la minute ou original par *le président* » du tribunal de son arrondissement, *qui en dressera procès-ver-* » *bal* : ladite expédition ou copie sera mise par le dépositaire » au rang de ses minutes, POUR EN TENIR LIEU jusqu'au renvoi » des pièces, etc. » Et si, dans la rigueur des principes, la copie inscrite sur le procès-vesbal du juge de paix, était insuffisante pour suppléer l'original, elle n'en aurait pas moins la force de servir de commencement de preuve par écrit, autorisant l'admission de la preuve testimoniale; car les procès-verbaux d'apposition de scellés opèrent l'effet de donner une date certaine aux actes sous signature privée, dont ils rapportent la substance (Code civil, art. 1328.)

(1) D'après l'art. 1007 du Code civil, tout testament olographe doit, avant sa mise à exécution, être présenté au président du tribunal de première instance de l'arrondissement *dans lequel la succession est ouverte.* Ce testament est ouvert, s'il est cacheté. Le président dresse procès-verbal de la présentation, de l'ouverture et de l'état du testament, dont il ordonne le dépôt entre les mains du notaire par lui commis. Tel est le vœu de la loi. Or, nulle difficulté lorsque le juge de paix qui découvre le testament, se trouve dans l'arrondissement du tribunal de l'ouverture de la succession; car alors la présentation, l'ouverture et le dépôt que prescrit l'art. 918 du Code de procédure civile, remplissent le but que s'est proposé le législateur, en nous donnant l'art. 1007 du Code civil. Mais dans le cas où le président du tribunal de première instance qui doit connaître du référé du juge de paix ne serait pas celui de la sucession, faudrait-il en référer au président du tribunal du lieu où la succession est ouverte? M. Pigeau, *traité de la procédure civile*,

Et attendu que ladite pièce, par les dispositions qu'elle contient, nous a paru être le testament olographe du sieur B....., nous en ordonnons le dépot

---

tome 2, page 589 et 590, adopte cette proposition. « Si c'est » dit-il, un testament, il est plusieurs observations à faire : — » 1º S'il est olographe et cacheté, avant d'être mis à exécution, » il doit être etc. (il copie l'art. 1007 du Code civil). — Lors- » que ce testament est trouvé hors de l'arrondissement, par » exemple, dans une maison de campagne, la présentation doit » être faite, non au président du tribunal du lieu, *mais à celui* » *de la succession;* l'art. 1007 l'exige sans aucune distinction. » La raison est que c'est là que le testament doit être déposé, » comme concernant toute la succession, et pour en être déli- » vré des copies collationnées: c'est devant ce tribunal d'ailleurs » que le testament peut être méconnu et contesté, que les de- » mandes en vérification et exécution doivent être faites; ce » tribunal doit donc l'avoir sous les yeux. Ainsi, dans ce cas, » le juge de paix, après avoir constaté l'état extérieur du tes- » tament, comme le porte l'art. 916, *l'enverra au greffe de ce* » *tribunal, pour être présenté au président* (argument de l'ar- » ticle 202 du Code de procédure, qui veut, en matière de » vérification, lorsqu'elle ne se fait pas dans le lieu où est la » pièce de comparaison, que cette pièce soit envoyée au greffe). » — Une telle opinion, il faut le dire, est cependant contraire aux principes, et rien ne peut excuser l'erreur qu'elle tend à consacrer. — Que dit, en effet, l'art. 916 du Code de procédure civile? Que le juge de paix présentera le testament au président du tribunal de première instance, à jour et heure indiqués. Or, si d'après M. Pigeau, le juge de paix est tenu d'envoyer ce testament au greffe du tribunal de première instance du lieu de l'ouverture de la succession, *pour qu'il soit présenté au président*, il viole la disposition qui l'oblige à le présenter lui-même, et les parties ne sont plus instruites du jour précis auquel se fera l'ouverture, objet pourtant très-essentiel. Et par quelle voie l'adressera-t-il au greffe? par la poste? Mais le testament disparaît de ses mains, ou de celles du greffier, et peut s'égarer en route. L'enverra-t-il par un commissionnaire spécial? Cette personne n'a pas qualité pour rester dépositaire de la pièce. Le juge de paix ou le greffier ira-t-il lui-même porter le testament? La loi s'y oppose, et la raison démontre qu'il ne doit pas être chargé de cette mission. Le juge de paix et son greffier n'ont de rapports judiciaires qu'avec

entre les mains de Me E....., notaire à la résidence de....., que nous commettons à cet effet, pour qu'il la mette au nombre de ses minutes, et que les parties

---

le président de l'arrondissement dans lequel leur justice de paix est établie, et cependent l'on voudrait qu'ils fussent dresser un procès-verbal et faire un acte de leur ministère hors de leur canton, dans un ressort où ils ne peuvent être considérés que comme simples particuliers, où ils n'ont aucune compétence! D'autre part, quelque distance que parcoure le juge de paix dans l'exercice de ses fonctions, il ne doit lui être passé que deux journées de voyage pour l'aller, le retour et la vacation devant le président, c'est-à-dire 20 francs en tout (décret du 16 février 1807, art. 3); le greffier n'a droit lui-même qu'aux deux tiers de cette somme (art. 16 du décret). — « C'est le » domicile du défunt, et non pas l'endroit où il est mort qui » détermine le lieu ou s'ouvre la succession (Toullier, droit civil, » tome 1, page 321). » Eh bien! supposons que *Pierre*, se trouvant à Paris, y soit décédé, laissant un testament olographe, et que le juge de paix de l'arrondissement dans lequel il résidait, l'ait trouvé en apposant les scellés; faudra-t-il que ce juge de paix vienne en référer au président du tribunal de première instance de Toulouse, où *Pierre* était domicilié, et où, par conséquent, sa succession est ouverte? Non, ce serait ridicule, contraire à la loi, et onéreux pour les parties; aussi pensons-nous que le président du tribunal de première instance de Paris, devra seul procéder à l'ouverture du testament, dont le dépôt sera fait chez un notaire par lui commis. Mais, dit M. Pigeau, *c'est devant le tribunal de la succession que le testament peut être méconnu et contesté, que les demandes en vérification et exécution doivent être faites.* Nous en convenons : c'est encore devant le président de ce tribunal que le légataire universel, institué par un testament olographe, doit porter sa demande tendant à être envoyé en possession des biens qui lui ont été légués par le défunt (Code civil, art. 1008, et Code de procédure civile, art. 59). Toutefois, nous ne croyons pas que cela autorise à dépouiller le président du tribunal devant lequel le scellé a eu lieu, de l'ouverture et du dépôt du testament. C'est en vain que M. Pigeau cherche à établir une analogie avec le cas où l'on procède à une vérification d'écriture, pour en tirer ensuite la conséquence que le testament doit de même être envoyé au greffe du tribunal de la succession, comme étant le seul qui puisse connaître de sa validité. — En matière de

intéressées puissent y avoir recours au besoin, ainsi qu'il appartiendra ; et l'ayant desuite paraphée, nous l'avons rendue au sieur....., greffier, qui le re-

---

vérification d'écriture, le dépositaire suit la pièce de comparaison (Code de procédure civile, art. 201, et décret du 16 février 1807, art. 170); le juge-commissaire peut encore ordonner qu'il sera présent à la vérification pour la garde de la pièce, et qu'il la retirera et représentera à chaque vacation, ou qu'elle restera déposée ès mains du greffier, qui s'en chargera par procès-verbal (Code de procédure civile, art. 202 et 205), garantie qui, certainement, ne saurait se rencontrer dans l'envoi par la poste, ou par un commissionnaire, du testament qui a été trouvé en apposant les scellés. Nous devons encore ajouter que l'art. 202 qu'invoque M. Pigeau, n'impose pas dans tous les cas la condition de transporter la pièce à l'endroit où se fait la vérification, puisque nous y voyons, au contraire, que, « si les pièces de comparaison *ne peuvent être déplacées*, » ou si les détenteurs *sont trop éloignés*, il est laissé à la prudence du tribunal d'ordonner, sur le rapport du juge-commissaire, et après avoir entendu le procureur du roi, que la » vérification se fera DANS LE LIEU DE LA DEMEURE DES DÉPOSITAIRES. » Remarquons d'ailleurs qu'à l'époque de l'ouverture du testament olographe et de son dépôt, il est rare qu'il existe des contestations sur sa sincérité ; qu'ainsi, rien ne fait encore présumer qu'il sera attaqué par la voie du faux, ou que l'une des parties sera assez imprudente d'en demander la vérification par experts, alors qu'elle sera convaincue qu'il est écrit et signé par le testateur. — Tout se borne donc à en réquérir l'exécution devant le tribunal de la succession (Code de procédure civile, art. 59); or, il suffit pour cela que le légataire universel, ou tout autre légataire, représente une expédition de l'acte de dépôt (Code civil, art. 1008). Et si plus tard, il survient des difficultés, non pas sur la validité des clauses ou des formes du testament (parce que, dans ce cas, l'apport de la minute est inutile), mais sur sa véridicité, les juges examineront alors s'il convient ou non de faire procéder à sa vérification sur les lieux, ou bien devant le tribunal de l'ouverture de la succession. Mais s'ils ordonnent l'apport de la pièce, le notaire sera autorisé à la suivre, et les parties n'auront pas à craindre qu'elle disparaisse ou si elle vient à être perdue, la responsabilité du fonctionnaire public qui était chargé de la conserver, les dédommagera du préjudice souffert.

connaît, pour qu'il en fasse immédiatement le dépôt (1).

Fait en notre hôtel, à....., les jour, mois et an que dessus, à..... heures du....., et avons signé avec le juge de paix, son greffier, et les parties présentes (2).

Si les paquets cachetés remis au président du tribunal paraissent, par leur suscription, ou par quel-

---

(1) Notre législation ne s'explique nullement sur la personne qui doit faire le dépôt chez le notaire, et il y a d'autant plus d'incertitude, que, ni le décret du 16 février 1807, ou tarif des frais et dépens en matière civile, ni les lois relatives aux droits de greffe (21 ventôse et 22 prairial an 7, 12 juillet 1808, et 28 avril 1816, titre 7), ne déterminent point la vacation qu'il convient d'accorder à cet effet. — Toutefois, les hautes fonctions qu'exerce le président du tribunal, comparativement à celles des notaires, ne permettent pas de supposer qu'il doive faire un acte d'infériorité. Il impliquerait encore que le juge de paix, qui ne dresse des procès-verbaux qu'avec l'assistance de son greffier, fut apporter lui-même, au notaire, la minute du testament. Ainsi, cette charge ne peut concerner que les greffiers. Et comme il n'existe aucune prééminence entre le greffier du tribunal et celui de la justice de paix, il nous semble que le président peut indifféremment charger l'un ou l'autre de l'apport de la pièce. Il faut pourtant remarquer que le président, lorsqu'il procède à l'ouverture du testament, n'est jamais assisté du greffier du tribunal, par la raison que le procès-verbal d'ouverture fait suite à celui qui a été rédigé en apposant les scellés. Or, ce dernier procès-verbal reste au pouvoir du greffier de la justice de paix, lequel tient la plume quand on ouvre le testament. Alors pourquoi le président voudrait-il donner mandat au greffier du tribunal? Rien n'en justifie la nécessité. La responsabilité qu'encourt ce magistrat, en gardant la minute du testament jusqu'à ce que le greffier du tribunal s'en charge lui-même, paraît s'y opposer. Nous croyons dès-lors plus régulier que le président, après avoir fait l'ouverture et la description du testament qui lui est présenté, rende cette pièce au greffier de la justice de paix pour qu'il aille en faire le dépôt entre les mains du notaire commis, à moins qu'il ne lui inspire des craintes.

(2) Voyez le tarif du 16 février 1807, art. 1, 2, 3, 9, 16 et 17.

que autre preuve écrite, appartenir à des tiers, l'ouverture n'en peut être faite qu'après qu'ils ont été appelés pour y assister et faire valoir leurs droits. Le président fixe donc un délai, et au jour indiqué, en leur présence ou à leur défaut, les paquets sont ouverts. Dans le cas où les papiers qu'ils renferment sont étrangers à la succession, le juge n'en constate pas l'état, mais il est autorisé à les rendre aux personnes à qui ils appartiennent, sans pourtant faire connaître leur contenu, à moins qu'il ne préfére les cacheter de nouveau pour être remis à leur première réquisition, sauf les droits des autres parties (Code de procédure civile, art. 919). Ce dernier moyen est ordinairement celui qu'emploie le président, car il est possible que le défunt ait reçu les papiers dont il s'agit à tout autre titre que celui de simple dépôt confidentiel et d'ami, par exemple, à titre de nantissement, soit pour lui, soit pour le compte d'un tiers intéressé. Or, l'on conçoit que si l'on en faisait la remise lors de l'apposition des scellés, sans le concours de toutes les personnes appellées à la succession, il serait à craindre que cela ne fût préjudiciable à quelqu'une d'elles. Aussi le président doit-il en ordonner le dépôt soit entre les mains d'un notaire, soit en celles du greffier de la justice de paix, pour les représenter à l'inventaire.

Il est encore possible que le papier trouvé cacheté soit une expédition du testament du défunt, par acte authentique : dans ce cas, il n'est pas non plus nécessaire d'en constater l'état, encore moins d'en faire le dépôt, puisque la minute est entre les mains d'un fonctionnaire public. Le juge se borne à faire mettre cette pièce sous le scellé, ou bien à ordonner qu'elle restera, jusqu'à la levée, entre les mains du greffier de la justice de paix, pour qu'il la communique aux parties intéressées, et la représente ensuite lors de l'inventaire.

2e FORMULE.

PROCÈS-VERBAL D'APPOSITION DE SCELLÉS, DÉCOUVERTE D'UN TESTAMENT OUVERT, ET SA DESCRIPTION.

L'an....., et le....., nous....., juge de paix du canton de....., assisté de....., notre greffier.

Sur la réquisition qui nous a été faite par le sieur A....., de vouloir bien apposer les scellés sur etc. (comme dans le procès-verbal ci-dessus, jusqu'à ces mots inclusivement : *dans une troisième chambre, etc*).

Nous avons, en entrant dans ladite chambre, aperçu un secrétaire en bois de....., et comme nous allions y apposer le scellé, le sieur C..... en a requis l'ouverture, nous invitant d'y faire la perquisition du testament du défunt.

Ce meuble ayant été ouvert par notre greffier, nous y avons trouvé, en effet, un testament olographe, non cacheté, qu'on nous a dit être celui du sieur B.....

Suit la description de ce testament.

Il est écrit sur du papier (dire s'il est timbré ou non timbré, dans le cas de l'affirmative, à quel timbre, si la feuille est simple ou double, et de quelle dimension); *il est daté de....., du....., et porte la signature B....., commence par ces mots :* (copier la première phrase), *et se termine par ceux-ci :* (copier la dernière phrase); *il contient..... pages, et en tout..... lignes, non compris la signature* (il faut indiquer ici les renvois, ratures et surcharges, s'il y en a, ainsi que tous les signes distinctifs qui peuvent tendre à conserver la substance de l'écrit).

Après avoir ainsi constaté l'état dudit testament, nous l'avons paraphé à chaque page, et fait parapher par les sieurs A..... et C....., et notre greffier; déclarant que nous le présenterons le....., à..... heures du....., à M. le président du tribunal de première instance de....., en son hôtel, rue....., pour qu'il en fasse l'ouverture, et en ordonne le dépôt, sommant les parties d'y assister si bon leur semble (1). *Et au même instant, nous l'avons confié à la garde de notre greffier, qui le reconnait et s'en charge* (2).

Nous sommes passés ensuite dans une chambre etc.

Nous déclarons enfin, que les lieux, ainsi que les effets ci-dessus décrits, etc (cloturer le procès-verbal de la même manière que dans la formule précédente.)

---

(1) L'ouverture du testament ne doit être considérée ici que comme un moyen de lui donner la publicité sans laquelle il ne peut être exécuté; car son état ayant été constaté par le juge de paix, le président n'a plus qu'à ordonner le dépôt de la pièce entre les mains d'un notaire commis.

(2) Quelle que soit la forme du testament trouvé avant ou pendant le cours du scellé, qu'il soit ouvert ou non, l'intérêt des parties s'oppose à ce qu'on discontinue l'apposition jusqu'à ce qu'il ait été présenté au président, par le motif que, dans l'intervalle, on pourrait commettre des soustractions frauduleuses, qu'il est bon d'éviter. Ainsi, l'on appose les scellés, et l'on va ensuite chez le président, à jour et heure indiqués, à moins qu'il n'y ait obstacle à l'apposition, auquel cas l'on procède ainsi que nous l'avons dit *infrà*, page 381 et suivantes.

PRÉSENTATION DU TESTAMENT.

Nous....., juge de paix du canton de....., assisté de....., notre greffier.

En exécution du renvoi par nous ordonné le....., déclarons nous être rendus ce jourd'hui....., à..... heures du....; chez M. le président du tribunal de première instance de....., en son hôtel; rue....., nº....., où étant, et parlant à lui-même, lui avons présenté le testament olographe qu'on attribue au sieur B....., que nous trouvâmes ouvert en apposant les scellés, et dont nous fîmes la description dans notre procès-verbal, et avons signé avec le greffier.

Sur quoi,

Nous, président du tribunal de première instance de....., avons reçu le testament qui vient de nous être présenté.

Et sur l'observation des sieurs A..... et C..... que c'est bien le même testament que celui qui fut trouvé dans les papiers de la succession du sieur B.....;

Attendu que sa substance n'a pas été altérée, que sa description a été suffisamment faite dans le procès-verbal d'apposition des scellés, et qu'ainsi nous n'avons plus à en constater l'état;

Ordonnons qu'il sera déposé entre les mains de Me E....., notaire à la résidence de....., que nous commettons à cet effet, pour qu'il le mette au nombre de ses minutes, afin que les parties puissent y avoir recours au besoin, ainsi qu'il appartiendra.

Et après avoir paraphé ledit testament, nous l'avons rendu au sieur....., greffier, qui le reconnaît, pour qu'il en fasse immédiatement le dépôt.

Fait en notre hôtel, à....., les jour, mois et an

que dessus, à..... heures du....., et avons signé avec le juge de paix, son greffier et les parties présentes (1).

Les autres papiers de la succession, s'ils ne sont pas cachetés, ne doivent pas être présentés au président du tribunal, parce que le Code ne parle que du testament, et des papiers mis sous enveloppe, dont il n'est pas possible de connaître le contenu sans rompre le cachet (Code de procédure civile, art. 916 et 920) : tout ce que peut faire le juge de paix, s'il en est requis par les parties, est de les énoncer sommairement dans son procès-verbal; mais il nous paraît plus régulier qu'il les mette sous le scellé, sans aucune description, sauf à s'en occuper lors de l'inventaire.

Pour ce qui concerne le testament, alors même qu'étant de forme mystique, il serait trouvé ouvert, il est indispensable d'en constater l'état, et d'en faire la présentation à jour et heure indiqués. En effet, de deux choses l'une, ou ce testament est entièrement écrit, daté et signé par le testateur, ou il ne l'est pas; dans le premier cas, il vaut toujours comme testament olographe, tandis que dans le second, il est possible que le testateur ne l'ait pas ouvert, mais que ce soit, au contraire, l'héritier naturel ou tout autre personne intéressée à le rendre caduc, et qu'alors les légataires veuillent être admis à faire cette épreuve. Or, comme il n'appartient pas au juge de paix de prononcer sur la validité ou l'invalidité d'un testament, la loi l'oblige à en faire la description, et à le présenter au président. L'autorité compétente statue plus tard sur la contestation.

---

(1) Voir le tarif, art. 1, 2, 3, 9, 16 et 17.

S'il arrive que le testament ouvert, dont la description a déjà été faite dans le procès-verbal d'apposition des scellés, éprouve quelque altération entre les mains du greffier de la justice de paix, le président entend les parties sur ce fait, et leur donne acte de leurs dires, protestations et réserves; il vérifie l'état du testament, constate les changemens qu'il peut avoir subis, et après l'avoir paraphé, en ordonne le dépôt chez un notaire, sans préjudice de l'action à exercer, s'il y a lieu, contre l'auteur des altérations et falsifications.

3e FORMULE.

PROCÈS-VERBAL CONSTATANT QUE LES PORTES SONT FERMÉES; RÉFÉRÉ, OUVERTURE DES PORTES ET APPOSITION DES SCELLÉS.

L'an....., et le....., nous....., juge de paix du canton de....., assisté de....., notre greffier.

Sur la réquisition qui nous a été faite par le sieur A....., de vouloir bien apposer les scellés sur les meubles, effets, marchandises, argent comptant, crédits, lettres et papiers dépendant de la succession du sieur B....., et ayant la présence du requérant, nous nous sommes rendus au-devant d'une maison sise à....., rue....., n°....., dans laquelle maison ledit sieur B..... vient de décéder; mais la porte extérieure étant fermée, et notre greffier ayant frappé à plusieurs reprises, sans que personne lui ait répondu (1), *nous*

---

(1) Si quelqu'un se présente pour refuser les portes, le juge de paix doit, après avoir fait les injonctions d'usage pour les faire ouvrir, déclarer au refusant qu'il va en référer au président du tribunal, soit en son hôtel, soit au palais de justice, et qu'il le somme de s'y trouver si bon lui semble. Voyez.

avons établi pour garnison à ladite porte, les sieurs L..... et M....., gendarmes à la résidence de....., requis à cet effet; lesquels ayant accepté la garde que nous venons de leur confier, ont promis sur leur honneur de bien et fidèlement remplir leur mandat, et par exprès de ne laisser rien sortir de ladite maison, pas même les personnes qui peuvent y être renfermées, jusqu'à ce qu'ils aient été relevés de leur garde, et ont signé.

RÉFÉRÉ AU PRÉSIDENT.

Et vu l'obstacle qui nous est opposé, nous avons sursis à l'apposition des scellés, en déclarant qu'il allait en être sur-le-champ par nous référé au président du tribunal de première instance de....., et avons signé avec le sieur A....., partie requérante, et notre greffier.

En conséquence, nous juge de paix susdit, toujours assité du sieur A..... et de notre greffier, nous sommes de suite présentés devant M. le président du tribunal de première instance de....., en son hôtel, rue....., où étant, et parlant à lui-même, lui avons fait notre rapport; après quoi, et le sieur A..... entendu, il a été rendu l'ordonnance dont la teneur suit:

ORDONNANCE DU PRÉSIDENT.

Nous président du tribunal de première instance de....., vu le référé à nous fait par le juge de paix du canton de....., à raison de l'obstacle qui l'a empêché d'apposer les scellés sur les meubles et effets dépendant de la succession du sieur B.....;

---

ce que nous avons dit page 389, sur la question de savoir s'il faut ou non signifier une sommation par huissier.

Oui le sieur A....., en ses moyens et conclusions (1);

Attendu que la partie requérante est fondée, pour la conservation de ses droits, à requérir ladite apposition; que rien ne saurait actuellement arrêter l'effet de cette mesure provisoire, sauf aux parties à agir ainsi qu'elles aviseront, devant les juges du principal;

Ordonnons qu'il sera passé outre à l'apposition des scellés dans la maison du sieur B....., et qu'à cet effet, à la requête du sieur A....., mais en présence du juge de paix sus-nommé, il sera procédé, par le premier serrurier requis, à l'ouverture de la porte extérieure, et même des portes intérieures, si c'est le cas; et vu l'urgence, permettons d'exécuter la présente ordonnance sur minute, nonobstant l'appel, sans pourtant y préjudicier (2).

Fait en notre hôtel, les jour, mois et an que dessus.

N....., président.

---

(1) Lorsque l'adversaire comparaît en référé, le président écoute ses exceptions, et s'il les reconnaît mal fondées, il rend une ordonnance par laquelle, sans s'y arrêter, il autorise à passer outre à l'ouverture des portes, et à l'apposition des scellés.

(2) Mais de cela seul que le président peut lever l'obstacle qui s'oppose à ce que le juge de paix entre dans la maison où il est requis d'apposer le scellé, il a la faculté de l'accueillir favorablement, par exemple, s'il n'est pas justifié que la partie requérante ait des droits à la succession du défunt, soit à titre d'héritier ou de légataire, soit comme créancier : dans ce cas, il rend l'ordonnance suivante : « Nous président etc; — Vu le » référé à nous fait par etc; — Oui le sieur A....., partie requé- » rante, en ses moyens et conclusions; — Oui également le sieur » C....., partie refusante, en ses exceptions; — Attendu que le » demandeur ne justifie d'aucune manière qu'il ait qualité pour » requérir l'apposition des scellés dans la maison où le sieur » B..... est décédé; qu'ainsi le sieur C..... se trouve fondé dans » son refus; — Ordonnons que le juge de paix susdit lèvera » immédiatement la garnison par lui établie à la porte de ladite » maison, et qu'il sera tenu de se retirer sans plus avant pro-

OUVERTURE DES PORTES

ET APPOSITION DES SCELLÉS.

Et sans désemparer, nous susdit juge de paix, en vertu de l'ordonnance qui précède, assisté de la partie requérante, et de notre greffier, sommes revenus ledit jour....., à..... heures du....., au-devant de la maison du sieur B....., à....., rue....., n°....., où étant, les sieurs L..... et M....., gendarmes, gardiens précédemment établis, nous ont déclaré qu'en notre absence, personne n'a paru ni n'est sorti, qu'ils n'ont rien vu sortir de ladite maison, et ont demandé d'être déchargés de leur garde, ce que nous leur avons accordé, et ils ont signé avec nous, le sieur A..... et notre greffier.

Dans cet instant, le greffier a frappé de nouveau à la porte extérieure, et personne n'ayant ré-

---

» céder; faute de quoi, autorisons le sieur C..... à congédier » lui-même les garnisaires, et à agir ainsi et comme s'ils n'a- » vaient jamais été placés à sa porte. — Et vu l'urgence, nous » ordonnons que la présente sera exécutée par provision, no- » nobstant l'appel, sans y préjudicier, et avons signé. » — Si le requérant fait appel de cette ordonnance, le juge de paix n'en doit pas moins se retirer, et s'il persiste à laisser la garnison à la porte du domicile, l'autre partie requiert, du greffier, une expédition de l'ordonnance de référé, et la fait mettre à exécution. — Il est pourtant bien rare que le président refuse la permission d'ouvrir les portes et d'apposer les scellés, par le motif que la qualité de la partie requérante et les exceptions du défendeur, rentrant presque toujours dans le fond du droit, cet objet se trouve essentiellement dans les attributions des juges du principal. D'ailleurs, nous l'avons déjà dit, les scellés ne constituent jamais qu'une mesure conservatoire et provisoire, aucun préjudice ne peut résulter de leur apposition, tandis que de graves inconvéniens sont parfois la suite de leur absence.

pondu (1), *le sieur R....., serrurier, domicilié à.....,* *que nous avons fait quérir, a ouvert ladite porte, en notre présence, et les portes intérieures étant ouvertes, il s'est retiré.*

Alors ayant eu accès dans la maison du sieur B....., nous y avons apposé le scellé comme suit : etc. (2).

L'art. 921 du Code de procédure civile, dit qu'il en sera référé sur-le-champ au président du tribunal, parce qu'en matière de scellé tout est urgent de sa nature. En effet, le moindre retard peut présenter du danger, à cause des soustractions frauduleuses que quelques-unes des parties voudraient se permettre au préjudice des autres. Sans doute, le législateur a bien assayé de rémédier à cet inconvénient quand il a ordonné au juge de paix de mettre garnison aux portes du domicile; mais ce moyen est souvant insuffisant. Cela demontre donc la nécessité d'en référer de suite. De cette manière, une ordonnance du président, exé-

---

(1) Alors même que la partie qui refuse les portes n'aurait pas comparu devant le président, et qu'au retour du juge de paix elle crut devoir protester, l'ordonnance ne cesserait point pour cela d'être exécutoire contr'elle, puisqu'aucune opposition n'est recevable (Code de procédure civile, art. 809). Mais nous pensons qu'il faudrait néanmoins lui signifier cette ordonnance; car, en règle générale, aucune décision n'est susceptible d'être exécutée, sans que la partie condamnée la connaisse par la signification qui lui en est faite, et qu'elle puisse, par conséquent, l'attaquer par les voies légales. Toutefois, l'urgence inséparable de l'apposition des scellés, dispense d'accorder aucun délai entre la signification et l'exécution, n'importe qu'elle soit volontaire ou forcée.

(2) L'on continue ensuite le procès-verbal d'apposition de scellé. Voir ce que nous avons dit à cet égard, page 357 et suivantes.

cutoire par provision, vient autoriser l'ouverture des portes, les scellés sont apposés au plus vite, et le péril cesse aussitôt.

Cependant, dans la campagne, il n'est pas toujours facile d'aller immédiatement en référé; car la distance des lieux s'y oppose, et force quelquefois à renvoyer au lendemain. Alors le juge de paix examine s'il n'est pas à craindre que ce renvoi soit nuisible, et si, dans l'intervalle, malgré la garnison établie, les effets qu'on veut placer sous les scellés ne seront pas soustraits en tout ou en partie; or, dans le cas où soit l'éloignement, soit l'état des lieux, lui inspirerait quelque soupçon, il doit user de la faculté que lui donne le Code de procédure civile, de statuer lui-même par provision, sur l'obstacle qui arrête l'apposition.

Mais le juge de paix est tenu d'aller en référé à l'instant, ou bien de passer outre, sauf à en référer ensuite, si le lendemain est un jour de fête légale; la lettre et l'esprit de l'art. 921 s'accordent à refuser qu'on suspende l'apposition des scellés pendant un si long espace de tems.

4e FORMULE.

PROCÈS-VERBAL DANS LEQUEL LE JUGE DE PAIX LÈVE PROVISOIREMENT L'OBSTACLE, ET PASSE A L'APPOSITION DES SCELLÉS.

L'an....., et le....., nous....., juge de paix du canton de....., assisté de....., notre greffier.

Sur la réquisition qui nous a été faite par le sieur A....., de vouloir bien apposer les scellés sur les meubles, effets, marchandises, argent comptant, crédits, lettres et papiers dépendant de la succession du sieur B....., et ayant la présence du requérant, nous nous sommes rendus au-devant d'une maison sise à....., rue....., n°....., dans laquelle ledit sieur B..... est décédé; mais la porte extérieure étant fermée, notre greffier a frappé à plusieurs reprises, sans que personne ait répondu (ou bien : *le sieur C..... s'est mis à la fenêtre, et nous a déclaré qu'il refusait les portes, parce que le sieur A..... n'a aucune qualité pour agir*, ou encore : *parce que le sieur B..... ne possédait rien dans ladite maison*).

Et attendu que l'heure tarde et la distance à parcourir ne nous permettent pas d'aller à l'instant même en référé devant le président du tribunal de première instance; que le référé ne pourrait donc avoir lieu que demain, et qu'il est à craindre que quelqu'un ne se livre, pendant notre absence, à des soustractions frauduleuses, ce qui rendrait sans objet l'apposition des scellés; attendu d'ailleurs que, d'après l'état des lieux, la garnison que nous sommes autorisés à établir pour la conservation des choses à mettre sous le scellé, nous paraît insuffisante (s'il y avait opposition à l'ouverture des portes, il faudrait dire : *attendu que le refus du sieur C..... ne peut, quant à présent, arrêter le cours de nos opérations; que la qualité du sieur A....., partie requérante, est suffisamment justifiée*, ou bien encore : *que la question de savoir si le sieur B..... n'a rien laissé dans la maison où nous sommes requis d'apposer les scellés, ne saurait être appréciée que par les juges du principal; mais que jusque-là, il convient de faire l'apposition desdits scellés, dans l'intérêt de toutes les parties, sauf à elles à agir ensuite ainsi qu'il appartiendra*);

Nous juge de paix susdit, statuant provisoirement,

ordonnons l'ouverture de ladite porte, même celle des portes intérieures, s'il y a lieu, et que les scellés seront de suite apposés par nous sur les meubles, effets, titres et papiers contenus dans les locaux.

Nous avons fait quérir à cet effet le sieur R....., serrurier, domicilié à....., lequel, en notre présence et par notre ordre, a fait l'ouverture de la porte extérieure dont il s'agit; et ce premier obstacle étant levé, nous sommes entrés dans l'allée ou corridor de la maison, où le sieur R..... a fait de même l'ouverture des portes intérieures, et s'est ensuite retiré.

Ayant alors accès dans ladite maison, nous y avons apposé les scellés de la manière suivante: etc. (le reste comme au procès-verbal d'apposition de scellé, page 357 et suivantes; mais avant la clôture, ajouter :)

Et attendu que si la loi permet, lorsqu'il y a péril dans le retard, de passer outre à l'apposition des scellés, elle exige néanmoins qu'il en soit référé après la clôture du procès-verbal; nous déclarons que le....., à..... heures du....., nous en référerons à M. le président du tribunal de première instance de....., en son hôtel, rue....., n°....., et qu'en conséquence, les parties seront tenues de s'y trouver.

Nous déclarons enfin, que les lieux et les effets que nous venons de désigner, sont les seuls que nous ayons trouvés dans la maison du sieur B..... (si la montrée avait été faite par quelqu'un de la maison, on dirait : *sont tous ceux qui nous ont été indiqués par le sieur C....., lequel, après avoir prêté serment devant nous, a déclaré qu'il n'a rien détourné, directement, ni indirectement et qu'il ne sait pas qu'on ait rien caché ou détourné*). *Et à la garde desdits scellés, ainsi que des meubles et effets laissés en évi-*

dence, nous avons établi le sieur T..... (1), lequel ici présent, ayant eu connaissance des lieux et des choses, a déclaré se charger de la garde à lui confiée, avec promesse de tout représenter dans l'état où il l'a reçu, quand et à qui il appartiendra. Nous avons remis à notre greffier, qui le reconnaît, toutes les clefs des serrures sur lesquelles le scellé vient d'être apposé, pour qu'elles restent à sa disposition jusqu'à la levée desdits scellés, et ont les sieurs..... (parties présentes, ainsi que le gardien) *signé avec nous et notre greffier.*

RÉFÉRÉ AU PRÉSIDENT.

En exécution du renvoi par nous ordonné le....., nous susdit juge de paix, assisté de notre greffier, nous sommes rendus aux jour et heure indiqués chez M. le président du tribunal de première instance de....., en son hôtel, rue....., où étant, et parlant à lui-même, lui avons fait notre rapport sur le contenu au procès-verbal ci-dessus, et avons signé avec notre greffier.

Sur quoi,

Nous président du tribunal de première instance de.....,

---

(1) On est assez dans l'usage de donner la garde des scellés à l'une des personnes qui habitent la maison du défunt. Cependant si elles n'inspirent pas assez de confiance, ou si les contestations auxquelles elles ont donné lieu, font craindre que les scellés soient mal gardés, le juge de paix nomme un autre gardien. Mais il faut qu'il s'explique sur le défaut de garanties de celui qu'il rejette; car l'art. 914 du Code de procédure civile lui en impose l'obligation en ces termes : « le procès-» verbal d'apposition contiendra,....... 10° l'établissement du » gardien présenté, s'il a les qualités requises; sauf, *s'il ne les a* » *pas*, ou s'il n'en est pas présenté, à en établir un d'office » par le juge de paix »

Oui ledit rapport ;

Oui le sieur A....., qui a conclu à ce que le procès-verbal dont il s'agit soit maintenu ;

Oui le sieur C....., qui a conclu, au contraire, à la nullité dudit procès-verbal (1) ;

Attendu que la qualité du sieur A....., partie requérante, est suffisamment justifiée ; (si la demande en nullité était fondée sur ce que le défunt n'a rien laissé qui lui appartienne, il faudrait ajouter dans l'ordonnance : *que la question de savoir si les meubles et effets mis sous le scellé appartiennent ou non au sieur B....., rentrant dans le fond du droit, il n'y a que les juges du principal qui puissent la décider ;*) *qu'ainsi, pour la conservation des intérêts de tous, les scellés doivent subsister, sauf à requérir qu'ils soient levés avec inventaire et prisée des meubles, conformément à la loi, et avec les précautions accoutumées ;*

Par ces motifs,

Statuant sur le référé qui vient de nous être fait par le juge de paix du canton de....., maintenons purement et simplement son procès-verbal, et ordonnons que la présente sera exécutée par provision, nonobstant l'appel.

Fait en notre hôtel, à....., le..... (2).

N....., président.

C'est ainsi qu'on procède lorsque les portes sont fermées ; quand il se rencontre des obstacles à l'ap-

---

(1) Lorsque la partie qui refuse les portes fait défaut, le président le constate dans son ordonnance. Il en est de même si aucune partie ne comparaît.

(2) Voir le tarif, art. 1, 2, 3, 9, 16 et 17.

position des scellés, ou qu'il s'élève des difficultés, soit avant, soit pendant le scellé (Code de procédure civile, art. 921); en d'autres termes, toutes les fois qu'il n'y a point de péril dans le retard, il faut surseoir à l'apposition, établir garnison aux portes, et en référer au président du tribunal, tandis que pour peu que la distance à parcourir, l'état des lieux et la nature des contestations fassent soupçonner le divertissement des meubles et effets, l'intérêt de toutes parties veut qu'on passe outre, sauf à en référer ensuite.

Le juge de paix, en levant l'obstacle et en apposant les scellés, ne rend pas de décision proprement dite, dans ce sens que la mesure conservatrice et instantanée à laquelle il se livre, est elle-même subordonnée à l'approbation du président du tribunal, en état de référé; aussi faut-il dire que la règle d'exécution tracée par l'art. 17 du Code de procédure civile, ne peut recevoir aucune application au cas qui nous occupe.

En effet, la décision que prononce le juge de paix, en matière de scellé, ne doit être ni levée, ni signifiée; exécutoire sans délai, il n'y a, pour l'attaquer, d'autre voie que celle du référé. Or, dès l'instant que le juge de paix doit en référer lui-même à la fin de ses opérations, les parties sont toujours libres d'exercer leur action en nullité.

Ainsi, ce n'est pas le cas d'examiner s'il faut ou non donner caution avant de pouvoir faire l'ouverture des portes, alors qu'on n'agit qu'en vertu de l'ordonnance provisoire du juge de paix. Rien n'exige ce cautionnement, et la nature du droit qu'on exerce s'y oppose, puisque s'il fallait observer la règle d'après laquelle les jugemens des justices de paix ne sont exécutoires, *sans caution*, que jusqu'à concurrence de 300 francs, l'on serait conduit à cette funeste conséquence qu'il n'y aurait plus de scellé possible, si le requérant ne fournissait caution. La partie adverse n'aurait qu'à refuser les portes, inspirer des craintes d'enlèvement, obliger par là le juge de paix à passer outre, et nécessiter ainsi un cautionnement dont la recevabilité serait susceptible de présenter beaucoup plus d'entraves que le refus des portes et l'opposition aux scellés. Ce serait une bizarrerie sans exemple. En autorisant le juge de paix à ne pas s'arrêter à l'obstacle qu'on lui présente, et à mettre les scellés par provision, la loi n'a pas voulu compliquer la difficulté; elle a voulu, au contraire donner les moyens propres à prévenir les dangers du retard, de hâter dans l'intérêt de la partie requérante l'accomplissement d'un acte dont l'effet est seulement de conserver, qui ne préjuge rien, et qui, par voie de suite, s'écarte de la ligne tracée pour les formes ordinaires d'exécution.

Il est indispensable que la décision du président qui ordonne ou confirme l'apposition des scellés, prononce l'exécution provisoire nonobstant l'appel, car autrement la partie qui s'oppose pourrait toujours arrêter à son gré la faction de l'inventaire, et empêcher l'autre partie de connaître les forces de la succession, alors que cette mesure conservatoire est nécessitée par les circonstances.

Mais l'exécution provisoire serait dangereuse si l'ordonnance du président annulait l'apposition des scellés puisque la partie qui l'aurait obtenue pouvant disposer immédiatement des meubles, les faire disparaître, ce ne serait plus alors statuer au provisoire. Et s'il arrivait que le président se fût trompé, si la cour royale réformait sa décision, il serait pourtant impossible de ressaisir les valeurs mobilières. Dans ce cas, le préjudice deviendrait irréparable. Aussi l'exécution provisoire ne doit-elle pas être prononcée.

Toutefois l'ordonnance du juge des référés n'en est pas moins exécutoire de suite, sous ce rapport que si le demandeur n'interjette pas appel, la partie qui refuse les portes et s'oppose aux scellés, peut recouvrer la disposition des meubles; elle n'a pas à supporter des délais qui lui soient préjudiciables, et vingt-quatre heures après le commandement fait en vertu de l'ordonnance du président, elle peut faire exécuter, sans être obligée d'attendre qu'il plaise à son adversaire de déclarer l'appel, ou bien que les quinze jours que la loi lui accorde pour s'expliquer, soient arrivés à leur terme; tout comme la partie qui a requis l'apposition des scellés peut se rendre appelante, immédiatement après la décision, sans observer le délai de huitaine pendant lequel, en règle générale, aucun appel ne peut être valablement interjeté (Code de procédure civile, art. 809). Mais dès l'instant que l'ordonnance est attaquée devant la cour royale, toutes choses doivent demeurer en l'état jusqu'après la décision de l'autorité supérieure. Nous ne voyons là aucun inconvénient, tandis qu'il y en aurait beaucoup à passer outre.

Soit que l'ordonnance qui annule les scellés ne soit pas attaquée, soit qu'elle reçoive la sanction de la cour royale, nous ne croyons pas qu'il soit nécessaire d'appeler un huissier pour faire le bris des scellés, et dresser procès-verbal. Cette formalité n'est indiquée par aucun texte de loi; elle est d'ailleurs inutile, et n'offre pour résultat qu'une augmentation de frais, onéreuse à la partie qui succombe. Il suffit, d'après nous, que cette dernière ait reçu le commandement de faire disparaître le scellé, pour qu'un jour après, faute par elle d'exécuter la décision, ou d'en relever appel, l'on puisse s'en débarrasser.

La loi n'exige pas non plus que les personnes qui refusent les portes, contestent l'apposition des scellés, ou élèvent des difficultés pendant qu'on y procède, soient sommées, *par exploit*, de comparaître en référé devant le président; car toutes les fois qu'un référé s'introduit sur le rapport des juges de paix, notaires, greffiers et huissiers, il suffit que le procès-verbal de renvoi indique le jour et l'heure du rapport.

5me FORMULE.

PROCÈS-VERBAL DE RECONNAISSANCE ET LEVÉE DE SCELLÉS; REFUS DE CONVENIR DU CHOIX D'UN OU DEUX NOTAIRES, ET D'UN OU DEUX COMMISSAIRES-PRISEURS OU EXPERTS; RÉFÉRÉ AU PRÉSIDENT, ET NOMINATION D'OFFICE.

NOTA. Ce procès-verbal doit être inscrit à la suite de celui d'apposition, au bas de la réquisition de lever les scellés.

Et ledit jour....., à..... heures du.....,

Nous....., juge de paix du canton de....., étant assisté du sieur ....., notre greffier;

En conséquence de la réquisition à nous faite le....., par le sieur Pierre A....., sans profession, demeurant à....., qui a élu domicile à..... (dans la commune ou dans l'arrondissement de la justice de paix où le scellé a été apposé), *chez....., ladite réquisition consignée sur notre procès-verbal, et tendant à ce qu'il soit procédé à la reconnaissance et levée des scellés que nous apposâmes le....., sur les meubles, effets, titres et papiers dépendant de la succession du sieur B.....;*

Et vu, 1° l'ordonnance par nous rendue à la suite, ledit jour....., indicative des jour et heure où la levée sera faite; 2° la sommation d'y assister, signifiée à la requête du sieur A...., le....., par exploit de....., huissier, enregistré, à..... (indiquer bien exactement les noms, profession et demeure des personnes sommées), *ledit exploit à nous représenté en original;*

Déclarons nous être transportés à....., rue....., n°....., dans la maison où ledit sieur B..... est décédé, et où les scellés ont été apposés, où étant, sont aussitôt comparus par devant nous,

1° *Ledit sieur A....., assisté de Me C....., son avoué, stipulant comme créancier du défunt, de la somme de....., résultant d'un acte du....., au rapport de Me....., notaire à ....., qui a requis de plus fort la reconnaissance et levée des scellés dont il s'agit, apposés à sa requête, et qu'il soit procédé de suite, au fur et à mesure de leur levée, à l'inventaire de tout ce qui se trouve sous lesdits scellés, et en évidence dans la maison du défunt, et a signé avec ledit Me C....., avoué;*

Signé A.....,
Signé C.....;

2° *Dame Louise D....., veuve du sieur B....., demeurant à....., assistée de Me E....., son avoué, agissant à raison de la communauté de biens stipulée entr'elle et feu son mari* (ou pour sûreté de sa dot, reprises et conventions matrimoniales), *suivant leur contrat de mariage du....., retenu par Me....., notaire à.....; mais sous la réserve d'accepter ou répudier ladite communauté; laquelle a déclaré ne pas s'opposer, et désigner, savoir : Me G....., pour notaire, et pour commissaire-priseur, Me H.....* (ce choix ne lui serait point permis si elle était mariée sout le régime dotal, parce que d'après l'art. 935 du Code de procédure civile une telle faculté est réservée au conjoint commun en biens, aux héritiers, à l'exécuteur testamentaire, et aux légataires universels ou à titre universel), *et a signé avec Me E....., avoué;*

Signé D....., veuve B.....,
Signé E.....;

3° *Me F....., notaire à la résidence de....., nommé par ordonnance de M. le président du tribunal de première instance de....., en date du....., enregistrée, à l'effet de représenter les sieurs Jean et Jacques B....., demeurant à....., distant de plus de cinq myriamètres, habiles à succéder à feu le sieur B....., leur père, sans néanmoins prendre pour eux aucune qualité; lequel dit Me F....., comme procède, a déclaré choisir pour notaire, Me J....., et pour commissaire-priseur, Me K....., et a signé;*

Signé F.....;

4° *Le sieur Guillaume L....., négociant, patenté de* 1re *classe, n°....., demeurant à....., asssisté de Me M....., son avoué, procédant en qualité de légataire à titre universel du quart des biens meubles et immeubles formant la succession du défunt, ainsi que cela résulte du testament de ce dernier, par acte du....., au rapport de Me N....., notaire à....., lequel a présenté pour notaire ledit Me N..., et pour commissaire-priseur, Me O.....; déclarant que, dans le cas où les autres parties qui ont le droit de s'expliquer sur cette nomination, ne voudraient pas l'accepter, il entend qu'il en soit par nous référé à M. le président, et a signé avec Me M....., avoué;*

Signé L.....,
Signé M.....;

5° *Me P....., avoué au tribunal de première instance de....., agissant en qualité de mandataire du sieur Sernin Q....., rentier, demeurant à....., suivant un acte sous signature privée du....., enregistré à....., le....., fol. case..... par..... qui a reçu....., ledit acte de lui paraphé et annexé au présent; le sieur Q....., créancier de la succession et de la communauté* (si les époux avaient contracté sous ce régime, il est indubitable que le créancier pourrait réclamer son paiement sur les biens communs entre le mari et la femme : c'est la conséquence du principe posé dans l'art. 1421 du Code civil, d'après lequel le mari administre seul les biens de la communauté, et peut les vendre, *aliéner et hypothéquer* sans le concours de la femme), *de la somme de....., en vertu d'un acte d'obligation du....., passsé devant Me ....., notaire à....., et à ce titre, ayant formé opposition aux scellés par exploit de....., huissier, en date du....., enregistré; ledit Me P..... a déclaré se présenter pour la conservation des droits de son mandant, et a signé;*

Signé P.....;

6° *Le sieur Adrien R....., entrepreneur de bâti-*

mens, demeurant à....., assisté de Me S....., son avoué, créancier de la somme de....., montant du devis et marché passé avec le défunt le....., devant Me ....., notaire à....., à l'occasion de la reconstruction d'une maison sise à....., rue....., n°....., appartenant à la succession, ce qui a fait la cause d'une opposition aux scellés, comme il conste d'une déclaration par lui signée sur le procès-verbal, le....., lequel, sous la réserve de ses droits et actions, notamment du privilége que la loi lui accorde, et qu'il a conservé sur l'immeuble réédifié, a déclaré qu'il vient surveiller l'inventaire des valeurs qui ont été mises sous les scellés, et faire à cet égard tels dires et réquisitions que besoin sera, et a signé avec Me S....., avoué;

Signé R.....,
Signé S.....;

7° *Enfin le sieur André T....., restaurateur, patenté de 1re classe, n°....., demeurant à....., assisté de Me U....., son avoué, créancier d'une somme de....., pour fournitures de sa profession faites au défunt et à sa famille pendant environ six mois, à raison de quoi il a cru devoir former opposition aux scellés par exploit de....., huissier, en date du....., enregistré, lequel a déclaré qu'il se présente pour faire valoir le privilége résultant de sa créance et exercer ses droits contre la succession, et a signé avec Me U....., avoué;*

Signé T.....,
Signé U.....;

Desquels dires, comparutions, réquisitions et réserves, avons donné acte aux parties;

Et attendu que l'heure de la surséance est plus que passée, sans que les sieurs Laurent et Hypolitte B...., demeurant à....., autres enfans du défunt, se soient présentés, ni personne pour eux, quoique légalement sommés; attendu qu'ayant leur domicile dans la distance de cinq myriamètres du lieu où les scellés ont été apposés, le poursuivant n'a pas dû les faire représenter par un notaire, nous avons donné défaut contre lesdits sieurs Laurent et Hypolitte B..... (il en serait de même si tout autre partie faisait retraite, soit les créanciers opposans, soit même le notaire chargé de représenter les absens, etc.)

Après ce dessus, vu la difficulté qui s'est élevée entre la dame D....., veuve B....., Me F....., notaire, représentant les sieurs Jean et Jacques B....., et le sieur Guillaume L...., sur le choix d'un ou deux notaires, et d'un ou deux commissaires-priseurs pour procéder à l'inventaire et à l'estimation des meubles et effets mis sous le scellé, et laissés en évidence; attendu que, dans ce cas, conformément à l'art. 935 *du Code de procédure civile, la nomination de ces officiers publics doit être faite d'office par le juge des référés, nous déclarons à toutes parties qu'il va en être de suite par nous référé* (ou qu'il en sera référé par nous le....., à..... heures du.....) *à M. le président du tribunal de première instance de....., au palais de justice, et avons signé avec les comparans, leurs avoués et notre greffier.*

Et immédiatement, sans nous occuper d'autre chose, nous juge de paix susdit, assisté de notre greffier, nous sommes rendus au palais de justice du tribunal de première instance de....., où étant, et parlant à M. le président (ou à M...., vice-président, ou au plus ancien juge, en l'absence de MM. les président et vice-président) *que nous avons trouvé dans la chambre du conseil, lui avons fait notre rapport sur la difficulté qui divise les parties, et avons signé avec notre greffier.*

Sur quoi,

Nous président du tribunal de première instance de...,

Demeurant le rapport qui vient de nous être fait par le juge de paix du canton de....., et après avoir entendu, en leurs conclusions, Me E....., avoué de la dame D....., veuve B.....; Me F....., notaire, représentant Jean et Jacques B....., et Me M....., avoué du sieur Guillaume L....., les autres parties ayant fait défaut;

Attendu que la dame D....., veuve B....., et les sieurs Jean et Jacques B..... ont un plus grand intérêt à la succession que le sieur Guillaume L....., simple légataire à titre universel; que c'est en vain que ce dernier soutient que le notaire rédacteur du testament du défunt, doit avoir la préférence, car la loi, d'accord avec la raison et l'équité, veut que cette préférence soit accordée aux notaires présentés, d'abord par la veuve, et ensuite par les héritiers à réserve, ou ceux qui se trouvent saisis de plein droit des biens, droits et actions du défunt;

Par ces motifs, nous ordonnons que par MMes G.... et J....., notaires à la résidance de....., H..... et K....., commissaires-priseurs (ou C..... et C....., experts, qui seront assermentés pardevant le juge de paix), *que nous nommons d'office, il sera procédé aux formes de droit à l'inventaire et à l'estimation des meubles et effets dépendant de la succession du sieur B....., au fur et à mesure de la levée des scellés, et sera la présente, vu l'urgence, exécutée sur la minute, nonobstant l'appel.*

Donné au palais de justice, à....., les jour, mois et an que dessus.

N....., président.

V....., greffier du juge de paix.

(Cette ordonnance doit être consignée sur le procès-verbal de levée des scellés.)

Et en vertu de l'ordonnance qui précède, laquelle sera enregistrée avec le présent procès-verbal; nous juge de paix susdit, toujours assisté de notre greffier, sommes revenus incontinent et sans délai (ou bien le....., à..... heures du.....) (1) *dans la maison où le sieur B...., est décédé, sise à....., rue....., n°....., où étant arrivés, et après avoir fait prévenir MMes G..... et J....., notaires, H..... et K....., commissaires-priseurs, nous avons déclaré aux parties que nous allions à l'instant même reconnaître et lever les scellés, afin que par lesdits notaires et commissaires-priseurs, ici présens, il fut procédé à l'inventaire et à la prisée des meubles et effets dont il s'agit.*

En conséquence, étant d'abord passés dans une chambre au rez-de-chaussée etc. (donner sa désignation et son aspect), *nous juge de paix, y avons reconnu sains et entiers les scellés par nous apposés sur une armoire en bois de..... etc.; nous avons aussitôt levé ledit scellé, ouvert la porte de cette armoire avec la clef que nous a remis le greffier, et de suite, il a été procédé, par les notaires et commissaires-priseurs, à l'inventaire et prisée tant de ladite armoire que des effets qu'elle contient.*

(Le juge de paix, son greffier, les notaires, les

---

(1) Voyez ci-après, page 404 et 405.

commissaires-priseurs, ainsi que les parties, parcourent ensuite les autres locaux : le juge de paix reconnaît les scellés; s'il les trouve sains et entiers, il le déclare; s'ils sont altérés, il en fait mention sur le procès-verbal, et, dans tous les cas, on désigne bien exactement les meubles sur lesquels les scellés sont apposés. Les scellés sont levés successivement, et au fur et à mesure, les notaires et commissaires-priseurs, ou experts (mais ces derniers préalablement assermentés pardevant le juge de paix), font l'inventaire et la prisée de tout ce qui se trouve dans la maison, soit meubles, soit immeubles par destination, pourvu que ces derniers objets appartiennent au défunt; quant aux titres, papiers et créances, ils sont énoncés dans l'inventaire, et puis paraphés et numérotés par les notaires rédacteurs.)

Et vu qu'il y a déjà trois heures (durée de chaque vacation, aux termes de l'art. 1er du décret ou tarif, du 16 février 1807) *que nous procédons à la reconnaissance et levée des scellés dont il s'agit, et que l'inventaire et la prisée des meubles et effets a lieu; attendu que dans le nombre des parties présentes, il y a trois créanciers opposans* (car le créancier qui a requis les scellés et leur levée, n'est jamais compris au nombre des opposans), *savoir : les sieurs Sernin Q....., Adrien R....., et André T....., nous avons invité lesdits créanciers de convenir ensemble du choix de celui d'entr'eux qui devra assister aux vacations suivantes, tant pour lui que pour ses co-créanciers, ainsi que l'exige l'art. 932 du Code de procédure civile; faute de quoi, nous leur avons déclaré que nous allions le désigner d'office.*

Et les créanciers opposans n'ayant pu s'accorder,

nous juge de paix, attendu que leurs titres de créances, à l'exception de celui du sieur André T....., sont en forme authentique; attendu que chaque créancier est représenté ou assisté par un avoué, et que, dans cet état de choses, il ne s'agirait plus que d'accorder la préférence au plus ancien de ces officiers-ministeriels; qu'à cet égard, Me P..... étant l'avoué plus ancien, suivant l'ordre du tableau, devrait représenter tous les opposans; mais attendu que le sieur André T....., restaurateur, vient exciper d'un privilége sur la généralité des meubles du défunt, et qu'ainsi ses intérêts sont différens, et même contraires à ceux des autres créanciers; ordonnons que ledit Me P...., avoué, représentera tous les opposans, même le sieur André T....., à moins que ce dernier ne veuille, pour la conservation de ses droits, ainsi que l'art. 933 *du Code de procédure civile l'y autorise, assister à la levée des scellés, à l'inventaire et à la prisée, soit par lui même, soit par un mandataire, et à ses frais.*

Le sieur André T..... ayant opté pour être présent, a nommé Me U....., avoué, son mandataire, à l'effet de le représenter; aussi lesdits MMes P..... et U....., comme procèdent, ont continué d'assister à notre procès-verbal, tandis que Me S....., avoué, et les sieurs Adrien R..... et André T....., se sont de suite retirés.

(Si les opposans conviennent du mandataire qui doit les représenter, le juge de paix le déclare en ces termes : *et lesdits créanciers s'étant accordés, ils ont désigné le sieur....., l'un d'eux, ou Me....., avoué, pour assister dans leur intérêt et en leur nom, à la continuation du procès-verbal; de quoi nous leur avons donné acte, en ordonnant à.....* (noms des personnes dont la présence n'est plus nécessaire), *de se retirer, ce qui a été exécuté sur-le-champ.*

(Lorsque l'inventaire est fait, le procès-verbal de levée de scellés est terminé comme suit :)

Les scellés étant entièrement levés, l'inventaire fait et la prisée achevée, et les meubles et effets laissés en évidence dans la maison du défunt ayant été trouvés en même nombre, qualité et bonté; (si les scellés avaient été altérés, ou les meubles soustraits ou détériorés, en tout ou en partie, indépendamment de ce que le juge de paix est obligé de le constater dans son procès-verbal, lors du recensement qu'il en fait, il doit ajouter ici : *à l'exception des meubles et effets désignés comme manquant dans notre procès-verbal; nous avons déchargé le sieur..... de la garde des objets par lui représentés, sauf aux parties à agir contre lui, comme elles aviseront, pour le contraindre à produire les meubles et effets soustraits, ou à payer leur valeur.* Et quant aux scellés, *attendu que lesdits scellés ont été altérés et brisés en notre absence, ainsi que nous l'avons déjà reconnu, en présence des parties, nous déclarons que, conformément aux art. 8, 9, 48 et 53 du Code d'instruction criminelle, copie du présent procès-verbal sera par nous adressée à M. le procureur du roi près le tribunal de première instance de....., pour qu'il agisse ainsi qu'il appartiendra, sans préjudice de l'action civile des parties.* (Si les scellés sont trouvés en bon état, le juge de paix reprend ainsi :) *lesdits scellés ayant été par nous reconnus sains et entiers, nous avons déchargé le sieur....., tant de la garde des scellés, papiers, titres et pièces étant sous iceux, que des meubles et effets qui avaient été laissés en évidence.* (Le passage suivant s'applique à tous les cas, soit que les choses aient été trouvées dans le même état, soit qu'il y ait eu altération des scellés, enlèvement de partie des meubles, etc.) *Tous les meubles, effets, argent, bijoux, titres et papiers portés par l'inventaire, ainsi que les clefs restées au pouvoir de notre greffier, ont été remis au sieur..... que les parties intéressées ont désigné* (ou qui a été désigné d'office par M. le président du tribunal de première instance de....., en état de référé, pour administrer provisoirement la succession), *suivant qu'il est dit à l'inventaire et au présent procès-verbal, auquel nous avons vaqué depuis.... heures du.... jusqu'à..... heures du....., ce qui fait..... vacations, et ont les parties, les notaires et les commissaires-priseurs signé avec nous et notre greffier* (1).

Le conjoint commun en biens, les héritiers, l'exécuteur testamentaire, et les légataires universels ou à titre universel, doivent *seuls* convenir du choix des notaires et commissaires-priseurs dont la présence est requise à la levée des scellés (Code de procédure civile, art. 935); mais du concours de ces personnes naît souvent des contestations. Toutefois la faculté qu'ont les parties d'avoir la présence de deux notaires et de deux commissaires-priseurs devraient les mettre à même d'éviter le référé; avec d'autant plus de raison que la loi accorde la préférence aux notaires et commissaires-priseurs présentés d'abord, par la veuve commune en biens, puis par les héritiers naturels, et successivement (2). Pourquoi donc contester là-dessus?

---

(1) Voir le tarif, art. 1, 2, 3, 9 et 16.

(2) Voyez ce que nous avons dit, 1re partie, chapitre 6, § 10, page 154 et 155.

Cette difficulté (qui est ordinairement le fruit du caprice ou d'un amour-propre déplacé) ne peut être que nuisible, puisque le transport du juge de paix devant le président, l'ordonnance de référé, et ses suites, ont toujours pour effet d'augmenter les frais qui tombent à la charge de la succession.

Nous ferons pourtant remarquer ici, que l'article 935 du Code de procédure civile ne dit pas qu'il en sera référé par le juge de paix. Or, en bonne règle, l'on devrait discontinuer la levée des scellés jusqu'à ce que les parties eussent, *dans les formes ordinaires*, fait désigner les notaires et commissaires-priseurs sur le choix desquels il n'y aurait pas eu accord. — Esclave des termes de la loi, nous avons adopté cette opinion dans la première partie de cet ouvrage (chap. 7, pag. 174), et nous la croyons fondée. Cependant, dans le dessein d'abréger le tems et la procédure, certains juges de paix ont consacré l'usage d'aller eux-mêmes immédiatement en référé. Nous ne pouvons que louer la pureté de leurs intentions; mais cette marche paraît s'écarter de la volonté du législateur.

Une autre difficulté s'élève quelquefois pendant le cours de la levée du scellé; la voici :

Les créanciers opposans, on l'a déjà vu, ne peuvent assister, soit en personne, soit par un mandataire, qu'à la première vacation (période de trois heures), et doivent, aux vacations suivantes, se faire représenter par un seul mandataire agissant dans l'intérêt de tous, dont ils conviennent, ou qui est nommé d'office par le juge (art. 932). Mais quelle est l'autorité qui doit en connaître? Est-ce le président, en état de référé, ou bien le juge de paix? Telle est l'objection qu'il convient de résoudre.

M. Pigeau (1) indique le président du tribunal.

Il nous semble, au contraire, qu'il n'y a que le juge de paix qui doive et qui puisse même statuer; car, indépendamment de ce que le Code se borne à dire que le mandataire des opposans sera, *en cas de discord*, nommé d'office par *le juge* (ce qui se rapporte incontestablement au magistrat devant lequel les opposans discutent leurs droits et la cause de préférence), il faut encore ajouter que la levée des scellés étant commencée, il implique d'en référer au président, et de suspendre le procès-verbal dans l'unique but de faire désigner celui des opposans qui devra représenter les autres. L'économie des formes judiciaires s'y oppose.

D'ailleurs, en matière de levée de scellés (à part l'inventaire, dont nous parlerons bientôt), le référé du juge de paix est restreint à un seul cas, c'est lorsque les parties ne sont pas d'accord sur la nommination des notaires et commissaires-priseurs. Mais cette difficulté qui ne s'engage qu'avant la levée des scellés, ne saurait donner attribution au président pour décider sur les contestations qui interviennent plus tard entre les créanciers. Or, comme il faut de toute nécessité que l'inventaire et la prisée des meubles se fassent, concurremment, au fur et à mesure de la levée, il est bien évident que le juge des référés ne peut point statuer à la fois sur l'une et l'autre contestation (erreur dans laquelle est tombé M. Pigeau). Les opposans n'étant pas en demeure de s'expliquer quand on en réfère au pré-

(1) Procédure civile, tome 2, page 624.

sident à raison de la nomination des notaires et commissaires-priseurs, *ne devant le faire qu'après la première vacation de l'inventaire*, toute ordonnance qui nommerait leur représentant serait donc prématurée. Mais après cette première vacation, les notaires et commissaires-priseurs (objet du référé que la loi autorise), étant définitivement choisis, le juge de paix n'a plus le pouvoir de suspendre son procès-verbal pour revenir devant le président; c'est lui qui doit nommer le mandataire des créanciers. Tout autre interprétation de l'art. 932 serait contraire à l'esprit dans lequel il a été redigé; les frais et ce retard aggraveraient la condition des parties; aussi n'y eût-il que cette dernière considération, notre thèse serait prouvée.

Nous ne croyons pas non plus qu'il appartienne au président d'indiquer le jour et l'heure de la levée du scellé, et alors même qu'on irait en référé par devant lui sur la nomination d'office des notaires et commissaires-priseurs, cela ne saurait pouvoir étendre ses attributions.

En effet, de deux choses l'une, ou les scellés peuvent être levés immédiatement après l'ordonnance de référé qui nomme les notaires et les commissaires-priseurs, ou ils ne le peuvent pas? Dans la première hypothèse, le juge de paix doit, en vertu de l'ordonnance du président, faire appeler les notaires et commissaires-priseurs qui ont été nommés, et revenir de suite au domicile faire la levée des scellés; tandis que dans le cas contraire, si l'heure est trop avancée, il se retire sans procéder plus avant.

Mais l'ordonnance de référé est pure et simple, et ne doit jamais contenir la fixation du jour pendant lequel la levée sera faite; car la loi donne au juge de paix (et non pas au président) le droit d'indiquer aux parties l'instant de son transport sur les lieux. S'il était donc impossible de lever les scellés à suite de l'ordonnance de référé, il faudrait observer de nouveau les formalités tracées par l'art. 931 du Code de procédure civile, qui sont, « 1° une réquisition à cet effet, consignée sur le » procès-verbal du juge de paix; 2° une ordonnance » du juge, indicative des jour et heure où la levée » sera faite; 3° une sommation d'assister à cette » levée, faite au conjoint survivant, aux présomp- » tifs héritiers, à l'exécuteur testamentaire, aux » légataires universels et à titre universel, s'ils sont » connus, et aux opposans. »

2me CATÉGORIE.

RÉFÉRÉS DES NOTAIRES.

Les notaires ont reçu de la loi, relativement à certains actes, le pouvoir d'en référer *eux-mêmes, en personne*, au président du tribunal de première instance de leur arrondissement. Mais toutefois ces actes sont peu nombreux; car ils se réduisent, 1° au compulsoire qui a lieu incidemment à une instance engagée devant une cour ou un tribunal, ou bien lorsqu'une partie prétend que la grosse, l'expédition ou la copie d'un acte à elle délivrée, n'est pas conforme à la minute (Code de procédure civile, art. 852); 2° à l'inventaire des meubles et effets dépendant d'une succession, d'une société civile ou de commerce, et de l'actif d'un comptable de l'état (art. 944). Or, toutes les difficultés qui surviennent dans ces circonstances, doivent être décidées provisoirement, en état de référé, par le président du tribunal, sur le rapport du notaire.

PREMIÈRE FORMULE.

PROCÈS-VERBAL DE COMPULSOIRE, CONTESTATIONS, RÉFÉRÉ AU PRÉSIDENT, ET ORDONNANCE QUI STATUE.

COMPULSOIRE.

L'an....., et le....., à..... heures du.....

Par devant nous A....., notaire à la résidence de....., en notre étude,

A comparu le sieur B....., etc., assisté de Me C....., son avoué (1), *lequel, à suite de la sommation qu'il nous a faite le....., par exploit de....., huissier, enregistré, de nous trouver à ces jour, lieu et heure; vu ce qui résulte du jugement rendu par le tribunal de première instance de.....* (ou de l'arrêt rendu par la cour royale de.....), *le....., aussi enregistré, portant qu'il sera procédé au compulsoire de la minute d'un acte de vente* (échange, transaction, donation etc.) *retenu par nous, le.....,* (ou par Me D....., notaire, dont nous sommes successeurs aux cèdes), *nous a requis de lui représenter la minute de cet acte, et de lui en délivrer, à l'instant même, une expédition conforme, demeurant son offre de nous remettre les honoraires et les déboursés dûs, sauf*

---

(1) Si le compulsoire se lie à une instance encore pendante, et que l'expédition requise doive y être produite, l'avoué poursuivant doit assister au procès-verbal et à toutes les difficultés qui surviennent, afin qu'il puisse prendre tous les renseignemens et faire toutes les observations qu'exige l'intérêt de sa partie. Nous voyons aussi que l'art. 92 du tarif lui accorde un droit d'assistance pour chaque vacation de trois heures.

néanmoins à les répéter contre qui de droit, ainsi qu'il appartiendra; déclarant que par un autre exploit de....., huissier, en date du....., dont il nous a exhibé l'original, dûment enregistré, il a fait sommer le sieur E....., partie au même jugement (ou arrêt), *de venir, si bon lui semblait, assister audit compulsoire, et a signé avec Me C.....* (1).

A aussi comparu ledit sieur E....., assisté de Me F....., son avoué, qui a dit se présenter pour obéir à justice, et ne pas s'opposer au compulsoire, non plus qu'à la délivrance de l'expédition sus mentionnée, mais sous la réserve de tous ses droits et actions, et a signé avec Me F..... (2).

---

(1) L'art. 850 du Code de procédure civile autorisant les parties d'assister au procès-verbal de compulsoire ordonné par le tribunal, et d'y insérer tels dires qu'elles aviseront, il est évident que celle qui requiert le compulsoire doit appeler, par exploit, devant le notaire, à jour et heure indiqués, les adversaires contre qui elle le poursuit. S'il n'en était pas ainsi, comment pourraient-ils connaître le moment pendant lequel on y procède, et faire leurs observations? — Mais aussi lorsque les parties ont été averties du jour et de l'heure, leur absence ne peut point arrêter le cours du procès-verbal; et alors même qu'elles se présenteraient, qu'elles vinssent élever des difficultés susceptibles de conduire le notaire devant le président, il ne faudrait point leur donner de citation, parce que le procès-verbal, dans lequel le notaire indique le jour et l'heure de son transport, équivaut à une mise en demeure de se présenter.

(2) Si le défendeur ne comparaît pas devant le notaire, le procès-verbal doit constater que le compulsoire a été fait en son absence. — Ordinairement, la partie adverse se présente pour faire des protestations et s'opposer au compulsoire, alors surtout que le jugement qui l'ordonne a été rendu contre ses conclusions. Or, dans ce cas, l'on doit distinguer : ou le poursuivant a fait signifier au notaire le jugement de compulsoire avec le double certificat exigé par l'art. 548 du Code de procédure civile, et alors ce jugement étant exécutoire contre les tiers, de simples protestations, même une opposition, seraient impuissantes pour en arrêter l'effet; voilà pourquoi le notaire devrait

De tout ce dessus, avons donné acte aux parties.

Et déférant à la réquisition du sieur B....., lui avons de suite représenté la minute de l'acte énoncé au jugement (ou arrêt) *du....., ainsi que l'expédition* (s'il ne s'élève aucune difficulté, le notaire continue en ces termes), *et après qu'il les a eues vérifiées et collationnées, nous lui avons fait la délivrance de ladite expédition, pour les frais de laquelle il nous a payé la somme de.....*

Fait et lu aux parties, en présence des sieurs G..... et H..... (1), *témoins soussignés avec les sieurs B..... et E....., MM*es *C..... et F....., avoués, et nous notaire.*

L'on met ensuite au bas de l'expédition :

---

passer outre; ou, au contraire, *le jugement n'est pas exécutoire par provision*, et la partie qui s'oppose justifie à l'instant même, par la représentation de l'exploit, qu'elle a interjeté appel du jugement en vertu duquel on procède; dans cette hypothèse, force est au notaire de refuser le compulsoire, parce que l'appel suspend l'exécution du jugement attaqué (art. 457.). S'il méconnaissait cette règle, la partie pourrait le contraindre d'en référer, et nous croyons que le président rendrait une ordonnance de sursis, sauf à l'intimé à poursuivre devant la cour royale, ou la confirmation du jugement de première instance, ou l'exécution provisoire, même avant toute défense au fond (art. 136 et 458.)

(1) Les actes notariés doivent être reçus par deux notaires, ou par un notaire assisté de deux témoins citoyens français sachant signer, et domiciliés dans l'arrondissement communal où l'acte est passé, sans préjudice de ce qui est prescrit à l'égard des testamens (loi du 25 ventôse an 11, art. 9, et Code civil, art. 971, 975, 980 et 1001). Toutefois, en matière de compulsoire, lorsque le notaire se transporte chez le président pour qu'il fasse la collation requise, l'assistance des témoins est superflue; car, indépendamment de ce que son procès-verbal ne sert qu'à constater l'apport de la minute de l'acte à collationner, il est encore exact de soutenir que l'authenticité résulte de l'ordonnance du président.

Délivré la présente expédition au sieur B....., domicilié à....., en exécution d'un jugement (ou arrêt) *du tribunal de première instance de.....,* (ou de la cour royale de.....), *du....., en présence* (ou en l'absence) *du sieur E....., domicilié à...., autre partie audit jugement,* (ou arrêt) *à nous signifié le....., par exploit de....., huissier, enregistré, avec sommation d'y obéir; ainsi qu'il est plus amplement expliqué dans notre procès-verbal de ce jour, enregistré à...., par....., qui a reçu.....*

A....., le..... *A....., notaire.*

CONTESTATIONS.

(S'il survient des contestations soit sur l'état matériel de la minute, la conformité de l'expédition, soit sur la quotité des honoraires et déboursés, le notaire l'explique de cette manière :)

Et déférant à la réquisition du sieur B....., lui avons de suite représenté la minute de l'acte énoncé au jugement (ou arrêt) *du....., ainsi que l'expédition, pour les frais de laquelle nous lui avons réclamé la somme de.....*

Après que ledit sieur B..... a eu examiné la minute et l'expédition dont il s'agit, il nous a observé que l'expédition n'est pas conforme à la minute, puisqu'elle ne contient point plusieurs mots à la vérité raturés, mais non approuvés, qui ont toujours fait partie de l'acte, ainsi qu'il prétend l'établir (ou encore : *que le montant des honoraires et déboursés est exorbitant*). *A cela le sieur E....., a répondu qu'il s'oppose à ce que les mots raturés soient ajoutés à l'expédition requise par le sieur B.....,* (ou : *qu'il n'y prend aucun intérêt.*)

Les choses dans cet état, et après avoir inutilement essayé les voies de la conciliation, (où bien : *attendu qu'il ne nous appartient pas de rétablir les mots raturés,*) *nous, notaire susdit, pour nous conformer aux dispositions de l'art.* 852 *du Code de procédure civile, déclarons qu'il en sera par nous référé le....., à..... heures du....., à M. le président du tribunal de première instance de....., en son hôtel, rue....., n°.....; invitant les sieurs B..... et E... de s'y trouver; auquel effet, nous y apporterons la minute de l'acte, ainsi que l'expédition qui forme l'objet de la difficulté.*

Fait et lu aux parties, en présence des sieurs G..... et H....., témoins soussignés, avec les sieurs B..... et F....., MMes C..... et F....., avoués, et nous notaire.

RÉFÉRÉ AU PRÉSIDENT.

Ce jourd'hui....., à..... heures du....., nous notaire soussigné, en exécution du renvoi par nous fait dans notre procès-verbal du....., enregistré, et le sieur B....., partie requérante, ayant déposé en nos mains somme suffisante pour fournir aux frais de notre transport et à ceux du présent procès-verbal; déclarons nous être rendu chez M. le président du tribunal de première instance de....., en son hôtel, rue....., n°....., où étant et parlant à lui-même, lui avons remis la minute d'un acte de vente (échange, transaction, donation, etc.) *par nous retenu le.....*) ou par Me D....., notaire, dont nous sommes successeurs aux cèdes), *ainsi que l'expédition que nous en avons retirée, afin qu'il lui plaise en faire la collation, et après avoir entendu les parties, si elles se rendent à notre invitation, être ensuite statué ce qu'il appartiendra, et avons signé.*

A....., notaire.

ORDONNANCE QUI STATUE (1).

Nous président du tribunal de première instance de....., vu le procès-verbal dressé le....., par Me A....., notaire à la résidence de....., lors duquel il s'éleva des difficultés sur le compulsoire et la collation d'un acte de vente (échange, transaction, donation, etc.) *par lui retenu le.....*, (ou par Me D....., notaire, dont il est successeur aux cèdes); *demeurant la remise qui vient de nous être faite à l'instant par ledit Me A....., notaire, tant de la minute dudit acte que de l'expédition à collationner;*

Oui Me C....., avoué, assisté du sieur B..... qui

---

(1) Cette ordonnance doit être inscrite sur le procès-verbal du notaire, à la suite et sur le même cahier, afin qu'elle puisse faire connaître l'issue du référé. Il est vrai que l'art. 850 du Code de procédure civile ne s'explique pas à cet égard, et que dès-lors il n'y aurait pas nullité, si l'ordonnance du président était mise sur une feuille séparée, déposée au greffe du tribunal, ou remise en minute à la partie requérante, parce qu'il est de principe, qu'aucune nullité d'acte de procédure n'est admissible en justice qu'autant qu'elle se trouve formellement prononcée par la loi (art. 1030). Cependant si l'on considère que tous les référés qui s'introduisent sur le rapport des juges de paix, notaires, greffiers et huissiers s'exécutent immédiatement, sans le moindre retard; que l'ordonnance du président doit être inscrite au bas du procès-verbal que rédige le juge de paix (art. 922), sur celui du notaire lorsqu'il s'agit de prononcer sur les difficultés survenues pendant le cours de l'inventaire (art. 944), et même sur celui de l'huissier, en matière d'arrestation (art. 787); il faudra reconnaître qu'il y a analogie parfaite avec l'espèce qui nous occupe, et par conséquent, même motif de décider.

a offert de prouver que, depuis le jugement (ou arrêt) *qui ordonne le compulsoire, l'on a, dans l'intention d'altérer la substance de l'acte à nous représenté, et, par conséquent, de nuire à ses droits, raturé sur la minute plusieurs mots qui ne se trouvent pas sur l'expédition par lui requise; et vu que la rature de ces mots n'est pas approuvée, il demande qu'après la collation, nous les fussions comprendre dans l'expédition dont il s'agit.*

Si la difficulté ne portait que sur la quotité des frais de l'expédition, la minute de l'acte n'en devrait pas moins être apportée devant le président, pour qu'il fût à même de la vérifier, alors surtout qu'il s'agirait de connaître la quantité du papier employé et le coût de l'enregistrement; mais dans ce cas, l'on se bornerait à dire dans l'ordonnance de référé : *le sieur B....., après avoir observé que la somme de....., qu'exige le notaire pour la délivrance de l'expédition, est exorbitante, a demandé que nous la modérions eu égard à la rédaction de la minute, à son étendue et à ses déboursés* (1).

---

(1) Nous avons supposé ici que les frais et droits relatifs à la minute de l'acte étaient encore dûs au notaire, en tout ou en partie, et alors tout oblige d'apprécier la rédaction, l'importance du contrat, son étendue et ses frais. C'est ainsi que, dans la pratique, se déterminent les émolumens des notaires; car le tarif officiel du 16 février 1807 ne s'occupe que des vacations relatives aux actes et procès-verbaux prescrits par le Code de procédure civile, et des droits d'expédition; aussi l'art. 173 de ce tarif dispose-t-il que, « tous les autres actes du ministère » des notaires, notamment les partages et ventes volontaires » qui auront lieu pardevant eux, seront taxés par le président » du tribunal de première instance de leur arrondissement, *suivant leur nature et les difficultés que leur rédaction aura présenté*, et sur les renseignemens qui lui seront fournis par les » notaires et les parties. » Mais si l'acte dont on demande le

Ouï Me F....., avoué, assisté du sieur E...., qui s'est opposé à ce que les mots raturés, quoique non approuvés, fussent compris dans l'expédition (ou bien : *qui s'en est remis à justice, tant sur la forme de l'expédition que sur ses frais*).

Ouï Me A....., notaire (1) *qui a déclaré que la minute de l'acte a toujours existé dans le même état, et que les mots raturés devant être considérés comme nuls, il n'a pas cru devoir les mettre dans l'expédition requise par le sieur B.....* (et sur le coût de l'expédition, s'il y a lieu : *que la somme de..... qu'il réclame, n'étant pas exagérée, mais bien en rapport avec le tarif et l'importance de l'acte, il persiste*).

Sur quoi, nous président, avons de suite procédé à la collation requise.

Et attendu que d'après la loi du 25 ventôse an II (art. 16), *les mots surchargés, interlignés ou ajoutés dans le corps d'un acte notarié, sont nuls; qu'il ne nous est donc point permis de les déclarer valables, et de les faire ajouter dans l'expédition collationnée, malgré qu'ils n'aient pas été approuvés par le notaire rédacteur; qu'en supposant que ces ratures soient le fruit du dol et de la fraude dont se plaint le sieur B.....,*

---

compulsoire et l'expédition, avait déjà été expédié, ce ne serait plus le cas de faire cette appréciation : alors tout se bornerait aux déboursés du papier timbré et à la fixation du nombre des rôles que contiendrait l'expédition.

(1) Le notaire qui apporte, au président du tribunal, la minute de l'acte et l'expédition, pour la collationner, assiste forcément aux débats des parties; aussi est-il tenu de répondre sur les faits qui lui sont personnels, afin qu'on ne puisse en tirer aucune induction défavorable. Son silence serait considéré comme une reconnaissance tacite des griefs qu'on lui reproche, comme un véritable consentement.

cela ne constituerait qu'une action ordinaire ou extraordinaire, suivant la gravité des circonstances, dont l'appréciation n'est pas dans nos attributions; que si les ratures existaient au moment du contrat (ce qu'il nous est impossible de vérifier), le défaut d'approbation ne donnant lieu qu'à une amende de cinquante francs contre le notaire, et aux dommages-intérêts des parties, ce ne serait encore qu'aux juges du fond qu'il appartiendrait d'en connaître; qu'ainsi sous quelque rapport qu'on veuille présenter la difficulté, elle se trouve hors de notre compétence;

Par ces motifs, statuant sur le provisoire et en état de référé, démettons le sieur B..... de sa demande en rétablissement des mots raturés, en lui réservant néanmoins tous ses droits et actions pour agir au principal, ainsi qu'il avisera, sauf les exceptions contraires : ordonnons, en conséquence, que Me A....., notaire, délivrera audit sieur B....., à sa première réquisition, l'expédition par nous collationnée et paraphée, à la charge du paiement de ses droits, que nous liquidons à la somme de....., y compris les frais du compulsoire et ceux de la présente ordonnance; auquel effet, nous lui avons rendu tant la minute de l'acte que l'expédition à délivrer.

Donné en notre hôtel, à....., les jour, mois et an que dessus.

N....., président.

Au bas de l'expédition collationnée, le président fait ensuite cette mention :

La présente expédition a été collationnée et paraphée par nous président du tribunal de première instance de....., sur la minute de l'acte qui nous a été représentée par Me A....., notaire, en présence (ou en l'absence) *des sieurs B..... et E....., appelés en référé par devant nous, ainsi que cela résulte de notre ordonnance de ce jour, inscrite sur le procès-verbal dudit Me A....., notaire.*

Fait à....., le.....

N....., président.

Quand la partie requérante réclame cette expédition, le notaire y ajoute les mots suivans :

Délivré la présente expédition au sieur B....., domicilié à....., en exécution d'un jugement (ou arrêt) *du tribunal de première instance de.....* (ou de la cour de.....) *en date du....., et conformément à la collation qui en a été faite le....., en état de référé, par M. le président, ainsi que cela est plus amplement expliqué dans l'ordonnance de ce magistrat, et dans notre procès-verbal du même jour, enregistré à....., le....., par.....; nos droits se portant à la somme de....., nous ayant été payés* (1).

A....., le.....

A....., notaire.

Le compulsoire dont nous venons de parler, n'a d'autre effet que de rendre contradictoire avec la partie contre laquelle il est ordonné, l'acte dont le demandeur requiert l'expédition, et de pouvoir le faire exécuter tout comme si ce dernier y avait été partie. Il est vrai que, d'après l'art. 23 de la loi du 25 ventôse an 11, *sur le notariat*, l'ordonnance du président est suffisante pour contraindre un notaire à nous délivrer expédition ou copie de

(1) Voir le tarif, art. 93, 168, 169, 170, 173 et 174.

l'acte où nous n'avons pas concouru en nom direct, ou comme héritiers ou ayant-cause de l'un des contractans; mais si l'on considère qu'une telle expédition ne vaut que comme renseignement, et que la partie à laquelle on l'oppose, contre laquelle on veut la faire exécuter, peut révoquer en doute ses énonciations, l'on sentira toute l'utilité du compulsoire en justice.

Ainsi, les personnes qui ont été parties à l'acte, ne peuvent s'en faire délivrer une seconde grosse, ou expédition en forme exécutoire, qu'en vertu de la permission du juge, en présence des autres parties; ou elles dûment sommées de comparaître chez le notaire pour assister à la délivrance (Code de procédure civile, art. 844); faute de quoi, elles ne sont pas liées par cette seconde grosse, laquelle ne peut point être mise à exécution, et ne produit aucun effet.

Or, à plus forte raison, doit-il en être de même des tiers étrangers au contrat; aussi tout nous porte à croire qu'il est impossible qu'on puisse les traiter plus favorablement que les contractans eux-mêmes.

Toutefois, en disant que la cause qui appelait le demandeur à fin de compulsoire devant le juge des référés, pour collationner l'expédition ou la copie à la minute, pouvait provenir de ce que des mots avaient été raturés après coup, nous n'avons pas voulu en tirer la conséquence qu'il pût entrer dans les attributions du président d'ordonner, *sans le consentement des parties*, le rétablissement des passages de l'acte sur lesquels portent les ratures (1).

---

(1) Voyez *suprà*, 1re partie, chapitre 6, § 8, page 143 et 144.

Non, ce magistrat n'a de juridiction proprement dite que pour constater l'état de la minute, faire la collation des mots qui n'ont pas été altérés, hâter, si l'on veut, la remise de l'expédition, donner acte des réserves, et voilà tout; car, en décidant que les mots raturés, *quoique non approuvés*, seront rétablis, il connaîtrait du principal, entrerait dans l'examen du fond, et dépasserait sa compétence. Il n'y a, dans ce cas, que l'action criminelle, ou la voie du faux incident civil devant le tribunal.

Mais si le notaire ou autre dépositaire refusait, par exemple, de donner copie de tout l'acte, s'il voulait le scinder, ou s'il ne voulait pas remettre au requérant l'extrait des pièces qui y sont annexées, l'on n'aurait qu'à demander le référé sur le compulsoire de la minute, et le collationné de l'expédition : alors le président ferait la collation requise, et ordonnerait la délivrance de l'expédition entière. Dans cette hypothèse, n'importe les difficultés, les questions qui pourraient surgir des débats, le juge n'aurait qu'à certifier un fait, *la conformité de l'expédition à la minute de l'acte*, et sa décision serait à l'abri d'être attaquée pour cause d'incompétence, ou d'excès de pouvoir.

Il peut encore arriver que le notaire malgré qu'il consente à délivrer soit aux contractans, *à leur première réquisition* (art. 839), soit aux tiers non parties au contrat, *à suite de l'ordonnance du président* (loi du 25 ventôse an 11, art. 23), expédition ou copie d'un acte de son ministère, ou d'une pièce à lui déposée, refuse pourtant de leur laisser voir la minute pour en constater l'état : c'est encore le cas d'un compulsoire, et, par conséquent, le sujet d'un référé devant le président; car la collation de l'expédition à la minute, étant faite en présence des parties (Code de procédure civile, art. 850), le juge les mettra à même d'obtenir satisfaction.

En effet, « quiconque est lésé par un acte, peut » l'attaquer par les voies légales. Mais *qui veut la* » *fin veut les moyens*. La loi, en donnant le droit » d'agir, autorise tout ce qui est nécessaire à l'exer» cice de ce droit. Il suit de cette règle que toute » partie qui y a intérêt peut exiger la représenta» tion d'un acte. Comment, sans connaître la mi» nute, pourrait-elle attaquer l'acte par la voie de » nullité ou d'inscription de faux? La minute ne » peut pas être supplée par l'expédition; une expé» dition peut être infidèle; le notaire le plus hon» nête peut être trompé. D'ailleurs, en principe » général, le droit d'une partie ne peut être laissé » à la disposition du notaire. Établissons une hy» pothèse : supposons un audacieux imposteur, se » présentant chez un notaire sous le nom d'un » homme opulent, dictant sous son nom, avec » deux témois (*et un second notaire*), un testament » au profit d'un complice. Certes, soit l'individu » dont le nom aura été usurpé, soit ses héritiers » spoliés, auront bien le droit de s'inscrire en faux; » mais, pour exercer ce droit, il faut qu'ils aient » celui de prendre connaissance de la minute; car, » ce n'est qu'avec la minute qu'ils peuvent établir » la fausseté de la signature. Du reste, il n'est pas » nécessaire de rechercher les hypothèses : l'obli» gation des notaires est écrite dans la loi de leur » organisation. L'art. 23 dispose qu'ils ne pourront » sans l'ordre du président du tribunal, délivrer

» expédition *ni donner connaissance* des actes à » d'autres que les parties intéressées. La loi établit » ici une distinction entre l'expédition et la con- » naissance donnée : *donner connaissance*, c'est com- » muniquer la minute (1). »

2e FORMULE.

AUTRE PROCÈS-VERBAL DE COMPULSOIRE, CONTESTATIONS, RÉFÉRÉ AU PRÉSIDENT, ET ORDONNANCE QUI STATUE.

L'an....., et le.....,

Pardevant nous A....., notaire à la résidence de....., en notre étude,

A comparu le sieur B....., etc., lequel, après nous avoir exhibé une ordonnance rendue le....., par M. le président du tribunal de première instance de....., enregistrée, qui nous enjoint de lui donner connaissance, et de lui délivrer expédition d'un acte de vente (échange, donation, transaction, etc.) *que nous avons retenu le.....* (ou qui a été retenu par Me D....., notaire, notre prédécesseur, le.....), *entre les sieurs etc. etc., nous a requis de lui représenter la minute de l'acte dont il s'agit, pour qu'il la vérifie, et de lui en délivrer expédition, sous l'offre de nous payer le coût de notre salaire et de nos déboursés, et a signé.*

Nous notaire susdit, demeurant la réquisition qui vient de nous être faite; attendu que l'art. 23 de la loi du 25 ventôse an II *n'est que facultatif en ce qui touche la communication de la minute de l'acte; que les notaires ont essentiellement deux qualités,*

---

(1) Arrêt de la cour de Paris, du 22 juillet 1809 (Sirey, tome 12-2-298).

distinctes l'une de l'autre ; que comme dépositaires des actes de leur ministère, ils ne sont tenus d'aucune obligation envers les parties étrangères au contrat, et que, comme officiers-publics, ils ne doivent aux tiers que des expéditions ; nous avons déclaré au sieur B..... que nous allions lui faire la délivrance de l'expédition qu'il réclame, mais que quant à la communication ou compulsoire de la minute, nous croyions devoir la lui refuser, et avons signé.

Ledit sieur B..... a répondu que la loi lui donne le droit d'examiner la minute de l'acte ; que l'art. 852 *du Code de procédure civile dispose encore, en termes généraux, que les parties peuvent collationner l'expédition ou copie à la minute, dont lecture leur est faite, et qu'elles ont même la faculté de demander que la collation ait lieu, en leur présence, et qu'il y soit procédé par le président du tribunal de première instance : c'est pour cela qu'il nous requiert d'en référer à ce magistrat, et a signé.*

Ayant égard à la nouvelle réquisition du sieur B....., nous notaire, lui avons déclaré que nous en réfèrerions à M. le président du tribunal de première instance de....., en son hôtel, rue....., n°....., le....., à..... heures du....., pour qu'il veuille bien faire la collation de l'expédition ou copie à la minute de l'acte énoncé dans son ordonnance du.....

Fait et lu au sieur B....., en présence des sieurs E..... et F....., témoins soussignés avec la partie et nous notaire.

Et ledit jour....., à..... heures du.....,

Nous A....., notaire à la résidence de....., soussigné ;

En exécution du renvoi par nous fait dans notre procès-verbal du....., enregistré, et le sieur B....., partie requérante, ayant déposé en nos mains somme suffisante pour fournir aux frais de notre transport et à ceux du présent procès-verbal ;

Déclarons nous être rendu chez M. le président du tribunal de première instance de....., en son hôtel, rue....., n°....., où étant, et parlant à lui-même, lui avons remis la minute de l'acte de vente (échange, donation, transaction, etc.) *retenu par nous le.....* (ou par Me D....., notaire, notre prédécesseur), *ainsi que l'expédition que nous en avons retirée, le priant d'en faire la collation, et après avoir entendu le sieur B.....* (s'il comparaît, et s'il fait défaut, en son absence), *statuer ce qu'il appartiendra sur les difficultés qui existent entre ce dernier et nous notaire, et avons signé.*

Nous président du tribunal de première instance de.....,

Vu le procès-verbal dressé le....., par Me A....., notaire à la résidence de....., enregistré, où cet officier-public refuse de donner connaissance au sieur B..... de la minute d'un acte de vente (échange, donation, transaction etc.) *en date du....., à son rapport* (ou retenu par Me D....., notaire, son prédécesseur, le.....), *passé entre les sieurs etc. etc.;*

Demeurant la remise qui vient de nous être faite à l'instant de la minute dudit acte, ainsi que de l'expédition à collationner ;

Ouï le sieur B..... et M. A....., notaire (s'ils s'étaient faits assister de conseils, ou bien si l'avocat ou l'avoué de la partie qui requiert l'expédition, s'était seul présenté pour elle, il faudrait le constater) *qui ont persisté dans leurs demandes et exceptions consignées au procès-verbal sus-énoncé* (dans le cas où il serait pris d'autres conclusions, il conviendrait de les rapporter littéralement);

Attendu que l'art. 23 de la loi du 25 ventôse an II, *en disposant que les notairecs ne pourront* SANS ORDONNANCE DU PRÉSIDENT DU TRIBUNAL, *délivrer expédition ni* DONNER CONNAISSANCE *des actes de leur ministère qu'aux parties intéressées, établit nécessairement une distinction entre l'expédition et la connaissance donnée; qu'ici donner connaissance, c'est communiquer la minute;*

Ordonnons qu'immédiatement, sans désemparer, la minute de l'acte dont il s'agit sera communiquée au sieur B....., pour qu'il en prenne connaissance et la vérifie.

Et après cette communication, nous président, ayant fait la collation requise, et rendu à Me A....., notaire, tant la minute que l'expédition par nous collationnée, et paraphée, avons ordonné que ladite expédition sera par lui remise au sieur B....., à sa première réquisition, moyennant la somme de....., que ce dernier sera tenu de lui payer pour ses avances et salaires, suivant la liquidation que nous en avons faite, dans laquelle ne se trouvent pas néanmoins compris les frais du référé, ni ceux de notre ordonnance, lesquels demeurent à la charge du notaire pour y avoir donné lieu; nous ordonnons, de plus, l'exécution provisoire, nonobstant l'appel, et, que la présente sera exécutée sur minute.

Donné en notre hôtel, à....., les jour, mois et an que dessus.

N....., président.

Au bas de l'expédition collationnée, le président fait ensuite cette mention :

La présente expédition a été collationnée et paraphée par nous président du tribunal de première instance de....., sur la minute de l'acte qui nous a été représentée par Me A....., notaire, en présence (ou en l'absence) *du sieur B.....* (et de son conseil, ou de son conseil seulement), *par suite du référé introduit pardevant nous, ainsi que cela résulte de notre ordonnance de ce jour, inscrite sur le procès-verbal dudit Me A....., notaire.*

Fait à....., le.....

N....., président.

Quand la partie requérante réclame cette expédition, le notaire y ajoute les mots suivans :

Délivré la présente expédition au sieur B....., domicilié à....., en exécution d'une première ordonnance rendue par M. le président du tribunal de première instance de....., en date du....., enregistrée, annexée à la minute, et conformément à la collation qui en a été faite le....., par ce magistrat, ainsi que cela est plus amplement expliqué dans son ordonnance de référé, et dans notre procès-verbal du même jour, enregistrés à....., le....., par.....; nos droits se portant à la somme de....., nous ayant été payés.

A....., le.....

A....., notaire (1).

Nous venons de voir que les parties intéressées en nom direct, ou leurs héritiers et ayant-cause peuvent, d'après la loi du 25 ventôse an 11 (art. 23), demander à prendre connaissance du contrat et en requérir telles expéditions ou copies que bon leur

(1) Tarif, art. 78, 93, 168, 169, 170, 173 et 174.

semble; or, avons-nous dit, si le notaire refuse, ou ne veut faire la délivrance que d'une portion de l'acte, la voie du référé est ouverte pour l'y contraindre. Vainement l'art. 839 du Code de procédure civile dispose-t-il que, « le notaire ou autre » dépositaire qui refusera de délivrer expédition » ou copie d'un acte aux parties intéressées en nom » direct, héritiers ou ayant-droit, y sera condamné » par corps, sur assignation à bref délai, donnée » en vertu de la permission du président du tri- » bunal de première instance, sans préliminaire » de conciliation; » car si l'on considère que le référé sur collationné d'acte est plus économique, plus actif que la voie d'une assignation à bref délai pardevant le tribunal, l'on demeurera convaincu de tout l'avantage qu'il y a de l'employer. Les parties étant présentes, ont la faculté de vérifier la minute, d'en connaître l'état matériel (objet très-important pour elles), en même-temps qu'il leur est permis d'assister à la collation, et de s'assurer par elles-mêmes que l'expédition est régulière, conforme à la minute. D'ailleurs, indépendamment de ce que l'art. 839 précité ne donne pas d'une manière bien expresse le droit de demander la communication de la minute, il est encore incertain si, après avoir plaidé devant le tribunal pour obtenir qu'on délivre l'expédition, il ne faudra pas aller ensuite devant le président à raison du collationné. Or, ce serait double temps, double frais; aussi vaut-il mieux se renfermer dans les dispositions de la loi de l'an 11.

Une objection peut nous être faite; la voici: « le notaire ne voudra point dresser procès-verbal » de la réclamation qui lui sera adressée; il refu-

» sera même de comparaître en référé : d'où la » conséquence qu'il détruira la disposition légale, et » qu'il rendra sans effet la poursuite de la partie. » C'est une erreur. Oui cet officier-public, soit par un pur caprice, soit par la crainte de fournir la preuve de ses prévarications, pourra bien opposer de la résistance, et paralyser ainsi, de prime-abord, le recours dont nous venons de parler. Mais cela n'empêche pas que, même dans cette hypothèse, soit qu'il s'agisse des contractans, ou de leurs héritiers et ayant-cause, soit qu'un tiers vienne réclamer la communicatien de la minute de l'acte et la délivrance de l'expédition, il existe encore un moyen tout aussi simple, tout aussi prompt que le précédent, à l'aide duquel il est toujours facile d'avoir justice de l'entêtement, ou de la fraude du notaire : c'est le Code qui vient nous l'offrir.

En effet, dans le cas où il y aurait refus de dresser procès-verbal du compulsoire requis, et d'en référer, la partie qui réclame n'aurait qu'à présenter requête au président, et lui demander la permission de faire citer le notaire refusant, à jour et heure indiqués, soit à son hôtel, soit à l'audience des référés; en vertu de l'ordonnance qui interviendrait, le notaire serait cité à comparaître, avec sommation d'apporter la minute de l'acte et l'expédition. Ainsi, nulle difficulté de procéder au compulsoire.

Nous convenons toutefois que le Code ne reconnaît d'autre mesure coërcitive contre le notaire en retard de faire la délivrance, que la condamnation avec contrainte par corps, laquelle ne peut jamais être prononcée par le président seul. Cependant, nous sommes loin de penser qu'il faille pour cela renoncer à l'utilité que procure la poursuite du référé ; car en concluant au transport du juge dans l'étude du notaire, ce magistrat procèdera au compulsoire sans déplacer la minute, et délivrera lui-même l'expédition : telle est la règle que trace en ces termes l'art. 849 du Code de procédure civile : « les procès-verbaux de compulsoire ou collation » seront dressés et l'expédition ou copie délivrée » par le notaire ou dépositaire, *à moins que le tri-* » *bunal qui l'aura ordonné n'ait commis* UN DE SES » MEMBRES, *ou tout autre juge du tribunal de pre-* » *mière instance, ou un autre notaire.* » Sans doute ce texte de loi n'est relatif qu'au compulsoire accordé par jugement et à l'audience ; mais nous ne croyons pas qu'il soit possible d'établir la moindre différence avec celui que requiert la partie sur simple collationné d'acte : dans l'un comme dans l'autre cas, il y a même cause, même intérêt, et dès-lors même motif de décider. Pourquoi donc ne serait-il pas permis d'en faire l'application à l'espèce qui nous occupe ?

3e FORMULE.

REQUÊTE ET ORDONNANCE POUR CITER LE NOTAIRE EN RÉFÉRÉ, A JOUR ET HEURE CERTAINS, AVEC INJONCTION D'APPORTER LA MINUTE DE L'ACTE ET L'EXPÉDITION.

A M. le président du tribunal de première instance de.....

M. le président,

Le sieur B....., etc., demeurant à....., vous expose que, nonobstant votre ordonnance du....., enregistrée, Me A....., notaire à la résidence de....., s'est refusé à lui donner connaissance et à lui délivrer expédition ou copie d'un acte de vente (échange, donation, transaction, etc.) *qu'il a retenu le.....* (ou qui a été retenu par Me D....., notaire, son prédécesseur, le.....), *entre les sieurs etc. etc., sans même vouloir dresser procès-verbal de la réclamation de l'exposant, ni en référer à votre autorité sur la collation de l'expédition ou copie à la minute de cet acte.*

(Dans le cas où le demandeur serait un des contractans, ou son héritier et ayant-cause, l'on dirait : « nonobstant les dispositions de l'art. 23 de la loi » du 25 ventôse an 11, *sur le notariat*, et celles » de l'art. 839 du Code de procédure civile, » Me A....., notaire à la résidence de....., n'a pas » voulu lui donner connaissance et lui délivrer ex» pédition d'un acte etc. qu'il a retenu le..... (ou » qui a été retenu par Me D....., notaire, son » prédécesseur, le.....), entre l'exposant et les » sieurs..... etc. etc. (ou bien entre l'auteur de » l'exposant et les sieurs..... etc. etc.), en refusant » même de dresser procès-verbal de la réclama» tion, et d'en référer à votre autorité sur la col» lation de l'expédition ou copie à la minute de » cet acte »).

Ce considéré, il vous plaira, M. le président, autoriser le sieur B..... à faire citer Me A....., notaire, pardevant vous, soit à votre hôtel, soit à l'audience des référés, à jour et heure certains, pour qu'il vous présente la minute de l'acte dont il s'agit, ainsi que l'expédition, laquelle sera par vous collationnée.

Et comme il est possible que Me A....., persistant dans son refus, ne veuille pas apporter ladite minute, voir ordonner que, par application de l'art. 849 du Code de procédure civile, vous vous transporterez dans son étude, à l'effet d'y procéder, en présence de l'exposant, au compulsoire de la minute, au collationné de l'expédition, et à sa délivrance, sauf les droits et déboursés du notaire, s'il y a lieu. A raison de quoi, vu l'urgence, permettre d'exécuter votre ordonnance sur minute, et ferez justice.

E....., avoué (1).

Nous président du tribunal de première instance de...

Vu la requête ci-dessus, mais sans rien préjuger sur les droits des parties, autorisons l'exposant à faire citer Me A....., notaire, en référé pardevant nous et à notre hôtel, aux fins requises, pour le....., à..... heures du....., et sera la présente exécutée sur minute (2).

Donné au palais de justice à....., le.....

N....., président,
F....., greffier.

---

(1) Tarif, art. 76.

(2) En règle générale, lorsque le président permet un bref délai il ne désigne point l'huissier qui doit signifier l'exploit d'ajournement, à moins que la signicafition ne doive avoir lieu pendant un jour férié (Code de procédure civile art. 72 et 1037). Mais en doit-il être différemment en matière de référé? Non. Toutefois l'obscurité ou le vice de locution qui existe dans l'art. 808, semble autoriser à penser le contraire; car il y est dit: « si » néanmoins LE CAS *requiert célérité*, le président, ou celui qui » le représentera, pourra permettre d'assigner soit à l'audience, » soit à son hôtel, à heure indiquée, *même les jours de fêtes*; » et, DANS CE CAS, l'assignation ne pourra être donnée qu'en » vertu de l'ordonnance du juge, *qui commettra un huissier à* » *cet effet.* » Nous devons pourtant faire remarquer que la seconde période de cet article, liée à la première par la conjonc-

4e FORMULE.

CITATION EN RÉFÉRÉ AU NOTAIRE QUI REFUSE LE COMPULSOIRE DE LA MINUTE D'UN ACTE, ET LA DÉLIVRANCE DE L'EXPÉDITION.

L'an....., et le....., à sur requête du sieur B..... (noms et profession), *domicilié à.....* (1);

Et en vertu d'une ordonnance la requête rendue le....., par M. le président du tribunal de première instance de....., enregistrée, dont copie est donnée en tête de cet exploit;

Nous..... (immatricule de l'huissier. Voyez à ce sujet, première partie, chapitre 2, page 27, à la note);

Attendu que toute partie pouvant prendre connaissance d'un acte qui l'intéresse, le refus du notaire, de communiquer la minute de cet acte, et d'en délivrer expédition, est contraire à la loi;

Avons cité Me A....., notaire à la résidence de....., à comparaître le....., à..... heures du....., pardevant M. le président du tribunal de première instance de....., et en son hôtel, rue....., n°....., à l'effet de venir présenter à ce magistrat, 1° l'acte de vente (échange, donation, transaction, etc.) *par lui retenu le.....* (ou par Me D....., notaire, son prédécesseur), *entre les sieurs..... etc. etc.* (ou entre le

---

tion ET, ne saurait avoir de rapport *direct* qu'avec la phrase incidente MÊME LES JOURS DE FÊTES; aussi est-il facile d'apercevoir que le législateur n'a voulu que rappeler la disposition de l'art. 1037, d'après laquelle un huissier ne peut ou ne doit instrumenter un jour de fête légale, sans la permission du juge qui le désigne à cet effet.

(1) Voyez la 3e division ci-après, ayant pour titre *des assignations*.

requérant et les sieurs....., ou bien encore entre l'auteur du requérant, et les sieurs..... etc. etc.), *et 2° l'expédition dudit acte pour la collationner à la minute, laquelle minute sera communiquée au requérant.*

Et comme il est possible que ledit Me A....., notaire, fasse défaut, ou persiste dans son injuste refus, il est de plus cité pour voir ordonner que, dans ce dernier cas, par application de l'art. 849 *du Code de procédure civile, M. le président, ou tout autre juge par lui commis se transportera dans son étude, à jour et heure indiqués, et qu'il y procédera, contradictoirement avec le requérant, au compulsoire de la minute de l'acte dont il s'agit, au collationné de l'expédition, et à sa délivrance, sauf les droits et déboursés du notaire, s'il y a lieu, et que l'ordonnance à intervenir sera provisoirement exécutée, nonobstant l'appel et sans caution, avec dépens,*

DONT ACTE.

Laissé copie de ladite ordonnance et du présent, à Me A....., notaire, en son étude à....., rue....., n°....., en parlant à.....

Coût..... (1).

Sur cet ajournement, le notaire comparaît ou ne comparaît pas : or, s'il se présente, s'il apporte avec lui la minute de l'acte et l'expédition, nulle difficulté; le président en donne connaissance à la partie requérante, et fait ensuite la collation. Mais s'il vient, au contraire, pour contester et soutenir qu'il ne doit point communiquer la minute (ce

(1) Tarif, art. 29. Voyez aussi l'art. 67 du Code de procédure civile.

qui serait à la fois ridicule et mal fondé), le juge entend ses exceptions, et s'il décide qu'on passera outre, il lui enjoint de donner les satisfactions requises; faute de quoi, il ordonne son transport dans l'étude du défendeur, à jour et heure indiqués, pour y procéder au compulsoire et à la collation, en présence du demandeur.

Il en serait encore de même si le notaire faisait défaut; car sa retraite équivalant à un refus, le président devrait se transporter chez lui. De cette manière, la décision sur le compulsoire ne resterait pas inexécutée.

Mais cette ordonnance ne peut point être inscrite sur le procès-verbal du notaire; il faut donc se renfermer dans les dispositions générales des art. 808, 811 et 1040 du Code de procédure civile, d'après lesquelles tous actes et procès-verbaux du ministère du juge doivent être faits au lieu où siége le tribunal, avec l'assistance du greffier, qui garde les minutes et délivre des expéditions, sauf les cas qui requièrent célérité.

L'urgence, on le sait, fait exception à toutes les règles; aussi autorise-t-elle le juge à répondre en sa demeure les requêtes qu'on lui adresse, et même, *en état de référé*, à permettre l'exécution de ses ordonnances sur la minute.

L'ordonnance du président, en matière de compulsoire et de collationné d'acte, doit être signifiée au défendeur, afin qu'il connaisse les jour et heure de la descente, et soit par là mis en demeure d'y assister (Code de procédure civile art. 297); de plus s'il est ordonné que le compulsoire et la collation seront faits par un juge commis (art. 295), la décision du président ne pouvant, dans ce cas, prévoir quel sera le jour et l'heure du transport, le demandeur doit présenter une requête au commissaire; au bas de laquelle ce dernier rend une seconde ordonnance pour l'indiquer. Cette ordonnance, ainsi que celle de référé, sont également signifiées au notaire avant de se rendre chez lui (1).

Mais dans la pratique, les descentes sur les lieux sont presque toutes ordonnées contradictoirement; voilà pourquoi le tarif et le Code de procédure civile exigent que l'ordonnance indicative des jour et heure du transport soit signifiée au défendeur, *par acte d'avoué*. Il est à supposer, en effet, que ses exceptions ont seules nécessité cet interlocutoire. Cependant les juges peuvent, *même en défaut de l'une des parties assignées*, mais sur la demande de l'un des comparans (art. 295), ordonner leur transport sur les lieux contentieux; or, s'il en était ainsi, la signification de l'ordonnance devrait être faite au défaillant, par exploit à personne ou domicile. C'est ce qui arrive sur le compulsoire, lorsque le notaire ou autre dépositaire de l'acte, refuse d'apporter la minute, ou de comparaître devant le juge des référés.

Nous devons encore faire remarquer que la comparution du défendeur n'empêche pas toujours la signification à lui-même, malgré qu'il requière l'assistance d'un avoué; car la postulation de cet officier-ministériel, *pour ce qui le concerne*, n'étant pas absolument indispensable (ainsi que nous avons eu l'occasion de le démontrer), il vaut mieux adresser la sommation au notaire : c'est le moyen de lui

---

(1) Tarif, art. 29, *in fine*, 70 et 76.

ôter tout prétexte de soutenir qu'il n'a pas été suffisamment averti.

Mais quel est le délai à observer entre cette sommation et la descente du juge? Le Code ne s'explique pas à cet égard; aussi faut-il en conclure que le législateur a voulu s'en rapporter à l'arbitrage du poursuivant. Toutefois cette signification ne peut avoir lieu d'heure à heure, à moins que, *dans un cas d'extrême urgence*, le juge ne l'ait lui-même permis, en désignant un huissier à cet effet (art. 808).

Nous renvoyons le lecteur au chapitre II ci-après, ayant pour titre *du jugement*, où nous parlons des ordonnances de référé. C'eut été nous exposer à des redites, ou bien anticiper sur l'ordre que nous avons dû suivre dans cet ouvrage, que d'en reproduire ici la forme, à raison de l'espèce particulière qui nous occupe.

3e FORMULE.

PROCÈS-VERBAL DE DESCENTE CHEZ LE NOTAIRE, COMPULSOIRE DE LA MINUTE DE L'ACTE, COLLATION ET DÉLIVRANCE DE L'EXPÉDITION.

L'an....., et le....., à..... heures du.....,

Nous....., *président du tribunal de première instance de.....* (ou juge du tribunal de première instance de....., commis à cet effet par M. le président dudit tribunal), *assisté de notre greffier;*

Procédant en exécution de l'ordonnance de référé du..... (ou de l'ordonnance de mondit sieur le président, rendue en état de référé, le....., et de la nôtre en date du....., indicative des jour et heure de notre transport), *enregistrée* (ou enregistrées), *signifiée* (ou signifiées) *par exploit du....., avec la sommation requise, ledit exploit à nous représenté en original, aussi enregistré;*

Déclarons nous être rendus dans l'étude de Me A..., notaire à la résidence de....., rue....., n°....., où étant arrivés, a aussitôt comparu, pardevant nous, le sieur B..... (noms, profession et demeure), *assisté de Me C....., avoué* (cette assistance n'est pas indispensable), *lequel nous a requis de procéder au compulsoire d'un acte de vente* (échange, donation, transaction, etc.) *retenu le..., par ledit Me A..., notaire* (ou par Me D....., son prédécesseur); *de lui donner connaissance de la minute de cet acte, pour la vérifier, et de collationner ensuite l'expédition que représentera le notaire, ou celle que retirera le greffier, dont remise sera faite à lui comparant, ainsi que cela est expliqué dans ladite ordonnance de référé, et a signé avec Me C....., avoué.*

A aussi comparu Me A....., notaire, lequel, sur notre invitation, nous a représenté tant la minute de l'acte dont il s'agit que l'expédition qu'il en a retirée, déclarant consentir à la collation requise, et a signé.

(Si le notaire ne remettait pas l'expédition, il faudrait dire) : *mais que n'ayant fait aucune expédition de cet acte, il lui est impossible de la représenter; aussi a-t-il offert de faire ladite expédition, à l'instant même, à moins que nous ne préférions en charger notre greffier, et a signé.*

En conséquence, nous président (ou juge) *susdit, ayant reçu la minute et l'expédition de l'acte dont Me A....., vient de nous faire la représentation, avons communiqué ladite minute au sieur B....., assisté de Me C....., avoué, et après qu'il l'a eue véri-*

fiée, nous avons, en présence des parties, collationné et paraphé l'expédition, en ordonnant à Me A....., notaire, de la délivrer immédiatement au sieur B....., ou à sa première réquisition, à la charge par ce dernier de lui faire compte de la somme de....., à laquelle nous avons liquidé le coût de ladite expédition.

(Dans le cas où le notaire n'aurait pas remis au président l'expédition à collationner, le procès-verbal serait alors redigé comme suit) : *en conséquence, nous président* (ou juge) *susdit, ayant reçu la minute de l'acte dont Me A....., vient de nous faire la représentation, l'avons communiquée au sieur B....., assisté de Me C....., avoué; et attendu que ledit Me A..... nous a déclaré n'avoir pas fait l'expédition dont la collation est requise par le sieur B....., nous lui avons ordonné de l'extraire de suite, sans désemparer* (ou bien : *et attendu que ledit Me A..... nous a déclaré qu'il n'avait pas fait l'expédition, nous avons chargé notre greffier de la faire lui-même*). *Cette expédition étant terminée, nous l'avons collationnée à la minute, et paraphée, parties présentes, en ordonnant à Me A....., notaire, de la délivrer à l'instant au sieur B....., ou à sa première réquisition, à la charge par ce dernier de lui faire compte de la somme de.....* (1), *à laquelle nous avons*

(1) Le notaire ayant, par son refus, occasionné le procès-verbal de transport du juge et le référé, il est juste de lui en faire supporter les frais; aussi le magistrat qui fait la collation doit-il se borner à dire que la partie requérante fera compte au notaire du coût de l'expédition, en d'autres termes, qu'elle compensera à due concurrence, avec les frais qui lui ont été alloués, pourvu néanmoins que la liquidation en ait été faite. Sans cette formalité, les deux dettes n'étant pas également *liquides* et exigibles, la compensation ne pourrait pas s'opérer (Code civil, art. 1291).

liquidé le coût de ladite expédition (si c'est le greffier qui a expédié l'acte, la phrase précédente est remplacée par celle-ci : (*cette expédition étant terminée, nous l'avons collationnée à la minute, parties présentes, puis paraphée et délivrée au sieur B.....*)

Après quoi Me A..... a repris ladite minute (et si le notaire a fait l'expédition de l'acte, on ajoute), *ainsi que l'expédition collationnée.*

Et de tout ce dessus, ayant donné acte aux parties, nous avons dressé le présent procès-verbal, qui a été clôturé à..... heures du....., et avons signé avec le sieur B....., Me C....., avoué, Me A....., notaire, et notre greffier, lecture préalablement faite (1).

(Si quelqu'une des parties n'avait pas comparu, se retirait, ou déclarait ne pas vouloir ou savoir signer, le juge le mentionnerait en ces termes) : *et avons signé avec..... etc. etc., à l'exception de..... etc. qui n'a pas comparu, s'est retiré, qui a déclaré ne vouloir ou savoir signer, lecture préalablement faite* (2).

---

(1) Voyez à la note, page 444.

(2) En matière civile, le législateur n'a accordé aucune vacation de transport aux juges de première instance et d'appel, ni à leurs greffiers; ils ne peuvent prétendre qu'aux déboursés, dont la partie requérante doit faire l'avance, par dépôt au greffe (Code de procédure civile, art. 301), avant que le président ou le juge par lui commis se rende avec son greffier, chez le notaire, soit dans le lieu où siége le tribunal, soit dans un canton de justice de paix, pour y procéder au compulsoire et à la collation de l'acte dont elle réclame l'expédition. En effet, les droits de greffe, déterminés par des lois spéciales (21 ventôse et 22 prairial an 7, 12 juillet 1808 et 28 avril 1816, titre 7), ne contiennent pas la moindre énonciation qui puisse autoriser le juge ou son greffier à exiger un émolument. Il est bien vrai que la justice se rend gratuitement en France; mais toutefois pour ce qui est relatif aux greffiers des cours et tribunaux, c'est

Une première observation est que si le compulsoire ne peut point se terminer dans la même séance (les officiers de justice, quand les circonstances l'exigent, en font deux par jour, une le matin et l'autre le soir), soit à cause des contestations survenues pendant sa durée, soit parce que l'expédition à collationner n'ayant pas été remise, le juge a ordonné qu'on la ferait immédiatement ; il faut que le procès-verbal contient la mentionne de la clôture et de la reprise de chaque séance, ainsi que l'énonciation des jour et heure durant lesquels le juge a procédé.

Des altérations peuvent encore avoir été faites à la minute de l'acte : alors la partie requérante proteste contre l'état matériel de la pièce, le juge le constate et lui réserve d'agir devant les tribunaux compétens (1). Son silence pourrait, jusqu'à un certain point, être considéré comme une reconnaissance tacite que l'acte était tel lorsque les contractans y apposèrent leur signature.

Mais si le notaire était absent, le compulsoire n'en devrait pas moins avoir lieu ; car, dans ce cas, le président ou le juge par lui commis, ferait la perquisition de la minute à compulser.

En effet, l'action de la loi est toute dans le domaine des magistrats ; ils peuvent employer les

---

il faut en convenir, une lacune dans la législation, une injustice, parce qu'en règle générale tout travail demande un salaire. Pourquoi lorsqu'il s'agit seulement d'apporter des pièces de comparaison, reçoivent-ils une indemnité (tarif du 16 février 1807, art. 166), tandis qu'ils n'en ont aucune pour assister à une descente sur les lieux? Il y a cependant parité de raison. Tout nous porte donc à croire que c'est un oubli qu'on s'empressera de réparer.

(1) Voyez ci-après, pages 443 et 442.

moyens qu'elle prescrit, et ceux qui ne sont que sous-entendus, pour que chaque citoyen obtienne justice. Or, en recevant du législateur le droit de s'introduire dans l'étude du notaire pour y collationner un acte, le juge est nécessairement investi du pouvoir (s'il y a absence, ou refus de cet officier) de passer outre au compulsoire, tout comme s'il était présent, et consentant.

Il est possible néanmoins que la minute ait été soustraite ou cachée, et que dès-lors le juge ne puisse point la découvrir dans sa perquisition, ou que le notaire étant présent, ne veuille pas la représenter : s'il en était ainsi, la partie poursuivante en demanderait acte, et le ferait certifier dans le procès-verbal de descente.

Cette désobéissance à la force exécutive, entraînerait une grave punition : le ministère public, dans l'intérêt de la société, pour venger l'offense faite aux lois, exercerait l'action disciplinaire contre le notaire refusant, c'est-à-dire, la suspension ou la destitution, tandis que la partie lésée pourrait s'adresser aux juges ordinaires, lesquels, pour faire cesser sa persistance dans le refus, le condamneraient *par corps* à représenter la minute, objet de la collation. « La contrainte par corps (Code » civil, art. 2060, n° 6) aura lieu pareillement, » contre tous officiers publics, pour la représenta- » tion de leurs minutes, quand elle est ordonnée. »

Ainsi, il est hors de doute que le demandeur à fin de compulsoire n'a pas à craindre les difficultés qu'un notaire capricieux ou prévaricateur voudrait lui susciter. Non, tout obstacle disparaîtrait en faisant saisir le notaire, et en le mettant en prison. Or, nous ne croyons pas que ce dernier fût assez imprudent que de se laisser contraindre par une exécution aussi rigoureuse, dont le principal effet serait de le priver de la confiance publique, et même de l'exposer à une destitution. Certes, l'officier-public qui permettrait que les choses arrivassent à cette dernière extrémité, serait ou bien coupable, ou bien insensé!

6e FORMULE.

AUTRE PROCÈS-VERBAL DE DESCENTE CHEZ LE NOTAIRE, OBSTACLES, PERQUISITION DE LA MINUTE DE L'ACTE, COMPULSOIRE ET PROTESTATIONS DU DEMANDEUR.

L'an....., et le....., à..... heures du.....,

Nous....., président du tribunal de première instance de..... (ou juge du tribunal de première instance de....., commis à cet effet par M. le président dudit tribunal), *assisté de notre greffier;*

Procédant en exécution de l'ordonnance de référé du..... (ou de celle de mondit sieur le président, rendue en état de référé, le....., et de la nôtre en date du....., indicative des jour et heure de notre transport), *enregistrée* (ou enregistrées), *signifiée* (ou signifiées) *par exploit du....., avec la sommation requise, ledit exploit à nous représenté en original, aussi enregistré;*

Déclarons nous être rendus dans l'étude de Me A..., notaire à la résidence de....., rue....., n°....., où étant arrivés (1), *a aussitôt comparu, pardevant*

(1) Nous supposons ici que le juge a trouvé l'étude du notaire ouverte, et qu'il a pu y pénétrer sans obstacle. Mais si la porte était fermée ou refusée, pourrait-il en ordonner l'ouverture, et la faire ouvrir à l'instant? L'affirmative n'est pas douteuse. — De quoi s'agit-il, en effet? D'exécuter un mandat de

nous, le sieur B..... (noms, profession et demeure), *assisté de Me C....., avoué* (cette assistance n'est pas indispensable), *lequel nous a requis de procéder*

---

justice, un titre exécutoire envers et contre tous, en un mot, une ordonnance de référé dont l'exécution est permise nonobstant l'appel. Or, nous ne pensons pas qu'il soit possible de dénier la foi, dûe à un acte de cette nature, et surtout d'en paralyser la force en fermant ou refusant les portes au juge qui se transporte chez le notaire. — Nous voyons, par exemple, qu'en matière de saisie-exécution, si le débiteur refuse les portes, l'huissier se retire immédiatement devant le juge de paix, et à son défaut devant l'autorité locale, pour les faire ouvrir (Code de procédure civile, art. 587). Il en est de même lors d'une saisie-revendication, car, dans ce cas, le juge des référés statue soit sur le refus des portes, soit sur l'opposition à la saisie, de manière que la revendication puisse avoir lieu, si elle est fondée (art. 829). Enfin, l'obstacle de la fermeture des portes, ou du refus, quand on appose un scellé, disparaît encore avec une ordonnance du président du tribunal, et même par la seule volonté du juge de paix, *s'il y a péril dans le retard* (article 921). Pourquoi donc n'agirait-on pas de la sorte sur le compulsoire d'un acte au domicile du notaire ? Rien ne s'y oppose; au contraire, tout vient en démontrer la nécessité. Le respect que doivent inspirer les décisions judiciaires, l'urgence qu'il y a pour la partie requérante d'obtenir justice de la résistance d'un officier-public qui méconnait ses devoirs, et particulièrement la protection que la loi accorde à l'exécution des jugemens et actes, font que le juge doit passer outre. Sa mission est, comme on l'a déjà vu, d'applanir les difficultés qui s'élèvent à l'instant qu'on procède à une saisie-exécution, à une saisie-revendication et à un scellé; or, le cas du compulsoire dont nous parlons est absolument identique. — Sans doute, le législateur n'a pas voulu donner aux huissiers une confiance aveugle en fait d'exécution d'actes de l'autorité publique, parce qu'il a senti que ces officiers subalternes pourraient quelquefois en abuser. Mais à l'égard d'un magistrat, c'est tout autre chose : la garantie que présente sa haute position sociale, le ministère indépendant qu'il exerce, et la considération honorable dont le chef de l'état l'a environné, enlèvent jusqu'à la plus légère crainte de prévarication. Ce serait donc restreindre ses prérogatives que de croire qu'il doit, *en exercice,* respecter l'obstacle des portes ou le refus de la partie condamnée.

au compulsoire d'un acte de vente (échange, donation, transaction etc.) *retenu le....., par ledit Me A....., notaire* (ou par Me D....., son prédécesseur), *de lui donner connaissance de la minute de cet acte, pour la vérifier, et de collationner ensuite l'expédition que représentera le notaire, ou celle que retirera le greffier, dont remise sera faite à lui comparant, ainsi que cela est expliqué dans ladite ordonnance de référé, et a signé avec Me C....., avoué.*

Mais l'heure de la surséance étant passée sans que Me A....., notaire, ait comparu, ni personne en son nom pour nous faire la remise de l'acte dont le compulsoire est ordonné, ainsi que de l'expédition requise, et le sieur B..... ayant demandé que nous en fissions la perquisition; nous avons parcouru et examiné les différentes minutes d'actes qui se trouvaient dans l'étude, afin d'y découvrir celle qui fait l'objet de notre transport.

Ayant en effet trouvé la minute de l'acte de vente (échange, donation, transaction etc.) *retenu le.... par ledit Me A.....* (ou par Me D....., son prédécesseur), *nous l'avons de suite communiquée au sieur B....., toujours assisté de Me C....., avoué, et dès qu'il l'a eue vérifié, notre greffier en a retiré une expédition que nous avons collationnée, après quoi, nous en avons fait la délivrance audit sieur B..... pour lui servir ce que de droit, en replaçant la minute avec celles de Me A....., notaire*

Et de tout ce dessus avons dressé le présent procès-verbal, qui a été clôturé à..... heures du....., et que nous avons signé avec le requérant, son avoué, et notre greffier, en l'absence de Me A....., lecture préalablement faite.

(Si le juge n'avait pas trouvé l'acte, il faudrait

dire) : *mais ayant cherché en vain la minute de l'acte de vente etc., et tout en réservant au sieur B..... ses droits, actions et exceptions, pour les exercer pardevant qui il appartiendra, nous avons dressé le présent procès-verbal de carence, qui a été clôturé à...., heures du....., et que nous avons signé avec le requérant, son avoué, et notre greffier, en l'absence de Me A....., notaire, lecture préalablement faite.*

Dans le cas où le notaire aurait comparu, s'il refusait le compulsoire, le juge, après avoir inscrit ses dires et ceux de la partie requérante, ferait la perquisition de l'acte ainsi qu'il vient d'être dit. Et s'il arrivait que des faux ou altérations eussent été faits sur la minute, le procès-verbal devrait être continué en ces termes :

Ayant en effet trouvé la minute de l'acte de vente etc., nous l'avons de suite communiquée au sieur B...., toujours assisté de Me C....., avoué, avec injonction de la vérifier. Cette vérification a été faite EN NOTRE PRÉSENCE, *et le sieur B..... s'étant aperçu qu'il existait plusieurs ratures, faux ou altérations, nous a requis de les constater, et de lui faire la délivrance d'une expédition ou copie collationnée de l'acte dont il s'agit, pour lui servir ainsi qu'il appartiendra, en lui donnant acte de la réserve qu'il fait de tous ses droits, actions et exceptions, et a signé avec Me C....., avoué.*

Nous président (ou juge) *susdit, avons donné acte au sieur B..... de ses réserves, et déférant à sa réquisition, nous avons constaté l'état de la pièce comme suit : cette pièce est un acte au rapport de Me A....., notaire* (ou de Me D..... son prédécesseur); *elle est écrite sur une feuille de papier au timbre de..... centimes, commence par ces mots :*

pardevant etc. (copier la première phrase), *et finit par ceux-ci : fait et lu aux parties, en l'étude, le..... etc.* (copier la dernière phrase), *et est revêtue des signatures E....., F....., etc.; elle contient en tout..... pages, et..... lignes, non compris les renvois* (s'il y en a). — *A la première page, nous avons reconnu que le mot..... etc. placé à la sixième ligne, a été raturé. Un peu plus loin, mais à la même ligne, le mot..... etc. qui existe maintenant, paraît avoir été substitué à un autre mot qu'on a fait disparaître à l'aide d'un grattoir, le papier étant visiblement affaibli dans cet endroit. — A la seconde page, la phrase commençant par..... etc., et finissant par..... etc., est entièrement surchargée. — Il y a à la troisième page, au fond de l'acte, et en marge, deux renvois; l'un qui est signé ou paraphé de..... etc., est relatif à des mots raturés au commencement de cette page, et l'autre qui n'est revêtu d'aucun paraphe ou signature, si ce n'est de celui du notaire A....., a pour objet d'approuver six mots ajoutés au-dessus de ce renvoi.*

(Il faut indiquer bien exactement toutes les surcharges, renvois, ratures, en un mot, tous les signes distinctifs qui peuvent s'y rencontrer.)

Cela ainsi fait, nous avons paraphé ladite pièce à chaque page, et notre greffier en ayant retiré une expédition, nous avons fait la délivrance de cette expédition au sieur B....., pour lui servir ce que de droit, et nous avons replacé la minute avec celles de Me A....., notaire.

De tout ce dessus, nous avons dressé le présent procès-verbal, qui a été clôturé à..... heures du....., et que nous avons signé avec le requérant, son avoué, et notre greffier, en l'absence dudit Me A..... (ou bien en présence dudit Me A....., qui requis de signer, a signé, ou refusé de signer), *lecture préalablement faite* (1).

Cette espèce, il faut en convenir, doit se présenter bien rarement, parce qu'il répugne de croire qu'un notaire veuille compromettre son honneur, son existance même, pour favoriser le dol et la fraude d'une partie. Toutefois c'est dans l'ordre des choses possibles : c'est pour cela que nous avons dû nous en occuper.

La minute de l'acte peut d'ailleurs avoir été falsifiée sans la participation du notaire, à son insu, par exemple, par un clerc, un afidé, même par l'un des contractans qui aura trouvé le moyen de

---

(1) Voyez à la note, pages 436 et 437.

Dans le cas où le notaire aurait fait l'expédition, le président mentionnerait la collation dans la forme indiquée pages 422 et 423, après quoi, le notaire, lors de la délivrance à la partie, rédigerait le certificat dont le modèle a été donné page 423. Mais si, au contraire, soit par l'absence, soit par le refus du notaire, l'expédition ou la copie de l'acte avait été retirée par le greffier, de l'ordre du président, ou du juge désigné pour procéder au compulsoire, ce magistrat ferait la mention suivante : « *la présente expédition* (ou copie) *a été collationnée par nous, président* (ou juge) *du tribunal de première instance de....., sur la minute de l'acte qui nous a été représentée par Me A....., notaire* (ou que nous avons compulsée dans l'étude de Me A...., notaire, en son absence (ou sur son refus), par suite de la perquisition à laquelle nous avons été obligé de nous livrer), *en présence* (ou en l'absence) *de ce dernier, avec l'assistance* (ou en défaut) *du sieur B....., partie requérante, par suite du référé introduit pardevant nous, ainsi que cela résulte de notre procès-verbal de ce jour. Et immédiatement, ladite expédition dûment signée et paraphée par nous, a été remise au sieur B....., pour lui servir ce que de droit.* (Si le requérant n'avait pas comparu, l'on dirait alors : et immédiatement, ladite expédition a été signée et paraphée par nous, remise à notre greffier, pour être ensuite délivrée au sieur B....., à sa première réquisition.)

s'en saisir. Peu importe aussi que l'officier-public accorde ou refuse le compulsoire, que ce compulsoire se fasse volontairement, dans son étude, à la première réquisition du demandeur, ou bien en référé devant le président, ou encore par suite de la descente du juge; il n'en est pas moins vrai de dire qu'il y a une grande utilité de connaître, *dans tous les cas*, les moyens à prendre pour faire rétablir la pièce dans son état primitif.

En général, l'intérêt est le mobile de nos actions, et la voie la plus courte, la plus sûre et la moins dispendieuse, est celle que nous choisissons de préférence pour arriver au terme qui doit nous garantir ce même intérêt. Or, l'action criminelle, contre l'auteur ou le complice du faux, soit par les lenteurs qu'elle occasionne, les difficultés de la procédure, soit à cause de l'incertitude qui existe presque toujours sur la personne qui s'en est rendue coupable, présente bien souvent des chances nuisibles à la partie qui l'exerce. Le faux incident civil est donc préférable; il atteint plus vite l'individu qui veut retirer un bénéfice de l'acte falsifié, au préjudice de l'autre partie, ou du tiers qui réclame.

« Celui qui prétend qu'une pièce signifiée, com-
» muniquée ou *produite* dans le cours d'une pro-
» cédure, est fausse ou falsifiée, peut, s'il y échet,
» être reçu à s'inscrire en faux, encore que ladite
» pièce ait été vérifiée, soit avec le demandeur, soit
» avec le défendeur en faux, à d'autres fins que
» celles d'une poursuite de faux principal ou inci-
» dent, et qu'en conséquence il soit intervenu un ju-
» gement sur le fondement de ladite pièce comme
» véritable (Code de procédure civile, art. 214). »

Il est pourtant des formes préalables : le législateur a senti qu'il fallait entourer l'inscription de faux incident civil de sages précautions, et ne pas permettre que les plaideurs l'employassent sans y avoir bien réfléchi, surtout avant que l'adversaire eût été à même de s'expliquer. A quoi bon s'inscrire en faux, dès l'instant que le défendeur peut vouloir renoncer à faire son profit de la pièce litigieuse? C'est aussi avec beaucoup de prudence que notre Code ajoute : « celui qui voudra s'inscrire en faux, » sera tenu préalablement de sommer l'autre partie, » par acte d'avoué à avoué, de déclarer si elle veut » ou non se servir de la pièce, avec déclaration » que, dans le cas où elle s'en servirait, il s'ins» crira en faux (art. 215). — Dans les huit jours, » la partie sommée doit faire signifier, par acte » d'avoué, sa déclaration signée d'elle, ou du por» teur de sa procuration spéciale et authentique, » dont copie sera donnée, si elle entend ou non » se servir de la pièce arguée de faux (art. 216). » — Si le défendeur à cette sommation ne fait pas » cette déclaration, ou s'il déclare qu'il ne veut » pas se servir de la pièce, le demandeur pourra » se pourvoir à l'audience, sur un simple acte, » pour faire ordonner que la pièce maintenue » fausse sera rejetée par rapport au défendeur ; sauf » au demandeur à en tirer *telles inductions ou con» séquences* qu'il jugera à propos, ou à former » telles demandes qu'il avisera, *pour ses dommages » et intérêts* (art. 217). »

Mais en matière de compulsoire, les rôles sont changés : c'est précisément celui qui prétend se servir de l'acte qui l'argue de faux. Et comme lui seul peut en retirer quelque avantage, il est bien évident que s'il fait la sommation à son adverse partie, de déclarer si elle veut ou non se prévaloir de la pièce falsifiée, elle répondra négativement. Alors que deviendra la voie du compulsoire? Sera-t-elle nulle ou dangereuse? Et pour peu qu'un notaire soit confiant ou facile, qu'il laisse pénétrer les contractans dans le lieu où il tient ses minutes, la partie ou le tiers qui requiert l'expédition du contrat, verra-t-il détruire dans un instant, toutes ses espérances de succès? Telle est la difficulté qui se présente, et que nous nous sommes proposé d'examiner ici.

Non, la voie du compulsoire ne perdra rien de ses effets, par cela seul que la minute de l'acte aura été altérée; elle ne sera pas inutile au demandeur, et si elle offre quelque danger, ce ne peut être que pour la partie auteur ou complice du faux; le requérant ne verra point détruire les avantages qu'il pensait retirer de l'acte, s'il n'eût pas été dénaturé, parce que l'inscription de faux incident civil lui fournit les moyens de faire rétablir la substance de la pièce.

Et d'abord, c'est un point incontestable, la loi ne restreint pas la faculté de s'inscrire en faux, à la personne à qui l'on a *signifié* ou *communiqué* une pièce; elle l'étend encore à toutes les parties du procès, dans ce sens que, pour pouvoir agir, il suffit que la pièce ait été *produite*. Or, celui qui pendant le cours d'une instance civile, a intérêt de se servir d'un acte, est autorisé à le produire, et s'il reconnaît qu'il a été falsifié, rien ne s'oppose à ce qu'il prenne la voie du faux incident, pourvu toutefois qu'il ait fait ses réserves.

Cette règle doit, à plus forte raison, s'appliquer

au compulsoire ordonné par jugement, et en contradictoire défense; car le demandeur qui a reçu l'expédition, et qui la trouve changée, doit avoir les moyens de faire constater le faux qui le grève, afin d'obtenir une juste réparation du préjudice causé. Voilà pourquoi, après que la pièce a été signifiée à l'adversaire, *avec protestation contre sa teneur,* et qu'elle est devenue un document du procès, la partie n'a plus qu'à mettre le défendeur en demeure de consentir à ce que les mots ou passages sur lesquels porte le faux, soient considérés comme non-avenus, et que les véritables expressions qu'il renfermait, soient rétablies; avec déclaration que, dans le cas contraire, elle s'inscrira en faux.

Il n'existe, en effet, aucune différence entre s'opposer à ce qu'on fasse usage d'un acte falsifié, ou demander que cet acte soit remis dans l'état où il se trouvait avant la falsification : dans l'une comme dans l'autre hypothèse, c'est tout simplement vouloir connaître la vérité, et pas autre chose. Et de même que l'individu préjudicié par une pièce fausse, qu'on lui signifie, est fondé à la faire rejeter; de même celui qui croyait se faire relaxer en vertu d'un acte, *s'il eût été sincère,* le trouvant falsifié, peut se pourvoir devant les tribunaux pour démontrer que l'altération a été faite dans le seul dessein de lui nuire, et de rendre sans objet l'acte qu'il voulait invoquer.

Ainsi, faute par le défendeur de répondre dans la huitaine de la sommation spéciale qui lui est faite, et d'accorder le consentement requis, le demandeur s'inscrira en faux, conformément à ce qui est prescrit par le Code de procédure civile, sans avoir à craindre aucune fin de non-recevoir.

Mais nous ferons remarquer, relativement au compulsoire sur simple collationné d'acte, que l'inscription de faux incident ne pourrait être suivie qu'après avoir commencé l'instance où la pièce doit être produite, à moins que le tiers, ou la partie au contrat qui aurait reçu l'expédition de l'acte falsifié, ne voulût prendre la voie du faux principal, en formant sa plainte au criminel.

7e. FORMULE.

PROCÈS-VERBAL D'INVENTAIRE LORS DUQUEL LES DIFFICULTÉS QU'ON ÉLÈVE, OU LES RÉQUISITIONS POUR L'ADMINISTRATION DE LA COMMUNAUTÉ OU DE LA SUCCESSION, OBLIGENT D'ALLER EN RÉFÉRÉ DEVANT LE PRÉSIDENT DU TRIBUNAL DE PREMIÈRE INSTANCE.

INVENTAIRE.

L'an...., et le...., à..... heures du...., dans une maison sise à...., rue...., no...., où est décédé le sieur B..... (nom, prénoms, profession et demeure);

A la requête du sieur Pierre A...., sans profession, demeurant à...., pour lequel domicile est élu à...., chez.... (Cod. de procéd. civ., art. 914, no 3, et 936, no 2), *stipulant comme créancier du défunt* (1), *de*

(1) Mais un créancier a-t-il bien le droit de requérir l'inventaire? L'affirmative est incontestable. *Vid. suprà*, 1re partie, chap 6, § 10, pag. 153 et 154. — Les biens du débiteur sont, en effet, le gage commun de ses créanciers (Cod. civ., art 2093). C'est pour cela qu'un créancier du défunt peut demander l'inventaire dans le but de faire constater l'état de la succession, et d'empêcher le divertissement des valeurs qui en dépendent. Par la même raison, le créancier de l'un des héritiers, tout comme celui du créancier du défunt, étant encore intéressés à la succession, doivent pouvoir requérir l'inventaire, soit en leur nom, soit au nom de l'héritier, ou à celui du créancier de la succession, conformément à l'art. 1166 du code civil. *Vid. suprà*, 1re. partie, chap. 6, § 9, 2e. hypothèse, pag. 150 et 151, ainsi que le code de procédure civile, art. 909, no 2, 930 et 941.

la somme de...., résultant d'un acte du...., au rapport de Me...., notaire à.... (1);

Nous G...., et J...., notaires à la résidence de...., soussignés;

En vertu de l'ordonnance de référé rendue cejourd'hui (ou bien : *le*....) *par M. le président du tribunal de première instance de...., enregistrée, laquelle est transcrite en minute sur le procès-verbal de M. le juge de paix de l'arrondissement dit du...., du canton de.... ou : à nous représentée en expédition, enregistrée* (Si l'inventaire avait lieu volontairement, avec ou sans apposition de scellés, et que les parties intéressées eussent convenu d'un ou de deux notaires, l'on dirait alors : *du consentement des parties ci-après nommées*); *déclarons que, pour la conservation des*

(1) Il n'est pas indispensable que le créancier qui poursuit l'inventaire soit fondé en titre exécutoire; et pour s'en convaincre, il suffit de rappeler que tous ceux qui ont le droit de requérir l'apposition des scellés, peuvent demander qu'ils soient levés, et qu'on procède à l'inventaire (Cod. de procédure civile, art. 930 et 941); or, l'apposition des scellés peut être requise « par tous les créanciers fondés en titre exécutoire, *ou autorisés » par une permission, soit du président du tribunal de première » instance, soit du juge de paix du canton où le scellé doit être » apposé* (art. 909, no. 2). » — Mais le créancier qui, sans faire apposer les scellés, se serait borné à y former opposition, pourrait-il requérir qu'ils fussent levés, et qu'on procédât à l'inventaire? Oui. Cependant il faut distinguer entre le créancier qui est porteur d'un titre revêtu de la formule exécutoire, et celui qui n'a point de titre; dans le premier cas, nulle difficulté; au contraire, dans le second cas, nous pensons qu'il ne doit pouvoir requérir la levée des scellés et l'inventaire, qu'après qu'il a été autorisé dans les formes prescrites par l'art. 909 du code de procédure civile; c'est-à-dire, par le président du tribunal ou par le juge de paix compétent, alors même qu'il serait porteur d'un titre privé, ou d'un titre authentique non exécutoire. L'apposition des scellés, leur levée, et l'inventaire, sont régis par les mêmes principes.

droits de tous, il va être par nous procédé à l'inventaire et description des meubles meublans, ustensiles de ménage, deniers comptans, titres, papiers, renseignemens et autres effets de la succession dudit sieur B...., sur la représentation que nous en fera le sieur...., gardien des scellés, et suivant la prisée ou estimation des effets appréciables qui sera faite par MMes H.... et K...., commissaires priseurs nommés par la même ordonnance (ou désignés par les parties).

Et immédiatement, ont comparu, pardevant nous,

1° *Le dit sieur Pierre A...., assisté de Me C...., son avoué, qui a requis de plus fort l'inventaire et la prisée dont il s'agit, sous la réserve de ses droits, et a signé avec le dit Me C...., avoué;*

Signé A....,
Signé C....;

2° *Dame Louise D...., veuve du sieur B...., demeurant à...., assistée de Me E...., son avoué, agissant à raison de la communauté de biens stipulée entr'elle et feu son mari* (ou pour sûreté de sa dot, reprises et conventions matrimoniales), *suivant leur contrat de mariage du...., retenu par Me...., notaire à...., mais sous la réserve du droit d'accepter ou répudier la dite communauté* (Et dans le cas où les époux auraient contracté sous le régime dotal, l'on dirait: *sous la réserve de tous ses droits, actions et exceptions*); *laquelle a déclaré ne pas s'opposer, et a signé avec Me E...., avoué;*

Signé D...., veuve B....,
Signé E....;

3° *Me F...., notaire à la résidence de...., nommé par ordonnance de M. le président du tribunal de première instance de..., en date du...., enregistrée, pour représenter les sieurs Jean et Jacques B....., demeurant à....., distant de plus de cinq myriamètres, habiles à succéder à feu le sieur B...., leur père, sans néanmoins prendre pour eux aucune qualité, lequel a fait la même déclaration, et a signé* (1);

Signé F....;

---

(1) Doit-on faire nommer un notaire pour représenter les parties qui, étant domiciliées dans la distance de cinq myriamètres, ont été sommées d'assister à la levée des scellés et à l'inventaire, mais qui n'ont pas comparu? *Vid. suprà*, pag. 156 et 395. — M. Merlin, dans son répertoire, verbo inventaire, § 4, pag. 624, nous enseigne que, sous l'ancienne législation, toutes les fois que l'inventaire des biens d'une personne mariée était fait à requête du survivant, celui-ci devoit y faire procéder en présence des héritiers du prédécédé, *ou après les avoir dûment appelés*, mais qu'il n'était pas obligé d'avertir ceux qui n'étaient pas sur les lieux, sauf à requérir, dans leur intérêt, la présence du procureur du roi. « Lorsque les héritiers se trouvent volontairement à l'inventaire, continue cet auteur, » il n'est pas nécessaire qu'ils y aient été judiciairement appelés; » mais quand ils ne s'y trouvent pas, le survivant doit les » appeler devant le juge du lieu, et faire rendre une sentence » en vertu de laquelle il fera donner assignation aux parties, » pour tel jour et telle heure, à la maison du survivant, afin d'y » être procédé à l'inventaire. — Si cette sentence s'obtient par » défaut, le survivant doit la leur faire signifier; et il pourra, » en conséquence, faire procéder valablement à l'inventaire, » *soit que les héritiers s'y présentent ou ne s'y présentent pas.* » — Or, en est-il de même sous le code de procédure civile? Si nous consultons l'art. 928, nous voyons que, s'il y a urgence, le président est autorisé à permettre la levée des scellés, et l'inventaire dans les trois jours de l'inhumation, pourvu que le scellé ait eu lieu antérieurement, ou dans les trois jours de l'apposition, si cette apposition a été faite après, même en l'absence des parties intéressées, sauf à appeler pour elles le notaire désigné d'office par l'ordonnance qui permet la levée des scellés; tandisqu'au contraire, s'il n'est pas urgent de lever le scellé, l'art. 931 (à part la réquisition au juge de paix, et l'ordonnance de ce magistrat) exige qu'on adresse une sommation expresse au conjoint survivant, aux présomptifs héritiers, à l'exécuteur testamentaire, aux légataires universels et à titre

4° Le sieur Guillaume L...., négociant, patenté de 1re classe, n°...., demeurant à...., assisté de Me M...., son avoué, procédant en qualité de légataire à titre universel du quart des biens meubles et immeubles formant la succession du défunt, ainsi que cela résulte du testament de ce dernier, par acte du...., au rapport de Me N...., notaire à...., qui a déclaré

---

universel, s'ils sont connus, et aux opposans, d'assister à cette levée; il dispose en outre qu'il ne sera pas besoin d'appeler les intéressés demeurant hors de la distance de cinq myriamètres, mais qu'on appellera pour eux, à la levée et à l'inventaire, un notaire nommé d'office par le président du tribunal de première instance. Ne pourrait-on pas conclure de là, qu'il est inutile de faire représenter les personnes sommées de comparaître, si elles restent défaillantes? Non, ce serait une erreur. L'art. 942 modifie en effet cette disposition: « Il sera, dit-il, appelé » pour tous les absens, *un seul notaire*, nommé par le président » du tribunal de première instance, pour représenter les » parties *appelées* et *défaillantes*. » Or cela veut dire que, si un notaire a déjà été nommé pour surveiller les intérêts des absens, l'on n'a pas besoin d'en faire nommer un second pour agir au nom des personnes sommées, qui ont fait défaut, parcequ'il suffit de ce notaire pour représenter toutes les parties non présentes au procès-verbal. Mais lorsque les intéressés sont sur les lieux, ou dans la distance de cinq myriamètres, l'espèce n'est plus la même: le poursuivant n'a pas dû faire nommer le notaire; les parties ont seulement été prévenues, par exploit, des jour et heure; aussi croyons-nous que si quelqu'une d'elles ne comparait pas à l'inventaire, il est indispensable de surseoir et d'appeler un notaire désigné d'office par le président du tribunal; car indépendamment de ce que la sommation peut leur avoir été mal adressée dans le dessein de leur nuire, l'on doit encore reconnaître qu'elles ne peuvent être valablement défendues par les parties qui se présentent, à cause de leur opposition d'intérêt. En procédant différemment, l'on s'écarterait de la règle tracée par le législateur, d'après laquelle il faut, *dans tous les cas*, que les parties soient agissantes, ou que leurs droits soient garantis par le concours d'un officier public. Voilà comment il faut entendre la lettre et l'esprit des art. 928, 931 et 942 du code de procédure civile.

consentir à l'inventaire requis, et a signé avec Me M...., avoué;

Signé L....,

Signé M....,

5° *Me P...., avoué au tribunal de première instance de...., agissant en qualité de mandataire du sieur Sernin Q...., rentier, demeurant à...., suivant un acte sous signature privée du...., enregistré à...., le...., fol...., case...., par...., qui a reçu... ledit acte de lui paraphé, se trouve annexé au procès-verbal de M. le juge de paix* (1); *le sieur Q...., étant créancier de la succession et de la communauté* (2), *d'une somme de...., en vertu d'un acte du...., passé en minute de-*

---

(1) Il est vrai que l'art. 13 de la loi du 25 ventose an 11, *sur le notariat*, exige que les procurations des contractans soient annexées à la minute de l'acte, à peine de cent francs d'amende contre le notaire contrevenant; mais cette annexe est impossible dans l'espèce qui nous occupe, puisque déjà la procuration a été utilisée avant que le notaire instrumentaire ait été désigné par le président du tribunal. En effet, le greffier du juge de paix ayant dû mentionner cette pièce dans son procès-verbal a été obligé de l'y annexer. Il impliquerait donc que le notaire fût tenu de remplir la même formalité. Le législateur n'a voulu que les procurations fussent jointes aux actes retenus par les officiers publics, que pour en assurer l'existence, afin qu'il pût être facilement prouvé que la personne qui avait agi en qualité de mandataire, l'était réellement. Aussi, dès l'instant que ce fait se trouve suffisamment établi dans un acte antérieur, il ne saurait exister de contravention. Par conséquent, lorsqu'un notaire passe un premier acte au nom d'une partie représentée par un procureur fondé et qu'il y annexe la procuration, pouvant passer un second acte pour la même personne, en s'en référant aux pouvoirs déjà déposés (*Dictionnaire du notariat*, verbo annexe), il peut de même, lors de l'inventaire, se borner à indiquer la procuration jointe au procès-verbal de levée des scellés, parce que l'inventaire n'en est que la suite. A l'impossible nul n'est tenu!.....

(2) Voyez *suprà*, pag. 393.

vant Me...., notaire à...., a fait opposition aux scellés par exploit de...., huissier, en date du...., enregistré;

6° Le sieur Adrien R...., entrepreneur de bâtimens, demeurant à...., assisté de Me S...., son avoué, créancier de la somme de...., montant du devis et marché passé avec le défunt, le..., devant Me...., notaire à..., à l'occasion de la reconstruction d'une maison sise à.., rue,.., n°..., appartenant à la succession, ayant lui aussi fait opposition aux scellés, comme il conste d'une déclaration consignée au procès-verbal, le....;

7° Enfin le sieur André T...., restaurateur, patenté de 1re classe, n°...., demeurant à...., assisté de Me U...., son avoué, créancier d'une somme de...., pour fournitures de sa profession faites au défunt et à sa famille pendant environ six mois, à raison de quoi il a formé opposition aux scellés, par exploit du...., de...., huissier, aussi enregistré;

Me P...., avoué, comme procède, et les sieurs R.... et T...., ont déclaré se présenter pour la conservation de leurs droits, et ont signé avec MMes S.... et U...., avoués (1);

Signé P....,
Signé R....,
Signé S....,
Signé T....,
Signé U....;

---

(1) D'après les art. 932 et 933 du code de procédure civile, les opposans ne peuvent assister, soit en personne, soit par un mandataire, qu'à la première vacation de l'inventaire, et s'ils ne s'accordent pas sur le choix de celui qui doit les représenter, le juge de paix prononce lui-même (*Vid. suprà*, pag. 398 et 399). Il est donc nécessaire d'indiquer, dans le procès-verbal de levée des scellés, s'il existe ou non des privilèges en faveur des créanciers, pour que le magistrat décide en connaissance de cause à qui appartient la préférence. Mais cela est inutile dans l'inven-

Desquels dires, comparutions, consentemens, réquisitions et reserves, avons donné acte aux parties, sans qu'il soit pourtant rien préjugé directement, ni indirectement, soit sur leurs qualités respectives, soit sur les droits qu'elles prétendent avoir à exercer dans la succession de feu le sieur B.....(1).

Et attendu que l'heure de la surséance est plus que passée, sans que les sieurs Laurent et Hypolite B...., demeurant à,..., autres enfans du défunt, se soient présentés, ni personne pour eux, quoique légalement sommés par exploit du...., fait par...., huisier, ainsi que cela résulte de l'original qui nous a été représenté, dûment enregistré, nous avons donné défaut contre eux; après quoi, vu que Me F...., notaire, ici présent, nommé pour représenter les sieurs Jean et Jacques B.., absens, doit encore surveiller les droits des parties défaillantes; nous avons desuite, sans divertir à autres actes, commencé le-dit inventaire comme suit (2):

---

taire, puisque le notaire n'a pas à s'occuper des personnes qui doivent assister à la rédaction de son procès-verbal. Aussi les créanciers n'ont qu'à faire des réserves.

(1) Malgré que l'inventaire ne soit qu'un acte conservatoire, nous pensons que les parties qui y assistent n'en sont pas moins tenues de déclarer que les énonciations du procès-verbal ne préjugent rien, soit sur leurs qualités, soit sur leurs autres droits et actions; car il pourrait fort bien arriver que leur silence fût considéré comme une reconnaissance tacite de la vérité de ces mêmes énonciations.

(2) Supposons néamoins que, gardant le silence, le notaire nommé d'office pour représenter les absens et les défaillans, n'ait pas comparu, malgré qu'on lui ait donné copie de l'ordonnance du président et fait sommation d'assister à l'inventaire; dans ce cas, faudra-t-il surseoir et l'appeler de nouveau, ou bien le faire remplacer? Non. — Cet officier public, pour se dégager de la surveillance qu'on lui a confiée, est tenu de rèpondre, au bas de l'exploit qu'on lui adresse, qu'il n'accepte pas le mandat,

Etant entrés dans une salle au rez-de-chaussée servant de cuisine, donnant sur etc. (Désigner sa situation), *nous y avons trouvé et inventorié,*

1° *etc.* (L'on met ensemble les choses de même espèce, lorsqu'elles sont de peu de valeur, (art. 938), et qu'une estimation détaillée ne tend qu'à augmenter les frais, sans but pour les parties); *le tout ensemble a été estimé la somme de....., ci....*

Nota. Il faut autant que possible porter hors ligne le chiffre de chaque estimation particulière, afin de pouvoir additionner, au bas de l'inventaire, toutes les sommes sur lesquelles porte la prisée.—Les meubles meublans, l'argenterie, les denrées encore existantes, ainsi que les autres objets sont successivement désignés et estimés, soit séparément, s'ils présentent quelque importance, soit en les réunissant, s'ils offrent peu d'intérêt; mais en indiquant toujours l'endroit de la maison où ils ont été trouvés, et en se conformant en outre à l'article 943 du code de procédure civile, sur les formalités du pocès-verbal. — Au surplus, si la nature et la quantité des effets à inventorier ne permettent point de terminer l'inventaire pendant la durée de la première vaca-

---

ou de venir déclarer, au commencement de l'inventaire, qu'il le refuse. Jusques-là, on le conçoit, il se trouve lié par la décision du juge, aussi sa responsabilité est-elle engagée à l'instant même où il est constitué en demeure de se présenter. C'est pour cela que, s'il fait défaut, il doit supporter seul les conséquences de sa retraite; car il serait injuste que le poursuivant, qui a fait tout ce qui dépendait de lui pour l'accomplissement des formalités exigées par la loi, fût cependant arrêté dans ses poursuites. Or, si les parties absentes ou défaillantes éprouvent quelque préjudice, leur action en dommages et intérêts étant ouverte contre le notaire commis, c'est à elles qu'il appartient de l'utiliser (Cod. civ. art., 1382), et non pas de provoquer la nullité de l'inventaire, pour un fait indépendant de la volonté de la partie requérante.

tion (période de trois heures), *et s'il y a plusieurs créanciers opposans;* le procès-verbal des notaires instrumentaires doit contenir cette mention :

Après la première vacation, M. le juge de paix ayant décidé que les sieurs...., créanciers-opposans, seraient tous représentés par le sieur...., l'un d'eux, ou par Me...., avoué (Dans le cas où les opposans conviendraient ensemble de la personne qui doit les représenter aux vacations subséquentes, on le déclarerait en ces termes : *Après la première vacation, M. le juge de paix a invité les sieurs...., créanciers-opposans, de s'accorder sur le choix de leur mandataire, et lesdits créanciers ayant désigné à cet effet le sieur.... l'un d'eux, ou Me...., avoué*); *nous avons requis les sieurs....* (ceux dont la présence n'est plus permise à l'inventaire), *de signer le présent procès-verbal, ce qu'ils ont fait, à l'exception de...., lesquels ont déclaré ne savoir* (vouloir ou pouvoir) *signer; lecture préalablement faite* (1).

(Suivent les signatures.)

Cela ainsi fait, et lesdits sieurs....., etc, s'étant retirés, nous avons repris l'inventaire dont il s'agit.

Etant alors passés, etc. (L'on continue la nomenclature et la prisée des choses qui restent à inventorier. — Si pendant le cours des opérations, il a été trouvé des papiers, on a dû en renvoyer l'examen à la fin de l'inventaire. La loi veut qu'ils soient cotés par première et dernière, et paraphés de la main d'un des notaires. L'état des registres et livres de commerce, s'il en existe, est constaté, les feuillets pareillement cotés et paraphés, à moins qu'ils ne le soient déjà; et quant aux blancs

(1) Voyez *suprà*, pag. 398, 399 et 400.

qui pourraient se rencontrer dans les pages écrites, ils sont bâtonnés au même instant, pour empêcher qu'on n'y insère quelque déclaration nuisible à la succession. Il faut de plus que les titres actifs et passifs dont on a eu connaissance, soient indiqués au procès-verbal).

SUIVENT LES PAPIERS.

1° *L'expédition du contrat de mariage d'entre le défunt et la dame D....., retenu le...., par Me...., notaire à...., portant, etc.* (Transcrire ici la substance des conventions matrimoniales : c'est le moyen de fournir aux cohéritiers les élémens nécessaires pour arriver à une liquidation des reprises de la veuve); *ladite expédition cotée, paraphée et inventoriée sous le n°....;*

2° *Une quittance consentie le..... par le sieur..... devant Me...., notaire à...., à raison de..... etc.; ladite pièce a été cotée, paraphée et inventoriée sous le n°....;*

3° *Un paquet contenant.....* (le nombre) *lettres missives à l'adresse de...., écrites par...., relativement à* (Indiquer autant que possible l'objet auquel elles se rapportent); *lesdites lettres cotées, paraphées et inventoriées de n°...., à n°....;* etc., etc.

DÉCLARATION DES TITRES ACTIFS.

1° *L'expédition d'un acte retenu le...., par Me...., notaire à...., portant vente en faveur du défunt d'un domaine sis à..., par le sieur..., au prix de....; ladite expédition cotée, paraphée et inventoriée sous le n°....;*

2° *Une lettre de change de la somme de...., tirée le...., par le sieur...., de...., sur le sieur...., à...., payable le...., à l'ordre du défunt ; la dite lettre de change cotée, paraphée et inventoriée sous le n°.....;*

Plus, la dame D...., veuve B...., nous a déclaré qu'il est dû à la succession, savoir : par le sieur..... telle somme, *pour* telle chose..... etc., etc.

DÉCLARATION DES TITRES PASSIFS.

1° *Le double d'une transaction sous signature privée passée le...., entre le défunt et le sieur...., dans laquelle.....* (Indiquer la cause et le montant de la dette à la charge de la succession); *cette pièce a été cotée, paraphée et inventoriée sous le n°.....;*

Plus, la dame D...., veuve B...., nous a déclaré qu'il est dû par la succession, savoir : au sieur...., telle somme, *pour* telle chose.........., *et que les frais funéraires, ainsi que ceux de dernière maladie n'ont pas été payés ; contre laquelle déclaration les parties ont néanmoins réservé tous leurs droits.*

Nota. S'il ne s'élève aucune contestation, soit sur l'administration de la communauté ou de la succession (suivant qu'il y a eu, entre les époux, communauté de biens ou stipulation de dot), soit sur le dépôt des valeurs mobilières, par exemple des titres actifs, et si les demandes en revendication sont admises par les parties intéressées, ou que, dans le cas de difficulté, il y ait accord sur le séquestre des choses litigieuses, jusqu'après la décision des tribunaux compétens; l'on termine, en ces termes, le procès-verbal d'inventaire :

Et ne s'étant plus rien trouvé à inventorier ; la dame D...., veuve B...., ainsi que le sieur...., gardien des scellés (Toutes les personnes qui ont été en possession des objets avant l'inventaire, ou qui habitent la maison dans laquelle existent lesdits objets), *ont affirmé par serment, ès mains de nous dits notaires, sur notre réquisition* (1), *n'avoir rien détourné, vu ni su qu'il ait été détourné aucun des objets qui appartiennent à la succession de feu le sieur B....*, (ou aux succession et communauté de feu le sieur B...., dans le cas où il y aurait communauté).

---

(1) Cette affirmation par serment est-elle volontaire ou forcée? — Il nous semble qu'elle ne doit être faite que lorsque les notaires l'exigent, parce que les détenteurs des biens de la succession ne sont obligés qu'à donner accès dans le domicile du défunt, à permettre que les meubles et effets soient inventoriés, et pas autre chose, à moins qu'ils ne soient contraints de s'expliquer. Ainsi l'absence de la mention prescrite par le § 8 de l'art. 943 du code de procédure civile, *qu'il n'a été rien détourné*, tomberait à la charge des officiers auxquels la loi imposait la condition de la consigner dans l'inventaire; et, si l'omission de cette formalité entraînait quelque dommage, ils devraient, en bonne règle, le supporter, car eux seuls l'auraient occasionné. Or, ce dommage peut exister, dans le cas où la partie qui s'est rendue coupable de soustraction parviendrait à faire déclarer les autres parties non recevables à lui demander compte des objets enlevés, faute par elles d'avoir protesté en présence des notaires, ou requis le serment lors de la cloture du procès-verbal. — Il est vrai qu'on ne peut guère baser une fin de non recevoir sur un tel silence. En effet, les renonciations ne se présument pas; mais de cela seul qu'il est possible que la question soit portée devant les tribunaux, nous avons dû examiner ses conséquences. — Au surplus, nous devons observer que les personnes qui habitent la maison dans laquelle l'inventaire a été fait, n'encourent aucune peine, en ne prêtant point le serment dont il s'agit, pourvu qu'elles n'en soient pas requises par les notaires: il n'y a faute qu'autant qu'elles ont refusé. Alors ce refus équivaut à une reconnaissance tacite qu'il y a eu, de leur part, détournement ou soustraction frauduleuse de partie des objets dépendant de la succession, parce que les officiers qui procèdent à l'inventaire, soit qu'on les suppose être les organes, les mandataires des individus qui ont intérêt à constater le fait des soustractions, soit qu'on ne les considère que comme des délégués du pouvoir exécutif, remplacent toujours les parties ou les juges, et soumettent les refusans à la présomption légale prévue par le code civil (art. 1361, 1366 et 1350, nº 4.)

En conséquence, deumeurant ladite affirmation, et du consentement unanime des parties, tous les meubles-meublans, ustensiles de ménage, deniers comptans, titres, papiers, renseignemens et autres effets qui viennent d'être par nous inventoriés, ont été de suite remis en la garde et possession du sieur...., lequel s'est chargé de les représenter dans l'état où il les a reçus, quand et à qui il appartiendra (1); *après quoi, nous avons cloturé le présent procès-verbal.*

---

(1) Si les héritiers ou quelques-uns d'eux sont mineurs non émancipés, il ne peut être procédé à la levée des scellés, et par conséquent à l'inventaire, qu'ils n'aient été préalablement pourvus de tuteurs, ou émancipés : tel est le vœu de l'art. 929 du code de procédure. Il est pourtant facile d'apercevoir qu'il n'est ici question que de la tutelle dative, parce qu'en droit, après la dissolution du mariage arrivée par la mort naturelle ou civile de l'un des époux, la tutelle des enfans mineurs et non émancipés appartient au survivant des père et mère (Cod. civ. art. 390). Mais soit que le tuteur tire sa qualité de la disposition de la loi, soit qu'il ait été nommé par le conseil de famille, avant la levée des scellés, le notaire n'en doit pas moins observer à son égard une formalité substancielle, rigoureusement exigée par la force des circonstances, malgré que le code de procédure civile, au titre *de l'inventaire*, ne l'indique pas : nous nous fondons sur l'art. 451 du code civil, ainsi conçu : « Dans les dix » jours qui suivront celui de sa nomination, dûment connue de » lui, le tuteur requerra la levée des scellés, s'ils ont été apposés, » et fera procéder immédiatement à l'inventaire des biens du mi- » neur, *en présence du subrogé-tuteur*. — S'il lui est dû quelque chose » par le mineur, *il devra le déclarer dans l'inventaire*, A PEINE » DE DÉCHÉANCE, et ce, *sur la réquisition que l'officier public* » *sera tenu de lui en faire*, ET DONT MENTION SERA FAITE AU PROCÈS- » VERBAL. » — Sans doute, nous le reconnaissons, ce texte ne parle que de l'inventaire requis par le tuteur, en présence du subrogé-tuteur ; d'où l'on pourrait induire qu'il n'y a pas obligation, pour les notaires, de requérir cette déclaration, quand il est procédé à l'inventaire sur la poursuite d'une partie majeure ou émancipée. Ce serait pourtant une erreur de le penser ainsi. Il importe peu, en effet, que l'inventaire se fasse au nom du tuteur ou de tout autre personne ; car il suffit qu'il y ait

Il a été vaqué à tout ce que desssus depuis ladite heure de.., jusqu'à celle de..., ce qui fait... vacations de trois heures chaque.

(Si l'inventaire n'était point terminé dans la même séance, et qu'il y eût plusieurs reprises, il faudrait l'indiquer ici, de manière que le nombre des vacations fût clairement précisé).

Fait et lu aux parties, à...., dans la maion dudit feu B...., les jour, mois et an que dessus, et ont la dame D...., veuve B..., les sieurs etc., etc.; ainsi que MMes H..... et K....., commissaires priseurs, signé, avec les notaires, ces présentes, demeurées en la possession de Me..., l'un d'eux, à l'exception de.... etc., etc.,

---

inventaire, pour que l'administrateur des biens du mineur doive faire connaître ses créances particulières, s'il en a. Cette déclaration est exigée de lui dans le dessein de lui ôter tout moyen d'abuser de la possession des titres et pièces qu'il pourrait trouver dans le patrimoine du défunt, et dont il voudrait plus tard se servir pour faire revivre des créances acquittées. Or, le motif qui a dicté la disposition législative, est le même dans tous les cas. — Nous croyons cependant que le tuteur n'est tenu de déclarer s'il est ou non créancier du mineur, que sur la réquisition *expresse* de l'officier qui procède à l'inventaire, *en présence du subrogé-tuteur*; aussi ne doit-il encourir la déchéance que lorsqu'il a été sommé de s'expliquer sur la nature et la quotité de ses créances, et qu'il a répondu négativement. Dès-lors, si par un oubli du notaire, ou par toute autre cause qui lui fut imputable, le tuteur n'avait fait aucune déclaration, ce dernier serait encore recevable à réclamer tout ce qui lui serait dû par le mineur; mais le notaire, dans cette hypothèse, devrait répondre du dommage souffert par le mineur, payer pour lui les créances réclamées par le tuteur postérieurement à l'inventaire, pour peu qu'il y eût du doute sur leur sincérité, et qu'il fût seulement possible de soupçonner que les titres ont été repris dans la succession (art. 1382 et 1383.)

lesquels, de ce requis par lesdits notaires, ont déclaré ne savoir signer (1).

(Suivent les signatures.)

---

(1) Voyez le tarif du 16 février 1807, art. 168, § 6 et 7, ainsi que le décret du 10 brumaire an 14, qui veut que les notaires indiquent le nombre des vacations par eux employées aux inventaires et autres procès-verbaux de ce genre (Sirey, tom 6-2-213). — Ici se présente naturellement la question de savoir si ces officiers publics peuvent prendre pour témoins, lorsqu'ils procèdent seuls, sans le concours d'un collègue, à l'inventaire sur apposition de scellés, le juge de paix et son greffier? — Et d'abord, la loi du 25 ventose an 11 dispose, art. 8, que « les notaires ne pourront recevoir des actes dans lesquels leurs » parens ou alliés, en ligne directe, à tous les degrés, et en ligne » collatérale jusqu'au degré d'oncle ou de neveu inclusivement, » seraient parties, ou qui contiendraient *quelque disposition en* » *leur faveur*; » elle ajoute ensuite : « les actes seront reçus par » *deux notaires*, ou par un *notaire* assisté de *deux* témoins cito- » yens français, sachant signer et domiciliés dans l'arrondissement » communal où l'acte sera passé (art. 9). » Mais de cela que le législateur s'est borné à dire qu'il suffisait d'être *citoyen français, de savoir signer*, et d'être *domicilié dans l'arrondissement communal où l'acte est passé*, pour pouvoir être pris comme témoin, doit-on en conclure que le juge de paix et son greffier puissent agir à ce titre dans le procès-verbal d'inventaire? Nous ne le croyons pas. — En effet, pourquoi a-t-on voulu que des témoins assistassent à la rédaction des actes notariés? Dans le but de leur faire attester la vérité des énonciations qu'ils contiennent. Or, cette attestation, pour n'être pas suspecte, ne doit émaner que de gens étrangers au contrat; c'est ce qui résulte invinciblement de la disposition suivante: « deux notaires parens ou alliés au degré » prohibé par l'art. 8, ne pourront concourir au même acte. — » Les parens, alliés, soit du notaire, soit des parties contractan- » tes au degré prohibé par l'art. 8, *leurs clercs et leurs serviteurs*, » ne pourront être témoins (loi du 25 ventose an 11, art. 10). » — Ainsi, comme on le voit, tout consiste à examiner si le juge de paix, et son greffier sont ou non intéressés à la régularité de l'inventaire qui intervient après l'apposition des scellés? Quant à nous, il nous semble que les procès-verbaux de levée de scellés et d'inventaire, concourant ensemble, l'un n'étant que la conséquence de l'autre, il est contraire à la lettre, à l'esprit de la loi, que les fonctionnaires qui lèvent les scellés puissent attester

CONTESTATIONS.

Si, au contraire, il survient des contestations *avant* la cloture du procès-verbal, et que les parties

---

valablement l'existence de l'inventaire, la validité de ses formes, et la vérité des énonciations qu'il contient. S'il pouvait en être autrement, ce serait attribuer au juge de paix et au greffier deux qualités absolument incompatibles; car, dans l'une, ils agiraient comme personnes publiques, tandis que dans l'autre ils ne seraient plus considérés que comme simples citoyens, agissant pour un intérêt privé. Il n'est donc pas possible de présumer que les mêmes individus soient habiles à remplir au même instant deux ministères opposés. Aussi lorsque nous voyons que les *clercs* et les *serviteurs* des notaires (de cela qu'ils ont la qualité de scribes ou d'affidés) ne peuvent être pris pour témoins de leurs actes; tout nous démontre que le juge de paix, et son greffier (intéressés à la validité du procès-verbal rédigé par le notaire, puisque sans ce procès-verbal il ne saurait y avoir de levée de scellés), ne peuvent pas non plus servir de témoins instrumentaires: la raison et la morale, d'accord avec l'intention du législateur, ne laissent aucun doute à cet égard. — Supposons par exemple (tout en faisant des vœux pour que cela n'arrive jamais), qu'il y eût intelligence secrète et frauduleuse entre le juge de paix, son greffier et un notaire, pour favoriser l'héritier, lui fournir les moyens de nuire à plusieurs créanciers qui, comptant sur la loyauté de ces trois fonctionnaires, n'auraient fait aucune démarche pour assister au dépouillement des valeurs de la succession; ne pourrait-il pas arriver alors que, sur les indications mensongères de l'héritier, le juge de paix, le greffier et le notaire, soit par excès de confiance, soit par tout autre motif, ne rédigeassent leurs procès-verbaux hors du domicile du défunt, et qu'ils ne portassent le plus grand préjudice aux autres parties, parcequ'ils seraient à même de cacher leur erreur ou leur fraude, en attestant comme sincères, des actes entachés du faux le plus patent, le plus répréhensible?? Cette pensée est si naturelle, si facile à concevoir pour un esprit soupçonneux; l'impression première qu'elle produit est si forte, elle peut devenir tellement injurieuse pour les fonctionnaires dont nous parlons, que cela seul devrait les engager à ne point se prendre pour témoins mutuels. Agir différemment, c'est vouloir encourir la peine de nullité (loi du 25 ventose an 11, art. 68.)

ne veuillent ou ne puissent s'accorder entr'elles, il est alors statué par le président du tribunal de première instance, *en état de référé*, c'est-à-dire par provision et sans préjudice du prinicipal, de quelque nature que soit le litige; car le législateur a investi ce magistrat d'un pouvoir presque illimité, dans ce sens qu'il lui attribue, au *provisoire*, la connaissance de toutes les difficultés qui s'élèvent lors de l'inventaire, mais avant sa cloture, telles que réquisitions pour l'administration de la communauté ou de la succession, OU POUR AUTRES OBJETS (Code de procéd. civile, art. 944).

Ainsi, l'on peut en référer de cette manière :

En conséquence, après ladite affirmation (Ici le procès-verbal est repris à l'endroit où les personnes qui habitent la maison du défunt ont dû déclarer, par serment, que rien n'avait été détourné de la succession ou de la communauté), *et lorsque nous allions cloturer le présent procès-verbal, la dame D...., veuve B...., a demandé d'être maintenue dans la jouissance de tous les biens meubles et immeubles durant le terme que la loi lui accorde pour délibérer si elle acceptera ou répudira la communauté de biens qui a existé entr'elle et le défunt; sans entendre néanmoins que, de son insistance, l'on puisse en induire aucune acceptation de sa part, tout devant se borner à des actes purement administratifs ou conservatoires, ne préjugeant rien, soit sur sa qualité, soit sur ses autres droits, actions et exceptions; requérant à cet effet, les sieurs...., etc., héritiers* (ou ayant droit) *de feu le sieur B...., de consentir à l'instant même qu'elle perçoive provisoirement les sommes qui sont dûes à la succession et à la communauté, tant pour fournir à sa nourriture et à son entretien pendant ledit temps, que pour payer les frais funairaires, ceux de dernière maladie, et autres objets de ce genre; et a ladite dame veuve B....., signé, de ce requise par les notaires* (ou bien : ladite dame veuve B...., a déclaré ne savoir signer, de ce requise par les notaires).

(Dans le cas où les époux n'auraient pas contracté sous le régime de la communauté, la femme, malgré qu'elle n'ait alors que l'action en restitution de sa dot, ou en paiement de ses reprises et conventions matrimoniales, n'en conserve pas moins le droit de demander sa maintenue sur les biens de la succession, soit à titre d'insistance, jusqu'à ce qu'elle ait été désintéressée, soit dans l'unique but de percevoir les fruits, pour que cette perception lui tienne lieu d'alimens, ainsi que nous l'avons démontré (1re partie, chap. 6, § 4, pag. 115, 116 et 117). — Il peut arriver, d'un autre côté, que les héritiers présomptifs du défunt, ou l'un d'eux, veuillent, sans prendre aucune qualité, faire des actes conservatoires, prévenir les poursuites des créanciers, ou soustraire la succession à des pertes certaines, et qu'à cet effet, ils demandent l'autorisation, ou de percevoir les sommes exigibles, ou de faire vendre à l'instant même, sans formalités de justice, quelques objets susceptibles de dépérissement subit. — La veuve ou l'héritier qui réclame la maintenue et l'administration des biens de la communauté et de la succession (ou de la succession seulement), peut encore inspirer des craintes aux autres parties intéressées, et rendre, par conséquent, la mise en séquestre nécessaire; ou le dépôt des valeurs mobilières, indispensables, soit pour en prévenir le divertissement, soit pour introduire en justice, *avant partage*, les actions en recouvrement contre les débiteurs; or, dans tous ces cas, et autres semblables, les notaires reçoivent la déclaration du demandeur, et les réponses des défendeurs, telles qu'elles leur sont dictées, et puis continuent leur procès-verbal comme suit) :

Et attendu qu'il n'a point été déféré, par les autres comparans, à la demande formée par la dame D...., veuve B..; et vu que les difficultés qui viennent de s'élever, nous empêchent de cloturer le présent procès-verbal; nous avons déclaré aux parties que, toutes choses demeurant en l'état, et sous la réserve de leurs droits, actions et exceptions respectifs, il en sera par nous référé à M. le président du tribunal de première instance de...., en son hôtel (ou à son audience des référés, au palais de justice), *rue...., n°...., le...., à..... heures du...., pour qu'il soit statué ce qu'il appartiendra* (1).

Il a été vaqué à tout ce que dessus, depuis ladite heure de..... jusqu'à celle de...., ce qui fait..... vacations de trois heures chaque.

(L'on arrête ensuite le procès-verbal de la manière qui a déjà été indiquée, en le lisant aux parties, et en les faisant signer, ou en mentionnant la cause qui les empêche de signer.)

---

(1) Les difficultés qui s'élèvent sur la détention ou l'administration des biens ayant pour effet immédiat d'empêcher ou de suspendre la cloture de l'inventaire, le gardien des scellés reste toujours chargé de les représenter, à moins que les parties ne se soient accordées entr'elles pour nommer un gardien provisoire; voilà pourquoi cette continuation de garde nécessite la réapposition des scellés. C'est de cette manière qu'il faut entendre l'art. 937 du code de procédure civile. « Les scellés, y est-il dit, seront levés successivement et à fur et mesure de la confection de l'inventaire : ils seront réapposés *à la fin de chaque vacation.*

RÉFÉRÉ AU PRÉSIDENT. (1).

Et ledit jour....., à...., heures du....,

Nous G..... et J...., notaires à la résidence de....., soussignés ;

Pour donner suite au renvoi par nous fait dans notre procès-verbal du...., enregistré (ou qui sera enregistré avec le présent), *déclarons nous être transportés à...., rue...., n°...., où étant, et parlant à M. le président du tribunal de première instance de....* (ou bien encore, déclarons nous être transportés au palais de justice du tribunal de première instance de.., où étant, et parlant à M.., président, vice-président, ou plus ancien juge, en suivant l'ordre de réception), *lui avons fait notre rapport sur les difficultés qui divisent les parties et avons signé.*

Signé G...., notaire;

Signé J...., notaire (2).

ORDONNANCE DU PRÉSIDENT.

Nous président (ou vice-président, ou plus ancien juge, faisant les fonctions de président) *du tribunal de première instance de....;*

Vu le procès-verbal dressé le...., par MMes G...., et J...., notaires à la résidence de...., lors duquel la

---

(1) Si les notaires vont eux-mêmes en référé, devant le président, l'ordonnance qui statue est inscrite à la suite de leur procès-verbal, sur le même cahier; car la cloture de l'inventaire qui vient immédiatement après l'ordonnance du juge, et qui contient le nom de la personne à qui l'on fait la délivrance des meubles et effets inventoriés, ainsi que son chargement, doit ne former qu'un seul et même procès-verbal (Cod. de procéd. civ. art. 944).

(2) Voir le tarif, art. 168, § 6 et 7.

dame D...., veuve B...., demanda etc. (rapporter la substance de sa demande);

Demeurant le rapport qui vient de nous être fait par lesdits MMes G...., et J...., notaires ;

Oui etc. (Indiquer les noms des parties présentes, ceux de leur défenseurs, et les conclusions qui ont été prises),

Absent etc. (indiquer également les noms des parties-défaillantes);

Et attendu (Transcrire ici les motifs qui ont déterminé le juge);

Par ces motifs, statuant au provisoire, en état de référé, sans préjudice du principal, ordonnons que la dame D...., veuve B...., sera maintenue etc. (Faire connaître si la demande a été accueillie ou rejetée, et de quelle manière), *et sera la présente, à cause de l'urgence, exécutée sur minute.*

Donné en notre hôtel (ou au palais de justice), *à...., les jour, mois et an que dessus.*

N...., président.

Nous devons dire toutefois que rien n'oblige les notaires d'en référer eux-mêmes; car le référé est purement facultatif pour eux, et encore faut-il qu'ils résident dans le canton de la justice de paix où siège le tribunal (Code de procédure civile, art. 944). Or, s'ils ne veulent ou ne peuvent en référer en personne, ils se bornent à délaisser les parties à se pourvoir en référé, dans les formes ordinaires (art. 806, 807 et 808); mais ils rédigent un procès-verbal *séparé* des difficultés qui ont eu lieu, le déposent au greffe du tribunal de première instance (Argument des art. 837 du code civil et 977 du code de procédure civile, qui le veulent ainsi en matière de partage), et il est ensuite statué ce que de droit, ou par le président, comme juge des référés, ou par le tribunal, si l'on introduit l'action au principal.

Voici la forme de ce procès-verbal particulier (1):

PROCÈS-VERAL CONTENANT, SÉPARÉMENT, LES DIFFICULTÉS SURVENUES LORS DE L'INVENTAIRE.

Pardevant nous G...., et J...., notaires à la résidence de..., soussignés; dans une maison sise à...., rue, n°, où est décédé le sieur B.... (noms, prénoms, profession et demeure):

Après que nous avons eu procédé à l'inventaire des meubles-meublans, ustensiles de ménage, deniers comptans, titres, papiers, renseignemens et autres effets trouvés dans la succession dudit feu B....., et lorsque la dame D...., veuve B...., ainsi que le sieur...., gardien des scellés (ou toutes autres personnes qui étaient dans la maison avant l'inventaire), *ont eu affirmé par serment, ès mains de nous dits notaires, sur notre réquisition, n'avoir rien détourné, vu ni su qu'il ait été détourné aucun des objets dépendant de ladite succession* (ou des succession et communauté, s'il y a lieu), *mais avant la cloture du procès-verbal;*

Ont comparu, savoir :

1° *Ladite dame D...., veuve B...., qui a demandé etc.* (Transcrire ici le libelle de sa demande);

---

(1) Le procès-verbal de référé dont nous donnons ici le modèle, quoique séparé en apparence, fait pourtant suite à l'inventaire, et doit être placé à l'endroit où l'on écrit la cloture, quand il ne s'élève aucune difficulté; en d'autres termes, il faut le substituer à ces mots : *et ne s'étant plus rien trouvé à inventorier, la dame D....., veuve B...., etc. (page 460).*

2° *le sieur*... (nom de celui qui s'oppose), *qui a répondu, etc.* (Transcrire également sa réponse);

3° *Le sieur*.... (Indiquer ceux qui assistent passivement aux débats, et leurs dires, de manière que le juge connaisse parfaitement d'où part l'obstacle qui empêche ou suspend la cloture de l'inventaire).

Sur quoi, nous notaires susdits, vu qu'il n'a pas été déféré, par les autres parties, à la réclamation de la dame D....., veuve B.....; attendu que les difficultés qui viennent de s'élever, empêchent la cloture de l'inventaire dont il s'agit; nous avons déclaré, tant à ladite dame veuve B...., qu'aux sieurs...... (Désigner les opposans, et ceux qui ne prennent aucune part à la contestation), *que, toutes choses demeurant en l'état, et sous la réserve de leurs droits, actions et exceptions, nous les délaissions à se pourvoir en référé, devant M. le président du tribunal de première instance de...., et qu'à cet effet, un double de ce procès-verbal sera immédiatement déposé au greffe.*

Fait et lu aux parties, l'an....., et le...., à...... heures du..., dans la maison dudit feu B....; et ont la dame D...., veuve B...., les sieurs..... (noms des personnes qui savent et veulent signer), *ainsi que MMes H..... et K..., commissaires-priseurs, signé, avec les notaires, ces présentes, demeurées en la possession de Me...., l'un d'eux, à l'exception de.....* (noms des comparans qui ne signent pas), *lesquels, de ce requis par lesdits notaires, ont déclaré ne savoir signer* (1). (SUIVENT LES SIGNATURES.)

Lorsque le notaire, détenteur de la minute de ce procès-verbal, en a déposé une expédition au

(1) Voir le tarif, art. 168, § 6 et 8.

greffe, la partie la plus diligente se pourvoit par ajournement à l'audience des référés ou à l'hôtel du juge, conformément aux dispositions des art. 807 et 808 du code de procédure civile. Et comme les notaires ne sont pas présents pour inscrire, sur leur procès-verbal, l'ordonnance qui statue sur la contestation, cette ordonnance est régie par l'art. 1040, et doit, par conséquent, rester en la possession du greffier, pour qu'il en délivre expédition, à moins que le président n'en permette l'exécution sur minute (art. 811).

Mais soit que l'ordonnance ait été consignée au procès-verbal d'inventaire (ce qui arrive quand les notaires en réfèrent eux-mêmes), soit qu'elle ait été déposée au greffe ou remise à la partie poursuivante, l'on n'est pas moins obligé de revenir au domicile pour la cloture du procès-verbal.

Nous avons déjà vu, en effet, que les scellés ne peuvent être levés qu'au fur et à mesure de l'inventaire, et que, *jusqu'à la cloture*, il faut les réapposer à la fin de chaque vacation (art. 937) : d'où il suit que les opérations des notaires ayant été suspendues par des obstacles, l'on doit faire, après l'ordonnance de référé, ce que la loi voulait que l'on fit auparavant, s'il ne s'était élevé aucune contestation. C'est dans l'acte même d'inventaire que s'effectue la délivrance des choses inventoriées (art. 943 et 944); c'est donc là aussi qu'on en doit charger la partie qui est fondée à les exiger; et pourtant, *s'il est formé des oppositions*, la remise ou chargement ne peut avoir lieu que par ordre du juge!...

Ainsi, point de doute, il suffit que les scellés aient été réapposés, pour qu'on doive observer de nouveau les formalités relatives à leur levée (art.

931). Cette règle ne souffre d'exception que l'orsque, nonobstant les difficultés, il y a eu accord sur le choix du gardien provisoire, et que le juge de paix a cloturé son procès-verbal; dans ce cas, en vertu de l'ordonnance qui lève l'obstacle, les notaires et les ayant-droit se transportent sur le lieu où sont les effets inventoriés, procèdent à leur récolement, et, après avoir déchargé le gardien, s'il y a lieu, remettent ces mêmes effets à la personne qui est appelée à l'administration des biens du défunt.

Examinons maintenant si l'on peut continuer l'inventaire, malgré que, durant le cours du procès-verbal, il ait été découvert un testament qui attribue tout ou partie de la succession, à un individu qui n'y est point représenté.

La loi permet de n'appeler qu'*un seul* notaire pour *tous* les absens et défaillans; d'où il serait possible d'induire qu'il n'y a pas lieu d'en référer, quand on a la présence de cet officier public. Cependant quoique l'objection soit spécieuse, qu'elle puisse même paraître pressante, nous n'en persistons pas moins à croire qu'il est imprudent de passer outre, notamment lorsque l'héritier ou le légataire qu'indique le testament se trouve domicilié dans la distance de cinq myriamètres; alors le poursuivant est obligé de lui adresser une sommation spéciale (art. 931 et 942) dont l'omission semble devoir entraîner la nullité; car il est de principe que la partie non-valablement représentée à un inventaire, peut le contester, et prétendre que, *quant à elle*, cet acte est illégal, frustratoire et sans objet (1).

---

(1) Ce principe a été consacré par un arrêt de la cour de Limoges, du 3 janvier 1820, (Sirey tom. 21-2-21). — Voyez ce que nous avons dit, 1re. partie, chap. 6, § 11, pag. 159.

Pourquoi donc en matière de scellés, la découverte d'un testament n'arrête-t-elle point le juge qui procède à leur apposition ? Le voici : Cette mesure qui ne préjuge rien (à laquelle d'ailleurs toutes les parties ne concourent pas et n'ont que faire d'assister, à moins que l'une d'elles ne veuille qu'on fasse la perquisition du testament), n'a d'autre but que de mettre les valeurs mobilières sous la main de la justice; or, la seule intervention du juge de paix étant plus que suffisante pour garantir les droits de tous, aucun motif n'autorise à surseoir (1); au contraire, dans un inventaire après décès, la constatation du patrimoine qu'a laissé le défunt met en jeu des intérêts contradictoires, et chaque héritier, chaque légataire, chaque créancier agissant pour lui seul, à raison d'une action particulière, doit être mis en demeure de s'expliquer en présence de ses contradicteurs légaux, pourvu néanmoins que son interpellation n'occasionne pas de trop longs délais. C'est ce qui nous décide à penser que le concours du notaire, représentant des absens et défaillans, serait illégal, s'il n'avait pour base l'éloignement, ou la retraite *volontaire* de la partie intéressée. Il ne faut jamais s'écarter de cette règle : *en fait d'attribution, tout est de droit étroit.*

Ainsi, par exemple, au moment de l'inventaire, *avant sa cloture*, les notaires ont bien la faculté d'introduire un référé (art 944); ce serait pourtant une erreur de croire qu'ils puissent le faire postérieurement (2).

---

(1) Nous ne faisons qu'expliquer ici ce que nous avons dit, pag. 374, à la note.

(2) M. Pigeau, *traité de la procédure civile*, tom. 2, pag. 637, professe la même doctrine.

A cette époque, quand par l'effet de l'ouverture de la succession, les valeurs qui existent ont besoin d'être conservées, il y a obligation de choisir celui qui en aura la possession et l'administration provisoires; par une juste conséquence, ce choix doit résulter de l'acte même qui contient l'état des biens; mais si l'officier qui procède à l'inventaire peut s'interposer entre les opposans et le juge des référés, pour hâter leur accord sur ce point, son mandat cesse à l'instant où les parties ont désigné le détenteur de la succession, quand il a lui-même cloturé le procès-verbal.

Ainsi le juge de paix qui, allant apposer un scellé, voudrait faire un référé au président sur des difficultés relatives à d'autres objets, dépasserait sa compétence et commettrait un excès de pouvoir, parce que l'article 921 du code de procédure civile, qui fixe ses attributions, les restreint aux obstacles touchant l'apposition des scellés.

Toutefois, un jurisconsulte qui se recommande par ses écrits et la profondeur de son jugement (M. Pigeau), pense, au contraire, que de cela seul que le juge de paix est appelé au premier acte de l'ouverture d'une succession, il peut porter devant le président du tribunal de première instance en état de référé, la connaissance de *toutes les difficultés généralement quelconques* qui se développent à l'instant de son transport, alors même qu'il n'existerait point d'obstacle aux scellés. « Quoique le code de procédure, dit « cet auteur, ne parle de l'autorisation du juge pour « administrer la communauté ou la succession qu'à « l'art. 944, sous le titre *de l'inventaire*; cependant « elle peut avoir lieu auparavant, dès l'instant de « l'ouverture de la succession, lors de l'apposition.

« L'art. 921 comprend le réquisitoire tendant à cette « autorisation, sous le mot générique de *difficultés* « qui s'élèvent, *soit avant, soit pendant le scellé*, et « sur lesquelles il donne pouvoir de statuer. Si l'on « parle de cette autorisation spécialement à l'inven- « taire, ce n'est pas pour dire qu'elle ne peut être « requise et ordonnée que lors de cet acte, mais « seulement pour régler le mode particulier à suivre « lorqu'elle n'est requise et ordonnée que lors de « l'inventaire, lequel mode diffère, comme on le « verra en traitant de cet acte, de celui qui se pra- « tique lorsqu'elle est requise et ordonnée avant et « pendant le scellé, ou lors de sa levée (1). »

Or, d'après nous, cette opinion s'écarte visiblement de la lettre et de l'esprit de la loi. Sans doute, il est parlé dans l'art. 921 qu'on invoque, des difficultés élevées, soit avant, soit pendant le scellé, et le législateur ajoute, qu'elles pourront être décidées par le président du tribunal, *sur le rapport du juge de paix;* mais qui ne voit que les difficultés dont il est fait mention ne concernent que la mise des scellés? Applanir les obstacles qui empêchent ou suspendent l'apposition, la rendre facile et prompte; voilà tout ce qu'on a voulu. C'est aussi dans ce but que, *s'il y a péril dans le retard*, le code de procédure autorise le juge de paix à prononcer lui-même, par provisoire, sauf à en référer ensuite.

Eh bien! nous faisons cette question : peut-il y avoir péril de ne point déterminer, *à l'instant où l'on appose les scellés*, le mode suivant lequel on administrera la succession?...... S'il existe quelque danger, quelque crainte de dommage, ce ne doit

(1) Ce passage est extrait du tom. 2, pag. 602.

être nécessairement que lorsque les valeurs mobilières n'ont pas été mises à l'abri d'un enlèvement subit, du dol et de la fraude des personnes qui les détiennent. Par conséquent ces mots : *obstacles, difficultés*, qu'on rencontre dans l'article 921, ne présentent que des synonymes, applicables uniquement à l'apposition des scellés. Au surplus toute incertitude disparaît sans retour, pour peu qu'on réfléchisse que cette apposition intervient ordinairement en l'absence des héritiers, des légataires, des créanciers du défunt; il impliquerait donc que le juge de paix pût en référer sur toutes les difficultés, *sans distinction*, parce que ce serait reconnaître que toutes les parties ont besoin d'y d'être appelées (1).

5me CATÉGORIE.

RÉFÉRÉS DES GREFFIERS.

La loi établit ici une similitude entre les actes de greffe et ceux des notaires. En effet, après avoir disposé qu'une seconde expédition *exécutoire* d'un jugement ne pourra être délivrée à la même partie qu'en vertu de l'ordonnance du président du tribunal où il a été rendu, elle ajoute : « seront observées « les formalités prescrites pour la délivrance des se- « condes grosses des actes devant notaires (Cod. de « procédure civile, art. 854). »

Cependant, malgré que les difficultés relatives à cette seconde grosse soient de la compétence du juge des référés (art. 845), les greffiers ne sont

(1) Voir *suprà*, 1re partie, chap 6; § 9, pag. 147 et suivantes; quels sont les cas dans lesquels le juge de paix est autorisé à faire un référé au président du tribunal.

pas autorisés, dans cette circonstance, à en référer eux-mêmes, parce que ce n'est qu'à suite des contestations qui s'élèvent lors du compulsoire que les notaires peuvent apporter, en personne, au président du tribunal, à jour et heure indiqués, la minute de l'acte et l'expédition, pour les collationner (art. 852); or, les mêmes principes leur sont applicables.

Mais nous devons dire aussi que le législateur, pour ce qui concerne les actes de greffe, donne une plus grande latitude aux parties; car il assujettit les greffiers et dépositaires des registres publics à en délivrer, *sans ordonnance*, expédition, copie ou extrait, *à tous requérans*, à la charge de leurs droits, à peine de dépens, dommages et intérêts (art. 853); tandis que les notaires ne peuvent donner connaissance des actes de leur ministère, ou délivrer des expéditions aux personnes non intéressées en nom direct, héritiers ou ayans-cause, qu'en exécution de l'ordonnance du président (Loi du 25 ventôse an 11, art. 23). Il faut même observer que, les minutes des actes et jugemens dont les greffiers sont dépositaires, étant dans le lieu où siège le tribunal, il est bien rare qu'ils refusent d'en donner connaissance, puisque le président et le procureur du roi peuvent leur enjoindre à l'instant même, sans aucune formalité de justice, de les communiquer au requérant (1).

Ainsi, ce n'est que lorsqu'il existe des difficultés

---

(1) Lois des 16-24 août 1789, tit. 8, art. 6, et 20 avril 1810, art. 62; décrets des 30 mars 1808, art. 79, et 18 août 1810, art. 26, sur les mesures disciplinaires que le président et le procureur du roi peuvent employer contre leur greffier.

sur la collation d'un acte ou d'un jugement, que le greffier peut être contraint de dresser procès-verbal, et d'en référer au président, ou à l'instant, si cela est possible, ou bien à jour et heure indiqués, pour que ce magistrat statue sur son rapport, parties entendues, et fasse lui-même la collation requise (1); dans tout autre cas, notamment à raison des obstacles sur les secondes expéditions exécutoires (à moins qu'il n'y eût contestation touchant leur exactitude, ce qui entraînerait le compulsoire dont nous venons de parler), c'est au demandeur seul qu'il appartient d'introduire le référé, contre le greffier ou autre dépositaire qui refuse, pour obtenir justice de sa résistance, si elle est mal fondée (Cod. de procéd. civile, art. 845 et 854).

FORMULE.

PROCÈS-VERBAL DE DIRES, RÉFÉRÉ AU PRÉSIDENT, ORDONNANCE QUI STATUE, ET DÉLIVRANCE DE LA COPIE OU EXTRAIT DE L'ACTE OU JUGEMENT QUI EST EN LA POSSESSION DU GREFFIER.

COMPULSOIRE (2).

Cejourd'hui..., au greffe du tribunal de première

---

(1) En est-il de même pour ce qui est relatif aux actes et jugemens des tribunaux de commerce? Voyez pag. 137, 138, 146, 147, et 188 à 193.

(2) Dans la rigueur du mot, ce n'est pas un véritable compulsoire, puisque la représentation de la minute est ici volontaire. Mais si l'on réfléchit que les conséquences de notre procès-verbal sont les mêmes, dans ce sens que la collation a lieu pour s'assurer que l'expédition de l'acte ou du jugement est exacte, que les parties doivent quelquefois y être appelées, notamment quand il s'agit de la seconde expédition *exécutoire* d'un jugement rendu avec elles, il ne sera pas possible de nous accuser d'incorrection.

instance (de commerce, ou de la cour royale) *de...*, *et pardevant nous, greffier soussigné;*

A comparu le sieur A...., etc, assisté de Me B...., *avoué* (1), *qui nous a requis de lui donner connaissance, et de lui délivrer expédition, copie ou extrait d'un acte tenu à notre greffe, le.....* (ou d'un jugement ou arrêt rendu le......), *entre....., etc., à la charge de nos droits, et a signé avec son avoué* (ou : *et ayant déclaré ne savoir, pouvoir ou vouloir signer, Me B...., avoué, a signé sur notre réquisition*).

Cela ainsi fait, nous greffier susdit, avons communiqué au sieur A...., sans déplacer, et sous notre surveillance, la minute de l'acte (jugement ou arrêt) *dont il s'agit; et comme nous nous disposions à faire, au requérant, la délivrance de l'expédition de cet acte* (jugement ou arrêt), *il a voulu collationner lui-même ladite expédition à la minute, et nous y avons consenti; mais des difficultés s'étant élevées relativement à certains mots raturés dont le sieur A...., réclame copie* (ou sur quelques mots mal peints ou mal orthographiés, dont le sens lui a paru douteux), *nous lui avons déclaré que nous allions en référer à l'instant*

---

(1) En parlant du compulsoire devant notaires, nous avons démontré (pag. 406) avec l'art. 92 du tarif des frais en matière civile, interprétatif de l'art. 850 du code de procédure, que les avoués pouvaient y assister, soit comme simples conseils des parties, soit comme officiers ministériels, afin de les mettre à même de prendre tous les renseignemens qu'exige la défense. — Or, doit-il en être ainsi dans l'espèce qui nous occupe? Oui, sans doute; car indépendamment de ce que la collation, au moins pour ce qui concerne la partie requérante, offre un intérêt semblable, les avoués ont encore le droit *exclusif* de postuler et de prendre des conclusions *dans le tribunal* pour lequel ils sont établis (Loi du 27 ventôse an 8, art. 94).

même (ou que nous en référerions le......, à...... heures du.....) *à M. le président dudit tribunal* (ou de ladite cour royale), *en la chambre du conseil, au présent palais de justice, pour la collation dudit acte* (jugement ou arrêt), *et qu'il fût statué, sur la contestation, ce qu'il appartiendra : nous avons, à cet effet, invité la partie requérante de s'y trouver, si bon lui semble.*

De tout ce dessus, nous avons dressé le présent procès-verbal, et a, le sieur A..., signé, avec nous et son avoué (ou bien : *le sieur A.... ayant déclaré ne savoir,* vouloir ou pouvoir *signer, nous avons signé avec son avoué, lecture préalablement faite.*)

(*Suivent les signatures.*)

RÉFÉRÉ.

Et immédiatement (Mais si le référé n'avait pas lieu de suite, l'on dirait : *Et ledit jour....., à...... heures du...*) *nous étant rendu dans la chambre du conseil du tribunal de première instance* (de commerce, ou de la cour royale) *de...., où étant, et parlant à M...., président* (vice-président ou juge (1), M. le président se trouvant absent ou empêché), *nous lui avons remis tant la minute de l'acte* (jugement ou arrêt) *que l'expédition à collationner; et après avoir, de notre transport, rédigé ce procès-verbal, que nous avons signé, il a été rendu la décision suivante :*

M...., greffier.

---

(1) Dans les juridictions commerciales, il n'y a pas de vice-président : « chaque tribunal de commerce, est-il dit, sera composé d'un juge-président, de juges et de suppléans (Cod. de commerce, art. 617). »

ORDONNANCE DU PRÉSIDENT (1).

Nous président (vice-président ou juge, en l'absence de M. le président) *du tribunal de première instance* (de commerce, ou de la cour royale) *de...;*

Vu le procès-verbal dressé cejourd'hui (ou le:....) *par notre greffier, à l'occasion des difficultés touchant la collation de l'expédition à la minute de l'acte* (jugement ou arrêt) *qu'il vient de nous présenter;*

Oui le sieur A.... (Faire mention s'il est ou non assisté d'un avoué, transcrire ses conclusions, et, s'il fait défaut, le dire aussi);

Oui également les sieurs..... (Indiquer encore s'il se présente ou non d'autres parties, et quelles sont leurs exceptions);

Attendu que, etc (motifs qui ont déterminé le juge);

Par ces motifs, statuant au provisoire et en état de référé, disant droit sur la demande du sieur A..., (ou l'en démettant), *ordonnons, etc.* (ce qui est ordonné); *nous avons desuite collationné l'expédition à la minute de l'acte* (jugement ou arrêt) *dont il s'agit, en enjoignant à notre greffier d'en faire la délivrance au sieur A...., à sa première réquisition, à la charge, par le requérant, d'acquiter ses droits; et quant aux dépens du procés-verbal et à ceux qui ont été occasionnés par le référé, ils seront supportés par, etc.* (la partie qui succombe); *nous ordonnons*

---

(1) Cette ordonnance doit-elle être inscrite sur le procès-verbal dressé par le greffier? Oui. — Voyez ce que nous avons dit 4me partie, chap. 1er, § 2, 1re division, 2me catégorie, pag. 411, à la note; malgré que cela ne se rapporte qu'au compulsoire des actes des notaires, nous croyons qu'il faut l'appliquer à l'espèce, parce qu'il y a même motif de décider.

enfin que la présente sera exécutée par provision, nonobstant l'appel, mais sans préjudice du principal.

Donné au palais de justice, à....., les jour, mois et an que dessus.

N...., président;

O...., commis-greffier (1).

Au bas de l'expédition collationnée, le président fait ensuite cette mention :

Collationné par nous, président (vice-président ou juge, en l'absence de M. le président) *du tribunal de première instance* (de commerce, ou de la cour royale) *de...., sur la minute qui nous a été présentée par le greffier dudit tribunal* (ou de ladite cour), *en présence* (ou en l'absence) *du sieur A....,*

(1) Les difficultés qui s'élèvent entre le greffier du tribunal et le tiers qui réclame l'expédition, constituent un litige proprement dit, puisque le juge est appelé à prononcer. Il répugne donc que le fonctionnaire qui a à se défendre d'un fait personnel, susceptible de condamnation, puisse *valablement* concourir, à raison de ce même fait, avec deux qualités absolument incompatibles, celle d'homme public et celle d'homme privé. Tout nous porte à penser que l'ordonnance dont il est ici question, doit être signée par le commis-greffier, c'est-à-dire par tout autre que celui qui a donné lieu à la contestation et au référé devant le président. — Mais est-il bien nécessaire que cette ordonnance soit revêtue de la signature d'un greffier? Oui. Elle n'intervient qu'au palais de justice, et l'on sait que dans ce cas (d'après l'art. 1040 du Code de procédure civile), le juge est assisté du greffier, qui garde la minute et délivre l'expédition. — Eh bien! nous le demandons, si le président condamne le greffier contestant aux frais du compulsoire et de la décision sur le référé (ce qui est bien possible, notamment lorsque sa résistance n'est que le résultat de sa mauvaise foi), y aura-t-il sécurité pour la partie requérante, si elle est obligée de laisser entre les mains d'un adversaire, le seul titre en vertu duquel elle peut agir contre lui??....

partie requérante, et des sieurs.... etc (autres parties intéresées, s'il y a lieu); *appelés en référé pardevant nous, ainsi que cela résulte de notre ordonnance de ce jour, inscrite au procès-verbal du greffier.*

A...., le....,

N...., président;

O....., commis-greffier.

Quand le demandeur réclame l'expédition collationnée, le greffier ajoute :

Délivré la présente expédition au sieur A....., etc. (ou à Me B...., avoué du sieur A...), *domicilié à..., à suite et en exécution de l'ordonnance de référé du..., enregistrée, d'après la collation qui en a été faite le même jour, par M. le président du tribunal de première instance* (du tribunal de commerce, ou de la cour royale) *de...., ainsi que cela est plus amplement expliqué dans notre procès-verbal.*

A...., le....,

O....., commis-greffier.

En parlant du compulsoire, nous avons dit, page 415 : « Il n'a d'autre effet que de rendre contradic- « toire avec la partie contre laquelle il est ordonné « l'acte dont le demandeur requiert l'expédition, et « de pouvoir le faire exécuter tout comme si ce « dernier y avait été partie. Il est vrai, avons-nous « ajouté, que, d'après l'art. 23 de la loi du 25 ven- « tôse an 11, *sur le notariat*, l'ordonnance du pré- « sident est suffisante pour contraindre un notaire « à nous délivrer expédition ou copie de l'acte où « nous n'avons pas concouru en nom direct, ou « comme héritiers ou ayans-cause de l'un des con-

« tractans ; mais si l'on considère qu'une telle expé-
« dition ne vaut que comme renseignement, et que
« la partie à laquelle on l'oppose, contre laquelle
« on veut la faire exécuter, peut révoquer en doute
« ses énonciations, l'on sentira toute l'utilité du
« compulsoire en justice. » Or, examinons maintenant si ces principes sont appliquables aux jugemens des tribunaux, et aux actes de greffe.

Et d'abord, il est hors de doute, qu'une partie n'a jamais intérêt à faire ordonner, *incidemment à l'instance pendante avec elle*, le compulsoire de l'acte ou du jugement dont elle veut se servir, mais qui se trouve déposé au greffe, parce que s'il lui convient d'en faire usage, elle doit se borner à en requérir expédition, copie ou extrait, sans avoir à craindre un refus de la part du greffier (Cod. de procéd. civil., art. 853). Ainsi, sous ce premier rapport, point d'analogie avec les actes des notaires.

Mais quelle est la force obligatoire de l'expédition, copie ou extrait, qu'une tierce-personne obtient du greffier, ou de tout autre dépositaire de registres publics ?

La loi veut que les jugemens lient les tiers tout comme les parties elles-mêmes : il n'y a d'exception à cette règle que pour le cas où nous serions préjudiciés, pourvu encore que nous n'ayons pas été représentés personnellement, ou par nos *ayans-cause* ; alors la tierce-opposition vient à notre aide ; et nous offre les moyens de faire réparer le dommage (art. 474). L'on va même jusqu'à soutenir qu'il faut que nous ayons dû être appelés, car autrement tout recours est interdit (1). Il importe peu aussi

(1) *Dans quels cas la tierce-opposition envers un jugement est-*

qu'un jugement nous ait été délivré plutôt en forme exécutoire que par simple extrait ou expédition, dès l'instant que si la tierce-opposition n'est point

---

elle recevable, et quelles sont les personnes qui peuvent la former ? — Cette question offre un vif intérêt, non-seulement à cause de ses diverses solutions, mais encore par ses immenses résultats dans la pratique : elle se rattache aux voies extraordinaires pour attaquer les jugemens, et nous avons dû alors l'examiner et la résoudre, parce que les mêmes principes s'appliquent aux ordonnances de référé. — « Une partie peut former tierce-opposition » (dit l'art. 474 du Code de procédure civile), à un jugement qui » préjudicie à ses droits, et lors duquel, ni elle, ni ceux qu'elle » représente, n'ont été appelés, » ou, comme l'exprimait l'ordonnance de 1667, tit. 35, art. 3, qui ne sont ni *héritiers*, ni *successeurs*, ni *ayans-cause*; car celui qui concourt en justice comme mandataire *légal* ou *conventionnel*, oblige le mandant, et le fait participer au jugement rendu. — Telle est la règle. — Mais qu'est-ce qu'un ayant-cause ? C'est là que réside toute la difficulté. — D'après nous, l'héritier *in universum jus*, le donataire ou légataire particulier, quant à la chose qui fait l'objet du don ou du legs, et l'acquéreur d'un droit ou d'une action, en ce qui touche ce droit ou cette action, peuvent *seuls* être considérés comme ayans-cause. Or, l'héritier naturel ou institué, le donataire, le légataire, l'acquéreur et le cessionnaire sont irrecevables à diriger une tierce-opposition contre le jugement qui existait à l'ouverture de la succession et à l'époque de la donation, du legs, de la vente, de la cession, parce que n'ayant d'autres droits que ceux de leur auteur (Cod. civil, art. 724, 2125, 2182, et Code de procédure civile, art. 731), il aurait impliqué contradiction de les admettre à se pourvoir contre une sentence que celui-ci devait respecter : quant à eux, cette voie exorbitante est restreinte aux jugemens postérieurs à la donation, au legs, à la vente, à la cession, pourvu encore qu'ils lui soient dommageables (Arrêts de la cour de cassation, des 14 juin 1815, 19 août 1818 et 16 juin 1829, et des cours de Douai, Agen et Amiens, des 5 juin 1820, 19 août 1824 et 19 août 1825 : Sirey, tom. 15-1-392 ; tom. 19-1-24 ; tom. 29-1-268 ; tom. 21-2-100 ; tom. 25-2-302, et tom. 26-2-185). — Doit-il en être de même du créancier ? Oui ; ne recevant son titre que du débiteur, il n'est pas possible qu'il puisse l'utiliser au préjudice des personnes qui ont traité avant lui ; aussi tout exige qu'on lui refuse le droit de tierce-opposition contre des jugemens rendus quand

recevable, nous sommes obligés d'y obéir, et d'ajouter foi à toutes ses énonciations.

Il en est à peu près de même des actes de greffe,

---

il n'avait aucun intérêt. Mais peut-il être réputé ayant-cause; en d'autres termes, le débiteur, en s'obligeant, l'oblige-t-il ? Nous ne le pensons pas. Il importe peu que la loi autorise le créancier à exercer tous ses droits et actions (Cod. civil, art. 1166); on ne saurait voir dans cette faculté, qu'une faculté purement relative. En agissant au nom du débiteur, cela est très-exact, il se substitue à sa place, devient son ayant-cause, son représentant, et, dans ce cas, l'art. 474 du Code de procédure civile lui dénie la tierce-opposition à l'égard du jugement qu'il a fait rendre : le débiteur lui-même serait irrecevable, parce que ses intérêts ont été défendus, et qu'il a été représenté ; mais reconnaissons aussi que, dès l'instant que le créancier garde le silence, qu'il abandonne la poursuite au débiteur, sa qualité de tiers ne reçoit plus de modification. Il conserve alors le pouvoir d'attaquer les jugemens et actes auxquels il n'a pas lui-même concouru, s'ils lui occasionnent quelque préjudice ; ainsi le proclame cette maxime infiniment juste : « On ne peut, en général, s'engager, ni stipuler en son propre nom, que POUR SOI-MÊME (Cod. civil, art. 1119). — Nous devons pourtant à la vérite d'avouer que notre opinion est combattue par la jurisprudence, et qu'il a été jugé maintes et maintes fois, que les créanciers sont inhabiles à former tierce-opposition à un jugement passé avec leur débiteur, parce que ce dernier les représentait (Arrêts de la cour de cassation, des 12 fructidor an 9, 5 février 1807, 11 juin 1822 et 10 novembre 1828, et des cours de Turin, Amiens, Paris et Agen, des 3 mai 1809, 30 janvier, 23 novembre 1825, et 1er mai 1830 : Sirey, tom. 2-1-20 ; tom. 8-1-196 ; tom. 23-1-49 ; tom. 29-1-86 ; tom. 10-2-301 ; tom. 26-2-247 et 273, et tom. 30-2-346). — On est même allé jusqu'à croire que l'hypothèque, *alors cependant qu'elle donne le droit de suivre l'immeuble dans quelques mains qu'il passe, pour être colloqué et payé suivant l'ordre de l'inscription* (Cod. civil, art. 2114 et 2166), n'autorisait point le créancier hypothécaire à se rendre tiers-opposant d'une décision prise avec le débiteur, en son absence, sans y avoir été appelé ! malgré qu'elle détruisît son gage, et lui enlevât tout recours utile (Arrêts de la cour de cassation, des 16 juin 1811 et 21 août 1826, et de la cour de Riom, du 3 août 1826 : Sirey tom. 11-1-337 : tom. 27-1-156, et tom. 28-2-278) ! !..... — Mais dans ce sens que, si les stipulations qu'ils renferment ne sont obligatoires que pour les parties contractantes et leurs héritiers (Cod. civ. art., 1165 et

---

ne le taisons pas, cette jurisprudence est si étrange, ses effets sont si meurtriers, qu'on a de la peine à concevoir qu'elle ait pu s'introduire avec autant de facilité...... Et tandis que les créanciers deviennent, *bon gré mal gré*, les ayans-cause de leur débiteur, toutes les fois qu'il s'agit de perdre la créance, ils ne sont plus que simples tiers, lorsque leur qualité d'ayant-cause tend à les garantir d'un préjudice certain, à leur assurer le paiement de ce qui leur est dû : deux arrêts l'un de la cour de Poitiers, et l'autre de la cour de cassation, des 2 pluviose an 13 et 22 avril 1807 (Sirey, tom. 5-2-335, et tom. 7-1-230), ont jugé, en effet, que le créancier n'est pas l'ayant-cause du vendeur, et qu'ainsi, il ne peut point se prévaloir de l'inscription d'office qui a été requise contre l'acquéreur. — Enfin la cour de Pau, par son arrêt du 4 juillet 1823 (tom. 24-2-40), a refusé d'admettre la tierce-opposion du propriétaire réel, parce que, a-t-elle dit, « il est de principe que le possesseur, est de droit » réputé propriétaire de la chose possédée, tant que le véritable » propriétaire ne se présente pas, et que, puisque le possesseur » jouit de tous les droits attachés à la propriété, il en résulte, » *du moins*, que les actes qu'on est contraint de faire avec lui » ou contre lui, relativement à la chose possédée, doivent être » valables. » — Or, disons-le hautement, de telles doctrines s'écartent de la volonté du législateur, la méconnaissent; car le Code de procédure civile (art. 474), ne coustitue point le débiteur *mandataire légal* de ses créanciers : la nécessité du mandat résulte pourtant soit de l'opposition d'intérêts qui existe entre les créanciers et le débiteur, soit de la déchéance qu'on voudrait induire du jugement rendu avec ce dernier. Tout autre interprétation serait vicieuse, subversive des principes les plus rationnels, les mieux établis. — Les créanciers ont sans doute, l'exception de dol et de fraude, c'est un point incontestable basé sur l'art. 1167 du Code civil. Mais, on le sait, le dol et la fraude ne se présument pas; ils doivent être prouvés (art. 1116). — Et comment faire cette preuve ? Elle est difficile, souvent impossible, parce que celui qui veut nuire se cache, fuit les témoins, et agit dans l'ombre. — Par exemple, deux individus traitent ensemble : l'un d'eux a des créanciers; mais il adhère, *pour de l'argent qu'il reçoit d'avance*, à l'action en

1319), les tiers qui en requièrent extrait ou copie doivent pourtant les exécuter, à moins qu'ils ne leur soient nuisibles, qu'il ne les privent d'un droit acquis, et qu'on ne veuille les leur opposer.

---

délaissement d'une propriété immobilière, dans le dessein de ravir les droits d'hypothèque qu'il avait donnés précédemment sur cet immeuble: croira-t-on que cela soit possible? Non, mille fois non; il suffit de rappeler qu'*on ne peut, en général, s'engager, ni stipuler en son propre nom, que pour soi-même* (art. 1119), en ajoutant que l'exception pour le cas qui nous occupe n'existe nulle part. Or, ce qui n'est pas permis dans un contrat, ne l'est pas non plus dans un jugement. — Le système que nous réfutons, en contraignant les créanciers de suivre aveuglément la foi de leur débiteur, les place dans une condition désastreuse, leur enlève tout moyen d'exécution. En effet, s'ils ne sont plus considérés comme tiers, le débiteur se prévaudra de la qualité d'ayant-cause; il pourra toujours, à l'aide d'une stipulation postérieure, incertaine, se soustraire à ses engagemens, les modifier ou les rendre illusoires (art. 1122 et 1322). Alors que deviendra le principe suivant lequel les actes sous seing-privé n'ont de date assurée, *contre les tiers*, que du jour de l'enregistrement (art. 1328)?.... — Mais d'un autre côté, nous nous empressons d'en convenir, l'économie des formes judiciaires ne veut pas non plus qu'on ouvre indistinctement la voie de la tierce-opposition à tous ceux qui viendraient prétendre avoir été lésés par un jugement: il y aurait préjudice réel pour une partie, avantage énorme pour l'autre, et la sécurité que donne la justice aux plaideurs quand ils approchent de son sanctuaire, ferait place à la crainte, à la méfiance, et la cupidité introduirait mille abus!! — EN RÉSUMÉ, nous croyons que l'art. 474 du Code de procédure civile repousse une trop large interprétation, et que les arrêts des cours ne lui donnent pas assez d'étendue; aussi évitons les deux extrêmes, et pour faire la part de tous suivant les préceptes de l'équité, de la raison, de la loi, renfermons-nous dans cette règle: LE DROIT DE FORMER TIERCE-OPPOSITION, N'APPARTIENT QU'A CEUX QUI AURAIENT DU ÊTRE APPELÉS AU JUGEMENT ATTAQUÉ (Arrêts de la cour de cassation, des 21 février 1816 et 28 février 1822: Sirey, tom. 16-1-153, et tom. 22-1-217). — L'on répond à cela que, l'art. 474 ne fait aucune précision, et que dès-lors, pour être recevable, il suffit que le tiers-opposant n'ait pas été appelé dans l'instance, sans examiner s'il devait

Ainsi, le compulsoire des actes de greffe et des jugemens, n'est donc utile qu'alors que la partie qui le requiert veut en avoir une expédition, copie

---

l'être (Arrêts de la cour de cassation, du 22 août 1827, et des cours de Nîmes et Bordeaux, des 20 novembre 1829 et 4 janvier 1830 : Sirey, tom. 28-1-107, et tom. 30-2-160 et 115). — C'est pourtant une erreur. — Et d'abord, que veulent dire ces mots « Et lors duquel (*jugement*), ni elle (*la partie*), ni ceux » qu'elle représente n'ont été appelés ? » Que le tiers qui avait un intérêt né, actuel et connu au jour du jugement, est seul recevable dans sa tierce-opposition. Il n'est pas possible de présumer qu'on ait voulu assujettir, soit le demandeur, soit le défendeur, à faire comparaître, dans le procès, quelqu'un dont ils ignoraient l'existence et son droit. Au surplus, qu'est-ce que la tierce-opposition ? Une peine infligée à celui qui s'est rendu coupable de fraude ou de dol, la conséquence d'un non appel en cause. N'est-il donc pas évident que ce recours ne concerne que la partie qui avait des actions à exercer, qui n'a pas été appelée quand elle devait l'être, et qui éprouve un dommage par le non appel ?... Ainsi le veut l'art. 474, et l'on s'écarterait non-seulement du texte, mais encore de son esprit, en lui donnant un tout autre sens. S'il pouvait rester quelque doute à cet égard, nous n'aurions qu'à invoquer les principes constamment suivis sous l'empire de l'ordonnance de 1667, qui précéda notre code de procédure civile, et il disparaîtrait infailliblement. — Voici en effet ce que nous trouvons dans le nouveau Denizart, au mot tierce-opposition : « Pour former la tierce-opposition à » un arrêt ou jugement, il ne suffit pas d'avoir intérêt de le dé» truire ; car si cela suffisait, il n'y aurait pas un arrêt qui ne » fût attaqué ; mais il faut encore que deux choses concourent : » 1°. avoir eu, lors de l'arrêt, une qualité qui ait obligé de nous » y appeler ; 2° n'y avoir pas été partie par le ministère d'un » tiers qui soit censé avoir eu notre mission, ou que nous soyons » censé représenter. » La cour de cassation elle-même l'avait jugé en ces termes : « vu l'art. 474 du Code de procédure civile, ainsi conçu : etc. ; Considérant que cet art. ne fait que confirmer » les anciens principes sur la tierce-opposition, principes fon» dés sur la raison, fixés par la doctrine des auteurs, qui » enseignent que, pour être admis à former tierce-opposition » contre un jugement ou un arrêt, ce n'est pas assez qu'on n'y » ait pas été partie, qu'il faut encore qu'on ait dû l'être, parce

ou extrait conforme à la minute : ce n'est pas d'ailleurs un compulsoire proprement dit, puisque le requérant n'apelle pas les autres parties, et qu'il y

---

» que, s'il suffisait d'avoir intérêt de détruire un jugement pour » être recevable à l'attaquer par la voie de la tierce-opposition, » on ne serait jamais assuré de la stabilité d'un jugement obtenu » de bonne foi....; Rejette, etc. (Arrêt du 21 février 1816, déjà » cité). » — Mais qui doit-on appeler? Toutes les personnes qui ont des droits à exercer à raison de l'objet en litige, des droit acquis, dont elles seules peuvent disposer. — « Mon voisin » a obtenu, contre mon fermier, un jugement qui lui fait » défense de faire paître sur ses héritages; si je prétends que » ses héritages sont chargés envers ma terre d'un droit de patu- » rage, le jugement préjudicie à mon droit de servitude; j'y » puis donc former opposition *en tiers* (Pothier, traité de la » procédure civile, tom. 24, pag. 244, édition de 1831). » — Ainsi, l'héritier bénéficiaire qui est tenu, après avoir payé soit les créanciers à hypothèque inscrite, soit les opposans, de remettre, aux légataires le reliquât de son compte (Cod. civ., art. 803), doit les appeler tous à la distribution; et si un jugement attribuait à quelques uns d'entr'eux, au préjudice des autres, les sommes dont il reste débiteur, nul doute que les légataires non appelés ne fussent recevables dans leur tierce-opposition (Arrêt de la cour de cassation, du 22 août 1827, tom. 28-1-107). — L'hypothèque, avons-nous dit, est un droit qui suit l'immeuble dans quelques mains qu'il passe, et chaque créancier doit être colloqué à la date de son inscription ; or, s'il arrivait qu'un jugement rendu avec le débiteur, lui fît perdre la propriété, ou déclarât que tel créancier sera préféré à tel autre, le créancier non appelé serait encore admis à se porter tiers-opposant, pour peu qu'il eût été préjudicié (Arrêts de la cour de cassation, du 22 juin 1825, et des cours de Paris, Caen et Toulouse, des 27 mars 1824, 30 mai et 15 juin 1827 : tom. 27-1-148; tom. 25-2-193, et tom. 28-2-171 et 26). — Un créancier chirographaire peut lui aussi se pourvoir par tierce-opposition contre le jugement qui, en son absence, sans qu'on l'ait sommé de concourir, adjuge à d'autres créanciers, *en présence du débiteur commun*, la somme sur laquelle il avait un privilège (Arrêt de la cour de cassation, du 24 janvier 1828, tom. 29-1-165); car rien n'empêche que le créancier non hypothécaire, qui se présente le premier, n'obtienne une préférence sur ceux

fait procéder, par le greffier, sans ordonnance de justice.

Mais de cela seul que, pour les actes des notaires, tout comme pour les actes et jugemens déposés aux greffes des cours et tribunaux, les requérans ont le droit d'exiger qu'on fasse la collation en leur présence, et qu'on en réfère au président, s'il y a contestation; peut-on en conclure qu'il y ait identité de principes quant à la force obligatoire des expéditions ou extraits délivrés? Nous ne le pensons pas.

Le compulsoire d'un acte notarié, s'il est fait en présence de tous les contractans ou de leurs ayans-cause, donne bien à l'expédition réclamée autant de force qu'en a la minute; mais si l'on considère qu'il faut le double concours du demandeur et du défendeur, pour lui faire produire cet effet, tandis que les jugemens sont exécutoires envers et contre tous, même à l'égard des personnes qui n'y ont pas concouru (Cod. de procéd. civ., art 548), il sera exact de dire qu'ils diffèrent entr'eux. Au surplus, les notaires ne peuvent délivrer aux tiers intéressés aucune expédition ou copie de leurs actes qu'en vertu de l'autorisation du président du tribunal de première instance (Loi du 25 ventôse an 11, art. 23), et cependant les greffiers sont tenus de faire cette délivrance à tous requérans, n'importe leur qualité, à peine de dépens, dommages, et intérêts (Cod. de procéd. civ., art. 853).

---

qui n'ont fait aucune poursuite (Cod. civil, art. 2092, 2093 et 2094). — Pour savoir si le tiers-opposant est ou non recevable, nous le répétons, tout consiste à vérifier s'il avait ou non un droit acquis dans la chose (*jus in re*) qui a fait la matière du jugement, et un intérêt distinct de celui ou de ceux qui l'ont fait rendre. Voyez en outre un arrêt de la cour d'Agen, du 9 août 1827, tom. 28-2-210.

En résumé, l'analogie n'est parfaite que lorsque la même partie requiert, du greffier, une seconde expédition *exécutoire* du jugement qui la concerne (1); car, dans ce cas il est dit expressément :

---

(1) *Le tiers qui n'a pas concouru à un jugement est-il fondé à demander qu'on lui en délivre expédition en forme exécutoire?* Non. — Il n'y a que les parties elles-mêmes qui soient recevables à requérir la *grosse* de l'acte ou du jugement qui les concerne; c'est en leur nom que l'obligation s'exécute, et dès-lors, s'il y a refus de la part du débiteur, il faut les mettre à même de pouvoir le contraindre. Mais les tiers, au contraire, ne peuvent pas invoquer le droit d'*exécution parée*; il leur est interdit, soit parce qu'ils n'ont pas réglé la convention, soit parce que les contractans n'ont stipulé que pour eux *personnellement* et pour leurs héritiers ou ayans-cause (Cod. civil, art. 1122); aussi quant aux tiers, tout se borne à une simple action, au droit de réquisition. — En effet, s'il s'agit d'un contrat passé devant notaires, la connaissance de l'acte et l'expédition doivent leur être refusés, à moins qu'ils ne soient autorisés par le président du tribunal de première instance, sur une requête de leur part (Loi du 25 ventôse an 11, art. 23). Sans doute, pour ce qui est relatif aux actes de greffe et aux jugemens des tribunaux, les greffiers sont tenus de remettre, à l'instant, sans ordonnance de justice, l'expédition, la copie ou l'extrait demandé (Cod. de procédure civile, art. 853); mais la loi garde le silence sur la voie d'exécution. Or, cette voie n'est attachée qu'à la formule exécutoire, et néanmoins l'extrait, l'expédition ou la copie dont nous parlons, n'en doit point être revêtu; par conséquent toute exécution forcée leur est interdite. Les tiers qui veulent avoir expédition exécutoire d'un acte ou d'un jugement doivent donc être créanciers de l'une des parties, et, dans ce cas, l'art. 1166 du Code civil leur donne les moyens d'obtenir cette expédition, en déclarant exercer les droits et actions du débiteur; et s'ils justifient leur qualité par la représentation de l'obligation, le notaire et le greffier, chacun en ce qui le concerne, ne peuvent plus se soustraire à la délivrance, car pourvu qu'ils mentionnent le titre en vertu duquel le créancier se présente, et sa déclaration qu'il agit au nom du débiteur, leur responsabilité n'est pas encourue. Il devrait *à fortiori* en être de même de la seconde expédition exécutoire, puisqu'alors le tiers ne se présente qu'à suite de l'ordonnance du président, après avoir

« Seront observées les formalités prescrites pour la « délivrance des secondes grosses des actes devant « notaires (art. 854). » Ces formalités consistent à présenter une requête au président du tribunal de première instance ou de la cour royale, suivant qu'il s'agit d'un jugement ou d'un arrêt (1), et quand la

---

interpellé les autres parties, et que, s'il survient des contestations, elles sont décidées en état de référé (Cod. de procéd. civi., art. 844, 845 et 854).

(1) *Le président du tribunal de commerce peut-il connaître de la demande en délivrance de la seconde expédition exécutoire d'un jugement commercial?* Non. *vid. suprà*, pag. 137 et 138. — Pourrait-il statuer sur les difficultés relatives à la première expédition exécutoire? Oui. *Vid.* pag. 189 et 190. — *Quid* du compulsoire sur simple collationné d'acte ou de jugement? *Vid.* pag. 146 et 147. — Et s'il s'agissait de la seconde expédition exécutoire d'un jugement de justice de paix, à qui faudrait-il s'adresser pour l'obtenir? Au président du tribunal de première instance. — Il est bien de régle qu'une expédition de jugement, si elle porte la formule d'exécution, soit délivrée par le greffier, dépositaire de la minute, en vertu de l'ordonnance du président du tribunal où il a été rendu (Cod. de procéd. civile, art. 853); mais si l'on considère que la loi du 16-24 août 1790, ne renvoie la décision, aux justices de paix, que de certaines actions spéciales, tandis que l'exécution des jugemens et actes, par les incidens, les oppositions qu'elle fait naître, et surtout par la nature des objets qui en dérivent, est du domaine exclusif des tribunaux ordinaires, il faudra nécessairement reconnaître que la force des choses veut que les juges de paix ne puissent point s'occuper de l'exécution de leurs jugemens. Or, les contestations qui s'élèvent à l'occasion des secondes expéditions exécutoires présentent toujours des faits de libération, venant en exécution de la chose jugée; voilà pourquoi elles échappent aux attributions des juges de paix. — Mais pourrait-on leur soumettre les difficultés en matière de collation? Rien ne s'y oppose. Dans ce cas, ils ne font que certifier la conformité de l'expédition à la minute, objet distinct de l'exécution du jugement qu'ils ont rendu. Voyez ce que nous avons dit en parlant de la compétence du président du tribunal de commerce, à l'occasion de ce collationné; les mêmes principes sont applicables.

permission est accordée, l'on signifie une sommation au greffier pour qu'il ait à faire la délivrance à jour et heure indiqués, et aux parties intéressées, pour qu'elles y soient présentes (art. 844 et 854) : s'il est formé des contestations, l'on se pourvoit en référé (art. 845).

La loi, nous sommes forcé d'en convenir, ne dit pas que le greffier en réfèrera lui-même au président : ce serait pourtant une erreur de croire qu'il n'en doit jamais référer à l'occasion des difficultés dont il est témoin.

Sans doute, nous nous empressons d'en convenir, si la contestation n'est relative qu'à la quotité de la somme pour laquelle la seconde expédition du jugement sera exécutoire, le greffier n'a pas à en référer, parce qu'il est *étranger au litige;* il dresse procès-verbal des dires des parties, et les laisse agir elles-mêmes, sauf à délivrer l'expédition requise quand on lui représente l'ordonnance du juge des référés, portant fixation de la somme qui reste encore dûe.

Mais par argument *à contrario*, le greffier aurait incontestablement le droit d'introduire le référé par simple procès-verbal, s'il s'élevait des difficultés à raison de l'exatitude ou de la régularité de l'expédition à délivrer, notamment si le demandeur prétendait qu'on doit lui donner copie de telle ou telle autre portion du jugement, tandis qu'elle serait raturée ou annulée sur la minute. L'on conçoit, en effet, que la contestation se rattachant alors à la forme d'une seconde expédition exécutoire, et le Code de procédure civile voulant qu'on procède comme pour les actes des notaires; le greffier doit être autorisé à faire un référé au président : tel est le vœu de l'article 852. — « Les parties, y est-il dit, pourront colla-« tionner l'expédition ou copie à la minute, dont lec-« ture leur sera faite par le dépositaire : si elles pré-« tendent qu'elles ne sont pas conformes, il en sera « référé à jour indiqué par le procès-verbal, au « président du tribunal, lequel fera la collation ; « à cet effet le dépositaire sera tenu d'apporter la « minute. — Les frais du procès-verbal, ainsi que « ceux du transport du dépositaire, seront avancés « par le requérant. »

Dans cette hypothèse, le compulsoire aurait lieu en présence des défendeurs à la délivrance de la seconde expédition exécutoire, puisque le rétablissement ou le rejet des mots en litige pouvant augmenter ou restreindre leurs obligations, il faut nécessairement les mettre à même de s'expliquer.

Voilà le seul cas qui, d'après nous, exige un compulsoire dans les formes ; car les parties concourant ensemble pour des intérêts opposés, ont besoin d'un procès-verbal qui contienne toutes leurs demandes et exceptions, de telle sorte qu'elles puissent s'en servir non-seulement devant le président du tribunal, mais encore devant la cour royale, s'il y a lieu d'interjeter appel de l'ordonnance de référé.

Or, par la force des choses, la règle cesse et devient sans objet quand on se borne à requérir du greffier expédition non *exécutoire*, copie ou extrait de l'acte ou du jugement dont il a la minute, et qu'on se pourvoit en l'absence des personnes intéressées à contester la remise qui en doit être faite ; et alors même qu'il y aurait contestation entre le greffier et le requérant, rien n'oblige ce dernier à faire dresser un procès-verbal de compulsoire indiquant les jour et heure du collationné, parce qu'il suffit que le président, après avoir entendu le demandeur et le greffier, collationne l'expédition à la minute représentée, et qu'il y inscrive au bas, le certificat de collation que nous avons rapporté page 485.

4me CATÉGORIE.

RÉFÉRÉS DES HUISSIERS.

Après avoir parcouru, peut-être avec trop de détails, les référés que les juges de paix, les notaires et les greffiers des cours et tribunaux portent eux-mêmes devant l'autorité compétente, il nous reste à parler des huissiers, puisque ces officiers, comme exécuteurs des mandats de justice, ont également le droit, à raison de quelques cas spéciaux, de nantir le juge des référés, et d'aller en personne lui faire le rapport *circonstancié* des obstacles qu'ils rencontrent dans les exécutions qui ressortent de leur ministère.

Toutefois, le législateur n'a pas voulu que de tels fonctionnaires eussent une trop grande latitude en matière de référé; car il a senti qu'ils pouvaient en abuser, en mettant le créancier et le débiteur dans l'obligation de venir, bon gré mal gré, défendre à tout instant devant le président du tribunal de première instance, soit pour grossir, à pure perte, la somme des frais de poursuite, soit pour s'attribuer au préjudice des défenseurs institués par les lois, l'exercice de la plaidoirie en état de référé. Il a donc fallu établir de justes bornes, et tout en prévenant les abus, garantir néanmoins aux parties elles-mêmes les moyens de se soustraire aux conséquences toujours fâcheuses d'une exécution tortionnaire, frustratoire et illégale.

Or, en n'accordant le bénéfice du référé immédiat qu'au débiteur contraignable par corps, et en ne permettant à l'huissier-instrumentaire (1) de recourir à l'autorité du président que sur la réquisition *expresse* qui lui serait faite au moment de l'arrestation (Cod. de procéd. civile, art. 786), il nous semble qu'on a concilié tous les intérêts.

1re FORMULE.

PROCÈS-VERBAL D'EMPRISONNEMENT, RÉFÉRÉ DU DÉBITEUR ARRÊTÉ, TRANSPORT DEVANT LE PRÉSIDENT DU TRIBUNAL, ET ORDONNANCE QUI STATUE.

EMPRISONNEMENT.

L'an...., et le...., à...., heures du....,

A la réquête du sieur D...., (nom, prénoms, profession et demeure), *qui élit domicile à.........* (Dans la commune où le débiteur doit être détenu, si le créancier incarcérant n'y demeure pas), *chez...., etc.*

En vertu d'un jugement (ou arrêt) *rendu par le tribunal de commerce* (de première instance, ou par la cour royale) *de....., le...., qui condamne, même par corps, le sieur G....,* (nom, prénoms, profession et demeure), *à payer au requérant la somme de.....* (Indiquer ici la quotité du capital de la créance, et la cause de la dette), *plus les intérêts légaux et les frais de la condamnation, ledit jugement* (ou arrêt) *préalablement signifié au débiteur*

(1) Et à Paris, au garde du commerce. *Vid. suprà*, pag. 42.

sus-nommé, le...., par exploit de..., huissier commis à cet effet par le même jugement (ou par ordonnance du...), *avec commandement de se libérer tant du principal que des accessoires, sous peine d'y être contraint par la saisie de sa personne, le tout enregistré;*

Nous, P.... (nom et prénoms), *huissier reçu au tribunal de première instance de....* (1), *y demeurant rue...., n°...., patenté* (2), *soussigné, assisté des témoins bas nommés;*

---

(1) Ou bien: *Nous, P..... etc, garde du commerce de la ville de Paris, etc.*

(2) *Est-il nécessaire que l'huissier ou garde du commerce qui procède à un emprisonnement, indique le numéro de sa patente?* Non. — Il importe peu, en effet, que la loi du 6 fructidor an 4, portant établissement d'un droit de patente pour l'an 5, ait disposé, art 18, que « nul ne pourra former de demande, fournir » aucune exception ou défense en justice, passer aucun acte, » pour tout ce qui est relatif à son commerce, sa profession ou » son industrie, sans justifier de sa patente, dont mention sera » faite en tête des actes, *à peine de nullité*, » puisque cette disposition législative n'avait de force que pour l'an 5: c'est ce qui résulte soit de son titre, soit de l'art 1er de la loi du 7 brumaire an 6, ainsi conçu: « Les lois des 6 fructidor an 4, 9 frimaire et 9 pluviose an 5, concernant l'établissement d'un droit » de patente, continueront d'avoir leur exécution *pour l'an* 6, » sauf les changemens ci-après. — Art. 26. Outre la peine de nullité prononcée par l'art. 18 de la loi du 6 fructidor an 4, les notaires, greffiers, huissiers ou autres officiers publics qui dresseront » ou signifieront des actes et jugemens en contravention audit » article, seront condamnés à une amende égale au droit de la » patente qui aurait dû être prise. » Mais cette dernière loi n'était elle-même que transitoire, et avait le caractère d'instabilité qu'ont toutes les lois de finances, lesquelles ne produisent leur effet que pendant le terme fixé par le législateur. Au surplus, le 1er brumaire an 7, une autre loi de transition abrogea la législation antérieure. — La contribution des patentes, porte l'art. 1er, *est maintenue pour l'an* 7; elle sera réglée et perçue suivant les » dispositions de la présente loi. Les lois des 6 fructidor an 4, 9 frimaire, 9 pluviose an 5 et 7 brumaire an 6, *sont abrogées*; » l'art.

Déclarons nous être transportés à...., rue...., où étant, pour nous conformer au pouvoir spécial du requérant, à nous remis le........, aussi enrigis-

---

37 ajoute : « Nul ne pourra former de demande, ni fournir aucune » exception ou défense en justice, ni faire aucun acte ou signi- » fication par acte extrajudiciaire, pour tout ce qui serait relatif » à son commerce, sa professsion ou son industrie, sans qu'il » soit fait mention, en tête des actes, de la patente prise, avec » déclaration de la classe, du numéro et de la commune où elle » aura été délivrée, à peine d'une amende de 500 francs, tant con- » tre les particuliers, sujets à la patente, que contre les fonction- » naires publics qui auraient fait ou reçu lesdits actes sans mention » de la patente. » Vainement dirait-on que, par une autre loi du 7 nivôse an 7, celle du 6 fructidor an 4 fût rétablie; car il suffirait de répondre que cette disposition, *toute particulière aux anciens huissiers maintenus dans le droit d'exploiter*, n'était obligatoire que jusqu'à l'organisation générale. — Ainsi, c'est un point incontestable, la peine de nullité cessa d'exister ; elle fut remplacée par une amende, à la différence de la loi de l'an 6, qui prononçait l'une et l'autre peines pour défaut d'indication soit de la patente, soit de son numéro. Voilà pourquoi un huissier ou tout autre officier ministériel, soumis à patente, pourrait valablement instrumenter sans être patenté, ou sans faire mention de celle qu'il aurait obtenue : trois arrêts de la cour de cassation des 2 nivôse an 2, 2 novembre 1807 et 28 mars 1808 (les seuls d'ailleurs qui aient été rendu sur la question), ont consacré ce principe; ils sont rapportés par M. Sirey, tom. 1-2-476, et tom. 8-1-168 et 225. — Toute la difficulté consiste donc à savoir si l'art. 37 de la loi du 1er brumaire an 7, est encore en vigueur, en d'autres termes si l'amende de 500 francs, prévue par cette loi, doit ou non être prononcée contre l'huissier ou garde du commerce qui, dans un acte de son ministère, négligerait de mentionner la patente, ou le numéro qui lui aurait été assigné? Nous croyons qu'il n'encourt aucune peine. — Cette loi, nous venons de le voir, avait abrogé toutes les dispositions antérieures concernant la contribution des patentes, et elle-même n'en réglait l'exercice que pour l'an 7 de la république; d'où l'on doit conclure qu'elle n'est plus obligatoire. Les lois, décrets et ordonnances postérieurs ne contiennent aucune pénalite pour une telle contravention, et la loi de finances du 28 avril 1816, art. 21, se borne à dire : « Les patentes continueront d'être établies et

tré (1), *et parlant audit sieur G...., lui avons fait itératif commandement de payer desuite au requérant, en nos mains,* 1° *la somme de...., en principal, dont*

» perçues comme en 1815. » S'il pouvait rester quelque doute, il disparaîtrait infailliblement à la lecture des lois ou budgets nationaux, des 25 mars 1817, 15 mai 1818 et 17 juillet 1819. Dans la première de ces lois, il existe un § 3 ayant pour titre : *dispositions nouvelles sur les patentes*, et l'art. 62, compris dans ce paragraphe, qui s'occupe de la pénalité, ne fait pourtant pas revivre l'amende de 500 francs portée par la loi de l'an 7. « Ceux, » dit-il, qui n'auront pas fait de déclaration, seront taxés d'office à un droit double de celui auquel il sera estimé qu'ils » sont susceptibles d'être assujettis. Ce double droit ne pourra » toutefois excéder le *maximum*. — Ceux qui auront fait une » fausse déclaration, seront taxés au *maximum* du droit, et en- » courront en outre une amende de 200 francs. » Même disposition dans l'art. 58 de la loi du 15 mai 1818, confirmé en ces termes par l'art. 19 de la loi du 17 juillet 1819. « La contribu- » tion personnelle et mobilière et les *patentes*, seront perçues, » pour 1819, en principal et centimes additionnels, sur le même » pied qu'en 1818. » D'après la charte du 9 août 1830, art. 14, « l'impôt foncier (c'est-à-dire les contributions directes dans » lesquelles la force des choses comprend l'impôt des patentes), n'est consenti que pour un an. » — Ainsi, il est hors de doute que la disposition pénale insérée dans la loi du 1er brumaire an 7 ne peut être invoquée, parce que cette loi n'était obligatoire que pour un an, et qu'elle n'a pas été renouvellée. Les lois de finances ne sont que transitoires, à moins que le contraire n'y soit formellement exprimé ; les moyens coërcitifs ne se rapportent non plus qu'aux impôts qu'elles prévoient, et ne doivent, par conséquent, être employés qu'autant que les choses imposables n'ont pas été acquittées, les impôts recouvrés. Il ne serait donc pas permis aux tribunaux de faire aujourd'hui l'application de la loi de l'an 7 ; car, en matière pénale, tout est de droit étroit.

(1) *L'officier ministériel qui procède à une arrestation doit-il déclarer, à peine de nullité, qu'il est porteur d'un pouvoir spécial, et énoncer sa date?* Non. — Ce n'est pas dans le titre de l'emprisonnement qu'il faut chercher l'obligation qui est imposée à l'huissier ou garde du commerce, d'être nanti des pouvoirs du créancier, lorsqu'il arrête le débiteur contraignable par corps ;

la condamnation est prononcée par le jugement précité; 2° celle de...., pour les intérêts courus jusqu'à ce jour; 3° les frais liquidés, se portant à..... et 4° le

---

parce qu'on ne la trouve que dans les règles générales sur l'exécution forcée des jugemens et actes. — L'article 556 du Code de procédure civile dispose que, « la remise de l'acte ou du « jugement à l'huissier vaudra pouvoir pour toutes exécutions « autres que la saisie-immobilière et l'emprisonnement, pour « lesquelles il sera besoin d'un *pouvoir spécial.* » — Or, dans l'intérêt de qui ce pouvoir est-il exigé? D'après nous, il est destiné à garantir l'officier incarcérant, le créancier et le débiteur. — En effet, avec le pouvoir spécial, l'huissier ou garde du commerce qui fait l'arrestation, se met à l'abri du désaveu venant de la part du créancier, le créancier n'a plus à craindre qu'on abuse de la possession des titres qu'il n'a remis que pour procéder à une exécution ordinaire au préjudice du débiteur, et le débiteur lui-même a la certitude qu'il est poursuivi par la volonté du créancier, et qu'il pourra, s'il y a lieu, recourir contre lui pour ses dommages et intérêts. — Cependant l'officier-instrumentaire reste toujours le maître, s'il a confiance dans la parole de son commettant, de renoncer au pouvoir dont parle l'art. 556, et l'arrestation n'en est pas moins valable. Le créancier peut sans doute, s'il est de mauvaise foi ou s'il n'y a pas consenti, désavouer cette exécution rigoureuse, et alors l'huissier ou garde du commerce s'expose à succomber sur le désaveu; mais quant au débiteur, s'il consent à être emprisonné sans réclamer l'exhibition du pouvoir spécial, il convient *tacitement* de son existence, et n'est plus recevable à prétendre qu'il a été arrêté sans mandat, à moins que le créancier ne désavoue l'exécution : par conséquent, si ce dernier déclare qu'il ratifie, l'action en nullité doit être proscrite et le procès-verbal maintenu. Toute autre interprétation de l'art. 556 serait vicieuse, et contraire au principe suivant lequel aucun exploit ou acte de procédure ne peut être déclaré nul, si la nullité n'en est pas formellement prononcée par la loi (art. 1030). C'est ainsi que le décida la cour de Riom, le 14 octobre 1808 (Sirey, tom. 12-2-193), et nous croyons qu'elle a bien jugé. — Toutefois deux arrêts de la cour de Lyon, du 4 septembre 1810 (tom. 7-2-929, et tom. 11-2-229), ont rejeté cette doctrine, en cassant des arrestations faites sans pouvoir spécial; tout comme la cour de cassation et les cours Rouen, Colmar et

coût du présent procès-verbal, sans préjudice de tous les autres droits, actions et exceptions de notre commettant, avec déclaration qu'en défaut, nous allions l'y contraindre par la voie de la saisie-emprisonnement, et le conduire, à l'aide de notre main forte, dans la maison d'arrêt civile de...; lequel a répondu....., etc. (Mentionner sa réponse, la transcrire littéralement).

Nota. Si le débiteur paie les sommes pour lesquelles il est poursuivi, l'huissier ou garde du commerce le déclare, lui remet les pièces, termine son procès-verbal, dont il donne copie, et ne passe pas outre à l'arrestation : l'original reste au pouvoir de l'officier-instrumentaire, parce qu'il sert à constater les sommes qu'il a reçues pour le créancier. — S'il n'est pas fait des offres, ou si elles sont refusées, il peut arriver ou que le débiteur consente d'aller en

---

Trèves, en suivant ce système, ont, par le même motif, décidé qu'une saisie-immobilière était nulle, malgré que l'art. 556 ne prononce point la peine de nullité (Arrêts des 6 janvier, 1er, 3 juin et 23 décembre 1812, tom. 12-1-54, et tom. 14-2-421 et 12). Mais d'autres cours, notamment celles de Turin, Bruxelles et Nancy, faisant une plus juste application de ce texte de loi, se sont prononcées pour la validité du procès-verbal, nonobstant la contravention (Arrêts des 9, 25 février 1810, et 22 juin 1813 : tom. 10-2-325 et 248, et tom. 16-2-95). — Au surplus la nullité fût-elle attachée à l'absence du pouvoir spécial (ce que nous sommes bien loin de reconnaître), il n'en faudrait jamais conclure qu'on dût casser l'emprisonnement ou la saisie-immobilière, de cela seul qu'il n'y aurait pas été référé; car il est de règle que si l'officier ministériel justifie de son mandat, quand il en est requis, la poursuite est valable, alors même que le pouvoir en vertu duquel il a procédé, n'aurait pas acquis date certaine avant le procès-verbal (Arrêts de la cour de cassation, des 24 janvier, 12 juillet, 10 août 1814 et 15 avril 1822, et des cours de Paris et Colmar, des 20 août 1814 et 8 janvier 1820 : tom. 14-1-124; tom. 15-1-29 et 30; tom. 23-1-172; tom. 16-2-214, et tom. 20-2-84).

prison, ou qu'il s'oppose à la contrainte, en requérant qu'il en soit référé; or, dans le premier cas, l'on continue, en ces termes, le procès-verbal de capture :

Nous dit huissier (ou garde du commerce), *demeurant cette réponse, et faute de paiement* (Et s'il y a lieu : demeurant ladite réponse, sans avoir égard aux offres qui viennent de nous être faites, les rejetant comme irrégulières ou insuffisantes), *nous avons déclaré au sieur G...... qu'il était notre prisonnier; et l'ayant aussitôt appréhendé au corps, mis sous la main de la loi, nous lui avons enjoint de nous suivre en prison, pour y demeurer jusqu'à l'entier acquittement de la dette, en capital, intérêts et frais; et le sieur G......, ayant obtempéré à notre ordre, nous l'avons conduit immédiatement dans la maison d'arrêt, sise à...., rue...., n°...., où étant, et parlant au sieur T.....* (noms et prénoms), *gardien de la geôle, lui avons représenté l'expédition exécutoire du jugement* (ou arrêt) *dont nous sommes porteur, pour qu'il eût à la transcrire sur son registre, et à écrouer le débiteur.*

En conséquence, après que cette transcription a été faite, nous avons confié le sieur G..., à la garde du sieur T...., concierge, en consignant dans les mains de ce dernier la somme de...... (1), *pour un mois d'alimens; et ont les sieurs......* (noms, prénoms, professions et demeures), *témoins requis* (2), *signé avec nous.* DONT ACTE.

---

(1) La somme destinée aux alimens est de 30 francs à Paris et de 25 francs dans les autres villes, pour chaque période de trente jours (loi du 17 avril 1832, art 29).

(2) *Les gardes du commerce doivent-ils pour la validité de l'em-*

Laissé copie du présent procès-verbal d'emprisonnement, ainsi que de l'acte d'écrou, audit sieur

---

prisonnement, être assistés de deux recors? Oui. — Toutefois M. Pigeau, traité de la procédure civile, tom. 2, pag. 292 et 293, enseigne, au contraire, que cette assistance n'est utile que lorsqu'un huissier procède lui-même à l'arrestation, et qu'ainsi les gardes du commerce en sont dispensés. Mais nous croyons que c'est une erreur. — En effet, le Code de procédure civile détermine les formes de l'arrestation, et l'art. 783, veut que le procès-verbal d'emprisonnement contienne, outre les formalités ordinaires des exploits, 1° itératif commandement; 2° élection de domicile dans la commune où le débiteur est détenu si le créancier n'y demeure pas, et 3° que l'huissier soit assisté de deux recors, — Telle était la règle générale à l'époque où le décret du 14 mars 1808, organique des gardes du commerce, fut promulgué. — Examinons maintenant ce qu'il contient. — L'art. 1er dispose que, « le nombre des gardes du commerce qui » doivent être établis dans le département de la Seine, *pour* » *l'exécution de la contrainte par corps*, en conformité de l'art. » 625 du Code de commerce, est fixé à dix. » Mais que faut-il conclure de là? que, dans le département de la Seine, les gardes du commerce, pour tout ce qui se rattache aux arrestations des débiteurs contraignables, ont été substitués aux huissiers, et pas autre chose. Or existe-t-il quelque dérogation à l'art. 783, du moins quant à l'emprisonnement lui-même? Non sans doute; ce serait en vain qu'on la chercherait dans le décret de 1808. — Ce décret fixe les attributions des officiers ministériels qu'il établit, leurs devoirs, leur responsabilité, certains détails de bureau, les fonctions du vérificateur chargé d'attester si les pièces remises par le créancier sont ou non susceptibles de servir de base à l'emprisonnement, les oppositions du débiteur à l'exécution de la contrainte; mais il ne parle pas des formes de l'arrestation, du procès-verbal de capture et de l'écrou; elles ne sont ni indiquées, ni modifiées; il le faudrait pourtant, par suite du principe qu'une loi particulière n'abroge *tacitement* la loi générale que pour ce qui a été prévu par la nouvelle disposition, ou qui lui est contraire. Voilà aussi le motif qui nous fait penser que les gardes du commerce doivent être assistés de deux témoins ou recors, *à peine de nullité* (Cod. de procédure civile, art. 794). — Il n'y a, dans le décret de 1808, qu'une seule dérogation; elle est relative à la présence du juge de paix.

G......., à......., les jour, mois et an que dessus, à........ heures du......., en parlant à sa per-

---

« Le garde du commerce, dit l'art. 15, n'aura pas besoin de » l'autorisation et assistance du juge de paix pour arrêter le » débiteur dans son domicile, *si l'entrée ne lui est pas refusée,* » tandis que l'art. 781 du Code de procédure civile dispose que, « le débiteur ne pourra être arrêté ,....... 5° dans une maison quel- » conque, *même dans son domicile*, à moins qu'il n'eût été ainsi » ordonné par le juge de paix du lieu, lequel juge de paix devra » dans ce cas, se transporter dans la maison avec l'officier mi- » nistériel. » Or, l'on conçoit que cette exception unique con- » firme à elle seule tout le surplus du titre de l'emprisonnement. — Nous convenons cependant que les art. 19 et 20, mal interprétés, ont pu donner le change sur la question qui nous occupe. — L'art. 19 est ainsi conçu : « En exécution de l'art. 793 » (Code de procédure civile), seront observées, *pour les recom-* » *mandations*, les mêmes formalités que *pour les arrestations* » ordonnées par les art. 783, 784, 789. — Néanmoins le garde » n'aura pas besoin de témoins; et au lieu du procès-verbal d'ar- » restation, il donnera copie du procès-verbal de recomman- » dation. — Art. 20, le salaire des gardes du commerce qui » procèderont à une arrestation ou à une recommandation est » de 60 francs. » — Mais qui ne voit que l'art. 19 ne se rapporte qu'au procès-verbal de recommandation du débiteur emprisonné? Aussi est-il dit : *néanmoins le garde du commerce n'aura pas besoin de témoins*, disposition conforme à l'art. 793, qu'il ne fait que reproduire et confirmer. Nous nous fondons en outre sur le passage suivant : *et au lieu du procès-verbal d'arrestation, il donnera copie du procès-verbal de recommandation,* ce qui, en bonne logique, ne veut dire autre chose sinon que, le garde du commerce donnera copie du procès-verbal de recommandation comme cela se pratique pour l'arrestation, *après avoir rédigé ou fait rédiger un acte d'écrou*, dont le débiteur aura également copie. Or, peu importe que l'art. 20, en attribuant un salaire au garde du commerce, n'ait pas énoncé que la taxe des témoins y était comprise, puisqu'indépendamment de ce que la somme accordée est la même dans l'un et l'autre cas (Décret du 16 février 1807, art. 53), il est encore vrai de soutenir que ce silence n'a pas eu la force d'abroger l'art. 783 du Code de procédure civile.

sonne, entre les deux guichets; coût, la somme de..... (1),

Signé P....., huissier, ou garde du commerce;

Signé Q....., } *témoins ou recors* (2).
Signé R....., }

---

(1) Faute d'indiquer le coût du procès-verbal, l'officier ministériel est passible d'une amende de 5 francs exigible à l'instant de l'enregistrement (Cod. de procéd. civile, art. 67 et 783).

(2) *Les témoins ou recors doivent-ils, à peine de nullité, signer le procès-verbal d'emprisonnement?* Non. — Si la cour de Riom, par son arrêt du 6 mai 1819 (Sirey, tom. 20-2-36), n'avait déjà résolu cette question affirmativement, nous ne l'aurions pas examinée; car l'art 783 du Code de procédure civile n'exige ni la signature, ni l'indication du nom des témoins instrumentaires; il dit seulement: « L'HUISSIER SERA ASSISTÉ DE DEUX RECORS. » Sur quels motifs repose donc cet arrêt? Les voici: « Considérant que » cette assistance, *impérieusement commandée par la loi*, doit » être constatée, soit par la *dénomination* des deux recors, soit par » leur signature au procès-verbal; et par la même raison qu'une » saisie-exécution de meubles serait irrégulière et NULLE, si les » formes ordonnées par l'art. 585 n'avaient pas été suivies, un pro- » cès-verbal qui tend à priver un citoyen de sa liberté, est *par ces* » *mêmes omissions*, infecté du même vice; — Considérant qu'on » oppose envain qu'il y a différence dans les termes de l'art. 783 » d'avec l'art. 585, en ce qu'il est restreint à l'assistance de deux » recors et qu'il n'y est pas dit que ces recors seront dénommés » au procès-verbal, et le signeront; — Considérant que si la loi » *n'a pas répété les mêmes dispositions* en l'art. 783, elle n'exige » pas moins la *présence* de deux recors, et que l'identité de ceux » qui ont été appelés ou dû l'être, doit être attestée par leurs » *noms*, leurs *qualités* et leurs *signatures*, etc. » — Mais est-il bien permis, en matière de nullité, de raisonner par analogie d'un cas à un autre? Nous ne le croyons pas: ce serait renverser le principe d'après lequel aucun exploit ou acte de procédure ne peut être déclaré nul, si la nullité n'en est pas *formellement* prononcée par la loi (art. 1030). Or, vouloir créer des nullités quand elles n'existent point, les induire de tout autre espèce que celle qui est à juger, c'est se rendre coupable d'arbitraire, et proclamer un système d'interprétation incompatible

ACTE D'ÉCROU.

Cejourd'hui...., à..... heures du....,

Pardevant nous T....... (noms et prénoms); *concierge de la maison d'arrêt civile de....., en notre greffe ;*

---

avec les règles de la procédure. Aussi la cour de Riom s'est trompée lorsqu'elle a cru que, dans le procès-verbal de capture d'un débiteur, il fallait, *à peine de nullité,* indiquer les noms, les qualités des témoins, et les faire signer, parce que leur assistance devait être constatée comme cela se pratique pour les saisies-exécutions. Cette erreur est grave, ses conséquences peuvent devenir dangereuses ; elle constitue une violation manifeste de la loi, et alors même qu'on eût pu se déterminer par le titre des saisies-exécutions (ce qui est impossible), rien ne saurait lui servir d'excuse ; car la nullité était encore inadmissible. — En effet, l'art. 783 ne veut autre chose sinon que l'huissier ou garde du commerce, pour faire une arrestation, soit assisté de deux recors ; l'art. 794 ne permet d'annuler l'emprisonnement que dans certains cas qu'il détermine, et il n'en est pas un seul qui soit relatif au défaut d'indication des noms, des qualités des témoins, de leur signature. D'ailleurs que dit l'art. 585, au titre *des saisies-exécutions ?* « L'huissier sera assisté de » deux témoins, français, majeurs, non parens ni alliés des parties » ou de l'huissier, jusqu'au degré de cousin issu de germain in- » clusivement, ni leurs domestiques ; il énoncera sur le procès- » verbal leurs *noms, professions et demeures* : LES TÉMOINS SIGNERONT » L'ORIGINAL ET LES COPIES. » Mais ce texte ne prononce aucune peine contre l'huissier qui ne se conformerait pas aux dispositions qu'il prescrit ; il ne dit point que la saisie sera nulle si les témoins n'ont pas été dénommés, s'ils n'ont pas signé le procès-verbal ; il le faudrait néanmoins, puisqu'il est défendu aux tribunaux d'annuler un exploit ou acte de procédure, si la nullité n'est pas formellement prononcée par la loi. — Par conséquent, la cour de Riom a violé les art. 783, 794, 585 et 1030 du Cod. de procédure civile, et commis un abus de pouvoir. — La question que nous venons de résoudre, nous met à même de proposer celle-ci : *les témoins qui assistent au commencement de l'arrestation ne peuvent-ils pas être remplacés par d'autres témoins ?* — Le tribunal de première instance de Toulouse, contre notre manière de voir, a adopté la négative dans l'espèce sui-

A comparu le sieur P........ (nom et prénoms), *huissier reçu au tribunal de première instance de.....* (ou bien, s'il y a lieu : A comparu le sieur P...; etc,

---

vante. — Le sieur L****** est arrêté à la foire de Lévignac, au nom du sieur C*****; il veut qu'on en réfère au président, et l'huissier, assisté de deux gendarmes, le conduit à Toulouse, lieu où siège le tribunal; mais il est neuf heures du soir quand on arrive; le président n'est pas à son hôtel, et il faut renvoyer au lendemain; aussi le débiteur est-il déposé dans la maison d'arrêt, pour y rester pendant la nuit. Toutefois, il n'est dressé aucun procès-verbal d'arrestation provisoire. Or, que se passe-t-il postérieurement? Le lendemain matin, lorsqu'il faut reprendre le sieur L******, pour aller en référé, les gendarmes ou recors de la veille ont quitté Toulouse, et l'officier ministériel leur substitue les sieurs *Sicre* et *Escalière*, gendarmes de la même brigade; le juge des référés maintient pourtant l'arrestation, le procès-verbal est cloturé avec les nouveaux gendarmes, ils le signent, et copie en est remise au débiteur emprisonné. Alors demande en nullité devant le tribunal : plusieurs moyens sont présentés, et le demandeur soutient notamment que les recors qui étaient témoins de son arrestation, ayant été changés, ceux qui leur ont succédé ne peuvent point attester des faits qui se sont passés hors de leur présense; qu'ainsi l'emprisonnement est nul. — Pour le créancier incarcérant, nous disions, au contraire : « L'art. » 783 du Code de procédure civile exige bien la présence de » deux recors, mais il ne défend pas à l'huissier de les remplacer » s'il y a lieu; il suffit donc que cet officier ait eu constamment la présence de deux témoins, pour que la capture soit » valable. Or, il résulte du procès-verbal de l'huissier T******** » que, depuis le commencement jusqu'à la fin de l'arrestation » du sieur L******, il a eu l'assistance de deux gendarmes, et » le débiteur en convient! Pourquoi donc annuler l'emprisonnement? L'art. 794 ne le permet que dans les cas qu'il prévoit, » et aucun ne se rapporte à l'espèce de la cause. Et par quel » motif l'art. 783 n'a-t-il point astreint l'officier qui arrête le » débiteur contraignable de nommer les témoins instrumentaires, » de les faire signer au procès-verbal? C'est précisément parce » qu'il est possible qu'on soit obligé de les suppléer pendant le » cours de l'opération. Ne peut-il pas arriver, en effet, que le » débiteur se mette en état de rébellion, qu'il tue ou qu'il blesse » l'un des témoins? N'est-il pas possible encore que, par suite » d'un événement indépendant de la volonté de l'huissier, les

l'un des gardes du commerce de la ville de Paris), *y demeurant, rue..., n°.., patenté, soussigné; lequel, après nous avoir exhibé l'expédition exécutoire d'un*

» premiers recors soient empêchés d'assister à la clôture du pro- » cès-verbal ? ?.... Eh bien ! supposons que, pendant la course » de Léguevin à Toulouse, l'un des gendarmes se fût trouvé em- » pêché, qu'il y eût eu nécessité de le laisser en route, ou qu'il » fût mort d'une attaque d'apoplexie foudroyante! Fallait-il » relâcher le débiteur, le rendre à la liberté ? Non, mille fois » non; la loi eût été imprévoyante, injuste même pour le créancier; » et l'on ne fera pas au législateur l'injure de le croire. » — Mais le tribunal pensa-t-il différemment ? Voici qu'elle fut sa déci- sion (27 octobre 1832) : « Attendu que l'assistance de deux témoins » ou recors est commandée par la loi, autant pour prêter au besoin » main forte à l'huissier que pour attester la sincérité de son acte et » empêcher ses prévarications; que leur présence doit être cons- » tatée par leur dénomination et leur signature au procès-verbal; » or, il est reconnu, en point de fait, dans l'acte notifié au » nom du sieur C*****, le 25 octobre courant, en réponse à celui » du sieur L*****, du 13 du même mois, que les sieurs *Sicre* et » *Escalière*, signataires comme témoins du procès-verbal de cap- » ture portant la date du 14 septembre, n'étaient pas *présens* ledit » jour, lors de l'arrestation et de la conduite du sieur L****, dans » la maison d'arrêt de Toulouse; — qu'il suit delà que, les contra- » ventions et l'inobservation des formalités ci-dessus signalées » doivent, aux termes de l'art. 794, faire prononcer la nullité » de l'emprisonnement; etc. » — Ce jugement, il faut le dire, est l'expression d'une erreur évidente, car il substitue la volonté des juges qui l'ont rendu à celle du législateur. Il ajoute en effet à l'art. 783, et viole ouvertement les art. 794 et 1030; aussi carac- térise-t-il l'abus de pouvoir que l'on rencontre dans l'arrêt de la cour de Riom, dont il vient d'être parlé. — Or, ne le taisons pas, si de telles décisions se multipliaient, si elles pouvaient recevoir la sanction des tribunaux supérieurs, il n'y aurait plus de règles fixes en procédure; tout devrait être subordonné à la disposition d'esprit de tel ou de tel magistrat, et l'on ne sau- rait plus si un procès-verbal d'emprisonnement sera cassé ou maintenu!... Ce jugement eût donc été déféré à la cour royale, et nous avons la conviction qu'il n'aurait pas échappé à sa censure; mais le sieur L****** était illégalement détenu dans la maison d'arrêt, parce que l'huissier T******** n'avait pas fait inscrire, *jugement* (ou arrêt) *rendu le...., par le tribunal de commerce* (de première instance, ou par la cour royale) *de...., enregistré, au profit du sieur D.....* (Il faut indiquer ses nom, prénoms, profession et demeure, ainsi que le domicile par lui élu dans la commune, s'il n'y demeure pas), *contre le sieur G....* (nom, prénoms, profession et demeure), *portant condamnation au paiement d'une somme capitale de....; avec dépens, intérêts et par corps; nous a requis de transcrire ce jugement sur notre registre, de recevoir le sieur G...., dans la prison, et de l'y écrouer* (1).

Et desuite, déférant à la réquisition de l'huissier

---

sur le procès-verbal de capture, l'ordonnance du juge des référés qui permettait de passer outre (art. 787); voilà pourquoi le créancier incarcérant fut obligé de subir la conséquence de cette condamnation.

(1) *Par qui l'acte d'écrou doit-il être rédigé?* Le Code de procédure civile (art. 789) ne s'explique pas là-dessus d'une manière bien expresse; aussi par suite du principe que, en matière de procédure, les nullités ne sont jamais suppléées ou sont entendues, cet acte peut être dressé soit par l'huissier ou garde du commerce, soit par le concierge de la maison d'arrêt, suivant l'usage des lieux. C'est dans ce sens que l'a fort judicieusement décidé la cour de Toulouse, par son arrêt du 1er septembre 1824, dont voici la teneur: « LA COUR; — Attendu, sur le premier » moyen de nullité accueilli par les premiers juges, qu'il résulte » de la combinaison des art. 789 et 790 du Code de procédure, » que le procès-verbal d'écrou peut être rédigé, soit par les » gardiens de la prison, soit par l'huissier qui a procédé à l'ar- » restaiton *pourvu que ledit procès-verbal soit signé de l'huissier*; » que, dans l'espèce, l'écrou de Joseph Péline, rédigé par le » concierge de la maison d'arrêt de Saint-Gaudens, et signé par » l'huissier *Oustàn*, avait été notifié, par ce dernier, au débiteur, » par un acte séparé et enregistré, conforme aux règles prescrites » par l'art. 789 précité; d'où il suit qu'il y aurait lieu de mainte- » nir l'emprisonnement de Péline, s'il n'était attaqué par d'au- » tres moyens de nullité; etc. (Sirey, tom. 25-2-158). »

(ou garde du commerce) *P....., avons transcrit, sur le présent registre, le jugement qui autorise l'arrestation, écroué sur ledit registre, conformément à la loi, le sieur G....., sus-nommé, reçu du comparant la somme de...., pour un mois d'alimens, plus celle de...., pour nos droits, et avons signé.*

Laissé copie du présent acte d'écrou, et du procès-verbal d'emprisonnement, audit sieur G......., en parlant à sa personne, entre les deux guichets,

Signé T...., concierge;

Signé P...., huissier, ou garde de commerce (1).

Mais la partie condamnée par corps, et arrêtée, peut encore se pourvoir, et refuser de se rendre en prison; or, si elle requiert qu'il en soit référé, il faut surseoir à l'emprisonnement, et la conduire sur-le-champ devant le président du tribunal de première instance du lieu où l'arrestation a été faite, soit à l'audience des référés, soit à son hôtel, pour que ce magistrat décide si le débiteur sera ou non incarcéré.

Avant qu'il ait été statué, tout doit rester en suspens, sous peine de dommages et intérêts contre l'officier instrumentaire (Décret du 14 mars 1808, art. 17, et loi du 17 avril 1832, art. 22).

RÉFÉRÉ DU DÉBITEUR.

(On reprend le procès-verbal après l'itératif commandement.)

---

(1) Voir le tarif du 16 février 1807, art 53, 54, 55 et 56, ainsi que le décret du 14 mars 1808, art. 20.

Lequel a répondu qu'il proteste de l'illégalité de son arrestation, et requiert d'être conduit en référé, sous peine de tous dépens, dommages et intérêts, et a signé (ou a dit, ne savoir, vouloir ou pouvoir signer).

Nous dit huissier (ou garde du commerce), *demeurant cette réponse, avons déclaré au sieur G..... que, provisoirement, il était notre prisonnier. Et l'ayant aussitôt appréhendé au corps, mis sous la main de la loi, nous l'avons conduit sur-le-champ au palais de justice du tribunal de première instance de...., où étant arrivés, parlant à M. le président* (ou à M....., vice-président, ou plus ancien juge, suivant l'ordre de réception, pour M le président), *lui avons présenté le sieur G...., ainsi que les pièces dont nous sommes porteur et il a été statué en ces termes* (S'il n'y avait point d'audience, ou si l'arrestation était faite après les heures pendant lesquelles le tribunal est assemblé pour rendre la justice, l'on dirait alors, dans le procès-verbal : Nous etc., demeurant cette réponse, avons déclaré au sieur G.... que, provisoirement, il était notre prisonnier. Et l'ayant aussitôt appréhendé au corps, mis sous la main de la loi, attendu qu'il n'y a point d'audience au palais (ou que l'audience est terminée dans ce moment); nous avons conduit sur-le-champ ledit sieur G.... devant M. le président du tribunal de première instance de..... (ou devant M...., vice-président, ou plus ancien juge du tribunal de première instance de...., suivant l'ordre de réception), en son hôtel à...., rue...., n°...., où étant arrivés, parlant à lui-même lui avons présenté le sieur G...., ainsi que les pièces dont nous sommes porteur, et il a été statué en ces termes):

ORDONNANCE DE RÉFÉRÉ (1).

Nous...., etc. président (vice-président ou juge, faisant les fonctions de président) *du tribunal de première instance de....;*

Vu le référé requis par le sieur G....,

Après avoir examiné les pièces qui nous ont été représentées par le sieur P...., huissier (ou garde du commerce);

---

(1) *Le procès-verbal d'emprisonnement serait-il nul, s'il ne contenait point la transcription de l'ordonnance de référé?* Oui. — En effet, « l'ordonnance sur référé (dit l'art. 787 du » Code de procédure civile) sera CONSIGNÉE sur le procès-verbal » de l'huissier, et sera exécutée sur-le-champ; » l'art. 794 ajoute : « A défaut d'observation des formalités ci dessus pres- « crites, le débiteur pourra demander la nullité de l'empri- « sonnement, etc. » — Mais le mot *consignée* qu'on retrouve dans l'art. 787, est-il synonyme de transcription? Oui. — Nous convenons toutefois que le verbe *consigner* peut correspondre à ceux-ci : *énoncer*, *enregistrer*, *parler*. Ainsi, par exemple, cette phrase : *consigner telle chose dans un ouvrage*, veut dire, grammaticalement parlant, *énoncer*, *enregistrer* telle chose dans un ouvrage, *parler* de telle chose. Mais en matière de procédure la signification du mot n'est plus la même, parce que l'art. 787, en exigeant que l'ordonnance de référé soit *consignée* sur le procès-verbal d'emprisonnement, n'a voulu dire autre chose sinon qu'elle y sera *transcrite*, ainsi que le législateur l'a expliqué en parlant des référés introduits par les juges de paix et les notaires (art. 922 et 944). Il faut que le débiteur arrêté retrouve dans la copie que lui remet l'huissier ou garde du commerce, la preuve de l'existence du référé, celle de ses suites et qu'il n'ait pas à recourir à d'autres élémens, s'il veut interjeter appel de l'ordonnance ou se pourvoir en nullité devant le tribunal. D'ailleurs, la décision du président s'exécute de suite, sans le moindre retard; or, si elle n'était pas inscrite sur le procès-verbal, elle serait soumise à des formes particulières, telles que l'enregistrement, la signification préalable, et l'on sent que cela impliquerait avec l'urgence qui existe toujours dans une arrestation. —Voyez ce que nous avons dit *suprà*, page 411, 469 et 483, relativement aux ordonnances qui interviennent sur les référés des juges de paix, notaires et greffiers.

Oui ledit sieur G...., qui a conclu..... etc.;

Oui ledit sieur P...., huissier (ou garde du commerce), *qui a conclu...., etc.;*

(*Nota.* Si l'ordonnance de référé était rendue en premier ressort, on devrait rapporter littéralement les conclusions des parties, pour que leurs moyens respectifs pussent être facilement appréciés par la cour royale, s'il y avait lieu. — Il faudrait indiquer de plus les noms des conseils ou défenseurs dont on aurait requis l'assistance.)

Attendu...., etc.;

Attendu...., etc.;

Par ces motifs, statuant au provisoire, sans préjudice du principal, ordonnons qu'il sera passé outre à l'arrestation dudit sieur G...., et qu'à cet effet, l'huissier (ou garde du commerce) *incarcérant, le conduira desuite dans la maison d'arrêt, où il sera écroué conformément à la loi.*

Donné à....., au palais de justice (ou en notre hôtel), *le....*

N...., président.

(Et si l'arrestation est annulée,)

Attendu...., etc.;

Attendu...., etc.;

Par ces motifs, statuant au provisoire, disant droit sur le référé, mais sans préjudice du principal, défendons au sieur P......, huissier (ou garde du commerce), *de passer outre à l'arrestation dont il s'agit, et lui ordonnons, en conséquence, de mettre sur-le-champ ledit sieur G...., en liberté, sous peine, en cas de refus, d'être poursuivi comme coupable du crime de détention arbitraire.*

Donné à....., au palais de justice (ou en notre hôtel), *le....,*

N...., président.

L'ordonnance du juge des référés peut, comme on le voit, conduire le débiteur en prison, ou le mettre en liberté; or, dans l'une comme dans l'autre hypothèse, il est nécessaire que l'huissier ou garde du commerce termine son procès-verbal de capture, et que l'exécution à laquelle il s'est livré ou a tenté de se livrer, soit constatée par un acte authentique. — En effet, ce procès-verbal est susceptible, par la décision qu'il contient, de recevoir, au profit du débiteur contre le créancier, la force que la loi accorde à la chose jugée (Cod. civil, art. 1350 et 1351), et de le soustraire, par conséquent, à une nouvelle exécution de ce genre; tout comme le créancier peut avoir intérêt de faire réformer, s'il y a lieu, par la cour royale, l'ordonnance qui met son débiteur en liberté, afin de n'éprouver aucun obstacle, s'il lui convient de faire procéder à une seconde arrestation.

1er CAS. — *L'arrestation est maintenue.*

Il est de règle, avons-nous dit, que l'ordonnance de référé soit inscrite sur le procès-verbal de l'huissier ou garde du commerce, et exécutée sur-le-champ (Code de procédure civile, art. 787, et décret du 14 mars 1808, art. 17); en d'autres termes, elle échappe aux formes préalables de l'enregistrement, de l'expédition et de la signification, parce qu'en donnant au débiteur, s'il est passé outre, copie du procès-verbal d'emprisonnement et d'écrou, et si l'arrestation est annulée, copie du procès-verbal de mise en liberté, il obtient un extrait littéral de la décision du juge.

Si le débiteur succombe, l'officier instrumentaire l'amène au concierge de la maison d'arrêt, et le déclare comme suit :

Et en exécution de l'ordonnance qui précède, nous huissier (ou garde du commerce) *susdit, avons enjoint au sieur G...., de nous suivre en prison; il a obtempéré à notre ordre, et l'avons conduit immédiatement dans la maison d'arrêt, sise à....., rue....., n°...., où étant, et parlant au sieur T....., etc.* (Il faut continuer le procès-verbal ainsi que nous l'avons indiqué plus haut, et le cloturer par l'acte d'écrou dont la formule a été présentée).

2me **CAS.** — *L'arrestation est annulée.*

Ici, le président a ordonné que le débiteur serait rendu à la liberté, parce qu'il a jugé que l'arrestation était vicieuse; il ne s'agit donc plus que d'exécuter cet ordre. — Mais l'huissier ou garde du commerce est constitué mandataire, soit pour opérer l'emprisonnement, soit pour recevoir la créance qui lui sert de base, et l'on conçoit dès-lors que le consentement à la mise en liberté, venant de son chef, se rattachant au mandat, pourrait nuire au créancier, s'il était pur et simple; aussi doit-il faire des réserves, et terminer le procès-verbal en ces termes :

Et en exécution de l'ordonnance qui précède, nous huissier (ou garde du commerce) *susdit, sans préjudice du principal, et sous la réserve de tous les droits, actions et exceptions de notre commettant, contre la décision qui vient d'être rendue, sauf les exceptions contraires, pour l'attaquer par la voie de l'appel, si le cas y échet, avons déclaré audit sieur G...., qu'il était libre, et pouvait se retirer. Desuite, parlant à sa personne, lui avons donné copie du présent procès-verbal, en présence des sieurs....* (noms, prénoms, profession et demeure), *témoins requis, lesquels ont signé avec nous.*

Signé P...., huissier, ou garde du commerce;

Signé Q...., } *témoins ou recors.*
Signé R...., }

2me FORMULE.

ARRESTATION PROVISOIRE D'UN ÉTRANGER, DÉBITEUR D'UN FRANÇAIS; RÉFÉRÉ AU PRÉSIDENT DU TRIBUNAL, ET ORDONNANCE QUI STATUE.

ARRESTATION.

L'an...., et le...., à..... heures du....,

A la requête du sieur D..... (nom, prénoms, profession et demeure), *qui élit domicile à.......* (c'est-à-dire dans la commune ou l'étranger doit être détenu provisoirement, si le créancier n'y demeure pas), chez....., etc.;

En vertu d'une ordonnance sur requête rendue le..., par M. le président du tribunal de première instance de...., enregistrée, qui permet au requérant de faire arrêter provisoirement le sieur G...., (Faire connaître ses nom, prénoms et profession, si c'est possible, ainsi que la nation à laquelle il appartient, de manière que l'identité soit parfaitement établie), *résidant à....;*

Pour sûreté d'une somme de..... (ou de tel autre objet), *dûe au requérant, par ledit sieur G...., suivant son obligation du...., aussi enregistrée* (Si la créance ne résultait que de l'ensemble d'une correspondance plus ou moins étendue, ou d'autres actes non susceptibles d'être enregistrés, soit à cause de leur nature, de leur nombre, soit parce que l'enregistrement entraînerait de trop forts droits ; l'on pourrait se borner à dire : *suivant son obligation verbale du.., sauf à en justifier, s'il y a contestation*);

Nous P..... (nom et prénoms), *huissier reçu au tribunal de première instance de.....* (ou l'un des gardes du commerce de la ville de Paris), *y demeurant, rue...., n°...., patenté, soussigné, avec l'assistance des témoins bas nommés ;*

Conformément au pouvoir spécial qui nous a été remis par le requérant, le...., aussi enregistré (1) *dé-*

---

(1) *L'ordonnance qui permet l'arrestation provisoire, vaut-elle pouvoir à l'huissier ou garde du commerce aux fins d'arrêter le débiteur ?* Non. Cet acte du juge ne remplace en effet que le jugement qui prononce la contrainte par corps, et nous avons déjà vu que la remise de ce jugement, à l'huissier, était insuffisante en matière d'emprisonnement (Cod. de procédure civile, art. 556). Nous croyons aussi que le créancier au nom duquel l'arrestation aurait été faite, pourrait la désavouer, malgré que l'officier instrumentaire représentât l'ordonnance qui lui a servi de base. Il importe peu que la cour de Bordeaux, par son arrêt du 24 mai 1826 (Sirey, tom. 26-2-296), ait décidé que l'arrestation ou la recommandation provisoire d'un étranger pouvait avoir lieu sans que l'huissier fût porteur d'un pouvoir spécial, et qu'il suffisait de l'ordonnance du président; car cette décision n'étant intervenue qu'à suite de la demande en nullité introduite par l'étranger, ne saurait être d'aucune influence dans la question qui nous occupe. Oui, nous le répétons, le débiteur arrêté n'est pas admis à faire annuler l'exécution par le seul motif que l'officier n'avait aucun pouvoir spécial (*Vid. suprà* page 502 et suivantes); mais il n'en est pas de même de l'action en désaveu, parce qu'elle est régie par d'autres principes. L'arrestation a souvent des conséquences fâcheuses pour le créancier, et l'on conçoit dès-lors que, s'il n'y a point consenti *verbalement ou par écrit*, il doit avoir le droit de désavouer l'acte fait à son insu, sans sa participation, s'il lui occasionne quelque dommage, alors surtout qu'il n'a pu le prévoir, ni l'empêcher. S'il

clarons nous être transportés à...., rue...., où étant, et parlant au sieur G...., sus nommé et qualifié, lui avons fait itératif commandement de payer au requérant, en nos mains, la somme de...., (ou de remettre tel objet), *montant de l'obligation dont il s'agit, plus les frais exposés, se portant à..., sans préjudice de tous autres droits, actions et exceptions; déclarant qu'en défaut nous allions provisoirement l'y contraindre par la saisie-emprisonnement, et le conduire desuite, avec notre main forte, dans la maison d'arrêt civile de..., à moins qu'il ne justifiât à l'instant même de solvabilité suffisante, ou qu'il ne fournît une caution solvable, pour garantir l'acquittement de la dette, en principal et accessoires; lequel a répondu....., etc.* (Transcrire sa réponse).

---

n'en était pas ainsi, il n'y aurait plus de sécurité pour le prétendu incarcérant, puisque les officiers ministériels pourraient abuser impunément de sa confiance. — Supposons que *Pierre*, citoyen français ou naturalisé, soit créancier de *Paul*, étranger d'origine non domicilié en France, et qu'il confie à *Jean*, avoué près d'un tribunal de première instance, soit à titre de dépôt, soit pour le consulter, les engagemens souscrits par le débiteur; or, cet officier profite, abuse de la possession des titres, obtient une ordonnance du président du tribunal, et fait arrêter la partie obligée. Croira-t-on que le créancier doive subir les effets de l'arrestation ou de la recommandation provisoire? Cela est impossible; il n'y a pas consenti. Il est donc évident qu'il sera recevable dans son désaveu, et l'avoué, l'huissier ou le garde du commerce, devront être condamnés aux frais de l'arrestation annulée, ainsi qu'aux dommages et intérêts, s'il y a lieu. C'est de cette manière qu'il faut interpréter la loi sur la contrainte par corps à l'égard des étrangers; car indépendamment de ce que l'art. 556, loin de repousser cette interprétation, la justifie, nous ne croyons pas qu'il soit permis de s'écarter de la règle suivant laquelle « aucunes » offres, aucun aveu ou consentement, ne peuvent être faits, » donnés ou acceptés, *sans un pouvoir spécial*, à peine de désa- » veu (Cod. de procéd. civile, art. 352 et 556). »

Nota. Si l'étranger qui vient d'être arrêté paie la somme, ou remet la chose qu'on lui réclame, l'huissier ou garde du commerce le constate au même instant, reçoit la somme ou la chose que le débiteur lui délivre, laisse ce dernier en liberté, cloture le procès-verbal, et en donne copie; il garde l'original, parce que c'est une pièce probante dont il ne doit pas se dessaisir. Mais si l'étranger ne paie pas, ou si ses offres sont insufisantes, et s'il n'élève aucune dificulté, il est conduit en prison; alors l'officier instrumentaire continue en ces termes:

Nous dit huissier (ou garde du commerce), *demeurant cette réponse, et faute de paiement* (Et s'il y a lieu: demeurant ladite réponse, sans avoir égard aux offres qui viennent de nous être faites, et les rejetant comme irrégulières ou insuffisantes), *nous avons déclaré au sieur G..., qu'il était notre prisonnier; et l'ayant appréhendé au corps, mis sous la main de la loi, nous lui avons enjoint de nous suivre en prison, pour y demeurer en état d'arrestation provisoire jusqu'à ce qu'il ait acquité son obligation, à moins que, par justice, il n'en soit autrement ordonné, conformément à la loi; ledit sieur G...., a obtempéré à notre ordre, et nous l'avons conduit sans délai dans la maison d'arrêt, sise, à..., rue..., n°.., où étant entrés, parlant au sieur T....* (nom et prénoms), *gardien de la geôle, nous lui avons représenté l'ordonnance en vertu de laquelle nous instrumentons, pour qu'il eût à la transcrire sur son registre* (1), *et à écrouer le débiteur.*

---

(1) *Est-il bien nécessaire de transcrire cette ordonnance sur le registre de la geôle?* — S'il fallait observer, pour l'arrestation ou la recommandation provisoire, les formalités prescrites par le Code de procédure civile, au titre *de l'emprisonne-*

En conséquence, après que cette transcription a été faite, nous avons confié le sieur G....... à la garde dudit sieur T......, comme procède, en consignant dans ses mains la somme de...., (25 ou 30 francs, suivant que l'arrestation est faite en province ou à Paris), pour un mois d'alimens; et ont les sieurs........ (noms, prénoms, professions et demeures), témoins par nous requis, signé, à l'original et à la copie, DONT ACTE.

Laissé copie tant de l'ordonnance précitée que du présent procès-verbal d'arrestation provisoire, et de l'acte d'écrou, audit sieur G..., parlant à sa personne, entre les deux guichets, à....., les jour, mois et an que dessus, à..... heures du..., coût, la somme de...

Signé P...., huissier, ou garde du commerce;

Signé Q...., } *témoins ou recors.*
Signé R...., }

---

ment, nul doute que le concierge ne fût tenu d'opérer la transcription du titre en vertu duquel le débiteur serait arrêté ou recommandé; ainsi le veut l'art. 790. Mais en matière d'arrestation provisoire, nous l'avons déjà dit, le législateur n'a tracé aucune forme particulière, et s'il en est quelqu'une qui, quoique non prévue, doive être suivie, l'intérêt seul du débiteur le commande. Or, ce même intérêt n'existant point dans le cas qui nous occupe, le procès-verbal devrait être maintenu, malgré que l'ordonnance du président qui autorise l'arrestation n'eût pas été transcrite. — Cependant la responsabilité du gardien de la maison d'arrêt exige cette transcription. En effet, pourquoi a-t-elle été requise? D'abord, pour attester que le débiteur n'est pas illégalement détenu, et ensuite pour faire connaître au concierge les causes de l'arrestation ou de la recommandation, afin que si la partie arrêtée veut, en consignant le montant de la dette, obtenir sa liberté (Cod. de procédure civile, art. 798), il ne s'élève aucune contestation, aucun obstacle à sa sortie de prison. Ce but serait donc manqué, si l'ordonnance du président, indicative des sommes dûes, n'était pas transcrite sur le registre.

ACTE D'ÉCROU (1).

Cejourd'hui...., à...... heures du....,

Pardevant nous, T..... (nom et prénoms), *concierge de la maison d'arrêt civile de...., en notre greffe;*

A comparu le sieur P..... (nom et prénoms), *huissier reçu au tribunal de première instance de.....* (ou l'un des gardes du commerce de la ville de Paris), *y demeurant, rue..., n°...., patenté, soussigné; lequel, après nous avoir exhibé l'ordonnance rendue le...., par M. le président du tribunal de première instance de..., enregistrée, qui autorise le sieur D.....* (Désigner ses nom, prénoms, profession et demeure, ainsi que le domicile par lui élu dans la commune, s'il n'y demeure pas), *à faire arrêter provisoirement le sieur G....,* (Ses nom, prénoms et profession, si c'est possible, et indiquer la nation à laquelle il appartient), *pour sûreté d'une somme de.....* (ou de tel objet), *nous a requis de transcrire cette ordonnance sur notre registre, de recevoir le sieur G.... dans la prison, et de l'y écrouer* (2).

---

(1) L'acte d'écrou est inscrit à la suite du procès-verbal de capture, sur l'original et la copie, ainsi que sur le régistre de la prison; c'est le moyen de le rendre commun au créancier, au débiteur et au concierge (Cod. de procéd. civile, art. 789 et 790).

(2) *L'étranger qui n'est arrêté ou recommandé que provisoirement, doit-il être écroué par le geôlier?* Oui, L'acte d'écrou opère l'effet de retenir légalement le débiteur en prison, et dès-lors, n'y fût-il que pour les huit jours pendant lesquels le créancier doit agir au principal, tout exige qu'il soit écroué. S'il n'en était pas ainsi, l'arrestation serait purement arbitraire, et la personne arrêtée pourrait requérir le gardien de la mettre desuite en liberté.

Et desuite, déférant à la réquisition qui nous a été faite, avons transcrit sur le présent registre, l'ordonnance qui autorise l'arrestation, écroué sur ledit registre, conformément à la loi, le sieur G.., sus nommé, reçu du comparant la somme de...., égale à un mois d'alimens, plus celle de...., pour nos droits, et avons signé.

Laissé copie audit sieur G....., du présent acte d'écrou et du procès-verbal d'arrestation provisoire, en parlant à sa personne, entre les deux guichets,

Signé T...., concierge;

Signé P..., huissier, ou garde du commerce.

L'étranger qui ne défère point à l'itératif commandement que lui adresse l'officier instrumentaire, peut avoir des motifs pour ne pas payer la dette; or, s'il conteste, s'il demande le référé, il faut qu'on le conduise devant le président du tribunal de première instance (Cod. de procédure civile, art. 786). Il peut de plus, tout en reconnaissant la légitimité de la somme ou de la chose qui sert de base à la réclamation (alors même qu'il ne se libèrerait pas), éviter encore les suites de l'arrestation, pourvu qu'il établisse sa solvabilité, ou qu'il donne caution : cette faculté lui est accordée par la loi du 17 avril 1832. « L'arrestation provisoire n'aura pas » lieu, dit l'art 16, ou cessera, si l'étranger justifie » qu'il possède sur le territoire français un établis» sement de commerce ou des immeubles, le tout » d'une valeur suffisante pour assurer le paiement » de la dette, ou s'il fournit pour caution une per» sonne domiciliée en France et reconnue solva» ble. » Plusieurs causes peuvent donc amener les parties devant le juge des référés, pour qu'il décide sur les difficultés qui naissent soit de la créance, objet de l'arrestation, soit de l'arrestation elle-même.

RÉFÉRÉ AU PRÉSIDENT DU TRIBUNAL.

(*Nota*. Le procès-verbal est repris après l'itératif commandement.)

Lequel a répondu, qu'il proteste de l'illégalité de son arrestation, le motif pris de ce qu'il possède, en France, dans la commune de......, département de......., des immeubles consistant, etc., etc. (ou une maison de commerce), *de valeur suffisante pour répondre de la créance réclamée; que s'il n'a point encore payé, cela vient de ce qu'il a des exceptions à faire valoir, et qu'ainsi, il nous défend de l'arrêter sous peine de dépens, dommages et intérêts; nous requérant, dans le cas où nous voudrions passer outre, de le conduire en référé.*

(Si l'étranger ne possède point des biens immeubles ou un établissement de commerce, et s'il offre une caution, l'on dit alors : « Lequel a répondu qu'il proteste de l'illégalité de son arrestation, le motif pris de ce qu'il ne doit rien au requérant (ou qu'il a des exceptions à proposer); qu'au surplus, voulant prévenir toute espèce de difficulté, mais sous la réserve de ses droits, il offre le sieur... (nom, prénoms, profession et demeure), pour sa caution; nous somme de recevoir ce cautionnement, et nous fait défense de l'arrêter, sous peine de dépens, dommages et intérêts; ladite caution étant ici présente pour faire sa soumission, et s'obliger à payer elle-même, s'il y a lieu, après qu'il aura été statué par le tribunal compétent sur le fond de la créance réclamée;

» nous requérant, dans le cas où nous voudrions » passer outre, de le conduire en référé. »)

Nous susdit huissier (ou garde du commerce), *demeurant cette réponse*,

(Si les justifications faites par le débiteur sont suffisantes, et s'il y a accord là-dessus, l'officier instrumentaire ajoute : « et attendu que le sieur » G...., vient de justifier à l'instant même qu'il pos» sède..., etc. (1); nous avons déclaré qu'il ne serait » point passé outre, en réservant néanmoins au » requérant tous ses droits, actions et exceptions. » — Et de ce dessus, avons dressé le présent » procès-verbal, dont nous avons laissé copie audit » sieur G......, parlant à sa personne, et ont les » sieurs....., etc., témoins par nous requis, signé, » tant à l'original qu'à la copie; coût.....» — Si le débiteur présente une caution, l'on inscrit le cautionnement en ces termes : « et attendu que la » solvabilité du sieur...., etc., qui vient de nous » être offert pour caution, a été suffisamment éta» blie, nous avons déclaré qu'il ne serait point passé » outre, pourvu toutefois que le cautionnement » soit effectué, en réservant néanmoins au requé» rant tous ses droits, actions exceptions; en con» séquence, ledit sieur...., etc., ici présent, a fait » sa soumisson de payer lui-même, s'il y a lieu, la » créance dont il s'agit, après que les tribunaux » compétens auront décidé si le sieur G...., est dé-

(1) Désigner la nature des immeubles, leur contenance, leur situation, faire connaître s'ils sont ou non grevés d'hypothèques, et, dans le cas de l'affirmative, si celles qui existent n'absorbent pas la valeur réelle; enfin quels sont les titres en vertu desquels la propriété des immeubles, ou de l'établissement de commerce, est acquise au débiteur.

» biteur, et a signé (1). Et de tout ce dessus, » ayant dressé le présent procès-verbal, nous en » avons donné séparément copie au sieur G.., ainsi » qu'au sieur.., sa caution, en parlant à eux-mêmes;

(1) *Si la caution reçue volontairement par le créancier, ou admise par le juge, ne signait point sa soumission sur le procès-verbal de l'huissier ou garde du commerce qui procède à l'arrestation, ce cautionnement serait-il valable?* Non. Voyez une décision analogue de la cour de Grenoble, du 6 juillet 1826 (Sirey tom. 27-2-35). Il s'agissait de savoir si l'huissier commis pour la signification d'un jugement de défaut, pouvait recevoir l'acquiescement de la partie condamnée, malgré que cette partie ne sût pas signer, et l'on adopta la négative. — En effet, il doit être passé acte devant notaires ou sous signature privée, de toutes choses excédant la somme ou valeur de 150 francs (Cod. civ., art. 1341). — Lorsque les causes de l'arrestation sont inférieures ou égales à cette somme, nous en convenons, l'officier instrumentaire peut constater la soumission de la caution illitérée, parce que, dans ce cas, lui et les deux recors qui l'assistent n'agissent que comme témoins; mais il n'en est plus de même quand le créancier réclame plus de 150 francs. Il faut alors une preuve littérale du cautionnement, et la caution, pour être valablement obligée, doit faire sa soumission dans un acte authentique ou sous signature privée. Or, les huissiers, gardes du commerce et autres officiers de ce genre n'ont pas été institués pour imprimer, aux conventions des parties, le caractère de l'authenticité: ce droit appartient exclusivement aux notaires (Loi du 25 ventôse an 11, art. 1er, et Cod. civil, art. 1317). — Les juges de paix eux-mêmes n'ont aucune qualité pour rendre exécutoires les engagemens volontaires que contractent les justiciables, puisque les conventions de ces derniers, insérés au procès-verbal, ne valent que comme obligation privée (Cod. de procéd. civile, art. 54). Il n'est donc pas possible que le législateur ait voulu accorder plus de confiance à la déclaration d'un huissier ou garde du commerce, qu'à celle que fait le magistrat dans l'exercice de ses fonctions. — En résumé, l'acte qui cesse d'être authentique par l'incompétence ou l'incapacité de l'officier qui l'a retenu, ou par un défaut de forme, ne vaut comme écriture privée que *lorsqu'il est signé des parties* (Cod. civil, art. 1318). Voilà pourquoi le cautionnement qui s'opère sur le procès-verbal d'arrestation n'a aucun effet, si la caution n'y appose point sa signature.

» et ont les sieurs...., témoins par nous requis, » signé, tant à l'original qu'aux copies; coût..... » — Mais s'il y a contestation, soit sur la suffisance des biens indiqués par l'étranger qu'on veut arrêter, soit sur la solvabilité de la caution offerte, l'huissier ou garde du commerce continue le procès-verbal comme il va être dit.)

Et attendu que rien ne justifie que le sieur G....., ait la propriété des immeubles (ou de l'établissement de commerce) *qu'il indique, et qu'en fût-il propriétaire, rien ne nous assure qu'il y ait suffisance dans la valeur* (et s'il offre une caution); *attendu que la caution offerte est absente, ou que sa solvabilité n'est pas établie; sans avoir égard aux exceptions proposées, nous avons passé outre à l'arrestation provisoire du sieur G....; mais déférant à sa réquisition, nous l'avons appréhendé au corps, mis sous la main de la loi, et conduit sur-le-champ au palais de justice du tribunal de première instance de...., où étant arrivés, parlant à M. le président* (ou à M..., vice-président, ou plus ancien juge, en suivant l'ordre de réception), *lui avons présenté ledit sieur G..., ainsi que les pièces en vertu desquelles nous procédons* (S'il n'y avait point d'audience, ou si l'arrestation était faite après les heures pendant lesquelles le tribunal est assemblé pour rendre la justice, l'on se rendrait à l'hôtel du président, du vice-président, ou à celui du plus ancien juge, suivant les circonstances, ainsi que nous l'avons expliqué dans le modèle du procès-verbal d'emprisonnement, page 514.) *et il a été rendu l'ordonnance suivante :*

ORDONNANCE QUI STATUE.

(Elle est inscrite sur le procès-verbal d'arrestation.)

Nous président (vice-président ou juge, faisant les fonctions de président) *du tribunal de première instance de....,*

Sur le référé requis par le sieur G....;

Examen fait des pièces qui nous ont été représentées ;

Oui ledit sieur G...., qui a conclu....;

Oui le sieur P...., huissier (ou garde du commerce,) *qui a conclu....;*

Attendu, etc., etc.;

Par ces motifs, statuant au provisoire, sans préjudice du principal, recevons l'opposition dans la forme, et au fond, en démettons le sieur G....; ordonnons, en conséquence, qu'il sera passé outre, et qu'à cet effet, l'huissier (ou garde du commerce) *incarcérant, le conduira desuite dans la maison d'arrêt, où il sera provisoirement écroué conformément à la loi.*

Donné à......, au palais de justice (ou à notre hôtel), *les jour, mois et an que dessus.*

N...., président.

(Et si l'arrestation est annulée.)

Attendu etc., etc.;

Par ces motifs, statuant au provisoire, disant droit sur le référé du sieur G...., mais sans préjudice du principal, recevant son opposition envers notre précédente ordonnance du......, remettons les parties au même état où elles étaient auparavant. En conséquence défendons au sieur P....., huissier (ou garde du commerce), *de passer outre à l'arrestation dont il s'agit, et lui enjoignons, à cet effet, de mettre desuite ledit sieur G..... en liberté, sous peine, en cas de refus, d'être poursuivi comme coupable du crime de détention arbitraire.*

Donné à....., au palais de justice (ou en notre hôtel), *les jour, mois et an que dessus.*

N...., président.

(Et si la caution présentée par le débiteur est admise.)

Attendu etc., etc.;

Par ces motifs, statuant au provisoire, disant droit sur les exceptions du sieur G..., mais sans préjudice du principal, recevant son opposition envers notre précédente ordonnance du...., remettons les parties au même état où elles étaient auparavant; déclarons la solvabilité du sieur...., présenté comme caution, suffisamment établie, et l'admettons à faire sa soumission. En conséquence, nous ordonnons que, sur le vu de ladite soumission, le sieur P...., huissier (ou garde du commerce), *mettra desuite le sieur G...., en liberté, sous peine, en cas de refus, d'être poursuivi comme coupable du crime de détention arbitraire, et que, si le cautionnement dont il s'agit n'est pas effectué à l'instant même, le débiteur sera conduit sur-le-champ dans la maison d'arrêt, pour y être détenu en état d'arrestation provisoire, et être écroué, conformément à la loi.*

Donné à...., au palais de justice (ou en notre hôtel), *les jour, mois et an que dessus.*

N...., président.

Quand le juge a prononcé sur le sort de l'étranger qui vient d'être arrêté, il ne s'agit plus que d'exécuter son ordonnance, et l'exécution doit avoir lieu sur-le-champ (Cod. de procédure civile, art. 787);

or, si l'arrestation est maintenue, le débiteur est conduit en prison, tandis que si elle est annulée, il est mis en liberté. Voyez *Suprà*, pag. 517 et 518, ce que nous avons dit de l'emprisonnement ordinaire; les formes sont ici les mêmes.

Supposons néanmoins que l'étranger ne doive être mis en liberté que sous caution; dans ce cas, comment l'officier instrumentaire cloturera-t-il son procès-verbal? Quels seront les droits du débiteur?

Lorsque la caution offerte a été reconnue solvable (1), si elle est présente à l'arrestation, ou devant le président, nulle difficulté à cet égard; l'huissier ou garde du commerce s'explique ainsi :

Et desuite, en exécution de l'ordonnance qui précède, a comparu, pardevant nous, huissier (ou garde du commerce) *susdit, le sieur........, etc., qui a déclaré se porter caution pour le sieur G..., et à cet effet, s'obliger de payer lui-même au sieur D........, requérant, la créance sus mentionnée, tant en principal qu'accessoires, après que les juges compétens auront statué sur la légitimité et la quotité de la dette; requis de signer, a signé à l'original, ainsi qu'aux copies, lecture préalablement faite.*

En conséquence, vu ce qui résulte dudit cautionnement, nous avons déclaré au sieur G...., qu'il était libre, et pouvait se retirer.

De tout ce dessus, ayant dressé le présent procès-verbal, nous en avons donné séparément copie tant

---

(1) Le juge des référés, en vérifiant, dans l'espèce qui nous occupe, la solvabilité de la caution que présente le débiteur, ne s'écarte point des principes d'attribution que nous avons émis pag. 107 et suivantes, puisque le cautionnement n'est ici que l'accessoire de la décision qu'il est appelé à rendre.

audit sieur G..... qu'au sieur....., sa caution, en parlant à eux-mêmes, présens les sieurs... etc., etc., témoins requis, lesquels ont signé avec nous; coût.....

Signé P...., huissier, ou garde du commerce;

Signé Q...., Signé R...., } *témoins ou recors.*

Et si la caution ne savait ou ne pouvait signer sa soumission, il faudrait à l'instant même, sans désemparer, faire régulariser le cautionnement par acte devant notaire (1); alors la clôture du procès-verbal d'arrestation aurait lieu dans cette forme :

Et desuite, en exécution de l'ordonnance qui précède, nous huissier (ou garde du commerce) *susdit, vu ce qui résulte de l'acte qui vient d'être retenu par Me. E.., notaire à.., dans lequel le sieur... etc, a fait sa soumission de caution; avons déclaré au sieur G...., qu'il était libre et pouvait se retirer.*

De tout ce dessus, nous avons dressé le présent procès-verbal, dont copie a été remise audit sieur G........, en parlant à sa personne, présens les sieurs..., etc., etc., témoins requis, lesquels ont signé avec nous; coût....,

Signé P...., huissier, ou garde du commerce;

Signé Q...., Signé R...., } *témoins ou recors.*

Mais lorsque la caution est absente, s'il n'est pas

(1) Un huissier ou garde du commerce ne peut point attester l'existence d'une obligation, si la partie contractante ne signe pas le procès-verbal qui la contient. *Vid. suprà*, pag. 528, à la note.

possible d'avoir immédiatement sa soumission, l'on conduit le débiteur dans la maison d'arrêt; car il est de règle, en pareille circonstance, qu'il soit écroué desuite, ou mis sur-le-champ en liberté.

Toutefois le retard de fournir le cautionnement, n'annule pas ses effets; aussi la personne arrêtée, malgré qu'elle soit détenue dans la prison, peut toujours en réclamer le bénéfice : il suffit que la caution se présente, qu'elle vienne répondre de la dette en capital, intérêts et frais, pour que l'emprisonnement cesse aussitôt. Ainsi le veut l'art. 16 de la loi du 17 avril 1832. Peu importe que cette loi, par son art. 15, oblige le créancier incarcérant à se pourvoir en condamnation dans la huitaine de l'arrestation provisoire, et qu'à défaut, elle autorise le débiteur à introduire sa demande en élargissement : on ne doit voir là qu'un second moyen favorable à la liberté, et pas autre chose. Ce serait donc une erreur de soutenir qu'il faut attendre l'expiration de ce délai, afin de savoir si la partie poursuivante continuera son exécution, ou l'abandonnera. Les huit jours qui restent à courir sont beaucoup trop longs pour un citoyen qui n'est pas libre! Il est d'ailleurs possible que la détention se prolongeant au de-là de ce terme, n'aggrave la condition de l'étranger. Or, tout nous engage à croire que ce dernier peut, desuite, se prévaloir du cautionnement et requérir sa sortie de prison. Cependant, jusqu'à ce que la caution se soit soumise à payer elle-même, s'il y a lieu, l'huissier ou garde du commerce, devant cloturer son procès-verbal, le fait de la manière suivante :

Et desuite, nous huissier (ou garde du commerce) *susdit, en exécution de l'ordonnance qui précède, vu l'absence du sieur....., caution offerte par le sieur G.....; avons requis ce dernier de nous suivre en prison, et l'avons en effet, conduit immédiatement à la maison d'arrêt sise à...., rue...., n°...., où étant entrés, et parlant au sieur T...., etc.* (continuer la rédaction du procès-verbal d'arrestation, ainsi que nous l'avons déjà indiqué pag. 522, et faire la clôture par l'acte d'écrou qui l'accompagne. Voyez aussi le tarif des frais, art. 53, 54, 55 et 56, et le décret du 14 mars 1808, art. 20).

L'arrestation provisoire dont nous venons de parler, n'exige pourtant aucune forme particulière, et sauf le référé devant le président du tribunal de première instance, toutes celles qui ont été indiquées ne sont que facultatives (1); car (comme le disait M. Treillard au corps législatif, en exposant les motifs de la loi du 10 septembre 1807, reproduite dans celle du 17 avril 1832), « il ne faut pas » faire intervenir tout l'appareil judiciaire dans une » mesure qui, en quelque manière, est purement » de police : un instant perdu, ou le moindre éveil » donné au débiteur, en détruirait tout l'effet; » l'ordre de s'assurer de la personne ne peut être » donné ni trop promptement, ni avec trop de » secret. »

Ainsi, l'ordonnance qui autorise cette arrestation est rendue sans appeler le défendeur; l'exécution n'est point précédée du commandement préalable exigé par l'art. 780 du Code de procédure civile; l'arrestation peut avoir lieu, *même en province*, sans requérir l'assistance du juge de paix, et alors que le procès-verbal ne serait pas daté, il n'en serait

(1) Vid. pag. 69 et 70.

pas moins valable (1), parce que le titre de l'emprisonnement ordinaire n'a rien de commun avec la détention passagère dont on peut frapper l'étranger, débiteur d'un Français.

Il est cependant quelques formalités qui, malgré qu'elles ne soient prescrites que pour l'exercice de la contrainte par corps proprement dite, semblent devoir s'appliquer à l'hypothèse qui nous occupe; par exemple, l'élection de domicile dans la commune où le débiteur est détenu, si le créancier n'y demeure pas.

En effet, *Pierre*, Français de naissance ou naturalisé, habite Toulouse; il est créancier de *Paul*, étranger d'origine, et allant à Paris pour affaires, il y trouve son débiteur, le fait arrêter provisoirement, mais n'élit aucun domicile, et repart aussitôt pour chez lui; pourra-t-on croire qu'une semblable arrestation ne soit pas contraire à la volonté du législateur? Cela est impossible.

Le créancier est obligé de former sa demande en condamnation dans la huitaine qui suit l'arrestation, afin que le provisoire ne soit point nuisible au débiteur, et qu'il ne devienne pas la cause ou le prétexte d'un acte arbitraire; aussi l'étranger arrêté a-t-il le droit de requérir, par un exploit en référé, sa mise en liberté immédiate, si après huit jours de détention, le poursuivant n'a fait aucune diligence pour se procurer un titre définitif contre lui. Or, comment fera le débiteur pour nantir l'autorité

(1) Arrêts de la cour de cassation, du 28 octobre 1809, et des cours de Metz et de Bordeaux, des 17 mai 1816 et 24 mai 1826 (Sirey, tom. 9-1-462; tom. 19-2-51, et tom 26-2-296). Voyez de plus le répertoire de jurisprudence de M. Merlin, et ses questions de droit, *verbo*, *Étranger*, §. 4.

compétente, si le créancier ne se pourvoit pas? ne sera-t-il pas à la merci de ce dernier?

L'élargissement, on le sait, ne doit intervenir que *sur une assignation donnée au créancier* par l'huissier que le président a commis dans l'ordonnance qui autorise l'arrestation, et à défaut de cet huissier, par tel autre qui est commis spécialement (Loi du 17 avril 1832, art. 15). Cependant si le créancier n'a pas élu un domicile, s'il est éloigné, s'il habite Toulouse, l'huissier-commis ne pourra point instrumenter; car il n'exerce son ministère que dans le ressort du tribunal où il a été reçu. Mais que résultera-t-il de cette omission? L'étranger se verra contraint de recourir au président du tribunal du domicile réel de l'incarcérant, de faire désigner un huissier, et d'assigner ensuite devant le président qui a connu de l'arrestation, pour la faire révoquer. Ainsi, par la force des choses, bon gré mal gré, il supportera des délais infiniment longs, sa détention sera prolongée, ses affaires, son commerce suspendus (Loi précitée, art. 15, et Cod. de procédure civile, art. 1033), ce qui lui occasionnera un préjudice énorme, des dommages auxquels il était bien loin de s'attendre.

Il aurait donc fallu astreindre l'officier-ministériel à élire un domicile exprès dans le lieu où le débiteur étranger se trouve détenu, si le créancier n'y demeure pas, ou permettre à l'incarcéré la notification de sa demande en élargissement au greffe de la geôle, parce que cette action exige la plus grande célérité. Voilà pourquoi, lorsque nous voyons qu'en matière de commerce, à raison d'un intérêt pécuniaire, souvent modique, le Code de procédure civile (art. 422) veut que les parties, après la première audience, élisent un domicile dans le lieu où siége le tribunal, si elles n'y sont pas domiciliées, et qu'à défaut de cette élection, toute signification, même celle du jugement définitif, puisse être valablement faite au greffe; l'on doit reconnaître qu'il y a une lacune dans la législation spéciale qui régit, en France, l'exécution des obligations contractées par les étrangers. C'est un oubli que la puissance législative doit s'empresser de réparer, sans quoi elle nous expose à de graves inconvéniens.

Mais de cela que le débiteur peut subir, par le fait ou la faute du créancier, une détention plus longue que celle prévue par la loi, s'il n'y a point, dans le procès-verbal de capture, élection de domicile, est-il possible d'en induire que l'arrestation soit nulle? Répétons ici avec la cour de Metz (Arrêt du 17 mai 1816, déjà cité) « que si certaines formalités du Code de procédure, et notamment » l'art 780, relatif au commandement à faire un jour » avant l'arrestation, ne peuvent se concilier avec » le secret et la promptitude qui sont la conséquence de l'art. 2 de la loi de 1807 (aujourd'hui de » l'art. 15 de la loi du 17 avril 1832), il serait arbitraire de déterminer précisément celles des formalités contenues au titre 15 dudit Code, que » devra observer le créancier pour mettre à exécution l'ordonnance d'arrestation provisoire par lui » obtenue: d'où il faut conclure que, pour l'exercice » de son droit, il n'est pas rigoureusement astreint » à des règles qui ont été établies dans une matière » tout-à-fait distincte. »

Nous devons pourtant faire observer que lorsque le débiteur étranger n'a été arrêté qu'à suite, en vertu du jugement de condamnation, son créancier est alors obligé de suivre les formalités qu'indique le Code à raison de l'emprisonnement, et si une seule était omise, l'arrestation ne serait point valable, parce que toutes sont prescrites à peine de nullité (art. 794).

Avant le jugement qui statue sur l'obligation, maisaprès son échéance, le débiteur est en défaut d'exécuter son engagement; il peut inspirer des craintes, et l'on conçoit aussi que le président du tribunal de première instance dans l'arrondissement duquel il se trouve, doit, s'il y a des motifs suffisans, ordonner son arrestation, sur la requête du créancier. L'urgence fait exception à toutes les règles. Il y aurait danger d'attendre la décision du tribunal sur le fond de la contestation; car l'étranger pouvant disparaître sans laisser aucune trace de son passage ou de son séjour, le Français qui aurait traité avec lui, serait victime de sa trop grande confiance; aussi la loi du 17 avril 1832, art. 15, a-t-elle permis d'employer desuite les mesures conservatoires nécessitées par les circonstances. Le législateur eût donc été imprévoyant, s'il n'avait pas donné quelque garantie en faveur de la probité; il y aurait eu imperfection du système conservateur qui a été introduit, si le débiteur de mauvaise foi avait pu, par sa disparition subite et facile, échapper à la juste demande du créancier, à une condamnation inévitable, qu'il avait pressentie d'avance en faisant retraite.

Mais ce motif puissant n'existe plus quand le demandeur, au lieu de requérir l'arrestation préalable de la partie obligée, agit, au contraire, dans le cercle de l'action principale, nantit le tribunal qui doit en connaître, et conclut à la condamnation. Il importe peu que le jugement rendu contre l'étranger prononce ou non la contrainte par corps (Loi précitée, art. 14), parce que le créancier, en attaquant le fond, renonce au provisoire, et doit subir les conséquences du choix qu'il a fait. Dans ce cas, il ne lui reste que la voie de l'emprisonnement ordinaire, en d'autres termes, l'exercice de la contrainte par corps dans les formes que trace le Code de procédure civile : c'est ainsi que le décida la cour de cassation, le 28 octobre 1809, sous l'empire de la loi du 10 septembre 1807 (1). Or, la loi du 17 avril 1832 contient les mêmes dispositions, reproduit la même règle. L'on peut encore citer, à l'appui de ce principe, l'arrêt de la cour de Nancy, du 22 juin 1813 (2) : « Attendu, est-il dit, que l'art. 1er de la » loi du 10 septembre 1807 déclare simplement » que tous jugemens de condamnation rendus con» tre un étranger, au profit d'un Français, empor» teront la contrainte par corps, sans établir des » formes extraordinaires, faisant exception à celles » prescrites par le Code de procédure civile; que si » dans ce cas, le législateur avait voulu déroger au » droit commun, il aurait émis des dispositions » particulières, comme il l'a fait dans l'art. 2 de » cette loi, où il permet, *avant le jugement de con» damnation*, et sur la requête du créancier français, » l'arrestation provisoire de l'étranger non domi» cilié, lorsque la dette est exigible, et qu'il y a de » suffisans motifs; que l'art. 1er n'ayant prévu » aucunes circonstances qui affranchiraient des for-

(1) Sirey, tom. 9-1-462.
(2) Id., tom. 16-2-95.

» malités ordinaires pour l'exécution de la contrainte » par corps contre un étranger, ces formalités ne » peuvent être méconnues à son égard. »

3me FORMULE.

RECOMMANDATION DU DÉBITEUR EMPRISONNÉ, RÉFÉRÉ AU PRÉSIDENT, ET ORDONNANCE DE CE MAGISTRAT.

RECOMMANDATION.

L'an...., et le...., à..... heures du....,

A la requête du sieur D..., (comme dans le procès-verbal de capture, pag. 499, jusqu'à ces mots, exclusivement : *déclarons nous être transporté à...,* sauf que l'huissier ou garde du commerce ne dit pas qu'il est assisté de témoins) *déclarons nous être transporté à la maison d'arrêt sise à.., rue.., où étant arrivé, avons mandé venir le sieur G... susnommé, et aussitôt parlant à sa personne, entre les deux guichets, lui avons fait itératif commandement de payer au requérant, en nos mains, 1° la somme de..., etc.* (ce qui est dû en capital, intérêts et frais), *avec déclaration qu'à défaut, nous allions procéder à sa recommandation ; lequel a répondu...., etc.* (L'officier ministériel transcrit ici la réponse du débiteur, et si ce dernier ne paie pas, il continue en ces termes, pourvu qu'il n'ait pas été requis d'en référer).

Et prenant cette réponse pour un refus de paiement (Et s'il y a lieu : demeurant ladite réponse, sans avoir égard aux offres qui viennent de nous être faites, et les rejetant comme irrégulières ou insuffisantes), *nous avons déclaré au sieur T....,* (nom et prénoms), *gardien de la geôle, parlant à lui-même, que nous recommandions ledit sieur G...., déjà détenu pour d'autres causes, en lui faisant défense de le mettre en liberté, sous les peines de droit. Et de suite avons, audit gardien, présenté l'expédition exécutoire du jugement* (ou arrêt) *dont nous sommes porteur, pour qu'il eût à la transcrire sur son registre, et à écrouer le débiteur.*

En conséquence, après que cette transcription a été faite, nous avons laissé le sieur G..... à la garde dudit sieur T...., comme procède, sans faire aucune consignation d'alimens, parce qu'il s'en est trouvé de consignés pour un mois d'avance.

Donné copie du présent procès-verbal de recommandation, ainsi que de l'acte d'écrou, audit sieur G...., parlant comme dessus, et avons signé; coût....

Signé P...., huissier ou garde du commerce.

Suit l'acte d'écrou.

Cejourd'hui...., à...... heures du.....,

Pardevant nous, T......, (nom et prénoms), *concierge de la maison d'arrêt civile de....., en notre greffe;*

A comparu le sieur P........ (nom et prénoms), *huissier reçu au tribunal de première instance de....,* (ou bien : A comparu le sieur P...., etc., l'un des gardes du commerce de la ville de Paris), *y demeurant rue...., n°..., patenté, soussigné; lequel, après nous avoir exhibé l'expédition exécutoire d'un jugement* (ou arrêt) *rendu le...., par le tribunal de commerce* (de première instance, ou par la cour royale) *de.., enregistré, au profit du sieur D...* (Désigner ses nom, prénoms, profession et demeure, ainsi que le domicile élu dans la commune, s'il n'y demeure pas), *contre le sieur G...,* (nom, prénoms, profession et demeure), *portant condamnation au paiement d'une somme capitale de....., avec dépens, intérêts et par corps, a déclaré recommander le sieur G...., susnommé, en nous requérant de transcrire, sur notre registre, le jugement dont il s'agit, et d'écrouer le débiteur, afin qu'il ne quitte point la prison, sous les peines de droit.*

Et de suite, déférant à la réquisition de l'huissier (ou garde du commerce) *P...., avons transcrit, sur le présent registre, le jugement qui autorise la recommandation qu'il vient de faire de la personne du sieur G..., actuellement détenu dans la prison, avons écroué ce dernier sur ledit registre, conformément à la loi, reçu du comparant la somme de...., pour nos droits de transcription et d'écrou, en déclarant que les alimens d'un mois sont consignés d'avance* (1) *et avons signé.*

Laissé copie du présent acte d'écrou, ainsi que du procès-verbal de recommandation, audit sieur G..., parlant à sa personne, entre les deux guichets.

Signé T...., concierge;

Signé P....., huissier ou garde du commerce.

Lors de la recommandation d'un débiteur emprisonné, comme lors de l'emprisonnement, si le débiteur demande à être conduit devant le président du tribunal, il y a obligation, *à peine de nullité*, d'obtempérer à sa demande (2): tel est le vœu de l'art. 793 du Code de procédure civile, ainsi conçu: « Seront observées, pour les recommandations, les

(1) Si le créancier incarcérant n'avait pas consigné des alimens, ou si ceux qui se trouvent consignés ne complètent pas le mois d'avance, il faut que le créancier recommandataire en consigne lui-même, sans quoi la recommandation serait nulle (Cod. de procéd. civile, art 789, 793 et 794).

(2) Arrêt de la cour de Paris, du 17 septembre 1829 (Sirey, tom. 30-2-41).

« formalités ci-dessus prescrites pour l'emprisonne-« ment. » Or, il est dit dans l'art. 786, « Si le dé-« biteur requiert qu'il en soit référé, il sera conduit « sur-le-champ devant le président du tribunal de « première instance du lieu où l'arrestation aura « été faite, lequel statura en état de référé. » Il faut même ajouter que, tout huissier, garde du commerce ou exécuteur des mandemens de justice qui, lors de l'arrestation d'un débiteur, ne voudrait pas en référer, serait passible d'une amende de 1,000 francs, sans préjudice des dommages et intérêts (Loi du 17 avril 1832, art. 22).

Ainsi, si le référé était requis, l'officier-instrumentaire devrait se retirer devant le président, et le constater en ces termes :

RÉFÉRÉ AU PRÉSIDENT.

(*Nota*. Le procès-verbal est repris après l'itératif commandement.)

Lequel a répondu qu'il proteste de l'illégalité de la recommandation dont il est menacé, le motif pris de ce qu'il ne doit rien à notre commettant (ou que le jugement en vertu duquel nous procédons est périmé, que le commandement est nul, ou qu'il n'existe pas de commandement préalable, etc.); *et qu'ainsi, il nous requiert d'en référer, sous la réserve de ses droits, et de tous dépens, dommages et intérêts, si nous nous permettons de passer outre à sa recommandation.*

Alors, nous susdit huissier (ou garde du commerce), *vu ladite réponse, avons, avec les précautions en tel cas requises et accoutumées* (1), *extrait*

(1) Argument de l'art. 902 du Code de procédure civile, qui l'exige ainsi en matière de cession de biens, lorsque le débiteur emprisonné va la réitérer à l'audience du tribunal de commerce.

ledit sieur G....... de la prison où il est détenu, et l'ayant conduit sur-le-champ devant M. le président du tribunal de première instance de....., au palais de justice (ou en son hôtel, rue...., n°....), *il a été rendu la décision suivante :*

ORDONNANCE DE RÉFÉRÉ.

(Elle doit être inscrite sur le procès-verbal, à peine de nullité.)

Nous, président (vice-président ou juge, faisant les fonctions de président) *du tribunal de première instance de....;*

Vu le référé requis par le sieur G...;

Examen fait des pièces qui nous ont été représentées par l'huissier (ou garde du commerce) *P....;*

Oui ledit sieur G...., qui a conclu...., etc.;

Oui ledit sieur P....., huissier (ou garde du commerce), *qui a conclu...., etc.;*

(Le reste comme dans l'ordonnance qui statue sur le référé à suite de l'emprisonnement, avec cette différence que le président ordonne qu'il sera passé outre à la recommandation, *et non pas à l'arrestation*, ou que le débiteur sera reconduit à la maison d'arrêt sans recommandation, *et non qu'il sera mis en liberté*, suivant que le référé est ou non accueilli favorablement. Voyez pag. 515).

1er CAS. — Il y a lieu à la recommandation du débiteur emprisonné.

Et en exécution de l'ordonnance qui précède, nous huissier (ou garde du commerce), *susdit, avons reconduit le sieur G........, à la maison d'arrêt sise à...., rue...., n°...., où étant arrivés, parlant audit sieur T......, concierge, lui avons remis le débiteur, exhibé le jugement, etc.* (L'on continue ensuite comme au procès-verbal de recommandation et d'écrou, pag. 541, 542 et 543).

2me CAS — Il n'y a pas lieu à la recommandation du débiteur emprisonné.

Et en exécution de l'ordonnance qui précède, nous huissier (ou garde du commerce), *susdit, avons reconduit le sieur G......, à la maison d'arrêt sise à...., rue...., n°...., où étant arrivé, parlant audit sieur T......, concierge, lui avons remis le débiteur, et nous sommes retiré, après avoir dressé le présent procès-verbal, dont nous avons laissé copie audit sieur G..... parlant à lui-même; coût.....* (1).

La recommandation équivaut à un emprisonnement ordinaire, et aussi le créancier, porteur d'un jugement qui prononce la contrainte par corps, pouvant faire arrêter son débiteur partout où il le trouve, est fondé à le faire recommander dans la prison où il est détenu, alors même que, comme étranger, il n'y serait que sous le lien d'une arrestation provisoire.

En effet, d'après l'art. 796 du Code de procédure civile, la nullité de l'emprisonnement, pour quelque cause qu'elle soit prononcée, n'emporte point la nullité des recommandations.

Cependant le recommandataire serait victime du vice de l'arrestation, si, en l'empêchant de recommander son débiteur, parce qu'il est étranger, on lui enlevait tout moyen d'exécution.

Or, le même principe veut que le débiteur étranger d'origine, qui a été emprisonné en vertu d'un jugement, puisse encore être recommandé

(1) Voir le tarif, art. 57, et le décret du 14 mars 1808, art. 20.

provisoirement, sur une simple permission du président du tribunal de première instance.

Il serait contraire à la volonté du législateur, que le créancier qui pouvait faire arrêter son débiteur contraignable, pendant qu'il était libre, n'eût pas le droit de s'opposer à sa sortie de prison.

Au surplus, on le sait, les causes de l'emprisonnement cessent ou par la volonté de l'incarcérant, ou par l'inobservation de quelques formalités de justice, ou l'accomplissement de certaines conditions : voilà pourquoi, le créancier qui n'a pas encore obtenu la condamnation contre l'étranger, a un grand intérêt de prévenir sa fuite, par la recommandation. Un tel acte, quoique provisoire, n'en est pas moins une mesure qui garantit le paiement de la somme dûe, puisque, si le recommandataire se pourvoit, dans la huitaine, devant les juges du fond, le recommandé est contraint de garder prison close jusqu'à libération, ou jusqu'à ce que le jugement de relaxe l'ait mis à même de recouvrer sa liberté.

Ainsi, le président statue, en état de référé, sur toutes les difficultés qui s'élèvent lors des arrestations et des recommandations, n'importe que les débiteurs soient ou non soumis à un emprisonnement régulier, ou à une recommandation proprement dite ; et s'il lui apparaît que les formes aient été violées, que l'incarcérant ou le recommandataire se soit livré à des poursuites illégales, il doit faire cesser l'arrestation ou défendre la recommandation (1).

---

(1) Le juge des référés du tribunal de première instance de Toulouse décida, le 15 septembre 1832, que les nullités du procès-verbal d'emprisonnement ne pouvaient être appréciées que

Mais le juge des référés pourrait-il connaître du refus fait par le vérificateur des gardes du commerce, de remettre, à la partie requérante, le cer-

---

par le tribunal, et qu'ainsi elles échappaient à la jurisdiction toute spéciale du président, alors même que le débiteur n'aurait pas encore été écroué dans la prison. « Considérant, dit-il, que » les titres en vertu desquels le sieur L...... a été arrêté, sont » réguliers, et que dès-lors leur exécution ne peut être suspendue; » — Considérant que les autres moyens proposés par le sieur » L..... se rapportent au fond de la créance ou *à la forme de son* » *arrestation*, et qu'en état de référé, notre compétence se borne » au provisoire; qu'ainsi, il ne nous appartient pas de connaître » desdits moyens; que si le sieur L...... a des nullités à proposer » contre le procès-verbal d'emprisonnement, c'est au tribunal » qu'il doit s'adresser, comme le prescrivent les art. 794 et 795 » du Code de procédure civile; — Par ces motifs, statuant en » état de référé, sans préjudice du principal, ordonnons qu'il » sera passé outre à l'arrestation dudit sieur L......., à l'effet de » quoi l'huissier incarcérant le conduira de suite dans la maison » d'arrêt, où il sera écroué, conformément à la loi, etc. » — Mais ce n'est pas ainsi qu'il faut interprêter l'art. 788 du Code de procédure civile; car le président pouvant ordonner que l'huissier passera outre à l'arrestation du débiteur ou qu'il le mettra en liberté, il est incontestable qu'il a le droit d'examiner si l'emprisonnement est valable ou nul. Or, c'est précisément lorsque l'huissier ou garde du commerce se livre à cette exécution, qu'il peut se rendre coupable d'excès et commettre des nullités telles qu'on n'ait besoin que de les indiquer pour les faire admettre. Si les art. 794 et 795 permettent au débiteur de former son action en nullité devant le tribunal, cela ne se rapporte qu'au cas où le juge des référés n'a pas acceuilli la demande au provisoire, soit parce qu'elle ne lui a pas été soumise, soit parce qu'il l'a trouvée mal fondée, ou que les vices qu'on reproche au procès-verbal ne sont intervenus qu'après la décision du président. Par exemple, le défaut de transcription du jugement qui prononce la contrainte par corps, la non remise de la copie du procès-verbal d'emprisonnement ou de l'acte d'écrou, l'absence des alimens, et autres omissions de ce genre, sont bien des nullités qui vicient le procès-verbal d'arrestation; mais pourquoi ne les porte-t-on pas devant le juge des référés? parcequ'au moment où elles se découvrent sa juridiction a cessé. Au contraire, si le débiteur est arrêté un dimanche, si l'huissier l'a appréhendé

tificat qu'il n'est survenu aucun empêchement à l'exercice de la contrainte?

M. Pigeau pense que le refusant doit être cité, *en référé*, devant le président du tribunal de première instance, et non devant le tribunal lui-même.

« En cas de difficultés, c'est-à-dire lorsque le » vérificateur refuse de donner ce certificat (1) et » que le créancier persiste à le demander, il en » est préalablement référé au tribunal qui doit en » connaître. Les difficultés peuvent être fondées, » 1° sur ce que les pièces ne paraissent pas suffi- » santes pour passer à la contrainte; 2° sur ce » qu'elles sont irrégulières; 3° sur une opposition. » Le vérificateur a intérêt et droit de refuser ce » certificat dans ces trois cas, parce qu'il est res- » ponsable des dommages-intérêts accordés au dé- » biteur par suite d'erreur ou de fausse énonciation » dans ses certificats.

» Dans ce cas, il en est référé au tribunal qui » doit en connaître, suivant l'art. 11; mais cet » article ne dit ni quel est ce tribunal, *ni comment* » *il en est référé et jugé*, ni enfin quelles personnes » doivent être appelées pour être statué.

» Quant au tribunal, c'est celui du département » de la Seine, encore que le jugement ait été rendu » par un autre (Argument de l'art 794 du Code de » procédure, qui dit qu'à défaut d'observation des

---

au corps dans son domicile, en l'absence du juge de paix, ou s'il l'a tenu en charte privée avant de le conduire dans la maison d'arrêt, etc., etc, toutes ces contraventions étant connues avant d'aller en référé, il nous paraît incontestable que le président doit les examiner, et, par conséquent, annuler ou maintenir l'arrestation, sans commettre un abus de pouvoir. *Vid. suprà*, pag. 47, à la note.

(1) Traité de la procédure civile, tom. 2, pag. 282 et 283.

» formalités, le débiteur pourra demander la nullité » de l'emprisonnement au tribunal du lieu où il est » détenu). Si l'emprisonnement avait lieu par un » garde, il se ferait à Paris; la connaissance des » difficultés sur les formalités appartiendrait à ce » tribunal; la connaissance des difficultés de formes » antérieures à cet emprisonnement doit donc éga- » lement lui appartenir.

» A l'égard de la manière dont il doit en être » référé, on doit suivre l'art. 806, qui veut que, » lorsqu'il s'agit de statuer provisoirement sur les » difficultés relatives à l'exécution d'un jugement, » il soit procédé comme il est reglé par les articles » suivans. *On se pourvoit, soit à l'hôtel du juge, soit* » *à l'audience des référés.* »

L'opinion de cet auteur, quelque imposante qu'elle soit, n'est pourtant qu'une erreur; il suffit, pour s'en convaincre, de rappeler les termes de l'art. 11 du décret du 14 mars 1808. « Le vérifica- » teur, porte cet article, ne pourra remettre au » garde du commerce les titres et pièces qu'après » avoir vérifié qu'il n'est survenu aucun empêche- » ment à l'exécution de la contrainte. — Il en don- » nera un certificat, qui sera annexé aux pièces. » — *En cas de difficulté, il en sera préalablement* » *référé* AU TRIBUNAL *qui doit en connaître.* »

Au surplus, l'art. 806 du Code de procédure civile est ici sans application; car non-seulement le décret de 1808 dispose que le référé sera fait au tribunal, mais encore la contestation vient d'un tiers non partie au jugement, et repousse toute analogie.

En fait d'attribution, c'est un point convenu, il faut se renfermer dans le cercle qui a été tracé par le législateur; or, ce principe serait violé si l'on recourait à l'autorité du président, quand la loi exige que le tribunal statue lui-même.

Et d'ailleurs, qui nantirait le juge?

En matière d'arrestation, l'officier-instrumentaire fait toujours son rapport au président, et le décret de 1808 ne donne pas néanmoins ce pouvoir au vérificateur des gardes du commerce : donc il n'a pas le droit d'en référer. Les parties seules peuvent introduire, *par exploit*, leur action contre le vérificateur qui refuse le certificat dont il s'agit; mais elles doivent se pourvoir au principal, devant le tribunal. Cette demande est dispensée du préliminaire de la conciliation, parceque les difficultés qui lui donnent naissance se rattachent à la saisie-emprisonnement (Code de procédure civile, art. 49).

Si les huissiers sont autorisés à en référer en personne quand ils procèdent à une arrestation ou à une recommandation, il n'en faut pas conclure qu'ils puissent le faire dans les autres cas, alors même qu'ils seraient susceptibles d'un référé. Ce n'est qu'en faveur de la liberté qu'on leur a permis d'aller devant le président ou le juge qui le remplace, lui soumettre l'opposition du débiteur, parce que si elle est fondée, tout exige qu'il soit relâché immédiatement; mais dans les exécutions ordinaires, ce n'est plus la même chose, et les officiers ministériels délaissent les parties à se pourvoir elles-mêmes, conformément au titre des référés.

Il est un cas, celui de la saisie-revendication, où la loi permet à l'huissier, s'il y a refus des portes ou opposition à la saisie, d'établir garnison, et d'appeler ensuite, *par le même procès-verbal*, devant le juge des référés, la partie qui refuse les portes ou s'oppose à la revendication (Tarif art. 62). C'est une voie accélérée que le législateur indique pour arriver plus vite à la solution de la difficulté, à l'applanissement de l'obstacle, et non pas un rapport oral de la part de l'officier. Dans cette hypothèse, l'huissier qui instrumente remet le procès-verbal à la partie poursuivante, ou l'apporte lui-même au juge, *en présence de la partie*, et il est statué de suite, sans retard, ni préjudice. Le délai entre l'ajournement et la comparution n'est pas fixé par la loi; aussi peut-on assigner, soit de jour-à-jour, soit d'heure-à-heure, *sans autorisation préalable*, pourvu que la copie ait été remise au défendeur, en parlant à sa personne. C'est, si l'on veut, une dérogation à la règle tracée par l'art. 808 du Code de procédure civile, d'après laquelle, *si le cas requiert célérité*, le président doit permettre ou refuser d'assigner, soit à son hôtel, soit à l'audience des référés; mais si l'on considère que, lors de la saisie-revendication, la partie qui refuse les portes ou s'oppose à la saisie, est présente, qu'il y a péril dans le retard, et que les frais de la garnison établie pour empêcher le divertissement, peuvent devenir onéreux, l'on sentira toute l'utilité de cette exception.

Doit-il en être de même en matière de saisie-exécution, saisie-récolement, saisie-gagerie et saisie-brandon? Oui.

En effet, comme lors de la saisie-revendication, il y a exécution commencée, crainte de dommages, intérêt actuel pour le créancier de faire prononcer de suite sur les obstacles qui empêchent ou suspendent le cours du procès-verbal; tout nous porte donc à croire que l'huissier-instrumentaire peut également, *dans la même forme*, ajourner le débiteur ou celui qui conteste, devant le juge des référés. Et si la copie d'assignation était remise à lui-même, la décision n'en serait pas moins valable, fût-elle par défaut. Nullité sans grief n'est point admissible.

Ici se terminent les référés que les juges de paix, notaires, greffiers et huissiers portent eux-mêmes, *par simple rapport*, devant le président du tribunal de première instance : passons maintenant aux référés qu'on introduit dans les formes ordinaires des ajournemens, c'est-à-dire par exploit donné au défendeur avec ou sans permission du juge, suivant la nature de l'objet litigieux, et la force des circonstances (1).

2me DIVISION.

Des ordonnances en vertu desquelles on assigne le défendeur, soit a l'hotel du juge, soit a l'audience des référés.

Pour pouvoir obtenir une audience de référé, *à bref délai*, il faut qu'il y ait urgence, et, de plus, que le moindre retard puisse occassionner quelque dommage au requérant ; c'est ce qui résulte des art. 807 et 808 du Code de procédure civile, ainsi conçus :

Art. 807.

« La demande sera portée à une audience tenue » à cet effet par le président du tribunal de première » instance, ou par le juge qui le remplace, aux jour » et heure indiqués par le tribunal.

Art. 808.

» Si néanmoins le cas requiert *célérité*, le prési-

(1) Voyez ce que nous avons dit sur les divers cas d'urgence, pag. 72 et suivantes.

» dent, ou celui qui le représentera, pourra per-
» mettre d'assigner, soit à l'audience, soit à son
» hôtel, à heure indiquée, même les jours de fête;
» et, dans ce cas, l'assignation ne pourra être don-
» née qu'en vertu de l'ordonnance du juge, qui
» commettra un huissier à cet effet (1). »

Ainsi, dans une requête qui contient l'exposé de la demande et son objet, l'on indique les moyens à l'aide desquels l'on prétend démontrer qu'il est urgent de faire statuer sur le litige, et le président accorde, s'il y a lieu, l'autorisation d'ajourner le défendeur, soit de jour-à-jour, soit même d'heure-à-heure, dans le cas où il y aurait péril d'attendre au lendemain.

Cette requête est, en général, signée par un avoué (Loi du 27 ventôse an 8, art. 94, et décret du 16 février 1807, art. 76); mais il n'y aurait pas nullité de l'ordonnance qui permet l'ajournement, malgré que la requête ne fût signée que de la partie elle-même.

L'intervention de l'avoué n'a, en effet, d'autre but que de certifier l'individualité de la personne qui réclame; or, dès l'instant qu'elle est connue du juge, rien ne s'oppose à ce qu'il réponde à la demande qui lui est soumise, et qu'il l'accueille favorablement, si elle lui paraît juste et bien établie.

Ainsi, c'est un point incontestable, il n'y a que le président *seul* qui ait la faculté de recevoir ou de rejeter une requête qui ne serait point revêtue de la signature de cet officier ministériel.

---

(1) *Dans quels cas faut-il faire commettre un huissier? Vid. suprà*, pag. 428 et 429, à la note.

FORMULE.

A Monsieur le Président du tribunal de première instance de.....

Monsieur le Président,

Le sieur D....... (nom, prénoms, profession et demeure), *vous expose que, par acte du......, au rapport de Me...., notaire à.....* (ou bien verbalement, ou encore par acte sous seing privé en date du...., enregistré le.....), *il consentit un bail à loyer au sieur E........* (nom, prénoms, profession et demeure), *d'une maison sise à..., rue..., n°..., pour l'espace de...., au prix de.....*

Ce bail est expiré depuis le.....

Et comme par le fait du sieur E...., qui s'oppose et ne veut pas quitter les lieux, le sieur F......, etc, nouveau locataire, s'est présenté sans pouvoir prendre possession; que cette résistance est préjudiciable, puisque le sieur F..., ayant ses meubles à la rue, a constitué l'exposant en demeure de lui faire la délivrance de la maison louée, en le rendant responsable de ses dommages et intérêts; qu'ainsi, chaque jour aggrave la condition du preneur actuel, et livre son bailleur à une plus grande responsabilité, ce qui justifie qu'il y a péril dans le retard;

Vous êtes supplié, Monsieur le président, de permettre au sieur D..., exposant; de faire assigner le sieur E..., pardevant vous, à jour et heure indiqués, soit à votre hôtel, soit à l'audience des référés, pour, sans préjudice du principal, être condamné provisoirement à sortir de la maison qu'il occupe, et qu'à cet effet, en vertu de votre ordonnance, laquelle sera exécutée par provision, nonobstant l'appel et sans caution, il y sera contraint, et même, en cas de refus, par éjection de sa personne et de ses meubles à la rue, avec dépens, sous la réserve de faire statuer sur les dommages et intérêts du concluant, et ferez justice.

C...., avoué.

ORDONNANCE (1).

Nous, président du tribunal de première instance de....

Vu la requête ci-dessus, et sans rien préjuger sur les droits des parties;

Autorisons le sieur D..... à faire comparaître le sieur E..., pardevant nous, le..., à.... heures du..... (ou bien cejourd'hui, à.... heures du...), *en notre hôtel* (ou à l'audience des référés), *pour répondre aux fins de ladite requête; et sera la présente, vu l'urgence, exécutée sur la minute.*

Donné à....., au palais de justice (ou en notre hôtel), *le....,*

N...., président.

Cette ordonnance n'est assujettie à aucune forme particulière; le requérant fait connaître sa demande, et si le juge accorde l'autorisation d'ajourner le défendeur, ce dernier est obligé de se présenter au jour indiqué, sans pouvoir rien opposer contre la régularité de l'ordonnance, à moins que le cas sou-

---

(1) En matière de référé, par une dérogation à l'art. 1040 du Code de procédure civile, le législateur donne le droit au président, *s'il y a extrême urgence*, de permettre l'exécution de ses ordonnances sur minute (art. 811); or, l'exception étant toute spéciale pour les référés, il faut, dans les autres cas, en faire le dépôt au greffe, et la partie requérante ne peut exiger qu'une expédition. *Vid.* pag. 431, et le chap. 2 ci-après, ayant pour titre *du jugement.*

mis au président ne fût hors de ses attributions. Mais ce moyen d'incompétence porterait sur le fond, et non pas sur la validité de l'acte qui aurait permis d'introduire l'action en référé.

S'il n'était pas dit dans l'ordonnance qui permet d'assigner que l'exécution aura lieu sur minute, faudrait-il, *à peine de nullité de l'ajournement*, que cette ordonnance fût délivrée en expédition, et revêtue de la formule exécutoire? Nous ne le pensons pas.

Et d'abord, traduire une partie devant un tribunal quelconque, même par ordre du juge, ce n'est pas se livrer à une exécution proprement dite, mais donner un simple avertissement au défendeur; ce n'est pas non plus faire un acte rigoureux ayant pour but une saisie actuelle, mais vouloir arriver à une condamnation exécutoire : par conséquent, a règle tracée par l'art 545 du Code de procédure civile, et d'après laquelle nul jugement ni acte ne peuvent être mis à exécution, s'ils ne portent le même intitulé que les lois et ne sont terminés par un mandement aux officiers de justice, est ici sans aucune application.

Au surplus, dans quels cas les actes authentiques et les jugemens des cours et tribunaux doivent-ils être revêtus de la formule d'exécution? Quand il s'agit de procéder à une saisie-mobilière ou à une expropriation forcée (Cod. civil, art. 2213 et Cod. de procédure civile, art. 551) : c'est alors seulement que le créancier est astreint d'avoir un titre exécutoire, parce que le débiteur ne peut être valablement dépouillé qu'au nom de la loi (1).

(1) *Qu'est-ce qu'une grosse exécutoire? Comment, par qui, au nom de qui est-elle délivrée? Quelle force a-t-elle?* Voyez sur toutes ces questions ce que nous avons dit, pag. 131 et suivantes.

Mais en matière d'ajournement, l'exploit qu'on adresse à la partie assignée ne constitue qu'une forme d'instruction, un appel devant l'autorité qui doit connaître du différend; aussi est-il d'usage, dans plusieurs tribunaux, de signifier, en minute, les permis d'assigner, sans que le demandeur ait été dispensé de l'expédition exécutoire (art. 1030).

Or, voilà comment il faut entendre l'économie des formes judiciaires.

3me DIVISION.

DES ASSIGNATIONS.

La première remarque à faire est que les référés, malgré qu'ils ne soient que de véritables incidens à l'action principale, ne peuvent pas néanmoins être engagés incidemment, *par acte ou requête d'avoué à avoué* (1); car il est de principe que le défendeur soit assigné par exploit, *à personne ou domicile*, à moins qu'il ne s'agisse d'un objet qui doive être apprécié sur le rapport d'un juge de paix, notaire, greffier ou huissier. Toute autre forme de procéder serait vicieuse, incompatible avec la nature des référés, et contraire à la loi (Code de procéd. civile, art. 806, 807 et 808).

Dans une instance ordinaire, cela se conçoit, les parties étant déjà devant les magistrats qui ont mission de les juger, il a fallu les mettre à même de pouvoir faire évacuer, pas un seul jugement, les divers points qui les divisent; autrement l'on eût suscité, aux justiciables, une multitude de procès connexes, dont le plaideur de mauvaise foi aurait abusé pour fatiguer son adversaire, et l'exposer à

(1) Arrêt de la cour de Paris, du 7 Juin 1809 (Sirey, tom. 12-2-289).

des frais inutiles, préjudiciables, dont la quotité aurait souvent dépassé le principal. Toutes les demandes incidentes doivent donc être formées par un seul acte, avant le jugement définitif (art. 337 et 338).

Mais en état de référé, ce n'est plus la même chose, parce qu'indépendamment de la simplicité des formes qu'on emploie, les décisions ne sont que provisoires, distinctes du fond, et dès-lors non susceptibles de fournir plusieurs incidens qui, quoique opposés entr'eux, aboutissent à la même action.

Au surplus, si en justice réglée, il n'existe aucun inconvénient de joindre la demande accessoire à la demande primitive, il n'en faut pas conclure cependant qu'on doive abandonner le principal pour recourir à l'accessoire, à moins qu'il n'y ait urgence d'agir ainsi, comme par exemple sur les obstacles qui s'élèvent contre l'exécution des titres exécutoires, et encore est-on obligé d'interpeller la partie, par exploit à personne ou domicile, conformément aux articles 806 et suivans du Code de procédure.

En effet, si l'on permettait d'appeler incidemment, *par acte d'avoué*, soit le demandeur, soit le défendeur devant le juge des référés, pour avoir jugement sur l'un des chefs du litige, on introduirait mille abus; ce système de poursuite ne ferait que compliquer la difficulté, l'étendre, et n'aurait d'autre résultat que celui d'augmenter les frais. Un premier incident en entraînerait un second, puis un troisième, et tandis qu'un simple exploit suffit, l'on verrait forcément des actes en demande et des actes en réponse, alors pourtant que la loi n'exige aucune espèce d'instruction.

2me REMARQUE. — L'assignation en référé ne doit point contenir constitution d'avoué. Tel est le sentiment de la cour de Toulouse, et son arrêt du 4 juin 1824, que nous allons rapporter littéralement, parce qu'il résume toute la doctrine, ne laisse pas le moindre doute à cet égard.

Le sieur *Magnac* avait fait assigner le sieur *Couzinier* devant le président du tribunal de première instance, en audience de référé, pour obtenir promptement l'exécution d'un titre authentique; mais l'assignation ne contenait pas de constitution d'avoué. Toutefois le vice-président, en l'absence du président, ayant adjugé à *Magnac* les fins de sa demande, *Couzinier* se pourvut par appel : il prétendit que le défaut de constitution d'avoué dans l'assignation, emporterait nullité aux termes de l'art. 61 du Code de procédure civile, et que, par suite, l'ordonnance de référé était nulle.

ARRÊT.

« LA COUR; — Attendu que le référé est une juridiction particulière, sommaire de sa nature, et » dégagée de toutes formalités propres à en arrêter » la marche; — Attendu que le titre 16 du Code » de procédure civile, qui traite des référés, ne fait » point mention de constitution d'avoué; — Attendu » que l'art. 61, relatif aux ajournemens devant les » tribunaux civils, ne peut être étendu à l'espèce, » soit d'après son texte, soit d'après son esprit : » *son texte*, il est question d'ajournement devant » les tribunaux inférieurs, devant lesquels aucune » instance ne peut être valablement engagée sans » constitution d'avoué; la loi est si impérative à cet » égard, qu'au cas d'urgence elle veut, par l'art. 76,

» que le défendeur fasse comparaître à l'audience » un avoué auquel il sera donné acte de sa constitution, tandis qu'elle garde le silence en matière » de référé : *son esprit*, la constitution d'avoué est » nécessaire en instance ordinaire, parce que la » défense est nécessairement attribuée aux avoués, » qui n'aquièrent mandat que par la constitution: » Il n'en est pas de même en matière de référé : » d'un côté, on ne conteste point que le défendeur » ne puisse faire présenter un avoué devant le juge » du référé sans constitution préalable ; d'autre » part, comment le demandeur devrait-il remplir » une formalité qui n'est pas imposée au défendeur? » — Attendu que l'ordonnance de référé n'étant » précédée d'aucune instruction ni défense, une » constitution d'avoué serait inutile ; — Attendu que » le véritable esprit de la loi est que, dans une matière où il n'est question que d'exécution d'actes » et autres décisions provisoires, les parties, pour » éviter des frais, puissent proposer elles-mêmes » leur défense ; telle est l'opinion de Carré, et l'usage pratiqué dans la capitale ; — *Par ces motifs*, sans avoir égard à l'appel de *Couzinier*, ordonne, etc. (1). »

3me Remarque. — Il n'est pas besoin de la permission du juge pour assigner à l'audience ordinaire des référés ; car l'art 807 du Code de procédure civile, en disposant que « la demande sera portée » à une audience tenue à cet effet par le président » du tribunal de première instance, ou par le juge » qui le remplace, aux jour et heures indiqués » par le tribunal, » n'a pas assujetti le demandeur à

(1) Cet arrêt est inséré dans le receuil de M. Sirey, tom 25-2-105.

une autorisation préalable. Exiger l'ordonnance du président, ce serait donc vouloir ajouter à la loi.

M. Biret (1) nous enseigne que cette ordonnance est indispensable pour abréger les délais; et rien n'est plus juste et plus vrai, pourvu qu'il s'agisse d'un cas urgent, et qu'il y ait nécessité d'appeler le défendeur de jour-à-jour, ou d'heure-à-heure : tel est le vœu de l'art 808, ainsi conçu : « Si néanmoins » le cas requiert célérité, le président, ou celui qui » le représentera, pourra permettre d'assigner, soit » à l'audience, soit à son hôtel, à heure indiquée, » même les jours de fêtes. » Voilà pourquoi plusieurs tribunaux distinguent si l'affaire est portée en référé à l'hôtel du président, ou si elle est portée à l'audience des référés; dans le premier cas, l'ordonnance prescrite par la loi est exigée, dans le second, on assigne par simple ajournement.

« Mais, dit M. Biret, cette distinction n'est nullement établie par la loi; elle n'est même pas dans » son esprit, puisque l'art. 808 précité dit, au contraire, que le président, ou celui qui le représente, pourra permettre d'assigner, *soit à l'audience*, soit à son hôtel. Donc la permistion est » nécessaire dans tous les cas. »

Or, c'est une erreur que nous nous empressons de signaler.

L'auteur du *traité des nullités* se trompe, et la doctrine qu'il professe repose sur une fausse base; pour s'en convaincre, il suffit de faire observer que l'art. 808 qu'il invoque, n'est relatif qu'à l'urgence, et que les cas non urgens sont régis par lart. 807,

(1) Traité des nullités, tom. 2, pag. 270.

sauf néanmoins l'exception à l'égard des référés faits par les juges de paix, notaires, greffiers et huissiers qui, comme on l'a déjà vu, les introduisent par simple rapport.

Il est, en effet, des circonstances plus pressentes les unes que les autres; aussi distingue-t-on toujours entre l'audience *ordinaire* des référés, et l'audience *à bref délai*. Ainsi le veut la force des choses. Quand il y a péril dans le retard, le président doit être nécessairement consulté, parce que c'est à lui seul qu'il appartient d'apprécier la cause qui produit l'urgence, et d'accorder, s'il y a lieu, une audience particulière, analogue au degré de célérité que présente le litige (art. 72 et 808). C'est dans ce sens que le tarif des frais indique, art. 76, une requête afin d'assigner *extraordinairement* en référé; mais lorsque l'urgence n'est pas extrême, quand il est possible d'attendre le jour de l'audience qui a été indiqué par le tribunal, ce n'est plus la même chose, et le demandeur a la faculté de se pourvoir par simple exploit, *sans ordonnance du président* (art. 807).

Nous convenons avec M. Biret, que la cour de Paris (arrêt du 7 juin 1809) adopta un autre système : mais que faut-il en conclure? que cet auteur s'est laissé entraîner dans son opinion. L'erreur en est-elle moins flagrante? Non, sans doute, puisque sa démonstration n'est que la conséquence immédiate du texte même de l'art. 808, où l'on voit que le permis d'assigner est restreint aux demandes en abréviation des délais. Or, toute autre interprétation serait vicieuse, abusive, et contraire à la volonté du législateur. C'est ainsi que l'a pensé la cour de Montpellier, et son arrêt du 6 août 1810 (1) est l'expression d'une saine logique : « Attendu, est-il » dit, que la loi, en établissant les référés, n'a pas » voulu les confondre avec les assignations à bref » délai, auxquelles ils seraient entièrement assimi- » lés, si, pour assigner à l'audience ordinaire de » référé, il était besoin de la permission du prési- » dent (2). »

4me Remarque. — Les articles 807 et 808 du Code de procédure civile gardant le silence le plus absolu sur les énonciations de l'exploit en référé, on est contraint de recourir au titre *des ajournemens*, parce que c'est là où le législateur a indiqué toutes les formalités qui sont de l'essence des assignations. Il est d'ailleurs des conditions sans lesquelles il serait impossible, même, en état de référé, de prononcer sur l'objet litigieux, et l'art. 61 vient nous en fournir la mesure. Adoptons-le comme point de départ. Ce texte de loi a bien été reconnu incompatible quant à la constitution d'avoué qu'il exige; mais l'exception ne détruit point la règle, elle la confirme pour tout le surplus.

Ainsi, il est hors de doute que l'assignation doit contenir,

1° La date des jour, mois et an;

2° Les noms, profession et demeure du demandeur;

3° L'immatricule de l'huissier exploitant;

4° Les noms et demeure du défendeur;

5° L'objet de la demande et l'exposé sommaire des moyens;

---

(1) Sirey, tom. 15-2-198.

(2) *Quels sont les divers degrés d'urgence?* Voyez pag. 172 et suivantes.

6° Lindication du juge qui est appelé à connaître du différend;

7° Le délai de la comparution;

8° Le nom de la personne à qui la copie est remise.

Sans ces énonciations, il est évident que, ni le défendeur, ni le juge, n'auraient point les élémens qui sont nécessaires à l'un, pour proposer ses moyens, à l'autre, pour prononcer sur l'action portée devant lui.

I. — Cependant la date de l'exploit peut n'être pas de rigueur.

En effet, supposons que l'assignation ne contienne point la mention du jour pendant lequel l'huissier l'a notifiée, et que néanmoins le défendeur ait reçu la copie où il est dit qu'on l'apelle à comparaître devant le juge des référés, le premier mai 1833; cette omission occassionnera-t-elle quelque préjudice? Non : la partie assignée a été suffisamment avertie, et tout veut dans ce cas, que l'exploit soit déclaré valable. Au surplus, en matière de référé, c'est plutôt le jour de la comparution que celui de la signification qu'il faut considérer; or, l'individu qui connaissait l'époque précise où le président devait statuer, est en faute de n'avoir pas comparu, et, par conséquent, l'absense ou l'irrégularité de la date de l'exploit cesse d'être influente sur la validité de la décision. « Pour juger de la régularité » d'un exploit d'ajournement, on ne doit pas s'at- » tacher aux formes extérieures de l'acte, mais aux » élémens qui le composent et aux circontances qui » l'ont accompagné (1). »

(1) Arrêt de la cour de Paris, du 24 août 1810 (Sirey, tom. 14-2-129).

II. — Il faut que le demandeur se fasse connaître d'une manière non équivoque, afin que son contradicteur soit mis à même de proposer ses exceptions, s'il en a, ou d'offrir sa délibération, s'il est réellement débiteur. Toutefois l'indication inexacte soit de ses noms, soit de sa profession ou de son domicile, ne rendrait point l'assignation nulle, s'il était pouvé, *par les autres énonciations*, que le défendeur a pu être fixé sur la personne qui l'appelait en justice.

III. — L'huissier instrumentaire est obligé, pour établir sa compétence, de décliner ses nom, prénoms et domicile, ainsi que le tribunal où il a été reçu. Mais s'il omettait d'énoncer tout ou partie de son immatricule, l'exploit serait-il nul? Nous ne le pensons pas (1). Cet officier ministériel, en apposant sa signature au bas de l'assignation en référé, donne les satisfactions convenables (2); car indépendamment de la présomption légale qu'il a le droit d'instrumenter, il est encore facile de le savoir au greffe du tribunal dans l'arrondissement duquel il exerce ses fonctions (3). Les huissiers peuvent d'ailleurs employer des équipollens, et alors, pourvu que des termes dont ils se sont servis, résulte la preuve qu'ils n'ont pas fait un acte illégal, les parties sont irrecevables à contester leurs attributions.

IV. — En exigeant que l'exploit énonce les noms et demeure du défendeur, la loi a voulu seulement

---

(1) Arrêt de la cour de Colmar, du 23 janvier 1818 (Sirey, tom. 20-2-180).

(2) Arrêt de la cour de Rennes, du 22 août 1810 (Sirey, tom. 14-2-128).

(3) Arrêt de la cour de Rennes, du 4 août 1827 (Sirey tom. 27-2-250).

que ce dernier fût connu, en d'autres termes qu'il n'existât aucune incertitude sur la personne qui serait condamnée, afin que le demandeur ne se livrât point par la suite, à des exécutions illégales, tortionnaires ou frustratoires. Aussi toutes les fois que l'identité du débiteur est constante, et qu'il est établi, *par les termes de l'ajournement*, que la partie assignée est bien la partie obligée, l'exploit doit être maintenu. Quelques erreurs ou omissions peu importantes, soit sur les noms, soit sur la demeure du défendeur, ne vicient point la poursuite, pourvu que, par la profession indiquée ou toute autre énonciation déduite de la qualité des parties, l'on puisse facilement suppléer à l'oubli de l'officier ministériel. Répétons-le donc, il suffit que le demandeur et le défendeur soient connus : c'est dans ce sens que la cour de cassation l'a constamment jugé (1).

Par exemple, mon débiteur est maire de la commune qu'il habite, *et sans autre désignation*, l'huissier assigne M. le maire, lui remet la copie en parlant *à sa personne*, et le constate sur l'original, ou bien lui délivre cette copie *à son domicile*, parlant à l'un de ses parens, serviteurs ou domestiques dont il indique le nom, ou qu'il désigne par ses rapports avec l'assigné; l'ajournement serait-t-il nul? Non; le défendeur connaissant l'action dirigée contre lui, était obligé de se présenter (2). S'il a fait

(1) Arrêts des 19 août 1814, 19 avril 1826, 28 février 1828, 26 avril et 3 mai 1830 (Sirey; tom. 15-1-43; tom 26-1-396; tom. 28-1-371, et tom. 30-1-167 et 178). *Vid.* aussi un arrêt de la cour de Montpellier, du 4 mai 1825, tom. 25-2-301.

(2) Voyez néanmoins deux arrêts des 21 février 1826 et 18 juin 1830; l'un de la cour de cassation, et l'autre de la cour de Poitiers (Sirey, tom. 26-1-404, et tom. 30-2-217). — Ces arrêts

défaut, c'est à lui seul qu'on doit l'attribuer, et dès-lors tout exige qu'il subisse les conséquences de la décision qu'il a voulu laisser rendre. La présomp-

---

ont jugé, au contraire, que l'assignation donnée à *un tel*, propriétaire et maire de la commune de *tel* endroit, en son domicile, parlant à sa personne, était entachée du vice de nullité, parce que l'huissier n'avait pas dit : *domicilié de la commune de*.........etc. — Or, indiquer une telle doctrine, c'est manifester d'avance l'intention de la réfuter. — En effet, lorsque nous avons vu la cour de cassation décider par de nombreux arrêts que *pour la validité d'un ajournement*, il ne fallait autre chose sinon que le défendeur fût exactement *connu*, et qu'il y eût *certitude* que la copie lui avait été remise, nous ne pouvons concevoir qu'elle ait pu méconnaître ce principe et juger tout différemment; avec d'autant plus de raison que, dans l'espèce proposée, l'huissier avait parlé à la partie assignée, lui avait laissé la copie, et que cette partie s'était présentée devant ses juges. Nullité sans grief n'est jamais recevable. — « Tous exploits, dit l'art. 68 du » Code de procédure, seront faits à personne ou domicile, mais » si l'huissier ne trouve au domicile ni la partie, ni aucun de » ses parens ou serviteurs, il remettra de suite la copie à un voi- » sin, qui signera l'original : si ce voisin ne peut ou veut signer, » l'huissier remettra la copie au maire ou adjoint de la com- » mune, lequel visera l'original sans frais. » — Ainsi, comme on le voit, la loi n'exige, pour la validité de la remise d'un exploit, que trois conditions, et encore ne sont-elles qu'alternatives ou successives, en d'autres termes, l'accomplissement d'une seule suffit. Ces conditions consistent, 1° à parler à la personne du défendeur, si cela est possible; 2° à remettre la copie à son domicile, soit à lui-même, s'il est présent, soit à ses parens ou domestiques, s'il est absent; 3° à s'adresser aux voisins, si le domicile est fermé, à leur laisser la copie, et s'ils ne veulent pas la recevoir, à la porter au maire ou à l'adjoint de la commune. Or, il est exact de soutenir qu'en parlant à la personne même de l'assigné, n'importe l'endroit où on le trouve, l'officier ministériel n'a aucun reproche à se faire, parce qu'il lui donne une connaissance parfaite de l'ajournement. Par la même raison, lorsqu'il est dit dans l'exploit, que la copie a été laissé au défendeur, en son domicile, et que la personne qui l'a prise en son absence, est bien sa parente ou son serviteur, il est évident qu'il n'y a pas nullité; car la présomption légale est que

tion est, dans ce cas, qu'il a reconnu la légitimité de la demande, ou qu'il a eu l'intention de ne proposer ses moyens que devant les juges d'appel. Il

---

cette copie est parvenue à celui à qui elle était adressée. L'exploit serait encore valable, si, après avoir déclaré que la partie qu'on ajourne en justice, ses parens ou ses domestiques n'ont pas été trouvés au domicile, l'huissier requerrait un voisin de la prendre, et que sur son refus, il la portât à la mairie du lieu. Telle est la volonté du législateur, parce qu'avec ces précautions, il est constant que le débiteur n'a pas ignoré les poursuites du créancier, ou que ce dernier a fait tout ce qu'il pouvait afin de lui en donner connaissance. — Il nous parait donc bien étrange que la cour de cassation ait pu juger qu'indépendamment de la remise de la copie à la personne même du défendeur, il fallait indiquer son domicile, et que cette omission entraînait la peine de nullité !.... Et d'ailleurs dans quelle circonstance l'a-t-elle décidé ainsi ? Quand l'exploit énonçait en termes exprès que l'assignation avoit été donnée *au sieur Charles-Hébert Deschâtelets fils, propriétaire et maire de la commune de Brezolles*, EN SON DOMICILE, EN PARLANT A SA PERSONNE. — Dans l'espèce portée devant la cour de Poitiers, la copie avait été également laissée à *Barthélemi Sabouraud, propriétaire et maire de la commune de Châteaugarnier*, *en parlant à lui-même*, et l'assigné s'était encore présenté. — Dirait-on, par exemple, que l'art. 61 veut qu'on indique le domicile du défendeur, *à peine de nullité*, et que ce n'est point remplir cette condition, *en énonçant que la copie a été remise à* UN TEL, *propriétaire et maire de* TELLE *commune, en son domicile, parlant à sa personne*, parce qu'il est des maires qui n'ont ni leur demeure, ni leur domicile dans la commune qu'ils sont chargés d'administrer ? Ce serait une erreur. — D'abord en s'adressant à un citoyen qui est propriétaire et maire de la commune qu'on indique, en déclarant l'interpeller à son domicile, l'on se reporte naturellement à la commune qu'il est chargé d'administrer, et en parlant à sa personne, c'est ne laisser aucun doute qu'on l'a trouvé dans le même lieu. — Il est des maires, nous en convenons, qui n'habitent pas leur commune; mais ce n'est là qu'une exception toute particulière, et la règle d'après laquelle un administrateur est ou doit être à la tête de son administration, n'étant pas détruite, il faut qu'on justifie l'exception pour que la règle cesse d'exister. Au surplus le maire à qui l'on signifie un ajournement n'eût-il pas son doest donc irrecevable à se prévaloir de l'irrégularité de l'exploit, et la loi, d'accord avec l'équité, exige qu'il plaide au fond.

En serait-il de même si, au lieu d'énoncer les noms de celui ou de celle qui a succédé à *Paul*, mon débiteur, je me bornais à assigner *l'héritier* ou *l'héritière* de *Paul*, à son domicile, parlant *à sa personne* ou *à son domestique?* Oui; car dans cette hypothèse, tout comme dans la précédente et autres semblables, il y a certitude que l'exploit a été adressé au véritable contradicteur, et qu'il n'a pu l'ignorer (1).

---

micile dans la commune, et ce point de fait fût-il établi, pourvu que l'huissier ait parlé à sa personne, la nullité n'est pas encourue; car l'art. 61, sainement interprêté, combiné avec l'art. 68, n'a pas le sens qu'on lui donne. Pour s'en convaincre, il suffit de ne pas perdre de vue que tous exploits pouvant être faits à *personne* ou *domicile*, l'officier-instrumentaire ne doit désigner que le domicile ou la personne. Or, nulle difficulté quand il trouve le débiteur, et qu'il parle à lui-même, le vœu de la loi est alors rempli, parce qu'il n'y a plus à craindre la moindre surprise; mais lorsque ne le trouvant point, il déclare avoir laissé la copie à un parent, serviteur ou domestique, il n'y a obligation rigoureuse de désigner le domicile que parce que la déclaration peut être erronée, mensongère, l'indication fausse, tout exprès pour nuire à l'assigné, le surprendre, lui soustraire les moyens de présenter sa défense, et voilà pourquoi l'huissier doit mettre les juges à même d'apprécier, par une désignation expresse, si la copie a été portée ou non au véritable domicile. — C'est ainsi qu'il faut interprêter l'art. 61, car autrement on le mettrait en contradiction flagrante avec l'art. 68; et tandis que tout exploit d'ajournement est valablement fait à personne ou domicile, il arriverait pourtant que celui qui aurait été remis au défendeur lui-même devrait quelquefois être annulé. Cela est impossible, et vouloir le contraire, c'est se rendre coupable d'injustice, ajouter au texte, à l'esprit de la loi.

(1) Ainsi l'art. 447 du Code de procédure civile qui, au cas de décès de la partie condamnée, permet de signifier le jugement *aux héritiers collectivement* et sans désignation des noms et qualités pourvu que l'exploit soit fait au domicile du défunt, autorise

V. — Mais l'objet de la demande et l'exposé sommaire des moyens sont-ils tellement indispensables que l'absence de l'un ou de l'autre doive entraîner la nullité de l'exploit d'ajournement? Examinons.

Et d'abord, quant à l'objet sur lequel repose l'action, il est incontestable qu'il faut le déterminer sans équivoque, sous peine de voir rejeter l'exploit d'ajournement.

Le délai qu'on accorde pour comparaître en justice n'a d'autre but que de faciliter le défendeur, de le mettre en état de pouvoir proposer ses exceptions. Or, comment le pourrait-il, s'il ignorait quelle est la prétention du demandeur? Cela lui serait impossible.

Ainsi aucune incertitude ne doit exister à l'égard de la chose qui fait la matière du différend, et la condition de s'expliquer avant la comparution devant le juge est si absolue, que rien ne peut en affranchir le demandeur, à moins que la partie assignée n'y consente : tout autre forme de procéder

---

par cela même, une signification à la veuve et aux héritiers collectivement, *en ne laissant qu'une seule copie* pour la veuve et pour les héritiers (Arrêt de la cour de cassation, du 6 septembre 1813: Sirey, tom. 15-1-97). — Il peut encore y avoir désignation suffisante, dans un exploit, des noms, profession et domicile du demandeur, s'ils sont désignés par relation à un autre acte connu du défendeur. Spécialement, un acte d'appel peut désigner suffisamment les noms, profession et domicile des appelans, lorsqu'il est dit qu'il est fait à la requête de N...... et autres dénommés au jugement de première instance, tout comme il y aurait désignation suffisante des défendeurs éventuels, dans un pourvoi en cassation, s'il était dit qu'il est dirigé contre N....., et autres dénommés dans l'arrêt dénoncé (Arrêt de la cour de cassation, du 7 novembre 1821, même recueil, tom. 22-1-139).

s'écarterait de l'esprit de la loi, introduirait une infinité d'abus, et violerait ouvertement le droit de la défense. C'est pour cela que l'assignation par laquelle, *sans préciser l'objet*, on appellerait *Pierre* en référé, pour répondre à la demande que *Paul* lui fera sur l'audience, serait insuffisante et susceptible d'être rejetée.

Cependant, il n'est pas de rigueur d'énoncer dans l'exploit toutes les demandes sur lesquelles le président a à statuer, et ce magistrat peut connaître encore de celles qui n'y auraient pas été indiquées.

Il est, en effet, des demandes incidentes qui naissent des débats ou du nouvel état de la cause, et qu'il était même presque impossible de prévoir; c'est ce qui arrive souvent devant les tribunaux ordinaires. Pourquoi donc n'en serait-il pas ainsi en matière de référé? N'y a-t-il pas identité de motifs?... Or, de même qu'en justice réglée, le demandeur et le défendeur sont autorisés à proposer des incidens, soit par acte, soit verbalement, de même en référé, toute demande accessoire doit être reçue, quoiqu'elle n'ait pas été comprise dans l'assignation.

Par exemple, j'ai formé au provisoire, contre mon voisin, l'action *damni infecti* (1), pour le

---

(1) *Cette action est-elle admise par le Code civil?* Oui. — Nous devons toutefois à la vérité d'avouer qu'un arrêt de la cour de Bruxelles, du 17 mars 1825 (Sirey, tom. 25-2-289), a jugé le contraire, et l'arrêtiste qui rapporte cette décision partage entièrement la doctrine qu'elle émet. C'est pourtant une erreur. — Et d'abord, qu'est-ce que le *damnum infectum*? Le droit romain définit ainsi le dommage non arrivé, mais imminent! *Damnum infectum est, damnum nondùm factum, quod futurum veremur* (L. 2, § damno infecto). Domat, en ses *lois civiles*, tom. 1, liv. 2, tit. 8, section 3, n°. 1 et 2, nous enseigne que « si un

contraindre à faire les réparations urgentes que nécessite la vétusté du bâtiment qu'il possède; mais lorsque nous comparaissons en référé, il conteste

---

» bâtiment est en péril de ruine, le propriétaire du bâtiment » ou autre héritage voisin, qui voit le sien en danger d'être » endommagé par la chute de l'autre; peut sommer celui qui en » est le propriétaire, de le démolir ou le réparer, de sorte qu'il » fasse cesser le péril; et comme c'est un mal à venir qui peut » arriver à chaque moment, et qu'il faut prévenir, s'il n'y satis- » fait promptement, il y sera pourvu selon les règles qui suivent. » — Si après la sommation ou *assignation en justice*, le proprié- » taire du bâtiment dont la chute peut nuire au voisin, néglige » d'y pourvoir, celui qui voit son héritage en danger par la ruine » de l'autre, peut demander, *par provision*, qu'il lui soit permis » de faire lui-même ce que les experts jugeront nécessaire pour » prévenir la chute de ce bâtiment, soit en l'appuyant ou démo- » lissant, s'il en est besoin, et il recouvrera, contre le proprié- » taire, la dépense qu'il y aura faite. » — Ainsi fixés sur les anciens principes, arrêtons-nous au Cod. civil, et puis nous examinerons les auteurs modernes qui ont écrit sur la question qui nous occupe. Que dit l'art. 1386? « Le propriétaire d'un » bâtiment est responsable du dommage causé par sa ruine, lors- » qu'elle est arrivée par une suite du défaut d'entretien, ou par » le vice de sa construction. » Remarquons d'ailleurs que le Code pénal (art. 479, n° 4) complète la législation actuelle; car il ajoute: « seront punis d'une amende de onze à quinze francs » inclusivement, ... ceux qui auront occasionné les mêmes » accidens, par la vétusté, la dégradation, le défaut de réparation » ou d'entretien des maisons ou édifices, ou par l'encombrement » ou l'excavation, ou telles autres œuvres, dans ou près les rues, » chemins, places ou voies publiques, sans les précautions » ou signaux ordonnés, ou d'usage. » — Mais de cela que le législateur n'a parlé que du dommage fait, s'en suit-il que l'action *damni infecti* soit interdite? Nous ne le pensons pas. Tout fait quelconque de l'homme, qui cause à autrui un dommage, oblige celui par la faute duquel il est arrivé, à le réparer, quand bien même il n'aurait été occasionné que par négligence ou imprudence (art. 1382 et 1383); or, il y a plus que négligence, il y a faute de la part du propriétaire, qui connaissant l'état de vétusté de son bâtiment, retarde ou refuse de le réparer; aussi son voisin, qui a reçu de la nature et de la loi le droit de sa propre conservation, peut le contraindre à faire cesser le péril sans

l'imminence du péril, soutient que le bâtiment est en bon état, et qu'il ne présente aucun danger; croira-t-on qu'il me soit interdit de conclure à ce

---

être obligé d'attendre l'événement. Le dommage imminent doit donc être réputé cas imprévu, et il appartient aux juges de le prévenir, de l'empêcher, d'après les règles de l'équité. — M. Maleville, *Analyse des discussions du Code civil*, n'hésite pas à le croire : « il faut, dit-il, suppléer au silence de la loi. » — M. Toullier, *Cours de droit civil*, tom. 10, pag. 461 et 462, après avoir énoncé l'art. 1386, s'exprime en ces termes : « On trouve sur » cela, dans le digeste, un titre entier, *de damno infecto*; mais » la plupart des dispositions de ce titre étant contraires à nos » usages, Domat en a extrait celles qui sont fondées sur l'équité » naturelle .... pour prévenir toutes difficultés, la prudence » exige que le voisin, qui doit apercevoir le danger dont il est » menacé, avertisse le propriétaire de réparer son édifice, afin » qu'il fasse cesser les craintes que son état inspire. *Il pourrait* » *même recourir à la police*, qui sommerait le propriétaire de » réparer ou de démolir l'édifice menaçant ruine; et faute d'obéir » à la sommation, le propriétaire serait condamné à l'amende. » — Faute d'une SOMMATION *de la part du voisin* ou de la police, » le propriétaire est néanmoins responsable du dommage causé » par la ruine de l'édifice, puisque l'art. 1386 n'exige aucune » sommation ni avertissement préalable. — Mais la sommation » peut lever beaucoup de difficultés. Par exemple, si l'édifice » ruineux est tombé à la suite d'une tempête ou autre événement » fortuit de force majeure, *sans qu'il y ait eu sommation préa-* » *lable de le réparer ou de démolir*; le propriétaire ne manquera » point, pour s'excuser de payer le dommage causé par la chute, » de prétendre qu'elle n'est dûe qu'à l'effort de la tempête qui » est un cas fortuit dont personne ne répond. » — M. Lepage, *Lois des bâtimens*, tom. 2, pag. 115 et suivantes, professe le même principe : « Un propriétaire, dit cet auteur, craint qu'un » accident ne lui arrive par l'héritage voisin; c'est encore » par la DÉNONCIATION qu'il doit agir; au lieu de se plaindre du » nouvel œuvre, *il dénonce le péril dont il est menacé*. Par sa » demande, il conclut à ce que l'objet, d'où pourrait naître un » accident, soit mis en tel état qu'il ne puisse plus causer de » craintes .... Cette action est fondée sur ce qu'il est plus » naturel de prévenir un danger, que d'attendre après l'événe- » ment pour réparer le dommage qu'il a causé. Un titre entier » est consacré dans le droit romain pour régler ce qu'il faut

que, pendant la vérification des lieux, le juge m'accorde la permission de placer les étais qui doivent prevenir la ruine du bâtiment dont il s'agit, et sous-

---

» faire quand on est menacé d'un accident qu'il est convenable » de prévenir .... L'action afin de faire cesser un danger imminent appartient à tous ceux qui pourraient souffrir quelque » dommage, si l'accident qu'on craint se réalisait. Cependant » comme un pareil danger intéresse l'ordre public, les magistrats » chargés de la police doivent veiller à ce qu'aucun édifice, » aucune construction ne menacent la vie des citoyens. » — M. Fournel, *Traité du voisinage*, tom. 1, pag. 194 et 195, énonce son opinion de cette manière : « Lorsqu'un propriétaire » voit son propre bâtiment menacé par la chute prochaine du » bâtiment voisin, *au lieu de prendre la voie de la dénonciation* » *à l'autorité administrative*, il peut, de prime abord, faire » une sommation au propriétaire du bâtiment en péril, de procéder sans délai à la construction des travaux et aux réparations nécessaires, et s'il n'obtempère pas à la sommation, il » peut, EN SON PROPRE ET PRIVÉ NOM, le poursuivre en justice » réglée, pour obtenir la confection des réparations indispensables, et pour être autorisé à les faire lui-même aux frais et » dépens du propriétaire. » — M. Henrion de Pansey, dans sa *compétence des juges de paix*, chap. 38, pag. 335 et 336, parlant de la dénonciation du nouvel œuvre, reconnait lui aussi que « les lois romaines avaient pourvu à l'indemnité de tous ceux » qui avaient éprouvé des torts, et que le préteur, au titre du » digeste de *damno infecto*, porte sa sollicitude sur ceux qui » ont de justes sujets d'en craindre : *hoc edictum prospicit damno* » *nondùm facto, cùm cæteræ actiones ad damna, quæ contigerunt,* » *sarcienda pertineant*. L. 7, § 1. — Ainsi, continue-t-il, je puis » demander que mon voisin soit tenu de démolir, de réparer » ou d'étayer sa maison, si en effet elle menace ruine, et que » j'aie lieu de craindre que sa chute n'entraine celle de la mienne. » — L'auteur des *Pandectes françaises* (M. Laporte), examinant l'art. 1386 du Code civil, renvoie également aux lois romaines pour la chute imminente. — Enfin M. Merlin, dans son *répertoire de jurisprudence*, au mot *bâtiment*, n° 3, pose la règle suivante : « Lorsqu'un bâtiment menace ruine, et que le » propriétaire néglige de le faire démolir, ou du moins étayer, » il peut y être obligé par les officiers qui exercent la police : » le voisin même est en droit de se pourvoir pour être autorisé » à faire faire la démolition ou les étaiemens nécessaires aux frais

traire le mien au choc de l'écroulement? Non, mille fois non; car cette nouvelle demande n'est que la conséquence de la demande primitive. Il est

---

» du propriétaire négligent. » — Or, demandons-nous maintenant ce que peut l'arrêt de la cour de Bruxelles, contre des autorités aussi imposantes? Rien, absolument rien : une décision isolée, fugitive, venant d'un tribunal étranger, quoique rendue en interprétation de nos lois (le Code civil est obligatoire en Belgique), ne peut qu'être frappée d'impuissance. — A la vérité M. Sirey, aux talens duquel nous nous empressons de rendre hommage, vient en dissidence, et cherche par des argumens qu'il croit puiser dans la force des choses, à justifier la doctrine que nous combattons. Mais que dit ce jurisconsulte? » L'abrogation des lois romaines, touchant l'action *de damno* » *infecto*, nous paraît certaine, pleinement démontrée. » Et pourquoi cela? parce que, « en règle générale, l'introduction du » Code civil a opéré l'abrogation de toutes les lois antérieures » disposant sur les mêmes matières, à l'égard desquelles il y a » disposition dans le Code civil. » — Ce principe est fondé, nous le reconnaissons; mais s'en suit-il que l'action *damni infecti* soit interdite? Non; car le Code civil ne parle que du dommage causé, du dommage actuel, et garde le silence le plus absolu sur le dommage à venir. Or, voilà ce qui, d'après nous, rend l'action admissible. — Comment s'exprime, en effet, la loi du 30 ventôse an 12 (21 mai 1804), sur la réunion des lois civiles en un seul corps de lois, sous le titre de *Code civil des Français*? Le voici : art. 7. « A compter du jour où ces lois seront » exécutoires, les *lois romaines*, les ordonnances, les coutumes » générales ou locales, les statuts, les réglemens cesseront d'avoir » force de loi générale ou particulière dans les matières qui sont » l'objet des lois composant le présent Code. » Ainsi l'abrogation n'est donc relative qu'aux dommages actuels, et cela se conçoit facilement. Le droit romain refusait les dommages s'il n'existait pas un acte antérieur dans lequel le propriétaire du bâtiment écroulé avait été sommé de faire cesser le péril; au contraire, notre Code dispense aujourd'hui de la constitution en demeure, et accorde les dommages sans sommation préalable. Par conséquent, tout ce qui concerne les dommages futurs, imminens et non encore dus est régi par l'ancienne législation. C'est de la plus grande évidence. — Et d'ailleurs, en supposant que le Code civil, parce qu'il prévoit le dommage causé par l'écroulement d'un édifice, dût comprendre aussi le dommage

vrai que je change momentanément l'objet de l'action; n'importe, comme le changement ne m'a été suggéré que par la défense de mon adversaire, il

futur (ce que la logique nous empêche de croire), serait-il raisonnable de contraindre le voisin en péril d'attendre l'événement qui le menace, qui peut lui donner la mort, et lui refuser jusque-là tout espèce de recours? Faudrait-il, par exemple, voir arriver la catastrophe avec impassibilité, ou bien parce qu'il plairait au propriétaire du bâtiment qui tombe en ruine de ne point le faire réparer, le voisin devrait-il quitter sa maison, son établissement, s'il en avait un, et s'éloigner du siège de ses affaires? Voudrait-on livrer la personne préjudiciée à l'insolvabilité de l'auteur du dommage, et lui faire perdre irrévocablement des sommes qui, eu égard à la valeur du bâtiment endommagé, peuvent devenir considérables? Il répugne de le penser. Aussi, disons-le hautement, la loi, la justice, l'équité, la morale, tout concourt à repousser ce système désastreux, subversif des principes tutélaires qui doivent nous régir, nous protéger contre l'infortune et le malheur. — Mais objecte-t-on, « si nos anciens parlemens purent, au moyen » d'experts, juger des contestations entre particuliers sur le cas » de *dommage éventuel* par chute de bâtiment, c'est que la police » et la voirie n'étaient pas étrangères à leurs attributions. Au- » jourd'hui, ce n'est plus cela, lorsqu'il y a péril, ou menace de » chute d'un bâtiment, il suffit de le dénoncer au commissaire » de police, ou le commissaire de police agit d'office; des *com-* » *missaires-voyers* visitent l'édifice, et font leur rapport: s'il y » a lieu, l'administration ordonne que l'édifice soit étayé ou » abattu. — Si donc la justice des tribunaux n'est pas absolu- » ment incompétente, au moins faut-il reconnaître que son action » ne présente aucune espèce d'utilité: d'où il suit que par *sagesse*, » si ce n'est par incompétence, elle ne doit pas accueillir l'ac- » tion *de damno infecto.* » — A cela nous répondons qu'il n'est pas exact de soutenir que l'autorité judiciaire soit incompétente, et que la sagesse, la raison, l'intérêt des justiciables veulent au contraire qu'elle en puisse connaître. Sans doute, le pouvoir administratif a bien, dans certains cas, le droit de prendre l'initiative et de faire cesser le péril, en contraignant le propriétaire du bâtiment qui tombe de vétusté, à le faire démolir, ou à se livrer de suite aux réparations jugées indispensables pour sa sûreté (Cod. pénal, art. 471, n°. 5); mais il est de règle aussi, que l'action privée peut concourir avec l'action publique

est évident que je suis fondé à soutenir que je ne devais pas indiquer ce chef de demande dans l'exploit d'ajournement, et qu'ainsi aucune fin de non-

---

(Cod. d'inst. crim., art. 640). Et de même que les tribunaux de police judiciaire sont appelés à prononcer une amende contre les individus qui empêchent ou diminuent la liberté ou la sûreté des rues, qui, par la vétusté, la dégradation, le défaut de réparation ou d'entretien de leurs maisons, occasionnent des accidens dommageables, et qui négligent ou refusent d'exécuter les réglemens concernant la petite voirie (Cod. pénal, art. 471, nos. 4 et 5; art. 479, no 4, et Cod. d'inst. crim., art. 137); de même aussi les tribunaux civils ont attribution de juridiction pour apprécier les réparations civiles de la partie plaignante. Au surplus, la police est-elle toujours recevable à exiger la démolition, la réparation ou la reconstruction d'un bâtiment ruineux? Non. — En effet, l'administration n'exerce que le droit de *voirie*; d'où il faut conclure que toutes ses attributions se bornent à la surveillance des grandes routes, des chemins vicinaux, des rues et places publiques. — Eh bien! la maison de mon voisin tombe en ruines à l'intérieur; la police aura-t-elle qualité pour faire cesser le danger qui me menace? Non. Ce n'est pas un cas de grande ni de petite voirie; c'est tout simplement un acte qui m'est personnel, dont moi seul puis éprouver quelque préjudice; aussi n'y a-t-il que moi seul qui doive le permettre ou l'empêcher. Mais s'il me plait de ne rien dire, de supporter un dommage quelconque, il suffit que ce dommage *actuel ou futur*, peu importe, me soit personnel, que le public n'y soit nullement intéressé, pour que MM. les inspecteurs, commissaires ou agens-voyers soient obligés de s'interdire tout espèce d'investigation. — Ainsi, comme on le voit, en déniant l'action de *damno infecto*, sous prétexte que c'est un fait de voirie qui doit rentrer *exclusivement* dans les attributions de l'autorité administrative, l'on commet une grave erreur, puisque cette même autorité ne recevant son mandat que de l'intérêt public, est évidemment réduite à l'impuissance d'agir, toutes les fois que la ruine ou la chute du bâtiment n'est imminente qu'à l'intérieur. Disons alors que si l'art. 1386 du Code civil n'a parlé que du dommage actuel, ce n'a été que pour faire disparaître la disposition de la loi romaine touchant la sommation préalable au propriétaire dont le bâtiment était en péril, et qu'en gardant le silence sur le dommage imminent et non fait, il a virtuellement confirmé l'action *damni infecti*. — Cette action

recevoir, aucun obstacle ne peuvent m'être opposés.

Quant à l'exposé sommaire des moyens, l'on conçoit qu'il est assez difficile de tracer une règle invariable à cet égard, puisque le législateur n'a pas dit

---

est urgente de sa nature, le moindre retard augmente le danger et aggrave la condition des parties; il y a donc célérité d'agir: *res damni infecti celeritatem desiderat, et periculosa dilatio* (L. 1, ff. de damno infecto, lib. 39, tit. 2). « Le plus souvent il » serait trop long d'assigner le défendeur à son véritable domicile » quand il ne demeure pas dans la commune où se trouve son » héritage dénoncé; c'est pourquoi, dans ce cas, il est permis » de porter l'assignation à ce même héritage. Une déclaration du » roi rendue pour le Châtelet de Paris, le 18 juillet 1729, et une » autre du 18 août 1730 pour le bureau des finances, le décident » formellement: or, ces lois, qui font partie du Code de police » et qui sont établies pour la sûteté publique, n'ayant pas été » abrogées, doivent avoir toute leur force, elle leur est confir- » mée par la raison et l'équité (Lepage, *Lois des bâtimens*, tom. » 2, pag. 117). » Fournel, *Traité du voisinage*, tom. 1, pag. 196, partage cette opinion, et continue en ces termes: « En cas » de dénégation, le tribunal ordonne la visite. Le propriétaire » a la faculté de nommer un expert de son côté, pour opérer » conjointement avec l'expert nommé d'office; mais cette nomi- » nation doit être déclarée sur-le-champ, sinon la visite est » faite par le seul expert nommé d'office. — Si le péril ne per- » mettait pas tant de délais, les réparations provisoires sont » ordonnées sur-le-champ par la voie d'un référé, sauf ensuite » à rentrer dans la marche qui vient d'être exposée. » — En agissant ainsi, tous les intérêts sont conciliés, la partie publique et la partie civile obtiennent les garanties que la loi leur promet, et le danger peut cesser aussitôt. Telle est la volonté du législateur. Cette volonté se manifeste d'autant plus sur l'admissibilité de l'action *damni infecti*, que, dans l'art. 135 du Code de procédure, il est permis aux tribunaux, en matière de *réparations urgentes*, d'ordonner l'exécution provisoire de leurs jugemens. Or, qu'on ne dise plus que les citoyens ne peuvent former de demande en justice, qu'à raison d'un dommage né, actuel et certain; car il est évident que les réparations commandées par l'urgence n'ont d'autre but que de prévenir la ruine d'un bâtiment, d'empêcher le dommage futur, et de soustraire le voisin au danger de l'écroulement. *Vid. suprà* pag. 86, 87 et 316.

s'il faut indiquer tous les moyens dont on entend faire usage, ou seulement quelques-uns. Il suffirait donc de mentionner les principaux

Mais doit-on entendre par moyens, les points de droit à l'aide desquels le demandeur espère faire accueillir son action ? Nous ne le pensons pas ; car autrement il n'y aurait pas de raison pour qu'un exploit d'ajournement ne fût changé en plaidoyer. Un tel système, il faut le dire, serait abusif, dispendieux pour les parties, et contraire à la nature des formes qui régissent les exploits, lesquelles sont en général, brèves et précises. Aussi tout nous porte à croire que, par ces mots : *exposé sommaire des moyens*, l'on n'a voulu dire autre chose sinon que le requérant énoncerait les titres qui servent de base à sa demande.

Est-il rigoureusement nécessaire que l'exploit d'ajournement renferme lui-même l'objet de la demande et les moyens qui viennent à l'appui ; en d'autres termes, ne pourrait-on pas traduire le défendeur en justice, pour voir adjuger au demandeur les fins et conclusions rapportées dans la requête à suite de laquelle est intervenue l'ordonnance qui permet d'assigner en référé, ou à bref délai pardevant le tribunal? Il nous semble qu'agir ainsi, ce n'est pas s'écarter des dispositions de la loi.

En effet, quel préjudice en éprouve la partie assignée? aucun ; elle peut d'autant moins se plaindre qu'elle trouve dans la requête à laquelle on la renvoie tous les élémens de la demande, tout ce qui est utile à sa défense. D'ailleurs, l'ajournement et les pièces qui l'accompagnent ne sont jamais considérés que comme un seul *tout*, et il est de principe que lorsque plusieurs formalités doivent concourir à la validité d'un acte de procédure, il n'y a point d'ordre fixé pour leur observation, et qu'on peut indistinctement les faire intervenir au commencement ou à la fin.

Or, il nous paraît que rien ne s'oppose à ce que l'on assigne quelqu'un, soit en référé, soit devant le tribunal, pour voir adjuger la demande contenue dans la requête qui précède le permis d'assigner, dans le procès-verbal de non-conciliation, ou dans tout autre pièce du procès notifiée avec l'exploit, pourvu que cette pièce, le procès-verbal de non-conciliation, ou la requête indique clairement et sans équivoque, *l'objet de la demande et l'exposé sommaire des moyens*.

VI.—Il est de l'essence des assignations qu'elles fassent connaître le juge chargé de prononcer sur le litige, et alors même que la loi ne se serait pas expliquée sur ce point d'une manière expresse, il aurait fallu suppléer à son silence, et ne point s'écarter de cette règle impérieuse. Pourquoi cela? Afin qu'il n'y ait aucune incertitude sur l'autorité compétente. Il ne suffirait donc pas de dire au défendeur : «Vous êtes ajourné en justice pour répon-» dre à ma demande;» car, dans ce cas, il pourrait souvent arriver que les parties ne se trouvassent pas en présence l'une de l'autre; l'on conçoit avec raison que tout s'oppose à ce grave inconvénient.

Nous croyons néanmoins qu'il est une exception en faveur de l'ajournement donné à bref délai, *en vertu de l'ordonnance du juge*.

Par exemple, au bas de la requête dans laquelle *Paul* sollicite l'autorisation de traduire *Pierre* en référé, le président du tribunal accorde l'audience et détermine un jour; à quoi bon répéter dans l'exploit ce qui est énoncé dans l'ordonnance? Rien ne l'exige rigoureusement ; aussi l'huissier-instrumentaire pourrait-il se borner à dire au défendeur : « Je vous appelle à comparaître devant le juge qui doit » en connaître, aux jour et heure indiqués, pour » répondre à la demande du requérant, » et pourvu qu'il fût remis copie tant de la requête que de l'ordonnance intervenue à suite, l'exploit serait valable. Répétons ici la maxime, nullité sans grief ne doit point être proposée.

Or, dans l'espèce qui nous occupe, la partie assignée n'a aucun motif de se plaindre, puisqu'elle retrouve dans la copie des pièces tous les élémens qui lui sont nécessaires, et que comporte l'assignation en référé.

VII. — Le délai de la comparution fait encore une partie intégrante de l'exploit d'ajournement ; c'est dans l'intérêt du défendeur qu'il est requis, et, par conséquent, à défaut d'indication, le président serait autorisé à rejeter la demande, à moins que l'assigné ne fût présent à l'audience, ou valablement représenté, ou que le demandeur n'eût agi en vertu d'une ordonnance à bref délai ; car, dans ce dernier cas, il y aurait un permis d'assigner indicatif des jour et heure, et cela suffirait.

Devant les justices de paix, le législateur permet au juge d'augmenter le délai de l'opposition, s'il aperçoit par lui-même, ou par les représentations qui lui sont faites par des tiers, que le débiteur a été dans l'impossibilité de se présenter (Code de procédure civile, art. 21) : mais cette faculté, quelque avantage quelle procure aux justiciables, n'existe point en matière de référé, puisque la voie de l'opposition n'y a pas été introduite (art. 809).

L'on ne pourrait pas même déclarer à la partie adverse qu'on l'ajourne au délai légal, par le motif que la loi ne s'explique pas à cet égard.

Toutefois, la raison et l'équité offrent un moyen terme au président, et ce moyen consiste à proroger la demande, à la renvoyer à un autre jour.

En effet, de cela seul que *Pierre* est appelé devant le juge des référés de son domicile, ou de sa résidence, *Paul* est fondé à lui dire : « Vous connaissiez l'action que j'engageais contre vous, l'autorité qui avait mission de nous juger était nantie, » et dès-lors vous deviez comparaître. A la vérité, » le délai n'était point fixé dans l'exploit ; mais n'importe, puisque le tribunal de première instance » en déterminant, d'après la loi (art. 807), le jour » des référés, avait suppléé d'avance à l'omission » dont vous entendez vous prévaloir. »

VIII. — Désigner la personne qui a reçu la copie de l'assignation, c'est fournir un moyen à l'aide duquel il est facile de savoir si le défendeur a eu connaissance de la demande qui lui est faite. Or, si l'huissier le trouve à son domicile, la déclaration, qu'il a parlé à lui-même (sauf le cas de prévarication), atteste qu'il n'a pas ignoré la poursuite, tout comme s'il est absent, la réception de la copie par ses parens, ses serviteurs ou son voisin, donne la même certitude (Cod. de procéd. civile, art. 68).

Mais l'officier-instrumentaire doit-il décliner les noms des parens qui se présentent à lui? Examinons.

Il ne suffirait pas de dire qu'il s'est adressé au *parent* de l'assigné, *en son domicile ;* car pouvant en exister plus d'un, la mention serait trop vague : par conséquent, il faudrait indiquer son nom. Toutefois, rien ne s'oppose à ce qu'on déclare que la copie a été laissée *au père, à la mère* du débiteur, parce que la simple énonciation de cette qualité, désigne nécessairement les rapports de la personne appelée en justice avec celle à qui l'on parle; aussi l'exploit échapperait-il à l'action en nullité. Par la même raison, l'huissier qui certifie avoir donné la copie *au frère, à l'oncle, au cousin* de l'adverse partie satisfait encore au désir de la loi, si cette partie n'a qu'un cousin, un oncle ou un frère; si elle en avait plusieurs, il y aurait équivoque, et cela pourrait engager le juge à rejeter l'exploit.

Passons maintenant aux serviteurs ou domestiques : est-on tenu de les désigner par leur nom, en d'autres termes, y a-t-il obligation non-seulement de référer leur qualité, mais encore de faire connaître leurs rapports avec le défendeur? Telle est la question qui fut agitée, le 22 janvier 1810, devant la cour de cassation, et l'on décida (1) que, l'ajournement signifié à domicile *parlant à* UN *domestique* était valable, malgré qu'on n'eût pas ajouté que c'était le domestique de l'assigné.

A cette époque, nous l'avouons, la jurisprudence de la cour régulatrice n'était pas encore fixée, témoin la décision du 7 août 1809, où le principe contraire avait déjà prévalu. Trois arrêts des 15 février, 28 août 1810 et 4 novembre 1811, jugent d'ailleurs que l'ajournement est nul lorsque l'huissier, quoiqu'il instrumente au domicile de l'assigné, a fait la délivrance de la copie *en parlant à* UN *commis, à* UNE *domestique pour lui faire savoir, à* UNE *fille de confiance*, sans énoncer les rapports qu'il

---

(1) Voyez cet arrêt; il est inséré dans le recueil de M. Sirey, tom. 10-1-117.

peut y avoir entre la personne contre laquelle l'action est introduite, et le commis, la domestique, la fille de confiance à qui il a parlé (1). Cependant, si l'on considère que, par un arrêt du 14 décembre 1815, la cour de cassation, adoptant de nouveau l'opinion qu'elle avait émise le 22 janvier 1810, persiste à croire qu'un exploit laissé en parlant à *des domestiques*, n'est pas nul pour insufisance dans le parlant à..., nous serons fondé à soutenir qu'elle a voulu déterminer le point de la question, et le mettre à l'abri de toute espèce de controverse. « Attendu, a-t-elle dit, que le juge ne doit accueil- » lir que les nullités prononcées par la loi, et que » celle dont il s'agit ne résulte ni de la lettre ni de » l'esprit de l'art. 68 du Cod. de procéd. civ. (2) » En effet, déclarer que la copie a été laissée à une femme, à un commis, à une domestique, à une fille de confiance, au domicile du débiteur, n'est-ce pas énoncer bien positivement que l'on s'est adressé à une personne qui avait mission de le représenter? Cet argument nous paraît invincible. Peu importe aussi que la cour de Bourges, en suivant la jurisprudence intermédiaire de la cour de cassation, ait jugé qu'un exploit était nul si, remis à *un domestique*, l'huissier n'indiquait point que c'est le

(1) Sirey, tom. 10-1-249, 206, 384, et tom. 12-1-32. — Ces arrêts sont d'autant plus rigoureux, que les défendeurs n'avaient éprouvé aucun préjudice. En effet, les copies d'ajournement leur étaient parvenues, ils s'étaient présentés avant que les juges eussent prononcé sur le différend, et rien n'établissait qu'on eût voulu les induire en erreur; aussi la cour de cassation, en déclarant l'insuffisance du parlant à....., méconnut cette belle maxime de droit : *nullité sans grief n'est jamais proposable.*

(2) Sirey, tom. 16-1-77.

domestique de la partie (1); nous ne devons voir là qu'une erreur, et pas autre chose.

L'expression de *serviteurs* qu'on rencontre dans l'art. 68 du Cod. de procéd. civile, comprend non-seulement les domestiques, mais encore ceux qui remplissent quelque office dans le domicile de la partie assignée. Ainsi, le portier d'un hôtel, quoique placé par le propriétaire, a cependant qualité pour recevoir la copie qu'on adresse à un locataire. Dans les grandes villes notamment, l'on a introduit cet usage, en dispensant même l'huissier de s'enquérir de la présence ou de l'absence du débiteur, parce que, ajoute-t-on, la loi ne l'exige pas (2). Par la même raison, nul doute que l'exploit laissé au domicile de la partie, en parlant à *un employé* désigné par son nom, ne soit valable. Tel est le sentiment de la cour de Metz, et son arrêt du 23 février 1820, en décidant que les *employés* sont, *à fortiori*, capables de recevoir la copie des actes qu'on adresse à la personne dont ils sont les surbordonnés, nous paraît avoir compris les principes, et être à l'abri de la censure (3).

Mais l'ajournement signifié à la partie absente, *en son domicile,* parlant à un enfant de sept ans, est-il valable?

Cette question a été résolue dans un sens négatif par la cour de Montpellier, le 27 décembre 1827, et malgré la représentation de la copie, l'exploit

---

(1) Arrêt du 17 novembre 1828, rapporté par M. Sirey, tom. 29-2-55.

(2) *Vid.* deux arrêts analogues, l'un de la cour de Caën, du 4 mai 1813, et l'autre de la cour de Nancy, du 22 juin de la même année (Sirey, tom. 14-2-400, et tom. 16-2-95).

(3) Sirey, tom. 21-2-118.

n'en fut pas moins annulé (1). Or, d'après nous, l'on commit une injustice, parce que dans l'espèce, aucun préjudice n'ayant été souffert, rien n'autorisait les juges à prononcer la peine de nullité.—D'ailleurs, que dit l'art. 68 au titre *des ajournemens?* « Si l'huissier ne trouve au domicile ni la partie, ni » aucun de ses parens ou serviteurs, il remettra » de suite la copie à un voisin, etc. » ce qui veut dire, en bonne logique, que les serviteurs ou les parens remplacent la partie.—Eh bien! nous le demandons, ne peut-il pas arriver qu'un enfant de sept ans ne soit employé en qualité de domestique? A la campagne surtout ne voit-on pas des enfans de cet âge, occupés tour-à-tour à la garde des troupeaux et à des soins d'intérieur? Par conséquent, celui qui remplit une charge quelconque dans l'intérêt d'autrui, doit être capable de recevoir un exploit, et de le conserver. Et de même, le fils du débiteur, quoiqu'il n'ait que sept ans, de cela que son père l'a laissé seul dans le domicile pour répondre à sa place, n'est-il pas en présomption d'avoir assez de discernement pour prendre une copie et la remettre ensuite? La crainte révérencielle n'agit-elle pas assez sur l'esprit de cet enfant, pour donner la certitude qu'il n'égarera point un objet qu'on le charge de délivrer à son père ou à son maître??.... Alors à quel âge un enfant pourra-t-il être réputé avoir la raison et la capacité nécessaires? « Attendu, dit la cour de Montpellier, » que le législateur, en autorisant l'huissier par » l'art 68 du Code de procédure, à remettre, en » l'absence de la partie assignée, la copie à un pa- » rent ou à un serviteur, a entendu parler d'une

(1) Sirey, tom. 28-2-109.

» personne ayant l'âge de raison, et *capable de ren-*
» *dre à sa destination la copie qui lui est laissée* (1). »
Aussi, comme on le voit, la solution de la question dépend des circonstances : d'où il faut conclure que l'exploit est valablement signifié toutes les fois que la copie est parvenue (2). L'on doit même autoriser le demandeur à prouver, tant par actes que par témoins, qu'elle a été utilisée par le défendeur, parce que ce dernier est en faute d'avoir abandonné son domicile à la garde d'un enfant, et qu'il serait possible qu'il cachat la copie pour tirer avantage de son dol personnel (3).

Si la partie, ses parens, ses serviteurs sont hors du domicile, l'officier-instrumentaire remet de suite la copie à un voisin, en le faisant signer sur l'original, et si ce voisin ne peut ou ne veut signer, il se retire devers le maire ou l'adjoint de la commune, lui laisse la copie et fait viser l'original (Code de procédure civile, art. 68).

Mais si le défendeur est une personne publique, l'huissier parle à lui même, ou à celui qui a mandat de sa part, requiert son visa, et de cette manière, la délivrance de la copie résulte de la signature apposée à l'acte : dans le cas de refus, il s'adresse non pas au maire ou adjoint, mais au procureur du roi près le tribunal de première instance (article 1039).

Remarquons en outre, qu'aux termes de l'art. 68, la remise de la copie au maire ou adjoint de la

---

(1) Et la copie était représentée !....

(2) Arrêt de la cour de cassation, du 19 décembre 1826 (Sirey, tom. 27-1-68).

(3) *Vid.* M. Carré, *lois de la procédure civile*, question 359.

commune ne doit avoir lieu qu'après qu'on a eu recours à un voisin, tout comme on ne peut recourir au voisin que lorsque la partie, ses parens et serviteurs n'ont pas été trouvés au domicile ; il faut de plus que l'observation de *toutes* ces formalités soit énoncée tant sur l'original que sur la copie, à peine de nullité de l'exploit (art. 70) : par conséquent, il est indispensable de constater, 1° l'absence du débiteur ; 2° celle de ses parens, de ses serviteurs ou domestiques ; 3° l'empêchement ou le refus du voisin de signer l'original, ou de recevoir la copie, et 4° s'il la reçoit, la mention de sa signature (1).

Dans quel but le législateur exige-t-il toutes ces précautions ? Afin de prévenir les fraudes, et de s'assurer que la copie est parvenue ; or, dès l'instant qu'elle est représentée en justice, la rigueur de la loi cesse aussitôt. Nous ne dirons pas néanmoins avec la cour de Montpellier (2), que le refus du voisin ne doit pas être constaté par l'huissier, et que, pourvu qu'il ait laissé la copie au maire ou à l'adjoint, l'exploit est valable ; c'est une erreur évidente ; aussi l'art. 68 du Cod. de procéd. civile, repousse-t-il la doctrine qu'elle tend à établir. Mais nous répèterons avec la cour d'Angers (3), que pour ce qui est relatif au parlant à...., d'un ajournement, le vœu de la loi est rempli lorsque le défendeur,

---

(1) Arrêts : cour de cassation, 25 mars 1812, 12 novembre 1822 et 19 mai 1830 ; cour de Rouen, 1er août 1810 ; cour d'Orléans, 20 juillet 1827 ; cour de Limoges, 4 janvier 1828, et cour de Toulouse, 15 mars 1828 (Sirey, tom. 12-1-336 ; tom. 23-1-217 ; tom. 30-1-380 ; tom. 14-2-132, et tom. 28-2-166, 332 et 209).

(2) Arrêt du 4 février 1811 : Sirey, tom. 14-2-133.

(3) Arrêt du 23 avril 1819, rapporté par M. Sirey, tom. 23-1-218.

absent de son domicile, a reçu la copie et qu'il la représente : il suffit en effet que les juges aient la certitude qu'aucune fraude n'a pu exister (1).

1re FORMULE.

ASSIGNATION DONNÉE EN VERTU DE L'ORDONNANCE DU JUGE.

L'an...... et le......, à la requête du sieur D...... (nom, prénoms et profession), *domicilié à.....;*

En vertu d'une ordonnance sur requête rendue le....., par M. le président du tribunal de première instance de..., enregistrée, et pour les causes énoncées dans ladite requête, dont du tout copie est donnée en tête de cet exploit;

Nous...., etc (2).

Avons assigné le sieur E...... (nom, prénoms, profession et demeure), *à comparaître le...., à.... heures du...., pardevant M. le président du tribunal de première instance de..., en audience de référé, au palais de justice* (ou en son hôtel), *pour, sans préjudice du principal, être condamné provisoirement à sortir de la maison qu'il occupe, et qu'à cet effet, conformément à l'ordonnance à intervenir, laquelle sera exécutée par provision, nonobstant l'appel et sans caution, il y sera contraint, et même, en cas de refus, par éjection de sa personne et de ses meubles à la rue, avec dépens, sous la réserve de faire statuer sur les dommages et intérêts du requérant,*

DONT ACTE.

Laissé copie des requête et ordonnance préci-

---

(1) Arrêt analogue de la cour de cassation, du 15 janvier 1830 : Sirey, tom. 30-1-203.

(2) *Vid. suprà*, pag. 429.

tées (1), *ainsi que du présent, audit sieur E....., en son domicile à...., rue....., n°..., en parlant à.......*

Coût...., (2).

2me FORMULE.

ASSIGNATION DONNÉE SANS ORDONNANCE DU JUGE.

L'an..., et le..., à la requête du sieur D..., (nom, prénoms et profession), domicilié à....

Nous...., etc;

Avons exposé au sieur E...., (nom, prénoms, profession et demeure), ne pouvoir contester que, par acte du...., au rapport de Me...., notaire à...., (ou bien verbalement, ou encore par acte sous seing privé en date du...., enregistré le.....) *le requérant lui consentit un bail à loyer d'une maison sise à....., rue...., n°...., pour l'espace de....., au prix de......;*

Que ce bail est expiré depuis le....;

Et comme par le fait du sieur E....., qui s'oppose et ne veut pas quitter les lieux, le sieur F...., etc., nouveau locataire, s'est présenté sans pouvoir prendre possession;

Attendu que cette résistance est préjudiciable, puisque le sieur F..., ayant ses meubles à la rue, a constitué le requérant en demeure de lui faire la délivrance de la maison louée, en le rendant responsable de ses dommages et intérêts; qu'ainsi, chaque jour aggrave la condition du preneur actuel, et livre son bailleur à une plus grande responsabilité, ce qui justifie qu'il y a urgence;

Assignation est donnée au sieur E...., à compa-

---

(1) *Vid.* pag. 555.

(2) Tarif, art. 28 et 29. Voyez aussi l'art. 67 du Code de procédure civile.

raître le...., jours suivans s'il y a lieu, à..... heures du......., pardevant M. le président du tribunal de première instance de.., en audience de référé, au palais de justice, pour, sans préjudice du principal, etc., (le reste comme dans la formule précédente; en d'autres termes, transcrire les conclusions du demandeur). DONT ACTE.

Laissé copie du présent (1) *audit sieur E....., en son domicile à...., rue...., n°...., en parlant à........*

Coût.....

Nota. Si la partie qu'on assigne est présente, l'on déclare parler à *sa personne;* mais si elle est absente, la copie est remise *en parlant à son père, sa mère, sa femme, son frère, sa sœur*, ou à tout autre parent trouvé au domicile, en ayant le soin, dans ce dernier cas, de décliner son nom : à défaut de parens, l'on parle à *un domestique, employé, ou salarié* du défendeur, en indiquant son nom autant que possible. Et si, comme le dit l'art. 68 du Code de procédure, l'huissier ne trouve au domicile ni la partie, ni aucun de ses parens ou serviteurs, il remet de suite la copie à un voisin, et le constate en ces termes :

Et n'ayant trouvé personne au domicile du sieur E......, sis à...... rue....., n°...., nous avons remis de suite la copie du présent au sieur....., etc., proche

---

(1) Si la demande repose sur un titre, on en donne copie, pourvu qu'il soit enregistré. Cependant rien n'oblige à faire cette communication avec l'exploit, car indépendamment de ce que le Code de procédure civile, au titre *des référés*, n'impose pas cette obligation, l'on peut dire encore que, si le titre *des ajournemens* en matière principale et ordinaire, art. 65, veut qu'on remette copie des pièces ou de la partie des pièces sur lesquelles la demande est fondée, il ne prononce point la peine de nullité.

voisin dudit sieur E......., lequel, en la recevant, a signé l'original, de ce par nous requis.

Coût......

Il peut encore arriver que le voisin du débiteur ne veuille ou ne puisse signer la réception de la copie; dans ce cas, l'officier-instrumentaire se retire devers le maire ou l'adjoint de la commune, et l'exprime comme suit :

Et n'ayant trouvé personne au domicile du sieur E....., sis à....., rue...., n°....., nous avons de suite requis le sieur..., etc., son proche voisin, de recevoir pour lui la copie du présent, et de signer, ce qu'il n'a pu (ou voulu) *faire; alors nous nous sommes retiré devers M. le maire de la commune de....., à la mairie dudit lieu, où étant, et parlant à M.......* (maire ou adjoint, et en cas d'absence de l'un et de l'autre, au plus ancien membre présent du conseil municipal), *lui avons remis ladite copie, et l'ayant reçue, il a visé l'original.*

Coût..... (1).

La loi ne parle que d'un voisin, parce qu'il est à présumer que l'huissier pourra connaître son nom, et qu'en le désignant, il donnera la preuve qu'il a rempli son mandat avant de porter la copie au maire; mais lorsque le premier voisin refuse, et qu'il est inconnu, tout nous porte à croire qu'il faut s'adresser au second, au troisième, etc., jusqu'à ce qu'on en trouve un qui puisse être clairement désigné par ses nom et qualité; or, si cela n'était pas possible, l'on dirait :

Et n'ayant trouvé personne au domicile du sieur E....., sis à...., rue...., n°....., aucun de ses voisins

---

(1) Tarif, art. 28, 29 et 66.

n'ayant voulu recevoir pour lui la copie du présent, dire son nom, ni signer son refus; nous nous sommes retiré aussitôt devers M. le maire de la commune de......, à la mairie dudit lieu, où étant, et parlant à M..., lui avons remis ladite copie, et l'ayant reçue, il a visé l'original.

Coût.....

4me DIVISION.

DU DÉLAI POUR COMPARAITRE.

La loi ne fixe aucun terme entre l'assignation et le jour de l'audience du référé; aussi le demandeur n'encourt-il point la peine de nullité en le déterminant lui-même.

Que dit en effet l'art. 807 du Code de procéd. civile? que « la demande sera portée à une audience tenue » à cet effet par le président du tribunal de première » instance, ou par le juge qui le remplace, aux » jour et heure indiqués par le tribunal. » Or, c'est dans ce texte unique qu'il faut se renfermer, parce que la volonté du législateur et la force des choses s'opposent à ce que l'art. 61, au titre des ajournemens devant les tribunaux ordinaires, reçoive aucune application à notre espèce (1). Il est, nous le répétons, de la nature des référés d'être soumis au moins de formalités possibles, et de lever promptement les difficultés qu'ils présentent à juger; d'où il suit que, par ces mots : « La demande sera portée à une audience tenue à cet » effet par le président du tribunal, » l'on n'a entendu parler que de la première audience. Ainsi,

(1) Arrêt de la cour de Toulouse, du 4 juin 1824 : Sirey, tom. 25-2-105.

comme on le voit, il est laissé à l'arbitrage du juge de décider, dans sa sagesse, si le délai qui s'est écoulé entre l'assignation et le jour pendant lequel la comparution devait avoir lieu, est ou non moralement suffisant (1).

Une remarque doit pourtant être faite; la voici : il résulte de la combinaison des articles 807 et 808, qu'il faut au moins un jour d'intervalle entre l'interpellation du défendeur et les débats devant le juge.

Expliquons-nous.

Si d'après l'art 807, le demandeur peut, sans ordonnance, ajourner directement à l'audience ordinaire des référés, au contraire, suivant l'art. 808, si le cas requiert célérité, s'il y a urgence de faire statuer de suite, de jour-à-jour ou d'heure-à-heure, il faut obtenir la permission du président; donc l'ajournement ne saurait être donné à ce court délai, sans autorisation préalable. Cette vérité paraîtra plus sensible à l'aide d'un raprochement.

Le juge des référés, avons-nous dit, n'exerce qu'une juridiction spéciale et exceptionnelle; eh bien! recourons aux juges des tribunaux d'exceptions : que nous enseigne l'art. 5, au titre des citations devant la justice de paix ? que « il y aura un jour, au » moins, entre celui de la citation et le jour indiqué » pour la comparution, si la partie est domiciliée » dans la distance de trois myriamètres, et que, » si elle est domiciliée au-delà de cette distance, il » sera ajouté un jour par trois myriamètres. »

Passons à la procédure devant les tribunaux de commerce; qu'y voyons nous? que toute demande

(1) Arrêt de la cour de Montpellier, du 6 août 1810 : Sirey, tom. 15-2-198.

doit y être formée par exploit d'ajournement, suivant les formalités prescrites au titre *des ajournemens*, et que le délai est au moins d'un jour (art. 415 et 416).

Pourquoi donc n'en serait-il pas de même en matière de référé?

Ne s'agit-il pas également de prononcer sur un objet sommaire de sa nature?

Et le magistrat qui est appelé à connaître du différend n'est-il pas aussi un juge d'exception?

Les mêmes règles doivent être suivies partout où il y a même motif de décider.

« Il est, dit M. Biret (1), une exception positive » pour une espèce particulière de référé; celui qui » s'ordonne par un juge de paix en matière de » scellés ou autres : la permission du président » n'est pas nécessaire en ce cas, parce que le ma» gistrat qui ordonne le référé, a l'autorité de fixer » les jour et heure pour appeler les parties devant le » président, et parce qu'encore l'urgence est décla» rée par la loi même pour cette sorte de référé. » Or, par identité de raison, les notaires, greffiers et huissiers, sont dispensés d'observer aucun délai dans les référés que la loi les autorise à faire au président; car les parties étant présentes, il n'y a pas lieu de prolonger un renvoi qui pourrait devenir nuisible.

Si dans les référés ordinaires, un délai moral est de rigueur, cela provient de ce que la partie assignée, pouvant être hors de son domicile, il n'est pas certain qu'elle ait, à l'instant même, connaissance de l'action; aussi lui accorde-t-on

(1) *Traité des nullités*, tom. 2, pag. 270.

24 heures complètes et révolues, outre l'augmentation en raison des distances, pour être à même de se présenter.

Mais doit-on conclure de là, que l'ajournement est nul, s'il indique un terme plus court? Non. Le juge conserve toujours la faculté de le maintenir, s'il lui apparaît que le défendeur a pu comparaître; par exemple, si l'huissier a parlé à sa personne (1).

ARTICLE II.

DES AFFAIRES QUE L'ON PORTE DEVANT LE PRÉSIDENT DU TRIBUNAL DE COMMERCE, EN ÉTAT DE RÉFÉRÉ.

En parlant, dans la 3me partie de cet ouvrage, de l'autorité qui doit connaître des référés, nous avons consacré un chapitre à expliquer la compétence du président du tribunal de commerce (2); voilà pourquoi nous allons passer maintenant aux formes d'instruction.

Et d'abord, devant les juridictions commerciales, les cas de référé étant peu nombreux, il n'y a point d'audience spécialement d'estinée à ces sortes de causes : d'où l'on doit conclure que le président est appelé à fixer lui-même les jour et heure de la comparution des parties.

Il en est pourtant de ce magistrat, comme du président du tribunal de première instance; car l'un et l'autre rendent leurs ordonnances ou sur le rapport qui leur est fait par des officiers publics, ou à suite des ajournemens que se donnent les parties, avec ou sans permission du juge.

---

(1) *Vid. suprà*, pag. 552.

(2) *Vid.* pag. 320, 321, 322 et 323.

1re DIVISION.

DES RÉFÉRÉS FAITS PAR LES JUGES DE PAIX, ET PAR LES GREFFIERS DES TRIBUNAUX DE COMMERCE.

1re CATÉGORIE.

RÉFÉRÉS DES JUGES DE PAIX.

Ici, les attributions du juge sont les mêmes qu'en matière civile.

En effet, les difficultés qui donnent naissance au référé sont relatives à l'apposition, à la levée des scellés, et à l'inventaire à suite de faillite ou de société commerciale; aussi doit-on procéder, quant au référé, d'après les règles tracées pages 356 à 405.

2me CATÉGORIE.

RÉFÉRÉS DES GREFFIERS DES TRIBUNAUX DE COMMERCE.

Même observation pour ce qui concerne les greffiers : la loi ne leur permettant d'en référer en personne au président de leur tribunal, que sur les compulsoires ou collationnés d'actes ou jugemens; nous renvoyons à ce qui a été dit pages 478 à 498.

2me DIVISION.

DES AJOURNEMENS DEVANT LE PRÉSIDENT DU TRIBUNAL DE COMMERCE, COMME JUGE DES RÉFÉRÉS.

Malgré qu'en règle générale toutes actions en référé soient introduites en vertu de l'ordonnance de ce président, rien n'empêche que les parties elles-mêmes, sans permission préalable, ne forment leur demande à un jour d'intervalle (Cod. de procéd. civile, art. 416); car il suffit que le juge veuille prononcer sur leur différend.

Il est même des cas où l'autorisation du juge est non-seulement inutile, mais encore nuisible, notamment en matière de saisie-conservatoire, parce que l'huissier doit, dans son procès-verbal, ajourner en état de référé, la partie contestante (1).

Ainsi, soit pour les ordonnances indicatives des jour et heure, soit pour les assignations, soit à raison des formes dont elles sont susceptibles, l'on doit suivre les indications données pages 553 à 594.

ARTICLE III.

DES AFFAIRES QUE L'ON PORTE DEVANT LE JUGE DE PAIX, EN ÉTAT DE RÉFÉRÉ.

Quoique les fonctions du juge de paix, en matière de référé, soient purement temporaires et casuelles, il existe pourtant plusieurs cas dans lesquels il prononce au provisoire et sans préjudice du principal; aussi doit-il être assimilé aux présidens des tribunaux de première instance et de commerce, suivant la nature de l'objet que l'on porte devant lui (2).

Les formes de procéder sont à peu près les mêmes, sauf que, devant les justices de paix, l'on n'a point à introduire l'action sur les rapports des notaires et huissiers (3), par la raison que le juge rend ses décisions sur l'ajournement direct des parties, avec ou sans autorisation préalable.

---

(1) Voyez ce que nous avons dit, pag. 551, 552 et 553.

(2) Sa compétence étant expliquée, pag 324 et suivantes; nous y renvoyons le lecteur.

(3) Pour ce qui est relatif au compulsoire sur collationné des jugemens et actes, voyez ce que nous avons dit, pag. 495, à la note.

Par exemple, en cas de saisie d'animaux et d'ustensiles servant à l'exploitation des terres, le juge de paix peut bien établir un gérant à l'exploitation; mais il ne doit le faire que sur la demande du saisissant, le propriétaire et le saisi entendus ou appelés, ce qui explique qu'il remet un permis d'ajourner, comme cela se pratique en état de référé ordinaire.

Telle est la règle tracée par l'art. 6 du Code de procédure civile : « dans les cas urgens, est-il dit, » le juge donnera une cédule pour abréger les dé- » lais, et pourra permettre de citer, même dans le » jour et à heure indiqués. » Or, cette cédule qu'il délivre gratis (1), n'est tout simplement qu'une ordonnance sur requête, indicative des jour et heure de la comparution.

En matière de saisie-arrêt sur débiteur forain et lors de la constatation de l'état des marchandises transportées, le juge de paix après avoir accordé l'autorisation de saisir, ou désigné les experts qui doivent procéder à la vérification, statue ensuite, s'il y a lieu, sur les difficultés qui s'élèvent, savoir : dans le premier cas, sur l'ajournement que le saisissant et le saisi ont la faculté de se donner à l'instant même, par le ministère de l'huissier qui se présente pour saisir (2), et dans le second, sur une simple citation notifiée par l'huissier de la justice de paix (art. 4).

Ainsi, comme on le voit, dans les diverses circonstances qui conduisent les parties en référé

---

(1) Tarif, art. 7. *Vid.* aussi les art. 21 et 22.

(2) *Vid. suprà*, pag. 551, 552 et 553.

devant le juge de paix, soit que l'assignation ait lieu en vertu de sa permission, soit qu'on la donne dans les formes ordinaires des citations, l'on ne doit pas moins se conformer aux principes que nous avons développés pages 553 à 594.

ARTICLE IV.

DU RÉFÉRÉ QUE L'ON PORTE DEVANT LE JUGE-COMMISSAIRE CHARGÉ DE PROCÉDER A UNE DISTRIBUTION PAR CONTRIBUTION (1).

De quelle manière introduit-on ce référé, et quelles sont les personnes qu'on doit appeler? Telle est la question qu'il nous reste à résoudre.

« Le propriétaire, dit l'art. 661 du Code de pro-» cédure civile, pourra appeler la partie-saisie et » l'avoué plus ancien en référé devant le juge-com-» missaire, pour faire statuer préliminairement sur » son privilége par raison des loyers à lui dus. »

Mais que faut-il entendre par ces mots : *l'avoué plus ancien?* Est-ce celui qui a un plus long exercice, ou bien son ancienneté ne se fixe-t-elle que par rapport aux parties intéressées?

M. Pigeau (2) pense que, « l'avoué le plus ancien » est celui qui se trouve, lors de la demande, le plus » ancien des opposans fondés en titre authentique, » lequel est chargé de l'intérêt commun. »

En effet, qu'est-ce qu'attribuer préliminairement au propriétaire, une portion de la somme à distribuer? C'est procéder à une véritable distribution. Or, le législateur, après avoir disposé que, s'il s'élève des difficultés, le juge-commissaire renverra à l'audience, ajoute (art. 667) : « le créancier con-

---

(1) *Vid.* pag. 120 à 124, et pag. 329 à 334.

(2) *Traité de la procédure civile*, tom. 2, pag 178.

» testant, celui contesté, la partie saisie, et *l'avoué*
» *le plus ancien des opposans*, seront seuls en cause. »

C'est donc l'avoué le plus ancien en exercice, d'après l'ordre de réception, et cette règle est clairement expliquée par l'art. 932, relatif aux oppositions que les créanciers forment en matière de scellé. « Si parmi les mandataires, est-il dit, se trou-
» vent des avoués du tribunal de première instance,
» ils justifieront de leurs pouvoirs par la représen-
» tation du titre de leur partie; et l'avoué le plus
» ancien, *suivant l'ordre du tablau*, des créanciers
» fondés en titre authentique, assistera de droit
» pour tous les opposans : si aucun des créanciers
» n'est fondé en titre authentique, l'avoué le plus
» ancien des opposans fondés en titre privé assis-
» tera. »

Pourquoi donc, dans l'espèce qui nous occupe, n'en serait-il pas de même, puisqu'il y a même motif de décider??..... C'est aussi avec raison que M. Pigeau continue en ces termes : « s'il y a concur-
» rence entre les créanciers, celui qui est fondé en
» titre authentique est préféré au chirographaire,
» dont la créance est plus sujette à contestation.
» S'il y en a plusieurs fondés en titre authentique,
» ou s'il n'y a que des chirographaires, on préfère
» celui dont l'avoué est plus ancien, *comme présumé*
» *plus capable.* »

Il est inutile d'obtenir une ordonnance du juge-commissaire pour indiquer les jour et heure du référé; car ni le Code (art. 661), ni le tarif des frais (art. 29 et 98) ne l'exigent point : le juge donne un jour sans formalité de justice, et en vertu de la sommation qui est faite par le propriétaire, il est statué sur le privilége réclamé.

Remarquons toutes fois que cette demande ne doit avoir lieu que lorsque les opposans ont remis leur acte de collation, parce que jusque-là rien n'établissant d'une manière certaine et incontestable, qu'ils persistent dans leurs oppositions, l'incident n'aurait d'autre but que de faire exposer des frais à pure perte. D'ailleurs la loi veut qu'on appelle l'avoué le plus ancien des opposans : d'où la nécessité d'attendre qu'ils en aient constitué. Or, cette constitution n'intervient que dans l'acte ou demande en collation que chaque opposant adresse au juge-commissaire (art. 661).

Mais rien n'oblige la partie-saisie de faire présenter avoué ; voilà pourquoi le propriétaire est tenu de lui faire signifier une sommation à personne ou domicile (tarif, art. 29), tandis qu'à l'égard des opposans, il faut qu'il procède par acte d'avoué à avoué (art. 98).

Ainsi, toute la procédure antérieure au jugement consiste en deux actes : l'un à partie, l'autre à avoué ; elle peut même se réduire à un seul, dans le cas où le débiteur serait présent en cause.

Et d'abord, quant à la sommation par exploit à personne ou domicile, aucune forme particulière ne doit intervenir : il n'est pas même besoin qu'elle contienne constitution d'avoué ; car indépendamment de ce que le Code n'en parle point, l'on peut encore soutenir qu'une constitution est inutile, parce qu'il ne s'agit que d'un incident, et que le propriétaire a constitué avoué sur la demande principale (Code de procédure civile, art. 660 et 661). Voyez ce que nous avons dit, pages 558 à 594, en parlant des *assignations*.

Pour ce qui est relatif à l'acte d'avoué à avoué,

il suffit qu'il indique les noms des parties, ceux de leurs mandataires, l'objet de la demande, et le jour du référé devant le commissaire.

FORMULE.

SOMMATION POUR FAIRE STATUER PRÉLIMINAIREMENT SUR LE PRIVILÉGE DU PROPRIÉTAIRE, A RAISON DE SES LOYERS.

A la requête de Me......, avoué au tribunal de première instance de...., et du sieur A...... (nom, prénoms, profession et demeure), *opposant sur le prix de la vente des meubles et effets saisis au préjudice du sieur B....* (nom, prénoms, profession et demeure), *sommation est faite*, 1° *à Me....., avoué plus ancien des opposans, suivant l'ordre du tableau*, et 2° *à Me.., avoué dudit sieur B...., partie-saisie* (s'il en a constitué), *de comparaître en référé le...., à...., heures du....., pardevant M...., juge-commissaire, au palais de justice, dans la salle d'audience* (ou en la chambre du conseil, ou encore au greffe), *à l'effet de voir ordonner que, ledit sieur A...., en sa qualité de propriétaire des locaux dans lesquels se trouvaient les meubles et effets vendus au préjudice du sieur B...., sera payé immédiatement sur le prix de ladite vente, avant l'allocation des frais de justice, et par privilége à tous autres créanciers, conformément aux art.* 661 *et* 662 *du Code de procédure civile, de la somme de....., en capital, qui lui est dûe pour ses loyers, plus des intérêts et des frais; en conséquence, qu'il lui sera délivré, par le greffier du tribunal, mandement de collocation pour la totalité de sa créance, tant en principal qu'accessoires, et qu'en vertu d'icelui le sieur C.....* (noms, qualité, demeure), *dépositaire des fonds provenant de la vente dont il s'agit, sera contraint à faire ledit paiement, nonobstant toutes oppositions et appel; moyennant quoi, il sera valablement déchargé, sans préjudice, en cas de refus, de l'y faire condamner par corps, avec dépens; aussi par privilége.*

DONT ACTE.

Cette sommation est signée par l'avoué du propriétaire, et signifiée par un huissier-audiencier (tarif, art. 156), dans la forme suivante:

A la réquisition de Me....., avoué, nous huissier-audiencier, patenté, soussigné, avons notifié le présent à Me....., avoué, etc., auquel avons laissé copie en parlant à......, au palais de justice (ou en son étude, rue...., no.....); *coût......*

Au jour indiqué par la sommation, le juge-commissaire entend les parties, et s'il adjuge les conclusions du demandeur, celui-ci retire ses titres de créance, et va se faire payer par le dépositaire (Cod. de procéd. civil., art. 656 et 671).

Mais, dans tous les cas, la décision du juge est inscrite sur le procès-verbal de distribution par contribution (art. 663), parce que ce procès-verbal doit énoncer la demande des créanciers qui se présentent, et leur allocation, s'il y a lieu. Au surplus, le greffier a seul qualité pour délivrer le mandement aux créanciers alloués (art. 671), et dès-lors c'est dans le procès-verbal de distribution qu'il doit puiser les élémens qui lui sont nécessaires.

En est-il de même du principal locataire à l'égard de la personne qu'il s'est substituée dans la location de l'immeuble? Oui.

Le privilége dont parlent les art. 1752 et 2102 du Code civil est inhérent au contrat de louage; il a été introduit comme garantie au profit de celui qui a passé le bail, aussi doit-il s'appliquer au principal locataire tout comme au propriétaire : en effet, l'un et l'autre ont la qualité de bailleur.

Au premier aperçu, nous l'avouons, il semble qu'il y ait une lacune dans l'art. 661 du Code de procédure civile, puisqu'il n'y est parlé que du propriétaire : toutefois gardons-nous de l'interpréter dans un sens restrictif; car il ne faut pas considérer ce texte de loi comme établissant le privilége pour loyers, mais bien comme attribuant à l'auteur du privilége une action spéciale pour l'exercer utilement. Tout ce qui tend à ce but doit donc être admis par le juge (art. 819).

§ III.

DES AVOCATS, AVOUÉS, AGRÉÉS, ETC.

Après avoir expliqué, dans les deux paragraphes précédens, tout ce qui se rapporte à la tenue des audiences et à la forme des référés, il nous reste à parler dans ce moment des défenseurs des parties.

La défense des citoyens, on le sait, a toujours été de droit commun, en France; aussi faut-il le dire, les magistrats méconnaîtraient leurs devoirs, s'ils voulaient la restreindre, et ils la restreindraient en effet, en imposant un avocat ou un avoué à la partie qui plaide en référé.

Devant ces juridictions, c'est un point incontestable, le demandeur tout comme le défendeur ne sont point assujettis à remettre leur défense à un conseil : ils peuvent au contraire, si telle est leur volonté, ou s'ils croient en avoir les moyens, discuter eux-mêmes leurs intérêts devant le juge.

Ainsi le ministère de l'avocat et celui de l'avoué ne sont point indispensables.

D'ailleurs, dans les causes de ce genre, le peu d'importance du litige, la promptitude, la facilité avec lesquelles il convient d'y statuer, n'exigent aucun développement, aucune discussion approfondie qui soit digne de la noble profession qu'exerce l'avocat.

La postulation de l'avoué n'est pas non plus rigoureusement nécessaire, par le motif bien simple que, si elle est forcée devant les tribunaux de première instance et d'appel, elle n'est que facultative à raison des cas qui font la matière des référés : ici, l'autorité qui connaît du différend ne forme qu'une juridiction exceptionnelle.

Il est vrai, nous le reconnaissons, en matière civile, devant les tribunaux de première instance, les juges peuvent empêcher les justiciables de plaider eux-mêmes leurs causes; c'est ce qui résulte explicitement de l'art. 85 du Code de procédure, dont voici les expressions : « pourront les parties, » *assistées de leurs avoués*, se défendre elles-mêmes ; » le tribunal cependant aura la faculté de leur *in-* » *terdire* ce droit, s'il reconnaît que la passion, ou » l'inexpérience, les empêche de discuter leur cause » avec la décence convenable ou la clarté néces- » saire pour l'instruction des juges. » Mais si l'on considère que le titre des référés a introduit une procédure toute particulière; que les formes qu'il détermine sont distinctes de celles qu'il faut suivre devant les tribunaux ordinaires, et que l'art. 85 que nous venons de citer n'a de rapport qu'à ces tribunaux, à la tenue des audiences, à leur publicité, à leur police, on restera convaincu que le magistrat des référés n'est point investi d'un pouvoir aussi étendu, qui amène avec lui une immense prérogative, souvent nuisible aux plaideurs.

Ainsi, pas le moindre doute à cet égard, la partie qui comparaît en référé soit en demandant, soit en défendant, a le droit de plaider elle-même sa cause sans qu'on puisse le lui interdire, sauf à la rappeler à l'ordre et même à lui infliger des peines disciplinaires, si elle manque au respect ou à la décence que tout citoyen doit garder envers les dépositaires de l'autorité publique (Code de procédure civile, art. 88 et suivans).

Or, les mêmes principes doivent *à fortiori* s'appliquer aux juridictions commerciales : là, les parties étant tenues de comparaître en personne, ou par le ministère d'un fondé de procuration spéciale, (alors que la loi n'y reconnaît point la postulation des avoués), il est évident que, le président du tribunal de commerce, jugeant en état de référé, *à raison des matières qui en sont susceptibles*, ne serait point fondé à exiger que la partie qui vient lui demander justice se fit défendre par un avocat, un avoué, ou un agréé (art. 414 et 421).

ARTICLE PREMIER.

DES AVOCATS.

On appelle *Avocats*, ceux qui, voulant se consacrer à la défense de l'intérêt des citoyens, ont obtenu le diplôme de licencié ou de docteur en droit, et prêté serment devant une cour royale (Loi du 22 ventôse-2 germinal an 12, art. 24 et 31; Décret du 14 décembre 1810, art. 14 et 15, et Ordonnance du 20 novembre 1822, art. 38).

L'origine de cette profession est très-ancienne; pour l'établir jusqu'à la dernière évidence, il suffit de faire remarquer que, « partout où les hommes » ont vécu en société, il y a eu nécessairement des

» avocats, parce que l'ignorance a été partout l'apanage de la plupart des hommes, et que l'injustice » a cherché partout à exercer sa tyrannie. Ceux » qui ont été les plus sages, les plus éclairés et les » plus courageux parmi leurs concitoyens, en ont » été les premiers patrons, les premiers défenseurs. » On a eu nécessairement recours à leur zèle, à » leurs talens, à leurs lumières. »

Or, un avocat peut se rendre utile sous une infinité de rapports; et soit qu'il donne des avis, soit qu'il écrive ou qu'il plaide, sa profession n'en est pas moins entourée de la plus belle considération : elle lui assure une position sociale éminente; que rien au monde ne saurait détruire ou surpasser.

« Un grand privilége attaché à la profession » de l'homme de la loi, c'est cette liberté qu'il a » de l'exercer quand il lui plaît et où il lui plaît. » On ne peut lui faire une injonction d'être plus » ou moins studieux, plus ou moins savant, et de » porter ses lumières et ses talens plutôt dans un » pays que dans un autre : tout est à son choix. » L'avocat ne contracte avec personne, et personne » ne contracte avec lui. Comme on est libre de » recourir à ses conseils ou de les rejeter, il est » maître aussi de les donner ou de les refuser. » C'est en quoi consiste sa véritable indépendance, ce libre arbitre de sa volonté qui lui sert d'égide contre le despotisme des gouvernans. Il n'y a d'exception à cette règle que pour les procès criminels. Dans les causes de cette nature, toute la cité où le crime a été commis s'y trouvant intéressée, un avocat ne peut alors, s'il est nommé d'office pour la défense d'un accusé, lui refuser son ministère, sans faire approuver ses motifs d'excuse ou d'empêchement par les cours d'assises, lesquelles, en cas de résistance, sont autorisées à prononcer contre le refusant des peines de discipline (Ordonnance du 20 novembre 1822, art. 18 et 41).

Le décret du 14 décembre 1810 voulait de plus, art. 41, que, si en matière civile, une partie ne trouvait point de défenseur, le tribunal lui désignât d'office un avocat, s'il y avait lieu.

Il faut remarquer toutefois que l'avocat désigné pouvait refuser son ministère sans être obligé de soumettre ses motifs à l'approbation des juges; car il n'existait contre lui aucun moyen coërcitif. Le législateur de l'époque n'avait voulu lui ôter la faculté du refus qu'à raison des matières criminelles. Voici, en effet, comment il s'était expliqué : « l'avocat nommé d'office pour défendre un accusé » ne pourra refuser son ministère, *sans faire ap-* » *prouver etc*. (art. 42). » Or, cette différence dans les expressions, justifie notre argument.

Il était contraire à la dignité de l'ordre, qu'un avocat pût être contraint dans l'exercice de sa profession, alors qu'il ne s'agissait que d'un simple intérêt civil. Voilà pourquoi, dans l'ordonnance du 20 novembre 1822, l'on n'a point reproduit cette disposition.

Mais il ne faudrait pas conclure de ce qui précède, qu'il appartînt aux tribunaux militaires de prononcer une peine quelconque contre un avocat qu'ils auraient désigné d'office, s'il ne comparaissait point pour soutenir la défense de l'accusé : il n'y a que les cours d'assises qui soient investies de ce droit exorbitant.

« En matière pénale, on ne peut, par induction, » introduire un système de délits, ou de fautes,

» qui n'a été caractérisé par aucune loi positive. Or, » les avocats ne sont soumis, *par aucune loi*, à l'autorité des conseils de guerre; aucune loi ne prescrit » aux avocats le devoir ou l'obligation de répondre » aux nominations d'office de ces conseils. Il n'y a » ni faute, ni délit de la part d'un avocat qui s'en » abstient; ce dernier ne doit aucun compte des motifs qui l'ont empêché de se rendre aux désirs des » conseils de guerre : par conséquent, il n'y a lieu à » l'application d'aucune peine à son égard (1). »

Les avocats plaident debout et couverts, en signe de leur indépendance; ils ne doivent se découvrir qu'en prenant les conclusions ou en lisant les pièces du procès (Décret du 14 décembre 1810, art. 35, et Ordonnance du 20 novembre 1822, art. 45), parce qu'alors ils sont plutôt supplians que défenseurs. C'est ce qui a fait dire à un jurisconsulte du plus grand mérite, à un auteur dont nous révérons tous les lumières et les talens, que, « lorsque un avocat se présente au barreau, il y » vient comme un homme libre, comme un homme » dont les juges attendent la présence pour leur » parler le langage de la justice et de la vérité; » et ce qui, ajoute-t-il, dénote particulièrement » cette liberté, c'est la faculté qu'il a de leur parler » le bonnet sur la tête. C'est ainsi que, chez les » Romains, se montraient les hommes libres : le » bonnet y était la marque distinctive de la liberté, » dont on décorait ceux qui, par l'affranchissement, sortaient de l'esclavage (2). »

---

(1) Arrêt de la cour de cassation, du 13 juillet 1825, rapporté par M. Sirey, tome 25-1-418.

(2) Merlin, répertoire de jurisprudence, *verbo* AVOCAT, §. 5, page 644.

Il est à regretter que la nature du traité des référés, ne nous ait point permis de nous livrer à plus de développemens sur la qualité, les prérogatives, la distinction et les devoirs de l'avocat; c'eût été nous écarter de notre sujet. Nous avions d'abord pensé qu'une courte analyse des principes les plus saillans pourrait convenir au lecteur; mais en y réfléchissant de plus près, nous avons cru qu'il valait mieux ne nous occuper que de l'étendue de son ministère.

En général, les avocats plaident et écrivent dans tous les procès, notamment dans les matières principales, *à l'exclusion des avoués*, sans distinguer entre les causes ordinaires et sommaires; eux seuls, comme le disait Ferrière (1), « ayant les qualités » requises, peuvent maintenir et défendre le droit » de leurs parties, soit en plaidant, soit en faisant des écritures, soit en les assistant de leurs » conseils. » Or, un tel ministère doit s'exercer librement et sans entraves : c'est pour cela que, tout avocat inscrit à l'un des tableaux de l'ordre, a la faculté de plaider devant toutes les cours royales et tous les tribunaux du royaume, sans avoir besoin d'aucune autorisation, à moins qu'il ne s'agisse d'un procès criminel (Ordonnance du 27 août 1830, art. 4); dans ce dernier cas, le conseil de l'accusé ne peut être choisi par lui ou désigné par le juge que parmi les avocats ou avoués de la cour royale, ou de son ressort (Code d'instruction criminelle, art. 295).

Mais pour ce qui est des causes que l'on porte en référé, nous l'avons déjà dit, l'intérêt minime

(1) Dictionnaire de droit et de pratique, *verbo* AVOCAT.

qu'elles présentent ordinairement était peu compatible avec les fonctions de l'avocat; aussi le législateur a-t-il permis aux avoués de les plaider (Décret du 16 février 1807, art. 93). Toutefois ces officiers ministériels n'ont pas un droit exclusif en leur faveur, et les parties peuvent non-seulement se défendre elles-mêmes, si elles le jugent convenable, mais encore charger un avocat de leur défense, pour peu que le litige présente de gravité.

Or, tenons pour maxime certaine que les avocats sont les premiers défenseurs des citoyens, et que ce n'est qu'à leur défaut, ou pour des cas dans lesquels il s'agit bien moins du droit que du fait ou de la procédure, qu'on a confié à d'autres le soin de porter la parole en justice.

C'est ainsi que la loi, d'accord avec la raison et les droits de tous, a établi une ligne de démarcation entre l'avocat et l'avoué, qu'il n'est pas possible de franchir, sans vouloir confondre les prérogatives attachées aux deux professions.

ARTICLE II.

DES AVOUÉS.

La dénomination d'*avoué* est fort ancienne, en France; mais ce serait pourtant une erreur de croire que les avoués eurent constamment les mêmes fonctions.

En effet, dans l'origine, les avoués étaient plutôt de vrais chefs militaires que de simples préposés à la conservation d'un intérêt civil, d'une action litigieuse; c'est ce qui paraît résulter du passage suivant : « comme les comtes menaient les hommes » libres à la guerre, les leudes y menaient aussi » leurs vassaux ou arrière-vassaux, et les évêques,

» abbés ou LEURS AVOUÉS (*advocati*), y menaient » les leurs (1). » Or, il arriva par la suite que, confondant avec le besoin du moment, le motif ou la cause qui avait fait nommer de tels défenseurs, on considéra les avoués comme les patrons, les protecteurs des églises, des abbaïes, des communautés religieuses, et plus récemment encore comme de véritables mandataires ou *procureurs* des églises, abbaïes et communautés dont on leur avait confié le temporel.

Mais cet ordre de choses dut nécessairement disparaître à l'époque où les cours de justice reçurent plus de fixité : tout nous assure qu'alors des hommes publics représentèrent les parties devant les juges, afin d'accélérer la marche des affaires et donner à l'instruction, plus de régularité. Aussi dès cet instant, l'on eut recours à des praticiens qu'on appela *procureurs*.

Le procureur *ad lites*, dit M. Merlin (2), est un officier établi pour agir en justice au nom de ceux qui plaident dans quelque juridiction.

Il y avait des procureurs au Châtelet de Paris, en l'an 1327, et au Parlement, en 1341. Leur nombre ne fut pas d'abord limité, et il suffisait que trois ou quatre avocats eussent certifié leur capacité, pour qu'ils fussent admis à exercer leur ministère. Dans la suite, lorsque les procureurs eurent été constitués partout en titre d'office, il devint indispensable de les réduire, et de déterminer combien il y en aurait dans chaque juridiction.

---

(1) Capitulaires de Charlemagne, de l'an 812, art. 1 et 5, édition de Baluze, tome 1, page 490, cités par Montesquieu, *Esprit des lois*, tome 3, page 63.

(2) Répertoire de jurisprudence, *verbo* Procureur.

Cette institution se continua, sur les mêmes bases, pendant plusieurs siècles, jusqu'à la révolution de 1789. Le gouvernement d'alors, pour être conséquent avec lui-même, ne devait point tolérer l'existence des anciens procureurs, parce qu'ils avaient des charges vénales et héréditaires, absolument incompatibles avec les principes politiques que la nation française venait d'adopter dans sa constitution; aussi furent-ils supprimés presque immédiatement après la nouvelle organisation judiciaire (1), et un décret de l'assemblée nationale en date du 29 janvier-20 mars 1791, les remplaça par des avoués. «Il y aura, dit l'art. 3 de ce décret, » auprès des tribunaux de district des officiers-mi-» nistériels ou AVOUÉS, dont la fonction sera *exclu-» sivement* de représenter les parties, d'être chargés » et responsables des pièces et titres des parties, » de faire les actes de forme nécessaires pour la » régularité de la procédure, et mettre l'affaire en » état. Ces avoués *pourront* même défendre les » parties, soit verbalement, soit par écrit, pourvu » qu'ils soient *expressément* autorisés par les parties, » lesquelles auront toujours le droit *de se défendre* » *elles-mêmes* verbalement et par écrit, ou d'em-» ployer le ministère d'un *défenseur-officieux* pour » leur défense, soit verbale, soit écrite. »

Toutefois, les motifs qui avaient occasionné la suppression des procureurs, réfléchirent aussi contre les avoués. La convention nationale qui nivela tout, crut apercevoir un privilége dans la postulation exclusive de ces officiers-ministériels; elle voulait d'ailleurs éviter aux parties les frais

---

(1) Cette organisation remonte à la loi du 16-24 août 1790,

dispendieux qu'occasionnait la procédure; et croyant remédier a ce double inconvénient, elle rendit le décret du 3 brumaire an 2 (24 octobre 1793), par lequel, après avoir déterminé une nouvelle forme pour l'instruction des affaires devant les tribunaux, elle disposa, art. 12 : « les fonctions d'avoué sont » supprimées, sauf aux parties à se faire représenter » *par de simples fondés de pouvoirs*, qui seront tenus » de justifier de certificats de civisme : ils ne pour- » ront former aucune répétition pour leurs *soins* » ou *salaires* contre les citoyens dont ils auront » accepté la confiance. »

Ce décret, il faut le dire, avait pourtant quelque chose de philantropique susceptible de le légitimer. Sans doute, la dislocation subite et peut-être violente des formes judiciaires qu'on avait suivies jusqu'à ce moment devant les tribunaux (1), pouvait avoir ses inconvéniens : elle en eut en effet, la suite l'a pleinement démontré : mais on ne l'ignore point, la démocratie débordait de toutes parts; la république était proclamée, et l'on conçoit dès-lors qu'avec ces auxiliaires, force fut au pouvoir de l'époque d'abattre jusqu'à l'ombre des priviléges (même lorsqu'ils ne consistaient que dans la préséance que donne la capacité sur l'ignorance), et, par conséquent, de travailler dans l'intérêt du peuple, qu'il fallait dégager, autant que possible, des charges que les anciennes institutions faisaient encore peser sur lui. Or, en réduisant l'instruction

(1) Il avait été déclaré, soit avant, soit après la suppression des procureurs, que l'ordonnance de 1667 et les autres lois sur la procédnre civile continueraient d'être exécutées (Décret du 12-19 octobre 1790, art. 3, et Loi du 6-27 mars 1791, art. 32 et 34.

des procès à un simple exploit qui énonçait laconiquement l'objet ainsi que les motifs de la demande, et à la décision qui statuait sur le litige (art. 1, 2 et 3), la Convention crut avoir fait disparaître toute procédure compliquée, ruineuse pour les parties, qui bien souvent ne présentait d'autre résultat que de gros bénéfices au profit de l'officier-ministériel qui l'avait dirigée : elle se trompa!..... Il en fut de même quant aux plaidoiries. Vainement les justiciables avaient-ils le droit de proposer leur défense en personne, ou de la faire proposer par des fondés de pouvoir non salariés, pris dans tous les rangs de la société, abstraction faite de leurs grades; cela devint encore impossible, et les parties n'en furent pas moins obligées d'avoir recours à des hommes plus éclairés qu'elles : une infinité de défenseurs-officieux cumulant, *sous ce seul titre*, les fonctions de l'avocat et la postulation de l'avoué, s'arrogèrent le droit de plaider les causes et de les instruire.

Aussi, ne le taisons pas, l'on eut bientôt tous les inconvéniens que pouvaient entraîner avec elle la présence des avoués supprimés, moins les avantages que leur ministère procurait aux citoyens qui avaient recours à eux. C'était une anomalie choquante dont le gouvernement consulaire ne tarda point à s'apercevoir, et, pour la faire cesser, il nous donna la loi du 27 ventôse an 8 (18 mars 1800), organique des tribunaux actuels.

En exécution des art. 93 et 95 de cette loi, le tribunal de cassation, chaque cour d'appel et chaque tribunal de première instance dûrent avoir un nombre fixe d'avoués, déterminé par le gouvernement, et nommés par le premier consul, (aujourd'hui par le roi), sur la présentation du tribunal où ils voudraient exercer leur ministère (1). L'article 94 dit en outre : « les avoués auront *exclusivement* le » droit de postuler et prendre des conclusions dans » le tribunal pour lequel ils seront établis : néan- » moins les parties pourront toujours se défendre » elles-mêmes, verbalement et par écrit, *ou faire pro- » poser leur défense par qui elles jugeront à propos.* »

Telle est maintenant la législation en vigueur; et sauf quelques légères modifications qui se rapportent au droit de plaidoirie, et à la faculté que l'art. 91 de la loi du 28 avril 1816 donne aux avocats à la cour de cassation, notaires, *avoués*, greffiers, huissiers etc. de présenter, à l'agrément du Sa Majesté des successeurs, pourvu qu'ils réunissent les qualités exigées par les lois (2), leur ministère est toujours le même.

En permettant aux parties de faire proposer leur défense par qui elles jugeraient à propos, la loi du

(1) Un décret du 25 juin 1806, confère le titre d'avocat aux avoués près la cour de cassation.

(2) Les offices ministériels sont considérés comme de véritables propriétés patrimoniales, transmissibles à prix d'argent, soit par les titulaires, s'ils ne sont pas destitués, soit par leurs héritiers (arrêts des cours de cassation, Caen, Besançon, Orléan, et Lyon, des 20 juin 1820, 8 février 1826, 12 juillet 1827, 25 mars 1828, 12 mai 1829 et 9 février 1830, rapportés par M. Sirey, tome 21-1-43; tome 26-1-358; tome 28-2-240 et 273; tome 29-2-169, et tome 30-2-227). Voyez aussi une circulaire du ministre de la justice en date du 21 février 1817, même recueil, tome 21-2-270. — Il n'en était pas de même sous le gouvernement impérial, même avant 1816; car de telles charges n'étant point alors dans le commerce, les tribunaux pouvaient rejeter les traités intervenus à cet égard, en leur refusant la force obligatoire, encore même que les parties parussent n'avoir voulu comprendre dans leurs conventions que la clientelle (arrêts des cours de Paris et Bordeaux, des 12 octobre 1815 et 27 janvier 1816, tome 16-2-39 et 59).

27 ventôse an 8, alors qu'elle ne reconnaissait point d'avocats en titre, voulut cependant qu'on eût recours à eux. N'importe qu'à cette époque les avocats ne formassent point encore ni ordre, ni corporation; car il n'en est pas moins certain que, par les dénominations d'*hommes-de-loi* (Décret du 2-11 septembre 1790, art. 10), de *défenseurs-officieux* (Décret du 6-27 mars 1791, art. 36), de *simples fondés de pouvoirs* (Décret du 3 brumaire an 2, art. 12) qu'ils reçurent successivement, le législateur avait manifesté le dessein de les admettre auprès des tribunaux.

Cette volonté devint plus expresse quand, par la loi du 22 ventôse-2 germinal an 12 (13 mars 1804), l'on eut créé les écoles de droit. Il fut permis de former des tableaux d'avocats (art. 29), tandis que les avoués qui étaient licenciés ne pouvaient, devant le tribunal auquel ils étaient attachés, et dans les affaires où ils occupaient, plaider et écrire dans tout espèce d'affaires, que concurremment et contradictoirement avec les avocats. — Le tribunal, en cas d'absence ou refus des avocats de plaider, autorisait l'avoué, même non licencié, à plaider la cause (art. 32).

Mais il est facile d'apercevoir que les avoués pouvaient abuser de l'exception qui venait d'être introduite en faveur des licenciés. Il leur suffisait, en effet, pour être à même de cumuler la plaidoirie et l'instruction des procès, d'obtenir leurs grades dans une faculté de droit, ce qui tendait à détruire les fonctions indépendantes de l'avocat, à les placer sur la même ligne que celles de l'avoué-postulant, et à opérer la réunion de deux professions absolument incompatibles (Décret du 14 décembre 1810, art 18, et Ordonnance du 20 novembre 1822, art. 42). Voilà pourquoi un décret du 2 juillet 1812 admit comme règle générale que, dans toutes les cours de l'empire, les causes portées à l'audience seraient plaidées par les avocats inscrits sur le tableau des avocats de la cour, ou admis au stage, conformément à l'art. 16 du décret du 14 décembre 1810 (art. 1er), et qu'il n'y aurait plus à l'avenir que les *demandes incidentes* de nature à être jugées sommairement, et les *incidens relatifs à la procédure*, qui fussent susceptibles d'être plaidés par les avoués-postulans, et seulement dans les causes où ils occuperaient (art. 2). — Passant aux tribunaux de première instance, le législateur fit une distinction entre ceux des chefs-lieux des cours impériales, des cours d'assises et de département, et les tribunaux d'arrondissement : dans les premiers, les avoués ne purent plaider que les causes sommaires, au lieu que, dans les arrondissemens, au contraire, ces officiers-ministériels étaient autorisés à défendre toute espèce de cause dans laquelle ils postulaient (art. 3).

« Les avoués, ajouta-t-on, qui, en vertu de la » loi du 22 ventôse an 12, jusqu'à la publication » du présent décret, ont obtenu le grade de li- » cencié, et ont acquis le droit à eux attribué par » l'art. 32 de ladite loi, continueront d'en jouir » comme par le passé (art. 9).

Cependant, il faut en convenir, le décret de 1812 avait donné beaucoup trop d'extension au ministère de l'avoué, puisqu'il lui attribuait une infinité de causes dont la défense et le développement n'appartiennent qu'à l'avocat, et par ce moyen, *peut-être sans le prévoir*, il établit un cumul contraire à la dignité de l'ordre, essentiellement nuisible aux avocats, et souvent dangereux pour les parties. Aussi ce décret fut-il modifié par l'ordonnance royale du 27 février-14 mars 1822, monument qui perpétuera parmi nous la saine philantropie, la sagesse, le grand jugement et la haute sollicitude dont le monarque à qui nous en sommes redevables, se montra toujours jaloux.

« Louis, etc..... Nous étant fait rendre compte » des réglemens sur la discipline du barreau, nous » avons remarqué;

» Que le décret du 14 décembre 1810, déclare » incompatible la profession d'avocat et le ministère » d'avoué, et proclame ainsi le principe, *qu'il im-* » *porte de consacrer de nouveau*; que les officiers » ministériels ne sont préposés qu'à *l'instruction des* » *procès*, et que *le droit de les défendre* devant nos » cours et tribunaux appartient EXCLUSIVEMENT aux » avocats;

» Qu'il existe cependant deux exceptions à ce » principe : l'une en faveur des avoués qui ont » obtenu des lettres de licence dans l'intervalle de » ventôse an 12 à juillet 1812, et sont autorisés à » plaider, concurremment avec les avocats, les » affaires qu'ils ont instruites (art. 32 de la loi du 22 » ventôse an 12, art. 9 du décret du 2 juillet 1812);

» Que cette faveur accordée à des hommes qui » se sont livrés à l'étude du droit dans un temps où » elle était négligée, leur est justement acquise, et » il n'est pas de notre intention de les en priver (1);

(1) *Un avoué qui n'a été reçu en cette qualité que depuis la promulgation du décret du 2 juillet 1812, mais qui a obtenu le grade de licencié en droit dans l'intervalle qui s'est écoulé du 22 ventôse*

» Que la deuxième exception concerne des avoués,
» même non licenciés, qui postulent dans plusieurs
» tribunaux de première instance, et à qui les

---

an 12 à l'époque de ce décret, peut-il plaider toutes les causes dans lesquelles il occupe, concurremment et contradictoirement avec les avocats? NON.

Voici dans quelle espèce cette question s'est présentée.

En l'année 1829, le tribunal de première instance de Castel-Sarrasin (Tarn-et-Garonne), tolérait encore, au profit de quelques avoués, le monopole qu'entraîne toujours le cumul de la plaidoirie et l'instruction des causes; en vain l'état de paix dont nous nous félicitions de pouvoir jouir, avait-il engagé plusieurs jeunes gens à entreprendre des études continues, approfondies et savantes sur la connaissance du droit et de la jurisprudence, dans le dessein de venir ensuite auprès de nombreux parens et amis, dans une cité riche, populeuse et processive, exercer la noble profession d'avocat: tout cela semblait devoir n'aboutir à rien, et l'on eût pensé qu'il fallait que l'âme chaleureuse de ces nouveaux légistes, leurs efforts généreux, leurs talens, leurs lumières, restassent sans force, et devinssent stériles devant l'émulation de deux ou trois officiers-ministériels qui, abusant peut-être, *même sans le savoir*, de l'influence qu'ils avait acquise sur l'esprit des juges, dans leurs relations habituelles, étaient parvenus à fairo repousser l'idée d'avoir un barreau, parce que, *dans leur sagesse*, ils croyaient que cette innovation pouvait être plutôt *nuisible* qu'*avantageuse* aux parties (la majorité des avoués voulait néanmoins des défenseurs indépendans). — Notre intention n'est pas de discuter ici l'illégalité de ce *statu quo*, et encore moins de rechercher ce que les moyens qui furent mis en jeu dans le but de le conserver, pouvaient avoir d'offensant pour l'ordre des avocats et la dignité du tribunal; mais nous croyons qu'il nous appartient, dans l'intérêt de la justice et de la morale, de faire observer que, si le motif d'utilité publique invoqué contre les avocats, pour les éloigner du barreau, ne cachait qu'un intérêt personnel, une spéculation, un surcroit de bénéfice, rien ne serait susceptible d'excuser l'*erreur* dans laquelle on était tombé. — Or, cet état de choses devait cesser dès-l'instant que tout ce qu'il avait de rétrograde, d'illégal et de contraire à la liberté de la défense, aurait été compris et savamment apprécié; aussi grâce au magistrat distingué qui remplissait alors, comme aujourd'hui, les fonctions de procureur du roi, le tribunal fut

» réglemens permettent de plaider toute espèce de » cause dans laquelle ils occupent (dernière disposition de l'art. 3 du décret du 2 juillet 1812);

» Que, si la nécessité exige le maintien de cette » disposition dans les tribunaux où les avocats, trop » peu nombreux, *ne peuvent suffire à l'expédition* » *des affaires*, ELLE EST ABUSIVE, *destructive de toute* » *émulation et nuisible à nos sujets*, dans les lieux » où le barreau, composé d'hommes expérimentés » et *d'une jeunesse studieuse*, offre au public des » défenseurs éclairés et en nombre *suffisant*;

» Sur le rapport de notre garde-des-sceaux, mi-

---

requis d'exécuter l'ordonnance du 27 février 1822 : les avocats, déclarés en nombre suffisant, rentrèrent donc dans le libre exercice du droit de plaidoirie, qu'un usage abusif leur avait enlevé temporairement, et une décision dans les formes restreignit les avoués au mécanisme de la procédure, à la défense des causes d'exception prévues par les réglemens. — Mais l'un de ces officiers-ministériels, Me G***** (que ses qualités personnelles nous ont mis à même d'estimer, et qui, malgré son *quasi-consentement* à l'intervention des avocats, paraissait vouloir leur disputer la plaidoirie), se prévalut de l'art. 9 du décret du 2 juillet 1812 (d'après lequel, on le sait déjà, les avoués qui, en vertu de la loi du 22 ventôse an 12, jusqu'à la publication de ce décret, ont obtenu le grade de licencié, et acquis le droit à eux attribué par l'art. 32 de ladite loi, doivent continuer d'en jouir), se présenta au tribunal et lui demanda de l'admettre à plaider toutes les causes dans lesquelles il occupait, concurremment et contradictoirement avec les avocats. Une lutte s'engage alors entre cet avoué et le ministère public; on plaide en première instance et en appel; mais un arrêt de la cour de Toulouse, du 25 janv. 1830, considérant que, suivant la lettre et l'esprit du décret du 2 juillet 1812, il faut être avoué et licencié avant cette dernière époque, pour pouvoir jouir du privilége réclamé; que cependant Me G***** ne remplissait point cette double condition, puisqu'il n'avait été reçu avoué au tribunal de Castel-Sarrasin, qu'après 1812; le démet de sa demande, avec dépens.

» nistre secrétaire-d'état au département de la jus-
» tice ;

» Notre conseil-d'état entendu,

» Nous avons ordonné et ordonnons ce qui suit :

» Art. 1er. Les avoués qui, en vertu de la loi
» du 22 ventôse an 12, jusqu'à la publication du
» décret du 2 juillet 1812, ont obtenu le grade
» de licencié, continueront de jouir de la faculté qui
leur est accordée par l'art. 9 du susdit décret.

» 2. Les avoués non licenciés, et ceux qui ne
» l'ont été que depuis la publication du décret du
» 2 juillet 1812, ne pourront plaider les causes
» dans lesquelles ils occuperont, que dans les tri-
» bunaux où le nombre des avocats inscrits sur le
» tableau, ou stagiaires exerçant et résidant dans
» le chef-lieu, sera jugé insuffisant pour la plai-
» doirie et l'expédition des affaires.

» 3. Chaque année, dans la première quinzaine
» du mois de novembre, nos cours royales arrête-
» ront l'état des tribunaux de première instance
» de leur ressort où les avoués pourront jouir de
» la faculté énoncée en l'article précédent.

» 4. Les délibérations de nos cours, en exécu-
» tion de l'article ci-dessus, seront prises, à la di-
» ligence de nos procureurs-généraux, sur l'avis
» motivé des tribunaux de première instance. —
» Elles seront soumises à l'approbation de notre
» garde-des-sceaux, et recevront provisoirement
» leur exécution.

» 5. Il n'est pas dérogé par la présente, au droit
» qu'ont les avoués de plaider, dans les affaires
» où ils occupent devant nos cours ou tribunaux,
» les demandes incidentes qui sont de nature à être

» jugées sommairement, et tous les incidens relatifs à la procédure.

» 6. Notre garde-des-sceaux, ministre secrétaire d'état au département de la justice, est chargé de l'exéction de la présente ordonnance, qui sera insérée au bulletin des lois.

» Donné au Château des Tuileries, le 27 février de l'an de grâce 1822, et de notre règne le vingt-septième.

» *Signé* Louis.

» Par le roi :

» *Le garde-des-sceaux de France, ministre secrétaire-d'état au département de la justice,*

» *Signé* de Peyronnet. »

Ainsi, d'après cette ordonnance qui forme aujourd'hui le droit commun, les avoués ne peuvent plus plaider que les demandes incidentes qui sont de nature à être jugées sommairement, et les incidens qui concernent la procédure : la défense de toutes les autres causes est réservée aux avocats, à moins qu'ils ne se trouvent en nombre insuffisans pour l'expédition des affaires (les avocats présens suffisamment pourvus), et sauf encore le privilége qui existe au profit des citoyens qui, ayant obtenu le grade de licencié en droit de l'an 12 de la république à 1812, ont été reçus avoués durant cette même période de temps (1).

---

(1) L'ordonnance du 27 février 1822, d'abord mal comprise par les cours et tribunaux, fut dans son application, ou restreinte, ou rendue illusoire. On disait pour la combattre :

Or, les mêmes principes veulent que tous les référés, n'importe les difficultés qu'ils présentent, puissent être plaidés par les avoués; car, on ne

---

« depuis le décret du 2 juillet 1812, trois exceptions ont été » admises en matière de plaidoirie; la première existe au profit » des avoués de cour royale, lesquels ont la faculté de plaider » *les demandes incidentes susceptibles d'être jugées sommaire-* » *ment, et les incidens de procédure* (art. 2); la seconde con- » cerne les avoués des tribunaux de première instance séant » aux chefs-lieux des cours royales, des cours d'assises et de » département, auxquels on a attribué *la défense des causes* » *sommaires, sans distinction*, et la troisième a eu pour but » d'autoriser les avoués d'arrondissement de plaider *toute es-* » *pèce de cause dans laquelle ils occupent* (art. 3). C'est en vain » qu'on invoque la nouvelle ordonnance, car elle est non-seu- » lement incomplète, mais encore non obligatoire, dans ce sens » qu'elle n'a point eu la force d'abroger ni la loi du 22 ventôse » an 12, ni le décret du 2 juillet 1812, en vertu desquels les » avoués ont acquis irrévocablement les droits qu'on veut leur » enlever. — En effet, ajoutait-on, l'art. 5 de l'ordonnance de » 1822 n'a fait que déclarer qu'il n'était pas dérogé au droit » qu'ont les avoués de plaider devant les *cours et tribunaux*, » dans les affaires où ils occupent, les demandes incidentes qui » sont de nature à être jugées sommairement, et tous les inci- » dens relatifs à la procédure, tandis que l'art. 2 ne retire aux » autres avoués la plaidoirie de leurs causes que, dans les tri- » bunaux où le nombre des avocats inscrits sur le tableau, ou » stagiaires exerçant et résidant *dans le chef-lieu*, serait jugé » insuffisant pour l'expédition des affaires, ce qui ne peut se » rapporter qu'aux tribunaux d'arrondissement; d'où il faut » conclure que les avoués des chefs-lieux de cour royale, de » cour d'assises et de département, *qui n'ont pas été compris dans* » *les dispositions de l'ordonnance*, n'ont pu être privés du béné- » fice du décret de 1812, touchant les matières sommaires. » L'on appuyait ce raisonnement sur le décret ou tarif des frais, du 16 février 1807, dont l'art. 67 est ainsi conçu: « il ne sera » alloué aucun honoraire aux avocats dans ces sortes de cau- » ses, » en opposition à l'art. 80 du même décret, qui fixe leurs honoraires dans les procès ordinaires, dispositions encore subsistantes, pour prétendre ensuite qu'il n'y avait rien de changé. Or, ce système, séduisant en apparences, prévalut, et fut accueilli sans plus ample examen (Arrêts des cours d'Amiens et

doit voir dans cette sorte de causes, que de simples incidens, à la vérité, d'une nature particulière, qui n'interviennent que sur le provisoire,

---

d'Aix, des 31 décembre 1824 et 2 août 1825: Sirey, tome 25-2-190, et tome 26-2-237). — Il était facile toutefois d'apercevoir que c'était une erreur flagrante, suite nécessaire de la fausse interprétation de l'ordonnance de 1822, à laquelle d'ailleurs on contestait ses véritables caractères, et, par voie de suite, sa force obligatoire: aussi revint-on bientôt de cette erreur. — Tout le monde est d'accord là-dessus, l'existance de la profession d'avoué est garantie par une loi positive, celle du 27 ventôse an 8, sur l'organisation des tribunaux, et par conséquent le pouvoir des ordonnances n'irait point jusqu'à anéantir cette profession, en lui enlevant des droits qui tiennent à son essence, et sans lesquels elle ne pourrait pas subsister. Ainsi, comme il est de l'essence de la profession d'avoué, d'avoir, EN MATIÈRE CIVILE, le privilége exclusif de postuler et prendre des conclusions *devant les tribunaux* (Décret du 19 juillet 1810), ce serait commettre un excès de pouvoir, si l'on voulait, sans le secours de la puissance législative, supprimer cet office d'avoué, ou ravir à ceux qui sont nommés le droit de postuler et de conclure. — Mais ce serait à tort qu'on étendrait ce privilége à la défense des causes; car il faut reconnaître que, *relativement à la faculté de plaider*, il existe une différence immense, parce que cette faculté n'a jamais été concédée comme un droit inhérent à la profession d'avoué; au contraire, tout nous démontre qu'à raison de l'incompatibilité qui existe entre les fonctions de l'avocat et celles des officiers-ministériels, la permission de plaider n'a été donnée à ceux-ci, à diverses époques, que par simple tolérance, transitoire, fugitive, insusceptible de fonder aucun droit; tolérance nécessitée par le besoin des temps, variable comme eux, inhérente à la discipline du barreau, et se trouvant dès-lors dans les attributions essentielles du pouvoir exécutif, des réglemens d'administration publique. — C'est ainsi qu'a été rendue l'ordonnance du 27 février 1822, et cet acte du gouvernement, de même que le décret du 2 juillet 1812, sont purement réglementaires; ils ont donc pu créer des droits nouveaux sur l'exercice de la plaidoirie ou abroger ceux qui n'existaient que transitoirement, à moins qu'ils n'eussent été acquis par une loi expresse; par exemple, le privilége accordé par la loi du 22 ventôse an 12, aux avoués licenciés avant le 2 juillet 1812 (Arrêts de la cour de cassation,

en-dehors du principal, lequel ne doit être ni préjugé, ni préjudicié. D'ailleurs l'avoué qui comparaît en référé exerce moins un droit de plaidoirie qu'un acte de postulation (Décret ou tarif du 16 février 1807, art. 93) : son ministère consiste plutôt à exposer au magistrat des référés le

---

et des cours de Metz et Paris, des 11 décembre 1826, 11 janvier 1827, 15 janvier 1829, 28 janvier et 15 juillet 1826 : Sirey, tome 27-1-225 et 79; tome 29-1-172, et tome 26-2-299 et 238). — A raison des matières criminelles ou correctionnelles, nous devons à la vérité de le dire, le ministère de l'avoué a beaucoup plus d'extension; ces officiers-ministériels peuvent plaider devant les cours d'assises, *dans tout le ressort de la cour royale*, les causes dont la défense leur est confiée, et en police correctionnelle *devant les tribunaux où ils ont été reçus*, toutes les affaires qui sont portées à l'audience, concurremment et contradictoirement avec les avocats. Voici, à cet égard, les questions qu'a fait naître l'état de la jurisprudence. — PREMIÈRE QUESTION : *les avoués ont-ils le droit de plaider, en matière criminelle, dans tout le ressort de la cour royale d'où dépend le tribunal auprès duquel ils postulent?* OUI (Décret du 6 juillet 1810, art. 112 et 113; Code d'instruction criminelle, art. 295, et arrêt de la cour de cassation du 23 juin 1827 : Sirey, tome 27-1-521). — DEUXIÈME QUESTION : *peuvent-ils, en police correctionnelle, devant le tribunal auquel ils sont attachés, défendre les causes portées à l'audience?* OUI, s'ils ont obtenu des lettres de licence et été admis aux fonctions d'avoué de l'an 12 à 1812 (Arrêts de la cour de cassation et de la cour de Paris, des 25 janvier 1828 et 21 juillet 1826 : Sirey, tome 28-1-231, et tom. 26-2-239); alors même qu'ils ne seraient pas licenciés en droit, parce que les ordonnances des 27 février et 20 novembre 1822, *sur l'exercice de la plaidoirie*, ne sont intervenues que sur les matières civiles (Arrêts de la cour de cassation, et de la cour de Riom, des 12 janvier et 7 mars 1828, et 15 novembre 1827 : Sirey, tome 28-1-231 et 26-2-6). — TROISIÈME QUESTION ; *est-il indispensable de constituer avoué dans une cause de police correctionnelle?* NON; leur ministère, dans ce cas, n'est que facultatif, et les parties peuvent plaider, tant en demandant qu'en défendant, sans y avoir recours (Merlin, *question de droit*, verbo *avoué*, § 7, et arrêt de la cour de cassation du 17 février 1826 : Sirey, tome 26-1-316).

fait qui donne lieu au litige qu'à défendre un point de droit, et sous ce double rapport, l'action qu'il soutient au nom de sa partie rentre forcément dans le cercle que lui tracent les fonctions dont il est chargé.

Cependant, nous le répétons, personne n'est contraint de recourir au ministère de l'avoué quand il ne s'agit que de la poursuite d'un référé. Sans doute, l'art. 94 de la loi du 27 ventôse an 8 (18 mars 1800), organique des tribunaux, dispose bien que ces officiers-publics auront *exclusivement* le droit de postuler et de prendre les conclusions dans le tribunal pour lequel ils sont établis; mais cette règle cesse ou devient inapplicable, en état de référé, par le motif que ce n'est pas devant le tribunal que l'on porte le différend. Ici, le juge d'exception qui est appelé à en connaître, n'exerce qu'une juridiction toute spéciale, pour laquelle le législateur n'a exigé ni formes de procédure, ni postulation rigoureuse; aussi un tel ministère n'est-il que facultatif, et la partie conserve toujours le droit de se défendre elle-même, librement et sans frais, ou de faire proposer sa défence par un avocat, sans encourir la peine de nullité (1).

Mais il est une observation à faire, et son importance se justifie par la force des choses; c'est que le ministère de l'avoué, *alors qu'il n'est pas indispensable devant le juge des référés*, offre néanmoins des garanties que ni le demandeur, ni le défendeur ne retrouvent quand ils plaident leur cause ou la font plaider par un avocat.

---

(1) Pourrait-elle se faire défendre par un mandataire qui ne serait ni avocat, ni avoué? Nous avons traité cette question dans l'art. 4 ci-après; nous y renvoyons le lecteur.

En effet, la procédure exceptionnelle qu'on suit en pareil cas, malgré qu'elle soit très-simple, n'en exige pas moins un exploit d'ajournement, une ordonnance qui statue, et des exécutions contre la partie condamnée, aussi promptes, aussi rigoureuses que si elles étaient faites en vertu d'un jugement définitif, puisqu'elles ont toujours lieu par provision, nonobstant l'appel (Code de procédure civile, art. 809); or, pour tout cela, il faut l'intervention d'un huissier.

Eh bien! supposons que cet officier de justice en donnant, au défendeur, la citation à comparaître pardevant le juge, lui ait pourtant *soufflé* la copie, dans le dessein de lui cacher la demande, de le surprendre, et de se ménager ainsi des exécutions ultérieures qu'il aurait empêché, s'il eût été averti; supposons encore qu'après que les parties auront comparu en référé, l'une d'elles ayant été condamnée à faire ou ne pas faire quelque chose, il faille la contraindre, ou détruire ce qu'elle aurait fait par contravention à l'engagement (Code civil, art. 1142, 1143 et 1144), et que l'huissier qu'on emploira pour cet objet, se permette des actes nuls ou frustratoires, ou des exécutions torționnaires, illégales et nuisibles au débiteur; dans ces hypothèses, nous le demandons, quelle sera l'action récursoire du créancier relativement aux dommages dont il serait lui-même tenu envers la partie poursuivie à sa requête (art. 1382, 1383 et 1384)???

L'on ne va pas manquer de nous répondre que, les procédures et les actes nuls ou frustratoires sont à la charge des officiers-ministériels qui les ont faits, lesquels, *suivant l'exigence des cas*, étant en outre passibles des dommages et intérêts qu'ils occasionnent, (Code de procédure civile, art. 132 et 1031), l'huissier répondra de ses faits personnels, s'ils sont illicites, ou seulement nuisibles par l'excès de rigueur et les vexations dont il se serait rendu coupable. Ce principe est vrai. Toutefois, si l'on considère que, la position sociale et pécuniaire de certains huissiers n'est rien moins qu'heureuse (suite presque inévitable de leurs fonctions), et que, par conséquent, une partie peut être souvent exposée à n'avoir contr'eux que la perspective d'une condamnation fondée, mais illusoire, dont tout l'effet consiste à faire de grands frais, sans résulat (si ce n'est la destitution d'un officier-ministériel qui n'a failli que parce qu'il était dans le besoin); il sera facile de concevoir que la garantie apparente dont nous nous occupons est plutôt dans les mots que dans les choses.

Au contraire, il n'est pas un seul avoué en France, quelle que soit d'ailleurs sa position de fortune, contre lequel on ne puisse exercer un recours utile. L'action disciplinaire dont il est sans cesse menacé à raison des faits de négligence ou de dol qu'une partie lui reprocherait dans l'exercice de ses fonctions, peut avoir des conséquences si graves, qu'il nous paraît presque impossible de le trouver en défaut. Il exerce une profession honorable qui le met à l'abri de toute suspicion, et sa conscience, le serment qu'il a prêté de bien et fidélement remplir son ministère, n'y fussent-ils pour rien, tout nous porte à croire que, la seule crainte d'une suspension, dont l'effet immédiat serait de le priver de la confiance publique, est plus que suffisante pour le ramener dans les voies légales, s'il avait l'intention de s'en écarter. Or, *à fortiori*, le danger qu'il court, *en donnant prise à une destitution*, de voir rentrer de suite dans les mains de l'autorité gouvernementale une charge héréditaire, cessible à prix d'argent (Loi du 28 avril 1816, art. 91) et très-estimée dans le commerce, doit augmenter la sécurité des plaideurs, en leur assurant un double avantage, la garantie morale et la garantie réelle.

Mais, objectera-t-on, l'avoué ne saurait être responsable des fautes commises par l'huissier, ou de sa prévarication, parce qu'en général, chacun n'est tenu que des faits qui lui sont particuliers : d'où l'on pourrait conclure que chaque officier-ministériel (l'avoué et l'huisser), agissant dans les limites de ses attributions, ne répondra que de son dol, de sa négligence ou de son imprudence (Code civil, art. 1383). C'est pourtant une erreur.

Oui, nous en convenons, si l'on s'adressait *alternativement et successivement* à l'avoué et à l'huissier, chacun à raison de son ministère, il est évident que le principe qu'on nous oppose, n'ayant pas été modifié, devrait recevoir son application ; nulle difficulté à cet égard. Or, l'espèce n'est plus la même lorsque la partie commet un avoué à la poursuite de ses droits en justice, et qu'elle le constitue PROCURATOR AD LITES ; dans ce cas, elle ne traite qu'avec l'avoué, elle confie à lui seul la direction du procès à engager ou à soutenir, et le rend dès-lors passible du fait des personnes qu'il emploie ; en d'autres termes, tout ce qui touche à la forme de la procédure, aux déchéances, aux nullités, aux actes inutiles et frustratoires, provenant de l'avoué ou de ceux qu'il s'est substitué dans l'exercice de son ministère, tombe à sa charge. Ainsi le veut l'art. 1384 du Code civil. « On est, » dit-il, responsable, non-seulement du dommage » que l'on cause par son propre fait, mais encore » de celui qui est causé par le fait des personnes » *dont on doit répondre*, ou des choses que l'on a » *sous sa garde*. Le père, et la mère etc............ » sont responsable du dommage causé par etc...... » les maîtres et les *commettans*, du dommage causé » par leurs domestiques et *préposés* dans les fonc- » tions auxquelles ils les ont *employés*. »

Tel doit être le mandat.

Examinons maintenant ce que c'est, comment il se forme, et si les obligations qui en dérivent, détruisent ou non cette responsabilité.

« Le mandat ou *procuration* est un acte par le- » quel une personne donne à une autre le pouvoir » de faire quelque chose *pour le mandant et en son* » *nom*. — Le contrat ne se forme que par l'*accep-* » *tation* du mandataire (art. 1984).

» ..... Il peut aussi être donné verbalement..... » l'acceptation du mandat peut n'être que *tacite*, » et résulter de *l'exécution* qui lui a été donnée » par le *mandataire* (art. 1985). »

Mais si le mandant est tenu d'exécuter les engagemens contractés par le mandataire, conformément au pouvoir qui lui a été donné (art. 1998), le mandataire est tenu à son tour d'accomplir le mandat, *sans dommage pour le mandant* (art. 1991), et répond de la personne qu'il s'est substituée dans la gestion, 1° quand il n'a pas reçu le pouvoir de se substituer quelqu'un, et 2° quand ce pouvoir lui a été conféré *sans désignation d'une personne* (art. 1994).

Ainsi, il nous paraît incontestable que l'avoué, en recevant les pièces ou les ordres d'une partie pour engager une action ou y défendre, qui l'engage ou y défend, contracte l'obligation d'agir au nom du mandant, *dans le terme convenu*, sans perte ni dommage, lorsqu'il peut l'éviter. Il est à vrai dire le maître temporaire de la chose, son gardien unique, et c'est aussi à lui seul qu'incombe la charge de la conserver. Or, si par sa faute ou sa négligence, la faute ou la négligence de l'huissier qu'il a employé à ces fins, sans la participation de sa partie, ou seulement par son imprudence (en ne surveillant pas assez l'huissier qu'il s'est substitué pendant le cours de la gestion, ou en ne lui donnant point les instructions nécessaires), il a fait éprouver un dommage quelconque à la personne dont il exerce ou surveille les droits; tout concourt à le lui faire réparer.

Remarquons encore qu'une partie ne donne jamais à son avoué le pouvoir de se substituer un huissier, et qu'en supposant que cette faculté existât de plein droit, parce que l'avoué est dans l'impossibilité de faire lui-même tous les actes exigés par le mandat qu'il a reçu, aucun huissier ne lui ayant été désigné, c'est encore à lui seul qu'il appartient de le choisir, et surtout de le prendre parmi les plus capables, parmi ceux qui offrent le plus de garantie. C'est pour cela, qu'en ne prenant point de telles précautions, il commet si non une faute, du moins une négligence, une imprudence, qui le soumet à la responsabilité envers son mandant.

L'on opposerait en vain ces expressions remarquables de l'art. 1994 du Code civil : *et que celle dont il a fait choix était* NOTOIREMENT *incapable ou insolvable;* car elles ne peuvent recevoir ici aucune application. S'il était permis à un avoué de s'en prévaloir, il faudrait reconnaître à l'instant même qu'il n'y a plus de recours possible contre lui, et qu'il peut abuser impunément de l'incapacité, de l'inexpérience ou de la fraude d'un huissier, même avec un dessein coupable, répréhensible en soi, sans pourtant encourir aucune peine, aucune responsabilité!!

En effet, un individu, de cela seul qu'il a été reçu huissier, a en sa faveur une présomption légale de *capacité* qui exclut la preuve contraire, parce que, *s'il eût été incapable,* il n'aurait point été admis à prêter serment et à instrumenter; comme aussi, de cela seul qu'il a fourni un cautionnement avant de pouvoir exercer, il est en présomption, *dans le public*, de pouvoir réparer le préjudice qu'il occasionne, soit par omission, soit par contravention; parce que, *d'après les lois sur la matière,* les cautionnemens des officiers-ministériels sont affectés par premier privilége à l'acquittement des faits de charge, c'est-à-dire aux abus et prévarications par eux commis dans l'exercice de leurs fonctions (Code civil, art. 2102, n° 7, et Loi du 25 nivôse-5 pluviôse an 13, art. 1er).

Ce serait donc faire injure au législateur ou comprendra bien mal sa volonté, que de croire qu'une disposition aussi rationelle, aussi vitale que celle relative à la responsabilité du mandataire, ne dût pas être appliquée aux avoués, *à des mandataires légaux,* parce que l'une des conditions imposées pour pouvoir en demander l'exécution, deviendrait impossible. Gardons-nous bien de le penser ainsi; car c'est précisément à cause de cette impossibilité que, la condition étant réputée non écrite (Code civil, art. 1172 et 1173), le principe reste seul, et dans toute sa force, sans exception ou modification. Voilà pourquoi un avoué doit répondre de l'huissier qu'il s'est substitué dans la gestion du mandat *ad litem*, toutes les fois que ce pouvoir lui a été confié sans désignation de la personne (article 1994). Il n'y a point de mandat sans responsabilité; telle est l'essence de ce contrat. Or, peu importe que le mandat soit conventionnel, judiciaire ou légal, il n'en est pas moins soumis à cette règle impérieuse, puisque sans elle, il cesserait d'exister.

Cherchons des hypothèses : supposons que *Pierre*, entrepreneur ou architecte, se soit obligé envers *Paul* à lui bâtir une maison dans la ville de Toulouse, moyennant un certain prix, et sur un plan donné; il est hors de doute que, dans ce cas, *Pierre* est responsable, pendant le terme de dix années, de la solidité de la construction (art. 1792 et 2270). — Mais quelque temps après que les ouvrages sont terminés, et agréés par le propriétaire, ils s'écroulent en tout ou en partie. Alors *Paul* actionne *Pierre* en justice; il lui demande le remboursement de la somme qu'il a reçue, ainsi que les dommages provenant de la chute subite de la maison édifiée. *Pierre* pourra-t-il se soustraire à la garantie, en offrant de prouver et en prouvant, en effet, que la maison dont il s'agit ne s'est écroulée que par un vice de la maçonnerie, de la charpente ou de la serrurerie? Non, sans doute; car *Paul* n'a point traité avec le maçon, le charpentier ou le serrurier à qui l'on attribue le dommage souffert, mais bien avec *Pierre*, pour avoir une maison solide, construite suivant les règles de l'art. C'était donc à ce dernier à prendre ses précautions, de s'assurer des niveaux, des aplombs, de la bonté des matériaux etc., et de faire que les ouvriers, tout en suivant le plan convenu, ne s'écartassent point des principes de l'architecture. Le mandat qu'il tenait de *Paul* l'exigeait ainsi, et malgré qu'il fût sous-entendu, entre les parties contractantes, que le mandataire pouvait s'adjoindre ou se substituer, *pour l'exécution du mandat*, toutes les personnes qui devaient concourir à la construction projetée, tels que maçons, charpentiers, serruriers etc., il n'en restait pas moins tenu, *personnellement*, à la garantie envers *Paul*, sans qu'on dût s'occuper s'il avait ou non choisi des personnes notoirement incapables ou insolvables, et sauf à lui à exercer son action en contre-garantie contre l'auteur de l'accident dommageable. — Le mandat donné à un avoué n'a rien d'opposé à cette règle, tout veut au contraire qu'il y soit subordonné.

Par exemple, *Primus*, créancier de *Secundus* en vertu d'un titre exécutoire, charge *Tertius*, avoué, de poursuivre l'expropriation des immeubles de son débiteur : le mandat est accepté, la procédure commencée et continuée; mais avant l'adjudication préparatoire, *Secundus* propose ses moyens de forme : il les dirige notamment contre le procès-verbal de saisie, ou contre tout autre acte qui ressort du ministère de l'huissier que *Tertius* s'est adjoint pour l'accomplissement du mandat; ils sont accueillis par le tribunal, et la poursuite est rejetée. Croira-t-on que l'avoué n'en soit pas responsable? Il nous répugne de le penser. — S'il pouvait se soustraire à la garantie, en attribuant la faute à l'huissier, il n'y aurait pas de raison pour, qu'indépendamment des frais à payer à l'avoué du débiteur (et dont cet officier-ministériel aurait demandé la distraction à son profit, ainsi que l'y autorise l'art. 133 du Code de procédure civile), il ne vînt encore réclamer à la partie poursuivante, ses déboursés, ses honoraires personnels sur la procédure annulée, sauf à introduire ensuite l'action en responsabilité contre l'auteur du dommage. De cette manière, il suffirait à l'avoué d'incriminer la conduite de l'huissier, de l'accuser d'erreur, de négligence ou de dol, de lui appliquer la nullité (ce qui serait très-facile), pour qu'on ne pût jamais le faire déclarer responsable. Or, ce serait une injustice révoltante, meurtrière pour les plaideurs, surtout pour les créanciers. On ne pourrait plus faire exproprier un débiteur sans courir des chances de perte, que l'homme le plus habile ne saurait ni prévoir, ni calculer, parce que tout serait subordonné au hazard, peut-être à la bonne ou mauvaise foi du mandataire qu'on aurait choisi!! Cependant la loi nous enseigne que, « les avoués..... » qui auront excédé les bornes de leur minis- » tère, ... pourront être condamnés aux dépens, » en leur nom et sans répétition, même aux *dom-* » *mages et intérêts*, s'il y a lieu, (Code de procédure » civile, art. 132); » tandis que les procédures et les actes nuls ou frustratoires, seront à la charge des officiers-ministériels qui les auront faits (article 1031).

Eh bien! nous le demandons, un avoué n'excède-t-il point les bornes de son ministère en soumettant la partie, pour laquelle il agit, aux conséquences d'une action en nullité, reconnue par les juges, qui renverse toutes ses espérences? Une procédure nulle, qu'elle ait été annulée par le fait de l'huissier ou celui de l'avoué, n'en est-elle pas moins une procédure inutile, frustratoire pour le créancier, sans effet utile? Ne le taisons pas, l'opinion contraire tendrait à nous présenter les fonctions de l'avoué comme un ministère désastreux, n'offrant que perte et dommage; cela ne se conçoit pas : tel n'est pas le caractère de cette postulation estimable. Un plaideur ne veut qu'être défendu, qu'on poursuive ses droits, mais jamais qu'on fasse des frais inconsidérés, sans résultat avantageux pour lui, ne produisant d'autre effet qu'un préjudice réel, qu'il était loin de prévoir. Il suffit donc que la poursuite soit annulée dans la forme, pour que son mandataire *ad lites*, l'avoué qu'il a choisi, en doive répondre, sans distinguer si c'est par la faute de ce dernier ou celle de l'huissier-instrumentaire, que l'insuccès a eu lieu; car il y a non-seulement grande difficulté de savoir de qui provient l'erreur, mais encore il n'est pas présumable que le créancier, poursuivant la saisie immobilière, ou celui qui introduit tout autre action en justice, ait voulu donner le mandat à son avoué d'employer un huissier incapable, sans expérience, peut-être mal intentionné, dans l'unique dessein de faire une procédure nulle, dispendieuse et frustratoire, n'offrant que des bénéfices pour les officiers-ministériels, et des pertes pou r lui-même. De pareilles conventions s'écartent trop du droit commun, elles sont trop exorbitantes; pour qu'elles puissent être sous-entendues : il faut, pour qu'on y croie, qu'elles soient expresses. Écoutons ce que dit à cet égard le judicieux Pothier (1) : « Si j'ai

(1) Traité du contrat de mandat, chapitre 5, art. 1er, § 4.

» chargé un procureur de poursuivre pour moi une » saisie-réelle d'un héritage, et que sur une oppo- » sition formée contre mon décret à fin d'annuler, » on oppose quelque défaut de procédure pour le » faire déclarer nul ; je puis mettre en cause le » procureur pour répondre de sa procédure. Et si » le décret est déclaré nul, *il doit être condamné* » envers moi aux dommages et intérêts que je » souffre. » S'il n'a pas été parlé de l'huissier dans l'énoncé de cette maxime de droit, cela ne fait que confirmer la règle suivant laquelle le procureur était responsable envers le saisissant, si le décret était annulé *par quelque défaut de procédure*. On ne saurait en effet contester à l'auteur que nous invoquons, le rare mérite d'avoir tout vu, tout approfondi, tout combiné dans ses excellens ouvrages ; disons aussi que, le silence gardé envers l'huissier est très-significatif, et qu'il nous démontre d'une manière invincible que cet officier ne doit entrer pour rien dans l'appréciation du recours en garantie. L'avoué, par la nature du mandat qu'on lui donne et qu'il accepte, est tenu de surveiller la procédure, d'instruire, de guider l'huissier qu'il commet ou se substitue, sous l'obligation de rendre compte de sa faute (1) ; tout comme l'architecte ou l'entrepreneur doit diriger sa construction, surveiller les ouvriers qu'il emploie, et les contraindre d'exécuter les règles de l'art, s'il veut ne point rester passible des dommages du propriétaire. Il y a identité dans les deux espèces, et, par conséquent, dans l'une comme dans l'autre, même motif de décider.

(1) *Imperitia culpæ adnumeratur* ; *Leg.* 132, *lib.* 50, *tit.* 17, *ff. de Reg. juris.*

Le mandat *ad litem*, évidemment salarié, impose, à la personne qui s'en trouve investie, une responsabilité bien plus grande que celle qui dérive du simple mandat *ad negotia*, lorsqu'aucun salaire n'a été convenu ; c'est ce qui résulte implicitement de l'art. 1992 du Code civil, dont voici les termes : » le mandataire répond non-seulement du dol, » mais encore *des fautes* qu'il commet dans sa ges- » tion. Néanmoins la reponsabilité relative aux *fautes* » est appliquée moins rigoureusement à celui dont » le mandat est *gratuit* qu'à celui *qui reçoit un sa-* » *laire.* »

« En jurisprudence, dit M. Toullier (1), *toute* » *contravention à un engagement est une faute ;* toute » action, toute omission qui est l'effet de la négli- » gence, du défaut de soin ou de l'ignorance, à » l'égard des choses que l'on pouvait ou que l'on » devait savoir, EST UNE FAUTE.

» Mais les fautes ne sont égales, ni en morale, » ni en jurisprudence.....

» Les interprêtes du droit romain avaient élevé » sur ce point une théorie regardée comme l'une » des plus subtiles et des plus embarrassées de » toute la jurisprudence.

» Ils établissaient trois degrés de faute : la faute » lourde ou grossière, *lata culpa ;* la faute légère, *levis* » *culpa;* la très-légère, *levissima culpa.* Cette division » était fondée sur la différence qu'on observe dans » les mœurs et dans la conduite des pères de famille.

» La faute lourde ou grossière, *lata culpa*, con- » siste, suivant les interprêtes, à ne pas apporter » aux affaires d'autrui le soin que les mauvais

---

(1) Cours de droit civil, tome 6, page 238 et suivantes.

» pères de famille, les personnes les moins soigneuses » et les plus bornées ne manquent pas d'apporter » à leurs affaires. Cette faute était opposée à la » bonne foi, et comparée au dol, *dolo æquiparatur*.

» La faute légère consiste à ne pas apporter aux » affaires dont on est chargé le soin qu'un bon père » de famille apporte aux siennes.

» Enfin, la faute très-légère consiste à ne pas » apporter aux affaires d'autrui le soin que les » personnes les plus actives, l'homme aux cent » yeux, apportent à leurs affaires : elle était oppo- » sée à l'exacte diligence, *exactissimæ diligentiæ*.

» Ces principes posés, les docteurs établissaient » différentes règles sur la prestation ou la respon- » sabilité des fautes dans les contrats. Pothier les » réduisait aux suivantes :

» 1º Dans les contrats qui sont faits pour le seul » intérêt du créancier, comme le dépôt, on n'exige » du débiteur que de la bonne foi ; il n'est tenu » que de la faute lourde, *de latâ culpâ*;

» 2º Dans les contrats et *quasi-contrats* qui se » font POUR L'INTÉRÊT RÉCIPROQUE DES PARTIES, tels » que la vente, etc., *chacune* d'elles n'est tenue que » *de la faute légère*, DE LEVI CULPA ;

» 3º Dans les contrats qui sont faits pour le seul » intérêt de celui qui a reçu, tel que le prêt à » usage ou commodat, le débiteur répond de la » faute la plus légère, *de levissimâ culpâ*.

» Cette doctrine séduit d'abord, parce qu'elle » se grave facilement dans la mémoire ; mais quand » il faut en faire l'application dans la pratique, la » comparer en détail aux différentes lois du Digeste » qui parlent de la prestation des fautes, on est » arrêté par des difficultés inextricables, de l'aveu

» même des plus habiles interprètes..... Le Code
» s'est rapproché du droit naturel, suivant lequel
» tout homme doit réparer le tort qu'il a causé à
» autrui par sa faute, MÊME LA PLUS LÉGÈRE. »

Ainsi le veut l'art. 1382 : « tout fait quelconque
» de l'homme (c'est-à-dire, *toute action ou omis-
» sion*), qui cause à autrui un dommage, oblige
» celui par la *faute* duquel il est arrivé, à le ré-
» parer. »

Or, l'avoué, en introduisant une action sujette à l'épreuve conciliatoire, soit qu'il rédige lui-même l'exploit d'ajournement, soit qu'il en confie la rédaction à l'huissier, alors qu'il néglige de donner, au défendeur, copie du procès-verbal de non-conciliation ou de la mention de non-comparution, occasionne une nullité dont il devient responsable envers la partie (Code de procédure civile, art. 65, 132 et 1031). Et s'il arrivait que cette nullité, détruisant l'assignation en justice, n'interrompît plus la prescription du droit exercé par le créancier (Code civil, art. 2244 et 2247), l'avoué serait encore passible de l'objet en litige, parce que, loin de le conserver, il l'aurait, par sa faute, ou sa négligence, fait perdre à son mandant. — En se livrant à une saisie-immobilière, l'huissier n'aura point observé les formes prescrites à peine de nullité, et soit par le défaut d'indication du tribunal qui doit connaître de la saisie, soit en désignant mal les biens du débiteur, soit en omettant d'apposer les affiches dans les communes prévues par la loi, la procédure s'écroulera et deviendra inutile; l'avoué, dans cette hypothèse, sera-t-il tenu du vice dont elle était entâchée, et par suite devra-t-il répondre des dommages et intérêts de sa partie?

Oui. — Tous ces cas, et autres semblables, constituent une faute manifeste, une faute lourde équipollente au dol, parce que son ministère l'obligeait impérieusement à s'assurer de l'exactitude et de la régularité des actes de procédure qu'il confiait à l'huissier, avant d'en faire usage devant le tribunal, avant même de les signifier au débiteur.

Il est, nous le savons, des circonstances dans lesquelles on ne peut guère se prémunir contre l'erreur ou le dol de l'huissier-instrumentaire. Par exemple, cet officier cache l'exploit à l'adverse partie, ou ne fait des omissions que sur la copie signifiée; comment serait-il possible d'éviter les effets de l'erreur ou de la prévarication dont il se serait rendu coupable? La difficulté est grande! mais cela doit-il soustraire l'avoué-poursuivant aux dommages et intérêts résultant, pour le créancier, soit de la nullité de l'acte, soit de la fraude commise envers le débiteur? Nous ne le pensons pas : le principe contraire tend à des conséquences si dangereuses, il est susceptible de conduire à des abus si graves, si meurtriers pour les justiciables, qu'il faut bien se garder d'affaiblir leur action en garantie. Cette action cesse d'ailleurs, ou devient peu sensible, quand l'avoué emploie un huissier solvable, instruit, intelligent et probe; aussi y a-t-il faute de sa part lorsqu'il ne le fait pas. Vaudrait-il mieux que, colludant avec le défendeur, ou bien par suite d'une négligence coupable, abusant de la faculté qui leur est réservée, *pour accomplir le mandat reçu*, de s'adjoindre un tiers, il fît porter son choix plutôt sur l'instrument de l'erreur, du mensonge et du dol, n'offrant qu'une perte certaine, que sur l'homme instruit, consciencieux, jaloux de ses devoirs, présentant toute espèce de responsabilité? et qu'il pût ensuite venir dire à son mandant : » vous m'avez confié la poursuite de vos droits; » vous me les avez remis sous la condition que j'in- » troduirais, dans les délais, conformément aux » règles de la procédure, l'action qui devait les » conserver, et cependant, malgré que cette ac- » tion ait manqué, vous avez tout perdu par suite » d'un événement que je devais prévoir, que je » devais empêcher (auquel j'ai même concouru), » je ne suis point passible de vos dommages??? » Cette idée nous répugne, et la considération dont on environne le ministère des avoués; la probité, le désintéressement et l'amour de la justice qu'on retrouve à l'envi dans les fonctions que ces officiers exercent, nous font un devoir de croire qu'il n'en est pas un seul qui voulût encourir le blâme que cette exception ferait peser sur lui.

Il n'y a donc aucune incertitude sur l'admissibilité de l'action récursoire de la partie, contre l'avoué, en dédommagement du préjudice souffert par le vice de la procédure, toutes les fois qu'il s'agit d'engager une instance, de conserver un droit ou d'en poursuivre les effets, n'importe d'où provienne la faute, la négligence ou l'erreur. Mais en est-il de même quant à l'exécution du jugement obtenu par l'avoué? Il faut distinguer : ou l'exécution a eu lieu dans l'année, ou, au contraire, elle n'a été commencée qu'après; dans le premier cas, il est non-seulement responsable du défaut d'exécution, mais encore des nullités, des fautes qui se glissent dans l'exécution elle-même; tandis que, dans le second cas, rien ne l'obligeant à faire cette exécution plutôt ou plus tard, il n'est passible que des nullités relatives aux actes de la procédure d'exécution, à moins que, par un retard volontaire, une négligence que rien n'excuserait, il n'eût fait perdre au créancier tout recours utile contre le débiteur. Tel est le vœu de l'article 1038 du Code de procédure civile : « les avoués, y est-il » dit, qui ont occupé dans les causes où il est in- » tervenu des jugemens définitifs, seront tenus » d'occuper sur l'exécution de ces jugemens, sans » nouveaux pouvoirs, pourvu qu'elle ait lieu dans » l'année de la prononciation des jugemens. » Cette règle reproduit la maxime du jurisconsulte Ulpien (1) que, l'obligation de défendre aux demandes principales, entraîne celle de suivre sur les demandes accessoires : *Æquum prœtori visum est, eum qui alicujus nomine procurator experitur, eundem etiam defensionem suscipere.*

Avec de tels principes, dont l'application est commune aux référés, l'on vient incontestablement au secours des parties lésées, on leur ouvre une voie facile, économique, expéditive, et on les met à même d'obtenir un juste et prompt dédommagement du préjudice souffert ; car l'avoué qui en calcule d'avance tous les effets, s'empresse ordinairement d'acheter, par un silence licite et mesuré, la réparation de sa faute, de sa négligence ou de son imprudence (2).

---

(1) *Leg.* 33, § 4, *lib.* 3, *tit.* 3, *ff. de Procurat. et Defen.*

(2) Ce recours en garantie contre le mandataire *ad lites* est un levier puissant qui sert à rétablir l'équilibre de la balance de la justice, quand un intérêt mal entendu l'a renversé : — Le fait suivant, qui s'est passé sous nos yeux, et que nous croyons devoir rapporter ici, parce qu'il y trouve sa place, justifierait au besoin toute la vérité de notre proposition.

La succession du sieur N****, ayant été acceptée sous béné-

ARTICLE III.

DES AGRÉÉS.

C'est ainsi qu'on appelle certains hommes de loi qui, avec l'assentiment des tribunaux de commerce,

---

fice d'inventaire, l'héritier comptable chargea Me D****, avoué au tribunal de première instance de........ (Haute Garonne), de faire vendre judiciairement soit les meubles, soit les immeubles qui en dépendaient, et d'exercer toutes les poursuites compatibles avec une sage administration. — En vertu de ce mandat, l'inventaire est requis et parachevé, les meubles sont vendus, le prix distribué, et quant aux immeubles, après plusieurs incidens qui paraissent n'avoir eu d'autre but que d'augmenter les frais, ou de compliquer la position des parties, la vente en est faite aux enchères publiques. De suite, l'avoué poursuivant provoque un ordre en justice où l'on appelle avec profusion tant les créanciers inscrits que ceux qui ne le sont pas, c'est-à-dire les hypothécaires et les chirographaires : parmi ces derniers, se trouvait la femme G*****, née D*****, domiciliée à Bordeaux, réclamant l'allocation d'une créance qui, quoique peu considérable, formait toutes ses ressources pécuniaires. — Il est bon de faire remarquer que, dans la succession du sieur N****, il existait activement une infinité de petites rentes constituées ou foncières, mais d'une si mince valeur que, la plupart étaient bien inférieures aux frais de poursuite. Cependant l'on fait entrevoir à l'héritier que sa responsabilité l'oblige à consolider le service de ces rentes au profit des ayans-droit, et que le seul moyen d'y parvenir, est de contraindre les débiteurs non-seulement à payer les arrérages, mais encore à fournir des renouvellemens de titre. Voilà le motif qui donne naissance à autant de procès particuliers ! L'on dit même que, dans des intentions fort louables, sans doute, on essaya le préliminaire de la conciliation, alors cependant que, la qualité d'héritier bénéficiaire, s'opposant à toute espèce de transaction, ce préalable devenait illusoire (Loi du 6-27 mars 1791, art. 16; Cod. civ., art. 2045, et Cod. de procéd. civ., art. 48); aussi l'avoué du demandeur dut-il faire signifier, soit les procès-verbaux de non-conciliation, ou les certificats de non-comparution, soit les autres pièces sur lesquelles la demande était fondée. Quoiqu'il en soit, l'administration de la succession fut surchargée d'une foule de dépenses énormes et inutiles, qui absorbèrent une partie des sommes qui étaient en distribution, et primèrent beaucoup de créanciers ;

ont été admis soit comme défenseurs, soit comme simples mandataires, ou agréés, à représenter les parties qui plaident devant ces juridictions. Leur institution, quoique non fondée en droit, n'a pourtant rien d'illicite; car indépendamment de ce que le décret du 19 juillet 1810, sur les délits de postulation, ne se rapporte qu'aux tribunaux civils, nous devons encore faire observer qu'il n'est pas contraire aux bonnes mœurs, à l'intérêt des justiciables, et surtout à la liberté de la défense, (objet si précieux parmi nous), que quelques tribunaux

---

la femme G***** en fit l'épreuve. La position de cette créancière était d'autant plus difficile que, ne s'attendant point à une telle masse de prélèvemens (ayant d'ailleurs reçu l'assurance d'un paiement), elle n'avait aperçu la perte qui la menaçait qu'après l'expiration des délais pour contre-dire, et à l'instant même où le procès-verbal d'ordre allait être clôturé. N'importe, cet obstacle ne l'arrête pas; elle s'oppose à la clôture, attaque l'héritier bénéficiaire, conteste son administration, et invoque à son aide les dispositions protectrices de l'art. 804 du Code civil, qui rendent l'héritier responsable des fautes graves qu'il a commises. Or, cette action soulève un fait de responsabilité qui peut avoir des conséquences fâcheuses pour lui, puisqu'elle va remettre en question la validité de tous les actes d'administration, et l'on conçoit dès-lors que, s'il est condamné comme mauvais administrateur, il aura son recours en garantie contre l'avoué qui l'a représenté. — Nous sommes bien loin de croire qu'il y eût dol ou fraude de la part de cet officier-ministériel, ni qu'il se rendît coupable d'erreur volontaire, en se livrant à des procédures volumineuses, inutiles et frustratoires; mais il y avait tout au moins faute, négligence ou imprudence, et il n'en fallut pas davantage pour qu'il désintéressât de suite la femme G*****, en l'indemnisant de sa créance, tant en principal qu'accessoires: la cession *sans garantie* qu'il retira d'elle, et le *désistement* du contredit, sont là pour attester tout l'effet que peut produire un tel recours. Mais aussi depuis cette époque, Me D****, avoué, s'est constamment ressouvenu qu'il fut contraint à résipiscence; quant au défenseur de la femme G*****, il n'a jamais oublié que le malheur de sa cliente lui suggéra une bonne action.......

de commerce aient fait choix d'un nombre suffisant d'agréés, pour servir d'intermédiaires entre les magistrats et les plaideurs. Non, c'est plutôt pour accélérer la marche des affaires, leur imprimer plus d'ordre et moins de confusion, qu'on a eu recours à leur office, que dans le dessein d'enlever aux parties soumises aux juridictions commerciales, la faculté qu'elles ont de venir elles-mêmes à la barre, ou d'appeler un tiers avec le mandat d'y discuter leurs intérêts. La loi est formelle à cet égard, et les juges qui ont cru devoir se donner des agréés, alors que les fonctions d'avoué étaient interdites, savent qu'ils seraient impuissants, s'ils voulaient en paralyser l'effet (Cod. de procéd. civ., art. 414 et 421).

Tout le monde est d'accord que, nul ne peut plaider pour une partie devant les tribunaux de commerce, si la partie, présente à l'audience, ne l'autorise, ou s'il n'est muni d'un pouvoir spécial, et que ce pouvoir (qui peut d'ailleurs être donné au bas de l'original ou de la copie de l'assignation) doit être exhibé au greffier avant l'appel de la cause, pour qu'il le vise sans frais (Code de commerce, article 627); mais cette formalité n'est pourtant pas rigoureusement nécessaire, et l'on serait irrecevable à se prévaloir de son inobservation, pour arguer de nullité le jugement dans lequel le consentement ou le pouvoir n'aurait pas été référé.

En effet, dit M. Pardessus (1), « il est d'usage, » dans les tribunaux où les affaires sont nombreu- » ses, que des agréés y représentent les parties, *sans*

(1) Cours de droit commercial, tom. 5, pag. 9 et 10.

» *pouvoir spécial*, de manière que le jugement, » après une continuation prononcée sur plaidoirie, » soit réputé contradictoire. »

Or, il est de règle invariable, que « aucun exploit » ou acte de procédure ne puisse être déclaré nul, » si la nullité n'en est pas formellement prononcée » par la loi (Cod. de procéd. civ., art. 1030). »

Un jugement n'est qu'un acte de procédure.

Sans doute, nous en convenons, le Code de commerce exige un pouvoir spécial; mais en disant que ce pouvoir serait exhibé au greffier, et visé par lui, avant l'audience, le législateur n'a pas ajouté ces mots: *à peine de nullité*. Il les faudrait néanmoins si l'on voulait tirer quelque avantage de la contravention.

Aussi devons-nous tenir pour constant que, toutes les fois que le tribunal aura la certitude que le demandeur ou le défendeur, *absent de l'audience*, a constitué un mandataire à sa place, la loi ne sera pas violée, n'importe de quelle manière il l'ait acquise.

Le mandat ou *procuration* (nous l'avons déjà dit en parlant des avoués), est l'acte par lequel une personne donne à une autre le pouvoir de faire quelque chose pour le mandant et en son nom (Cod. civ. art., 1984); Or, le mandat peut intervenir ou par acte public, ou par écrit sous seing-privé, par lettre, et même *verbalement*, sauf que, dans ce dernier cas, s'il est contesté, la preuve de son existence ne doit être reçue par témoins qu'autant que la chose dont il s'agit n'excède point la somme ou la valeur de 150 francs, à moins qu'il n'existe un commencement de preuve par écrit (art. 1341, 1347 et 1985).

Ces principes une fois établis, demandons-nous ce qu'un tribunal de commerce aurait à répondre à l'individu qui viendrait lui dire : « *Pierre* a engagé » contre *Paul*, une action commerciale, et comme » il ne peut pas comparaître en personne, ou qu'il » craint de mal présenter sa défense; il m'a donné » mandat de le remplacer ici, et de démontrer à » ses juges qu'il est fondé dans la réclamation qu'il » leur soumet. »

Cet argument nous paraît irrésistible, dans ce sens que, les magistrats auxquels il serait porté, ne pourraient en atténuer la force, qu'en disant : « Oui, » le mandat peut, il est vrai, n'être que verbal; » mais comme nous n'avons point foi en la déclara- » tion de celui qui l'invoque, et que rien ne nous » assure que ce ne soit pas une allégation suscepti- » ble de conduire les parties dans une involution » de procédure, notamment celle à qui on l'attri- » bue, si l'on compromettait ses droits; nous ordon- » nons que, conformément à l'art. 627 du Code » de commerce, l'acte ou *procuration* servant à » établir le mandat dont il s'agit, sera exhibé au » greffier avant l'appel de la cause, et visé par lui. » Mais par la raison des contraires, les mêmes magis- trats sont autorisés à répondre : « Me. S...., agréé, » que nous avons investi de toute notre confiance, » et qui d'ailleurs offre toute espèce de garantie, » nous affirmant que *Pierre* lui a donné mandat de » le défendre contre *Paul*; nous l'admettons à plai- » der pour le mandant, sur l'appel de la cause qui » va être fait par l'huissier de service. »

L'art. 627 précité n'est en effet que facultatif pour les juges : il ne contient aucune disposition irritante ou impérative; d'où il faut conclure que, n'ayant pour ainsi dire été rédigé que dans leur intérêt personnel, pour empêcher qu'ils fussent contraints d'admettre en qualité de mandataire, toute personne qui viendrait le leur déclarer, ils restent les maîtres d'écarter la formalité qu'il indique, alors sourtout qu'ils ont la certitude que le mandat a été donné, verbalement ou par écrit.

Il importe donc peu à la question qui nous occupe, que l'ordonnance royale, du 10 mars 1825, ait disposé (art. 1er) que, « lorsqu'une partie aura » été défendue devant un tribunal de commerce par » un tiers, il sera fait mention EXPRESSE, dans la mi- » nute du jugement qui interviendra, soit de l'au- » torisation que ce tiers aura reçue de la partie » présente, soit du pouvoir spécial dont il aura été » muni ; » car il est de règle, en France (au moins depuis la charte du 4 juin 1814), que le roi n'exerce point le pouvoir législatif, et que, par conséquent, sa volonté unique est impuissante pour abroger une loi, ou y ajouter.

Tel serait pourtant l'effet de l'ordonnance de 1825 !

Vainement dirait-on que la royauté est dépositaire de la force exécutive, et qu'ainsi le chef de l'état a pu déterminer les formes d'exécution de l'article 627 du Code de commerce ; nous répondrions alors que c'est une nouvelle erreur, non parce que le pouvoir exécutif ne réside point dans la personne du roi, mais bien parce que tout étant réglé avant l'ordonnance, elle n'est intervenue que pour enlever des droits antérieurement acquis.

Justifions cette double proposition.

Et d'abord, la disposition du Code commercial qui exige que le pouvoir soit exhibé au greffier, avant l'appel de la cause, et par lui visé sans frais (art. 627), est purement fiscale; elle ne renferme point la base d'un principe, la constatation d'un droit qui doive être mis à exécution, et ne fait qu'indiquer le mode suivant lequel il convient d'exécuter l'art 421 du Code de procédure civile, qui oblige les parties à comparaître en personne, ou par le ministère d'un fondé de procuration spéciale. Serait-ce d'ailleurs (et certes nous faisons une bien grande concession) un supplément à l'art. 1985 du Code civil, sur le mandat verbal, qu'il n'y aurait rien de changé; car, dans l'une comme dans l'autre hypothèse, l'ordonnance serait inutile, sans objet pour l'exécution.

Mais supposons, si l'on veut, que la condition de représenter et faire viser le pouvoir avant l'appel de la cause, n'ait pas été introduite dans le seul intérêt des juges; qu'en résultera-t-il? que, tandis qu'avant l'ordonnance de 1825, devant les juridictions consulaires, il n'était pas défendu de faire usage d'un mandat verbal (le Code de commerce n'ayant pas abrogé le principe consacré par le droit civil), la prohibition existerait pourtant aujourd'hui. Ce serait donc par une simple ordonnance qu'on aurait abrogé la loi! Cela est impossible. Et voulût-on prétendre que les dispositions de l'art. 627, de cela seul qu'elles paraissent contraires au droit commun sur l'existence du mandat non écrit, ont pu l'abroger ou le modifier, par suite de la maxime *posteriora derogant prioribus*; il suffirait, pour détruire l'ordonnance que nous combattons, de faire remarquer que les droits des parties restent encore les mêmes, puisque cet article du Code de commerce ne donne aucun moyen coërcitif, n'inflige aucune peine à l'auteur de la contravention. Voilà pourquoi les juges, nonobstant cette ordonnance, peuvent toujours dispenser de l'exhibition du pouvoir, si les élémens du procès leur donnent la conviction qu'il a été remis, ne fût-ce que *verbalement.* Une telle prérogative naît de la loi, et forme dès-lors un point d'appui susceptible de contrebalancer l'arbitraire de l'autorité gouvernementale.

Cette vérité fût comprise; aussi croyant échapper à ses conséquences, l'on ajouta: « les magistrats » chargés de procéder à la vérification ordonnée » par l'art. 6 de l'ordonnance du 5 novembre 1823 » (1), s'assureront si la formalité prescrite par » l'article précédent est observé dans tous les juge- » mens rendus entre des parties qui ont été défen- » dues ou dont l'une a été défendue par un tiers. Ils » consigneront dans leur procès-verbal le résultat » de leur examen à cet égard (Ordonnance du 10 » mars 1825, art. 2). — En cas de contravention » à l'art. 1er de la présente ordonnance, il en » sera rendu compte à notre garde des sceaux, pour » être pris À L'ÉGARD DU GREFFIER, telles mesures » *qu'il appartiendra* (article 3). »

Mais de quelles mesures peut-il être ici question?...... Le greffier n'exerce point la police de

(1) Il est dit dans cet art. : « les présidens des tribunaux de » commerce constateront pareillement chaque mois, dans le même » temps et dans les mêmes formes, l'état matériel et de situation » des feuilles d'audience et de toutes autres minutes de jugemens » et actes reçus et passés dans le greffe de leur juridiction. — Ils » enverront, dans les cinq jours suivants, leur procès-verbal à » notre procureur-général près la cour royale du ressort, lequel » pourra vérifier, lorsqu'il le trouvera convenable, soit par » lui-même, soit par l'un de ses substituts délégué à cet effet, » l'état des registres, feuilles d'audience, minutes des juge- » mens et actes desdits greffes. »

l'audience; il est d'ailleurs sans qualité pour réclamer du défenseur qui se présente, la justification du mandat, si le président juge à propos d'en dispenser.

Eh bien! nous le demandons, pourquoi menacer le greffier, non pas du glaive de la loi, mais de celui du despotisme ou du *bon plaisir*, dès l'instant qu'il est impossible, à moins d'injustice flagrante, de le rendre responsable de la contravention qu'on voulait empêcher?... Et parce qu'un greffier est sous la surveillance du ministre de la justice, qu'il peut être révoqué par le gouvernement, serait-il licite, serait-il honnête, conforme aux règles de l'équité, de le condamner à une amende ou de pourvoir à son remplacement pour un fait indépendant de sa volonté?....... Ne le taisons pas, si l'ordonnance qui prescrit, avant l'appel de la cause, la représentation du pouvoir spécial, et son visa, n'était déjà frappée de nullité, il n'en faudrait pas davantage pour la faire proscrire de nos Codes.

Et quant aux magistrats à qui elle s'adresse, comme ils ne sont investis du pouvoir de juger que d'après les lois existantes, ils ne doivent pas non plus l'exécuter, parce qu'elle tend à les abroger, ou à y ajouter, et qu'elle franchit, par conséquent, le cercle dans lequel sa force obligatoire est circonscrite; l'indépendance, ce beau caractère qui se lie si intimement à la magistrature française, substituant la volonté de nos juges à la volonté du législateur pour tout ce qui tient à l'exécution de la loi, leur donne l'insigne prérogative de repousser tout acte législatif qui serait entaché du vice d'inconstitutionnalité (1).

(1) L'arrêt de la cour de cassation, du 19 juillet 1825, malgré qu'il ait jugé, en interprétant l'art. 627 du Code de commerce,

Mais si les agréés ont le droit, sans pouvoir spécial, de représenter les parties, et de plaider pour elles devant les tribunaux de commerce, quelle doit être l'étendue de ce mandat, et quel moyen reste-t-il au justiciable, si son agréé dépasse la procuration écrite ou verbale qu'il lui a remise?

Examinons maintenant cette double question.

M. Pardessus, *loc. cit.*, après avoir posé le principe que, les agréés peuvent comparaître et défendre à l'audience, sans justifier du mandat qu'ils

---

que le mandat donné à un tiers pour représenter le mandant dans toutes ses affaires, était insuffisant (Sirey, tom. 25-1-393); il n'en faut pourtant pas tirer la conséquence qu'il ait quelque chose d'opposé à notre sentiment. — En effet, de quoi s'agissait-il dans l'espèce de cet arrêt? de savoir si le tribunal de commerce de Reims avait ou non pu reconnaître que la procuration générale qui charge un agréé de représenter le mandant dans toutes ses affaires commerciales présentes et futures, était suffisamment spécial. — Il avait été pris pour cet objet une délibération, *par voie de disposition générale et réglementaire*, qui admettait l'agréé à se servir de cette procuration jusqu'à ce qu'il en fût autrement ordonné, en même temps qu'il était enjoint au greffier d'y apposer son visa, et au mandataire d'y annexer soit l'original soit la copie de l'assignation, de manière qu'il fût hors de doute qu'il y avait pouvoir suffisant et instruction pour plaider. Or, une telle délibération violait évidemment la loi; d'abord, en ce qu'elle prononçait d'une manière générale, par forme de réglement, et en opposition avec l'art. 4 du Code civil; ensuite, parce qu'en déclarant qu'une procuration donnée pour toutes les affaires du constituant était néanmoins un pouvoir spécial, elle méconnaissait le principe consacré par l'art. 1987 du même Code, d'après lequel le mandat n'est spécial que lorsqu'il ne se rapporte qu'à une affaire ou certaines affaires seulement, et non pas à toutes les affaires du mandant. Voilà pourquoi, sur un réquisitoire du procureur-général, ainsi que l'y autorisait l'art. 80 de la loi du 27 ventôse an 8, la cour de cassation annula, pour excès de pouvoir, la délibération dont il s'agit. Mais si au contraire le tribunal de commerce, sans prendre de délibération expresse avait admis l'agréé à plaider, en se bornant à reconnaître qu'il y avait mandat spécial, il n'aurait point violé la loi, et sa décision eût échappé à la censure de la cour de cassation.

ont reçu, en déduit les conséquences, et continue en ces termes : « mais cette tolérance n'irait pas » jusqu'au point de considérer comme capable d'o- » bliger une partie, le consentement donné par » l'agréé porteur de ses pièces, s'il n'avait pas » un pouvoir spécial pour donner ce consente- » ment. » (1) En effet, il est écrit dans notre Code de procédure civile (art. 352), que « aucunes offres, » aucun *aveu* ou *consentement* ne pourront être faits, » donnés ou acceptés, sans un pouvoir spécial, à » peine de désaveu. »

Mais s'ensuit-il de là que l'agréé ne doive faire aucune offre, aucun aveu, ou donner aucun consentement, sans représenter le pouvoir spécial qui l'y autorise? Non; ce serait une erreur de le penser ainsi, et cette erreur détruirait la règle qui veut que le mandat puisse n'être que verbal.

Sans doute, nous en convenons, la partie au nom de laquelle l'offre ou l'aveu a été fait, et le consentement donné, peut bien le désavouer si, en réalité, elle n'y a point consenti; mais jusqu'à la manifestation d'une volonté contraire, tout étant censé fait de bonne foi, d'après ses ordres, et sur un mandat exprès, le tiers qui aurait contracté en justice, sur l'offre, l'aveu ou le consentement venant du mandataire, serait parfaitement lié, et n'aurait point l'action du désaveu pour se dégager, parce que cette action n'est réservée qu'à la personne à qui l'on attribue l'offre, l'aveu ou le consentement donné.

Toutefois, la partie qui trouve un agréé pour

(1) Cette opinion est fondée sur plusieurs arrêts. Voyez notamment ceux des cours de Rouen, Metz, Paris et Nîmes, des 1er mars 1811, 23 août 1822, 7 février et 22 juin 1824 (Sirey, tom. 11-2-233, et tom. 25-2-73, 196 et 176.

contradicteur, peut exiger de lui l'exhibition des pouvoirs qu'il invoque contr'elle, afin de s'assurer par elle-même, s'ils sont ou non suffisans, et qu'en plaidant avec un tel mandataire, il n'est pas à craindre qu'on vienne se prévaloir ensuite de la nullité de la décision, si elle lui est défavorable. Le principe contraire ferait naître de graves abus, parce que l'égalité de la défense, ce grand précepte de morale, venant à défaillir, la justice ne serait plus qu'une illusion, et les tribunaux, qu'un piége tendu à la bonne foi, à l'inexpérience des plaideurs. Or, tout nous fait un devoir de repousser cette idée. Et de même que lorsqu'on plaide contre un mineur, une femme mariée, une commune ou tout autre établissement public, on peut, dans le but de se soustraire à la nullité du jugement, opposer que le mineur n'est pas assisté de son tuteur, ou que le conseil de famille n'a pas été préalablement consulté, que la femme n'a pas le consentement de son mari ou celui de la justice, et la commune, l'autorisation du conseil de préfecture; de même aussi, devant les juridictions commerciales, quand le demandeur ou le défendeur n'a que la présence d'un agréé, agissant comme mandataire, il peut toujours le contraindre à lui faire connaître sa procuration, pour n'être pas exposé à plaider en-dehors du mandat, et, par conséquent, à pure perte, si le mandant ne veut pas ratifier (Cod. civ. art. 1998).

Mais après que le jugement est rendu, l'espèce change, et, dans ce cas, l'on est irrecevable à se prévaloir soit de l'incapacité, soit du défaut de qualité d'un adversaire qu'on a reconnu capable et suffisamment nanti, par le silence qu'on a gardé à son égard. Faisons ici l'application d'une règle analogue, et disons que, puisque « la nullité fondée » sur le défaut d'autorisation ne peut être opposée » que par la femme, par le mari, ou par leurs » héritiers (art. 225), » et que « les personnes » capables de s'engager ne peuvent opposer l'incapacité du mineur, de l'interdit ou de la femme » mariée, avec qui elles ont contracté (art. 1125), » il ne doit pas non plus être possible de prétendre que l'agréé était sans qualité pour agir, lorsque ce moyen n'a pas été proposé avant le jugement. Cela nous paraît d'autant plus exact que, si la décision est en dernier ressort, aucune voie de nullité n'étant ouverte à la partie qui se trouvait capable de contracter, si ce n'est le pourvoi en cassation, ce pourvoi cesse pourtant d'être utile, ou devient sans effet, à l'instant même, où la partie qui a obtenu gain de cause, déclare ratifier ce qui a été fait en son nom; car non-seulement la confirmation, ratification, ou exécution volontaire emporte la renonciation aux moyens et exceptions que l'on pouvait opposer (art. 1338); mais encore il n'y a qu'elle qui soit recevable à proposer la nullité résultant du vice qui se trouve dans le mandat qu'on lui attribue. A *fortiori*, en serait-il de même, si le jugement était de premier ressort. L'article 464 du Code de procédure civile dispose, en effet, que « il ne » sera formé, en cause d'appel, aucune nouvelle » demande, à moins qu'il ne s'agisse de compensa- » tion, ou que la demande nouvelle ne soit la dé- » fense à l'action principale. » Or, l'exception de nullité dont nous parlons n'étant autre chose qu'une demande à fin de justification du mandat donné à l'agréé, il est évident qu'elle ne serait pas admise, parce qu'elle n'a rien de commun avec l'objet principal du procès. D'ailleurs, la cour eût-elle le pouvoir d'annuler le jugement quant à la forme, c'est-à-dire par défaut de mandat dans la personne de l'agréé, cela n'aboutirait à rien, parce que la matière étant disposée à recevoir une décision définitive, il suffirait de conclure à l'évocation, et de cette manière, l'exception de nullité deviendrait illusoire, sans résultat pour la partie qui l'aurait proposée (art. 473).

Toute la difficulté consiste donc à savoir comment il faut agir contre l'agréé qui, *sans mandat*, a fait une offre, un aveu, ou donné un consentement au nom de la partie pour laquelle il se présente, et qu'il est intervenu un jugement qui, en donnant acte de l'offre, de l'aveu ou du consentement, prononce une condamnation injuste, préjudiciable, susceptible d'entraîner des exécutions qu'il est urgent d'empêcher.

Doit-on suivre l'action du désaveu proprement dit, ou bien suffit-il de contester l'offre, le consentement ou l'aveu, et de s'opposer à l'excécution, pour détruire l'effet du jugement?

S'il était question d'un officier-ministériel reconnu par la loi, d'un avoué, par exemple, cela se conçoit aisément, l'on devrait prendre la voie du désaveu, parce que ce mandataire est *exclusivement* chargé de représenter les parties devant le tribunal où il postule (Loi du 27 ventôse an 8, art. 94); dans ce cas, comme foi doit être accordée à l'officier-ministériel jusqu'à ce qu'il soit clairement démontré qu'il y a dol, fraude ou faute de sa part, le Code de procédure civile, au titre du désaveu (malgré qu'il puisse arriver que l'avoué ait méconnu ou dépassé son mandat), ne veut pas néanmoins qu'on sursoie l'exécution du jugement dans lequel existe l'offre, le consentement ou l'aveu qui donne naissance à la contestation. « Si le désaveu est déclaré valable, dit l'art. 360, le jugement, ou les dispositions du jugement relatives aux chefs qui ont donné lieu au désaveu, demeureront annulées et comme non-avenues : le désavoué sera condamné, envers le demandeur et les autres parties, en tous dommages-intérêts, et même puni d'interdiction, ou poursuivi extraordinairement, suivant la gravité du cas et la nature des circonstances. » Or il ne peut pas en être ainsi devant les tribunaux de commerce. Cette procédure a, d'ailleurs, des formes spéciales, incompatibles avec l'organisation des juridictions commerciales, telles que la communication au ministère public, et l'introduction de la demande par simple acte d'avoué, lorsqu'elle est incidente à une instance encore pendante.

En effet, devant les juges de commerce, l'on n'a point la présence d'un officier de parquet; et cependant, en matière de désaveu, son intervention est indispensable pour requérir des peines de discipline contre l'avoué qui a excédé les bornes de son ministère; car il n'y a point de désaveu proprement dit où la partie publique ne soit intéressée. Remarquons en outre que les tribunaux ordinaires, quand ils ont à statuer sur des procès de cette nature, doivent examiner, avec la plus grande attention, la gravité des circonstances, prendre des renseignemens, et surtout ne pas trop hâter la décision : d'où il faut conclure que ces préparatoires sont non-seulement impraticables devant les tribunaux de commerce, mais encore nuisibles, parce que la nature des affaires qui s'y traitent ne permettent point d'accorder d'aussi longs délais. Cette vérité acquiert bien plus de force, si l'on considère que le désaveu incident amène avec lui le sursis à toute procédure et au jugement de l'instance principale, jusqu'à celui du désaveu, à peine de nullité (art. 357); tandis qu'au contraire les juges consulaires ne sont autorisés à retarder la décision qu'on réclame d'eux que lorsqu'une pièce produite est méconnue, déniée ou arguée de faux, et que la partie persiste à s'en servir (art. 427).

Ainsi, d'après nous, pour arrêter l'exécution d'un jugement du tribunal de commerce rendu sur l'offre, l'aveu ou le consentement d'un agréé non autorisé, il ne faut pas avoir recours à l'action en désaveu dont parle le Cod. de procéd. civil. (1). On

(1) L'opinion contraire semble avoir été accueillie par l'arrêt de la cour de Rouen, du 1er mars 1811, et par celui de la cour de Paris, du 7 février 1824, dont nous avons déjà parlé, dans ce sens que les agréés qui avaient, *sans pouvoir spécial*, fait un aveu pour leurs mandans, furent désavoués devant le tribunal de commerce, et que les cours ayant à statuer sur le mérite du désaveu, le maintinrent, et déclarèrent nuls les jugemens dans lesquels l'aveu avait été fait. Il faut même dire qu'un arrêt plus singulier, celui de la cour de Nîmes, du 22 juin 1824, est allé jusqu'à décider qu'il fallait non-seulement diriger le désaveu contre l'agréé, mais encore le porter devant le tribunal civil, « soit parce que c'est devant ce tribunal seulement qu'on trouve » les avoués et le ministère public, dont le concours est nécessaire pour la poursuite et le jugement de l'instance en désaveu, » soit parce que l'action en désaveu n'étant pas dirigée contre » un commerçant et ne provenant pas d'un fait de commerce, » le tribunal de commerce serait incompétent *ratione materiæ*, » et tenu de renvoyer d'office devant le tribunal civil. » Or, nous ne saurions le taire, ces trois arrêts ont méconnu les principes, et par conséquent mal jugé; car indépendamment de ce que l'action en désaveu, introduite par le Code de procédure civile, ne concerne que les avoués (ce qui démontre d'une manière évidente qu'on ne peut l'appliquer *par induction* aux agréés

obtient ce résultat au moyen d'une déclaration notifiée à la partie poursuivante, dans laquelle la partie poursuivie lui fait connaître qu'elle n'a donné aucun pouvoir, soit pour la représenter, soit pour faire ou donner, en son nom, l'offre, l'aveu ou le consentement qu'on lui suppose. Et une telle déclaration, détruisant le mandat qui servait de base au jugement, il est hors de doute qu'il n'y a plus de jugement, plus d'exécution possibles. La partie qui avait obtenu la décision à son profit est alors obligée de soumettre sa demande à un nouvel examen, à moins qu'elle ne préfère attaquer l'agréé en réparation du préjudice souffert (Cod. civ., art. 1382). Cela nous paraît de la plus grande évidence.

Pour justifier notre opinion, il suffit de rappeler que, si le mandant doit exécuter les engagemens contractés par le mandataire, conformément au pouvoir qu'il lui a donné, il n'est tenu de ce qui a pu être fait en-dehors du mandat, qu'autant qu'il a ratifié expressément ou tacitement (art. 1998). Or, il suit de là qu'en protestant de suite, à l'instant même où elle a connaissance du jugement rendu contr'elle (1), la partie qu'on dit avoir été repré-

---

devant les tribunaux de commerce), l'on doit décider de plus, qu'un agréé, quant au fait de sa postulation, est soumis à la juridiction commerciale, parce que cette postulation (ainsi que nous l'avons enseigné), étant considérée comme agence ou bureau d'affaires, constitue un acte de commerce.

(1) Il n'y aurait pas cependant fin de non-recevoir, alors que la protestation dont nous parlons ne serait faite que quelque temps après la signification du jugement. En effet, nous croyons qu'il faut distinguer entre le jugement de dernier ressort, et celui qui est sujet à l'appel. Dans le premier cas, la partie n'est présumée ratifier que lorsqu'il s'est écoulé un temps assez long qui fasse croire à sa renonciation du droit d'attaquer le jugement qui la grève; par conséquent, elle peut encore protester contre

sentée par un agréé, se soustrait aux effets de la ratification tacite qu'on voudrait lui opposer plus tard, et que son adversaire, n'ayant devers lui ni ratification expresse, ni pouvoir spécial mentionné dans le jugement (comme le prescrivent les articles 421 du Code de procédure civile et 627 du Code de commerce), perd immédiatement le titre exécutoire qu'il s'était procuré (1). Aucune considération

l'offre, l'aveu ou le consentement qu'on lui attribue, à l'instant même de l'exécution, pourvu que le délai qui existe entre cette exécution et le jour où elle a pu connaître le jugement, ne soit pas exorbitant. Dans le second cas, au contraire, le jugement pouvant être renversé par l'appel, il nous semble évident que si la partie garde le silence pendant les trois mois durant lesquels l'appel peut être relevé, elle est censée vouloir que la décision acquière l'autorité de la chose jugée, et qu'ainsi l'exécution soit continuée, à moins qu'elle ne justifie qu'on lui a caché la signification du jugement.

(1) « Lorsqu'une partie se trouve condamné par suite du con- » sentement donné par un simple mandataire excédant son » mandat, il n'y a point réellement de condamnation consentie: » donc il n'y a pas de condamnation définitive; il suffirait de » se pourvoir par *opposition*. — En matière de *contrat* nous ne » prenons pas l'action en nullité ou en rescision, contre un » contrat souscrit par notre mandataire excédant ses pouvoirs: » nous résistons à l'exécution du contrat, comme étant nul ou » non existant; nous nions qu'il y ait contrat ou obligation, » attendu que le pouvoir de nous obliger de telle manière n'était » pas contenu dans notre mandat. — Reste à savoir si un *postulant* » ou *agréé* d'un tribunal de commerce a, comme l'avoué, un » caractère propre auquel soit dû une *foi* quelconque? L'ancien » usage, et nombre de convenances nous feraient pencher pour » l'affimative, surtout lorsqu'il y a remise des pièces (Cod de » procéd., art. 551); mais le contraire nous paraît résulter des art. » 421 Cod. proc., et 627 Cod. comm., qui exigent d'eux un *pou-* » *voir spécial* sur tout ce qui est relatif à l'intérêt de leurs cliens.» (Notes du rédacteur de l'arrêt de la cour de Rouen, du 1er mars 1811, qui, comme on le sait, décide implicitement que l'action en désaveu contre un agréé est la seule voie susceptible de détruire le jugement rendu sans mandat : Sirey, tom. 11-2-233). — La même doctrine est professée par la

ne milite même en sa faveur, puisque pouvant demander l'exhibition de la procuration dont l'agréé faisait usage, il y a sinon faute, tout au moins négligence de sa part de ne l'avoir pas fait, ce qui le rend irrecevable à se plaindre de la partie qui désavoue ensuite le mandat.

L'on objectera peut-être que cette doctrine ouvre la porte à la mauvaise foi, parce que certains plaideurs, pour échapper aux efforts d'une sentence juste, réfléchie et conforme aux droits de tous, ne manqueront pas de désavouer ce que l'agréé aura

---

cour de Metz dans l'arrêt du 23 août 1822, où elle déclare que l'aveu fait par l'agréé, sans mandat, est non obligatoire, et qu'il n'existe point de jugement en vertu duquel la partie puisse être poursuivie. — « Considérant.......... y est-il dit, » qu'il en doit être de même, par parité de raison, lorsqu'on dénie » d'avoir donné des pouvoirs à un prétendu mandataire ordinaire » qui a fait des offres ou concessions sur lesquelles une condamnation a été prononcée, puique si le fait contraire n'est pas prouvé, si l'existence du mandat n'est pas justifiée, il ne reste plus » de partie condamnée en cause, ou, en *tous cas*, le jugement » ne peut être considéré que comme rendu par défaut, contre un » défaillant, et, par conséquent susceptible d'être attaqué par » la voie de l'OPPOSITION (Sirey, tom. 25-2-73). »— Mais, tout en adoptant le principe suivant lequel, dans l'hypothèse actuelle, il n'y a pas de partie condamnée, nous croyons que la seconde proposition (celle qui tend à indiquer la voie de l'opposition ordinaire devant le tribunal qui a rendu le jugement), ne doit pas être admise; car il implique qu'une décision rendue avec un agréé, comme mandataire de la partie, alors qu'elle a tous les caractères d'une sentence contradictoire, puisse être assimilée à un jugement par défaut. Non, sans doute, cette décision ne change pas de nature, et si elle est nulle, non exécutoire quant à la partie qui n'a pas été valablement représentée, elle ne cesse pas d'avoir évacué l'instance, utilisé l'ajournement, sauf à faire rejuger le fond du droit, sur nouvelle demande, avec un contradicteur légal. La cour de Metz, lors de l'arrêt précité, n'a point repoussé cette doctrine; elle a seulement ajouté que la partie pouvait en outre se pourvoir par opposition.

fait en leur nom, consciencieusement, et dans leurs intérêts.

Cette objection n'a pourtant rien de solide; elle a, si l'on veut, le mérite de paraître spécieuse au premier abord, mais voilà tout; disons mieux, si elle pouvait influer en aucune manière sur l'accueil des principes que nous professons, elle aurait pour conséquence unique de favoriser le dol et la fraude: un agréé, abusant de la possession de quelque pièce qu'on lui aurait confiée, n'aurait qu'à colluder avec l'adversaire, et, par ce moyen, parviendrait dans un instant à consommer la ruine totale ou partielle de la personne dont il se dirait le mandataire. C'est ce que le législateur a voulu prévenir; aussi a-t-il imposé l'obligation d'être muni d'un pouvoir spécial, toutes les fois qu'on voudrait faire une offre, un aveu, ou donner un consentement pour autrui. La partie qui désavoue ce qui a été fait pour elle, *sans mandat*, reste par conséquent dans la légalité, et en supposant qu'elle eût le dessein de faire acte de mauvaise foi, puisque l'agréé était le maître de l'empêcher, en exigeant un pouvoir, lui seul est répréhensible, et doit, dès-lors, pour réparer sa négligence ou son imprudence, répondre personnellement des dommages qu'éprouve le tiers, quand il n'y a point ratification expresse ou tacite de la décision rendue à son profit.

La demande en dommages doit même être portée devant le tribunal d'où émane le jugement; car indépendamment de ce qu'il importe beaucoup aux magistrats de savoir s'il y a fraude, dol ou seulement négligence de la part du défenseur qu'ils ont agréé (1),

(1) Les tribunaux de commerce ont-ils la faculté de prononcer la suspension ou l'interdiction d'un agréé? Oui. Cette question fut

nous devons ajouter que la postulation devant les tribunaux de commerce n'est qu'une véritable agence ou bureau d'affaires, et qu'ainsi l'agréé qui a plaidé pour une partie, est, sous ce second rapport, justiciable de la juridiction commerciale (Code de commerce, art. 632).

« Il ne faut pas confondre, dit M. Merlin (1) » l'agent d'affaires avec le *negotiorum - gestor*.

---

jugée le 1er septembre 1818, par la cour de Pau (Sirey, tom. 19-2-193), et quoique l'arrêt paraisse avoir été rendu dans un sens négatif, nous n'en persistons pas moins à soutenir que l'agréé peut être interdit ou suspendu, suivant la gravité des circonstances, parce que lui enlever cette qualité ou l'en priver momentanément, n'est pas lui interdire le droit de représenter une partie, *en vertu d'une procuration spéciale*; mais bien lui apprendre qu'il a perdu la confiance du tribunal où il postule, ou qu'il l'a seulement affaiblie. D'ailleurs, si l'on fait bien attention à l'arrêt que nous venons de citer, l'on se convaincra qu'indépendamment de ce qu'il décide que l'interdiction ou suspension peut être prononcée contre l'agréé, *qui manque au respect dû au tribunal de commerce*, le jugement ne fut annulé que par le motif que l'agréé *n'avait pas été appelé pour se défendre*, et que le fait qui avait donné lieu à la suspension, *était détruit par les circonstances*. « Attendu, est-il dit, que les droits des tribunaux consulaires se » bornent au maintien *de l'ordre et de la décence* dans leurs » audiences, et à rappeler à *leur devoir*, ceux qui s'en écartent; » que le tribunal de commerce de Pau, ayant, par son juge» ment du 18 août dernier, prononcé l'interdiction du sieur » L***** pendant deux mois, NON PARCE QU'IL AURAIT MANQUÉ AU » RESPECT QUI LUI ÉTAIT DU, *mais bien parce qu'il n'aurait pas* » *fait certaines révélations à son greffier*, au sujet de quelques » additions prétendues faites après coup dans la minute d'un juge» ment, FAIT GRAVE; *mais que toutes les circonstances détruisent*; » a commis un excès de pouvoir; et créé des peines qui n'exis» tent pas; que D'AILLEURS le sieur L***** *n'ayant pas été entendu*, » *ni mis à même de se défendre*, c'est le cas, SOUS CE DOUBLE RAP» PORT, d'*annuler* le jugement dont est appel, et de le *décharger* » de l'interdiction contre lui prononcée. »

(1) Répertoire de jurisprudence, *verbo* agent d'affaires; 5me édition.

» Celui-ci fait les affaires d'autrui sans pouvoir » *ad hoc;* celui-là ne les fait qu'en vertu d'une pro- » curation expresse. — Il ne faut pas non plus le » confondre avec le mandataire proprement dit. Le » mandataire, en prenant ce mot dans son acception » usuelle, est celui qui ne se charge qu'accidentel- » lement des affaires d'autrui ; l'agent d'affaires est » celui qui fait *profession* de s'en charger, *qui s'an-* » *nonce comme tel au public,* et qui tient à cet effet » un bureau ouvert à tout le monde. — Les *agences* » et *bureaux* d'affaires étant classés par l'article 632 » du Code de commerce parmi les actes commer- » ciaux, il est clair que l'agent d'affaires doit-être » réputé commerçant. »

Ainsi, supposons que *Pierre*, créancier de *Paul* d'une somme de 2,000 francs portée par lettre de change, l'appelle en condamnation devant le tribunal de commerce. — Un agréé se présente pour le demandeur, *sans pouvoir spécial,* ou s'il en a un, il ne lui donne mandat que de *persister* dans la demande. Cependant, au lieu de conclure à ce que le défendeur soit tenu du paiement de l'entière lettre de change, cet agréé avoue que *Pierre*, son mandant, a reçu 1,000 francs à compte, et il intervient un jugement qui ne condamne *Paul* qu'a payer 1,000 francs pour solde. — Dans ce cas, tout nous porte à croire que le demandeur pourra désavouer le consentement donné à son nom, s'opposer à l'exécution du jugement, et traduire encore *Paul* en justice, à l'effet d'obtenir qu'il soit condamné à lui payer les 2,000 francs, objet de la demande primitive. Mais, de son côté, le défendeur aura le droit d'appeler l'agréé en intervention dans cette nouvelle instance pour, contradictoirement avec *Pierre*, venir s'expliquer sur l'étendue du mandat qui lui avait été donné; or, s'il résulte de cette contradiction en cause que l'agréé était autorisé à déclarer l'à-compte de 1,000 francs, la première condamnation sera maintenue, et le désavouant condamné aux frais, tandis que si le mandat est reconnu insuffisant, l'agréé sera assujetti à indemniser *Paul*.

Supposons, au contraire, que *Paul* se soit fait représenter par un agréé; que ce mandataire, au lieu de conclure au relaxe, intention manifestée par la défense qui lui était confiée, ait convenu de la dette, alors qu'il avait des pièces qui établissaient la libération, et qu'un jugement ait passé à la condamnation contre le mandant. Il est encore de la dernière évidence que *Paul*, quand il connaîtra ce jugement par la signification qui lui en sera faite (et pendant le délai de l'appel, si l'exécution n'est pas requise plutôt), pourra néanmoins en paralyser l'effet, en protestant contre la reconnaissance de la dette; car il ne saurait exister de décision valable que sur un mandat *exprès* d'avouer la légitimité de la demande, à moins que l'agréé, s'il est sans pouvoir, ne conclue au relaxe du mandant. Peu importe que *Pierre* soit ou non porteur de la lettre de change de 2,000 francs, puisque ce titre, qu'il soit dû ou soldé, n'étant pas exécutoire par lui-même, ne l'autorise point à faire une exécution contre le débiteur. — Dans cette hypothèse, le créancier pourra introduire devant le tribunal de commerce, contre l'agréé, son action en dommages et intérêts. En effet, une telle action naît de la profession d'agent-d'affaires qu'exerce l'agréé; or, nous venons de voir que cette profession le rend justiciable du tribunal de commerce où il est attaché. — A son tour, l'agréé appellera en cause, *Paul*, son mandant, et fera juger avec lui, s'il en a les moyens, que le pouvoir reçu était suffisant. Il n'existe pas le moindre doute à cet égard. « Celui (dit l'art. 175 du Code de procédure » civile), qui prétendra avoir droit d'appeler en » garantie, sera tenu de le faire dans la huitaine (1) » du jour de la demande originaire, outre un jour » pour trois myriamètres. S'il y a plusieurs garans » intéressés en la même garantie, il n'y aura qu'un » seul délai pour tous, qui sera réglé selon la dis- » tance du lieu de la demeure du garant le plus » éloigné. » *Paul* sera donc obligé de répondre à la demande en garantie devant le tribunal de commerce, parce que son agréé, défendeur principal, ayant fixé la juridiction, les mêmes juges ont la faculté de statuer simultanément tant sur le principal que sur l'accessoire; et ici l'accessoire n'est que la justification du mandat reçu. Il n'y a d'exception à cette règle, que pour le cas où la demande en garantie ne serait provoquée qu'après le jugement de l'action principale : alors le garant ne pourrait plus être appelé que devant le juge de son domicile (tribunal civil ou de commerce, suivant

(1) En matière de commerce, le délai de la comparution peut n'être que d'un jour, outre l'augmentation en raison de la distance (Cod. de procéd. civ., art. 416 et 1033). Aussi malgré que, devant les juges commerciaux, toute demande doive y être formée par exploit, suivant les formalités prescrites au titre *des ajournemens* devant les tribunaux civils (art. 415), c'est-à-dire avec la faculté d'appeler garant en cause; nous pensons que le défendeur n'a pas le délai de huitaine pour exercer son action en garantie, mais seulement le délai de droit devant les juridictions commerciales.

les circonstances), conformément au titre des ajournemens.

En déterminant ainsi la nature, l'étendue et les conséquences du mandat que les agréés reçoivent de la loi, de l'usage et des parties, l'on arrive à la démonstration de notre thèse, que de tels mandataires peuvent, sans procuration écrite, plaider et instruire, devant les tribunaux de commerce, toute espèce de cause, pourvu que l'adversaire n'exige point la représentation du pouvoir, ou qu'il ne s'agisse de faire une offre, un aveu, ou de donner un consentement, et que l'agréé n'ayant des doutes sur la bonne foi de son mandant, ne veuille se prémunir contre lui, en obtenant une autorisation littérale et expresse.

Or, les mêmes principes régissent encore les matières susceptibles de faire la base ou le prétexte d'un référé commercial, et soit qu'on se présente à l'audience du tribunal réuni, soit qu'on n'aille qu'en référé; tout nous engage à penser que l'agréé, *simple mandataire présumé*, peut, en cette seule qualité, plaider sur le litige, tout comme le ferait un avocat, porteur de procuration ou assisté de la partie, et se livrer en outre à tous les actes d'instruction, sauf les restrictions que nous venons d'indiquer.

Ainsi, les agréés ont incontestablement le droit de présenter et de signer eux-mêmes les requêtes qui tendent à l'abréviation des délais (Code de procédure civile, art. 417), à la nomination des experts chargés de constater l'état des marchandises expédiées et refusées (Cod. de commerce, art. 106), celles relatives aux saisies-conservatoires après protêt de lettres de change échues (art. 172) au compulsoire des livres d'un négociant (art. 15 et

16), et, *en état de référé*, dans toutes les circonstances qui l'exigent; par exemple, à suite des difficultés qui s'élèvent lors de l'apposition, de la levée des scellés, et de l'inventaire (art 449, 453 et 486), de la vente du mobilier après la déclaration de faillite (art. 492, et Cod. de procéd. civil., art. 948), ou quand il s'agit de la première expédition exécutoire d'un jugement, des autres expéditions non-exécutoires d'actes ou jugemens parfaits et enregistrés, imparfaits et non enregistrés, et du compulsoire sur la collation de ces actes ou jugemens (art. 843, 852, 853 et Ordonnance du 9 octobre 1825, contenant la fixation des droits de greffe, art. 1er, § 2, nº 2).

Mais il faut le dire aussi, cette postulation, qui constitue les agréés vrais mandataires *ad lites*, les soumet à une grande responsabilité; car indépendamment de l'action en dommages et intérêts venant de la part des tiers, dont nous avons déjà fourni quelques exemples, ils ont encore à redouter l'action en garantie, *directa mandati actio*, venant du chef des personnes qu'ils ont représentées. En effet, dans le contrat de mandat, dit Pothier (1), le mandant a le droit d'exiger du mandataire qui s'est chargé du mandat, non-seulement de la bonne foi, mais tout le soin et toute l'habileté que demande l'exécution du mandat dont il s'est chargé; et le mandataire, en conséquence, est responsable envers le mandant de tout le tort qu'il lui a causé dans la gestion de l'affaire, non-seulement par son dol, mais par sa faute, DE QUELQUE ESPÈCE QUE SOIT LA FAUTE : *A procuratore dolum et omnem*

(1) Traité du contrat de mandat, chap. 2, art. 2. nº 46.

culpam, non etiam improvisum casum prœstandum esse, juris autoritate manifestè declaratur (1).

Nous devons conclure de là, que l'agréé qui aurait accepté le mandat de recouvrer une lettre de change, s'il négligeait le protêt à l'époque de l'échéance, serait responsable de la perte de la garantie qu'avait le mandant contre les endosseurs, et tenu dès-lors *personnellement* de payer la traite, si le tireur ou l'accepteur ne la payait lui-même; tout comme il serait passible du préjudice qu'éprouverait le porteur, si, par le défaut de saisie-conservatoire ou d'ajournement dans les délais utiles, laissant disparaître les meubles et effets mobiliers des tireur et endosseurs, ou dégageant ces derniers du recours subsidiaire qu'on pouvait exercer contr'eux, il rendait toute poursuite ultérieure illusoire et inutile.

Il en serait encore de même, si un agréé après avoir reçu les pièces de la partie condamnée par défaut, formait opposition au jugement, et ne venait pas défendre ensuite sur cette opposition. L'on conçoit que l'opposant étant démis faute de plaider, pourraît alors, si le jugement était en dernier ressort, faire condamner son agrée à lui rembourser tout ce qu'il aurait été obligé de payer par suite de la décision surprise contre lui, tout comme si le jugement était sujet à l'appel, il aurait un recours direct contre l'agréé, pour lui faire supporter l'augmentation de frais occasionnée par son absence ou sa retraite de l'audience.

Par la même raison, si l'huissier choisi par le

---

(1) *Leg.* 13, *de Dolo, Culpâ, Casu; Cod. Mandati vel contrà, lib.* 4, *tit.* 35.

mandataire, faisait quelque nullité dans la rédaction ou la signification des actes accessoires à l'accomplissement du mandat, le mandant aurait encore une action ouverte non-seulement contre l'huissier, mais encore contre l'agréé, parce que ce dernier devait surveiller l'affaire qui lui était remise; et empêcher que sa partie n'éprouvât aucun dommage; en un mot, l'on doit appliquer aux agréés, *dans les matières commerciales*, les principes que nous avons invoqués sur la responsabilité des avoués, *dans les matières civiles*; car le mandat donné aux uns et aux autres est identique, il a le même but, offre les mêmes chances de gain et de perte, et doit, par conséquent, recevoir la même décision (1).

De ce rapprochement, dérive pour nous l'obligation d'approfondir quelques questions analogues, relativement à la postulation des agréés devant les tribunaux de commerce.

1re QUESTION.

L'AGRÉÉ A-T-IL DROIT A DES ÉMOLUMENS, ALORS MÊME QU'IL NE LUI EN AURAIT PAS ÉTÉ PROMIS?

En règle générale, le mandat est gratuit, parce que de la part du mandataire, c'est plutôt un hommage rendu à l'amitié que la perspective d'un lucre : *mandatum, nisi gratuitum nullum est : nam originem ex officio, atque amicitiâ trahit : contrarium ergo est officio merces : interveniente enim pecuniâ, res ad locationem et conductionem potiùs respicit* (2).

---

(1) Voyez *suprà*, pag. 629 et suivantes, ce que nous avons dit à l'égard de l'action contre les avoués, pour dol, fraude, faute, négligence ou imprudence, et un arrêt de la cour de Paris, du 26 novembre 1816 : Sirey, tom. 17-2-236.

(2) *Leg.* 1, § 4, *de Gratuito et Mercede, ff. Mandati vel contrà, lib.* 17, *tit.* 1.

Mais notre droit français, moins rigoureux en cela que le droit romain, permet d'accorder un émolument, sans rien faire perdre au mandat de ce noble caractère.

« Pourquoi, en effet, le commettant ne pourrait-» il donner ou promettre une récompense? Pour-» quoi ne pourrait-il obéir au sentiment d'une » juste délicatesse, qui le porterait à indemniser » le mandataire du sacrifice d'un temps et de soins » qu'il aurait pu employer utilement pour lui-» même? Ces signes de gratitude, loin de dénaturer » le service, ne font que le rendre plus sensible. » Une récompense donnée ou promise n'est jamais » réputée, dans ce contrat, qu'une indemnité; » elle n'est pas un bénéfice: elle ne change donc » point la nature du mandat, et n'empêche pas » que les devoirs réciproques du commettant et du » mandataire ne demeurent soumis aux règles par-» ticulières à ce contrat. » Tel est l'esprit de l'art. 1986 du Code civil.

Or, il est évident que la personne qui se chargerait de faire quelque chose pour autrui, serait présumée ne remplir qu'un bon office; elle ne pourrait prétendre à aucun salaire, s'il n'avait pas été stipulé, parce que le mandat unique, isolé, qu'elle aurait reçu (serait-il reproduit, par le même individu, à des intervalles plus ou moins longs), ne ferait jamais supposer que le mandataire eût voulu en contracter l'habitude, et se livrer *exclusivement* à la régie des affaires du mandant, dans le dessein de spéculer. Aussi l'émolument, l'indemnité, ou toute autre somme à titre de récompense ou de bénéfice, quoique valablement payée, si elle était reçue par le mandataire, n'entrerait point, par cela seul, dans les obligations du mandant : il faudrait une convention *expresse*.

Mais il n'en est plus de même lorsque quelqu'un a témoigné l'intention de faire, *du contrat de mandat*, une profession ; alors la présomption légale de gratuité cesse, et l'on trouve au même instant un mandataire public qui, moyennant *salaire*, veut bien s'occuper des intérêts de tous.

Ainsi, malgré que le contrat de change ne soit qu'un véritable mandat donné à un tiers de payer ou faire payer dans une place de commerce autre que celle où l'on est actuellement, une somme qu'on lui remet, ou tout autre valeur en échange de l'argent qu'il paiera(1) ; néanmoins, si l'on s'adresse de préférence à un banquier, négociant, ou à une personne se livrant habituellement à des opérations de banque, ce seul fait soumettra le mandant, envers le mandataire, non-seulement aux frais du transport de l'argent, mais encore à la prime d'usage, et même à celle qu'on voudra exiger pour ce transport ou négociation ; car n'importe que la prime ou le bénéfice dépasse ou non le taux de l'intérêt légal ou conventionnel fixé par la loi du

(1) Le change, si l'on veut, « est un contrat par lequel je vous » donne ou je m'oblige à vous donner une certaine somme, en » un certain lieu, pour et en échange d'une somme d'argent que » vous vous obligez de me faire compter dans un autre lieu..... » Ce contrat s'exécute par le moyen de la lettre de change.— » On peut définir la lettre de change une lettre revêtue d'une » certaine forme prescrite par les lois, par laquelle vous mandez » au correspondant que vous avez dans un certain lieu, de m'y » compter, ou à celui qui aura mon ordre, une certaine somme » d'argent, en échange d'une autre somme d'argent ou de la » valeur que vous avez reçue ici de moi, ou réellement, ou en » compte (Pothier, traité du contrat de change, nos 2 et 3). »

3 septembre 1807, à raison des prêts d'argent, le contrat n'en sera pas moins licite, exempt du vice d'usure (1).

---

(1) Les frais de change et de rechange, excédant 6 % payés au preneur de lettres de change *simulées*, par le sonscripteur, pour leur négociation, ne sont pas réputés usure, alors qu'il est constant que la négociation a eu lieu. Par exemple, *Pierre* tire de Bordeaux, où il n'est pas allé, une lettre de change sur Toulouse, lieu qu'il habite, mais au domicile d'un tiré (vrai ou supposé), et remet cette lettre de change à *Paul*, banquier de Bordeaux, pour qu'il la négocie : dans ce cas, malgré que *Pierre* traite directement avec *Paul*, dans le seul but d'obtenir de lui la valeur de la lettre de change, ce dernier n'en aura pas moins le droit d'exiger d'abord ses frais, puis une prime calculée sur le taux de la place où la négociation sera faite, et qui pourra dépasser l'intérêt légal (Arrêt de la cour de cassation du 8 novembre 1825, rapporté par M. Sirey, tom. 27-1-84). Pourquoi cela ? Parce que *Paul* n'est que le mandataire du tireur de la lettre de change, et qu'en supposant qu'il l'eût prise pour son compte, en en payant lui-même la valeur, moins les frais et la prime ou remise, il y aurait transport de place en place (caractère essentiel du change), non-seulement à raison de ce que l'argent serait venu de Bordeaux à Toulouse, mais encore de ce que *Paul* aurait pris à Bordeaux une lettre de change payable dans une autre ville. — Il est maintenant établi par la jurisprudence des cours que la prime reçue dans le contrat de change, ainsi que dans la négociation des lettres de change, quelle que soit sa quotité, ne peut jamais caractériser l'usure, pourvu qu'il y ait eu change réel et négociation effectuée : c'est ce qui résulte d'un grand nombre d'arrêts. L'on peut voir notamment ceux de la cour de cassation, des 4 février 1828 et 19 février 1830 (Sirey, tom. 28-1-99, et tom. 30-1-273). Par la même raison, l'indemnité, n'importe laquelle, qu'on perçoit lors de l'escompte d'une lettre de change, ne saurait non plus constituer le délit d'usure, parce que l'usure ne peut intervenir que sur un prêt d'argent ; or, escompter un effet qu'on a souscrit, c'est-à-dire le payer avant l'échéance, en en retenant une portion avec le consentement du porteur, ou bien prendre, sur la place de commerce où l'on se trouve, un effet non échu, pour de l'argent ou des marchandises que l'on remet, ce n'est point convenir d'un prêt, le réaliser, et donner une somme d'argent à l'intérêt : c'est tout simplement payer ce qui n'est pas encore dû, ou acheter

Ainsi, l'individu qui, quoique non agréé devant un tribunal de commerce (alors qu'il n'aurait point requis sa patente d'agent-d'affaires), mais qui s'annonce comme chef ou directeur d'une agence ou cabinet destiné à la poursuite des procès, aux liquidations des créances, recouvremens, négociations, placemens de fonds, etc., peut exercer l'action *contraria mandati* à l'égard des personnes qui auront eu recours à lui, soit pour le remboursement de ses avances, soit pour les salaires analogues aux opérations dont il se sera mêlé, sauf cependant

---

une créance qui, pouvant n'être pas acquittée à l'échéance, vous expose ordinairement à des pertes plus ou moins certaines. Voilà pourquoi il est permis à la personne qui fait l'escompte d'exiger une remise proportionnée aux chances qu'elle court, sans contrevenir à la loi du 3 septembre 1807 (Arrêts de la cour de cassation des 4 février et 16 août 1828, 8 avril et 26 août 1825, tom. 28-1-99; tom. 29-1-37, et tom. 25-1-358 et 360). — Mais il faut le dire aussi, cet escompte que la cour de cassation a légitimé par des décisions solennelles et continues, contre l'avis du judicieux Pothier (Traité de l'usure, section 5, nos 128 et suivans), est susceptible de cacher le dol et la fraude. En effet, un individu qui voudra prêter de l'argent à usure, n'aura qu'à simuler des lettres de change avec l'emprunteur, les faire passer à l'ordre d'un endosseur bénévole qui, par le fait, ne sera que la caution du débiteur, et de cette manière, en disant qu'il les tient de l'endosseur, *à qui il les a escomptées*, il échappera aux poursuites correctionnelles de la partie publique, et à celles en restitution venant du chef de la partie civile usurée. — S'il était donc prouvé que le capitaliste qui a escompté sur place une traite qu'il n'a pas souscrite, a contracté directement avec le tireur, ce ne serait plus qu'un prêt; à plus forte raison, s'il avait su que le tiré n'étant que supposé, l'effet ne serait point payé à présentation et reviendrait à protêt, pour réagir ensuite contre le tireur et les endosseurs (Pothier, traité du contrat de change, no 56). Tout nous engage à croire que, dans cette hypothèse, l'intérêt sur-exigé devrait être rendu, et que, s'il y avait habitude d'usure, le créancier serait passible des peines qu'inflige, aux usuriers, la loi du 3 septembre 1807.

le droit de les faire liquider et modérer par le juge, s'ils étaient exorbitans.

M. Merlin, dans son répertoire de jurisprudence (1), partage cette doctrine, et voici comment il s'exprime : « De ce que l'agent-d'affaires qui fait » métier de son état est assimilé au commerçant, » il suit encore qu'on ne peut pas lui appliquer la » disposition de l'art. 1986 du Code civil, aux » termes duquel *le mandat est gratuit, s'il n'y a* » *convention contraire*, et qu'il a une action pour se » faire payer son travail, lors même qu'il n'a été » fait à ce sujet aucune convention entre lui et » chacun de ses commettans. — Il eût été juste, » d'après cela, continue cet auteur, que le Code » civil le comprît dans la disposition qui déclare » les salaires des avoués prescriptibles par le laps » de cinq ans. Mais il ne l'a pas fait ; et dès-lors » ce n'est que par le laps de trente ans que peut se » prescrire l'action de l'agent-d'affaires pour le » paiement des salaires qui lui sont dûs. — Ces » deux points ont été ainsi jugés par un arrêt de » la cour de cassation, du 18 mars 1818 (2), rendu » sur le recours en cassation des héritiers de la » veuve de Brion, contre un arrêt de la cour royale » d'Amiens, qui les avait condamnés à payer au » sieur Bourgeois, agent-d'affaires, des salaires qui » ne lui avaient pas été *expressément* promis, et » dont il n'avait formé la demande qu'après l'ex- » piration des *cinq années* immédiatement posté- » rieures à sa gestion. »

Par conséquent, l'agréé (véritable agent ou pré-

---

(1) Aux mots *agent-d'affaires*, n° 2, 5me édition.

(2) Sirey, tom. 18-1-234.

posé à la poursuite des droits des tiers), faisant, *de la plaidoirie et de l'instruction des causes*, une profession publique et continue, doit avoir le même privilége. Il est impossible de penser que le simple agent-d'affaires qui a borné son industrie à l'entremise dans des procès, à la liquidation des créances, aux négociations dans l'intérêt d'autrui, puisse être plus favorable. D'ailleurs, la postulation de l'agréé participe de cette nature; car on lui donne presque toujours le mandat exprès ou *tacite* de recouvrer la somme ou la chose qui fait la matière du différend. Sans doute, nous l'avouons, elle s'en écarte sous le rapport de la défense des actions litigieuses confiées à leurs soins; mais de cela que le titre d'agréé se rapproche beaucoup de la profession d'avocat, qu'il exige des études spéciales, des notions très-étendues dans la science des formes et des lois pour pouvoir remplir avec distinction le ministère qu'il suppose, faudra-il priver la personne qui s'en trouve investie des honoraires qui lui sont dûs, qu'elle a manifesté l'intention d'obtenir, en se livrant à ce genre de travail? Nous ne le croyons pas.

Il nous paraît donc hors de doute que, sans stipulation préexistante, les agréés peuvent demander un émolument analogue à l'affaire dont ils ont été chargés, indépendamment de leurs avances. Mais qui doit le leur payer : est-ce le mandant, ou bien la partie condamnée aux frais? Cette question est délicate; aussi devons-nous, avant de la résoudre, faire connaître les raisons qui militent en faveur des deux opinions opposées qu'admettent respectivement les tribunaux de commerce, suivant l'usage particulier qu'ils ont introduit dans leur juridiction.

Et d'abord, pour le demandeur ou créancier, l'on invoque soit la règle consacrée par l'art. 130 du Code de procédure civile, applicable à toutes les contestations, d'après laquelle la partie qui succombe doit payer les dépens, soit le principe de droit non moins certain, qui veut que les frais du paiement soient mis au compte du débiteur (Cod. civ., art. 1248). Or, ajoute-t-on pourquoi ce dernier a-t-il retardé sa délibération ? Pourquoi conteste-t-il la demande qui lui est faite ? S'il s'était acquitté au terme convenu, s'il n'avait pas opposé de la résistance, on ne l'aurait pas traduit en justice pour réclamer la sanction d'un engagement qu'il avait promis de remplir. Au surplus, toute obligation de faire ou de ne pas faire est, en cas d'inexécution, résoluble en dommages et intérêts (art. 1142), et ces dommages, qui ne sont que la différence qui existe entre la perte éprouvée et les bénéfices qu'on n'a pas obtenus (art. 1149), appartiennent au créancier par le seul fait de la mise en demeure d'exécuter la convention (art. 1146). C'est pour cela que, dès l'instant que l'exploit de citation est notifié au défendeur, cet acte de constitution en demeure fait tomber à sa charge tous les frais qu'il a fallu faire pour le contraindre, s'il est reconnu mal fondé dans ses exceptions. Pourquoi le demandeur, alors qu'il a un titre qui l'autorisait à poursuivre, resterait-il passible des honoraires de son agréé ? Ce serait un dommage pour lui, et l'on vient de voir cependant qu'il n'en doit supporter aucun.

Pour le débiteur, au contraire, tout en convenant du principe que, s'il succombe, il faut le condamner aux dépens, l'on soutient que le législateur n'a parlé que des frais indispensables, et non pas de ceux qu'il plairait au créancier d'exposer sans nécessité. En effet, devant les tribunaux ordinaires, où les parties sont obligées d'avoir un avoué qui les représente, il est bien entendu que les honoraires de cet officier-ministériel, ainsi que ceux de l'avocat (si la nature de la cause le permet), devront entrer en taxe. Mais en matière commerciale, ce n'est plus la même chose : la procédure se fait sans avoués (Cod. de procéd. civ., art. 414), et les parties sont tenues de comparaître en personne ou par le ministère d'un procureur fondé (art. 421). Ainsi que le créancier aille personnellement à l'audience ou qu'il s'y fasse représenter, il ne peut point par son fait aggraver la condition du débiteur, et il l'aggraverait pourtant, si au lieu d'agir par lui-même, il envoyait à sa place, un mandataire salarié. Rien ne l'oblige d'ailleurs à donner mandat à un agréé plutôt qu'à tout autre personne qui, n'en faisant point une profession exclusive, n'aurait droit à aucun salaire. Quand la loi a autorisé les parties à nommer un fondé de procuration, elle n'a pas dérogé aux règles qui concernent le mandat. Or, ce contrat est gratuit, à moins de stipulation contraire (Cod. civ., art. 1986). Mais si le mandant veut être généreux envers son mandataire, lui donner une indemnité, tout nous dit que lui seul doit en être tenu, sans répétition, parce qu'il est de maxime en France que, nul ne peut être contraint à faire une donation malgré lui-même. Il serait donc bien arbitraire, alors que le ministère d'avoué est interdit devant les tribunaux de commerce (sans doute, pour que l'instruction des affaires qui s'y traitent soit simple, économique et accessible à tous les plaideurs), que la partie condamnée aux frais fût néanmoins responsable de l'émolument d'un agréé qu'elle n'a pas demandé, qu'elle n'a pas choisi, et dont la présence était onéreuse pour elle.

Cette dernière opinion reçoit sa base de la loi, de la raison, de l'équité; aussi nous la partageons entièrement, sans aucune modification. D'accord sur ce point avec plusieurs tribunaux de commerce, tels que ceux de Paris, Lyon et Marseille, il nous paraît souverainement injuste qu'un débiteur déjà assez malheureux de ne pouvoir pas se libérer du capital sans y être contraint, soit encore passible du paiement des honoraires dûs au défenseur de son créancier. Vainement dirait-on que la partie qui demande ce qui lui est dû, et qui l'obtient, peut exiger le remboursement de toutes ses dépenses; car il suffirait de répondre que l'intervention de l'agréé n'est que facultative; et dès-lors il serait pleinement démontré que la personne qui a recours à son ministère, quand elle pouvait et devait s'en passer, prend elle-même l'engagement de le payer. S'il en était autrement, il y aurait préjudice réel pour la partie condamnée; le tort que cette partie éprouverait serait occasionné par le fait du demandeur, et, dans ce cas, il faudrait faire l'application de ce principe: « Tout fait quelconque de » l'homme qui cause à autrui un dommage, oblige » celui par la faute duquel il est arrivé, à le réparer (art. 1382). »

Il est, nous en convenons, quelques tribunaux, notamment celui de Toulouse (qu'on ne saurait toutefois accuser de partialité), qui méconnaissent cette doctrine, en accordant toujours au demandeur, contre le défendeur qui succombe, le salaire de l'agréé qui a occupé dans le procès. Mais ne le taisons pas, dussions-nous être blâmé de parler avec trop de franchise, c'est un usage abusif, contraire à la volonté du législateur, nuisible aux justiciables; car il tend à éloigner les plaideurs de l'audience, à leur substituer des quasi-officiers-ministériels, tandis que, dans la rigueur du droit, il n'en devrait pas exister. Or, l'on arrive ainsi bon gré mal gré, à une postulation régulière, stable, entourée de formes, et quelquefois d'obstacles susceptibles de restreindre la liberté de la défense. Eh bien! nous le demandons, cela n'est-il pas incompatible avec la nature des juridictions commerciales, devant lesquelles tout doit être bref, économique, dégagé d'entraves, et où les magistrats doivent recevoir la vérité, plutôt de la bouche des parties que de leurs défenseurs??..... Peu importe que quelques instructions secrètes d'un ministre de la justice aient ou non sanctionné l'abus que nous signalons; tout le monde sait que de tels actes ne sont pas obligatoires pour les juges. Il y a donc erreur d'en faire l'application, et cette erreur devient d'autant plus dangereuse, qu'elle est presque irréparable.

En effet, les dépens, en matière sommaire, sont taxés par le jugement même qui statue sur le litige; et s'il est vrai qu'on puisse se pourvoir contre la liquidation, *devant le même tribunal*, il est pourtant interdit de se rendre appelant de la décision relative au chef de la taxe, si à l'instant on ne relève appel de quelques dispositions sur le fond (Cod. de procéd. civ., art. 543, et Décret du 16 février 1807, art. 6).

Ainsi point de recours possible ou *utile* toutes les fois qu'il s'agit d'un jugement rendu en dernier ressort; point de recours avantageux ou *présumable* si le jugement est sujet à l'appel, parce que l'intérêt de la partie condamnée aux frais, devenant plus majeur, il est dérisoire de penser qu'elle veuille se livrer à une involution de procédure dans l'unique but de faire retrancher quelques honoraires de la liquidation, alors, qu'en appelant au principal, elle espère échapper à toute condamnation.

2me QUESTION.

UN AGRÉÉ PEUT-IL, EN AFFIRMANT A L'AUDIENCE, LORS DU JUGEMENT DE CONDAMNATION, QU'IL A FAIT L'AVANCE DES FRAIS, EN DEMANDER LA DISTRACTION A SON PROFIT, ET SE SUBSTITUER AINSI AUX DROITS DE SON MANDANT ?

En matière civile, l'avoué est autorisé à faire une pareille affirmation, et à demander que les frais soient distraits à son profit, sans préjudice de l'action contre la partie pour laquelle il a postulé (Code de procédure civile, art. 133); or, pourquoi l'agréé n'aurait-il pas ce droit? Rien ne s'y oppose; au contraire, les motifs qui ont introduit cette faculté devant les tribunaux de première instance, étant les mêmes devant les tribunaux de commerce, il nous semble que les juges commerciaux doivent admettre la demande de l'agréé.

Le législateur, en accordant une telle prérogative aux tribunaux ordinaires, a considéré que le mandat donné aux avoués n'avait pour but qu'une poursuite judiciaire, bornée à quelques actes de procédure, et qu'il convenait dès-lors, soit pour assurer à ses officiers-ministériels le remboursement de leurs frais, soit pour empêcher l'action *contraria mandati* (dans le cas où les mandans ne voudraient point se libérer envers eux), de les autoriser à percevoir directement, de la partie condamnée, les dépens alloués par le juge.

Il pouvait arriver, en effet, qu'un avoué, en ne faisant point prononcer la distraction à son profit, fût exposé à perdre ses avances, malgré que la partie eût obtenu gain de cause. — Exemple. — *Paul* fait condamner *Pierre* à lui payer une somme de 1,000 fr. en principal, plus les frais de poursuite qu'il doit lui-même à son avoué. Toutefois que se passe-t-il ? Avant que *Pierre* ait exécuté cette condamnation, un tiers fait une saisie-arrêt entre ses mains au préjudice du créancier, ce qui enlève à l'avoué poursuivant les moyens d'être payé, parce que *Paul* est insolvable. Par la distraction au profit de l'officier-ministériel, au contraire, l'on échappe à l'inconvénient dont nous parlons. Cette faveur toute spéciale à la poursuite d'une action litigieuse facilite la marche de la justice; elle engage l'avoué à faire des avances au plaideur malheureux qui, sans son *concours*, ne pourrait jamais avoir raison d'un débiteur morose ou de mauvaise foi.

Eh bien! nous le demandons, quant à l'objet qui nous occupe, quelle différence y a-t-il entre une poursuite civile et une poursuite commerciale? Aucune. Dans l'une comme dans l'autre, nous voyons une partie qui demande, et une partie qui défend à l'action dirigée contr'elle; et devant les juges civils, tout comme devant les juges de commerce, nous rencontrons un défenseur (1) qui est

(1) Si la loi ne reconnaît point des agréés, l'usage les a pourtant introduits, et la jurisprudence les range par fois sur la même ligne que les avoués. En matière d'opposition à jugement de défaut, l'on décide chaque jour que devant les tribunaux de commerce, tout comme devant les tribunaux civils, il existe

pour ainsi dire obligé, par la nature de sa profession, de faire des avances plus ou moins considérables dans l'intérêt de son mandant. Les mandataires *légaux*, dans les juridictions ordinaires, inspirent-ils plus de bienveillance que les mandataires *conventionnels* n'en inspirent eux-mêmes dans les juridictions exceptionnelles ? Nous ne le pensons pas : la justice est égale pour tous ; elle veut que chacun reçoive ce qui lui est dû.

« Mais, dit-on, les juges consulaires, en prononçant la distraction des frais au profit de l'agréé, » connaissent d'une question de mandat et dépassent » leur compétence, parce que l'action *contraria* » *mandati* repose sur un fait purement civil. » C'est une erreur.

Le mandant reste étranger à la disposition qui autorise son agréé à réclamer de la partie adverse, les dépens de la condamnation dont il affirme avoir fait l'avance, et sous ce rapport, il n'en conserve pas moins la faculté d'agir en vertu de l'action *mandati directa* (Cod. civ., art. 1993). Pour ce qui est du débiteur, peu lui importe de payer les frais au mandant plutôt qu'au mandataire, car pourvu qu'il ne paie que ce qu'il doit et qu'il se libère

---

des jugemens par défaut contre parties, et des jugemens par défaut contre agréés ; d'où il suit que lorsque l'assigné se présente par le ministère d'un tel défendeur, qu'il propose une exception préjudicielle et que son défenseur se retire ensuite sans vouloir plaider au fond, il n'est recevable à former opposition que dans la huitaine de la signification du jugement, à la différence des défauts *faute de comparaître*, lesquels sont attaquables jusqu'à l'exécution (Arrêts de la cour de cassation, des 26 décembre 1821, 13 novembre 1822 et 5 mai 1824, et des cours de Toulouse et Paris, des 8 et 22 mai 1824 : Sirey, tom. 22-1-174; tom. 23-1-79; tom. 24-1-275, et tom. 24-2-338 et 340).

valablement, il ne peut rien opposer ; or, quant à lui, il y a condamnation, et le jugement qui la prononce, l'attribuant à l'agréé, rend la libération judiciaire et le met à l'abri de toute espèce de contestation. Remarquons d'ailleurs qu'un agréé est assimilé à un agent-d'affaires, et que l'agent-d'affaires est réputé commerçant (1) ; aussi la juridiction commerciale peut-elle connaître de l'action du mandant, contre le mandataire, en reddition du compte de gestion (2). Peu importe donc que le tribunal de commerce statue séparément sur l'article des avances de l'agréé, *à l'instant de la condamnation contre le débiteur poursuivi*, ou qu'il en renvoie l'examen à l'époque du compte que réclamera le mandant, puisque dans tous les cas, il est compétent pour prononcer. L'action principale reste ouverte, la partie qui a chargé l'agréé peut l'introduire à volonté, le mandataire y est toujours soumis, et par conséquent, aucun motif raisonnable n'empêche les juges d'accorder la distraction.

---

(1) *Vid. suprà*, pag. 679.

(2) L'agréé pourrait néanmoins être assigné devant les juges ordinaires; car, « la conséquence de ce qui vient d'être dit est » que, dans tous les cas où l'acte n'est commercial que de la » part de l'une des parties, celle qui n'a pas fait acte de » commerce est libre de traduire son adversaire, *à son choix*, » devant le tribunal de commerce ou devant le tribunal civil. » D'un côté, il n'y a rien d'injuste envers le défendeur qui a dû » s'attendre à être soumis à la compétence commerciale; d'un » autre côté, ce même défendeur n'a pas dû compter que celui » avec qui il traitait, entendît consentir à plaider devant le tri- » bunal de commerce, dont son engagement ne l'a pas rendu » justiciable, ce qui arriverait s'il était obligé d'y traduire son » adversaire. On voit par quel motif il n'y aurait pas de réci- » procité, et pourquoi celui dont l'acte est commercial, ne » peut jamais traduire son adversaire à l'égard duquel cet acte » n'est pas commercial, devant le tribunal de commerce (Par- » dessus, cours de droit commercial, tom. 5, pag. 14 et 15). »

3me QUESTION.

UN AGRÉÉ PEUT-IL TRADUIRE SA PARTIE DEVANT LE TRIBUNAL DE COMMERCE OU IL POSTULE, POUR LA FAIRE CONDAMNER AU PAIEMENT DE SES AVANCES ET SALAIRES?

« Les tribunaux de commerce, dit M. Pardessus (1), ne pouvant jamais connaître de contestations relatives à des actes qui ne seraient pas commerciaux....., la demande en garantie contre un huissier qui aurait fait un protêt nul, ou celle d'un agent-d'affaires, conseil ou *agréé*, en paiement de ses avances dans une cause de commerce, ne sont pas de la compétence commerciale. »

Il est vrai que, d'après l'article 60 du Code de procédure civile, les actions pour frais, venant de la part des *officiers-ministériels*, doivent être portées au tribunal où les frais ont été faits; mais si l'on considère qu'un agréé, quoique défenseur reconnu par le tribunal de commerce où il est attaché, n'est point officier-ministériel dans le sens de la loi, puisque, devant les juges-commerciaux, la procédure se fait sans le ministère d'avoué (art. 414), l'on sera forcé de reconnaître qu'il n'est point compris dans la disposition. Les juridictions consulaires sont des tribunaux d'exception régis par des règles spéciales, et ces règles sont tracées par les art. 631 et suivans du Code de commerce; or il n'en est aucune qui autorise l'agréé à faire juger commercialement l'action *contraria mandati*. Telle est la doctrine professée par la cour de cassation, ainsi que nous l'atteste son arrêt du 5 septembre 1814. « Attendu, est-il dit, que les tribunaux de com-

(1) *Cours de droit commercial*, tom. 5, pag. 15.

» merce étant des tribunaux d'exception, ne peuvent » connaître que des objets qui leur sont nommément » attribués par les art. 631, 632, 633 du Code com- » mercial, et que, dans la nomenclature de leurs » attributions rappelée auxdits articles, on ne voit » rien qui les autorise à connaître des contestations » relatives aux recouvremens à faire par les agréés ou » mandataires près les tribunaux de commerce, des » frais faits à l'occasion des procès dans lesquels ils ont » occupé pour leurs mandans; qu'en conséquence, » ces sortes d'actions doivent rentrer dans la classe » ordinaire des actions personnelles à porter devant » les tribunaux civils; — Attendu qu'aux termes » de l'art. 414 du Cod. de procéd. civil., confirmé » et renouvelé par l'art. 627 du Cod. de commer., » le ministère des avoués est interdit dans les tri- » bunaux de commerce; que nul ne peut plaider » devant ces tribunaux, si la partie présente à » l'audience ne l'autorise, ou s'il n'est muni d'un » pouvoir spécial; d'où il suit que sans s'attacher » et abstraction faite de l'article 60 du Code de » procédure civile, qui n'accorde qu'aux seuls » officiers-ministériels le droit de former leurs » demandes pour frais pardevant le tribunal où ils » ont été faits; Parthon, simple *agréé* ou *postulant* » au tribunal de commerce de Rouen, n'avait, ni » ne pouvait avoir à ce titre seul la qualité d'officier » ministériel : qu'en conséquence, il ne pouvait » porter devant ledit tribunal, l'action par lui » exercée contre la veuve et les héritiers Delestre, » en recouvrement des frais par lui faits dans les » différentes instances relatives aux affaires dont il » avait été chargé par Delestre, leur feu père et » mari; et qu'en jugeant que ladite action avait pû

» être instruite pardevant ledit tribunal de com-
» merce de Rouen, la cour royale de cette ville est
» également contrevenue aux art. 627, 631, 632,
» 633 du Code de commerce, et 414 du Code de
» procédure civile ; — Par ces motifs, la cour
» casse etc. (1). »

4me QUESTION.

UN AGRÉÉ PEUT-IL ÊTRE CONSTITUÉ MANDATAIRE DANS UN EXPLOIT D'ASSIGNATION DEVANT LE TRIBUNAL DE COMMERCE, ALORS QUE LE DEMANDEUR N'Y APPOSE POINT SA SIGNATURE?

Nul ne peut plaider pour une partie devant ces tribunaux, si la partie présente, à l'audience, ne l'autorise, ou s'il n'est muni d'un pouvoir spécial. Telle est la règle que consacre le législateur (2), en

---

(1) Sirey, tom. 14-1-266. Voyez encore un autre arrêt conforme de la cour de Colmar, du 5 août 1826, même receuil, tom. 28-2-47. — Il existe un arrêt de la cour de Paris, du 12 juillet 1826, qui décide que « le tribunal de commerce est compétent » pour connaître d'une demande en paiement des frais et hono- » raires d'un arbitre devant lequel il a renvoyé les parties (tom. » 27-2-129). » — Au premier aperçu, nous en convenons, cet arrêt semble contraire à l'opinion de la cour de cassation; cependant si l'on y réfléchit, il est facile de voir qu'il n'est point afférent à notre espèce. En effet, de quoi s'agissait-il? Des salaires dûs à un arbitre devant lequel le tribunal de commerce de la Seine avait renvoyé les parties, conformément à l'art. 429 du Code de procédure civile. Or, ce n'était point le mandataire d'un justiciable qui réclamait, mais bien celui des juges commerciaux, et dans ce cas, le mandat judiciaire qu'il avait reçu donnait compétence au tribunal pour connaître de l'action introduite. Un tel arbitre est rangé dans la classe des experts vérificateurs d'ouvrages, comptes, pièces et registres produits devant la juridiction commerciale; aussi ses avances et honoraires devaient-ils être réglés par le président du tribunal qui l'avait nommé (Cod. de procéd. civ., art. 319, et tarif, art. 162).

(2) *Vid.* néanmoins ce que nous avons dit, pag. 649 et suivantes.

ajoutant : « Ce pouvoir, qui pourra être donné au » bas de l'original ou de la copie de l'assignation, » sera exhibé au greffier avant l'appel de la cause, » et par lui visé sans frais (Cod. de commerce, art. » 627). »

Cependant, par suite d'un usage qui peut devenir abusif, l'on a introduit dans quelques juridictions commerciales, une forme toute particulière de suppléer à ce pouvoir spécial, même en l'absence de la partie : l'huissier donne l'ajournement au défendeur et déclare que le demandeur constitue *un tel*, son agréé, ou qu'il donne mandat à *un tel*, agréé, de le représenter, sans requérir pourtant sa signature sur l'original de l'exploit. Or, cela est-il régulier, y a-t-il mandat valable? Non. Ce n'est pas précisément parce qu'il faut inscrire *séparément*, au bas de l'assignation, un pouvoir à l'agréé, mais bien à cause du défaut de signature de la partie poursuivante.

En droit, de quelle manière le mandat peut-il être donné? Par acte public, par acte privé, par lettre et même *verbalement*, sauf que, dans ce dernier cas, la preuve n'en est reçue que conformément au titre *des obligations conventionnelles en général* : ce sont les termes exprès de l'art. 1985 du Code civil.

Rangerons-nous un exploit d'huissier dans la classe des actes publics? Non; car la loi n'appelle ainsi que les actes notariés (art. 1317, et Loi du 25 ventôse an 11, art. 1er). Voudrait-on considérer un huissier comme officier public? On le peut. Toutefois nous devons dire qu'il n'a cette qualité qu'à raison des actes de son ministère, et qu'il n'entre point dans ses attributions d'imprimer, aux conventions des parties, le caractère de l'authenticité : ce droit est réservé aux notaires. Aussi, en opposant à l'huissier le vice de son incompétence, l'on est fondé à soutenir que le pouvoir donné dans un exploit, pour être valable, doit être signé de la partie (Cod. civ., art. 1318. — Voyez en outre ce que nous avons dit, pag. 528 et 533, à la note).

5me QUESTION.

DANS LES ARRONDISSEMENS OU LES TRIBUNAUX DE PREMIÈRE INSTANCE JUGENT EN SÉANCE DE COMMERCE, LES AVOUÉS ATTACHÉS A CES TRIBUNAUX EXERCENT-ILS COMME OFFICIERS-MINISTÉRIELS RECONNUS PAR LA LOI, OU SEULEMENT COMME MANDATAIRES OU AGRÉÉS ?

M. Pardessus, dans son cours de droit commercial, n'établit aucune distinction entre l'agréé et l'avoué; il les place tous deux sur la même ligne, et pense avec raison que leur concours n'est que facultatif. « L'assignation, dit cet auteur (1), doit » contenir la date des jour, mois et an; les noms, » profession et domicile du demandeur, ceux de » l'huissier, et ceux du défendeur; l'indication de » la personne à qui elle est remise; l'objet, c'est-» à-dire les conclusions de la demande, et un exposé sommaire des moyens. — Les affaires commer» ciales sont dispensées du préliminaire de la conci» liation, et l'assignation n'a pas besoin de contenir » une constitution d'avoué, même dans les lieux » où les tribunaux civils remplissent les fonctions » des tribunaux de commerce, ni dans ceux où » quelques usages et réglemens autorisent les fonc» tions de défenseurs connus sous le nom d'agréés. »

En effet, dans les arrondissemens où il n'y a pas

(1) tom. 5, pag. 45.

de tribunaux de commerce, les juges du tribunal civil en exercent les fonctions et connaissent des matières attribuées aux juges commerciaux; mais l'instruction, dans ce cas, doit avoir lieu dans la même forme que devant les tribunaux de commerce: les jugemens produisent les mêmes effets (Code de commerce, art. 640 et 641). Or, répétons ici que, dans les juridictions commerciales, la procédure se fait sans le ministère d'avoué (Code de procédure civile, art. 414). Voilà pourquoi tous les principes que nous avons émis en parlant des agréés s'appliquent aux avoués, même dans leurs juridictions.

ARTICLE IV.

DES DÉFENSEURS OFFICIEUX.

Celui qui n'est ni avocat, ni avoué peut-il défendre une partie devant le président du tribunal de première instance, jugeant en état de référé? Nous ne le croyons pas.

Le juge des référés n'est, sans doute, qu'un juge d'exception; et sous ce rapport, quand il s'agit d'une contestation qui rentre dans les attributions du président du tribunal de commerce, ou du juge de paix, tout individu peut être constitué mandataire, parce que dans ces juridictions le ministère de l'avoué est interdit. Mais devant les tribunaux de première instance, ce n'est plus la même chose: là, la postulation n'est permise qu'aux avoués (Décret du 19 juillet 1810), et la plaidoirie appartient aux avocats, sauf pour les causes qui, à raison de leur peu d'importance, sont plaidées concurremment avec les avoués. Ainsi le veut la loi organique du 27 ventôse an 8, dont l'art. 94 porte: « les avoués

» auront *exclusivement* le droit de postuler et de » prendre des conclusions dans le tribunal pour » lequel ils sont établis. » Or, qu'est-ce que plaider en référé devant un président, si ce n'est postuler *dans le tribunal* présidé par ce magistrat ?

Le législateur, nous en convenons, n'a pas exigé le concours des officiers-ministériels dans les causes de référé; toutefois dans l'intérêt de qui a-t-il créé l'exception ? Pour les parties elles-mêmes, et non pour les tiers. Devant le juge des référés, c'est un point incontestable, l'on peut ne pas recourir à l'avocat ou à l'avoué; mais cela n'empêche pas que, si l'une des parties veut faire plaider pour elle, il n'y ait obligation d'employer le ministère des défenseurs légaux : agir différemment, ce serait établir une postulation en-dehors des règles, violer la loi, et introduire dans les tribunaux de première instance des hommes sans mandat, incapables de représenter les plaideurs.

Cependant au tribunal de la Seine l'usage contraire semble prévaloir, dans ce sens que le président ou le juge qui le remplace à l'audience des référés, admet le concours des maîtres-clers d'avoué. L'on va jusqu'à dire que la communauté des avoués a sollicité cette autorisation dans son intérêt personnel. Mais une telle forme de procéder n'en est pas moins irrégulière : elle blesse d'ailleurs les convenances, elle méconnaît la dignité du magistrat, et tend à de graves abus.

En effet, un maître-clerc d'avoué représente, *sans mandat spécial*, une partie devant le juge, et elle est condamnée; pourra-t-on, dans ce cas, la contraindre à exécuter l'ordonnance de référé, si elle s'y refuse ? Non. Pour se soustraire à l'exécution qui la menace, elle n'aura qu'à répondre que la décision n'a pas été rendue avec elle, et cette exception détruira au même instant la force exécutoire ; car il est de principe que personne n'est tenu d'exécuter ce qui a été fait à son insu, sans sa participation et contre sa volonté. Or, le mandat de procéder en justice, si l'objet dépasse la somme ou la valeur de 150 francs, ne peut point être prouvé par témoins (Cod. civ., art. 1341); et si un avoué comme mandataire légal, peut jusqu'au désaveu (Code de procédure civile, art. 360) faire admettre *en droit* que sa partie a été valablement représentée dans un jugement (1), cette règle cesse quand il s'agit d'un mandat conventionnel. Il faut alors une autorisation expresse. Au surplus, le maître-clerc d'avoué ne peut même pas invoquer le pouvoir donné à son patron, par le motif que les fonctions d'avoué sont personnelles et incessibles, et que les déléguer en partie ce serait vouloir se mettre en opposition directe avec le décret du 19 juillet 1810, sur la postulation illicite, encourir une amende, et même la destitution, suivant les circonstances.

Mais un avoué peut défendre dans les référés civils, dans les référés commerciaux et devant les juges de paix, parce que notre Code de procédure civile, ni aucune loi spéciale ne lui interdisent ce droit.

Il importe peu que le décret de l'assemblée nationale, du 6-27 mars 1791, déclare, art. 16, que « aucuns *avoués*, greffiers, huissiers et cidevant » hommes de loi ou procureurs, ne pourront re- » présenter les parties au bureau de paix ; » car cette disposition, purement transitoire, a été abro-

(1) Arrêt de la cour de cassation, du 22 mai 1827 : Sirey, tom. 27-2-314.

gée par l'art. 9 du Cod. de procéd. civ., portant au contraire : « Au jour fixé par la citation, ou » convenu entre les parties, elles comparaîtront » en personne, ou *par leurs fondés de pouvoirs*, sans » qu'elles puissent faire signifier aucun défense. »

En matière d'incapacité, on le sait, tout est de droit étroit, et il ne faut jamais raisonner par induction d'un cas à un autre ; or, ce principe serait violé si l'on voulait se reporter encore au décret de 1791. L'art. 16 de cette disposition législative ne concernait que la forme de procéder devant les justices de paix : aussi dès l'instant que le Code de procédure civile y a eu pourvu, l'on a pu invoquer la maxime, *posteriora derogant prioribus*.

CHAPITRE II.

DU JUGEMENT.

Après avoir tracé les formes d'instruction qui conduisent les justiciables devant le magistrat des référés, passons à l'examen de ses décisions ; plus tard, nous parlerons soit de leur exécution, soit des voies à prendre pour les attaquer.

Le législateur emploie indistinctement les mots *jugement* et *ordonnance ;* d'où il suit que, dans notre hypothèse, ordonnance et jugement sont synonymes. Ne le taisons pas néanmoins, l'on aurait dû établir une distinction ; car, en général, un jugement n'est pas une ordonnance, et *vice versâ*. En effet, dans le langage habituel du barreau, l'on entend par jugement une décision judiciaire, tandis que les ordonnances du juge, en leur donnant même la plus large extension possible, ne sont à vrai dire que de simples préparatoires, en-dehors de toute appréciation des droits des parties.

Par exemple, le président autorise l'introduction du référé, il ordonne au débiteur de comparaître pardevant lui; ce ne peut être qu'une ordonnance, parce qu'il ne juge pas le fond de l'action; au contraire, lorsque le défendeur est assigné, que le demandeur se présente pour soutenir sa demande et la faire accueillir, s'il y échoit, l'on retrouve un jugement proprement dit, puisque le magistrat apprécie, détermine les droits de l'un et de l'autre.

Ainsi, partant de ce point que les ordonnances de référé, de cela qu'elles prononcent sur le litige et l'évacuent, au moins au provisoire, tiennent lieu de jugement, force est de conclure qu'il y a des ordonnances *préparatoires*, *interlocutoires et définitives*. Par conséquent, nous rencontrons ici les trois espèces de jugemens que la loi reconnaît devant les tribunaux ordinaires, et dès-lors nous aurons à nous occuper des jugemens préparatoires, interlocutoires et définitifs : ce sera l'objet de trois paragraphes.

Faisons d'abord quelques observations générales.

1re. REMARQUE. — L'article 153 du Code de procédure civile dispose que, si de plusieurs parties assignées, l'une fait défaut et l'autre comparaît, il doit être pris un jugement de jonction de défaut au fond, et que la partie défaillante est réassignée par huissier commis pour le jour auquel la cause sera portée à l'audience.

Mais cette règle est-elle applicable aux référés ? Non.

Si devant les tribunaux réguliers, la loi veut qu'on joigne l'utilité du défaut, c'est afin d'éviter que chaque partie défaillante ne fasse une opposition successive, et pour donner aux jugemens qui interviennent sur le fond, la force des jugemens contradictoires. Or, les mêmes motifs n'existent point en état de référé; là, l'opposition n'est pas admise contre la décision du juge (art. 809), et aussi les jonctions de défaut sont inutiles, incompatibles même avec la nature de cette juridiction toute spéciale et la brièveté de l'instruction. D'autre part, le ministère des avoués n'y est pas de rigueur, et sous ce dernier rapport, il est impossible de constater d'une manière invariable si telle ou telle autre partie, présente ou défaillante au premier appel de la cause, le sera encore au second, dans le cas où le demandeur n'obtiendrait pas jugement à l'audience qu'il a indiquée; car le défendeur étant autorisé à se présenter *en personne*, sans l'assistance ou la constitution d'un avoué, il est exact de soutenir qu'il y aurait trop d'incertitude dans la poursuite du défaut et joint.

2e REMARQUE. — En règle générale, la rédaction des jugemens doit contenir les noms des juges, du produreur du roi, s'il a été entendu, ainsi que des avoués; les noms, professions et demeures des parties, leurs conclusions, l'exposition sommaire des points de fait et de droit, les motifs et le dispositif (art. 141). — Cette rédaction est faite sur les qualités signifiées entre les parties; en conséquence, celle qui veut lever un jugement contradictoire, signifie à l'avoué de son adversaire les qualités, contenant les noms, professions et demeures du demandeur et du défendeur, les conclusions et les points de fait et de droit (art. 142). — L'original reste pendant 24 heures entre les mains des huissiers audienciers (art. 143), afin que l'avoué qui veut s'opposer soit aux qualités, soit à l'exposé des points de fait et de droit, puisse le déclarer à l'huissier exploitant pour qu'il en fasse mention (art. 144). — Sur un simple acte d'avoué à avoué, les parties sont réglées sur leur opposition par le juge qui a présidé au jugement, et en cas d'empêchement, par le plus ancien, suivant l'ordre du tableau (art. 145).

Mais en matière de référé, les principes ne sont pas absolument les mêmes, car il existe plusieurs exceptions.

En effet, les ordonnances ou jugemens ne sont point rendus sous l'influence du ministère public, parce que sa présence n'est requise par la loi que devant les tribunaux ordinaires; aussi peu importe que les causes attribuées au juge des référés intéressent ou non des mineurs, des femmes mariées, des communes, etc. (art. 83), elles ne sont assujetties à aucune communication envers les officiers du parquet.

Il est néanmoins certaines circonstances dans lesquelles l'intervention des gens du roi peut offrir un grand intérêt. Par exemple, un mineur est poursuivi en référé à raison de quelques réparations qu'on lui réclame comme urgentes, et son tuteur, colludant avec le demandeur, voisin incommode, n'oppose qu'une faible résistance à l'action dirigée contre lui, de telle sorte que le président, induit en erreur par l'aveu tacite de l'assigné, prononce une condamnation dommageable que rien n'autorise. Si la partie publique était présente, cet inconvénient ne serait pas à craindre ou deviendrait moins fréquent.

Sans doute, les ordonnances de référé ne sont

que provisoires, dans ce sens que le plaideur qui succombe, a toujours le droit de se pourvoir devant les juges du principal, et de se faire relaxer, s'il y a lieu, de la condamnation injuste ou erronée prononcée contre lui; cependant si l'on réfléchit que de telles décisions s'exécutent par provision, non-obstant l'appel (art. 809), il sera facile de concevoir que le dommage éprouvé par un mineur, un interdit, ou tout autre incapable non défendu, ou non valablement défendu, peut avoir des conséquences fâcheuses, notamment dans les actions qui tendent à obtenir la démolition ou la réparation d'un bâtiment qu'on allègue menacer ruine, une pension alimentaire, l'expulsion des lieux, et autres objets de ce genre. Pourquoi donc le procureur du roi n'interviendrait-il point en état de référé ?..... Si l'exception semble résulter du texte de la loi, elle est démentie par son esprit, au moins devant les présidens des tribunaux de première instance, par suite de l'importance des contestations qu'il est appelé à juger.

Mais la rédaction des qualités est inutile; d'une part, le titre des référés garde le silence sur les dispositions du Code de procédure civile rélatives à la forme des jugemens, et d'un autre côté, la force des choses en dispense.

Supposons en effet que les parties comparaissent en personne, sans être assistées d'un avoué; qui rédigera les qualités ? Elles-mêmes n'ont aucun mandat pour cela. Un officier-ministériel qui n'a pas concouru aux débats, viendra-t-il s'occuper ensuite d'en faire l'analyse ? Nous ne le pensons pas. Il n'y a donc que le juge du référé qui puisse attester l'existence des faits qui ont servi de base à sa décision; aussi le tarif des frais n'alloue-t-il aux avoués, dans les causes de cette nature, aucun salaire pour la dresse des qualités. Tout nous démontre d'ailleurs que les qualités se confondent ici avec la rédaction des ordonnances du président, lesquelles doivent plutôt être considérées comme de simples procès-verbaux destinés à certifier les dires des justiciables, que comme l'examen approfondi de questions difficiles, graves et surchargées de faits : par conséquent, le juge est tenu d'énoncer lui-même les conclusions du demandeur, celles du défendeur, le point de droit et la disposition qui statue sur le litige. Voilà pourquoi il serait contraire à l'économie des formes d'instruction que ce magistrat, abandonnant aux parties ou à leurs avoués (si elles en constituent), la rédaction des points de fait et de droit, se bornât à indiquer sur le procès-verbal d'audience, le prononcé du jugement et les motifs qui l'ont précédé, pour les réunir ensuite aux qualités de la cause, ainsi que cela se pratique dans les juridictions ordinaires.

En résumé, point de qualités, point de signification, et dès-lors point d'opposition, point de reconnaissance tacite des faits consignés dans le jugement de référé : telle est la règle en pareil cas. Il faut que le principal reste le même, et qu'il apparaisse devant le tribunal compétent exempt de préjugé, sans aucun préjudice pour les parties à raison du fond de la contestation.

3me Remarque. — Il est de principe qu'un jugement ne peut être mis à exécution que sur l'expédition remise par le greffier, quand cette expédition porte le même intitulé que les lois, pourvu qu'elle contienne un mandement aux officiers de justice (art. 146, 545, 810 et 1040); cependant, par une dérogation toute particulière aux référés, le juge peut, si les circonstances le commandent, autoriser l'exécution de ses ordonnances sur minute, en dispensant le créancier de la formule exécutoire (art. 811).

4me REMARQUE. — Lorsqu'il y a un avoué en cause, le jugement ne doit être exécuté qu'après qu'il lui a été signifié, à peine de nullité; il faut de plus que cette signification soit rappelée dans celle qu'on adresse à la partie (art 147); or, en est-il de même dans notre espèce? Non.

La postulation des avoués, nous en convenons, n'est pas interdite, puisque le législateur y a joint un salaire (tarif, art. 93); mais les plaideurs, en l'employant, n'exercent qu'une faculté relative qui ne change rien à la nature du litige : la cause reste toujours en-dehors des règles ordinaires. Aussi personne n'oserait soutenir que de cela que l'avoué du défendeur concourt au référé, il y a obligation de lui communiquer l'ordonnance avant de pouvoir la faire exécuter.

Si l'art. 147 du Code de procédure prescrit une communication anologue, il ne dispose que pour les jugemens des tribunaux inférieurs, et le titre *des référés*, qui indique avec une sage économie les formes particulières aux actions dont il attribue la connaissance au président du tribunal, comme juge d'exception, ne dit point que l'on signifiera les ordonnances à avoué. Il n'exige d'autre signification que celle à faire à la partie reconnue débitrice (art. 809), ce qui prouve que le concours de l'avoué dans la cause n'est d'aucune influence.

Le tarif lui-même confirme cette opinion. Nous

voyons en effet que, si dans les procès ordinaires et sommaires, il détermine un émolument pour la signification du jugement à avoué (art. 67 et 89), il garde néanmoins le silence le plus absolu sur une pareille signification du jugement ou ordonnance de référé ; d'où la conséquence qu'elle est inutile, frustratoire et sans objet. Le débiteur pourrait donc, si elle était faite, en mettre les frais au compte du créancier, et par la même raison, si elle était soumise à la taxe, le juge devrait la rejeter.

5me REMARQUE. — Aux termes de l'art. 156 du Code de procédure civile, tous jugemens par défaut contre une partie qui n'a pas constitué d'avoué, doivent être signifiés par un huissier commis, soit par le tribunal, soit par le juge du domicile du défaillant : ils sont exécutés dans les six mois de leur obtention, ou bien réputés non-avenus. De là deux questions à résoudre.

1° *Une ordonnance de référé, si elle est par défaut, doit-elle être signifiée par huissier commis ?*

2° *Est-on obligé, pour empêcher la péremption de cette ordonnance, de la faire exécuter dans les six mois de son obtention?*

Et d'abord, quant au jugement des tribunaux inférieurs, pourquoi fait-on signifier, par un huissier spécial, ceux qui ont été rendus en défaut des parties ? Pour s'assurer que la copie leur a été remise exactement, et qu'ainsi, instruites de la disposition qui les grève, elles ont été à même de relever opposition durant le terme pendant lequel on ne pouvait la faire exécuter contr'elles (art. 155). S'il y a eu surprise lors de l'ajournement, il est évident qu'on en prévient les suites, en ordonnant aux juges de commettre un huissier qui soit investi de leur confiance; car, dans ce cas, il existe une certitude morale, qu'on n'a pas soustrait à la partie condamnée, la connaissance de la décision.

Mais, en état de référé, le motif n'est plus le même, puisque aucune opposition n'est recevable contre les ordonnances du président; aussi l'art 809, qui prévoit les significations à faire, soit que les parties aient comparu, soit qu'elles aient resté défaillantes, n'impose point la condition de commettre un huissier à cet effet. Il n'y a donc aucun rapprochement à établir entre l'art. 156 et le titre des référés, ce qui nous démontre que les ordonnances dont il s'agit, n'importe qu'elles soient contradictoires ou par défaut, peuvent être signifiées par le premier huissier requis, sans encourir aucune peine.

Abordons maintenant la seconde question.

En matière de déchéance, de péremption, de prescription, de nullité, c'est un point incontestable, tout est de droit étroit, et les tribunaux n'ont pas le pouvoir de juger par analogie d'un cas à un autre. Ainsi, partant de ce principe, nous ne croyons pas que les ordonnances de référé, rendues contre des parties défaillantes, soient soumises à la péremption de six mois admise par le Code de procédure civile, au titre *des jugemens par défaut et opposition*. En effet, l'art. 809 s'occupe des formes particulières aux référés; il prévoit la non-comparution des parties, leur refuse la voie de l'opposition, et cependant ne reproduit point la pénalité qui existe dans l'art 156. Que faut-il conclure de ce silence? Que le législateur n'a pas voulu frapper de nullité le jugement rendu à l'audience des référés, quoique étant par défaut, il ne fut point exécuté dans les six mois de son obtention.

C'est dans ce sens que le décida la cour régulatrice, le 13 septembre 1809, à l'occasion d'un jugement de justice de paix ; or, les règles sont les mêmes, puisque l'un et l'autre juge n'exercent qu'une juridiction exceptionnelle, régie par des dispositions spéciales, en-dehors du droit commun. Nous allons mettre cet arrêt sous les yeux du lecteur, comme devant servir de base au système que nous professons. « LA COUR, vu l'art. 88 de la loi du » 27 ventôse an 8, et les articles 20, 156, 159, » 470, Cod. procéd., et 642 et 643 du Cod. comm. ; » — Attendu que ce Code sépare très-distinctement » la manière de procéder dans les justices de paix, » de la manière de procéder dans les tribunaux » d'arrondissement ; qu'il s'occupe *exclusivement* de » la première dans son livre 1er, et de la deuxième » au livre 2 ; que c'était donc dans le livre 1er, tit. » 3, art. 20, que le tribunal de l'arrondissement » de Montdidier devait chercher et puiser la solu- » tion de la question qui lui était soumise, *dérivant* » *d'un jugement par défaut émané de la justice de* » *paix* du canton de Roye ; — Qu'en prenant pour » base du jugement qu'il a rendu, l'article 156 du » même Code, *qui n'est relatif qu'aux jugemens* » *par défaut rendus par les* TRIBUNAUX *d'arrondisse-* » *ment*, le tribunal de Montdidier a, tout à la fois, » faussement appliqué cet article, et formellement » violé l'art. 20, en réputant non avenu, *faute* » *d'exécution dans les six mois*, le jugement par » défaut duquel il s'agissait, rendu par le juge de » paix de Roye ; — Et que cette sorte de péremption » pénale n'ayant pas été prononcée par la loi contre

» les jugemens par défaut des justices de paix, bien » qu'elle se soit explicitement occupée de ces juge- » mens et de l'opposition dont ils sont susceptibles, » et du délai et de la forme de ces oppositions, le » tribunal de Montdidier n'a pu la prononcer, et » l'applique *sans ajouter à la loi*; — ATTENDU QUE » LA DISPOSITION DE L'ART. 156, LOIN D'ÊTRE GÉNÉRALE » ET COMMUNE A TOUS LES JUGEMENS PAR DÉFAUT, DE » QUELQUE TRIBUNAL QU'ILS ÉMANENT, EST PUREMENT » SPÉCIALE AUX JUGEMENS PAR DÉFAUT RENDUS PAR LES » TRIBUNAUX INFÉRIEURS; — Que cela est si vrai, » qu'elle n'est placée que dans le livre 2 du Code, » et non dans le livre 1er, relatif aux justices de » paix; que, quand la volonté du législateur a été » d'étendre et de proroger cette disposition, il l'a » expressément et positivement exprimée: ainsi, » pour les cours d'appel, il a dit, art. 470: *les » autres règles établies pour les tribunaux inférieurs » seront observées dans les tribunaux d'appel;* ainsi, » pour les tribunaux de commerce, il a dit, art. » 643 du Code du commerce: *néanmoins les art. » 156, 158, et 159 du Code de procédure civile, » relatifs aux jugemens par défaut rendus par les » tribunaux inférieurs, seront applicables aux juge- » mens par défaut rendus par les tribunaux de com- » merce*; — D'où il suit nécessairement que, n'ayant » pas énoncé la même intention d'étendre la disposi- » tion de l'art. 156 aux jugemens par défaut rendus » en justice de paix, le législateur a voulu se tenir » et s'est tenu, à l'égard de ceux-ci, à ce qu'il » avait statué et prescrit par le titre 3 du livre 1er; » — Attendu qu'il n'est pas dans l'attribution des » juges de s'ingérer des motifs de cette différence; » *qu'il suffit que la loi l'ait établie*, pour que le

» tribunal de l'arrondissement de Montdidier n'ait » pu, *en confondant des dispositions spéciales*, DISTINCTES ET SÉPARÉES, *appliquer aux jugemens par* » *défaut des justices de paix, ce que la loi n'a statué* » *qu'à l'égard des jugemens par défaut des tribunaux* » *inférieurs*, tribunaux de commerce et cour d'appel; casse, etc. (1). »

A toutes ces raisons, qui nous paraissent logiques et péremptoires, l'on peut en joindre une autre non moins décisive; la voici : En déniant la voie de l'opposition, à la partie défaillante et condamnée en référé, l'on a voulu assimiler l'ordonnance du président à une décision contradictoire, et dès-lors il impliquerait de la ranger dans la classe des jugemens par défaut; car il ne peut exister de similitude entre ce qui n'est que préparatoire et ce qui est définitif. Le jugement d'un tribunal, tant qu'il est par défaut, non acquiescé ou exécuté, n'a, en effet, aucun caractère de stabilité, puisque le débiteur peut immédiatement, par une opposition, ou en se prévalant du défaut d'exécution dans le délai utile, le rendre sans force et se soustraire à la condamnation jusqu'à ce que le point litigieux ait été rejugé par la même autorité. Au contraire, l'ordonnance de référé, quoique par défaut, n'en est pas moins définitive, dans ce sens que, si le juge a prononcé en dernier ressort, aucun recours n'est admissible, tandis que si la voie de l'appel est ouverte (parce qu'il n'a été statué qu'en première instance), l'exécution n'en est moins permise provisoirement, nonobstant l'appel.

6me REMARQUE. — L'article 155 du Code de

(1) Sirey, tom. 9-1-419.

procéd. civ. dispose que « les jugemens par défaut » ne seront pas exécutés avant l'échéance de la » huitaine de la signification à avoué, s'il y a eu » constitution d'avoué, et de la signification à per- » sonne ou domicile, s'il n'y a pas eu constitution » d'avoué ; à moins qu'en cas d'urgence, l'exécution » n'en ait été ordonnée avant l'expiration de ce » délai : » d'où il suit qu'en rapprochant cette règle de celle qui veut que l'exécution des jugemens contradictoires, non exécutoires par provision, soit suspendue pendant la huitaine de leur prononciation (art. 449 et 450), l'on est obligé de conclure que le débiteur, dans les cas ordinaires, après avoir eu connaissance de la décision, doit encore obtenir un terme de huit jours pendant lesquels aucune poursuite ne peut être valablement faite contre lui, sauf s'il y a lieu à exécution provisoire.

Or, en état de référé, le créancier est-il astreint à l'observation de ce délai de huitaine à compter de la signification de l'ordonnance, si elle est par défaut, ou du jour où elle a été prononcée, si elle est contradictoire, avant d'en requérir l'exécution forcée ? Non.

Aucune distinction ne doit être faite entre l'ordonnance rendue contre une partie défaillante et celle rendue contradictoirement, puisque toutes deux ont la même force exécutoire ; par conséquent, sous ce premier rapport, il n'est pas possible de supposer que le titre *des référés* ait rien de commun avec le titre *des jugemens et oppositions*.

D'autre part, les motifs qui ont fait accorder un délai de grâce au débiteur, n'existent point en matière de référé.

Pourquoi, en effet, laisse-t-on écouler huit jours à partir de la signification d'un jugement par défaut contre parties ou avoués ? Pour donner le temps de former opposition (art. 157 et 158).

Pourquoi ne peut-on exécuter un jugement contradictoire qu'après la huitaine de sa prononciation ? Parce qu'il est défendu à la partie condamnée de relever appel avant l'expiration de ce délai (art. 449).

Au contraire, les ordonnances du juge des référés ne sont pas susceptibles d'opposition, et l'appel peut être interjeté même avant le délai de huitaine (art 809). Il n'y a donc aucune analogie. D'ailleurs, en justice réglée, l'exécution est permise soit pendant la huitaine de la signification du jugement, s'il est par défaut, soit pendant la huitaine de sa prononciation, s'il est contradictoire, toutes les fois que le créancier est autorisé à le faire exécuter par provision (art. 155 et 449). Eh bien ! que dit l'art. 809 ? « Les ordonnances sur référés ne feront aucun » préjudice au principal ; *elles seront exécutoires* » *par provision*, sans caution, si le juge n'a pas or- » donné qu'il en serait fourni une. » Voilà qui démontre que, dans aucun cas, l'exécution ne peut être suspendue.

§ Ier.

DES JUGEMENS PRÉPARATOIRES.

C'est ainsi qu'on appelle les décisions rendues pour l'instruction de la cause, et qui tendent à mettre le procès en état de recevoir jugement définitif (art. 452.)

Par exemple, le président après avoir entendu les défenseurs des parties, ne se trouvant pas entièrement fixé sur le point de fait, ordonne que les parties comparaîtront elles-mêmes à l'audience suivante ; ce n'est là qu'un préparatoire (1).

Un tiers demande à intervenir dans une instance de référé ; cette intervention est contestée, mais, sans rien préjuger, le juge l'admet, et ordonne qu'il sera plaidé au fond ; ce n'est encore qu'un préparatoire, parce qu'il est de principe que l'intervention ne peut retarder le jugement de la cause principale (2).

Sur l'opposition au commandement de payer, le créancier engage un référé contre le débiteur pour voir ordonner qu'il sera passé outre à l'exécution, nonobstant opposition ; les parties comparaissent, et le défendeur soutient l'irrégularité de l'expédition de l'acte authentique en vertu duquel il est poursuivi ; il demande le compulsoire, et le président, avant de statuer sur les exceptions respectives touchant le fond du litige, ordonne l'apport de la minute. Or, une telle décision ne saurait être qu'un véritable préparatoire, puisqu'elle n'a d'autre but que de mettre le procès en état de recevoir jugement définitif (3).

Par la même raison, une ordonnance du juge des référés, qui, avant dire droit, impose à l'une de parties l'obligation de communiquer à son adversaire certaines pièces qu'elle invoque contre

(1) Arrêt de la cour de Colmar, du 16 novembre 1811, rapporté par M. Pailliet, tom. 2 de 1814, pag. 521.

(2) Ainsi jugé par la cour de Montpellier, le 12 avril 1809 : Sirey, tom. 14-2-435.

(3) Tel est le principe consacré par un arrêt de la cour de Paris, du 19 décembre 1810. *Vid.* le recueil de M. Sirey, tom. 14-2-380.

lui, ne constitue qu'un jugement d'instruction, rentrant dans le cercle des préparatoires (1).

Supposons que le locataire d'un bâtiment traduise le propriétaire en référé pour obtenir les réparations urgentes que nécessite l'état de ruine dans lequel se trouve l'immeuble donné à bail (2), et que de son côté, le bailleur, avant la première comparution devant le juge, agisse par la même voie contre le preneur, en expulsion des lieux, prétendant qu'il n'y a pas de bail, ou qu'il est expiré (3) : si le président joint les instances et renvoie à un autre jour la continuation du référé, ce jugement sera-t-il préparatoire? Oui. Il n'y a, en effet, rien de jugé. La jonction des deux actions était indispensable, parce que sans cela il y avait impossibilité de savoir s'il fallait ou non accorder les réparations réclamées par le locataire; aussi cette décision, qui n'a d'autre but que de mettre le procès en état de recevoir jugement définitif, ne peut être considérée que comme préparatoire (4).

L'action *damni infecti* est introduite, et le juge des référés, après qu'il a entendu les débats, dési-

---

(1) C'est ce qui résulte d'un arrêt de la cour de Rouen, du 27 mai 1817 : Sirey, tom. 17-2-235.

(2) *Vid. suprà*, pag. 84 et suivantes.

(3) Les art. 135 et 806 du Code de procédure civile lui donnent cette faculté. Voyez ce que nous avons dit à cet égard, pag. 87 et suivantes.

(4) Arrêt analogue de la cour de cassation, du 22 janvier 1825 : Sirey tom. 25-1-318. Voyez aussi un autre arrêt de la même cour en date du 8 avril 1828 (tom. 29-1-41); il décide que, l'arrêt qui déclare qu'il n'y a pas lieu, quant à présent, à la disjonction d'une demande en intervention d'avec la demande principale, est réputé préparatoire, et ne peut, en conséquence, être attaqué en cassation qu'après l'arrêt définitif.

rant se fixer d'une manière plus spéciale (mais sans rien statuer sur le point de droit), ordonne son transport sur les lieux contentieux; dans ce cas, tout comme dans les espèces dont nous venons de parler, il n'y a qu'un préparatoire, une mise en état du procès, sans aucun préjugé.

FORMULE.

Ordonnance préparatoire du juge des référés.

Du...... (date des jour, mois et an).

Audience publique de référé tenue par nous......, *président* (ou plus ancien juge en suivant l'ordre du tableau, remplissant les fonctions de président) *du tribunal de première instance* (de commerce) *de*....., *au palais de justice* (ou en notre hôtel).

Oui, etc. (noms, profession et demeure du demandeur, en faisant connaître son défenseur, s'il en a pris un, ou si ce dernier a seul comparu), *qui a dit, etc.* (énoncer le fait qui donne lieu au référé, l'exploit d'ajournement, plus les conclusions prises à l'audience);

Oui, etc. (noms, profession et demeure de la partie assignée, ainsi que le nom du défenseur qu'elle a choisi, et si elle fait défaut, mentionner sa non-comparution), *qui a conclu au contraire à ce qu'il nous plaise*, *etc.* (transcrire ses conclusions).

Attendu que la cause n'est pas suffisamment instruite et que pour compléter l'instruction, il convient d'ordonner un préparatoire ;

Attendu que ne statuant pas au fond, les droits des parties et les dépens doivent être réservés ;

Par ces motifs, avant dire droit et sans rien préjuger, ordonnons, etc. (Indiquer ici la disposition préparatoire, comme comparution personnelle des parties, compulsoire de la minute de l'acte, communication des pièces, transport du juge sur les lieux contentieux, etc.) : *pour, sur ledit préparatoire, être ensuite statué ce qu'il appartiendra, tous les droits, actions et exceptions des parties, ainsi que les dépens, demeurant réservés.*

N....., président;
P....., greffier.

Si le juge entend les parties au palais où siège le tribunal, il est indispensable qu'il y soit assisté du greffier (Cod. de procéd. civil., art. 1040); mais s'il jugeait à son hôtel, dans ce cas, le greffier n'aurait pas besoin de s'y trouver, et la minute de l'ordonnance serait gardée par le juge, qui l'a déposerait au greffe, ou remise à celle des parties qui aurait obtenu gain de cause, suivant qu'il y aurait ou non absolue nécessité (art. 811).

§ 2me.

DES JUGEMENS INTERLOCUTOIRES.

En procédure, les jugemens rendus lorsque le tribunal ordonne, avant dire droit, une preuve, une vérification, ou une instruction qui préjuge le fond, sont réputés interlocutoires.

Ainsi, avant de statuer sur la demande en expulsion des lieux formée par l'acquéreur, contre un ancien locataire, et sur l'exception de ce dernier, que le précédent propriétaire lui avait consenti un bail pour plusieurs années, en lui garantissant l'exécution, même au cas de vente; le président du tribunal de première instance ordonne la mise en cause du vendeur pour éclaircir le fait du bail et répondre, s'il y échet, à la garantie du locataire; ce jugement sera interlocutoire. En effet, l'appel en intervention préjuge à la fois la question principale, l'existence ou la non existence du bail et l'action accessoire, c'est-à-dire la garantie du preneur. (1)

Pierre engage contre *Paul*, son voisin, l'action *damni infecti* à raison d'un mur qui les sépare, et qui, d'après le demandeur, tombant de vétusté, l'expose à un dommage imminent. Les parties comparaissent en référé : le défendeur soutient que le mur dont il s'agit est en bon état, et que d'ailleurs il est mitoyen; d'où il suit que ce n'est pas le cas de le réparer, et que, s'il a besoin de quelques réparations, démolitions ou reconstructions, la depense doit être faite à frais communs. Au contraire, s'il faut en croire le demandeur, il n'a lui-même aucun droit de mitoyenneté; aussi persiste-t-il dans sa demande. Là dessus, que fait le président? *Attendu qu'il lui est impossible de juger en l'état,* il ordonne, avant dire droit, son transport sur les lieux contentieux, à l'effet de vérifier s'il existe ou non quelques *signes apparens de mitoyenneté;* et, en même temps, il nomme un expert pour déterminer si le mur présente quelque danger, et, dans le cas de l'affirmative, quelles sont les réparations dont il

(1) Arrêts de la cour de cassation, des 1er juin 1809 et 8 décembre 1813 : Sirey tom. 9-1-304 et tom. 14-1-121. Ces arrêts ainsi que ceux que nous avons cités dans le § précédent, décident la question en matière ordinaire; mais les principes étant les mêmes dans la juridiction exceptionnelle du juge des référés, il nous semble qu'on peut les invoquer si non comme espèce, du moins comme point de doctrine.

est susceptible. Or, une telle décision est interlocutoire, non-seulement parce que le juge repousse actuellement l'exception de non-mitoyenneté qu'invoque le demandeur, mais encore par le motif qu'il recherche, à l'aide d'une double vérification, si le mur est ou non mitoyen, s'il présente ou non quelque danger à cause de son état de ruine à l'extérieur. Il reconnaît aussi qu'il y a lieu de le réparer, s'il est défectueux, et que les réparations ou reconstructions seront faites en commun, si la mitoyenneté existe (1).

Une femme mariée est mise hors de la maison conjugale, et au lieu de se pourvoir en séparation de corps (2), elle introduit, en référé, contre son mari, la demande en provision alimentaire. Le juge entend les défenseurs des parties, et tandis que celui de la femme soutient qu'il y a eu expulsion violente du domicile commun, celui du mari prétend, au contraire, que la demanderesse n'a pas été chassée par son époux. Dans cet état des choses, et avant dire droit, le président ordonne la comparution personnelle des parties, *en les autorisant à produire des témoins*. Il y a là un interlocutoire, car la preuve testimoniale préjuge le fond. En effet, la décision rendue présume l'expulsion de la femme qui se plaint, tout comme si la preuve est faite, il est sous entendu que le mari sera condamné.

---

(1) C'est ainsi que l'a décidé la cour de cassation, le 25 juin 1823, à raison d'un tribunal de première instance (Sirey, tom. 23-1-384). Or, peu importe qu'un jugement ait été rendu par plusieurs juges plutôt que par un seul, dès l'instant qu'il ne s'agit que de savoir si le fond du procès est ou non préjugé par la décision.

(2) *Vid. suprà*, pag. 112 et suivantes.

FORMULE.

ORDONNANCE INTERLOCUTOIRE DU JUGE DES RÉFÉRÉS.

Du.... (date des jour, mois et an).

Audience publique de référé tenue par nous....., *président* (ou plus ancien juge en suivant l'ordre du tableau, remplissant les fonctions de président) *du tribunal de première instance* (de commerce) *de*.. *au palais de justice* (ou en notre hôtel).

Oui, etc. (noms, profession et demeure du demandeur, en faisant connaître son défenseur, s'il en a pris un, ou si ce dernier a seul comparu), *qui a dit, etc.* (énoncer le fait qui donne lieu au référé, l'exploit d'ajournement, plus les conclusions prises à l'audience).

Oui, etc. (noms, profession et demeure de la partie assignée, ainsi que le nom du défenseur qu'elle a choisi, et si elle a fait défaut, mentionner sa non-comparution), *qui a conclu, au contraire, à ce qu'il nous plaise, etc.*(transcrire ses conclusions).

Attendu que ni la demande, ni l'exception, ne sont pas entièrement justifiées, ou dénuées de preuves; que, dans ces circonstances, ne pouvant condamner ou absoudre, soit le défendeur, soit le demandeur, il convient d'ordonner un interlocutoire;

Attendu que n'étant point statué d'une manière définitive, c'est le cas de réserver les dépens, ainsi que les autres droits des parties;

Par ces motifs, avant dire définitivement droit, et sous la réserve des autres actions et exceptions respectives, ordonnons, etc. (transcrire ici la disposition interlocutoire, en d'autres termes, l'appel en cause d'un tiers, la descente sur les lieux, la vérification par expert, l'enquête, etc.) : *pour, sur ledit interlocutoire, ou faute de ce faire, être ensuite statué ce qu'il appartiendra, dépens réservés.*

N....., président;

P....., greffier (1).

Nous avons déjà fait observer qu'un jugement interlocutoire participe du définitif, en ce qu'il préjuge nécessairement le fond, et sous ce rapport, nul doute qu'il ne s'écarte du jugement préparatoire qui lui-même ne le préjuge point. Cependant le préparatoire et l'interlocutoire ont cela de commun ensemble qu'ils mettent le procès en état de recevoir jugement, et qu'ils ne lient point les juges. Telle est la jurisprudence constante de la cour de cassation, attestée par plusieurs arrêts, notamment par celui du 26 juin 1826 dont voici les termes : « LA COUR ; » — Vu les art. 443, 444, 451, et 452 du Code de » procédure civile ; — Attendu que les juges du » tribunal civil de l'Argentières n'étaient pas liés » par le jugement interlocutoire, du 26 décembre » 1819, nonobstant lequel ils pouvaient, *en statuant* » *sur le fond*, juger, s'il y avait lieu, qu'il n'était » pas dû de supplément de légitime ; — qu'ainsi, » ce jugement rendu, avant dire droit et sous la » réserve des droits et exceptions des parties, ne » pouvait pas être rangé, comme la cour royale l'a » supposé, dans la classe des jugemens définitifs, » dont on est tenu d'appeler dans les trois mois de » la signification à personne ou domicile ; — qu'à la » vérité, le demandeur avait la faculté d'interjeter

(1) *Vid.* la formule précédente, pag. 714.

» appel de ce jugement avant le jugement définitif, » mais que cette faculté, dont il était maître d'user » ou de ne pas user à sa volonté, n'a pas changé » la nature du jugement qui n'a toujours été qu'un » jugement interlocutoire dont, depuis la publication du Code de procédure, de même que sous » l'empire de la loi de brumaire an 2, il lui a été » permis de ne pas appeler avant le jugement définitif *qui pouvait en rendre l'appel inutile*; — D'où » il suit qu'en jugeant que la faculté d'appeler du » jugement interlocutoire, du 26 décembre 1819, » avait cessé à l'expiration des trois mois de sa signification à personne ou domicile, *avant qu'il fût* » *intervenu jugement définitif*, et en déclarant, par » ce motif, le demandeur non-recevable dans son » appel, la cour royale a commis un excès de pouvoir, fait une fausse application des art. 443 et » 444 du Code de procédure civile, et expressément violé les art. 451 et 452 du même Code; — » casse, etc. (1). »

§ 3.

DES JUGEMENS DÉFINITIFS.

En jurisprudence, on appelle définitif, « ce qui » finit, ce qui détermine une contestation. On dit: » *un arrêt définitif*, *une sentence définitive*, par opposition aux jugemens PRÉPARATOIRES OU INTERLOCUTOIRES, qui ordonnent seulement quelque chose

(1) Sirey, tom. 27-1-44. Voyez aussi les arrêts de la même cour des 27 janvier, 12 avril 1810, 22 mai 1822, 10 mai 1826, et ceux des cours de Toulouse et Bordeaux, des 10 février 1827 et 29 novembre 1828 : tom. 10-1-135 et 274; tom. 24-1-396; tom. 27-1-13; tom. 28-2-235, et tom. 29-2-140.

» pour l'instruction, ou en attendant le jugement » du fond des contestations (1). »

Ainsi, partant de ce principe, le juge des référés rend une décision définitive toutes les fois qu'elle évacue la contestation qui lui est soumise, non-seulement par un jugement de relaxe ou de condamnation, mais encore lorsqu'il déclare n'y avoir lieu de statuer, qu'il surseoit indéfiniment, joint le provisoire au fond ou renvoie à l'audience du tribunal. Dans ces diverses hypothèses, il est évident qu'il n'a plus à prononcer.

En effet, si le défendeur est condamné, le litige franchit le premier degré de juridiction, au moins au provisioire; tout comme si le demandeur est démis de son action, ne pouvant plus la reproduire devant la même autorité, le président se trouve dénanti.

Mais quand le juge déclare qu'il n'y a pas lieu de statuer, la décision change-t-elle de nature? Non. Pourquoi cela? Parce qu'en décidant ne pouvoir prononcer sur le litige, c'est reconnaître virtuellement ou l'incompétence, ou que le demandeur est mal fondé dans son action. Or, dans l'un comme dans l'autre cas, le ministère du juge cesse; il ne lui est plus permis de s'ingérer de l'examen du différend, à moins qu'il ne se soit basé sur le défaut d'accomplissement de quelque condition, laquelle n'étant que retardée, pouvait s'opérer plus tard.

Pour ce qui a trait au sursis; il nous paraît certain que toutes les fois qu'il est la conséquence

---

(1) Laveaux *dictionnaire français*; Merlin, *répertoire de jurisprudence*, et Ferrière, *dictionnaire de droit et de pratique*, au mot DÉFINITIF.

immédiate et nécessaire de la décision d'un point de droit contre la partie qui veut passer outre, il a tous les caractères d'un jugement définitif (1). — Ainsi, supposons que *Pierre*, débiteur de *Paul* en vertu d'un acte exécutoire, ait formé opposition au commandement, et qu'il ait ajourné son créancier au principal, devant le tribunal. De son côté, *Paul* cite *Pierre* en référé pour voir ordonner que, provisoirement, force restera à son titre et que l'exécution sera continuée, nonobstant opposition et appel. Les parties vont devant le président, ce magistrat écoute leurs exceptions; mais au lieu de permettre l'exécution requise par le demandeur, il surseoit jusqu'à ce qu'il ait été statué par le tribunal sur le mérite de l'action principale introduite par *Pierre*. Certainement ce sursis contient une disposition définitive, puisqu'il décide implicitement que l'opposition du débiteur a pu arrêter les exécutions du créancier.

Il en est encore de même de la jonction du provisoire au fond : si en règle générale et abstraction faite de toute considération, il ne constitue qu'une disposition préparatoire, il est néanmoins essentiellement interlocutoire ou définitif dès l'instant qu'il est ordonné par suite de la décision d'un point de droit préjudiciable à l'une des parties. — Par exemple, j'appelle mon locataire en expulsion des lieux devant le juge des référés, parce que je soutiens qu'il n'y a pas de bail ou que le bail est expiré; qu'arrive-t-il toutefois? Le président, se fondant sur ce que le défendeur au provisoire m'a appelé

---

(1) Arrêt de la cour de cassation, du 27 juin 1810 : Sirey, tom. 10-1-380.

au principal, devant le tribunal, pour voir déclarer la tacite réconduction et être maintenu en possession des locaux; prévoyant qu'il est possible que l'action principale soit admise, et qu'ainsi il n'y ait pas lieu à la sortie du locataire, joint le provisoire au fond, pour y être statué par un seul jugement. Dans ce cas, il y a non-seulement une décision interlocutoire, mais définitive, puisque le juge, par la jonction des deux instances, me démet indirectement de la demande en expulsion des lieux, et préjuge contre moi la recevabilité de celle en maintenue, formée par mon adversaire.

Le renvoi pur et simple devant les juges ordinaires avant que l'instance principale ait été introduite, participe de l'interlocutoire et du préparatoire, suivant les circonstances dans lesquelles il intervient : cette vérité va paraître plus sensible à l'aide d'une précision.

1er CAS. — Mon débiteur et moi sommes en référé pour savoir s'il doit ou non être condamné aux réparations urgentes que je lui réclame, lorsque le président, après avoir entendu les débats, étant incertain sur la nature de la contestation, ne sachant trop s'il est compétent et si je suis fondé, renvoie à l'audience du tribunal, non pas en état de référé, mais purement et simplement, sans déclarer son rapport, ni les jour et heure auxquels il devra être fait. — Il est évident que nous rencontrons là une décision définitive; car le référé est évacué, le juge du provisoire n'a plus à en connaître, et si je veux continuer mon action, je dois le faire dans les formes ordinaires, conformément au titre des ajournemens en général.

2me CAS. — Au contraire, lorsque le président renvoie à l'audience du tribunal pour être statué sur son rapport, à jour et heure indiqués, ce n'est que la continuation de ma demande ; il n'y a rien de jugé, le tribunal se substitue au président, et la décision ultérieure est purement provisoire, tout comme le serait l'ordonnance de référé (1). Nous rentrons donc, par la force des choses, dans la classe des jugemens préparatoires.

FORMULE.

ORDONNANCE DÉFINITIVE DU JUGE DES RÉFÉRÉS.

Du.... (date des jour, mois et an).

Audience publique de référé tenue par nous...., président (ou plus ancien juge en suivant l'ordre du tableau, remplissant les fonctions de président) *du tribunal de première instance* (de commerce) *de...., au palais de justice* (ou en notre hôtel).

Oui, etc. (noms, profession et demeure du demandeur, en faisant connaître son défenseur, s'il en a pris un, ou si ce dernier a seul comparu), *qui a dit, etc.* (énoncer le fait qui donne lieu au référé, l'exploit d'ajournement, plus les conclusions prises à l'audience).

Oui, etc. (noms, profession et demeure de la

---

(1) *Vid. suprà*, pag. 74 et suivantes. — Il est de principe que « un jugement rendu en état de référé, *sur un renvoi à l'audience*, ne fait pas préjudice aux moyens du fond, et qu'ainsi » l'arrêt rendu sur l'appel de ce jugement ne peut être attaqué par » la voie de cassation, comme contraire aux lois qu'on peut » invoquer sur le principal. » C'est ce qui a été décidé par la cour de Paris, le 20 août 1813, et par la cour de cassation, le 31 juillet 1815 : Pailliet, tom. 1er de 1814, pag. 249, et tom. 3 de 1815, pag. 241.

partie assignée, ainsi que le nom du défenseur qu'elle a choisi, et si elle a fait défaut, mentionner sa non-comparution), *qui a conclu, au contraire, à ce qu'il nous plaise, etc.* (transcrire ses conclusions).

Dans le droit, la cause a présenté les questions suivantes :

1° *Faut-il, etc.* (mettre les questions en rapport avec la nature de l'action et les points qu'elle présente à juger)?

Attendu, etc. (placer ici les motifs qui déterminent le juge).

Par ces motifs, statuant au provisoire, sans préjudice du principal, ordonnons, etc. (ce qui est décidé).

N....., président ;
P....., greffier (1).

---

(1) *Vid. suprà*, pag. 714, et l'art. 93 du tarif.

FIN DE LA QUATRIÈME PARTIE.

DES RÉFÉRÉS EN FRANCE.

CINQUIÈME PARTIE.

DE L'EXÉCUTION QUE LE JUGEMENT AUTORISE, ET DES VOIES A PRENDRE POUR L'ATTAQUER.

CHAPITRE PREMIER.

DE L'EXÉCUTION QUE LE JUGEMENT AUTORISE.

A l'exception de la contrainte par corps (1), le créancier peut, en vertu d'une ordonnance *définitive* de référé, se livrer à toute espèce d'exécution contre le débiteur; car il est de règle que les saisies mobilières et immobilières sont valablement faites lorsqu'elles reposent sur un titre exécutoire (Code de procédure civile, art. 551).

Les ordonnances sur référé s'exécutent en effet par provision, sans caution, si le juge n'a pas ordonné qu'il en serait fourni une (art. 809), et l'on n'est même pas obligé de les faire revêtir, dans tous les cas, de la formule excécutoire, puisque, s'il y a urgence, nécessité absolue, le président est autorisé à permettre l'exécution de son ordonnance sur la minute (art. 545 et 811).

---

(1) *Vid.* pag. 41, à la note.

Or, les exécutions dont il est ici question, se divisent naturellement en deux classes : la *première* est relative aux saisies dirigées contre les biens qui se trouvent en la possession du débiteur ; la *seconde* se rapporte aux saisies faites entre les mains des tiers, ou sur des objets détenus par la partie condamnée, mais susceptibles d'enlèvement. Dans l'une, l'on comprend les saisies-exécution (art. 583), saisie-brandon (art. 626), saisie-immobilière (art. 673), et saisie-gagerie (art. 819) : celles-ci sont toujours précédées d'un commandement à personne ou domicile ; dans l'autre, nous trouvons les saisie-arrêt ou opposition (art. 557 et 609), saisie de rente constituée sur particulier (art. 636), saisie-arrêt sur débiteur forain (art. 822), et saisie-revendication (art. 827), lesquelles (sauf la saisie de rente constituée, qui exige un commandement préalable), ont toujours lieu soit en énonçant le titre de créance, soit en vertu d'une ordonnance spéciale du juge, sans préjudice de la saisie-conservatoire en matière commerciale (Cod. de commer., art. 172).

Il faut encore établir une distinction entre le commandement relatif aux saisies-mobilières, et celui qui précède l'expropriation forcée : dans le premier, il suffit d'énoncer le titre, s'il a déjà été notifié ; au contraire, dans le second, il est toujours indispensable d'en donner copie. Dans l'un, l'huissier élit domicile dans la commune où doit se faire l'exécution, si le créancier n'y demeure pas (art. 584, 626, 636, 819), tandis que, dans l'autre, l'élection est faite dans le lieu où siège le tribunal de première instance appelé à connaître de la saisie-immobilière (art. 673), en notifiant une seconde copie du commandement et des titres, au maire ou adjoint du domicile du débiteur.

1re FORMULE.

COMMANDEMENT ORDINAIRE.

L'an...... et le......

A la requête du sieur D..... (nom, prénoms, profession et demeure), *qui élit domicile à.....* (dans la commune où doit se faire l'exécution, s'il n'y est pas domicilié).

En vertu d'un, etc. (jugement, arrêt, ordonnance de référé, ou acte notarié) *en date du......* (indiquer la cour, le tribunal, le président qui l'a rendu, et si c'est un acte authentique, quel est le notaire qui l'a retenu), *portant.....* (préciser la condamnation, ou l'objet de l'obligation), *et duquel copie est donnée en tête de cet exploit* (si l'arrêt, jugement, ordonnance ou acte exécutoire avait été déjà notifié, il serait inutile d'en donner copie);

Nous...... (immatricule de l'huissier-instrumentaire), *soussigné;*

Avons fait commandement au sieur E..... (nom, prénoms, profession et demeure), *de payer au requérant, dans le délai de 24 heures, 1° la somme capitale de......; 2° les intérêts légitimement dûs* (ou bien de remettre tel objet ou de faire telle chose); 3° *les dépens auxquels il a été condamné, se portant à....., et 4° les frais du présent, suivant le coût mis au bas; avec déclaration qu'à défaut de paiement, il sera usé contre lui des voies et rigueurs de droit pour l'y contraindre, avec dépens, sous la réserve de toutes autres actions et exceptions,* DONT ACTE (1).

---

(1) Tarif, art. 29.

Laissé copie du présent, ainsi que du titre précité, audit sieur E.....; en son domicile à....., en parlant à.....

Coût.....,

P....., huissier.

Quand il s'agit des biens mobiliers du débiteur, il n'est pas nécessaire de lui faire connaître quel est le genre de saisie qu'on veut employer; il suffit qu'il ait été mis en demeure de satisfaire à la condamnation, ou d'exécuter l'engagement. Aussi un commandement pur et simple est-il valable pour toute espèce d'exécution, autre que la saisie-immobilière et l'emprisonnement, pour lesquels il est besoin de faire, au débiteur, un commandement spécial. Cette règle a été consacrée par un arrêt de la cour de Turin, du 7 août 1809, et tout nous porte à croire qu'elle est conforme à la lettre et à l'esprit de notre Code de procédure civile. « Attendu, est-il dit, que le but que la loi s'est proposé, » en exigeant qu'un commandement au débiteur » précède tout acte dirigé à le dépouiller de ses » effets, ne tend qu'à lui rappeler que la loi regarde » les propriétés saisissables, comme autant de gages » de son créancier, et ainsi à le mettre en mesure de » s'épargner, s'il le veut, des poursuites et des frais, » qui augmenteraient sa dette, pour punition du re» tard à l'acquitter; que ce commandement une fois » fait, si un délai excessif entre icelui et les poursui» tes ultérieures, ne laisse point supposer désiste» ment ou indulgence volontaire de la part du créan» cier, le but de la loi est rempli et rien n'empêche » qu'un genre de saisie-mobilière n'étant suffisant, » le créancier n'en poursuive sans interruption un

» autre, pourvu que ce soit toujours pour le même » objet, et que le commandement qui a précédé ces » actes n'énonce point spécifiquement l'intention » d'adopter un tel genre de saisie, mais bien celle de » poursuivre le paiement par toutes les voies de » justice; — Attendu, en fait, que les intimés n'ont » entrepris la saisie-brandon qu'après avoir fait » signifier à leurs débiteurs un commandement en » dûe forme; que, par l'ordonnance rendue, *d'ac-* » *cord*, sur référé, le 28 juillet 1808, il a été for- » mellement établi que tous les actes, alors suivis, » demeureraient en l'état; que les créanciers ont » ensuite parachevé la saisie-brandon, et que c'est » lorsque l'insuffisance de celle-ci fut reconnue, » qu'ils eurent immédiatement recours à la saisie- » gagerie; que cette série d'actes se rattachant » naturellement au commandement susdit, ils » doivent demeurer également valables, malgré » que le commandement n'ait pas été renouvelé; » qu'ainsi, le jugement attaqué ne contient aucune » contravention à la loi; etc. (1). »

2me FORMULE.

COMMANDEMENT EN EXPROPRIATION FORCÉE.

L'an..... et le.....

A la requête du sieur D..... (nom, prénoms, profession et demeure), *qui élit domicile à.....* (dans le lieu où siège le tribunal qui doit connaître de la saisie, s'il n'y est pas domicilié).

En vertu d'un, etc. (jugement, arrêt, ordonnance

(1) Sirey, tom. 15-2-15.

de référé, ou acte notarié) *en date du*..... (indiquer la cour, le tribunal, le président qui l'a rendu, et si c'est un acte authentique, quel est le notaire qui l'a retenu), *portant*..... (préciser la condamnation, ou l'objet de l'obligation), *et duquel copie est donnée en tête de cet exploit.*

Nous..... (immatricule de l'huissier-instrumentaire), soussigné;

Avons fait commandement au sieur E..... (nom, prénoms, profession et demeure), *de payer au requérant, dans le délai de trente jours,* 1° *la somme capitale de*.....; 2° *les intérêts légitimement dûs* (ou bien de remettre tel objet ou de faire telle chose); 3° *les dépens auxquels il a été condamné, se portant à*....., *et* 4° *les frais du présent, suivant le coût mis au bas; avec déclaration qu'à défaut de paiement, il sera procédé à la saisie de ses immeubles, avec dépens, sous la réserve de tous autres droits, actions et exceptions,* DONT ACTE (1).

Laissé copie du présent, ainsi que du titre précité, audit sieur E....., *en son domicile à*....., *en parlant à*.....;

Et les jour, mois et an que dessus, pour nous conformer aux dispositions de l'article 673 *du Code de procédure civile, nous nous sommes rendu à la mairie de la commune de*...... (celle où le débiteur est domicilié, ou celle dans laquelle la copie du commandement lui a été laissée en parlant à lui-même), *où étant et parlant à M*..... (maire ou adjoint) *lui avons remis une seconde copie du-*

(1) Tarif, art. 29 et 66.

dit commandement, et l'ayant reçue, il a visé l'original.

Coût.....,

P....., huissier.

Visé et reçu copie,
à....., le......

LE MAIRE,
R.... (maire ou adjoint).

L'expropriation des immeubles de la femme qui font partie de la communauté, doit être poursuivie contre le mari débiteur, seul, quoique la femme soit obligée à la dette, et celle des immeubles de la femme qui ne sont point entrés en communauté, se poursuit contre le mari et la femme, laquelle, au refus du mari de procéder avec elle, ou s'il est mineur, peut être autorisée en justice (Cod. civil, art. 2208).

Or, dans le premier cas, le commandement est adressé au mari comme chef de la communauté (art. 1421), et s'il n'acquitte point la dette, l'on dirige contre lui l'expropriation des immeubles de la femme, tandis que si les immeubles appartiennent à cette dernière, comme biens paraphernaux (art. 1574), le commandement doit être signifié aux deux époux, conjointement. Mais le créancier n'est pas tenu d'interpeller le mari pour savoir s'il veut ou non procéder avec sa femme, parce que c'est à lui seul qu'il appartient de déclarer son refus : en gardant le silence, il fait présumer qu'il veut se rendre l'expropriation commune, et dès-lors la femme poursuivie avec lui, simultanément, se trouve sous l'influence d'un consentement tacite, ce qui dispense de la faire autoriser à ester en jugement. C'est ainsi que l'a décidé la 3me chambre de la cour de Toulouse, le 24 mai 1833, et son arrêt, nous devons le dire, étant l'expression d'un principe vrai, reçut l'approbation du barreau (1).

Après la réception du commandement, le débiteur a 30 jours pour se libérer; pendant ce terme, le créancier ne peut faire aucune diligence à l'égard des immeubles, et s'il laisse écouler plus de 3 mois, le commandement tombe en péremption (Cod. de procéd. civile, art. 674) : d'où il suit qu'il est obligé de le renouveler dans la même forme, avant de passer à la saisie.

Mais cet acte de poursuite, quoique périmé quant à l'expropriation, conserve encore sa force pour toute autre exécution qui aurait lieu sur les biens mobiliers du débiteur, parce qu'il vaut, dans ce cas, comme constitution en demeure; or, la loi n'en veut pas davantage. Tel est le sentiment de la cour de Caën, et l'arrêt qui consacre cette doctrine fut confirmé par la cour de cassation, le 27 mars 1821, dans l'espèce suivante.

Le 16 janvier 1819, le sieur *Lenoir-Dufresne* fait commandement au sieur *Richard*, de payer la somme de 148,148 francs, et l'huissier, après avoir constaté le refus du débiteur, ajoute : « qu'il y sera » contraint par la *saisie-immobilière*, dans le délai de » 30 jours, conformément à l'art. 674 du Code de » prodédure civile. »

Six mois après ce commandement, le créancier fait procéder à la *saisie-exécution* de divers objets mobiliers, notamment de plusieurs métiers à tisser.

Là-dessus, demande en nullité de la saisie, « comme n'ayant pas été précédée du commande-

---

(1) *Vid suprà*, pag. 253 et suivantes.

» ment prescrit par la loi, celui du 16 janvier, an-
» nonçant une saisie-immobilière, et étant périmé. »
— 31 août 1819, jugement du tribunal de première instance d'Alençon qui maintient la saisie dont il s'agit. — Appel; arrêt qui confirme en ces termes : — « Considérant, sur le moyen de nullité résultant » de ce que la saisie n'aurait pas été précédée » d'un commandement; qu'à la vérité, l'art. 583 » du Code de procédure civile dispose que, toute » saisie-exécution sera précédée d'un commandement à la personne ou domicile du débiteur, » fait au moins un jour avant la saisie; mais qu'il » est constant que, le 16 janvier dernier, *Lenoir-Dufresne* avait fait signifier son titre à *Richard*, » avec commandement de payer la somme dont il » lui était redevable; qu'il importe peu que ce » commandement portât l'énonciation que, faute » de paiement, il sera passé outre à la saisie-immobilière des biens dudit *Richard*, parce que la » loi ne prescrit point le mode d'énonciation qui » doit être suivi dans le commandement qui doit » précéder une saisie-exécution, mais qu'il exige » seulement qu'un commandement soit fait; qu'ainsi, » il n'est pas possible d'argumenter du but que devait se proposer *Lenoir-Dufresne*, pour soutenir » que le commandement, ayant pour objet spécial » la saisie-immobilière des biens de *Richard*, ne » peut tenir lieu de celui prescrit par l'art. 583 du » Code de procédure civile; qu'on ne peut pas » argumenter avec plus d'avantage de ce que ce » commandement aurait été périmé, faute par *Lenoir-Dufrèsne* d'avoir fait procéder à la saisie-immobilière dans le délai de trois mois, parce qu'il ne » s'ensuit pas de ce que le commandement n'était

» plus valable pour autoriser une saisie-immobilière, » qu'il ne pouvait autoriser une saisie-exécution, » lorsque la loi ne fixe aucun délai après lequel le » commandement ne sera plus valable, et se borne » uniquement à ordonner qu'il précèdera d'un jour » au moins la saisie. » — Pourvoi en cassation de la part du sieur *Richard*; mais autre arrêt par lequel, « attendu que, d'après l'art. 583 du Code de pro- » cédure civile, il suffit que toute saisie-exécution » soit précédée d'un commandement à la personne » ou au domicile du débiteur, et que, dans l'espèce, » le commandement fait le 16 janvier, avant la » saisie dont il s'agit, a rempli le vœu de la loi; la » cour rejette, etc. (1). »

Nous n'entrerons point dans de plus grands développemens sur l'exécution forcée des décisions judiciaires; notre sujet ne le permet pas. Il en est parlé dans un ouvrage que nous avons le dessein de publier sous ce titre : DES SAISIES EN GÉNÉRAL, *et de leurs formes en particulier* (2); par conséquent, ceux qui voudraient avoir, sur la matière, des notions plus étendues, les trouveront dans ce traité spécial. Occupons-nous du jugement.

CHAPITRE 2.

DES VOIES A PRENDRE POUR L'ATTAQUER.

L'opposition (Cod. de procéd. civ., art. 157 et 158), l'appel (art. 443, 472 et 473), le faux incident civil (art. 214), le desaveu (art. 352 et 360), la tierce-opposition (art. 474), la requête civile (art. 480), et le pourvoi en cassation (Décret

(1) *Vid.* le recueil de M. Sirey, tom 21-1-327.

(2) 5 vol. in-8°, dont un volume d'introduction.

du 27 novembre 1790, art. 2, et Loi du 27 ventôse an 8, art. 76) sont indiqués aux justiciables pour obtenir, dans les cas prévus par la loi, l'annulation ou la réformation des jugemens et arrêts qui les grèvent. Ces différens recours se divisent naturellement en voies ordinaires et extraordinaires. Tel est l'ordre dans lequel il convient de les présenter.

§ 1er.

DES VOIES ORDINAIRES.

L'*opposition* et l'*appel* sont les moyens les plus directs, les plus simples et par conséquent les plus usuels pour arriver à la rétractation ou à l'infirmation d'une décision judiciaire; aussi faut-il les ranger dans la classe des voies ordinaires. Examinons-les successivement.

ARTICLE Ier.

DE L'OPPOSITION.

Cette voie a été introduite dans la procédure des cours et tribunaux, non pas précisément comme moyen de censure, mais pour qu'une partie défaillante fût à même de faire rejuger, par la même autorité, le point litigieux qui lui est préjudiciable, avant que le jugement rendu contr'elle ne devienne définitf. Or, le président, comme juge des référés, ne statue qu'au provisoire, abstraction faite du principal; d'où il suit qu'il n'a pas à s'occuper de l'opposition du défaillant, parce que ce dernier conserve la faculté de se pourvoir devant les juges ordinaires, et qu'il peut détruire, s'il y a lieu, l'effet de la première décision. Voilà pourquoi notre Code dispose (art. 809), que les ordonnances sur référés ne seront pas susceptibles d'opposition.

Dans les matières civiles, la volonté du législateur est expresse et non équivoque ; aucune opposition ne peut être dirigée contre les décisions du président du tribunal de première instance. Mais en est-il de même à l'égard du président du tribunal de commerce et du juge de paix ? Une partie qui n'a pas comparu à l'audience indiquée pour le référé, est-elle recevable à former opposition à leur ordonnance ?

La raison de douter vient de ce que l'opposition est admise, en règle générale, contre tout jugement par défaut, et de ce qu'il n'y a point d'exception dans les titres relatifs aux formes de procéder devant les juridictions commerciales et les justices de paix. Au contraire, la raison de décider prend sa base dans l'analogie parfaite qui existe entre les ordonnances de référé du président du tribunal civil, et celles du président du tribunal de commerce et du juge de paix ; dans les unes comme dans les autres, nous ne trouvons qu'un provisoire; l'action principale reste intacte, et la partie condamnée, en la portant devant les juges du fond, fait disparaître aussitôt le préjudice qu'elle a pu recevoir en état de référé. Aussi nulle opposition ne doit être reçue. Il suffit en effet que soit l'ordonnance du président commercial, soit l'ordonnance du juge de paix ne puissent être considérées que comme un référé, pour qu'elles participent de la même nature et soient frappées de cette exclusion : *les ordonnances* SUR RÉFÉRÉS *ne sont point susceptibles d'opposition*. Telle est la règle impérieuse que nous trace la loi, qui naît des circonstances, et que nous devons observer. S'il en était autrement, l'utilité que procure la voie simple et économique du référé deviendrait illusoire; l'urgence qui accompagne toujours ces sortes de causes serait méconnue, et en introduisant dans les référés des formes longues et dispendieuses, il n'y aurait plus autant d'intérêt de recourir à cette juridiction exceptionnelle.

Passons maintenant au juge-commissaire en fait de distribution par contribution : Est-il permis de prendre la voie de l'opposition contre ses ordonnances ? Non.

Au premier aperçu, nous devons à la vérité de l'avouer, cela paraît bien rigoureux, puisque la décision qui, aux termes de l'art. 661 du Code de procédure civile, statue sur le privilége du propriétaire, est définitive, sans recours possible devant le tribunal. Cependant telle est la force des choses, aucune opposition n'est admissible, quand même, soit la partie saisie, soit l'un des créanciers produisans, ou le propriétaire, auraient fait défaut, à suite de la sommation de comparaître en référé.

Pour savoir, en effet, si un jugement par défaut en matière d'ordre ou de distribution par contribution, qui n'est pas rendu en contradictoire défense, est ou non susceptible d'opposition, ce n'est pas à la loi générale, aux articles 149, 157 et 158 qu'il faut s'attacher, mais bien à la loi spéciale qui les concerne; ainsi le veut cette maxime : *In toto jure generi per speciem derogatur, et illud potissimum habetur quod ad speciem directum est. Leg.* 80, *ff. de Reg. juris.* — Remarquons d'ailleurs que les dispositions particulières du titre de la distribution par contribution, ou de l'ordre, sont inconciliables

avec les formes tracées par les art. 149 et suivans, au titre *des jugemens par défaut et opposition*. D'une part, loin d'autoriser, comme dans les matières ordinaires, l'opposition aux jugemens qui interviennent après l'instruction faite devant le juge-commissaire, la loi restreint à l'appel; les voies à prendre, pourvu encore que l'appelant se pourvoie dans les dix jours de la signification du jugement à avoué (art. 669 et 763); d'autre part, au contraire, si l'opposition était admissible, elle aurait lieu indépendamment de l'appel, et il faudrait la relever par requête grossoyée (tarif, art. 75), soit dans le délai de huitaine, si le jugement était par défaut faute de plaider, soit avant l'exécution, s'il avait été rendu faute de comparaître (Cod. de procédure civile, art. 157 et 158). Or, d'après cette différence, il est donc impossible qu'il puisse exister le moindre rapprochement. L'on dirait vainement que le législateur n'a parlé, dans le titre de l'ordre, que du jugement prononcé à l'audience du tribunal, sur le rapport du juge-commissaire, pour en conclure que l'ordonnance de référé, relative à l'action du propriétaire, est en-dehors des règles spéciales; car il suffirait de répondre que ce que les parties n'ont pas le droit de faire contre un jugement, elles ne le peuvent point contre une ordonnance, alors surtout que l'ordonnance et le jugement ont le même but et sont compris dans le même titre. C'est dans ce sens que la question d'irrecevabilité de l'opposition envers un jugement d'ordre, fut résolue par la cour de cassation, le 19 novembre 1811 : nous croyons utile de placer ici les motifs de l'arrêt. — « La cour,
» sur les conclusions conformes de M. Jourde,
» avocat-général; — Vu les art. 149, 157, 455,

» 762 et 763 du Code de procédure civile; — Con-
» sidérant que les lois spéciales ou d'exception dé-
» rogent nécessairement, *et sans qu'il soit besoin d'y*
» *insérer une clause expresse à cet égard*, à toutes les
» lois qui sont inconciliables avec leurs dispositions;
» — Que la forme de procéder en matière d'ordre
» est déterminée par une loi spéciale rangée sous le
» titre 14 du Code judiciaire; — Que cette loi spé-
» ciale, art. 762 et 763, porte que le jugement (des
» contestations renvoyés à l'audience) sera rendu
» sur le rapport du juge-commissaire et les conclu-
» sions du ministère public, et que l'appel de ce ju-
» gement ne sera pas reçu, s'il n'est interjeté dans les
» dix jours de la signification à avoué, *sans faire*
» *aucune distinction entre le cas où le jugement est*
» *par défaut et celui où il est contradictoire*; que
» ces dispositions sont évidemment inconciliables
» avec la faculté de former opposition aux jugemens
» par défaut, qui, dans les matières ordinaires est
» de droit commun, et avec les art. 149, 157 et
» 455 du Code de procédure civile, qui, en auto-
» risant les oppositions aux jugemens par défaut,
» déterminent la forme et prescrivent les délais dans
» lesquels elles doivent être faites; — qu'elles sont
» notamment inconciliables avec l'art. 157 du
» Code, puisque cet article fait courir le délai
» pour former opposition aux jugemens par défaut,
» à compter de la signification à avoué, tandis
» qu'aux termes de l'art. 763, c'est le délai de l'ap-
» pel qui court, à compter du jour de la significa-
» tion du jugement énoncé dans l'art. 762; — qu'el-
» les le sont encore plus évidemment avec l'art. 455,
» qui porte que les appels des jugemens susceptibles
» d'opposition, ne sont pas recevables pendant la

» durée du délai de huitaine donné pour l'opposi-
» tion, tandis que suivant l'art. 763, les appels des
» jugemens d'ordre sont recevables à compter du
» jour de la signification à avoué, c'est-à-dire pen-
» dant le temps que, dans les matières ordinaires,
» le Code accorde pour former opposition ; — que
» les dispositions des art. 762 et 763, sont égale-
» ment inconciliables avec le système entier de
» l'ordre de procéder, suivant lequel, en cas d'op-
» position à un jugement par défaut, c'est le juge-
» ment rendu sur cette opposition qui devient sus-
» ceptible d'appel, tandis qu'en matière d'ordre,
» c'est toujours le jugement énoncé dans l'art. 762,
» que l'art. 763 autorise à attaquer par la voie de
» l'appel ; — qu'enfin, ces dispositions insérées
» dans une loi spéciale, *dont le but principal est*
» *d'abréger et de simplifier les procédures*, en rédui-
» sant à dix jours le délai de l'appel des jugemens,
» ne peuvent point se concilier avec le droit de former,
» à ces mêmes jugemens, pendant la huitaine, une
» opposition, qui ne pourrait presque jamais être
» jugée pendant le temps accordé pour interjeter
» appel ; — Que de-là il suit qu'en matière d'ordre,
» l'opposition formée au jugement rendu sur le rap-
» port du juge-commissaire et après les conclusions
» du ministère public, n'étant pas recevable, la cour
» d'appel de Besançon a parfaitement saisi le sens
» de la loi, dont elle a fait une juste application :
» rejette, etc. (1). »

---

(1) Sirey, tom. 12-1-48. Arrêt de la même cour, du 13 juin 1827, et des cours de Paris, Bruxelles et Turin, des 28 janvier et 20 décembre 1809, et 6 juin 1810 : tom. 27-1-453 ; tom. 15-2 188, et tom. 10-2-255 et 281. — *Vid.* aussi pag. 124, 329 et 601.

ARTICLE 2.

DE L'APPEL.

« Dans les cas où la loi autorise l'appel, cet appel » pourra être interjeté même avant le délai de huitaine, à dater du jugement; et il ne sera point » recevable s'il a été interjeté après la quinzaine, à » dater du jour de la signification du jugement. — » L'appel sera jugé sommairement et sans procé- » dure : » telle est la disposition expresse de l'art. 809 du Code de procédure civile, au titre des référés.

Mais dans quel cas la loi autorise-t-elle cet appel ? Lorsqu'en exécution du décret du 16-24 août 1790 (tit. 4, art. 5), les juges ne peuvent décider qu'en premier ressort, lorsque le litige dépasse la somme ou valeur de 1,000 francs, ou que l'objet de la contestation est d'une valeur indéterminée, sauf les distinctions établies par les art. 451 et suivans à l'égard des jugemens préparatoires, interlocutoires et définitifs.

On éleva des doutes sur cette interprétation de l'art. 809, et les cours de Poitiers et Turin eurent à examiner successivement si les ordonnances de référé pouvaient ou non être assimilées aux jugemens, et si les règles concernant l'appel envers les jugemens étaient ou non applicables aux ordonnances rendues par le juge des référés (1).

A l'appel interjeté, l'on opposait une fin de non-recevoir fondée sur ce qu'une ordonnance de référé n'est qu'une décision provisoire d'un juge isolé

(1) L'affirmative fut adoptée par deux arrêts des 16 février et 19 août 1807 : Sirey, tom. 15-2-198 et 199.

ne présentant aucun caractère duquel on puisse conclure que le premier degré de juridiction se trouve rempli; qu'ainsi elle ne pouvait être attaquée en appel, avant d'avoir été soumise à la censure des premiers juges, avant qu'il fût intervenu, sur la difficulté en litige, un véritable *jugement*. « A la vérité, » ajoutait-on, la loi interdit le recours au tribunal » par voie d'opposition; mais delà on ne peut rien » conclure, sinon que le tribunal doit être saisi » en la forme ordinaire, par voie d'action prin- » cipale. Toujours est-il absolument nécessaire » qu'il y ait *jugement* pour qu'il puisse y avoir » *appel*. »

Nous croyons, au contraire, que le mot *jugement* qui se rencontre dans l'art. 809, et dont on voudrait argumenter, a été employé pour le mot ordonnance (1). Ce texte de loi pris dans son ensemble, combiné dans ses diverses dispositions, ne peut laisser aucun doute sur l'admissibilité de l'appel contre la simple ordonnance non suivie de jugement sur le fond, puisque, d'un côté, le paragraphe premier de l'article interdit le recours au tribunal par voie d'opposition, la seule qui soit ouverte en général contre les ordonnances d'un juge; d'un autre côté, les paragraphes 3 et 4, en ouvrant la voie de l'appel, ont créé deux exceptions aux art. 443 et 449 sur le délai de l'appel et la forme de procéder, ce qui présuppose nécessairement la faculté d'interjeter appel des ordonnances de référé. L'expression, *dans les cas où la loi autorise l'appel*, consignée dans l'art. 809, est-elle susceptible d'un doute? Non.

(1) *Vid.* pag. 697 et suivantes, le chapitre qui traite du *jugement*.

S'il pouvait en exister, il disparaîtrait incontestablement devant l'art. 149 du tarif, publié après le Code, et qui sert toujours à l'interpréter. Or, que dit-il? « Les frais faits sur les appels d'ORDONNANCE » seront liquidés comme en matière sommaire, » et le législateur a eu le soin de placer cette disposition en regard de l'art. 809! Toute autre manière de procéder serait lente et dispendieuse, et dès-lors évidemment incompatible avec la nature des référés.

Mais pour pouvoir relever appel il faut que le litige dépasse la valeur du dernier ressort déterminé pour les juges du principal; dans le cas contraire, l'appel ne serait pas recevable (1), alors même que l'ordonnance de référé aurait pour objet l'exercice de la contrainte par corps (2), parceque cette voie d'exécution n'est que la conséquence de l'action principale, l'accessoire de la condamnation pécuniaire prononcée contre le débiteur (3).

Avant le Code de procédure civile (qui a fait du titre *des référés* le droit commun de la France, ainsi que nous avons eu l'occasion de le faire observer

---

(1) Arrêt de la cour de Turin, du 16 octobre 1807 : Sirey, tom. 15-2-199.

(2) Arrêt de la cour de Paris, du 28 juillet 1825 : Sirey, tom. 26-2-34.

(3) Arrêt de la cour de cassation, du 5 novembre 1811 : Sirey, tom. 12-1-18. Voyez, dans le même sens, les arrêts des cours de Bruxelles, Paris, Nîmes et Bordeaux, des 6 juillet 1808, 26 novembre 1811, 11 septembre 1812, 20 mai 1813, 22 mai 1819 et 31 juillet 1827 : Sirey, tom. 9-2-17; tom. 12-2-386; tom. 13-2-192 et 285; tom. 20-2-209, et tom. 27-2-194. — Voyez en sens contraire, les arrêts des cours de Turin, Lyon et Bordeaux des 3 décembre 1810, 23 août 1811 et 15 novembre 1828 : Sirey, tom. 11-2-173; tom. 12-2-386, et tom. 29-2-117.

page 18), l'ordonnance du président rendue en état de référé était considérée comme un véritable jugement, et il y avait obligation de suivre les règles générales tracées pour les décisions des tribunaux ordinaires : c'est ce qui résulte d'un arrêt de la cour de cassation, du 1er prairial an 13 (1), par lequel cette cour, se fondant sur la loi du 16-24 août 1790 (tit. 5, art. 14), décide que l'appel, avant huitaine, d'une ordonnance de référé, n'est pas recevable ; d'où l'on doit conclure qu'il aurait été admis après ce délai. Aujourd'hui il n'existe aucun terme pendant lequel il est interdit d'appeler ; car l'art. 809 dispose que, « l'appel pourra être interjeté avant le délai de huitaine, à dater du jugement ; et qu'il ne sera point recevable, s'il a été interjeté après la quinzaine à compter du jour de la signification du jugement. »

Toutefois, l'appel d'un jugement préparatoire ne doit, aux termes de l'art. 451, être interjeté qu'après le jugement définitif et conjointement avec l'appel de ce jugement (2). Et s'il est vrai que l'appel d'un jugement interlocutoire puisse être signifié avant la décision sur le fond, cet appel n'est pourtant que facultatif, puisque la partie condamnée est autorisée à attendre le jugement définitif, sans qu'on ait le droit de lui opposer aucune fin de non-recevoir (3). Or, pour pouvoir appeler, tout consiste à savoir si l'ordonnance du juge des référés

---

(1) Sirey, tom. 5-1-137.

(2) *Qu'est-ce qu'un jugement préparatoire ? — Peut-il en exister dans la juridiction toute spéciale du magistrat des référés ? Vid.* pag. 710 et suivantes.

(3) *Vid.* pag. 718 et 719.

évacue définitivement la contestation, ou si elle renferme quelque disposition interlocutoire, ayant un caractère définitif (1).

Mais si la décision n'est ni préparatoire, ni interlocutoire, il est indubitable qu'elle sera définitive, et, dans ce cas, si elle n'a été rendue qu'en premier ressort, il y aura obligation de relever l'appel dans la quinzaine de la signification à personne ou domicile (art. 809). Observons encore que la règle *dies termini non computantur in termino*, n'est pas applicable à notre espèce; aussi faut-il que l'appel soit remis à l'intimé, au plus tard, le quinzième jour après la signification de l'ordonnance, non compris le jour pendant lequel cette signification a eu lieu. Telle est la doctrine professée par la cour de Limoges, et nous la croyons fondée sur la lettre et l'esprit de la loi. « Atteudu (2) qu'aux termes » de l'art. 809 du Code de procédure civile, l'ap» pel, en matière de référé, n'est point recevable, » s'il a été interjeté après la quinzaine, à dater du » jour de la signification du jugement; que, dans » l'espèce, *Dumont* ayant signifié, le 28 août 1824, » le jugement qu'il avait obtenu, *Constantin* aurait » dû en interjeter appel, au plus tard, le 12 sep» tembre; qu'en fait, ne l'ayant signifié que le *treize* » septembre, son appel n'est pas venu dans la quin» zaine; — Attendu que la règle *dies termini non* » *computantur in termino*, consacrée par l'art. 1033

(1) *Dans quels cas une ordonnance de référé est-elle interlocutoire? — Dans quels cas est-elle définitive? Vid.* pag. 741 et suivantes.

(2) Arrêt du 22 mars 1825: Sircy, tom. 26-2-173. Voyez un arrêt semblable de la cour d'Amiens, du 16 août 1825, même recueil, tom. 27-2-18.

» du Code de procédure, ne peut s'appliquer au » délai spécial fixé pour l'appel des jugemens rendus » en référé; — Attendu que la circonstance que » le 12 septembre, *jour de l'échéance de la quinzaine,* » pour faire appel, était un dimanche, est indifférente dans la cause, parce que s'agissant ici de » l'application d'un délai spécial, tous les jours sont » continus, utiles et compris dans le délai, sans exception de ceux de fête légale; avec d'autant plus » de raison que *Constantin* pouvait, en usant de la » faculté qui lui était accordée par la disposition » finale de l'art. 1037 du Code de procédure civile, » signifier son appel le 12 septembre, jour de dimanche, après en avoir préalablement obtenu la » permission du juge, etc. »

Lorsque la décision émane du président du tribunal de première instance, comme juge des référés ou du juge qui le remplace, il ne saurait exister d'incertitude sur le délai de l'appel, puisque la loi le fixe à quinzaine, à partir de la signification du jugement (art. 809); mais en est-il de même des ordonnances du président du tribunal de commerce, du juge de paix et du juge-commissaire nommé en matière de distribution de deniers?

Examinons.

Un arrêt de la cour de Cassation, du 22 avril 1818, juge que l'appel de l'ordonnance en vertu de laquelle un étranger est arrêté provisoirement, ne rentre point dans la classe des jugemens de référé, et qu'ainsi le débiteur emprisonné a trois mois pour se rendre appelant (1).

---

(1) Sirey, tom. 19-1-194.

Ce précédent, nous devons le dire, s'il trace des règles en matière d'appel, ne fait pourtant que compliquer la difficulté. En effet, s'il est vrai que le titre des référés ne soit applicable qu'aux cas spéciaux prévus en matière civile, l'on sera forcé de conclure que les ordonnances du président du tribunal de commerce et du juge de paix, alors que ces magistrats prononcent en état de référé, doivent jouir d'un délai aussi long que celui qu'on accorde aux jugemens des tribunaux. Or, n'est-il pas dérisoire de prétendre que l'appel d'une décision de référé (quand l'urgence, l'intérêt des parties sont les mêmes), sera irrecevable le 16e jour, parce qu'il s'agira d'une action civile, tandis qu'il devra être reçu pendant trois mois, s'il s'agit d'un fait de commerce, ou de l'ordonnance d'un juge de paix?

Disons aussi que cette différence qu'on voudrait introduire dans le délai de l'appel est contraire à l'esprit de la loi et à la nature des choses. Il suffit, en effet, que la décision soit rendue en état de référé, n'importe dans quelle circonstance, pour qu'elle doive être régie par les principes généraux, le titre *des référés*, à moins qu'il n'existât quelque exception formelle, et nous n'en trouvons aucune dans le Code de procédure. L'art. 809 ne distingue point entre les affaires civiles, les affaires commerciales et celles qui sont de la compétence du juge de paix, comme juge des référés; il pose une règle invariable d'après laquelle, « les ordonnances » SUR RÉFÉRÉS, ne feront aucun préjudice au principal, » en ajoutant: « dans les cas où la loi autorise » l'appel, cet appel pourra être interjeté même » avant le délai de huitaine, à dater du jugement; » et il ne sera point recevable, s'il a été interjeté

» après la quinzaine, à dater du jour de la signification du jugement. » d'où il faut conclure que, *pour tous les référés quelconques*, il n'y a qu'un seul délai, celui de quinzaine, sauf si la loi en dispose autrement.

C'est donc par erreur que, dans l'arrêt du 22 avril 1818, la cour de cassation décida que l'ordonnance permissive de l'arrestation provisoire d'un étranger, était susceptible d'appel pendant trois mois; et cette erreur est d'autant plus démontrée que, dans le cas où l'arrestation aurait donné lieu à des difficultés, le président devait statuer *en référé* sur la validité soit de l'ordonnance, soit de l'emprisonnement (Cod. de procéd. civ., art. 786 et 787). Il n'est pas possible de supposer qu'à l'égard du même objet (dans le cas où deux décisions peuvent devenir nécessaires, l'une pour permettre, et l'autre pour confirmer ou annuler) les parties puissent avoir ou trois mois ou quinze jours pour appeler, suivant les circonstances. Un seul objet, la permission d'arrêter un débiteur étranger, ne comporte point des délais aussi contradictoires.

Dans l'espèce de la cour de Caen, du 25 nov. 1804 (1), il y avait un autre motif de décider : ce n'était point un ordre ou distribution de deniers *devant commissaire*, mais une action portée devant

(1) Arrêt rapporté par M. Sirey, tom. 6, p. 577. « Considérant » est-il dit, qu'en droit, une disposition de la loi exceptionnelle ne peut être étendue d'un cas à un autre; — Qu'en fait, » dans l'espèce de la cause, il ne s'agit point d'une collocation » sur état d'ordre, mais seulement de la distribution entre deux » créanciers, des deniers appartenant à leur débiteur commun, » circonstance tout-à-fait exclusive d'un état d'ordre, d'après » les dépositions de l'art. 775 du Code de procédure civile; que » dès-lors on a pu interjeter appel dans le délai ordinaire; etc. »

le tribunal, conformément au titre des *ajournemens*, pour faire régler entre deux créanciers (art. 775) la part que chacun devait avoir dans le prix d'une adjudication, et aussi l'art. 763 qui, en matière de contredits, n'autorise l'appel que dans les dix jours de la signification du jugement à avoué, était sans application. Au contraire, si l'ordre avait été ouvert en exécution des art. 749 et suivans, les formes de l'action auraient changé, et, dans ce cas, comme tous les jugemens qui viennent à la suite ne sont que des incidens à la distribution, force eût été de se renfermer dans l'art. 763, aux termes duquel, au lieu de trois mois, il n'y a que quinze jours pour appeler.

Or, partant de ce principe que les jugemens rendus pendant le cours de la distribution ne sont qu'accessoires au fond de l'action, et qu'ils doivent être soumis à la règle générale tracée par le titre auquel ils s'appliquent, nous devons en tirer la conclusion que l'ordonnance du juge-commissaire qui, *en état de référé*, décide sur le privilége réclamé par le propriétaire (art. 661), n'est susceptible d'appel, s'il y a lieu, que dans les dix jours de sa signification à avoué, parce que l'art. 669 n'accorde que ce délai aux créanciers. Vainement dirait-on que le titre *des référés* (art. 809) fixe à quinzaine le terme de la faculté d'appeler; il suffirait de répondre que la décision du juge-commissaire n'est qu'un commencement de distribution, et qu'alors il impliquerait que cet incident changeât la nature des choses, ou modifiât l'action principale. Oui, nous en convenons, si l'art. 669 n'avait donné aucune limite en fait d'appel, il est incontestable que les parties seraient rentrées dans le cercle que trace l'art. 809, et, par conséquent, elles auraient eu quinzaine pour attaquer l'ordonnance du juge-commissaire, comme décision *sur référés*. Mais le terme a été réduit, et cette réduction, loin d'être incompatible avec les jugemens qui interviennent en état de référé, se rapproche beaucoup de la volonté du législateur, car elle est basée sur l'urgence; et l'urgence, la célérité dans les formes d'instruction, on le sait, déterminent seules la juridiction des référés (1).

§ 2.

DES VOIES EXTRAORDINAIRES.

Le faux incident civil, le désaveu, la tierce-opposition, la requête civile, et le *pourvoi en cassation*, sont autant de moyens indirects pour parvenir à l'annulation des jugemens des cours et tribunaux. Or, sous ce premier point de vue, ils procurent le même résultat que l'opposition et l'appel, puisque les uns et les autres tendent à faire rétracter ce qui a été jugé. Cependant si l'on considère que les formes de l'instruction sortent des règles ordinaires, et que la condamnation aux dommages, conséquence presque inévitable d'un insuccès, peuvent devenir très nuisibles aux parties qui exercent des actions de ce genre, il en faudra conclure qu'elles ne doivent être suivies qu'avec prudence et circonspection. Chacune constitue en effet un recours violent dont il n'est permis d'user que dans des cas extrêmement rares; aussi la loi les range-t-elle toutes dans la classe des voies extraordinaires pour attaquer les jugemens.

(1) *Vid. suprà*, pag. 124.

ARTICLE 1er.

DU FAUX INCIDENT CIVIL.

« Celui qui prétend qu'une pièce signifiée, com-
» muniquée ou produite dans le cours de la procé-
» dure, est fausse ou falsifiée, peut, s'il y échet,
» être reçu à s'inscrire en faux, encore que ladite
» pièce ait été vérifiée, soit avec le demandeur,
» soit avec le défendeur en faux, à d'autres fins que
» celles d'une poursuite de faux principal ou inci-
» dent, et qu'en conséquence il soit intervenu un
» jugement sur le fondement de ladite pièce comme
» véritable (Cod. de procéd. civ., art. 214). »
Voilà le principe ; parlons de son application.

Et d'abord, l'inscription de faux incident est-elle admissible contre les jugemens et arrêts ? L'affirmative ne présente aucun doute ; car d'après l'ordonnance de 1737, le réglement de 1738 et le Code de procédure civile, il est permis de s'inscrire en faux contre les décisions judiciaires, de même que contre tout autre acte, sauf que l'inscription est reçue ou rejetée, *s'il y échet*, comme dit la loi. C'est ainsi que l'a pensé la cour de cassation, et ses deux arrêts des 12 août 1829 et 25 mai 1830 sont là pour l'attester (1). N'importe qu'il y ait chose jugée sur le fait que l'on soutient être faux, la partie lésée n'en est pas moins fondée à se plaindre. D'ailleurs la reconnaissance expresse de ce fait peut n'avoir été donnée que par erreur, elle n'a même été consentie que, dans la supposition où le fait était vrai, et l'on conçoit dès-lors qu'empêcher l'inscrip-

(1) Sirey : tom. 29-1-299, et tom. 30-1-213.

tion de faux dans cette hypothèse, ce serait vouloir rendre cette voie illusoire et impraticable. L'on ne pourrait pas dire que l'irrévocabilité de l'aveu judiciaire s'oppose à l'admission d'un tel recours; parce qu'il résulte, au contraire, de l'article 1356 du Code civil, que l'aveu est révocable lorsqu'il est la suite d'une erreur de fait. Or, prendre pour vrai ce qui est faux, n'est-ce pas commettre une erreur? A plus forte raison la reconnaissance tacite d'un fait allégué ne constitue-t-elle point une fin de non-recevoir, puisqu'elle n'est pas un aveu judiciaire. Pour que cet aveu existe, il faut qu'il y ait déclaration *positive* faite en justice, par l'une des parties, et acceptation formelle de l'autre (1). Aussi l'endosseur d'un effet de commerce qui, poursuivi en paiement par le porteur, soutient d'abord n'avoir donné qu'une signature de complaisance, et exerce en conséquence son action en garantie contre l'endosseur subséquent; qui ensuite, avant qu'il ait été statué sur cette action en garantie, se laisse condamner au paiement de l'effet et le paie au porteur, peut encore, nonobstant ces divers actes de reconnaissance et d'exécution, être admis à s'inscrire incidemment en faux contre la signature apposée à l'endossement qui lui est attribué (2).

« Il ne faut pas prendre pour un aveu l'omission » de répondre, ou le silence gardé par l'une des » parties, sur un fait allégué ou avancé par l'autre, » soit à l'audience, soit dans ses écritures, même » avec interpellation d'y répondre ou de le contester.

(1) Arrêt de la cour de cassation du 3 juin 1829 : Sirey, tom. 29-1-225.

(2) Arrêt de la cour de cassation, du 10 avril 1827 : Sirey, tom. 27-1-279.

» On a des exemples motivés sur ce que tel fait a » été avancé par une partie, et n'a pas été contesté » par l'autre. Un pareil motif de décision est absolument contraire aux maximes du droit. C'est un » principe général qu'on n'est tenu de répondre » qu'aux interpellations faites par la justice. Si l'une » des parties a intérêt que l'autre s'explique sur un » fait, elle peut et doit provoquer l'interrogatoire » sur faits et articles ; autrement, l'autre peut garder le silence sur son interpellation, sans craindre » qu'on en tire une conséquence fondée contr'elle. » Son silence ne peut, pas plus en bonne logique » qu'en bonne jurisprudence, être considéré comme un aveu que comme un désaveu ; *qui tacet, non utique fatetur ; sed tamen verum est, eum non negare* (1). Le fait reste donc incertain. Si le juge » croit nécessaire de l'approfondir, il peut ordonner » la comparution de la partie et l'interrogatoire » d'office, sur le fait en question, comme il en a » toujours le droit ; mais il manquerait à son devoir » si, regardant comme prouvé le fait sur lequel » l'une des parties n'a pas répondu, quoique interpellée par l'autre, mais non par la justice, il » motivait un jugement sur ce silence, qui ne peut » être considéré comme une preuve (2). »

Le faux est intellectuel ou matériel, suivant qu'il se rapporte aux énonciations, aux changemens et altérations faits après coup à l'acte ou jugement.

Cependant tout nous démontre que l'inscription de faux incident civil ne peut jamais intervenir en état de référé, parce que la juridiction spéciale du

(1) Leg. 142, ff. lib. 50, tit 17. de reg. juris.

(2) Toullier, *droit civil*, tom. 10, pag. 430 et 431.

président et la force des choses la rendent impossible.

En effet, devant le juge des référés, l'on invoque une pièce fausse ou falsifiée qui est décisive quant à l'objet litigieux, notamment un acte authentique; pourra-t-on d'hors et déjà faire considérer cette pièce comme non avenue? Cela ne se peut pas. Pourquoi? Parce qu'indépendamment de ce que la connaissance de l'inscription de faux est dévolue aux tribunaux ordinaires (Cod. de procéd. civ., art. 218), le demandeur doit notifier des actes préalables dont les délais et les formes sont incompatibles avec la nature des référés. Ces actes, on le sait, se signifient d'avoué à avoué; or, l'intervention de tels officiers n'est que facultative: il faut au moins huitaine entre la mise en demeure et la réponse, et pourtant le terme de l'assignation, l'urgence qu'il y a de statuer, ne permettent pas d'attendre autant de temps (art. 807 et 808).

Supposons toutefois qu'une ordonnance de référé soit arguée de faux; devra-t-on proposer l'inscription? Non, sans doute; car il suffit d'agir au principal, devant les juges du fond, pour obtenir la réparation du préjudice souffert (art. 809). D'ailleurs on ne peut point enter un référé sur une ordonnance de référé, dans ce sens qu'on n'a pas à demander l'exécution provisoire d'une décision de cette espèce, laquelle existe de plein droit; mais seulement l'exécution d'un acte authentique et exécutoire attaqué d'opposition. Et au surplus, cela aurait-il lieu que, par les raisons qui viennent d'être exposées, le juge du référé serait toujours incompétent (1).

(1) *Vid.* pag. 444 et suivantes.

ARTICLE 2.

DU DÉSAVEU.

En droit, aucunes offres, aucun aveu ou consentement, ne peuvent être faits, donnés ou acceptés, sans un pouvoir spécial, à peine de désaveu (Cod. de precédure civile, art. 352); d'où il suit qu'une offre, un consentement, un aveu, étant susceptibles d'intervenir devant le juge des référés, la décision de ce magistrat peut être attaquée en désaveu, comme moyen d'annulation. Ainsi le veut la règle suivante : « si le désaveu est déclaré valable, le jugement, ou les dispositions du jugement » relatives aux chefs qui ont donné lieu au désaveu » demeureront annulées et comme non-avenues » (art. 360). »

Mais peut-on conclure de ce qui précède que la procédure du désaveu, si elle est dirigée contre une ordonnance de référé, doive être instruite devant le président ou le juge qui le remplace? Non.

Le désaveu est fait au greffe *du tribunal* qui est appelé à en connaître, par acte signé de la partie, ou du porteur de sa procuration spéciale, authentique, et il faut que cet acte contienne les moyens, conclusions et *constitution d'avoué* (art. 353). Or, voilà deux obstacles invincibles qui s'opposent à ce que le désaveu fasse partie de la juridiction particulière des référés ; le premier, c'est le tribunal qui doit être nanti, et non pas le *président* ; le second, il faut constituer avoué, et cependant, nous l'avons déjà vu, la postulation des avoués n'est pas rigoureusement exigée en état de référé.

Il est pourtant exact de soutenir que le désaveu

doit, en règle générale, être porté au tribunal devant lequel la procédure désavouée a été instruite, encore que l'instance, dans le cours de laquelle il est formé, soit pendante en un autre tribunal (art. 356); mais cela autorise-t-il à penser que le président ait attribution de juridiction pour statuer sur le désaveu introduit contre une de ses ordonnances, ou contre les actes de la demande portée devant lui? Non. D'abord, nous répèterons ce que nous avons dit en parlant du faux incident civil: « il suffit d'agir au principal, devant les juges » du fond, pour obtenir la réparation du dommage » souffert (art 809), » et là, la partie lésée pourra contester tout à son aise l'offre, l'aveu, le consentement qu'on lui attribue, à moins qu'il ne soit justifié qu'elle a donné des pouvoirs suffisans pour le faire à son nom. D'autre part, le désaveu, s'il est admis, entraîne des dispositions qui sont endehors du cercle des référés; car le désavoué doit, dans ce cas, être condamné, envers le demandeur et les autres parties, en tous dommages-intérêts, et même puni *d'interdiction*, ou poursuivi *extraordinairement*, suivant la gravité du cas et la nature des circonstances (art. 360). Il n'est donc pas possible de supposer que cette action puisse être appréciée par le juge des référés.

ARTICLE 3.

DE LA TIERCE-OPPOSITION. (1)

Cette voie extraordinaire est-elle ouverte contre

(1) Sur la question de savoir dans quels cas la tierce-opposition est recevable, et quelles sont les personnes qui peuvent la former; voyez pag. 486 et suivantes.

une ordonnance de référé, et le président, ou le juge qui le remplace à l'audience des référés peut-il en connaître? L'affirmative ne présente aucun doute.

En effet, la tierce-opposition n'a d'autre but que de faire rejuger par la même autorité, si c'est possible, le point litigieux à raison duquel un tiers prétend avoir été préjudicié (Code de procédure civile, art. 474); aussi est-elle portée, par action principale, au tribunal qui a rendu le jugement attaqué (art. 475). A la vérité, cette action peut encore être formée incidemment à une autre instance, et, dans ce cas, elle échappe quelquefois au juge qui a rendu le premier jugement; mais cela ne change rien pourtant à la juridiction du magistrat des référés, puisqu'il est possible qu'il ait lui-même à s'occuper de la tierce-opposition incidente.

Par exemple, après que ses meubles ont été saisis, le débiteur s'oppose à toute exécution postérieure et appelle, au même instant, le créancier en référé, pour voir ordonner le sursis aux poursuites; au contraire, le juge, au lieu d'accueillir cette demande, permet de passer outre à la vente. De suite, en vertu de cette décision, l'huissier se présente pour procéder au récolement des choses saisies; et un tiers vient y mettre obstacle, parce que, dit-il, les meubles dont il s'agit lui ont été donnés à loyer; il prétend d'ailleurs que la saisie est nulle par défaut d'observation des formalités requises. Or, cet opposant est traduit en référé; on excipe contre lui de l'ordonnance qui, validant les poursuites, autorise à les continuer provisoirement, et l'on soutient qu'il y a chose jugée. C'est pour cela que l'assigné forme opposition en tiers à l'ordonnance préexistante; il fait rejuger l'action en nullité de la saisie: par conséquent, une seconde ordonnance, rétractant la première, décide que les poursuites sont illégales, et qu'il sera sursis jusqu'à ce que les juges ordinaires aient statué sur l'action principale.

Il importe peu que l'art. 75 du tarif, expliquant l'art. 475 du Code de procédure civile, dispose que la requête de tierce-opposition incidente sera grossoyée par un avoué; car de même qu'en justice ordinaire, un tiers peut se rendre opposant à l'audience, lors de l'exhibition du jugement qui le préjudicie, sans requête préalable; de même, devant le juge des référés, la tierce-opposition est valable par des conclusions verbales, à l'instant où la cause est plaidée. La jurisprudence des cours et tribunaux est univoque sur ce point.

Passons à la tierce-opposition par action principale.

Une ordonnance de référé condamne *Primus* à réparer un bâtiment qu'on dit lui appartenir, et en cas de retard, vu le danger imminent qui menace *Secundus*, autorise ce dernier à faire faire lui-même la réparation ordonnée. Mais qu'arrive-t-il? *Primus* n'exécute point la condamnation. Lorsque *Secundus* prend l'initiative, qu'il envoie les ouvriers sur les lieux pour réparer le bâtiment dont il s'agit, *Tertius* se présente comme propriétaire, et proteste contre toute exécution; néanmoins l'on passe outre, et les réparations sont commencées par le créancier. *Tertius* se rend tiers-opposant : il ajourne *Primus* et *Secundus* en référé pour voir accueillir sa tierce-opposition, reconnaître son droit de propriété, décider que le bâtiment est en bon état, qu'il ne sera point réparé, et que les choses resteront dans l'état. Or, voilà qui justifie la règle d'après laquelle la tierce-opposition, formée par action principale, doit être portée au tribunal qui a rendu le jugement attaqué.

Ainsi, comme on le voit, les ordonnances de référé peuvent être attaquées d'opposition par un tiers, malgré qu'elles soient inattaquables par l'opposition du défendeur qui, ayant été assigné, n'aurait pas comparu. Dans le premier cas, celui qui se plaint n'a pas connu l'action; au contraire, dans le second cas, celui qui a été condamné a bien voulu l'être, puisqu'il a fait défaut.

ARTICLE 4.

DE LA REQUÊTE CIVILE.

Les jugemens contradictoires rendus en dernier ressort par les tribunaux de *première instance* et les *cours royales*, et les jugemens par défaut rendus aussi en dernier ressort, qui ne sont plus susceptibles d'opposition, peuvent être rétractés, sur la requête de ceux qui ont été parties ou dûment appelés, pourvu qu'ils se trouvent dans l'un des cas prévus par la loi (Code de procédure civile, art. 480).

Par ces mots : *en dernier ressort*, le législateur a entendu ouvrir la voie de la requête civile lorsque le jugement n'est plus attaquable par les voies de droit, c'est-à-dire quand il n'existe plus aucun recours ordinaire pour le faire réformer. Tout nous démontre aussi que la requête civile est placée sur la même ligne que le pourvoi en cassation, parce que l'un et l'autre n'interviennent qu'à l'égard du jugement définitif, alors qu'il n'est plus possible de faire réparer, par opposition ou appel, l'erreur du premier juge, et le préjudice causé.

Or, une ordonnance de référé a-t-elle ce caractère, et, par conséquent, est-elle susceptible de requête civile? Non. Cette décision est en effet provisoire de sa nature, le principal reste intact, et les parties peuvent encore se pourvoir devant les juges du fond pour faire apprécier leurs droits définitivement; aussi peut-il arriver que la décision sur le principal soit diamétralement opposée à celle rendue en état de référé. Nous sommes donc en-dehors de l'art. 480 du Code de procédure civile, puisque l'ordonnance du président ou du juge qui le remplace n'est pas irrévocable (1).

Observons d'ailleurs que les formes d'après lesquelles la requête civile doit être instruite sont incompatibles avec celles qu'on emploie en matière de référé; car indépendamment de plusieurs délais de rigueur (beaucoup plus longs que ceux que permet le provisoire), de la différence des actes à notifier, toute requête civile est en outre jugée contradictoirement avec le ministère public (art. 498). Eh bien! dans la juridiction des référés, il n'y a point d'officier de parquet: il suit de là, que si l'on portait une requête civile en référé, on enlèverait au défendeur la garantie qu'il retrouve devant les juges ordinaires, en plaidant avec la présence de l'homme de la loi. Ainsi, nous avons suffisamment prouvé que les ordonnances de référé n'en étaient pas susceptibles.

Il est pourtant une exception à cette règle en faveur de l'ordonnance que rend le juge-commis-

---

(1) *Vid*, pag. 60 et 61.

saire en fait de distribution par contribution, lorsqu'il statue sur le privilége pour loyers, réclamés par le propriétaire. Ici la décision cesse d'être provisoire; elle émane du juge du principal, puisque le tribunal n'a point à s'occuper du fond de la contestation; aussi est-elle définitive. Or, il n'en faut pas davantage pour autoriser la requête civile, s'il y a quelque cause d'ouverture (art 480).

Mais comment se fera l'instruction? Le ministère public sera-t-il appelé?

Et d'abord, quant à la forme, nulle difficulté; car de même que le juge-commissaire ne peut prononcer sur le privilége du propriétaire qu'en présence des avoués de la distribution, ou eux dûment appelés; de même, dans le cas de la requête civile, il statuera conformément à ce qui est prescrit au titre *des ajournemens*, sur un exploit donné au défendeur, avec constitution d'avoué: par conséquent, il n'existe aucun obstacle à ce que, d'après l'art. 492, la requête civile soit formée par assignation au domicile de l'avoué de la partie qui a obtenu le jugement attaqué, si elle est introduite dans les six mois de la date du jugement.

Pour ce qui est de la présence du procureur du roi, au premier abord, l'accomplissement de cette formalité semble être difficile, même impossible, dans ce sens qu'un tel officier ne siège qu'avec le tribunal; mais si l'on considère que la loi n'exige qu'une simple communication, il suffira, pour n'être pas en contravention, de remettre les pièces au parquet avant le jour de l'audience. Au surplus, pourquoi les gens du roi n'iraient-ils pas assister aux débats devant le juge-commissaire? Rien ne s'y oppose. Et si en état de référé ordinaire, il n'y a pas absolue nécessité, cela provient de ce que la décision ne concerne que le provisoire, et que, plus tard, le ministère public devra connaître du fond, s'il y est intéressé; au contraire, lorsque le juge est appelé à prononcer sur le privilége pour loyers, le jugement est définitif, le tribunal dénanti; et voilà pourquoi, sous ces divers rapports, tout semble vouloir qu'un officier du parquet concoure en personne.

ARTICLE 3.

DU POURVOI EN CASSATION.

La cour de cassation n'a l'examen ou la censure que des jugemens rendus en dernier ressort par les autres cours et tribunaux : elle annule les procédures dans lesquelles les formes ont été violées, ainsi que les jugemens qui contiennent une contravention expresse au texte de la loi, indépendamment, 1° des demandes en renvoi d'un tribunal à un autre, pour cause de suspicion légitime; 2° des conflits de juridiction; 3° des réglemens de juges, dans les cas prévus par l'art. 363 du Code de procédure civile, et 4° des prises à partie contre un tribunal entier; elle ne connaît du pourvoi contre les jugemens en dernier ressort des juges de paix, que lorsqu'ils sont attaqués pour cause d'incompétence ou d'excès de pouvoir (Loi organique, du 27 novembre — 1er décembre 1790, art. 2, 3 et 4; Constitution du 22 frimaire, an 8, art. 65 et 66, et Loi du 27 ventôse, an 8, art. 76 et 77).

Mais que doit-on entendre par *jugement en dernier ressort*? Une décision qui n'est plus attaquable par les voies de droit, à l'égard de laquelle il n'existe aucun recours ordinaire pour la faire réformer.

Partant de ce principe, une ordonnance de référé ne peut jamais faire l'objet d'un pourvoi en cassation, puisque ses effets s'arrêtent au provisoire, et que le principal reste encore à juger. Or, en allant devant les juges du fond pour obtenir une décision irrévocable, un jugement de dernier ressort, comme le dit la loi, il est facile aux parties de détruire les dispositions de l'ordonnance de référé, ce qui suffit pour leur faire interdire le pourvoi. Il a été jugé qu'un arrêt rendu sur l'appel d'un référé, ne pouvait être attaqué par la voie de la cassation, parce qu'il n'évacuait point le principal (1). Par la même raison, si le président, en statuant sur un référé, dépassait sa compétence ou commettait un excès de pouvoir, son ordonnance n'en serait pas moins à l'abri du pourvoi, par le motif qu'elle ne constituerait point un jugement de dernier ressort, condition sans laquelle il n'est pas possible de se présenter devant la cour de cassation.

Au contraire, l'ordonnance que rend le juge en matière de distribution par contribution, lorsqu'il prononce sur le privilége réclamé par le propriétaire (Code de procédure civile, art. 661), est une décision définitive, irrévocable, dans ce sens que, si elle est en dernier ressort, aucune voie ordinaire n'est ouverte pour l'attaquer; aussi les parties peuvent-elles la soumettre à la censure de la cour de cassation, tout comme elles seraient fondées à se pourvoir contre l'arrêt qui aurait statué sur l'appel de cette ordonnance.

---

(1) Arrêts de la cour de Paris, du 20 août 1813, et de la cour de cassation, du 31 juillet 1815: Pailliet, tom. 1 de 1814, pag. 249, et tom. 3 de 1815, pag. 241.

Il importe peu que le législateur ait interdit le pourvoi contre les jugemens en dernier ressort des justices de paix (Loi du 27 novembre — 1er décembre 1790, art. 4, et Loi du 27 ventôse, an 8, art. 77); car de tels jugemens n'ayant rien de commun avec la décision du juge-commissaire en fait de distribution, la question ne saurait changer. En effet, dans le premier cas, la condamnation ne dépasse point la somme de 50 francs (Loi du 16-24 août 1790, tit. 3, art. 9 et 10), tandis que, dans le second, aussi en dernier ressort, elle arrive jusqu'à 1,000 francs (tit. 4, art. 5). Or, l'on conçoit que, si le pourvoi eût été ridicule contre un jugement de 50 francs, il n'a rien qui doive surprendre quand il s'agit de 1,000 francs et au dessous. D'ailleurs, combien de fois les jugemens des tribunaux de première instance ne sont-ils pas attaqués en cassation, malgré qu'ils ne fassent que décider sur l'appel d'un jugement de justice de paix? La loi a gardé le silence à l'égard du pourvoi contre l'ordonnance du juge-commissaire; aussi n'en faut-il pas davantage pour qu'il doive être admis.

QUESTION.

PEUT-ON, DE PRIME-ABORD, INTRODUIRE L'INSTANCE AU PRINCIPAL A RAISON D'UN OBJET QUI, D'APRÈS LA LOI, FAISAIT LA MATIÈRE D'UN RÉFÉRÉ? OUI.

Nous devons pourtant convenir que, le 19 mai 1808, la cour d'Orléans décida qu'une demande en nomination de notaire pour procéder à un inventaire, devait être portée en référé devant le président du tribunal de l'ouverture de la succession, et non devant le tribunal entier (1).

(1) Sirey, tom. 15-2-206.

Au premier aperçu, cette décison semble opposée à notre solution : toutefois si l'on considère qu'il est des cas particuliers, notamment celui dont nous parlons, qui, de cela qu'ils sont compris dans la juridiction des référés, ne sont jamais soumis au tribunal, par le motif que l'exécution de l'ordonnance, étant du moment, il n'y a pas lieu de recourir ensuite aux juges ordinaires (1); il sera vrai de dire que la question reste la même. Remarquons d'ailleurs qu'en pareille circonstance, l'intérêt bien entendu des parties ne veut pas qu'on fasse nommer le notaire à grands frais, par le tribunal, lorsqu'il suffit d'une simple ordonnance de référé.

Mais il n'en est pas ainsi, lorsque l'action à exercer, par la nature de la chose à laquelle on l'applique, peut être successivement portée, d'abord, devant le président, comme juge des référés, puis devant le tribunal, comme juge du principal. Dans ce cas, tout est subordonné à l'état d'urgence que présente la contestation; d'où la conséquence forcée que, si les parties croient plus avantageux de franchir le provisoire, pour aller au principal, elles ont la liberté de le faire, parce qu'aucune loi ne le leur défend, et qu'au contraire, leur intérêt l'exige, ne serait-ce que pour éviter soit les frais d'une double poursuite, soit l'augmentation des délais. Par exemple, en matière d'action possessoire, devant le juge de paix, ne voit-on pas tous les jours abandonner la demande en réintégrande, la laisser à l'écart, pour prendre la voie du pétitoire? C'est une faculté que le législateur accorde, en disant : « le possessoire et le pétitoire ne seront jamais

---

(1) *Vid.* pag. 311 et 312.

» cumulés ; et le demandeur au pétitoire ne sera
» plus recevable à agir au possessoire (Cod. de
» procéd. civ., art. 25 et 26). »

Or, pourquoi n'en serait-il pas de même à l'égard des référés? Rien ne s'y oppose. Celui qui peut le plus peut le moins ; et par conséquent, le tribunal qui est appelé à connaître du fond (lequel renferme le provisoire), doit pouvoir statuer *tout d'abord* sur la contestation qui lui est soumise, malgré qu'elle ne soit point passée devant le juge des référés. Après avoir engagé l'instance au principal, les parties ont encore le droit d'aller en référé, pourvu néanmoins que le jugement du fond n'ait pas été rendu ; car il serait ridicule, contraire à tous les principes, que celui qui a succombé devant le juge ordinaire, voulût se retirer ensuite devant le juge d'exception, pour tâcher de s'y faire relaxer. Non, si le définitif détruit ordinairement l'effet du provisoire, le provisoire ne peut point détruire le définitif ; c'est une règle constante en jurisprudence.

Il est donc bien étrange que la cour de Bourges, par son arrêt du 18 janvier 1825, ait décidé que le président *seul* avait la connaissance de toutes les contestations qui sont susceptibles de faire l'objet d'un référé, et qu'on n'en pouvait soumettre l'examen au tribunal. « Considérant, est-il dit, qu'*aucune*
» disposition du Code de procédure civile ne laisse
» au président du tribunal de première instance le
» droit de refuser de connaître, *à lui seul*, des
» contestations de cette espèce, pour en attribuer
» la connaissance au tribunal *entier*, et n'accorde
» pas à un tribunal de première instance le pouvoir
» de prononcer, *en état de référé*, sur de pareilles

» contestations (1). » Une telle doctrine ne repose que sur l'erreur.

Mais si la loi, d'accord avec la raison, permet de s'adresser au tribunal plutôt qu'au juge des référés, la raison, d'accord avec la loi, ne veut point qu'on ait recours au juge des référés quand il faut s'adresser au tribunal ; aussi lorsqu'une partie a été assignée en référé, dans un cas où le tribunal entier devait connaître de la contestation, la nullité de l'assignation est prononcée, même d'office, parce que c'est-là une nullité d'ordre public (2). En fait d'attribution de juridiction, tout étant de droit étroit, l'on violerait ce principe, en portant une action en référé devant le président, tandis que la loi en attribue l'examen au tribunal lui-même.

---

(1) Sirey, tom. 26-2-18. — *Vid. suprà*, pag 337 et 338, à la note.

(2) Arrêt de la cour de cassation, du 29 avril 1818 : Sirey, tom. 20-1-376.

FIN DE LA CINQUIÈME ET DERNIÈRE PARTIE.

TABLE

DES CHAPITRES ET PARAGRAPHES CONTENUS DANS LE TRAITÉ DES RÉFÉRÉS.

CHAPITRE 5.

CHAPITRE 8.

DEUXIÈME PARTIE.

DES PERSONNES QUI PEUVENT SE POURVOIR, ET CONTRE QUI ELLES DOIVENT SE POURVOIR.

CHAPITRE 1er.

CHAPITRE 3.

CHAPITRE 4.

QUATRIEME PARTIE:

DE L'INSTRUCTION ET DU JUGEMENT.

CHAPITRE PREMIER.

§ 1.

1re QUESTION.

2. QUESTION.

3. QUESTION.

4. QUESTION.

§ 2.

ARTICLE 1er

1re DIVISION.

1re CATÉGORIE.

1re FORMULE.

2me FORMULE.

3me FORMULE.

4me FORMULE.

5me FORMULE.

2me CATÉGORIE.

1re FORMULE.

2me FORMULE.

3me FORMULE.

4me FORMULE.

5me FORMULE.

6me FORMULE.

7me FORMULE.

8me FORMULE.

3me CATÉGORIE.

FORMULE.

4me CATÉGORIE.

1re FORMULE.

2me FORMULE.

3me FORMULE.

2me DIVISION.

FORMULE.

3me DIVISION.

CINQUIEME PARTIE.

DE L'EXÉCUTION QUE LE JUGEMENT AUTORISE, ET DES VOIES A PRENDRE POUR L'ATTAQUER.

FIN DE LA Ire TABLE.

TABLE

DES LOIS, DÉCRETS, ORDONNANCES ET ARTICLES DES CODES, CITÉS OU TRAITÉS DANS CE VOLUME.

CODE CIVIL.

CODE DE PROCÉDURE CIVILE.

CODE DE COMMERCE.

CODE D'INSTRUCTION CRIMINELLE.

CODE PÉNAL.

FIN DE LA SECONDE TABLE.

TABLE

DES MATIÈRES

PAR ORDRE ALPHABÉTIQUE.

A.

B.

C.

F.

G.

H.

I.

L.

M.

N.

O.

P.

Q.

R.

S.

T.

U.

V.

FIN.

www.ingramcontent.com/pod-product-compliance
Lightning Source LLC
LaVergne TN
LVHW021000300926
849160LV00007B/200

* 9 7 8 2 0 1 1 2 7 7 9 5 4 *